김정은의 경제발전전략 1

김정은의 경제발전전략 1

유영구 지음

경인문화사

아카데미즘과 저널리즘의 경계를 허물다

2018년 4월, 문재인 대한민국 대통령과 김정은 조선민주주의인민공화국 국무위원장이 판문점에서 만났습니다. '역사적'이라는 수식어가 따라붙는 《4·27 판문점선언》은 우리 민족에게 새로운 희망을 안겨주었습니다. 그해 6월에는 김정은 국무위원장과 도널드 트럼트Donald Trump 미합중국 대통령이 싱가포르에서 만나 '세기의 대결'을 청산하는 논의에 착수했습니다.

세상은 끝없이 변한다는 자명한 이치가 새삼 마음에 와 닿는 4월과 6월이었습니다. 북한과 미국의 정상들이 만나던 그날에, 그 엄연한 현실이 무엇을 뜻하는지, 그 배경은 무엇이고 앞으로 어떤 영향을 미칠지를 숙고해보았습니다.

김정은 국무위원장은 판문점 정상회담 직전인 4월 20일, 조선로동당 중앙위원회 제7기 제3차 전원회의에서 '경제건설과 핵무력건설의 병진노선'을 마무리하고 '경제건설 총력집중노선'으로 전환하기로 결정했습니다. 이 결정이 예사롭지 않았습니다.

경제건설 총력집중노선은 북한의 역사에서 처음 있는 일입니다. 자강력제일주의와 경제 혁신을 동력으로 삼아 경제발전의 새 시대를 열고자 하는 열망이 느껴졌습니다. 새로운 전략적 노선이 성공하려면 대외관계에서도 근본적인 변화가 요구됩니다. 판문점 정상회담에서 출발하여 북한-미국 정상회담으로 이어진 갑작스러운 상황 전개는 분단의 역사에서 경험하지 못한 '전략적 대전환'의 예고편이었습니다.

이 책의 문제의식은 김정은 국무위원장의 경제발전전략을 우리가 제대로 읽고 있는 지에서 출발합니다. 눈앞의 현실로 다가올 '민족경제의 균형적 발전'을 위한 준비에 소홀함이 없는지도 생각해봤습니다. 남북 경제협력은 북한이 지향하는 경제발전전략과 궤를 같이하지 않을 수 없습니다.

북한연구에는 아카데미즘과 저널리즘이 모두 필요합니다.

필자는 신문사에 다니던 젊은 시절에 북한과 중국·구소련의 경제와 관련된 글을 쓴 일이 있습니다.[1] 그 가운데 1998년 12월에 발표한 "북한 경제관리의 '개선' 방향에 관한 연구"는 북한의 공간문헌에 기초해 경제관리 방식의 변화를 짚어본 것입니다. 북한이 경제관리 부문에서 변화의 필요성을 인식하고 그 개선을 모색한 지도 20년 넘었습니다.

신문기자를 그만둔 지 10여 년만인 2012년, 김정은 당 위원장 겸 국무위원장의 집권 첫 해에 필자는 북한 경제에 관한 글쓰기를 재개했습니다.[2] 「통일뉴스」(인터넷신문)에 몇 편을 발표했는데[3] 그 무렵의 연구가 이번 집필에 도움이 되었습니다. 2013~14년에는 〈사단법인 통일의 길〉 홈페이지에 몇 편의 글을 올렸습니다.[4]

경제건설 총력집중노선의 등장과 남북·북미 정상회담은 북한의 경제발전전략에 관해 구체적으로 살펴보는 계기가 되었습니다. 간간이 모아둔 자료들과 연구 성과들에 기초해 집필을 시작할 무렵에는 진흙밭을 걷는 듯 그 걸음이 편치 않았습니다. 과거에 필자가 출간한 몇 권의 단행본[5]은 틈틈이 잡지에 발표한 글을 모은 것이거나 역사적인 증언을 정리해두었던 것입니다. 이번처럼 처음부터 단행본을 쓰겠다고 계획해본 일이 없다보니 긴 호흡의 글이 부담스러웠습니다.

북한문제 전문가들의 훌륭한 연구와 단행본들이 적지 않지만 독자들로부터 외면당하는 분위기가 역력합니다. 독자들에게 더욱 다가갈 수 있는 북한 전문서적이 필요한 때입니다. 그러나 북한 현안을 다루면서 구체성의 세계에 들어서기는 쉽지 않습니다. 철지난 담론에 머물러 있기가 쉽고 현장 접근에도 제한성이 있기 때문입니다. 선험적 판단에서 벗어나 현실과 논리가 잘 어우러진 글이 좋겠다고 생각하지만 여의치 않은 일입니다. 신문에 쓰던 글 스타일로는 깊이 있는 서술이 어렵다는 생각도 들었습니다. 전문성은 높으면서도 쉽게 이해되는 글을 쓰고 싶고 '사실의 바다'에서 출렁이는 '파도의 움직임'을 담아내고 싶은 욕심은 망망대해를 마주한 뱃사람의 심정이나 다름없습니다.

아카데미즘과 저널리즘을 모두 활용하면서 그 경계를 허무는 일이 북한연구에서 더욱 소중하다고 생각합니다. 그 경계를 허물려는 시도는 글의 형식에 영향을 줄 터인데 정확하고 단정한 묘사가 가장 중요한 덕목일 것입니다. 일필휘지 보다는 악보상의 도돌이표를 만난 듯 되돌아가 다듬어야 했습니다. 단행본의 글쓰기는 촘촘한 그물을 짜는 일과 같았습니다.

집필을 끝내면서 안도의 한숨보다는 토마스 페인Thomas Paine의 『상식 Common Sense』의 서문 첫 문장이 떠오릅니다. "아마도 아래 담겨 있는 의견들은 아직 충분히 보급되어 있지 않기 때문에 일반으로부터 환영받지 못할 것이다."[6]

북한 경제발전전략에 관한 지식정보의 바다를 지향합니다.

"통일문제와 경제문제 중 하나를 골라서 해결해야 한다면 경제문제를 선택하겠다." / "통일을 위해서라면 조금 못 살아도 된다."

한국보건사회연구원이 2019년 6월에 발표한 『사회통합 실태 진단 및 대응방안 연구(Ⅴ)』 보고서에 나온 여론조사(2018년 6~9월 전국 만 19세 이상~75세 이하 성인남녀 3,873명을 상대로 대면 면접으로 진행)의 문항답변입니다.[7] 앞의 것은 도무지 납득이 가지 않습니다. 통일과 경제의 상관성을 배제하고 이항대립二項對立에서 하나를 선택해야 하는 것처럼 의견을 묻는 건 이상합니다. 통일문제의 해결과정이 경제문제의 해결에 도움이 되는 경우를 배제하기 때문입니다. 남북 경제협력을 남한경제의 '지속가능한 발전을 위한 블루오션'으로 설명해온 전문가들은 이런 여론조사에 말문이 막힐 겁니다.

뒤의 것도 황당하기는 마찬가지입니다. 우리 겨레는 전쟁의 공포 없이 평화적으로, 함께 잘사는 길로 나아가려고 통일을 꿈꿉니다. 남북한 정부 사이에 있었던 여러 합의가 이를 증명합니다. 아무 전제조건 없이 '통일을 위해서라면 조금 못 살아도 된다고 생각하느냐'고 묻는다면, 투박한 선입견의 피력 외에 무슨 답변이 가능하겠습니까? 이러한 문항답변은 독일통일의 사례를 염두에 둔 것으로 보이는데, 이는 민족의 공동번영 과정을 통해 통일을 이루려는 절절한 여망을 도외시한 것입니다.

《4·27 판문점선언》이 나온 이후에 이런 여론조사가 있었다는 게 믿기지 않습니다. 질문이 잘못되면 바른 답을 기대할 수 없습니다. 건강한 시민의식을 반영하지 못할뿐더러 현실적합성 있는 의견을 청취하는 것은 불가능합니다. 북한 경제의 발전지향성에 대한 관심이 부족한 우리 사회의 단면을 보는 것 같아 쓸쓸합니다.

북한 경제의 동향에 대해 한 마디로 일축하거나 단정하는 경우가 적지 않습니다. "북한 경제는 이미 실패로 끝나지 않았나요?" "식량난·에너지난·원자재난에 시달리는 북한이 부족의 경제에서 탈출할 수 있을까요?" 속단은 입을 닫게 하고 지혜로운 판단을 가로막습니다. 속단의 늪에 빠져 있는 이들에게 그 오류를 지적하자면 너무도 긴 대화가 필요합니다. 우리 사회가 북한 문제에 관한 한 '외골수 단정'이 몸에 밴 이들로 꽉 찬다면 그것은 비극을 잉태할 수 있습니다.

'북맹北盲'을 부끄러이 여겨야 한다는 지적에 우리는 겸허해질 필요가 있습니다. 북한 경제의 흐름을 깊이 있게 이해하고자 하면 김정은 시대의 경제발전전략을 살펴보아야 합니다. 이 책은 이에 관한 다양한 지식정보를 담고 있습니다. 남북의 정서적 토양이 다르더라도 이 책의 지식정보는 남북한의 현실을 진단하고 미래를 개척하는데 도움이 될 것입니다.

전반부(제1권)에서는 북한의 경제발전전략의 중요성과 정신적 기초, 정치적 기초, 경제적 기초를 다룹니다. 경제발전전략을 다루기에 앞서 정신적·정치적 기초를 살펴보는 것은 그 사회의 독특한 성격 때문입니다. 이어서 김일성 시대, 김정일 시대, 김정은 시대로 나누어 전략적 노선의 흐름을 살펴봅니다.

후반부(제2권)는 경제발전전략의 방향과 과제를 다룹니다. 김정은 당 위원장 겸 국무위원장의 《신년사》와 현지지도의 분석에서 출발합니다. 다음으로 먹는 문제 해결, 인민생활의 획기적 향상, 인민경제 선행부문과 중요공업부문 발전, 국토관리와 환경사업 개선, 지방경제 살리기, 자력자강과 대외경제협력 확대 등의 6개 기본부문이 세부적으로 다뤄집니다. 혁신부문에서는 재정은행사업의 변화 모색, 첨단과학기술의 발전, 군수-민간경제의 결합 등이 분석대상입니다. 이 책의 전반부와 후반부는 밀접히 연관되어 있고 상호보완적입니다.

이 책에서는 북한의 경제 현실도 다루지만 경제발전전략과 경제관리운영 시스템의 혁신에 초점을 맞춥니다. 김정은 위원장의 각종 담화와 경제현장에서의 현지지도 발언을 폭넓게 인용합니다.[8] 그의 발언이 북한 경제발전전략의 현주소를 보여주기 때문입니다. 숱한 말들의 숲을 헤쳐 가며 핵심을 찾아내어 정리하려고 했습니다.

그 정리 과정에서 알게 모르게 특정한 경향성에 빠질 수도 있음에 유의했습니다. 친북親北과 반북反北, 선전宣傳과 비판批判 같은 이분법의 담벼락 위에서 나름의 균형을 취하고자 했습니다. 무엇보다도 '있는 그대로의 북한 바로보기'에서 벗어나지 않으려고 했습니다.

'있는 그대로의 북한 바로보기'가 중요합니다.

북한 체제가 보여주는 여러 현상들과 관련하여 우리 사회에는 이분법의 잣대를 들이대는 경향이 있습니다. 옳다와 그르다, 맞다와 틀리다, 좋다와 나쁘다 같은 이분법은 이념진영 내부에서는 편할지 몰라도, 한 사회를 총체적으로 진단하기에는 좋은 방법이라 하기 어렵습니다. 누군가가 선을 그어놓고 그 안에 들어오면 긍정하고, 영역 밖에 있으면 부정한다면 그러한 양극의 세상에서는 타협과 조화를 기대할 수 없습니다. '있는 그대로의 북한 바로보기'를 위해서는 현상에 대한 설명과 그에 관한 의견을 분리시키는 의식적인 노력이 필요합니다.

많은 사람들이 세계사적 '보편성'이라는 게 있는 것처럼 생각하고 행동합니다. 서구사회의 자유민주주의와 글로벌 시장경제체제를 보편적인 질서로 보는 견해가 은연중에 널리 퍼져 있습니다. 소비에트연방 공화국과 동유럽 사회주의국가들의 붕괴에 따라 마르크스-레닌주의와 사회주의 이념이 시장경제주의자들의 조롱거리로 전락한 지 오래입니다. 시장경제주의자들은 일부 나라들에서 계속되는 사회주의실험을 업신여기며 승자의 미소를 짓습니다.[9] 많은 전문가들은 북한도 중국과 베트남의 '시장사회주의'에서처럼 시장경제 시스템을 도입하는 '개혁'을 피할 수 없을 것으로 단정합니다.

그러나 전통사회의 잣대, 시장경제와 자유민주주의의 잣대, 시장사회주의의 잣대, 그 어느 것을 들이대도 북한 사회를 가늠하는 데에는 적당치 않습니다. 잣대가 틀리면 계측은 빗나갑니다. 일단 가치판단을 내려놓고 북한이 무슨 생각을 갖고 있는지, 그들의 지도자가 무슨 말을 하는지를 살펴볼 필요가 있습니다. 이해의 폭을 넓히기 위해서입니다.

이분법보다는 내재적 접근법이 북한 독법讀法에 유용합니다. 가치판단과 선험적 재단裁斷에서 조금 비켜서서 '있는 그대로의 북한 바로보기'에 나선다면 사실에 더 근접할 수 있습니다. 한 사회를 들여다볼 때 현미경 같은 미시적 접근과 망원경 같은 거시적 접근을 함께 활용하는 것이 유익합니다.

북한은 우리와 통일국가를 수립할 한겨레이고 남북 사이에는 중대한 합의가 여러 차례 있었습니다. 설령 적대국이라 해도 지피지기知彼知己가 묘책인데 하물며 통일국가를 함께 만들어나갈 한 민족이라면 '있는 그대로의 참모습'을 아는 것이 더욱 절실하다 할 것입니다. 역사적 합의의 참뜻을 새기기 위해 몇 대목을 옮겨봅니다.

"쌍방은 남북 사이의 긴장상태를 완화하고 신뢰의 분위기를 조성하기 위하여 서로 상대방을 중상 비방하지 않으며 크고 작은 것을 막론하고 무장도발을 하지 않으며 불의의 군사적 충돌사건을 방지하기 위한 적극적인 조치를 취하기로 합의하였다." (1972년 7·4남북공동성명 제2항)

"쌍방 사이의 관계가 나라와 나라 사이의 관계가 아닌 통일을 지향하는 과정에서 잠정적으로 형성되는 특수관계라는 것을 인정하고, 평화통일을 성취하기 위한 공동의 노력을 경주할 것을 다짐하면서..." (1992년 2월 남북기본합의서 전문)

"남과 북은 나라의 통일문제를 그 주인인 우리 민족끼리 힘을 합쳐 자주적으로 해결해 나가기로 하였다." (2000년 6·15 남북공동선언 제1항)

"남과 북은 나라의 통일을 위한 남측의 연합제안과 북측의 낮은 연방제안이 서로 공통성이 있다고 인정하고 앞으로 이 방향에서 통일을 지향시켜 나가기로 하였다." (제2항)

"남과 북은 사상과 제도의 차이를 초월하여 남북관계를 상호존중과 신뢰관계로 확고히 전환시켜 나가기로 하였다. 남과 북은 내부문제에 간섭하지 않으며 남북관계 문제들을 화해와 협력, 통일에 부합되게 해결해 나가기로 하였다. 남과 북은 남북관계를 통일지향적으로 발전시켜 나가기 위하여 각기 법률적 제도적 장치들을 정비해 나가기로 하였다." (2007년 10.4 남북정상선언 제2항)

"남과 북은 남북관계의 전면적이며 획기적인 개선과 발전을 이룩함으로써 끊어진 민족의 혈맥을 잇고 공동번영과 자주통일의 미래를 앞당겨나갈 것이다." (2018년 4·27 판문점선언, 제1항)

"남과 북은 비무장지대를 비롯한 대치지역에서의 군사적 적대관계 종식을 한반도 전 지역에서의 실질적인 전쟁위험 제거와 근본적인 적대관계 해소로 이어나가기로 하였다." (2018년 9월 평양공동선언, 제1항)

"남과 북은 상호호혜와 공리공영의 바탕위에서 교류와 협력을 더욱 증대시키고, 민족경제를 균형적으로 발전시키기 위한 실질적인 대책들을 강구해나가기로 하였다." (제2항)

남북한은 두 개의 국가가 아니라 '통일을 지향하는 하나의 국가'로 존재한다는 인식이 중요합니다. 남한의 '연합제' 방안과 북한의 '낮은 단계의 연방제' 방안에 내재된 공통성에 기초하여 민족통일기구를 만들어 통일국가를 이뤄가야 한다는 지향성을 위 인용문에서 읽어낼 수 있습니다.

남한은 북측의 '낮은 단계의 연방제' 방안에 관심을 갖고, 남측의 연합제 방안과의 공통성에 관한 연구와 다양한 대책 마련에 나서면 좋겠습니다. 북한도 이 점에서는 마찬가지입니다. 이 과정에서 상대방을 있는 그대로 바로 아는 것 이상으로 소중한 일은 없습니다.

'민족화해와 평화번영'을 위한 책이 되었으면 합니다.

필자가 북한 문제와 씨름한 긴 세월은 이분법의 세계관에서의 탈출, 내재적 접근법의 활용, 있는 그대로의 북한 바로보기를 체득體得하는 과정이었습니다. 사회과학 연구에서 객관성에 도달하기는 쉽지 않습니다. 섣부른 가치판단이나 어설픈 가치중립은 현실과 동떨어지기 쉽습니다. 상호주관성相互主觀性의 자세로 현실에 접근할 필요가 있습니다. 객관성을 추구한다고 해도 주관성의 필터링을 거친 객관이라는 한계를 피하기 어렵기 때문입니다.[10]

'민족화해와 평화번영의 새로운 시대'에 들어선 오늘날에도 냉전시대의 잣대를 들이대는 이들에게는 북한의 경제발전전략에 관한 지식정보가 쓸모가 없을지 모르겠습니다. 북한의 자강력제일주의와 경제혁신[11]을 동력으로 한 경제발전전략의 내용을 알고 싶어 하는 이들에게는 이 책이 유용할 것입니다. 이 책은 성급한 예단이나 평가와는 거리를 둔, 실사구시實事求是의 산물이라 할 수 있습니다.

다양한 독자층의 수요를 의식한 이 책은 여러 분야에 활용될 수 있을 것 같습니다. 북한 경제를 처음 접하는 독자들이 어려움을 겪지 않도록 되도록 평이하게 서술해보았습니다. 아카데미즘과 저널리즘의 경계를 허문 이 책의 서술방식이 읽기에 편할 것이라 생각합니다. 민족화해와 평화번영에 도움이 되려는 목적의식이 내재되어 있다는 점을 특기하고 싶습니다.

북한에 관한 대부분의 도서들이 정보·자료의 과소過少와 해석·분석의 과잉過剩의 모습을 보이고 있고, 일부만이 그 반대 혹은 그 사이에 있다고 생각합니다. 이 책에서는 정보·자료의 과다過多와 해석·분석의 과소의 자세를 취합니다. 정보와 자료가 많으면 여러 번 반복해서 읽는 사이에 해석과 분석은 뒤따라 올 수 있습니다. 정보와 자료에 점차 익숙해지면 그만큼 이해력은 높아질 것입니다. 책의 분량[12] 때문에 독자의 인내심이 필요할 수도 있겠으나 내川를 건너 길道로 접어드는 징검다리라고 생각해주면 좋겠습니다.

이 책의 서술에 대해 몇 가지를 밝힙니다.

책을 쓰면서 몇 가지에 유의했습니다. 첫째, 주장보다도 사실이 중요하고 사실만이 힘을 갖는다는 가정을 밀고 나갔습니다. 사실의 층위層位는 다양하고 복잡하지만, 실체적 진실을 중시하던 언론인 시절을 떠올리면서 '사실의 힘'에 천착하고자 했습니다.[13]

둘째, 북한의 언론보도와 문헌 등 기초자료를 가능한 한 충실히 반영하려고 했습니다. 북한 원전자료들과 연구 성과들의 출처를 가능한 한 책 말미의 미주에 밝혀놓았습니다. 더 깊은 연구를 원하는 독자들에게는 그 출처가 도움이 될 것입니다.

셋째, 책 전체의 구성 상 내용의 중복을 피하기 어려운 부분이 다소 있었으나 중언부언하지 않으려고 했습니다.

넷째, 전략과 정책을 중심으로 삼았기 때문에 '신뢰에 의문이 있는 통계숫자'의 사용은 자제했습니다. 다만 인용된 통계숫자는 대체로 추정치라는 점을 감안하면 좋겠습니다.

다섯째, 김정은 위원장의 경제발전전략이 고정불변은 아니고 정책의 선회가 있을 수 있다는 점에 유의했습니다. 그 선회가 두드러지면 이 책의 수정이 불가피하겠지만 경제발전전략의 근본은 흔들리지 않을 것으로 생각합니다.

이 책은 몇 가지 특징을 갖고 있습니다. 첫째, 학계에서 한동안 주목을 끌던 '내재적 접근법'을 기본으로 합니다. 둘째, 처음부터 끝까지 통독하거나 건너뛰면서 읽어도 좋게 서술했습니다. 전체 내용을 유기적으로 연결시켜 한 부분을 봐도 전체의 윤곽을 어느 정도 알 수 있도록 했습니다. 이에 얼마나 부합하는지는 독자의 판단에 맡깁니다.

셋째, 김 위원장의 발언을 가능한 한 많이 포함하여 인용구절만 보아도 그의 경제발전전략을 짐작할 수 있도록 했습니다. 이에 더하여 북한에서 발간되는 계간학술지 『경제연구』와 조선로동당 기관지 『로동신문』 등 최근 간행물을 활용하여 정책의 깊이 있는 이해가 가능하도록 했습니다. 통일부 북한자료센터에 소장된 북한 자료들을 편리하게 이용할 수 있어서 유익했습니다.

넷째, 경제발전전략의 핵심을 한 눈에 알아 볼 수 있게 〈표〉를 많이 배치했습니다. 다섯째, 경제구조와 시스템 운영과 관련된 부분에서는 경제 법령을 자주 인용했습니다. 여섯째, 이 책에서는 관련 석박사 학위논문들을 비롯해 정부출연연구소에서 발간한 각종 보고서들과 학계의 연구논문들을 광범위하게 인용했습니다. 전문가들에게 감사드립니다.

북한 경제문제를 다룬 서적이 국내외에 여럿 있지만 이 책에서 시도한 방식은 드물다고 생각합니다. 아카데미즘과 저널리즘의 경계를 허물려는 노력은 망외望外의 수확을 가져다 줄 수 있습니다. 이 책은 정치경제학, 넓게 보아 사회과학의 범주에 포함됩니다. 사회과학적 분석은 실체적 진실을 체계적으로 다룸에 있어서 만족할만한 수준에 도달하기가 쉽지 않습니다.[14] 이 책을 통해 조금이라도 김정은 위원장의 경제발전전략에 대한 이해가 깊어지고 북한 경제의 실체적 진실에 다가가기를, 아울러 이와 관련된 연구들이 더욱 풍성해지기를 기대해봅니다.

책을 집필하는 기간에 남북정상회담과 북미정상회담의 감동과 기대는 안타까움으로 바뀌었습니다. 북한은 2019년의 마지막 나흘 동안 당 중앙위원회 전원회의를 열어 '정면돌파전'으로 자력부강과 자력번영에 나서겠다는 각오와 전략무기 개발을 계속하겠다는 의지를 천명했습니다. 북한이 희망하는 단번도약은 실현 불가능한 꿈은 아니지만,

자력갱생의 정신과 과학기술의 힘만으로는 그것을 이루기가 벅차 보입니다. 경제발전에 대한 강렬한 열망이 대외관계의 개선으로 이어지면 좋겠습니다. 2020년과 그 후에는 북미관계 개선의 돌파구가 열려 냉전의 얼음장이 녹기를, 그리하여 새날이 오기를 기대해봅니다.

사람은 누구나 고독한 단독자이지만 그 삶이 빛날 수 있는 건 사회정치적 존재이기 때문입니다. 사회정치적 존재로서 준엄한 역사의 소임을 하도록 틈틈이 격려하고 충고해준 분들에게 감사드립니다. 필자가 북한연구에서 손을 떼지 않도록 늘 지적인 자극을 주면서 격려해준 분들과 토론에 응해준 국내외 전문가들이 있습니다. 월간 『민족21』에서 편집기획위원으로 함께 활동한 선배·동료·후배들에게 지대한 영향을 받았음을 고백합니다. '민족화해와 평화번영, 통일의 새날'을 맞이하기 위해 분투해온 국내외 활동가들의 실천적 삶을 떠올려봅니다. 필자의 삶의 궤적이 오락가락한 가운데서도 필자와 동고동락하며 용기를 주고 도움의 손길을 끊지 않은 많은 벗들을 잊을 수 없습니다.

이 책의 출판 방향을 잡아준 따뜻한 마음의 정창현 평화경제연구소 소장님, 사려 깊은 조언과 지원을 아끼지 않은 심재환 변호사님, 연구에 필요한 자료의 도움을 준 김치관 통일뉴스 편집국장님, 출판시장의 어려움을 감내하면서 부피 큰 책을 선뜻 출판해준 한정희 사장님, 그리고 경인문화사의 편집진 여러분에게 감사의 뜻을 밝힙니다.

마지막으로 국내외에 있는 가족 모두에게 사랑을 전합니다.

2020년 12월에
겨레의 공동번영을 꿈꾸며
유영구 씀

왜 북한 경제발전전략을 이해해야 하는가?

북한을 얼마나 아는가? 미디어의 보도를 자주 접하는 까닭에 북한 사정을 어느 정도는 안다고 할 수 있지만, 그 관심이 높다거나 체계적인 이해에 이르렀다고 말하기는 어렵다. 북한의 경제사정에 대한 깊이 있는 정보와 지식을 접하기는 쉽지 않다. 북한경제 전문가들이 미디어에 등장하고 평론가들이나 북한이탈주민들이 각자의 생각을 쏟아내지만 그들의 스펙트럼을 거친 정보나 분석은 종종 편향되거나 굴절된다. 북한 경제가 낙후되었다는 이러저런 설명과 증언이 되풀이되다보니 북한의 경제사정에 대한 관심은 하향곡선을 벗어나지 못한다.

분단의 장기화로 인해 남과 북의 경제시스템이 이질화되고 북한 경제가 침체에 빠져들었던 것이 관심 저하의 원인으로 작용했다. 1980년대 말 구소련과 동유럽 나라들에서 사회주의 경제체제가 무너진 데 따른 영향이 적지 않았다. 북한의 계획경제 시스템도 종국적으로 무너지고 시장경제 시스템으로 전환할 것이라는 예측이 한바탕 휩쓸고 지나간 지도 30여 년이 넘었다. 시장경제 시스템이 승리했다거나 승리할 것이라는 믿음이 북한 경제에 대한 무관심을 부채질했다고도 할 수 있다.

경제발전을 둘러싼 남과 북의 경쟁은 대체로 1970년대 중반, 길게 잡아 1980년대 중반에 끝난 것으로 여겨져 왔다. 북한 경제는 남한과 상당한 격차를 보이면서 낙후의 길을 걷고 있다는 진단이 일반화되어 있다. 수출주도형 경제성장 정책에 나선 남한 경제는 세계 자본주의

시장경제에 편입된 이래 지금은 신자유주의 경제체제 하에 놓여 있다. 북한 경제는 호혜적인 사회주의시장이 사라진 여건에서 힘겹게 자립적 민족경제시스템으로 운영되고 있다. 세계적인 냉전구조의 해체에도 불구하고 한반도에서는 냉전구조가 잔존하면서 적대적 진영논리가 여전히 남아 있다. 냉전의 장벽과 북한의 핵·미사일 등 전략무기 개발, 그에 따른 국제사회의 대북제재가 지속되는 상황에서 남북한은 상생적인 경제협력관계를 만들어내기가 수월하지 않았다. 남한 사회에서는 북한의 경제사정에 대한 무관심이 일반화되고, 민족경제의 균형적 발전을 먼 훗날의 과제로 여기거나 북측을 타자他者로 여기는 현상도 나타나고 있다.

남과 북이 처한 환경이 이런데도 불구하고 북한의 경제발전전략을 살펴보는 것은 무엇 때문인가, 이 질문의 답을 찾는 것으로 논의를 시작하려고 한다.

북한 경제사정에 관심을 가져야 하는 이유

분단이 길어지니 이산離散세대는 갈수록 줄어들고 북한 사정에 무관심한 청년 세대는 늘고 있다. 청년세대를 위해 통일교육을 강화한다는 소리는 무성하지만 정부와 미디어의 노력 부족 때문인지, 북한의 여러 현상들을 표피적으로 다루는데 그치고 있다.

북한의 경제사정을 세밀히 분석해온 연구기관들과 전문가들이 적지 않지만, 전문가들과 일반인들 사이의 골은 날로 깊어지는 것 같다. 정보통신시대가 도래한 이래 출판시장은 더욱 열악해져서 북한 관련 서적의 출판이 쉽지 않다. 세밀한 정보와 전문적 분석을 담은 북한 경제의 관련 도서는 출판시장에서 외면당할 소지가 있다. 시장경제 원리가 지배하니 그럴 수 있으려니 하면서도 마음이 개운치는 않다. 전문가와 대중 사이의 날로 커지는 괴리를 어떻게 메울 것인가?

미디어들은 평소에 북한의 핵무기 개발과 미사일 발사문제, 남북관계·북미관계의 현황을 중점적으로 보도한다. 남북의 경제협력이 중요한 이슈가 되는 시점에 가서야 남한의 경제수요를 중심에 놓고 남북 사이의 접점 찾기에 집중한다. 북한의 경제사정에 대한 관심은 남북관계에 따라 일시적으로 높아졌다 낮아지는 현상을 되풀이하고 있다.

미디어들은 그날그날의 뉴스에 초점을 맞추고 있어 북한 경제의 구조와 정책 변화를 면밀히 추적하는 일에는 관심이 적은 편이다. 남한 미디어들은 김정은 조선로동당 위원장 겸 국무위원회 위원장(이하 위원장)의 군사부문 및 경제부문에 대한 현지지도 등에 대해 김일성-김정일 시대에 비해 빈번히 보도하고 있다. 그러나 현지지도 등의 이면에 작동하는 경제운영 시스템, 전략적 노선과 부문별 정책, 실제 경제현황 등과 관련된 정보는 양적으로나 질적으로 모자라며, 이러한 여건이 나아질 기미도 없어 보인다.

남한의 각종 여론조사에서는 통일에 대한 기대가 대체로 높게 나온다. 분단은 '비정상'이기 때문이다. 분단이 70년 이상 지속되고 남북의 정치·경제·사회 시스템이 많이 달라져 있지만, 오랜 역사를 상고詳考해보면 우리 민족은 통일국가로 나아갈 수밖에 없다. 통일국가의 DNA를 갖고 있는 민족구성원들은 이를 본능적으로 알고 있다.

현 시대는 통일의 길을 걸어가는 화해협력과 평화번영의 시대이며, 남과 북이 상이한 역사의 궤적을 그려왔지만 민족의 공동번영과 자주적 평화통일의 시대적 소명을 외면할 수는 없다.

남과 북은 자신의 목적과 궤적에 따라 각기 다른 시대적 과제를 안고 있다. 남한은 산업화와 민주화의 성공을 넘어서, 사회 양극화를 해소하고 새로운 산업정책에 의한 고용창출과 경제성장의 동력을 찾아내는 21세기형 경제발전전략을 산생해내야 한다. 북한은 식량·에너지·원자재 부족의 3중고에서 벗어나 사회주의강성국가 건설과 인민생활 향상을 위한 새로운 전략적 노선과 정책을 수행해야 한다. 남과 북은 자본주의 시장경제와 사회주의 계획경제라는, 서로 다른 발전경로를 걸어오면서 나름의 성과와 한계를 체험했으며 이는 민족발전의 자산이 될 수 있다.

오늘은 화해협력과 평화번영의 시대에 걸맞게 유무상통의 정신에 따라 상호보완성과 협력교류를 증진시켜 민족경제의 균형적 발전의 토대를 굳건히 하고, 그 길을 따라 공동번영과 자주적 평화통일의 시대를 열어가야 한다.

지난 2000년 6월 대한민국 대통령 김대중과 조선민주주의인민공화국 국방위원장 김정일은 《6·15공동선언》에 서명했다. 두 지도자는 민족의 통일방도로 연합연방제 혹은 연방연합제를 염두에 두고 그 실천방안으로 민족경제의 균형적 발전의 중요성과 가능성에 주목했다. 노무현 대통령과 김정일 국방위원장은 2007년 10월에 합의한 《10·4선언》에서 6.15공동선언의 고수와 민족대단합, 자주정신, 민족의 존엄과 이익을 중시한 가운데 사상과 제도 차이의 초월, 민족경제의 균형적 발전과 공동번영, 군사적 적대관계의 종식, 항구적 평화체제의 구축, 한반도 핵문제 해결을 위한 9·19공동성명과 2·13합의 이행 등에 합의했다. 모든 과제들이 중요하지만 특히 민족경제의 균형적 발전과 공동번영은 민족구성원들의 일상적 삶에서 실천적 의의가 크다.

문재인 대통령과 김정은 위원장은 2018년 4월 27일에 서명한 《판문점선언》에서 민족경제의 균형적 발전과 공동번영을 다시금 강조했다. 《판문점선언》은 전쟁종식과 평화시대, 관계계선에 의한 공동번영과 자주통일의 장전章典이었다.

그 실천방안으로 다방면적 협력교류, 민족경제의 균형적 발전과 공동번영, 군사적 긴장완화, 항구적이고 공고한 평화체제의 구축, 완전한 비핵화를 통한 핵 없는 한반도의 실현 등이 제시되었다. 민족경제의 균형적 발전과 공동번영은 우리 민족이 경제공동체로 발전할 것이라는 예측과, 그 방향으로 발전해나가야 한다는 당위를 담은 나침반이다.

남과 북은 경제공동체를 만들려면 서로 상대방을 인정하는 자세를 가져야 한다. 민족경제의 균형적 발전과 공동번영으로 나아가려면, 있는 그대로의 상대방을 인정하는 화해협력의 자세가 선행되어야 한다.

이에 더해 남한 정부와 시민사회에서는 북한이 줄곧 주창해온 '주체경제'와 그들의 전략적 노선에 대한 이해를 높이는 노력이 필요하다. 그들의 경제사정에 대한 관심을 더 높여야 한다. 북한의 경제를 올바로 이해하고 남한 경제와의 차이를 파악한 기초 위에서, 민족경제의 균형적 발전과 공동번영의 초석을 놓고 그 위에 경제공동체의 집을 함께 지어나가야 할 것이다.

북한 경제발전전략에서 눈여겨봐야 할 변화들

북한의 경제는 사회주의 경제시스템에 의해 운영된다. 사회주의 경제시스템의 물리적 기반은 생산수단의 사회적 소유와 계획경제이다. 이 시스템은 개인이나 기업이 토지와 기계·설비 같은 생산수단을 소유하고 자본주의 시장경제로 운영되는 남한의 경제시스템과는 근본적으로 다르다.

북한은 일찍부터 자립적 민족경제건설노선을 표방함으로써 세계자본주의시장에서 수출입 확대로 경제성장을 이룩한 남한과는 경제체질에서 차이를 보여 왔다. 중화학공업의 우선적 발전과 국방·경제건설 병진노선, 선군시대 경제건설노선, 경제건설과 핵무력건설의 병진노선, 경제건설 총력집중노선 등으로 이어져온 북한의 전략적 노선을 보면 남한과는 상당히 다른 궤적을 그려왔음을 알 수 있다.

북한은 안보위기를 타파하는 수단으로 핵무기와 미사일 개발에 집중했고 이 때문에 국제사회의 제재압력은 거세었다. 그러한 열악한 환경에서도 북한은 사회주의경제강국 건설이 가능하다고 믿는 듯이 보인다. 그 배경에는 그들의 독특한 경제시스템과 경제발전전략, 특히 자립적 민족경제를 발전시켜온 역사적 경험이 자리하고 있다.

북한은 김정은 시대에 들어와 경제건설 총력집중노선을 내걸고 경제발전과 혁신에 온 힘을 쏟고 있다. 혁신은 발전을 가져오기도 하지만 그늘을 만들어내기도 한다. 북한은 혁신에 뒤따르는 그늘진 곳을 줄이려고 할 것이다. 북한의 전략적 노선은 사회주의경제강국 건설과 인민생활 향상의 걸음을 재촉하면서 하루가 다르게 새로운 전변轉變을 보여주고 있다.

세상의 모든 나라가 정체에서 벗어나려고 변화를 모색하듯이 북한도 지금 변화 중이다. 김정은 위원장은 김일성-김정일 시대의 사상과 전략적 노선을 전반적으로 계승하면서도 새로운 세기에 맞게 혁신하려고 한다.[15] 북한에서 그러한 혁신이 혁명적 변화revolutionary change, 혁명적 전환revolutionary transformation이라고 일컬어진다고 해도 외부에서 그것을 인식하지 못하면 변화는 실감나지 않을 것이다.

무엇이 변하고 있고, 어느 정도 바뀌고 있는가? 무엇을 과연 변화로 볼 수 있는가? 어떤 기준과 잣대를 들이대느냐에 따라 다른 평가가 내려질 수 있다. 체제 내적인 변화인가, 체제 전환적인 변화인가? 보는 각도에 따라 해석이 다를 수 있다.

계획경제를 완강하게 고수하는 북한의 우리식 사회주의에서도 시장의 파고波高가 점점 높아지고 있다. 시장의 확대는 변화의 조짐으로 읽힌다. 그러나 생산수단의 사회적 소유(전인민적 소유와 협동적 소유)와 계획경제에 의거한 경제관리, 집단주의 경제운영 같은 사회주의 원칙은 유지되고 있다. 특히 국가의 전략적 경제부문은 계획경제를 견지한다. 이것은 시대를 넘어 지속되는 계승의 실상을 보여준다.

북한에서 흥성興盛하고 있는 '시장의 날개 짓'이 앞으로 어떤 변화를 가져올지를 예측하기는 쉽지 않다. 큰 변화를 몰고 올 '나비효과'가 될지, '새장 안의 날개 짓'으로 그칠지는 최고영도자를 비롯한 영도집단의 전략적 선택에 달려 있고, 이들은 매순간 혁신 과제와 씨름하고 있다. 선택된 전략은 노동계급의 의지에 의해 실천에 옮겨질 것이다.

북한이 중국의 역사적 발전경험을 면밀히 검토해왔다는 사실은 비밀이 아니다. 중국공산당은 마르크스-레닌주의에서 출발해 마오쩌둥毛澤東사상으로 지도사상을 바꾸었다가 1978년에 중국공산당 중앙위원회 제11기 제3차 전체회의를 계기로 개혁·개방(실용주의노선)의 길에 들어선 이래, 1984년에 경제개혁을 전면화하고 '사회주의 시장경제' 노선을 정립했다. '중국 특색의 사회주의'라는 이름 아래 정착된 시장사회주의는 이전의 사회주의경제이론과는 심대한 차이가 있는 것이었다.[16] 중국공산당은 자신의 지도사상으로 마오쩌둥사상에 덩샤오핑鄧小平이론을 추가하지 않을 수 없었고, 지도부의 세대가 바뀌면서 사상이론문제를 어떻게 정립해나갈지에 대한 고충을 안게 되었다.[17] 조선로동당은 중국공산당의 그러한 경로와 경과를 예민하게 지켜봐왔다.

조선로동당은 계획경제에 시장을 접합해 나가면서 이를 '주체사상에 기초한 우리식 사회주의'로 정립해나갈 의지를 보인다. 모든 변화는 사람 중심의 세계관인 주체사상에 의해 정당화될 것이다. 김정일 국방위원장이 생전에 "나에게서 그 어떤 변화도 바라지 말라"고 했던 개혁·개방에 대한 반감은 유명한 발언이지만, 북한의 경제메커니즘은 시장을 활용하는 쪽으로 변한 지 오래다.

김정은 위원장이 제시한 '우리식 경제관리방법'은 김일성-김정일 시대의 경제관리 체계와 방법을 계승하면서도 '우리식'이라는 표현에서 전환과 혁신의 가능성을 암시하고 있다. 우리식 경제관리방법에는 내각책임제 강화, 사회주의기업 책임관리제, 협동농장 포전담당 책임제 등이 포함되고, 그러한 변화에서 실리적 혁신이 움트고 있다.

그가 '우리식 사회주의'의 수령들(김일성 국가주석과 김정일 국방위원장)의 사상이론과 전략적 노선에서 무엇을 계승하고 무엇을 혁신하는지를 관찰하는 것은 중요하다. 북한의 경제사정을 파악하고자 할 때 김정은 위원장의 전략적 노선을 정확히 이해하는 것이 선행되어야 하는 이유이다. 그의 생각과 관련하여 북한 사회과학자들에게 혁신을 주문한 다음 발언은 주목할 만하다.

"현 시기 주체적 방법론을 구현하는데서 나서는 중요한 요구는 모든 사고와 실천을 창조적으로, 혁신적으로 해나가도록 하는 것입니다. 오늘 우리 당은 어느 부문에서나 경직을 풀고 새 세기에 맞게 대담하게 혁신하고 새 것을 창조할 것을 요구하고 있습니다. 시대와 사회는 계속 변화 발전하는데 한 본새로 있겠다는 것은 허용될 수 없습니다.

우리 당이 시대정신과 발전추세를 민감하게 반영하여 새로운 형식과 방법을 들고 나온 모란봉악단 공연을 중시하는 것은 공연을 통하여 모든 부문들에서 굳어진 사고방식과 낡은 틀을 마스고(깨뜨리고) 혁신적인 창조기풍을 따라배워 자기 사업에서 혁신할 방도를 찾도록 하기 위해서입니다. 사회과학자들은

시대에 뒤떨어진 구태의연하고 경직된 사고방식을 배격하고 사회과학 연구
에서 나서는 모든 문제를 빨리 전진하는 우리 혁명의 요구와 우리나라의 구
체적 현실에 맞게 혁신적으로 풀어가야 합니다." [18]

북한의 경제발전전략에서 눈여겨봐야 할 변화들은 내각책임제·내
각중심제 강화, 관료주의·부패와의 투쟁과 인민 중시, 경제강국 건설
론과 새 세기 산업혁명, 지식경제시대의 과학기술발전, 우리식 경제관
리방법의 정착과 생산현장(기업소, 협동농장)의 활성화, 지방경제 살
리기, 재정은행사업의 변화, 단번도약의 모색, 국방공업 능력의 민수
전환 등 다양한 부문에 걸쳐 있다.

특히 북한이 모색하는 '단번도약rapid leap'에서는 남한의 고도 성장
기에 나타난 '압축성장compressed growth'과는 달리 첨단과학기술 발
전에 의거한 고속성장을 중시한다.

이 책에서 이러한 변화를 하나씩 짚어보게 될 것이다.

경제건설 총력집중노선, 계승과 혁신

남북 경제협력이 남한 경제에 새로운 기회와 활력을 부여할 것이라
는 기대가 있다. 북한의 자원과 젊은 노동력 활용, 대륙진출(물류) 기
회와 산업구조 조정, 첨단과학기술 협력 등이 긍정적으로 작용할 것이
라는 예측이 지배적이다.

북한은 식량 부족과 경공업 부진으로 인해 인민생활의 어려움이 있
었는데도 인공위성과 핵무력 개발에 필요한 첨단과학기술을 발전시킨
특이한 경제체질을 갖고 있다. 부족의 경제와 첨단과학기술의 발전,
어느 쪽이 북한 경제의 진면목인가? 단순한 질문에 여러 답변이 가능
하겠지만, 북한의 경제현실은 부문별로 발전과 저발전 사이의 여러 지
점에 처해 있다고 보는 게 합당할 것이다.

김정은 위원장이 자신의 집권 초기인 2013년에 조선로동당 중앙위
원회 3월 전원회의를 열고 '경제건설과 핵무력건설 병진노선'을 채택

했음은 널리 알려져 있다. 이 노선은 김정일 국방위원장의 '선군시대 경제건설노선'을 계승하면서 핵무기 개발에 주력할 것임을 공개적으로 천명한 것이었다. 이로써 북한의 정책 변화와 개혁·개방에 대한 외부의 기대는 일거에 무너졌다.

김 위원장은 핵무력 건설에 온 힘을 쏟은 뒤인 2017년에 '핵무기 보유국가'임을 공식적으로 선언하고, 2018년 4월 20일에 열린 당 중앙위원회 제7기 제3차 전원회의에서 전략적 노선을 '경제건설 총력집중노선'으로 전환함으로써 외부에 적지 않은 충격을 주었다. 사상정치강국의 자신감에 이어 군사강국에도 도달했으니, 이제 남은 과제인 경제강국 건설에 전념하겠다는 선언이었기 때문이다.

북한 인민들은 조선로동당의 새로운 전략적 노선을 크게 반기는 분위기였던 것으로 관측된다. 이런 차제에 남북의 지도자들이 2018년 4월 27일《판문점선언》에 합의하다보니 민족화해와 평화번영의 새 시대가 열릴 것이라는 기대가 남북과 해외의 민족구성원들의 가슴을 설레게 한 것도 무리는 아니었다. 이루지 못할 꿈은 없다는 자신감과 감동을 준 역사적인 사변이었다. 공동번영과 자주적 평화통일의 묘목을 심은 남과 북이, 물과 거름을 잘 주어 그 묘목을 아름드리나무로 키워야 한다는 각성은 민족구성원 모두의 몫으로 남아 있다.

북한의 경제사정을 제대로 이해하게 되면 남한 정부는 올바른 정책으로 대응할 수 있고 기업들은 새로운 비즈니스 기회를 찾을 수 있다. 민족구성원 모두가 경제공동체의 발전에 대한 신심과 낙관을 가지게 될 것이다. 그런데 우리는 북한의 경제사정과 경제발전전략에 대하여 얼마나 알고 있는가? 제대로 알고 있기나 한 건가? 우리는 이 물음 앞에 서있으나 답하기는 쉽지 않다. 북한을 빈번하게 방문하거나 거주하지 않고서는 북한 경제를 실증적으로 증언할 만큼의 체험은 부족하고 실체적 진실에 접근하기도 수월하지 않다.

그나마 북한이 보도한 내용을 추적해서 체계적으로 분석하면 사실적인 정보를 상당히 얻을 수 있다. 남한 미디어들이 북한이 보도한 개별 소식을 전하는 일을 게을리 하지는 않지만, 종합적이고 총체적 분석에까지 미치지는 못하는 아쉬움이 있다. 미디어 보도와 전문가들의 연구 성과 사이에 간극이 존재한다. 북한이탈주민들이 반복하는, 중국 상품의 북한시장 점령 등의 정보는 북한의 경제실상을 이해하는데 일정한 도움을 주지만, '우리식 경제관리방법' 아래 진행되고 있는 북한의 경제구조와 관리운영에서 지향하는 '혁신'의 큰 그림 같은 것을 보는 데에는 모자람이 있다.

중국·베트남의 개혁·개방의 경험에 비추어 북한이 언제, 어떻게 개혁·개방에 나설 것인지에 집착하는 시각에도 문제는 있다. 북한이 정권 초기부터 노력해온 자립적 민족경제건설노선과 자력갱생 정신에서 자라난 자강력제일주의에 대한 이해 없이는, 또한 경제현장에서의 예비와 증산절약투쟁에 대한 이해 없이는 북한의 경제발전전략의 전모를 파악하는 과녁에서 종종 빗나가기가 쉽다.

국제사회의 대북제재가 단계적으로 완화되더라도 북한이 자신의 경제사정을 외부에 얼마나 공개할지는 지켜봐야 하겠지만, 그 정보는 날이 갈수록 늘어날 것이고 그에 따라 북한의 경제현실에 대한 외부의 이해력도 점차 높아질 것이다. 다만, 어떤 시선과 시각으로 북한의 현실을 바라보느냐에 따라 그들의 전략적 노선에 대한 평가도 달라질 수 있음에 늘 유의해야 한다.

한반도에서 '종전선언'이 이뤄진다면 그 긍정적인 여파는 한반도에서의 완전한 비핵화와 평화체제로 넘어가는 계기를 만들어낼 것이고, 그렇게 되면 북한이 국제사회에 자신의 실제 면모를 더 많이 드러낼 것이다. 김정은 위원장은 우여곡절이 있더라도 경제건설 총력집중노선을 이행하여 사회주의경제강국 건설에 한발 더 다가서려고 할 것이다. 그런 가운데 남한도 동반성장의 기회를 맞이하게 될 수 있다.

김일성-김정일 시대의 전략적 노선과 함께 김정은 위원장의 노선을 집중적으로 다루는 이 책은 북한의 경제발전전략을 둘러싼 여러 가지 정보와 사실을 담고 있다. 이 책은 남북경협을 직접 다루는 것을 목적으로 하지는 않지만, 김 위원장의 경제발전전략이 민족경제의 균형적 발전에 도움이 될 것이라는 가정假定을 토대로 삼고 있다.

김정은 시대의 북한을 다룰 때 김일성-김정일 시대의 계승과 혁신을 균형 있게 짚어보아야 한다. 계승에 고착되면 변화를 포착하기가 어렵고 혁신에만 집중하다보면 북한식의 사회주의 원칙과 이전 시대부터 줄곧 이어져온 '원형'에서 이탈하기 십상이다. 시대적 흐름과 새로운 현상에 관심을 집중하면서도 불변의 사정이 무엇인지도 간파할 필요가 있다.[19]

김정은 시대의 북한은 조선로동당 제7차대회의 《결정서》에 나타난 대로 과학기술강국 건설, 사회주의경제강국 건설과 인민생활 향상을 목표로 삼고 있다. 김정은 정권의 출범 시기에 경제건설과 핵무력건설 병진노선을 채택했다가 2018년 4월에 경제건설 총력집중노선으로 전환한 것은 주목할 만한 사태였다. 당 제7차대회의 개최 시점(2016년 5월)에 유의해본다면, 제7차대회의 《결정서》의 경제건설 과업들이 경제건설 총력집중노선의 채택으로 탄력을 받아 본격적인 실천 국면에 들어섰음이 분명하다.

김 위원장의 전략적 노선에 초점을 맞추면 북한의 경제상황을 이해하는 실마리를 찾을 수 있다. 전략적 노선 외에도 다뤄야 할 주제는 많다. 이를테면 시스템의 변화, 사상의식의 변화, 리더십의 변화, 경제와 연관된 다른 분야의 정책방향의 변화, 대외관계 및 통일정책의 변화 등이 그런 주제에 속한다.

북한이 경제재건 과정에서 혁명과 건설의 주체들(노동자, 농민, 지식인, 군인) 가운데 지식인(과학기술자)과 혁명적 군인을 중시하게 된 배경과 그 과정을 정리해보는 것도 의미가 있을 것이다. 내각과 주요 국가기업소에 몸담고 있는 경제 테크노크라트들과 제2경제위원회(군수부문)의 직업 군인들과의 연계가 어떤 식으로 발전해나갈지를 추적하는 것도 좋은 연구가 될 수 있다.

경제 테크노크라트들과 군부 사이에 이해관계의 상충과 갈등이 존재한다는 인식이 널리 퍼져 있는데 북한에서 과연 그러한지는 언제나 의문의 대상이다.[20] 이 과제는 김 위원장의 리더십 분석에서 중요한 이슈가 될 수 있다.

이 책에서는 김정은 시대의 경제발전전략을 다루는 과정에서 김일성-김정일 시대의 계승과 혁신의 측면이 집중적으로 검토된다. 한 주제에 집중하면 연관된 다른 주제들이 꼬리를 물기 마련인데, 이 책에서도 경제발전전략을 기본 주제로 삼으면서 다른 연관 주제들, 즉 북한의 경제구조와 정책의 흐름도 함께 다룬다. 간혹 역사적 경과 설명이 필요하여 시계열적으로 서술한 부분도 있지만 대개는 주제별 서술 방식을 택하고 있다. 다만 흐름 상 불가피할 때에는 약간의 중복 서술도 마다하지 않는다. 북한 분석에서 왕도王道는 없으나 지름길은 있을 법하다. 김정은 시대의 경제발전전략을 살펴보는 것이 그 길이 될 수 있다. 이 길에 나서지 않으면 알 수 없는 것들을 이 책에서 조우하게 될 것이다.

차 례

표 차 례

그 림 차 례

제1장
북한 경제발전전략의 기초

제1절 경제발전전략의 정신적 기초

북한은 '주체'와 '우리식'의 나라이다. 주체의 경제, 우리식 사회주의 등이 그러한 표현이다. 김정은 위원장의 전략적 노선에서 두드러진 우리식 경제관리방법도 마찬가지다. 주체의 경제는 북한 사회주의 경제시스템의 원리와 작동방식이 다른 나라들과는 판이하다는 것을 말해준다. 주체의 경제에 작용하는 여러 요소들 가운데 정신적 토대부터 살펴보는 게 좋을 것이라 생각한다.

북한은 세계관 자체가 다른 나라들과 다르다. 그 바탕에는 민족주의·사회주의·집단주의가 자리하고 있고 서로 영향을 미친다. 이 세 가지는 북한 사회의 이념적 지향성의 기초를 이루고, 국가적으로는《사회주의헌법》에 반영되어 있다. 북한이 민족사회주의와 사회주의공동체를 지향한다고 보는 것도 이 때문이다.

1. 민족주의·사회주의·집단주의

"사회주의 몰락으로 깊이 파인 이데올로기의 공백을 메우기 위해 중국공산당이 선택한 것은 민족주의였다. 물론 민족주의를 바탕으로 한 애국주의는 덩샤오핑 정부 시대부터 지속적으로 강화되는 양상을 보인다. 개혁개방 정책은 사회주의적 목표와 혁명의 가치를 뒷전으로 밀어내고 민족주의가 추구하는 단 하나의 목표, 즉 '부강'에 모든 가치를 집중한다. 1980년 덩샤오핑은 '사회주의의 목적이 나라를 부강하게 만드는 것'이라고 선언한다." [21]

"북한 민족주의의 시원이 항일무장투쟁 시기 민생단사건에서 극적으로 형성됨을 알 수 있다. 북한이 건국 초 사회주의로 출발했지만 민족주의를 놓치지 않은 이유는 이처럼 이미 일제 항일무장투쟁 과정에서 형성된 민족주의가 잠재화, 내재화되어 있었기 때문이다. 특히 북한은 민족론의 정식화에 힘입어 참다운 민족주의를 창출함으로써 이제까지 난제들이었던 민족주의의 진보성 문제 그리고 민족주의와 계급주의, 사회주의, 국제주의와의 상호관계를 해결할 수 있었다.… 참다운 민족주의를 창출한 북한에서 오늘날 민족주의가 여러 이념들의 변화를 주도하면서 새롭게 진화하고 있음을 알 수 있다." [22]

"도덕적 규범은 사회생활을 하는 집단 안에서 상부상조를 장려하는데 기여하고 전반적으로 사회집단의 이익을 위해서 개개인에게 제약을 가하는 일종의 사회계약과 같은 기능을 한다.…도덕이 추구하는 생물학적 목표(협동의 장려)가 내포하는 의미는 자신이 속한 집단의 성원들을 우대한다는 것이다. 내 가족, 내 친지, 내 공동체에게 충성해야 하는 도덕적 의무가 무엇보다도 우선이다. 가장 가까운 주변 사람들의 생존과 안전이 보장되어야만 충성의 범위가 사회 집단으로 확대될 수 있다." [23]

북한의 역사와 사회를 설명할 때 민족주의와 집단주의는 빼놓을 수 없는 주제이며, 김정은 시대의 북한에도 이 정신은 관통한다. 위의 인용문은 민족주의와 집단주의의 중요성을 함유하고 있다. 남한에서는 민족주의에 관한 관심과 논의가 1980년대에 비해 현저히 줄어들었고[24] 이는 북한의 민족주의 강조와 대조를 이룬다. 화해협력과 평화번영의 시대에 접어들면서 남한에서도 민족주의에 대한 관심이 높아질 것이다. 남북 화해협력시대에 성장해나갈 민족주의는 폐쇄적이고 자민족중심적인 경향을 극복하는, 개방적이고 호혜 평등한 국가·민족관계를 지향하는 성숙된 모습을 띨 것이다. 새로운 시대에는 민족의 단합이 중요한 가치로 부각될 것이고 남한의 시민사회에서 민족의 공동이익에 대한 관심도 한층 높아질 것이다.[25]

1) 민족주의와 주체사상의 진화

북한 민족주의의 뿌리는 넓고도 깊다. 항일무장투쟁으로 해방을 쟁취했다는 자부심이 오늘날에도 유지되고 있다. '김일성 장군'이 창건했다고 북한이 선전하는 조선인민혁명군(1934년 3월 창건)의 전신前身인 반일인민유격대(1932년 4월 창건) 시기에 만주 왕청汪淸 일대의 마촌 병기창에서 제작한 '연길延吉폭탄'은 지금도 무에서 유를 창조한 자력갱생自力更生의 전형으로 선전된다. 김일성 주석은 회고록《세기와 더불어》에서 '연길폭탄'을 자력갱생의 역사적 기원이라고 회고한 바 있다. 북한은 항일무장투쟁의 혁명전통을 중시하는 사회이고, 자력갱생의 연원을 혁명전통에서 찾고 있다.

북한의 민족주의는 서구 사회의 근대적 민족주의와는 사뭇 달라서 외세의 침략을 많이 겪은 민족답게 민족자주정신과 민족대단결을 강조하며 '우리 민족제일주의'를 내세운다. 우리 민족제일주의는 오늘에 와서 '우리 국가제일주의'를 탄생시켰지만 우리 민족제일주의도 여전히 강조되고 있다.

민족자주정신과 민족대단결은 남북 사이의 첫 역사적 합의인《7·4 공동성명》(1972년)에도 반영되어 있다. 우리 민족제일주의는 다른 사회주의나라들이 붕괴되던 세계사적 전환기에 김정일 국방위원장이 내

세운 정치담론이었다.[26]

북한의 민족주의는 제국주의자들의 사상문화 침투를 막아내고 자주의식과 혁명정신을 높여 민족적 생활양식과 풍습을 지키려는 것에 방점을 찍고 있다.[27] 북한의 민족주의는 항일무장투쟁에서 비롯된 혁명전통의 측면, 중국·구소련 등 사회주의 강대국들의 간섭을 배격하고 미국과의 전쟁상태를 끝내려는 자주의 측면, 민족의 자긍심으로 사회주의 제도를 지키려는 우리 민족제일주의의 측면, 그리고 자립적 민족경제 건설노선의 측면 등 역사를 통해 형성된 다각적인 층위를 갖고 있다.

북한의 정치담론에서 혁명전통은 항일혁명투쟁 시기에 이룩한 '김일성 장군의 혁명전통'만을 뜻한다. 북한의 민족주의는 다른 나라들과 민족들에서 나타나는 민족주의와는 달리 항일무장투쟁을 배경으로 한 것이고, 인민들의 가치관이자 통치이념인 주체사상도 혁명전통의 경험에서 유래한 혁명사상이다. 북한의 설명에 따르면, 혁명전통은 주체의 사상체계와 혁명정신, 불멸의 혁명업적과 고귀한 투쟁경험, 혁명적 사업방법과 인민적 사업작풍 등으로 구성된다. 북한이 1997년부터 '주체' 연호를 사용한 것은 혁명전통의 계승을 고려한 면이 있다.

북한에서 주체 확립이 공식적으로 처음 언급된 것은 김일성 수상이 1955년 12월 28일에 발표한 담화《사상사업에서 교조주의와 형식주의를 퇴치하고 주체를 확립할 데 대하여》에서였지만, 그 기원은 항일무장투쟁 시기로 거슬러 올라간다. 사상에서의 주체가 나온 뒤인 1956년에 경제에서의 자립, 1957년에 정치에서의 자주, 1962년에 국방에서의 자위 등으로 이어지면서 체계를 갖추었다.

조선로동당의 주체사상은 1967년을 변곡점으로 한 체계화 과정을 거쳐 마르크스-레닌주의를 대체하는 지도사상으로 부상한다. 즉 1967년 5월 당 중앙위원회 제4기 15차 전원회의에서의 '당의 유일사상체계' 확립, 1970년 11월 제5차 당 대회에서의 주체사상의 승리 및 유일사상체계 확립 선언, 1972년 12월《사회주의헌법》에서의 주체사상의 국가지도사상 채택, 1980년 10월 제6차 당 대회에서의 마르크스-레닌주의 삭제 등의 과정을 거쳤다. 이러한 변화를 통해 마르크스-레닌주의의 보편성(사회주의적 국제주의)에서 주체사상의 특수성(사회주의적 민족주의)으로 전이轉移된 뒤에, 주체사상은 새로운 보편적인 사상체계로 발전해 나갔다.

주체사상을 마르크스-레닌주의와 같은 보편적 사상체계로 격상시키려는 노력은 김정일 당 조직비서와 당내의 사상이론가들에 의해 1974년부터 본격화되었다.[28] 김 비서는 1982년의 논문《주체사상에 대하여》에서 주체사상의 철학적 원리, 사회역사적 원리, 지도적 원칙을 체계화했다. 주체사상은 수 십여 년에 걸친 체계화 과정을 걸쳐 완성되기에 이르렀고 북한의 역사적 경험과 특수성에서 출발하여 보편적 사상으로 진화했던 것이다.

김일성 주석의 사후에 김정일 시대[29]가 열리면서 주체사상에 선군혁명사상이 보태졌다. 김정은 시대에 들어와서는 주체사상의 창시자인 김일성 주석과 주체사상의 체계화·발전의 장본인인 김정일 국방위원장의 이름을 따서 김일성-김정일주의로 정식화하고 있다.

김일성-김정일주의에는 주체의 사상·이론·방법의 전일적 체계, 선군혁명사상(선군정치이론), 사회주의강성국가 건설이론 등이 포함된 것으로 북한에서는 보고 있다. 경제적 측면에서 보자면 자립적 민족경제건설노선에서 민족주의의 뿌리를, 사회주의강성국가 건설이론에서 주체사상 내지는 김일성-김정일주의의 바탕을 읽어낼 수 있다.

2) 우리 민족제일주의와 자주의 길

김정은 위원장은 집권 직후인 2012년 4월 15일 김일성주석 탄생 100주년 경축열병식에서 첫 공개연설을 했다.[30] 그는《4·15연설》에서 "김일성 동지와 김정일 동지께서 펼쳐주신 자주의 길, 선군의 길, 사회주의 길을 따라 곧바로 나가는 여기에 우리 혁명의 100년 대계의 전략이 있고 종국적 승리가 있습니다"라고 선언했다. 자주의 길을 계속 가겠다는 의지를 밝힌 것이었다. 북한 현대사는 자주를 위한 투쟁의 역사였으며 여러 차례의 발전적인 계기가 있었다.

북한은 1953년 정전협정 이후 초강대국 미국을 겨냥하여 반제反帝 자주노선을 확립했다. 조선로동당은 1966년 8월 12일에 기관지 『로동 신문』에 《자주성을 옹호하자》는 논설을 게재함으로써 중국과 소련을 겨냥한 사회주의 강대국으로부터의 자주노선을 천명했다.

북한은 중국·소련 간의 대립으로 국제공산주의운동이 평화공존, 개인숭배문제 등으로 혼란을 겪던, 정치적으로 매우 민감한 시기에 이 논설로 현대수정주의(소련)와 교조주의(중국)를 동시에 비판했다. 이로써 북한은 '반미反美 자주'와 '대국大國으로부터의 자주'라는 강고한 사상적 토대를 만들어냈다.

한편, 우리 민족제일주의는 김정일 당 조직비서가 1986년 7월 15일에 당 중앙위원회 책임일군들과 한 담화 《주체사상교양에서 제기되는 몇 가지 문제에 대하여》에서 처음 제시되었다. '주의'가 붙어 있지만 이념보다는 정신·정서의 면이 강했고 북한 인민들의 정서에 깊은 영향을 미쳤던 것으로 보인다. 그는 논문에서 "혁명이 나라와 민족을 단위로 진행되고 있는 조건에서.…자기 나라 혁명에 충실하자면 무엇보다도 자기 민족을 사랑하고 귀중히 여길 줄 알아야 합니다. 나는 이런 의미에서 민족제일주의를 주장합니다"라고 밝혔다.[31]

이 담화가 중국에서 1984년 10월에 도시 상공업의 생산책임제와 기업의 자주권 확대, 시장경제 원리의 도입과 가격제도 개선 등이 포함된 경제체제 개혁노선이 천명되고 구소련에서 1985년 4월에 페레스트로이카Perestroika(재편)노선이 선언된 이후에 사회주의진영에서 개혁의 바람이 불기 시작한 시점에 나왔다는 사실이 중요하다. 반제자주노선(반미자주)과 자주성의 옹호(대국으로부터의 자주)와는 각도를 달리해 우리 민족제일주의로 '정신적 방어벽'을 칠 필요가 있었던 것이다.

이어서 김 비서는 1989년 12월 28일 당중앙위원회 책임일군들 앞에서 한 연설 《조선민족제일주의정신을 높이 발양시키자》에서 조선민족제일주의의 근거에 대해 '위대한 수령', '위대한 당의 영도', '위대한 주체사상', '우월한 사회주의제도' 등을 제시했다. 지도자와 당의 리더십, 당과 국가의 이데올로기, 그리고 국가제도 등에서 '제일'이라는 것이었다.

조선민족제일주의의 목적은 "민족에 대한 긍지와 자부심을 가지도록 하자는 데만 있는 것이 아니라 자체의 힘으로 사회주의건설을 더 잘하여 민족의 존엄과 영예를 더욱 높이 떨치도록 하자"는 것이라고 강조되었다.[32] 인민의 머릿속에 남아 있던 사대주의적 경향을 없애고 독자적인 사회주의 건설을 위한 강한 자신감과 의욕을 불러일으키려는 것이었다. 인민들에게 조선민족제일주의를 교양하는 과정에서 주체사상과 우리식 문화도덕이 제일이라는 담론이 되풀이되었다.

북한은 1995년 고난의 행군 이후 사회주의강성국가 건설에 나서게 되는데 이 과정에서 우리 민족제일주의의 정신이 더욱 필요했던 것으로 보인다. 김정은 시대의 핵무기 보유국 선언이나 인공위성 발사 등이 우리 민족제일주의의 자긍심을 인민들 사이에서 불러일으키려는 의식ritual이라고 보는 견해가 근거 없는 것은 아니었다. 일심단결은 북한에서 언제나 중요한 정치동력이었다. 자력갱생으로 인공위성과 핵무기를 만들어낸 그 위력으로, 과학기술강국·경제강국 건설과 인민생활 향상으로 나아가겠다는 경제발전전략(2016년 5월 조선로동당 7차 대회)에서 우리 민족제일주의는 더욱 중요해졌다.

김정은 시대에 들어와 자력갱생의 정신은 자강력제일주의와 결부되면서 한층 업그레이드되고, 우리 민족제일주의는 우리 국가제일주의로 진화하고 있다. 북한 인민들에게 제일주의 담론은 낯설지 않다.

1980년대 중후반부터 우리(조선) 민족제일주의가 광범위하게 선전되었고, 1993년 12월의 당 중앙위원회 제6기 제21차 전원회의에서는 농업·경공업·무역 제일주의 방침이 등장했다. 앞의 것은 인민들에게 민족 자긍심을 주려고 정신·정서에 호소한 것이었고 뒤의 것은 제3차 7개년계획(1987~93년)의 실패에 따른 정책 변경의 선언이었다. 농업·경공업·무역 제일주의는 제대로 이행되지 못했으며 인민들은 1995년부터 전대미문前代未聞의 고난의 행군을 겪었다. 당과 국가는 2002년에 들어서야 선군시대 경제건설노선과 7·1 경제관리 개선조치를 내놓으면서 국면 전환을 꾀할 수 있었다.

자강력제일주의는 자력자강自力自强으로 사회주의경제강국도 건설하고 과학기술강국도 앞당기며 인민생활을 향상시킬 수 있다는, 신심과 낙관을 높이려는 감성의 호소와 국산품 애용 같은 실천 방안을 포함한다. 『로동신문』에 따르면, 우리 국가제일주의는 "우리 민족제일주의 정신으로 우리식 사회주의를 고수하고 빛내이기 위한 투쟁 속에서 승화 발전된 것"으로서, "모든 일군들과 당원들과 근로자들은 우리 국가제일주의를 높이 들고 혁명적 대진군을 다그쳐나가야 한다"는 것이다.[33]

우리 국가제일주의의 실천에서는 당의 영도의 충직한 준수, 사회주의경제건설의 촉진, 과학기술과 문화의 비약적 발전, 교육·보건·체육과 문학예술을 비롯한 문화 분야에서 국력과 위상 강화 등이 중시된다.[34] 우리 국가제일주의에서 조선민주주의인민공화국의 국가적 위상을 국제사회에서 높이기 위한 목적지향성을 읽을 수 있다.

집권 초기부터 자주의 길과 자력갱생을 강조해온 김정은 위원장은 2019년 4월 12일 최고인민회의 제14기 제1차 회의에서 한《시정연설》에서 "자주는 우리 공화국의 정치철학이며 김일성-김정일주의 국가건설사상에서 중핵을 이룹니다"라고 하면서 "국가건설과 활동에서 자주의 혁명노선을 철저히 관철하여야 합니다"라고 재확인했다.

그는 또 "우리 공화국은 앞으로도 동풍이 불어오든 서풍이 불어오든 그 어떤 도전과 난관이 앞을 막아서든 우리 국가와 인민의 근본이익과 관련된 문제에서는 티끌만 한 양보나 타협도 하지 않을 것이며 모든 것을 자력자강의 원칙에서 해결해나가면서 우리 식, 우리 힘으로 사회주의강국건설을 다그쳐나갈 것입니다"라고 밝혔다.

어떤 풍파, 도전과 난관이 있어도 자력자강 원칙을 굳건히 지키겠다는 의지를 천명한 것이었다. 그는 이를 위해 혁명의 주체적 역량 강화와 사회생활의 모든 분야의 우리식 발전, 인민들의 주체사상·민족자주정신 무장과 나라의 정치사상진지 공고화, 경제·국방·문화 등 모든 분야의 주체적 입장과 우리식 발전, 남의 식과 남의 풍風의 불허 등의

과업을 제시했다.[35]

그는 자주와 주체의 혁명정신, 그 실천과 직결된 자강력제일주의에서 작은 일탈도 없을 것임을 다짐하고 이를 국정의 기본정신으로 삼겠다고 인민들에게 다짐했던 것이다. 그가 젊은 시절에 스위스 유학 경험이 있었음을 강조하며 탈脫민족주의를 기대하는 외부의 기대는 현실과 괴리가 있어 보인다. 우리 민족제일주의와 그로부터 연원한 우리 국가제일주의, 그리고 자주의 길이 김정은 시대의 경제발전전략의 정신적 기초이기 때문이다.

3) 사회주의의 길과 '우리식 사회주의'

김정은 위원장은 2012년 《4·15연설》에서 앞으로도 계속 '사회주의의 길'을 걸어가겠다고 천명했다. 그것은 놀랄 일은 아니었지만 무심히 넘길 일도 아니었다. 당·국가·군대의 영도집단과 인민들이 사회주의에서 물러서지 않을 것임을 선포한 것이었기 때문이다.[36]

북한에서 '사회주의완전승리' 테제가 중시된 것은 1986년이었다. 이 테제는 중국과 소련이 사회주의 궤도에서 이탈한데 비해 북한은 사회주의 원칙을 고수하면서 혁명과 건설을 완성해 나가겠다는 선언이었다. 북한은 1998년에 수정 보충된 《사회주의헌법》에서 사회주의완전승리를 국가의 당면목표로 설정(제3조)하여 당·국가의 최고 목표임을 내외에 선포했다.

가장 최근의 사례로는 김정은 위원장이 2019년 4월 12일 최고인민회의 제14기 제1차 회의에서 한 《시정연설》에서 사회주의완전승리 테제를 거듭 내세웠음을 확인할 수 있다. 그는 "사회주의강국 건설은 사회주의완전승리를 이룩하기 위한 투쟁의 역사적 단계이며 그것은 김일성-김정일주의 국가건설사상을 철저히 구현함으로써만 빛나게 완성될 수 있다"고 말했다.[37]

《시정연설》의 발언은 김정은 위원장이 2016년 5월 제7차 당 대회의

《사업총화보고》에서 "사회주의강국 건설은 온 사회를 김일성-김정일주의화하기 위한 투쟁의 역사적 단계이며 그것은 사회주의의 기초를 다지고 사회주의완전승리를 이룩해 나가는 과정"이라고 밝혔던 것의 연장이었다.[38]

사회주의의 길에 대한 해석은 분분할 수 있겠으나 북한이 추구하는 것은 마르크스-레닌주의에 입각한 사회주의가 아니라 우리식(조선식) 사회주의이고, 이는 북한의 역사적 경험에 기초한, 독자적인 색채가 짙은 사회주의이다.

외부에서 북한 사회주의 체제를 '수령제사회주의'로 부르던 '수령절대주의 정치체제'로 부르던, 그 밖의 어떤 것으로 부르던 간에 북한 인민들에게 그것은 중요한 것 같지 않다. 그들이 우리식 사회주의 기치 아래 독자적인 사회주의의 길을 걸어왔고, 앞으로도 그 길을 가겠다고 천명한 이상, 우리식 사회주의의 구조와 실상을 파악하는 것에 집중하는 것이 효율적일 것이다.

북한의 사회주의는 생산수단의 사회적 소유와 계획경제라는 사회주의 일반원칙에 더해 사회주의건설의 총노선(인민정권+사상·기술·문화의 3대혁명), 사회주의적 민주주의[39]와 중앙집권제, 자립적 민족경제 건설노선[40] 등을 포함한 우리식 사회주의이다.[41]

우리식 사회주의의 기원[42]에 대해서는 여러 가지 견해가 있을 수 있으나, 북한이 1990년대 이래 우리식 사회주의를 일관성 있게 주장해왔다는 점에는 의견이 모아진다. 북한이 사회주의완전승리 테제에 이어 우리식 사회주의를 강조한 것은 사회주의 체제와 정권들의 잇따른 붕괴에 대한 반작용이었음은 말할 나위가 없다.

김정일 국방위원장은 구소련과 동유럽 사회주의국가들이 속수무책으로 무너지는 것을 보면서 우리식 사회주의는 그들의 체제와는 근본적으로 달라 붕괴하지 않을 뿐 아니라 종국적으로 승리의 길을 걸어갈 것이라고 강조했다.[43]

김일성 주석이 사망한 1994년, 그해 11월에 김정일 국방위원장은 논문《사회주의는 과학이다》를 발표해 우리식 사회주의를 지속할 것임을 내외에 천명했다. 이 논문은 우리식 사회주의의 실천에서 관료주의 반대투쟁, 개인주의·수정주의를 이겨내기 위한 사상교양과 학습, 수령 -당-인민대중의 사회정치적 생명체에 의거한 집단주의[44] 등을 강조함으로써 다른 나라의 사회주의와는 근본이 다르다는 역설로 일관했다.

또한 우리식 사회주의의 기저에 독특한 집단주의가 강고히 뿌리내려져 있음을 강변한 것이기도 했다. 김정은 위원장이 우리식 사회주의의 길을 가겠다고 선언한 것은 사회주의완전승리 테제와 집단주의 정신을 계승하겠다는 의지의 표현이었던 것이다.

4) 집단주의 정신과 경제부문에의 영향

공동체(집단)의 도덕적 규범이 올바로 작동하려면 개인들의 생존이 선행되어야 하며, 경제발전은 그 생존의 물질적 토대를 만들어낸다. 이 물질적 토대는 개인의 생존을 넘어 공동체의 규범에 적극적으로 작용한다. 이에 따라 집단주의는 사회 전반에 영향을 미친다. 특히 집단주의가 북한의 경제발전전략의 기초를 이룬다는 사실에 주목해야 한다.

북한의 집단주의는 공산주의 일반의 집단주의에서 출발한 것이지만, 1960년대의 긴박한 정치경제 사정으로 인해 독특한 정신자산으로 고착된 면이 있다. 1950년대 전후복구 건설 시기의 고속성장에 따른 피로, 수정주의 대두에 의한 개인주의 확산에 대처하는 한편, 경제성장을 위한 대중운동에 나서면서 강력한 집단주의가 필요했던 때가 1960년대였다.

집단주의는 일반적으로 서로 협력하여 사회생활을 영위하는 원칙을 말하며 개인주의와 대립된다. 집단주의는 원시공동체에서부터 사람들의 생존·유지에 없어서는 안 될 기반이었고 공동 소유에 기초해 있었다. 생산수단의 사적私的 소유가 발생하면서 집단주의는 쇠퇴했고 사회생활에서 개인주의가 득세하게 되었다. 자본주의적 생산관계 아래에서는 개인주의가 압도적으로 우위를 차지하고 있다.

사회주의의 등장으로 생산수단의 사회적 소유가 자리를 잡으면서 프롤레타리아계급을 중심으로 집단주의가 부활한다. 사회주의사회의 집단주의는 집단사회의 절대화로 인간이 자기를 상실하면서 그에 종속되는 것을 뜻하지는 않는다. 사회주의 하에서는 개인이 자기가 필요한 것을 사회로부터 얻으며, 사회는 각 개인이 자신의 능력을 보다 잘 살릴 때 그 발전을 이룰 수 있는 것으로 가정한다.[45]

사회주의사회에서 개인주의의 한계를 감안해 집단주의를 강조해온 데 비해 자본주의사회에서는 개인주의를 극복하는 대체代替가치로 공동체주의를 강조하는 경향을 보여왔다. 공동체주의는 개인의 자유를 중시하는 전통적인 자유주의와 개인의 책임을 강조하는 보수주의의 입장을 절충한 중도적인 위상을 갖고 있다.

공동체주의는 개인의 자유보다 평등, 권리보다 책임, 가치중립적 방임보다 가치판단적 담론을 중시한다. 공동체주의는 고도의 산업사회화에 따른 도덕공동체의 와해와 개인이기주의의 팽배에 의한 원자화 등에 대한 대안으로 등장했던 것이다.[46]

공동체주의자들은 '공동선the common good의 정치'를 강조해왔다. 이들은 공동체 가치를 인정하지 않고 개인주의를 강조하는 것에 이의를 제기하며, 개인의 자유에 대한 권리만큼이나 공동선에 대한 의무가 있음을 부각시켰다.[47] 남한 사회에서도 공동체주의에 대한 관심이 한때 높아진 적이 있었다.

이에 비해 북한 사회에서는 집단주의에 대한 천착이 오래되었을 뿐 아니라 사회 곳곳에 뿌리내린 상태다. 남북의 통일과정에서 남측의 공동체주의와 북측의 집단주의가 어떤 퍼즐 맞추기를 할지를 지켜보는 것은 흥미로운 주제이다.

북한에서는 집단주의를 '집단과 조직을 사랑하고 사회정치생활에 충실하며 정치적 생명을 귀중히 여기는 의식', '국가사회재산을 아끼고 사랑하는 자세', '동지를 사랑하고 인민을 사랑하며 서로 돕고 이끄는 태도' 등으로 인식하며, 집단주의의 가장 높은 수준의 표현은 '수령에 대한 충실성'이라고 규정한다.[48] 개인주의는 '개인의 이익을 집단의 이익 위에 올려 세우며 개인을 중심에 놓고 사고하고 행동하는 착취계급의 사상'으로 인식되며, 부르주아사상의 핵을 이루는 것으로 간주된다.[49]

북한의 인식에 따르면, 자본주의사회의 개인주의는 생산수단의 사적 소유에 기반을 두고 빈부격차와 사회경제적 대립을 초래한다. 사회주의사회에서는 개인과 집단의 이익이 일치하고 집단주의가 사회생활의 기초가 된다. 사회주의사회에서는 그 제도가 수립된 뒤에도 개인이기주의, 공명출세주의, 개인영웅주의, 소총명小聰明, 자유주의 등이 뿌리 깊게 남아 있다. 개인주의를 극복하려면 당의 유일사상과 집단주의 정신으로 교양해야 한다는 것이 그들의 논리다. 이 논리에 따라 정치학습과 강연, 생활총화 등이 일상적으로 반복된다.[50]

북한 인민들은 자신의 삶을 집단의 발전과 결부시켜 사유하고 실천하도록 끊임없이 교육받는다. 집단 가치를 개인 가치보다 우선시 하도록 반복적으로 교양한다고 해서 모든 인민이 집단 가치 우선의 '고상한 풍모'를 갖추고 있다고 속단할 수는 없다. 북한 사회는 물질적으로 풍요한 사회가 아니며 경제발전 도상의 단계, 그들 식의 표현으로는 사회주의완전승리로 나아가는 단계에 있으므로 집단주의가 완벽히 구현된다고 볼 수 없다. 집단 가치와 개인 가치가 충돌할 때 개인 가치를 우선시하는 인민들이 당연히 존재한다.

다만 인민 전체의 사회적 지향이 집단주의를 향하고 있고, 이 점이 경제부문에도 투영된다는 점이 중요하다. 김일성 주석이 "집단주의는 소유관계를 비롯한 모든 사회관계가 전사회적인 공동의 이익과 요구에 맞게 끊임없이 발전할 것을 요구합니다"라고 말한 것[51]에서 알 수 있는 것은, '전사회적인 공동의 이익과 요구'에 맞게 '소유관계를 비롯한 모든 사회관계'(생산관계 포함)를 발전시켜나가는 사상적 토대가 집단주의라고 인식되고 있다는 사실이다.

북한의 사회주의 경제시스템은 생산수단의 사회적 소유와 계획경제에 기초해 있고 모든 생산현장은 노동자·농민·군인·근로인텔리의 집단적 노동참여에 의해 움직여진다. 북한의 《사회주의헌법》[52]에 "공민의 권리와 의무는 《하나는 전체를 위하여, 전체는 하나를 위하여》라는 집단주의원칙에 기초한다"고 명시한 것(제63조)은 모든 사회생활의 지향점이 집단주의라고 선언한 것이다.

'하나는 전체를 위하여, 전체는 하나를 위하여'는 개인은 집단을 위해 살고 일하며, 집단은 인민 개개인의 자유와 행복(복리)을 위해 운영되어야 한다는 원리를 집약시켜놓은 구호다.

《사회주의헌법》은 또한 "공민은 인민의 정치사상적 통일과 단결을 견결히 수호하여야 한다. 공민은 조직과 집단을 귀중히 여기며 사회와 인민을 위하여 몸 바쳐 일하는 기풍을 높이 발휘하여야 한다"고 규정하고 있다(제81조). '인민의 정치사상적 통일과 단결'은 북한 정치의 핵을 이루는 일심단결의 정치문화를 표현한 것이고, '조직과 집단을 귀중히 여기며 사회와 인민을 위하여 몸 바쳐 일하는 기풍'은 집단주의의 정치문화를 표현한 것이다.

여기서 말하는 일심단결의 정치문화는 다수결의 원리에 의거하는 자유민주주의의 정치문화와는 성격을 달리한다. 조선로동당《규약》제11항에 따르면, "당은 민주주의 중앙집권제 원칙에 따라 조직하며 활동한다"고 되어있고 "당원은 당조직에, 소수는 다수에, 하급 당조직은 상급 당조직에 복종하며 모든 당조직은 당중앙위원회에 절대 복종한다"고 명시되어 있다. 일심단결의 정치문화는 민주주의 중앙집권제 원칙과 수령-당-인민대중의 사회정치적 생명체론의 정치적 토대 위에서 구현된다.

<표 1-1>은 민족주의·사회주의·집단주의의 정치담론이 《사회주의헌법》에 어떻게 반영되어 있는지를 정리한 것이다.[53]

〈표 1-1〉《사회주의헌법》에 표현된 민족주의 사회주의 집단주의

구 분	조 항	핵 심 표 현
민족주의	제1조	- 전체 조선인민의 이익을 대표하는 자주적인 사회주의국가
	제2조	- 제국주의침략자들을 반대하며 조국의 광복과 인민의 자유와 행복을 실현하기 위한 영광스러운 혁명투쟁에서 이룩한 빛나는 전통을 이어받은 혁명적인 국가
	제19조	- 사회주의적 생산관계와 자립적 민족경제의 토대에 의거
	제26조	- 사회주의 자립적 민족경제건설 노선을 틀어쥐고 인민경제의 주체

구 분	조 항	핵 심 표 현
		화·현대화·정보화·과학화를 다그쳐 인민경제를 고도로 발전된 주체적인 경제로 만들며 완전한 사회주의사회에 맞는 물질기술적 토대를 쌓기 위하여 투쟁
	제41조	- 사회주의적 민족문화건설에서 제국주의의 문화적 침투를 배격하며 주체성의 원칙과 역사주의원칙, 과학성의 원칙에서 민족문화유산을 보호하고 사회주의현실에 맞게 계승발전
	제52조	- 민족적 형식에 사회주의적 내용을 담은 주체적이며 혁명적인 문학예술을 발전
사회주의	제1조	- 조선인민의 이익을 대표하는 자주적인 사회주의국가
	제3조	- 김일성·김정일주의를 국가건설과 활동의 유일한 지도적 지침으로
	제8조	- 근로인민대중이 모든 것의 주인으로 되고 있으며 사회의 모든 것이 근로인민대중을 위하여 복무하는 사람중심의 사회제도 - 착취와 압박에서 해방되어 국가와 사회의 주인으로 된 노동자·농민·군인·근로인텔리를 비롯한 근로인민의 이익을 옹호하며 인권을 존중하고 보호
	제9조	- 북반부에서 인민정권을 강화하고 사상·기술·문화의 3대혁명을 힘있게 벌려 사회주의의 완전한 승리를 이룩하며 자주·평화통일·민족대단결의 원칙에서 조국통일을 실현하기 위하여 투쟁
	제12조	- 계급노선을 견지하며 인민민주주의독재를 강화하여 내외적대분자들의 파괴책동으로부터 인민주권과 사회주의제도를 굳건히 보위
	제19조	- 사회주의적 생산관계와 자립적 민족경제의 토대에 의거
	제32조	- 사회주의경제에 대한 지도와 관리에서 정치적 지도와 경제기술적 지도, 국가의 통일적 지도와 매개 단위의 창발성, 유일적 지휘와 민주주의, 정치도덕적 자극과 물질적 자극을 옳게 결합시키며 실리를 보장하는 원칙을 확고히 견지
	제39조	- 사회주의적 문화는 근로자들의 창조적 능력을 높이며 건전한 문화정서적 수요를 충족시키는데 이바지
	제42조	- 모든 분야에서 낡은 사회의 생활양식을 없애고 새로운 사회주의적 생활양식을 전면적으로 확립
	제43조	- 사회주의교육학의 원리를 구현하여 후대들을 사회와 집단, 조국과 인민을 위하여 투쟁하는 참다운 애국자로, 지덕체를 갖춘 사회주의건설의 역군으로
	제52조	- 민족적 형식에 사회주의적 내용을 담은 주체적이며 혁명적인 문학예술을 발전
	제53조	- 정신적으로, 육체적으로 끊임없이 발전하려는 사람들의 요구에 맞게 현대적인 문화시설들을 충분히 갖추어주어 모든 근로자들이 사회주의적 문화정서 생활을 마음껏 누리도록
	제82조	- 국가의 법과 사회주의적 생활규범을 지키며 조선민주주의인민공화국의 공민된 영예와 존엄을 고수

구분	조항	핵심표현
집단주의	제13조	- 군중노선을 구현하여 대중 속에 들어가 문제해결의 방도를 찾으며 정치사업, 사람과의 사업을 앞세워 대중의 정신력과 창조력을 높이 발양시키는 혁명적 사업방법을 견지
	제63조	- 공민의 권리와 의무는《하나는 전체를 위하여, 전체는 하나를 위하여》라는 집단주의원칙에 기초
	제81조	- 인민의 정치사상적 통일과 단결을 견결히 수호

당원들의 지침인《조선로동당의 유일적 영도체계 확립의 10대원칙》에서도 "높은 조직 관념을 가지고 조직생활에 자각적으로 참가하며 조직의 결정과 위임분공을 제때에 수행하며 집단주의정신을 높이 발휘하여야 한다"고 명시하고 있다(제8원칙).

개별적 인민이 공민으로서의 권리를 행사할 때 집단주의 원칙에서 벗어날 수 없으며 인민으로서의 모든 의무사항도 집단주의 원칙에 의거해야 한다는 법률의 규제, 그리고 조직의 결정과 과업 수행에서도 집단주의 정신을 발휘해야 한다는 당 차원의 규제는 북한 사회의 모든 분야에 관통하며 경제의 관리운영에도 적용된다.

북한의 경제부문에서 집단주의가 광범위하게, 일상적으로 관철된다는 사실은 경제의 관리운영을 이해하는 종자라고 할 수 있다.[54] 『로동신문』 2018년 9월 17일자 기사가 이를 잘 말해준다. 신문은 "모든 사람들을 집단주의 정신을 체질화, 생활화한 국가와 사회의 참된 주인들로 키우기 위한 중요한 요구"의 하나는 "나라의 전반적 이익을 우선시 하는 기풍을 세우는 것"이라고 지적했다. 신문은 "사회주의가 붕괴된 나라들의 역사적 교훈은 자기 부문, 자기 단위, 자기 자신의 이익만을 내세우는 풍조가 만연되게 되면 사람들의 사상정신 상태에서 변화가 생기게 되며 나아가 혁명과 건설을 망쳐먹게 된다는 것을 똑똑히 보여주고 있다"고 역설했다.

신문은 "국가와 사회의 전반적 이익은 어떻게 되든 자기 지방, 자기 기관, 자기 부서의 이익만을 추구하는 것은 본질에 있어서 공명주의, 이기주의이며 자본주의 사상잔재"라면서 "만일 개별적 단위들이 자기 단위의 협소한 이익만을 추구한다면 효과적으로 쓰여야 할 자금과 자재, 설비들이 낭비되고 국가계획 규율과 협동생산 규율이 문란해지며 전반적인 인민경제발전이 더디어지고 당의 경제정책 관철에 지장을 주게 된다"고 지적했다.[55]

이러한 지적은 경제부문의 집단주의가 생산수단의 사회적 소유에 바탕을 두고 있고, 그것이 국가의 중앙집권적인 통일적 지도와 계획경제에 의하여 현실에서 구현된다는 점을 전제로 한 것이다.

북한 경제의 정신적 토대인 민족주의·사회주의·집단주의는 김정은 시대에 들어와서도 여전히 전략적 노선의 기초이며, 그 근본에서 변화가 일어날 것 같지는 않다. 시장의 확대와 실리주의에 따른 개인주의 확산이 북한 경제현실의 새로운 현상으로 부상한다고 해도 경제시스템이 이러한 현상을 체제 안으로 흡수할 능력을 갖춘다면 민족주의·사회주의·집단주의의 근간은 유지될 것이다.

북한이 강조해온 '우리식'과 민족사회주의의 특수성, 주체사상과 집단주의의 정서는 다른 사회주의나라들에서 찾아보기 힘든, 유연하고 탄력적인 대응력을 보여주고 있다.

김정은 시대의 북한은 김일성-김정일 시대의 계승과 혁신을 동시에 보여주고 있으며, 우리식 경제관리방법에서 확인되듯이 우리식 담론은 계승의 양식mode과 혁신의 양상aspect을 동시에 담지하고 있다. 외부의 인식과 평가와는 무관하게, 변화의 바람을 불어넣고자 하는 노력과 바람과는 무관하게, 북한에서는 시대와 세대가 바뀌어도 '우리식 사회주의'의 정신적 토대인 민족주의·사회주의·집단주의가 내재적 가치로 남아 있게 될 것이다.

2. 자력갱생과 자강력제일주의

"시대가 달라지면서 과거 군사 제국주의나 경제 제국주의 시대에 강조되어
온 국방력이나 경제력 등과 같은 경성 국력뿐 아니라 연성 국력도 중요한 시대
가 되었다.…경성 국력은 군사력, 경제력 등을 앞세워 상대방의 행동을 바꾸게
하거나 저지할 수 있는 힘이다. 그 요소에는 국토, 인구, 천연자원 등의 기초
국력, 국방비, 군인 수, 무기 수 등의 국방력, 최근 5년간의 성장률, 물가상승률,
소득분배의 지니계수, GDP 등의 경제력 등이 포함된다. 연성 국력은 국정관리
력, 정치력, 외교력, 문화력, 사회자본력, 변화대처력 등으로 구성된다. 국제사
회의 기여 확대, 첨단기술 홍보, 매력적인 문화관광, 문화상품 수출, 다문화에
대한 포용적 자세와 같은 국가 이미지 개선으로 다른 국가들을 대상으로 연성
국력을 확대하는 것이 국가발전의 새로운 전략으로 부각되고 있다." [56]

사회주의 강성국가를 지향하는 북한도 국력 강화에 노력하고 있다.
세계는 지금 경성 국력의 시대에서 연성 국력의 시대로 넘어가고 있지
만, 북한은 군사력과 경제력을 중심으로 한 경성 국력의 증대에 여전
히 집중하고 있고, 이 과제가 해결되면 사상이데올로기를 바탕으로 연
성 국력의 증대에 나설 것이 예상된다. 자강력제일주의는 경성 국력을
증대하려는 북한의 정책 의지를 보여준다.

자립적 민족경제건설노선을 표방해온 북한은 자력갱생의 혁명정신
을 생명으로 여긴다. 자력갱생의 혁명정신은 항일무장투쟁의 엄혹한
시기에, 모든 것이 부족한 조건에서 '연길延吉폭탄'을 만들어냈던 그
정신이 오늘도 유효하다는 인식에 기초해 있다. 김일성-김정일 시대를
관통해온 자력갱생은 김정은 시대에 들어와 자강력제일주의로 진전된
모습을 보이고 있다.

자강력제일주의 담론에서는 자력갱생과 자력자강自力自强의 혁명
정신이 강조된다. 자력갱생은 혁명과 건설에서 제기되는 모든 문제들
을 자기의 힘으로 끝까지 해결해나가는 혁명정신과 투쟁원칙이라고
북한에서 설명되어왔다.

북한은 1960년대의 중소분쟁中蘇紛爭으로 인해 중국과 소련의 원조가 삭감되어 경제계획에서 차질을 빚으면서 자력갱생 구호를 내 걸기 시작하였고, 자력갱생은 구호 차원을 넘어 자립적 민족경제건설의 원칙적 요구로 정식화되었다.[57]

김정일 당 조직비서는 1982년 3월에 발표한 논문 《주체사상에 대하여》에서 주체사상의 이론·방법과 전일적 체계를 밝히면서 자력갱생·간고분투의 혁명정신을 혁명과 건설의 기본정신으로 제시했다.

"혁명과 건설은 인민대중 자신의 사업이기 때문에 혁명과 건설에서 나서는 모든 문제는 마땅히 자력갱생의 원칙에서 자체의 힘으로 풀어나가야 합니다. 혁명과 건설에서 남의 도움을 받을 수 있지만 기본은 어디까지나 자기 자신의 힘입니다.…자주적 입장을 지켜야 언제 어떠한 환경에서나 독자적인 주견과 신념, 자력갱생의 혁명정신을 가지고 자기 나라 혁명문제, 자기 민족의 문제를 해결할 수 있으며 혁명과 건설을 성과적으로 수행하여 나갈 수 있습니다.… 자립적 민족경제를 건설하기 위하여서는 경제건설에서 자력갱생의 원칙을 견지하여야 합니다. 자력갱생은 자기의 힘으로 혁명을 끝까지 하려는 공산주의자들의 혁명정신이며 투쟁원칙입니다.… 자력갱생의 원칙에서 자기 인민의 힘과 자기 나라의 자원을 동원하고 자체의 자금과 기술에 의거하여야 경제를 주동적으로, 높은 속도로 발전시킬 수 있으며 온갖 난관을 이겨내고 나라의 융성과 번영을 이룩할 수 있습니다.…
자력갱생의 원칙에서 자립적 민족경제를 건설한다는 것은 결코 문을 닫아 매고 경제를 건설한다는 것을 의미하지 않습니다. 자립경제는 다른 나라에 의한 경제적 지배와 예속을 반대하는 것이지 국제적인 경제협조를 부인하는 것이 아닙니다." [58]

김 비서의 논문에서 확인되듯이, 자력갱생의 혁명정신은 자기 나라 혁명문제(인민민주주의혁명), 자기 민족의 문제(조국통일)를 해결하는 수단일 뿐 아니라 사회주의혁명과 건설을 수행하는 수단이며, 자립적 민족경제건설을 위한 근본원칙이다. 자력갱생의 원칙에 입각해 자립

적 민족경제를 건설해나간다고 해서 대외경제협력을 부인하는 것은
아니라고 밝히고 있다.

자립적 민족경제건설노선 아래 자기완결적 경제구조를 지향하지만
폐쇄경제와는 다르다고 선을 긋고 있다. 북한은 1970년대에 사회주의
국가들이나 제3세계국가들과의 경제협력뿐 아니라 자본주의국가들과
의 경제협력에도 노력했다. 북한은 세계자본주의시장의 급격한 변동
에 적응하기 어려웠고 국제사회의 대북제재 이후에는 대외경제협력이
제한될 수밖에 없는 여건에 놓여 있었다. 그런 속에서 믿을 것은 자국
인민의 힘 밖에 없다는 인식이 자리 잡았고 자강력제일주의는 북한 인
민에게 낯설지 않은 사상담론이었다.

1) 자강력제일주의와 제7차 당대회 《결정서》

자강력제일주의가 처음 등장한 것은 김정은 당시 국방위원회 제1위
원장의 2016년 《신년사》에서였다. 그는 "사회주의강성국가 건설에서
자강력제일주의를 높이 들고 나가야 합니다"라고 천명하면서 "우리는
자기의 것에 대한 믿음과 애착, 자기의 것에 대한 긍지와 자부심을 가
지고 강성국가건설 대업과 인민의 아름다운 꿈과 이상을 반드시 우리
의 힘, 우리의 기술, 우리의 자원으로 이룩하여야 합니다"라고 역설했
다. 자신의 힘·기술·자원으로 강성국가건설의 대업, 인민의 꿈과 이상
을 실현하자는 호소였다.

그의 발언 이전에는 '자력갱생·간고분투의 혁명정신'이 지배적 담
론이었다. 북한 외무성 대변인은 2015년 12월 16일 미국의 대북 제재
조치를 비판하는 담화에서 "미국의 제재 소동은 오히려 우리 군수공
업부문 노동계급의 자력갱생 정신과 자강력을 더욱 분발시킬 뿐이며
결국 우리 군수공업의 국산화 비율만 높아지게 할 뿐"이라면서 자강
력을 언급한 바 있다.[59] 군수공업에서의 자강력이 어떤 성과를 내는지
지켜보라는 자신감의 표현이었다. 자강력은 자력갱생 정신과 함께 언

급되면서 단짝으로 부상했다.

한편, 김정은 제1위원장이 자강력제일주의 담론을 펼치자 북한 이론 가집단은 이를 체계화해 선전에 나섰다. 사회과학원은 그가 제시한 자강력제일주의에 관한 사상이론의 정당성과 생활력을 해설·논증한 논문 발표 및 토론회를 2016년 3월에 개최했다. 토론회에는 리혜정 사회과학원 원장과 관계부문 일군들, 과학·교육·출판보도·혁명사적 부문, 당일군 양성기관의 교원·연구사·강사·기자들이 광범위하게 참가했다.

토론자들은 자강력제일주의가 "주체적 역량에 의거하여 자기 힘을 비상히 강화하고 자기 힘으로 자기 앞길을 개척해 나가는 혁명정신"이고, "수령님들(김일성 주석과 김정일 국방위원장)의 주체적 혁명사상을 출발점으로 근본바탕으로 하고 있다"고 발언했다. 토론자들은 김 제1위원장이 제시한 "자강력제일주의에 관한 사상을 생명선으로 틀어쥐고 당 제7차 대회를 향한 총공격전을 힘차게 벌림으로써 주체혁명위업의 최후 승리를 앞당겨오는데 이바지해 나갈 결의"를 표명했다.[60]

제7차 당대회를 앞두고 자강력제일주의 사상을 생명선으로 틀어쥐고 총공격전을 전개하자는 이론가들의 주장은 자강력제일주의가 일시적인 정치담론으로 끝나지 않을 것임을 예고한 것이었다.

김정은 당 제1비서는 조선로동당 제7차 대회의 첫날(2016년 5월 6일)과 둘째 날에 걸쳐 장문의 당 중앙위원회《사업총화보고》를 발표했다. 대회에서는《조선로동당 중앙위원회 사업총화에 대하여》라는 결정서가 채택(5월 8일)되었는데, 결정서에는 자강력제일주의가 김정은 시대의 전략적 노선임을 선언하는 내용이 담겼다.

> "우리는 자강력제일주의를 높이 들고나가야 한다. 자강력제일주의는 자체의 힘과 기술, 자원에 의거하여 주체적 역량을 강화하고 자기의 앞길을 개척해 나가는 혁명정신이다. 조선혁명의 역사는 자강력으로 개척되고 승리하여온 역사이다. 자강력제일주의의 기반은 자기 나라 혁명은 자체의 힘으로 해야 한다는 위대한 수령님들의 혁명사상이며 자강력제일주의를 구현하기 위한 투쟁방식은 자력갱생, 간고분투이다. 우리는 사대와 외세의존을 배격하고 사

회주의강국 건설을 우리의 힘과 기술, 자원에 의거하여 자력갱생, 간고분투의 혁명정신으로 밀고나가야 하며 민족의 숙원인 조국통일도 주체적 역량을 강화하여 우리의 힘으로 이룩하여야 한다.

대회는 경애하는 김정은 동지께서 밝혀주신 대로 사회주의건설의 총노선과 자강력제일주의를 항구적인 전략적 노선으로 틀어쥐고 사회주의강국 건설에서 위대한 승리를 이룩하며 온 사회를 김일성-김정일주의화하는 역사적 위업을 빛나게 실현해나갈 확고한 결의를 표명한다." [61]

김 제1비서는 당중앙위원회 사업총화《결론서》에서 "당 제7차대회의 기본정신은 위대한 김일성-김정일주의 기치를 높이 들고 자강력제일주의 정신을 발휘하여 총공격전, 총결사전"을 벌리는 것이라고 압축적으로 표현했다. 자강력제일주의는 제7차 대회를 계기로 '항구적인 전략적 노선'으로서의 지위를 부여받았다. 김정은 시대의 전략적 노선은 자강력제일주의를 중심에 놓고 있는 것이다. 북한은 국제사회의 대북 제재조치가 완화되어 대외경제협력과 교류가 확대되는 여건이 조성되어도 자강력제일주의를 견지할 것이다.

제7차 대회의《결정서》에서 "당중앙위원회로부터 기층 당조직에 이르기까지 각급 당조직들은 경제사업을 개선하고 인민생활문제를 풀어나가는데 당사업의 화력을 총집중하여야 한다"면서 "공장, 기업소 기층 당조직들은 대중의 정신력과 과학기술, 후방사업을 기본 고리로 틀어쥐고 자강력을 키워 생산 정상화의 동음動音을 높이 울려야 한다"고 강조한 것도 같은 맥락을 보여준다.

각급 당조직들에게 경제사업 개선과 인민생활문제 해결에 집중할 것과 공장·기업소에서 정신력·과학기술·후방사업을 바탕으로 한 자강력으로 생산 정상화를 해결할 것을 주문한 대목은 특히 눈길을 끈다. 당 중앙위원회 제7기 제3차 전원회의에서 경제건설 총력집중노선을 채택하기 이전인 제7차 당 대회에서 이미 경제사업의 개선과 인민생활 향상, 과학기술에 의한 자강력을 강조하고 있었던 것이다.

김 제1비서는 2016년 5월 8일 제7차 당 대회에서 당 위원장으로, 6월

29일에 열린 최고인민회의 제13기 제4차 회의에서는 국무위원회 위원장으로 추대되었다. 그는 4년 반의 국정경험을 거치면서 당과 국가 구조를 변경하고 명실상부한 최고영도자 지위를 갖게 된 것이다.

그는 2017년 《신년사》에서 《자력자강의 위대한 동력으로 사회주의의 승리적 전진을 다그치자!》라는 구호를 제시하고 "자력자강의 위력으로 5개년 전략고지를 점령하기 위한 전민총돌격전을 힘차게 벌려야 합니다"라고 호소했다. 그는 또 "인민경제 모든 부문, 모든 단위에서 자력갱생, 자급자족의 구호를 높이 들고 최대한 증산하고 절약하기 위한 투쟁을 힘 있게 벌려 올해 계획을 지표별로 완수하여야 합니다"라고 강조했다.

2017년 《신년사》에서 자력자강과 자력갱생을 거듭 강조한 것은 제7차 당대회 《결정서》에서 채택된 자강력제일주의를 국정의 제1원칙으로 삼는다는 의지를 재확인한 것이었다. '5개년 전략고지를 점령하기 위한 전민총돌격전'을 자력자강의 위력으로 전개해나가자는 호소에는 경제발전을 향한 절박감이 배어 있었다.

2) 북한 학자들과 매체의 자강력제일주의 담론

김정은 위원장을 위시한 당·국가·군대의 지도집단이 자강력제일주의를 전면에 내건 가운데 북한 학자들도 이에 관한 정치담론을 쏟아냈다. 세계 어떤 나라에서도 북한처럼 강성국가 건설을 자신의 힘·기술·자원을 통해 이루려는 자강력제일주의에 나서는 경우는 없다고 하면서 자부심을 강조한 글이 발표되었다.[62]

과학기술발전으로 기계설비를 현대화하는 것이 자강력제일주의에서 가장 중요하고 이를 통해 생산품의 질과 노동생산능률을 향상시켜 수입 의존도를 감소시키고 생산품을 국산화해야 한다고 강조한 사례도 있었다.[63] 국제사회의 대북 제재에 대한 대응책으로 설비·원료 등 생산수단의 자립화를 통해 내수內需경제를 강화해야 한다는 지적도

있었다.[64]

그리고 북한 자체의 기술·제품개발 능력이 핵심 요소임을 강조한 글,[65] 자력자강의 추진에 있어서 자체 과학기술과 설비로 자체 상품을 개발·생산하는 것을 강조한 글,[66] 기술자·연구자의 지식수준을 기반으로 생산력을 높여야 한다는 글,[67] 생산과정에서의 과학화를 기본으로 하여 공장·기업소의 특성과 현실조건에 맞추어 현대화를 추진해야 한다는 글 등이 발표되었다.[68] 체제의 특성이나 이들이 관변학자라는 점을 감안하더라도 자강력제일주의 담론이 위세를 떨쳤음을 한 눈에 알 수 있다.

김 위원장은 2018년과 2019년 《신년사》에서도 자력갱생의 혁명정신을 거듭 강조했다.

> "당, 근로단체 조직들은 모든 근로자들이 애국주의를 심장에 새기고 자력갱생의 혁명정신과 과학기술을 원동력으로 만리마속도창조대전에서 끊임없는 집단적 혁신을 일으켜나가도록 하여야 합니다." (2018년)
>
> "당의 새로운 전략적 노선을 틀어쥐고 자력갱생, 견인불발하여 투쟁할 때 나라의 국력은 배가될 것이며 인민들의 꿈과 이상은 훌륭히 실현되게 될 것입니다. 《자력갱생의 기치높이 사회주의건설의 새로운 진격로를 열어나가자!》, 이것이 우리가 들고나가야 할 구호입니다. 우리는 조선혁명의 전 노정에서 언제나 투쟁의 기치가 되고 비약의 원동력으로 되어온 자력갱생을 번영의 보검으로 틀어쥐고 사회주의건설의 전 전선에서 혁명적 앙양을 일으켜 나가야 합니다." (2019년)

한편, 북한은 2016년에 만리마속도창조대전[69]이라는 집단적 혁신운동에 나서면서 그 원동력으로 자력갱생과 과학기술을 제시했다. 이것은 전략적 노선의 실행에서 한 축은 자력갱생 정신이고, 다른 한축은 과학기술이라는 것을 의미한다. 2019년에도 사회주의건설의 진격로를 열어나가는데서 핵심은 자력갱생의 기치였고, 이를 '비약의 원동력', '번영의 보검'[70]으로 여겼다.

2018년과 2019년에 남북정상회담과 북한-미국 정상회담 개최로 대북 제재의 완화에 대한 기대가 어느 때보다도 높았는데도 북한이 자력갱생 정신을 그렇게 강조한 것은 놀라운 일이었다. 제7차 당 대회에서 자강력제일주의를 '항구적인 전략적 노선'으로 발표한 것에서 어느 정도 짐작은 되었지만, 이 정신이 슬로건에 그치는 것은 아니었다.

항일무장투쟁 시기에 시작된 자력갱생의 혁명정신이 새 세기 산업혁명과 사회주의강성국가 건설의 한복판에서 그 깃발을 높이 올리게 될 줄을 누가 짐작이나 했겠는가? 그만큼 북한의 사회주의혁명과 건설은 '고립' 속에서 진행되어 왔다고 할 수 있다. 한반도의 지정학·지경학과 민족의 운명 앞에서, 북한 인민들은 오늘도 비장悲壯한 결의를 다지고 있는 것이다.

조선로동당 기관지 『로동신문』은 2018년 5월 14일자에 '경제건설 대진군의 승리'를 위해 자력갱생을 더욱 중시해야 한다는 논설을 게재했다.[71] 논설은 "오늘의 경제건설 대진군은 본질에 있어서 자력갱생 대진군"이라고 밝히고 "자체의 힘과 기술, 자원에 의거하여 경제건설 전반에서 활성화의 돌파구를 열어젖히고 인민생활 향상에서 결정적 전환을 일으켜 사회주의건설의 더 높은 목표를 점령하기 위한 투쟁이라는데 오늘의 경제건설 대진군의 중요한 특징이 있다"고 지적했다.

그러면서 자력갱생의 정치경제적 의의를 밝혔다. <표 1-2>는 그 의의를 정리한 것이다.

<표 1-2> 자력갱생의 정치경제적 의의

의의	세부 방향
사회주의 경제건설의 힘 있는 추동력	- 모든 성과들은 당의 영도 따라 인민이 자력갱생·견인불발 하여 안아온 것. - 현실은 믿을 것은 오직 자기 힘밖에 없으며 자기의 힘과 기술에 의거할 때 이 세상에 뚫지 못할 난관, 점령 못할 요새가 없다는 것을 뚜렷이 실증해 주고 있다는 것
우리(조선) 혁명의 영원한 진로	- 혁명투쟁의 조건과 환경이 어떻게 변한다고 하여도 우리에게 다른 길이란 있을 수 없다는 것

의의	세부 방향
	- 자력갱생정신·자력자강은 주체조선의 영원한 생명선이고 기본원 칙이라는 것.
최후의 승리를 이룩하려는 확고한 사상적 각오	- 모든 일군들과 당원들과 근로자들은 《자력갱생만이 살길이다!》 라는 구호를 더욱 높이 추켜들고 당의 사상관철전, 당정책 옹위 전의 불길을 세차게 지펴 올려야 한다는 것 - 사대주의·기술신비주의를 비롯한 온갖 잡사상을 자력갱생의 혁 명정신으로 단호히 처갈기며 천리마시대를 열어놓은 그 정신, 그 기백으로 만리마시대 자력갱생의 새 역사를 써나가겠다는 열정과 투지가 온 나라에 꽉 차 넘쳐야 한다는 것 - 내부예비와 잠재력을 총동원하는 것에 생산을 결정적으로 늘리고 자급자족을 실현해나가는 중요한 방도가 있다는 확고한 관점을 가지고 이 사업을 적극적으로 벌려나가야 한다는 것
과학기술에 의한 자력갱생대진군의 추동	- 과학기술에 의거하여 새 것을 탐구하고 창조하는 자력갱생의 혁 명정신과 투쟁기풍을 높이 발휘하여야 기발한 착상과 혁신적인 발명도 할 수 있고 나라의 경제도 세계적인 수준에 올려 세울 수 있다는 것.
일군들의 최대 분발	- 일군들은 자기 앞에 맡겨진 혁명과업은 하늘이 무너져도 자체의 힘으로 끝까지 수행하겠다는 결사의 각오를 가지고 자력갱생 대 진군에 한 몸을 내대야(내걸어야) 한다는 것.
당조직들의 역할의 결정적 제고	- 각급 당조직들에서는 일군들과 당원들과 근로자들에게 당의 새로 운 전략적 노선의 진수와 정당성을 깊이 인식시키고 그들을 힘 있게 불러 일으키기 위한 조직정치 사업을 진공적으로 벌려야 한 다는 것.

<표 1-2>에서 눈여겨볼 대목은 세 가지다. 첫째, 북한은 혁명투쟁의 조건과 환경이 어떻게 바뀌더라도 자력갱생의 길을 가겠다는 것이다. 이는 자강력제일주의와 자력갱생이 일시적인 대책이 아니라 항구적인 전략적 노선이라는 점을 상기시켜준다. 둘째, 자력갱생에서 과학기술에 의거하여 새 것을 탐구하고 창조하는 것을 중시한다. 셋째, 내부예비와 잠재력을 총동원하는 것을 강조한다.

첫째와 관련하여『로동신문』2019년 3월 21일자 정론은 "금은보화를 주고도 살 수 없는 것, 굶어죽고 얼어 죽을지언정 버릴 수 없는 것이 민족자존"이라고 주장했다. '굶어죽고 얼어 죽을지언정'은 항일무장투쟁 시기의 엄혹한 환경을 빗댄 것이다. 민족자존을 얼마나 중시하

는지는 이 표현으로 확인된다.

정론은 "남의 것으로 일시《성장》하는 나라는 결코 그 나라 이상으로 더 발전할 수 없고 실체가 사라지면 그림자도 사라지듯이 그 나라가 무너지면 함께 무너질 수 밖에 없다"면서 "세기를 이어 다져오고 대를 이어 축적해온 무한대의 자원이며 줄기찬 전진동력인 자력갱생의 힘을 지닌 우리 조국이 이제 대세를 주동적으로 조종하며 전면적인 비약을 일으키게 될 때 그 발전 속도와 폭발력은 상상을 초월할 것"이라며 자신감을 내비쳤다.[72] 정론은 '남의 것으로 일시 성장하는 나라가 무너지는' 전철을 밟지 않겠다는 각오를 밝히고 있다.

당 기관지의 정론이 갖는 선동성을 감안하더라도, 자력갱생의 힘을 무한대의 자원, 전진동력으로 여긴다는 것은 나름의 의미를 갖는다.

『로동신문』과 당 정치이론지 『근로자』의 2019년 7월 13일자 공동논설은 자력갱생에 대해 "정세변화의 요구나 전진도상에 가로놓인 일시적인 난관을 극복하기 위한 전술적인 대응책이 아니며 우리 당과 인민이 사회주의건설의 근본방향, 발전방식으로 확정하고 일관하게 견지해나가는 불변의 정치노선", "우리 국가의 자주적 존엄과 인민의 삶을 지키기 위한 유일무이한 혁명방식", "더 높이, 더 빨리 비약하여 번영의 지름길을 열어나가기 위한 최선의 방도" 등으로 규정했다.

당 기관지들은 단번도약과 첨단돌파, 동시다발적인 창조에 자력갱생의 위력이 응축되어 있다고 주장했다.[73] 이 공동논설에서 자력갱생에 대한 이론화 작업이 진행되고 있음이 엿보인다.

둘째와 관련하여 『로동신문』은 2018년 8월 13일자에 '자주정치와 자립경제를 위한 과학기술 발전'을 강조한 논설을 게재했다. 논설은 "과학기술의 발전을 떠나서 자주정치를 기대할 수 없다"면서 "자주정치의 물질적 담보는 자립경제"이고 "자립경제의 발전은 과학기술에 의하여 결정된다"고 밝혔다. 자주정치와 자립경제에서 과학기술발전이 필수요소라는 것이다.

논설은 또한 첨단과학기술과 관련해 제국주의자들을 비판했다. "오늘날 제국주의자들은 인류의 복리증진에 이바지하여야 할 첨단과학기술을 저들의 독점물로 만들려는 속심(속셈) 밑에 갖은 책동을 다하고 있다"는 것이다. 또한 "제국주의자들은 첨단기술의 패권을 틀어쥐고 뒤떨어진 나라들을 과학기술로 예속시키려 하고 있다"는 것이다. 신자유주의 물결 아래 첨단과학기술의 독점화와 예속화가 진행되고 있는 세계조류에 비판의 날을 세웠던 것이다.

그에 따라 "현실은 발전도상나라들이 민족허무주의, 기술신비주의에 빠져 제국주의자들에게 의탁하다가는 언제 가도 나라의 존엄을 지킬 수 없고 빛낼 수 없다는 것을 보여주고 있다"고 지적한다. 덧붙여 "현실은 과학기술의 직접적 담당자인 인재대열을 튼튼히 꾸리지 않고서는 제국주의의 지배와 약탈을 면할 수 없고 강력한 군사력과 경제력도 마련할 수 없으며 나라의 자주권과 민족의 존엄도 지켜낼 수 없다는 심각한 교훈을 주고 있다"는 것이다. 군사력·경제력의 준비와 자주권 수호에서 과학기술자 양성이 얼마나 중요한지는 직설적으로 설명했던 것이다.

결론적으로 "강국이 되는 길은 과학기술을 발전시키는데 있고 그 누구도 첨단과학기술을 선사하지 않기 때문에 오직 자기의 힘, 자기의 지혜에 의거하는 길만이 제국주의자들의 과학기술 봉쇄책동을 짓부수고 나라의 자주적 발전과 번영을 이룩하는 믿음직한 길"이라는 것이다.[74]

첨단과학기술의 발전에서 자기의 힘과 지혜를 강조한 것은 전민과학기술인재화 정책과 닿아 있고 인민의 자주성과 창조성에 의거하는 주체사상과도 직접 연결된다. 논설은 자력갱생의 정신으로 자주적인 과학기술발전의 길을 찾자는 논거를 제시한 점에서 북한의 당·국가·군대의 영도집단의 생각을 집약적으로 표현한 것으로 볼 수 있다.

3) 자력갱생과 절약·증산투쟁

생산현장에서는 자력갱생이 절약·증산투쟁과 직결된다.『로동신문』은 2018년 6월 12일자에서「인민경제 부문별·직종별 기능공 경기대회

-2018」을 보도하면서 모든 경제부문에서의 절약투쟁 강화를 촉구했다.[75] 신문은 "최대한으로 증산하고 절약하며 더 높이 비약하자, 이것이 오늘의 시대적 요구"라면서 절약·증산투쟁 과업을 강조했다.

절약투쟁은 앞날을 대비해 씀씀이를 아껴 꼭 필요한 곳에 사용하자는 것이고 사실상의 저축에 해당된다. 경제발전을 이루는데 있어서 해외자금 조달로는 한계가 있고 국내저축이 중요하다는 견해[76]가 있음을 감안할 때 절약의 중요성은 아무리 강조해도 지나치지 않는다. 경제도약을 위해서는 증산과 절약이 기본이며 그 바탕 위에서 혁신이 이뤄져야 할 것이다. 모든 혁신에는 '축적의 시간'이 요구된다.[77] <표 1-3>은 6월 12일자 『로동신문』이 강조한 절약투쟁의 과업을 정리한 것이다.

<표 1-3> 절약투쟁의 과업

과업	세부 과제
절약투쟁에 대한 올바른 관점과 입장 견지	- 절약사업을 조국의 부강번영과 인민의 행복을 위한 숭고한 애국사업으로 여기고 이 사업에 자각적으로 떨쳐 나서는 것 - 누구나 최대한으로 증산하고 절약하며 혁명적 대고조의 불길을 세차게 일으킨 천리마시대의 인간들처럼 나라 살림살이와 경제발전에 보탬을 주기 위하여 애쓰는 참된 애국자가 되어야 한다는 것
경제조직사업의 치밀한 조직화	- 구체적인 계획과 목표를 세우고 집행해나가야 적은 노력과 자재·자금으로 최대의 실리를 보장하면서도 높은 성과를 이룩할 수 있다는 것
과학기술 중시	- 과학자·기술자들은 원가를 적게 들이면서 생산을 최대로 증대시킬 수 있는 가치 있는 과학연구 성과들을 더 많이 내놓기 위해 노력해야 한다는 것
일군들의 책임성과 역할 제고	- 발전하는 현실에 맞게 기업관리를 짜고 들며 과학기술에 의거하여 절약의 예비를 찾고 생산 활성화의 전망을 열어나가는 기풍을 철저히 확립하여야 한다는 것
유휴자재의 적극 이용	- 모든 부문·단위에서는 큰 것만 보면서 작은 것을 소홀히 하지 말고 국가적 입장에 서서 수매체계를 올바로 세우고 적극 활용하며 군중이 이 사업에 관심을 가지고 스스로 떨쳐나서도록 하여야 한다는 것

절약투쟁의 과업으로 올바른 관점·입장 견지, 경제조직사업의 치밀한 조직, 과학기술 중시, 일군들의 책임성·역할 제고, 유휴자재 이용

등이 제시된 가운데, 적은 노동력·자재·자금에 의한 실리 보장, 원가 저하와 증산이 가능한 과학기술 도입 등이 포함된 것이 눈길을 끈다. 이것은 절약투쟁에서 원자재 등을 아끼는 소극적인 행위에 그치지 않고 효율성 증대라는 적극적 행위를 중시하고 있음을 말해준다.

『로동신문』 2019년 2월 23일자는 절약투쟁의 진화를 보여준다. 신문은 현대과학기술에 의거해 노동력과 원가를 절약하기 위한 된바람을 일으켜나가야 한다면서 세 가지를 강조했다.

첫째, 면적절약형·노력(노동력)절약형·에너지절약형 공장으로 건설하고 생산 공정의 자동화·흐름선화를 실현해야 한다는 것이다. 둘째, 과학자·기술자들은 세계적 추세에 맞게 각종 폐기물을 이용해 질 좋은 제품을 생산하기 위한 연구사업을 추진해야 한다는 것이다. 셋째, 노동을 계획적으로, 합리적으로 조직해 노동력 낭비를 없애야 한다는 것이다.[78]

노동력과 원가 절약에서 현대과학기술을 활용해야 한다는 것에서나, 면적·노동력·에너지 절약형 공장 건설, 생산 공정의 자동화·흐름선화 등에서 지식경제시대에 적합한 절약투쟁을 추구하고 있음이 확인된다.

한편, 절약투쟁은 증산투쟁과 짝을 이룬다. 『로동신문』은 2018년 8월 14일자에 증산돌격운동을 통한 5개년전략목표 수행을 독려하는 논설을 게재했다.[79] 논설은 증산돌격운동이 "경제강국 건설의 웅대한 목표를 성과적으로 점령하기 위한 충정의 운동, 자력자강의 대진군운동"이라고 규정했다. 증산투쟁도 그 바탕에 자력자강 정신이 있어야 한다는 것이었다.

논설은 5개년전략 목표 수행을 위한 증산돌격운동의 과제를 제시했다. 첫째, 당의 영도적 권위를 옹위하는 것이다. 이 운동을 유일적 영도체제를 강화하는 정치운동과 연계시켰다. 이것은 정치우선 사회의 특징을 잘 보여준다.

둘째, 자력자강의 위력으로 전진하는 '주체조선'의 기상과 본때를 과시해야 한다는 것이다. 모든 부문·단위들에서 자체의 힘과 기술로 원료·자재·설비의 국산화 실현, 주체적인 생산 공정의 확립, 그에 의거한 생산 정상화와 활성화 등에 나서자고 촉구했다.

셋째, 자립경제의 토대를 공고화하고 인민생활을 향상시키며 사회주의 최후승리를 앞당겨야 한다는 것이다. 이 성과들이 쌓여야 주체사회주의가 '승리의 길'을 걸을 수 있다는 정치담론이었다.

이 담론에서 원료·자재·설비의 국산화와 주체적인 생산 공정이 강조된 것이 눈에 띈다. 설비의 국산화는 주체적인 생산 공정과 직결되며 기계공업부문의 생산 정상화가 선행先行되어야 가능하다. 논설의 게재 시점으로 보아 북한은 2018년 8월에 기계공업부문의 생산 정상화에 어느 정도 자신감을 가질 수 있었던 것으로 관측된다.

4) 국산화정책의 발전과정과 현황

북한에서 국산화정책 담론이 눈에 띄기 시작한 것은 2013년이었다. 국산화는 자력갱생 정신을 생산단위에서 실제로 구현하는 정책과업이기 때문에 각별한 의미를 갖는다.[80] 국산화는 자체적으로 설비를 구비하고 갱신할 수 있다는 것을 뜻하고, 이에 따른 외화 절약의 효과가 있다. 국산화 정책을 통한 품질 향상은 중국으로부터의 수입을 대체하기 때문에 북한의 환율이나 물가 안정에도 도움이 된다.[81]

북한은 주요 수출품에 대한 수출 전면금지와 노동자 추가송출 금지 등 대북 제재의 강화로 인해 외화수입이 감소하고 필요 물자의 수입도 제한되었으며, 이에 따라 국산화를 초미의 정책아젠다로 삼았다. 『로동신문』이 "지금 적대세력들의 야만적인 초강경제재로 하여 많은 애로와 난관을 겪고 있는 경제부문에서 국산화는 더는 미룰 수 없는 사활적 문제로 나서고 있다"고 지적한 것이 이를 잘 말해준다.[82] 북한의 한 전문가는 "자력갱생에 기초한 국산화를 통해 더욱 강화되고 있는 경제제재를 봉쇄하고자 한다"고 맞불 봉쇄론으로 반응했다.[83]

그러나 국산화 정책을 국제사회의 대북제재에 대한 반反작용으로만 해석할 수는 없다. 북한이 기간산업 등 핵심 분야의 원료·연료를 국내 자원으로 보장하는 자립적 경제구조를 구축하려고 노력해왔고 자재·설비의 국산화를 통한 외화 절약과 경제효과성 증대에 주력해왔기 때문이다.[84]

북한은 2013년 3월에 열린 전국경공업대회에서 기초식품과 1차 소비품 증산을 위한 원자재의 국산화를 강조해 이목을 끌었다.[85] 김정은 국방위원회 제1위원장은 2014년부터 《신년사》에서 국산화를 잇달아 강조했다. 경공업부문에서 국산화를 강조하기 시작해 전체 공장·기업소, 과학기술부문, 건설자재부문으로 그 분야는 점차 확대되었다.

《신년사》에 나타난 국산화 부분은 다음과 같다.

> "(경공업발전을 강조하는 가운데) 원료, 자재의 국산화 비중을 높여 생산을 정상화하여야 합니다." (2014년)
>
> "모든 공장, 기업소들이 수입병을 없애고 원료, 자재, 설비의 국산화를 실현하기 위한 투쟁을 힘 있게 벌려야 합니다." (2015년)
>
> "제품의 질 제고와 설비, 원료자재의 국산화를 중요한 정책적 문제로 틀어쥐고 힘 있게 내밀어야 합니다." (2016년)
>
> "과학기술부문에서는 원료와 연료, 설비의 국산화에 중심을 두고 공장, 기업소들의 현대화와 생산정상화에서 나서는 과학기술적 문제들을 푸는데 주력하여야 합니다.… 경공업부문에서는 원료와 자재의 국산화를 종자로 틀어쥐고 경영전략을 바로 세워 생산을 활성화하며 인민소비품의 다종화, 다양화와 질 제고에서 전환을 가져와야 합니다." (2017년)
>
> "과학연구부문에서는 우리 식의 주체적인 생산 공정들을 확립하고 원료와 자재, 설비를 국산화하며 자립적 경제구조를 완비하는데서 제기되는 과학기술적 문제들을 우선적으로 풀어나가야 합니다." (2018년)
>
> "경공업부문에서는 현대화, 국산화, 질제고의 기치를 계속 높이 들고 인민들이 좋아하는 여러 가지 소비품들을 생산보장하며 도, 시, 군들에서 기초식품공장을 비롯한 지방공업공장들을 현대적으로 일신하고 자체의 원료, 자원에 의거하여 생산을 정상화하여야 합니다.…건축설계와 건설공법들을 계속 혁신

하고 마감건재의 국산화와 질적 발전을 이룩함으로써 모든 건축물들을 우리 식으로 화려하게 일떠세우고 인민들이 문명과 낙을 누리게 하여야 합니다." (2019년)

북한은 2016년 5월 제7차 당대회《결정서》에서 주체철 생산, 인민경제 전반의 원료·연료·설비, 화학공업에서의 촉매, 경공업의 원료·자재 등에서의 국산화, 그리고 건재공업의 다양화·다종화·국산화를 강조함으로써 당의 국산화 방침을 전략적 노선의 핵심으로 정착시켰다. 그 주요 대목을 소개하면 다음과 같다.

"우리나라 실정에 맞는 주체철 생산기술을 완성하며 수입에 의존하는 원료, 자재, 설비들을 국산화하기 위한 과학연구사업을 다그쳐야 한다.…
인민경제의 자립성과 주체성을 보장하는데서 중핵적인 문제는 원료와 연료, 설비의 국산화를 실현하는 것이다.…
화학공업부문에서 생산설비와 계통을 제때에 정비보수하고 생산능력을 확장하며 촉매의 국산화를 실현하여 주체비료와 비날론, 기초화학제품 생산을 정상화할 것이다.…
건재공업부문에서 공장, 기업소들을 현대적으로 꾸리고 건재생산을 전문화, 전통화하며 최신기술을 활용하여 건재의 다양화, 다종화, 국산화를 실현할 것이다.…
경공업부문에서는 공장들을 지식경제시대의 본보기공장으로 꾸리고 원료, 자재의 국산화를 실현하며 생산을 활성화하여 소비품에 대한 인민들의 수요를 보장하여야 한다." [86]

김정은 제1위원장이 2015년《신년사》에서 국산화 전략의 일환으로 '수입병'을 없애자고 강조하면서 북한은 수입제한 조치를 단행했다. 2015년 초부터 10개월 동안 국산화 실현 전투가 전개된 평양식료품공장의 성공사례가 『로동신문』에 게재되는 등 국산화 열풍을 조성하려는 노력이 본격화되었다.[87] <표 1-4>는 김정은 시대의 국산화 정책의

발전과정을 정리한 것이다.[88]

<표 1-4> 김정은 시기 국산화 정책 발전과정

시기	주요 내용
국산화 추진 제도 구축기 (2013년)	- 경공업 국산화, 특히 원료·자재의 국산화 강조, 전국경공업대회 개최, 기초식품·1차 소비품 생산증대 - 경공업 관련 기관 및 공장·기업소, 경영 및 기업전략 수립 시작
경공업 관련 지방공업 발전기 (2014년)	- 경공업 공장들, 원료·자재의 국산화 비중 제고 지침 하달 - 질 좋은 인민소비품 생산 정상화 등 지방공업 발전에 초점
수입대체전략 도입기 (2015년)	- 공장·기업소의 수입제한조치 시행 - 수입대체 가능한 산업군 중심으로 국산화 진행 - 설비의 국산화 강조
국산제품의 품질 강조기 (2016년)	- 주민 관련 국산제품의 질 제고 정책 지시 - 자재의 국산화를 위한 정책 지원 강조
국산화 청사진 실행 초기 (2017년)	- 금속·화학공업의 국산화 재도약기, 금속·화학 공장 등의 석탄과 수송수요가 최우선 과제 - 과학기술 활용한 원료·연료·설비의 국산화 강조

국산화 정책의 중요성은 원료·자재·설비·제품의 면에서 살펴볼 수 있다. 원료 국산화는 철강생산의 연료 대체(코크스·반코크스→갈탄), 중유 수입 대체(무연탄에 의한 고온공기 이용), 석유 대체(석탄·갈탄, 회망초), 수입산 데트론인견사 대체(국산 데트론인견사) 등이 대표적이었다.[89] 자재 국산화는 아크릴계 수지 페인트 생산, 망간토·합금원료에 의한 합금철 생산 등으로 나타났다.[90]

설비 국산화는 경공업제품의 포장공장·염색기·제화 생산라인 설비 국산화, 통신네트워크 장비의 국산화, 스테인리스강에 의한 발효탱크 생산, 공장기계설비·부분품·에너지계열 발전설비의 국산화, 수송기계·농기계 국산화, 수입 밸브의 국산 재생밸브 대체 등에서 두드러졌다.[91] 제품 국산화는 식품가공제품, 생활화학제품 등 신제품 생산, 이동전화기를 비롯한 최신 전자제품 제조 등이 눈에 띄었다.[92]

국산화는 김정은 시대에 들어와 금속·화학공업 등 기초공업부문에서부터 기계·경공업·IT 국산화 제품에 이르기까지 광범위하게 전개되었다. 국산화 정책의 흐름을 보면 품질개선, 경공업·전자통신제품·IT 제품 등 국산제품의 포장·디자인 개선, 공장·기업소의 수입 설비 및 설비부품의 국산 제작, 과학기술의 접목에 의한 설비 개조 등 설비 국산화, 지방 식품가공공장·화학공장 등의 국산화 주력, 내부 유통망과 각종 상품박람회의 적극 활용 등의 다양한 트렌드가 확인된다.[93]

전반적으로 보아 원료·설비·제품 국산화는 신속히 진전된 반면에 자재 국산화는 속도가 비교적 느렸다. 산업별로는 금속공업·경공업 등에서 빠르게 진행된 데 비해 IT와 기계공업에서 미진했으며 화학공업에서도 더디게 진행되었다.

북한은 금속공업의 국산화를 위한 국가적 지원과 발전 의지를 강하게 내보였으며, 김책제철과 황해제철을 비롯한 금속공장들에 대한 원료·연료·동력 보장을 특히 강조하면서 국산화를 독려해왔다. 2015년부터 코크스 수입이 감소된 것은 코크스를 자국산 갈탄으로 대체하는 데 어느 정도 성공했음을 입증한다. 생산된 철강제품의 품질을 확인해봐야 알겠지만, 부분적으로 원료 국산화에 성공했다는 사실을 간과해서는 안 될 것이다.

화학공업에서는 제품 생산이 여전히 수요를 따라가고 못하고 있어 생산증대가 필요하다.[94] 화학공업에서의 국산화에서 눈에 띄는 변화는 탄소하나화학공업 창설에 주력한 것이었다.

기계공업에서는 특히 설비 국산화가 부분적으로 가능해지면서 기계 설비의 성능 개선과 질 제고가 강조되고 있다. 제7차 당 대회 석상의 '부문별 사업보고'에서 국산화의 성과를 제시한 경공업·금속·화학부문의 공장들과는 달리 룡성기계연합기업소는 "당의 요구를 이행하려면 아직 할 일이 많으며 자강력제일주의 기치 아래 자력갱생의 본보기 공장이 될 것"이라고 발언[95]함으로써 여전히 미진한 점이 있음을 인정했다.[96]

국산화정책이 전반적으로 성공을 거두고 있다고 낙관할 수는 없으나 이 정책이 전략적 과제로 취급되고 있는 만큼 향후 점진적으로 성과를 거둘 개연성은 높다. 북한의 국산화정책은 경제성장 단계에 있는 국가들이 외화낭비를 막기 위해 국산품 애용의 캠페인을 전개하는 수준을 넘어, 원자재와 설비에서 완제품에 이르는 생산의 전 과정에서의 국산화를 중시한다. 이것은 자력갱생의 정신이 자립적 민족경제 경제노선의 기초를 이루고 있듯이 국산화정책은 이 노선을 이행하는 중요한 전략적 과제라는 것을 일깨워준다.

5) 자력갱생 정신의 지속성

주체사상에 뿌리를 둔 자력갱생과 자강력제일주의는 자립적 민족경제건설노선과 김정은 시대의 전략적 노선의 기본정신을 이룬다. 주체사상이 경제에서 구현된 정신이 자력갱생의 혁명정신이라고 한다면 자강력제일주의는 현 시기의 전략적 사고라 할 수 있다. 자기 나라의 자원과 자체의 자금·과학기술을 바탕으로 어떠한 난관도 극복해 경제발전에 성공하겠다는 의지는 북한의 당·국가·군대, 인민 어디에서나 쉽게 찾아볼 수 있다. 사회주의경제강국 건설과 인민생활 향상을 향해 돌진하는 가운데 '인민의 꿈과 이상'이 자신의 힘·기술·자원에 의해 이뤄질 수 있다는 정신무장은 다른 나라에서는 좀처럼 유례를 찾기 어렵다.

자력갱생의 혁명정신이 지속성, 과학기술, 내부예비와 잠재력의 총동원 등으로 표현되고 있음을 이해해야 김정은 시대의 경제발전전략이 보인다. 자력갱생 정신으로 사회주의경제강국 건설과 인민생활 향상에 성공할 수 있을 것인지는 아직 속단할 수 없다. 김일성-김정일 시대에 뿌리내린 자력갱생 정신이 김정은 시대에도 견결히 유지될 것이라는 징후는 곳곳에서 발견된다.

국제사회의 대북 제재가 지속되는 상황에서 당 중앙위원회 제7기 제4차 전원회의(2019년 4월 10일)에서는 《사회주의 건설에서 자력갱생의 기치를 더욱 높이 들고 나갈 데 대하여》를 의정으로 상정했다. 김정은 당 위원장은 의정 보고에서 "당 조직들이 5대교양과 함께 자력갱생교양을 정치사상사업의 주되는 과업으로 틀어쥐고 자력갱생의 혁명정신이 뼈 속까지 배인 참된 투사들로 준비시키며 우리식 사회주의의 발전방식에 대한 정확한 인식을 가지고 새로운 만리마속도 창조를 위한 대진군에 궐기해 나서도록" 해야 한다고 강조했다.

그는 "자력갱생을 번영의 보검으로 틀어쥐고 총돌격전, 총결사전을 과감히 벌림으로써 사회주의건설의 앙양기를 열어놓자는 것이 당 중앙위원회 제7기 제4차 전원회의의 기본정신"이라고 밝혔다.[97] 전원회의의 기본정신은 자력갱생의 총돌격전·총결사전을 전개하는 것이고 이 과정에서 자력갱생 교양사업을 상시적으로 전개해야 한다는 것이었다.

북한이 경제적 하부구조가 상부구조를 결정한다는 마르크스주의를 유지했더라면, 경제발전전략의 기본정신이니 자력갱생의 혁명정신이니 하는 설정은 불가능했을 것이다. 아마 그랬더라면 이 책에서 경제발전전략을 설명하기에 앞서 정신적 기초를 다루는 것도 의미가 없었을 지도 모른다.

그러나 북한은 인간의식의 영역과 사회구성체에서 자주성과 창조성을 핵심가치와 발전기제로 여기는 주체사상(오늘의 김일성-김정일주의)[98]을 당·국가·군대의 지도사상으로 삼아왔다. 자력갱생의 혁명정신은 혁명주체(노동자·농민·근로인테리·군인)들의 자주성·창조성과 직접적인 관련을 갖기 때문에 혁명과 건설에서 중요한 지위와 역할을 갖게 되는 것이며, 또한 지속성도 갖게 되는 것이다. 자력갱생이 김정은 시대의 기본전략이자 혁명과 건설에 참여하는 인민들의 정신적 본태本態라는 사실을 명확히 인식할 때 북한의 경제발전전략과 정책의 집행 양상이 보다 잘 이해될 수 있다.

제2절 경제발전전략의 정치적 기초

북한 경제발전전략의 정치적 기초는 무엇일까? 김일성-김정일 시대에서 김정은 시대에 이르기까지 지속되어온 몇 가지 요소를 생각해볼 수 있다. 유일사상과 유일적 영도체계, 당적 지도와 정책적 지도, 내각책임제(내각중심제), 관료주의·부패와의 투쟁과 인민 중시, 성장 동력으로서의 대중운동 등이 그것이다.

이 가운데 사상과 영도체계, 당적 지도, 대중운동 같은 것은 계승의 측면이 두드러져서 김정은 시대에 와서도 변화가 없다. 이에 비해 내각책임제, 반부패투쟁과 인민 중시에서는 혁신의 면모가 뚜렷하다. 북한의 경제를 다루면서 정치적 기초를 소홀히 하면 전략적 노선의 방향을 올바로 이해하지 못할 수 있다. 김정은 시대의 전략적 노선을 다루기에 앞서 정치적 기초를 살펴보기로 한다.

1. 유일사상과 유일적 영도체계

"1967년 이후 북한 체제의 성격은 한 마디로 '유일체제'라는 말로 표현할 수 있다. 유일체제는 북한 사회의 특징은 가장 분명하게 보여주는 '북한적인 현상'이다. 유일체제는 권력이 최고영도자인 수령 1인에게 집중되어 있을 뿐 아니라, 그 1인을 중심으로 전체 사회가 하나의 틀로 편제되어 있으며, 그것을 뒷받침하는 이론적 체계까지 갖추고 있는 정치사회 구조를 일컫는다. 이 체제는 1인의 절대 권력자가 군대와 경찰 등 물리력을 기초로 운용하는 단순한 단일지도체계와는 달리, 힘뿐만 아니라 자신을 정당화시켜주는 이데올로기와 사회문화의 정서까지 스스로 재생산해낸다.…

유일체제는 자신을 합리화하는 담론과 행위양식들을 재생산하는 광범한 사회적 체계를 갖고 있다. 북한의 경우 이것은 유일사상체계이다." [99]

북한에서는 정치가 경제에 우선한다. 경제적 하부구조(생산관계의 총체)가 정치·법률·사회의식 같은 상부구조를 규정한다는 마르크스의 명제는 북한에서 통하지 않는다. 북한은 정치우선의 사회이고 사상우선의 사회이다.[100] 북한 경제는 정치와 사상의 영향을 벗어날 수 없다.

민족주의·사회주의·집단주의와 같은 정신적 토대도 경제에 영향을 주지만, 당·국가·군대의 유일적 지도사상(유일사상)과 유일적 영도체계라는 정치적 기초도 경제에 강한 영향을 미친다. 북한의 모든 정치행위는 유일적 지도사상인 김일성-김정일주의와 조선로동당의 유일적 영도체계를 근간으로 한다.

조선민주주의인민공화국은 김정일 국방위원장의 사후인 2012년 4월에 개정한 《사회주의헌법》 서문에서 김일성 주석을 '영원한 주석'으로, 김정일 국방위원장을 '영원한 국방위원장'으로 명문화했다. 세계어느 나라에서도 이런 헌법 서문은 찾아보기 어렵다.

조선로동당은 2012년 4월과 2016년 5월에 개정한 《규약》에서 김일성-김정일주의를 당의 지도적 지침으로 확정했다.[101] 2012년 4월의 《규약》에는 "김일성-김정일주의를 당건설과 당활동의 출발점으로, 당의

조직사상적 공고화의 기초로, 혁명과 건설을 영도하는데서 지도적 지침"으로 삼는다고 밝혀져 있다.[102]

김정은 당 제1비서는 2012년 4월 11일의 제4차 당대표자회를 앞둔 4월 6일에 당 중앙위원회 책임일군들과 한 담화《위대한 김정일 동지를 우리 당의 영원한 총비서로 높이 모시고 주체혁명위업을 빛나게 완성해나가자》(4·6담화)에서 김정일을 '조선로동당의 영원한 총비서', '공화국의 영원한 국방위원회 위원장'으로 높이 모시는 문제를 당 대표자회와 최고인민회의(4월 13일)에서 토론하자고 제안한 뒤, "조선로동당의 지도사상은 위대한 김일성-김정일주의"라고 밝혔다. 당《규약》은 김 제1비서의 담화를 반영한 것이었다. 유일사상과 유일적 영도체계부터 살펴보기로 한다.

1) 당의 최고 강령 : 온 사회의 김일성-김정일주의화

북한에서 김일성-김정일주의는 당원들과 인민들에게 당의 지도사상·유일사상으로 받아들여지고 있다. 《4·6담화》에 따르면, 이전부터 당원들과 인민들은 "수령님(김일성)의 혁명사상과 장군님(김정일)의 혁명사상을 결부시켜 김일성-김정일주의로 불러왔으며 김일성-김정일주의를 우리 당의 지도사상으로 인정"해왔지만, 김정일 총비서가 "김정일주의는 아무리 파고들어야 김일성주의 밖에 없다고 하시면서 우리 당의 지도사상을 자신의 존함과 결부시키는 것을 극력 만류"했다고 한다.

김정은 제1비서는 "장군님의 현명한 영도 밑에 온 사회의 김일성주의화를 당의 최고 강령으로 내세우고 줄기차게 투쟁하여온 것처럼 앞으로도 온 사회를 김일성-김정일주의화하기 위한 투쟁을 더욱 힘차게 벌려나가야" 한다고 말했다.

그러면서 "김일성-김정일주의는 주체의 사상, 이론, 방법의 전일적인 체계이며 주체시대를 대표하는 위대한 혁명사상"이라고 선포했다.

이로써 주체의 사상·이론·방법의 전일적 체계인 김일성-김정일주의는 당·국가·군대의 지도사상으로 자리매김 되었다. 사실 이전에는 주체의 사상·이론·방법의 전일적 체계를 주체사상이라고 했기 때문에 주체사상이 곧 김일성-김정일주의라고 할 수 있으나 그 뒤에 김일성-김정일주의에 조금씩 다른 내용이 덧붙여졌다.

김 제1비서는 2013년 2월 열린 제4차 당세포비서대회에서 "김일성-김정일주의는 본질에 있어서 인민대중제일주의"라고 강조했다. 이것은 인민대중제일주의를 강조하기 위한 언사라고 할 수 있다. 이어 2013년 6월에 발표한 《혁명발전의 요구에 맞게 당의 유일적 령도체계를 더욱 철저히 세울 데 대하여》에서는 김일성 주석이 "주체사상을 창시하시어 혁명의 새로운 길"을 열었고, 김정일 국방위원장은 "주체사상을 전면적으로 체계화하시고 주체사상과 선군사상을 발전 풍부화" 했다고 설명했다.

김정일 국방위원장이 주체사상과 함께 선군사상을 발전 풍부화 했다는 설명은 김일성-김정일주의에 선군사상도 포함된다는 해석을 낳았다.

김정은 당 위원장은 2016년 5월 6일에 개최된 제7차 당 대회의 《사업총화보고》에서 "사회주의위업을 완성하고 인민대중의 자주성을 완전히 실현하기 위하여서는 온 사회를 김일성-김정일주의화"해야 한다고 전제하고, "인민대중의 자주위업, 사회주의위업은 위대한 김일성-김정일주의를 지도적 지침으로 하여 온 사회를 김일성-김정일주의화 함으로써만 빛나게 완성될 수 있"으며 "온 사회의 김일성-김정일주의화는 우리 당의 최고강령"이라고 강조했다.[103]

이에 따라 조선로동당은 "김일성-김정일주의를 유일한 지도사상으로 하는 주체형의 혁명적 당"으로 규정된다(《규약》). 당의 최고강령이 온 사회의 김일성-김정일주의화이기 때문에 이 사상은 당의 지도사상일뿐더러 사회 전반의 지도사상으로 설정된다. 경제발전전략에도 김일성-김정일주의라는 지도사상이 작용한다는 의미다.

김정은 시대의 북한은 과학기술강국 건설, 사회주의경제강국 건설,

인민생활 향상 등을 전략적 방향으로 한 우리식 사회주의 건설에 질주하고 있는데, 이 과정에서 숱한 변화와 혁신을 시도하더라도 김일성-김정일주의에서 벗어나지는 않을 것이라는 예측을 낳는다.

이렇게 볼 때 김정은 시대의 경제발전전략을 파악하는 데 있어서 김일성-김정일주의에 대한 이해가 선행되어야 함은 자명한 이치다. 다만 주체사상이 그 적용과정에서 융통성과 탄력성을 보일 여지가 있었듯이 김일성-김정일주의도 그러한 가능성이 열려 있다고 봐야 할 것이다. 주체사상과 김일성-김정일주의의 탄력적이고 융통성 있는 적용은 '인민대중제일주의'를 근거로 합리화될 수 있다.

2) 마르크스-레닌주의에서 김일성-김정일주의까지

조선로동당과 조선민주주의인민공화국의 유일지도사상으로 김일성-김정일주의가 정착되기까지 여러 단계의 발전과정을 거쳤다. <표 1-5>는 이를 축약한 것이다.

주체사상이 마르크스-레닌주의와 함께 당의 지도사상으로 《규약》에 명기된 것은 1970년 11월의 제5차 당 대회 때였으며, 1980년 10월의 제6차 당 대회에서는 마르크스-레닌주의를 떼어내고 김일성의 주체사상을 유일적 지도사상으로 선언했다. 제5차 당 대회에서 개정된 《규약》에 "조선로동당은 마르크스-레닌주의를 창조적으로 적용한 김일성의 주체사상을 자기활동의 지침으로 삼는다"(전문)라고 되어 있었고,[104] 1972년 12월 27일 최고인민회의 제5기 제1차 회의에서 채택된 《사회주의헌법》에도 "조선민주주의인민공화국은 마르크스-레닌주의를 우리나라의 현실에 창조적으로 적용한 조선로동당의 주체사상을 자기활동의 지도적 지침으로 삼는다"(제4조)라고 명문화했던 것을 제6차 당대회에서 '마르크스-레닌주의의 창조적 적용'을 삭제했던 것이다.[105]

이것은 당과 국가의 지도사상에서 마르크스-레닌주의를 제외한 것이었고, 2015년 5월에 개정된 《규약》(전문)에 이르러서는 '마르크스-레닌주의의 혁명적 원칙'만은 남겨 놓았다. 당에서는 마르크스-레닌주의의 혁명적 원칙을 견지한 반면에 《사회주의헌법》에서는 이마저 삭제했다.

유념할 대목은 '지도사상'으로서의 마르크스-레닌주의와 마르크스-레닌주의의 '혁명적 원칙'은 그 차원이 엄연히 다르다는 점이다. 전자는 당과 국가의 모든 활동의 지도적 지침이 된다는 뜻이고, 후자는 마르크스-레닌주의에 내재된 철학 및 정치경제학의 여러 층위들은 제쳐두고 그 사상이념에 내재된 '혁명적 원칙', 즉 계급투쟁과 프롤레타리아혁명 같은 핵심만을 인정한다는 뜻으로 볼 수 있다.

북한이 당 《규약》과는 달리 《사회주의헌법》에 마르크스-레닌주의의 혁명적 원칙을 포함시키지 않은 것은, 조선로동당이 노동계급과 근로인민대중의 핵심부대·전위부대인데 비해 조선민주주의인민공화국은 전체 인민의 이익을 대표하는 사회주의국가이기 때문이다.

김정일 시대에 만들어진, 2009년 4월의 《사회주의헌법》(김일성헌법)에서는 주체사상과 함께 선군사상이 국가의 지도사상으로 명기되었다. 김정일 국방위원장의 사후에는 김일성-김정일주의가 당·국가·군대의 유일적 지도사상으로 확고부동한 위상을 갖게 된다.

〈표 1-5〉당 《규약》과 《사회주의헌법》에서의 유일지도사상의 발전과정

시기	지 도 사 상
1970년 이전	마르크스-레닌주의 *제1~4차 당대회 규약
1970년 11월	마르크스-레닌주의, 주체사상 *제5차 당대회 규약
1972년 12월	마르크스-레닌주의를 창조적으로 적용한 주체사상 *사회주의헌법
1980년 10월	김일성의 주체사상 *제6차 당대회 규약
1992년 4월	주체사상 *사회주의헌법-수정보충
2009년 4월	주체사상, 선군사상 *사회주의헌법(김일성헌법)-수정보충
2012년 4월	김일성-김정일주의 당대표자회 *규약
2016년 5월	김일성-김정일주의 제7차 당대회 *규약
2016년 6월	주체사상, 선군사상 *사회주의헌법(김일성-김정일헌법)-수정보충

시기	지 도 사 상
2019년 4월	김일성-김정일주의 *사회주의헌법(김일성-김정일헌법)-수정보충

1970년대 중반에 김정일 당 조직비서는 김일성주의를 체계화·정식화하는 노력을 기울였다. 그는 1974년 2월 13일 당 중앙위원회 제5기 8차 전원회의에서 정치위원회 위원에 선임되고 김일성 총비서의 후계자가 되면서 주체사상의 체계화에 눈을 돌렸다. 수령을 제외하고는 오직 후계자에게만 이념 해석권이 부여되었다.

주체사상은 항일혁명전통에서 유래되어 그 뿌리는 깊었지만 1960년대만 해도 사대주의, 대국주의, 교조주의 등을 반대하고 사상에서의 주체, 정치에서의 자주, 경제에서의 자립, 국방에서의 자위를 추구하는 '당적 지도사상'으로 이해되었다. 1960년대 후반까지만해도 당 안에서 벌어진 반당 종파분자들과의 투쟁으로 인해 당·국가·군대의 '유일적 지도사상으로서의 주체사상'을 정식화·체계화할 여력이 없었던 것으로 보인다.

김 비서는 1974년 2월 19일 전국당선전일군강습회(후에 제3차 사상일군대회로 명칭 변경)에서 《온 사회를 김일성주의화하기 위한 당사상사업의 당면한 몇 가지 과업에 대하여》를 발표했는데,[106] '김일성의 혁명사상'을 주체사상과 이에 의해 밝혀진 혁명이론·영도방법의 전일적인 체계로 정식화했다. 주체사상에 기초해 사상·이론·방법을 전일적으로 체계화한 이데올로기로서의 김일성주의는 이전의 노동계급의 혁명이론과는 완연히 구별된다는 취지였다.

주체사상은 혁명과 건설의 주인은 인민대중이며, 혁명과 건설을 추동하는 힘도 인민대중에게 있다는 사상이다. 김 비서는 2월 19일에 '온 사회의 김일성주의화' 강령을 선포했고 4월 14일에는 《당의 유일사상체계 확립의 10대 원칙》을 발표했다. 이 무렵에 북한에서는 그의 지휘 아래 사상전思想戰의 열풍이 불었는데,[107] 그가 1973년 8월부터 74년 8월까지 발표한 저작들에서 당시의 흐름을 확인할 수 있다.

조선로동당은 김 비서가 '온 사회의 주체사상화 강령'을 선포한 직후부터 모든 보도매체, 문화예술작품 등을 동원해 김일성주의의 전파에 나섰다. 그 결과는 예상과 달리 여의치 않았던 것으로 관측된다. 북한 인민들과 간부들은 주체사상과 김일성주의의 차이를 이해하는 데서 어려움을 겪었다는 후일담이 들린다. 이 때문인지 김일성주의는 《사회주의헌법》을 비롯한 어떠한 법령이나 당 《규약》에도 명문화되지 않았다.[108] 다만 북한의 해외용 출판물에서는 김일성주의를 일컫는 영문표기가 등장했다.

김 비서는 1982년 3월 김일성 주석 탄생 70돌 기념 전국주체사상토론회에서 《주체사상에 대하여》(논문)를 발표해[109] 유일지도사상에 대한 인민들의 이해를 높이려고 시도했다. 이 논문은 주체사상의 철학적 원리와 사회역사적 원리를 정리함으로써 이론적 체계화를 처음 시도했다는 의미를 갖는다.

주체사상의 철학적 원리는 "사람이 모든 것의 주인이며 모든 것을 결정한다"는 명제(세계에서 사람이 차지하는 지위와 역할)와 "사람은 자주성과 창조성, 의식성을 가진 사회적 존재"라는 명제(사람의 본질적 특성)로 정리된다. 자주성은 세계와 자기 운명의 주인으로서 자주적으로 살며 발전하려는 사회적 인간의 속성을, 창조성은 목적의식적으로 세계를 개조하고 자기 운명을 개척해나가는 사회적 인간의 속성을, 의식성은 세계와 자기 자신을 파악하고 개변하기 위한 모든 활동을 규제하는 사회적 인간의 속성을 뜻한다.

사회역사원리는 세계의 한 부분인 사회가 역사적으로 어떤 원인에 의하여 변화 발전하는가, 역사를 전진시키고 사회를 발전시키자면 어떻게 해야 하는가를 규명한 것이다. 이 원리에서는 '인민대중은 사회역사의 주체'이고, "인민대중이 역사에서 주체로서의 지위를 차지하고 역할을 다하자면 지도와 대중이 결합되어야 한다"고 정리되었다.

지도와 대중의 결합에서 '수령의 지도'가 중시되고 이로써 수령론의 이론적 발판이 마련되었다. 수령론은 최고영도자의 지위와 역할에 관한 이론이며, 다른 나라에서는 유례를 찾기 어려운 북한 특유의 리더십론을 보여준다.

주체사상은 세계에서 사람이 차지하는 지위와 역할에 초점을 두기 때문에 경제적 하부구조가 상부구조를 규정한다는 마르크스의 명제를 답습하지 않는다. 또한 인간의 자주성·창조성·의식성을 강조하면서 인민대중을 사회역사의 주체로 본다. 그런 까닭에 주체 정치경제학은 전통적인 마르크스-레닌주의 정치경제학과는 상당히 다른 이론체계를 갖게 된다.

김 비서는 《주체사상에 대하여》를 발표한 뒤에 주체의 혁명이론, 주체의 영도방법을 정식화·체계화하는 노력을 기울였으며, 그 성과가 집대성된 것이 1985년 7월에 발간된 《위대한 주체사상 총서》(총10권)였다. 총서는 그가 1974년 《2.19문헌》에서 강조한 김일성주의의 3대 요소(사상·이론·방법)를 구체적으로 다룸으로써 유일적 지도사상의 체계를 완성하는 전환점이 되었다.[110] 사상(제1권 주체사상의 철학적 원리, 제2권 주체사상의 사회역사원리, 제3권 주체의 지도적 원칙), 이론(제4권 반제반봉건민주주의혁명과 사회주의 혁명이론, 제5권 사회주의·공산주의 건설이론, 제6권 인간개조이론, 제7권 사회주의경제건설이론, 제8권 사회주의문화건설이론), 방법(제9권 영도의 본질과 원칙, 영도체계, 제10권 영도예술) 등으로 구성된 총서의 제7권 《사회주의경제건설이론》에 주체경제학 이론을 체계화한 성과들이 경제건설이론에 반영되었다.

김일성-김정일주의는 주체의 사상·이론·방법의 전일적인 체계라는 점에 초점을 맞춘다면 그 체계는 1970년대 중반에서 1980년대 중반 사이에 이미 만들어졌다고 할 수 있다. 그 체계를 만든 장본인은 김정일 조직비서였다.

주체사상에 김정일 시대의 선군사상을 보태어 김일성-김정일주의가 완성되었다고 설명할 수도 있겠지만, 주체사상과 김일성주의를 구성하는 3대 요소, 즉 사상·이론·방법의 전일적인 체계는 김 비서에 의해 만들어졌고 그가 당·국가·군대의 최고영도자의 지위와 역할을 수행하다가 사망한 점을 고려한다면 김일성주의가 시대변화에 따라 김일성-

김정일주의로 정립된 것도 자연스러운 일이라 할 수 있겠다.

3) 선군혁명사상의 등장

북한은 《위대한 주체사상 총서》가 발간된 이후에도 당·국가·군대의 유일지도사상으로 주체사상을 내세웠으며 김일성주의를 전면에 내걸지 않았다. 김일성 주석이 유일지도사상에 자신의 이름을 붙이는 것을 반대했기 때문이라고 한다. 김정일 시대에 만들어진 《사회주의헌법》(김일성헌법, 2009년 4월)에 국가의 지도사상으로 주체사상과 선군사상을 규정한 것도 이런 분위기를 반영한 것이었다. 선군혁명사상을 지도사상으로 부각시킨 장본인은 김정일 당 총비서 겸 국방위원장이었다.

김정일 총비서는 1995년 고난의 행군 이후에 체제 이완현상을 극복하기 위해 선군정치를 부각시켰고 선군혁명사상을 지도사상으로 정식화했다. 선군사상 담론은 『로동신문』 2001년 4월 25일자 사설에 처음 등장하여 이목을 끌었다.

『로동신문』은 2002년 10월 5일자에서 "선군사상은 주체사상의 근본원리에 기초한 사상이며 주체사상을 구현하기 위한 실천투쟁 속에서 나온 혁명사상"이라고 규정했다. 북한의 3대 기관지(『로동신문』 『조선인민군』 『청년전위』)의 2003년 신년공동사설은 "주체사상에 기초한 우리 당의 선군사상은 사회주의위업 수행의 확고한 지도적 지침"이라고 선언했다. 선군사상은 주체사상에서 나온 것이지만 주체사상과 함께 유일지도사상의 지위를 갖게 된 것이다.

김 총비서는 2003년 1월 29일 당 중앙위원회 책임일군들과 한 담화 《선군혁명로선은 우리 시대의 위대한 혁명로선이며 우리 혁명의 백전백승의 기치이다》(1.29담화)[111]에서 선군사상을 '선군후로先軍後勞의 사상'으로 규정함으로써 군대를 노동자보다 앞세우고 혁명의 주력군으로 인정했다. 이에 따라 북한에서는 군인이 노동자·농민·근로인텔리 등과 함께 혁명과 건설의 주체로 인정되는 독특한 이론이 만들어졌다.

그해 3월 21일자『로동신문』편집국 논설은 선군사상에 대하여 "군사를 모든 것에 앞세울 데 대한 군사선행의 사상", "군대를 혁명의 기둥, 주력군으로 내세우고 그에 의거할 데 대한 선군후로의 노선과 전략전술"이라고 정리했다.

김 총비서는 김일성 주석의 사망 이듬해인 1995년 1월 1일에 조선인민군 다박솔 중대를 현지지도 했는데 이때 '총대철학'이라는 혁명원리를 언급했고 2003년의《1·29담화》에서는 총대철학이 김일성주의의 일부라고 강조하기에 이르렀다. 선군사상은 총대철학에서 배태하여 발전했다는 논리였다.[112] 북한 자료들에 따르면, 선군사상은 군대를 혁명의 주력군으로 내세우는 사상, 모든 국사國事 중에 군사軍事를 앞세우는 사상을 뜻한다. 또 총대철학은 혁명이 군대에 의하여 개척되고 전진·완성된다는 원리와 군대가 있어야 당·국가·인민도 있다는 원리를 말한다.

선군혁명사상은 2002년 9월에 시작된 선군시대 경제건설노선(국방공업의 우선발전과 경공업·농업의 동시발전)에 직접적이고도 즉각적인 영향을 주었다. 이 점에서 보면 선군혁명사상이 전략적 노선의 전환에 직접적으로 작용한 것으로 볼 수 있다.

4) 김정은 시대와 김일성-김정일주의

김정은은 김정일 당 총비서의 집권 시기인 2010년 9월 28일에 개최된 조선로동당 제3차 대표자회에서 당중앙군사위원회 부위원장에 선출됨으로써 당과 군대의 지휘권을 확보할 수 있었다. 김 총비서는 자신의 건강 악화와 앞날을 고려해 선군시대의 조직정치노선에 따라 당에 의한 군대 지휘권부터 김정은에게 이양했던 것이다.[113] 그래서인지 김정은 부위원장이 김정일 총비서의 사망(2011년 12월 17일) 이전에 사상이념 부문의 영도에 나선 흔적은 눈에 띄지 않았다.

김정일 총비서의 부재 상황에서 김정은 영도체제는 신속히 정비되었고 사상이념 부문에 대한 영도력도 강화되는 양상을 보였다. 김정은은 국상國喪에 이어 열린 당중앙위원회 정치국회의(12월 30일)에서 조선인민군 최고사령관으로 추대되었다.[114]

이날 정치국 회의에서는 《위대한 령도자 김정일동지의 유훈을 받들어 강성국가건설에서 일대 앙양을 일으킬 데 대하여》라는 결정서가 채택되었다. 《결정서》에서는 김정일 총비서의 사상이념 부문의 업적들, 즉 김일성 주석의 혁명사상을 주체의 사상·이론·방법의 전일적인 체계로의 정식화, 시대와 혁명발전의 요구에 맞게 주체사상의 전면적인 심화발전, 온 사회의 주체사상화 등이 거론되었다.

정치국회의에서는 김일성 주석 탄생 100주년 《공동구호》(당중앙위원회, 당중앙군사위원회)를 심의하여 발표했다(2011년 12월 31일 발표). 공동구호에 조직사상사업의 관련 내용이 포함됨으로써 김정은의 유일적 영도체계와 그를 중심으로 한 일심단결을 분명히 하였다. 사상사업의 형식과 방법의 혁신을 강조한 것이 눈에 띄었다.

"전당과 온 사회에 경애하는 김정은 동지의 유일적 영도체계를 더욱 철저히 세우자! 전당을 혁명의 수뇌부 결사옹위의 사상적 순결체, 조직적 전일체로 만들자! 당과 혁명대오의 위력은 정치사상적 위력이며 대고조의 불길은 사상의 불길, 정신력의 불길이다. 사상론의 기치높이 정치사상공세를 벌려 일심단결의 위력을 총폭발시키자! 사상사업의 형식과 방법을 대담하게 혁신하자!"

김정은 최고사령관은 제4차 당대표자회를 앞둔 2012년 4월 6일에 《4·6담화》를 발표했다.[115] 그는 집권 후 공개된 첫 번째 담화에서 "조선로동당은 김일성-김정일주의를 지도사상으로 하고 그 실현을 위하여 투쟁하는 영광스러운 김일성-김정일주의당"이라고 밝혔다. 그는 김정일 총비서의 사상이론부문의 업적과 관련하여 김일성의 혁명사상을 김일성주의로 정식화, 김일성의 총대중시사상을 선군혁명사상·선군정치이론으로 심화 발전, 사회주의강성국가 건설이론 제시 등으로 정리했다.

김일성주의·선군혁명사상과 함께 사회주의강성국가 건설이론을 강조한 것이 이목을 끌었다. 이 대목은 김일성-김정일주의를 '김일성주의·선군혁명사상·강성국가건설이론이 포함된 사상체계'로 해석할 여지를 남겼다. 김정일 국방위원장의 사회주의강성국가 건설이론은 '선군시대 경제건설노선'과 '인민경제의 주체화·현대화·과학화'에 집약적으로 표현되어 있었다.

《4·6담화》에서는 김일성-김정일주의를 '주체의 사상·이론·방법의 전일적인 체계'로, 온 사회의 김일성-김정일주의화를 '우리 당의 최고강령'으로 정식화했다. 이 대목은 김일성-김정일주의를 '주체의 사상·이론·방법의 전일적 체계'로 해석할 수 있게 한다. 1970~80년대에 주체의 사상·이론·방법의 전일적 체계를 '광의의 주체사상'으로, 주체사상의 철학적 원리와 사회역사적 원리를 '협의의 주체사상'으로 이해한 적이 있었다. 이를 감안한다면 주체의 사상·이론·방법을 '협의의 김일성-김정일주의'라고 하고, 이에 선군혁명사상과 강성국가건설이론 등이 포함되면 '광의의 김일성-김정일주의'라고 할 수 있을 것 같다.

김정은 최고사령관은 김일성-김정일주의화의 실천 과업으로 당건설과 당활동을 김일성 주석과 김정일 국방위원장의 사상과 의도대로 진행할 것, 당의 유일적 영도체계를 더욱 철저히 세울 것, 당조직들은 정책적 대를 바로 세우고 조직정치사업을 힘 있게 벌려 김정일 국방위원장의 사상과 노선을 무조건 관철해나갈 것 등을 제시했다.

김정은은 제4차 당대표자회(2012년 4월 11일)에서 제1비서로, 최고인민회의 제12기 제7차 회의(4월 13일)에서 국방위원회 제1위원장으로 추대되어 당·국가·군대의 최고영도자의 지위에 올랐다.

그는 최고영도자가 된 직후에 열린 김일성주석 탄생 100주년 열병식에서 《선군의 기치를 더 높이 추켜들고 최후 승리를 향하여 힘차게 싸워나가자》라는 첫 공개 연설(4·15연설)을 하였다.[116] 그는 《4·15연설》에서 "자주의 길, 선군의 길, 사회주의 길을 따라 곧바로 나가는 여기에 우리 혁명의 100년 대계의 전략이 있고 종국적 승리가 있다"고 강조했다.

자주의 길은 주체사상과 반제자주사상의 견지, 선군의 길은 선군혁명사상의 견지, 사회주의의 길은 사회주의강성국가 건설이론의 실천을 뜻하는 것으로 북한에서 받아들여졌다. 이 세 가지 길은 '온 사회의 김일성-김정일주의화' 강령과 직결되는 것으로 인식되었다. 김정은 제1비서는 이 생각을 기초로 삼아 사상이념과 관련한 입장을 더 개진하면서 전략적 노선을 만들어나갔다.

5) 김정은 시대의 사상이념과 전략적 노선

김정은 당 제1비서는 2012년 4월 20일 김일성주석 탄생 100주년에 즈음하여 《위대한 김일성 동지는 우리 당과 인민의 영원한 수령이시다》라는 논문(4·20논문)을 발표했다.[117] 그는 주체사상이 "사람 중심의 철학사상과 인민대중 중심의 혁명이론, 영도방법이 전일적으로 체계화된 혁명사상으로서 자주성을 위한 인민대중의 투쟁의 앞길을 밝혀주는 완성된 혁명의 지도사상"이라고 정리했다. 그는 주체사회주의가 수령·당·대중이 일심 단결된 불패의 사회주의, 주체성과 민족성이 강한 자주적인 사회주의라는 점을 특히 강조했다.

그는 김정일 당 총비서가 수령의 혁명사상을 "김일성주의로 정식화"하고 "온 사회의 김일성주의화를 우리 당과 혁명의 최고강령으로 제시"하여 "주체혁명위업 수행에서 혁명적 전환"을 가져왔다고 거듭 지적했다. 또한 김 총비서가 1990년대에 "선군정치를 사회주의 기본정치방식으로 정립"하고 선군의 위력으로 조국과 사회주의를 수호하고, 정치사상강국·군사강국의 기초 위에서 사회주의강성국가 건설의 새 시대를 열었다고 강조했다.

김정은 제1비서는 《4·20논문》의 끝머리에 자신의 사상이념과 전략적 노선의 총적인 방향을 제시했다. 첫째, 자주·선군·사회주의의 실천이다. "아무리 세월이 흐르고 그 어떤 시련이 닥쳐와도 수령님과 장군님께서 한생토록 걸으신 자주의 길, 선군의 길, 사회주의의 길을 변함없이 나아감으로써 김일성 동지의 후손, 김정일 동지의 전사, 제자로서의 사명과 의리를 다하여야 한다"는 것이다.

둘째, 김일성-김정일주의의 실천이다. "김일성-김정일주의를 혁명의 유일한 지도사상, 영원한 지도적 지침으로 삼고 오직 김일성-김정일주의의 요구대로 혁명과 건설을 전진시켜나가야 한다"는 것이다.

셋째, 당·국가·군대 건설에서의 김일성-김정일 방식의 실천이다. "당, 국가건설과 혁명무력건설에서 수령님과 장군님의 사상과 업적을 그대로 이어나가며 당건설과 국가건설, 군건설을 철두철미 수령님식, 장군님식으로 해나가야 한다"는 것이다.

넷째, 사회주의강성국가의 건설이다. "당과 혁명대오의 일심단결을 굳건히 수호하고 반석같이 다져 정치사상강국의 위용을 높이 떨치며 인민군대를 더욱 강화하고 나라의 방위력을 철벽으로 다져나가야 한다"는 것이다. 또한 "인민경제의 모든 부문, 모든 단위에서 장군님께서 지펴주신 함남의 불길, 새 세기 산업혁명의 불길 따라 생산과 건설에서 일대 앙양을 일으키며 특히 인민생활 향상을 위한 투쟁에서 결정적 전환을 가져와야 한다"는 것이다. 이 논문이 발표된 이후 조선로동당은 상당 기간 함남의 불길, 새 세기 산업혁명의 불길을 정치선전의 핵심으로 삼았다.

다섯째, 사회주의문명국가의 건설이다. "수령님과 장군님의 주체적인 문화건설사상과 업적을 빛나게 계승하여 우리식 사회주의문화의 우월성과 생활력을 높이 떨쳐나가야 한다"는 것이다.

이상과 같은 사상이념과 전략적 노선의 총적인 방향은 계승정치를 보여주는 동시에, 김정은 제1비서 자신이 사상이념과 전략적 노선의 유일한 해석권자, 혁신의 담지자임을 선언한 것이었다.

북한에서는 그를 제외한 어느 누구도 정치이념에 새로운 해석을 가할 수 없고, 그 어떤 개별적 간부들도 혁신을 제 마음대로 말할 수 없다. 시대상황에 따른 변화가 필요할 때에도 이념의 재해석이나 전략적 노선에서의 혁신에 대해서는 최고영도자가 독점적인 권한을 갖고 있다. 모든 개별적 간부들은 당 조직에 자신의 건설적인 의견을 제시해

당의 정책으로 채택되도록 할 수 있으며, 당 정책은 최고영도자의 교시 혹은 당의 정책 지침과 해설 자료의 형태로 간부들과 당원들에게 배포된다.

한편, 김정은 제1비서는 2012년 7월 26일 당중앙위원회 책임일군들과 만나 《김정일애국주의를 구현하여 부강조국건설을 다그치자》라는 담화(7·26담화)를 하였다.[118] 이 담화는 김일성-김정일주의라는 유일적 지도사상의 바탕 위에 김정일애국주의라는 실천이데올로기를 부각시킨 것이었다.

그는 김정일애국주의가 '숭고한' 조국관·인민관·후대관에 기초해 있다고 전제하고, "모든 일군들과 당원들과 근로자들은 조국과 인민에 대한 열렬한 사랑으로 심장을 불태우시며 한평생 조국과 인민을 위하여 불면불휴의 노고를 다 바치신 장군님의 숭고한 애국주의를 적극 따라 배워야 하며 더하지도 덜지도 말고 실천활동에 그대로 구현해나가야" 한다고 강조했다. 김정일애국주의를 구현하기 위한 과업으로는 인민들의 마음속에 김정일애국주의를 깊이 심어주기 위한 교양사업(김정일애국주의 교양사업을 원리적으로 깊이 있고 폭넓게, 실천과 결부하여 실속 있게, 현실에 발을 붙이고 구체적 실정에 맞게 전개해야 한다는 것), 김정일애국주의를 실천활동에 구현하기 위한 사업(김정일애국주의의 실천활동을 조국보위·부강번영·조국통일의 세 분야에서 전개해야 한다는 것), 당 조직과 근로단체조직의 책임과 역할(당 조직과 근로단체들은 온 사회에 애국의 열풍 일으키기, 교육사업에서 김정일애국주의교양 지향, 일군들의 애국투쟁 모범창조 등에 나서야 한다는 것) 등을 제시했다.[119]

집권 첫 해인 2012년에 《4·6담화》, 《4·15연설》, 《4·20논문》, 《7·26담화》 등에서 김일성-김정일주의(유일적 지도사상)와 김정일애국주의(실천이데올로기)를 설파한 김정은 제1비서는, 2013년 1월 28~29일에 개최된 조선로동당 제4차 세포비서대회에 참석해 《연설》(1·29연설)을 하였다.[120] 그는 "당세포들은 당원들을 참다운 김일성-김정일주의자로 준비시키는 것을 틀어쥐고 당 조직사상생활 지도를 짜고 들어야 한다"

고 강조했다.

그는 "당원들 속에서 김일성-김정일주의 교양을 실속 있게 벌려 그들을 우리 당의 주체사상, 선군사상으로 철저히 무장하고 혁명의 수뇌부 결사옹위정신과 사회주의에 대한 투철한 신념, 견결한 반제계급의식을 지닌 열렬한 혁명투사로 튼튼히 준비시켜야" 한다고 당부했다.

그는 "김일성-김정일주의는 본질에 있어서 인민대중제일주의"라면서 "인민을 하늘처럼 숭배하고 인민을 위하여 헌신적으로 복무하는 사람이 바로 참다운 김일성-김정일주의자"라고 밝혀 주목을 끌었다. 북한에서 '인민을 위하여 복무함!'이라는 구호는 어디에서나 발견되지만, '인민을 하늘처럼 숭배'한다는 표현은 애민사상의 극치를 보여준 것이었다.

김 제1비서는 2013년 8월 25일 '선군절'에 즈음하여 당보(로동신문)와 군보(조선인민군)에 담화 《김정일 동지의 위대한 선군혁명사상과 업적을 길이 빛내어나가자》(8·25담화)를 보냈다.[121] 그는 담화에서 '선군'은 김정일 국방위원장의 혁명사상과 혁명실천, 정치이념과 정치방식이었다고 정식화했다. 그는 김 국방위원장이 최고인민회의 제10기 제1차 회의(1998년 9월 5일)에서 "선군혁명사상과 원칙을 구현한 사회주의헌법을 채택"하게 했고 "국방위원회를 중추로 하는 새로운 국가관리 체계를 세우고 모든 국가사업이 군사선행의 원칙에서 진행"되게 했다는 사실을 강조했다.

김 제1비서에 따르면, 선군혁명사상은 "인민대중의 자주위업, 사회주의위업 수행에서 군사를 중시하고 앞세우며 혁명군대를 핵심역량으로 하여 혁명과 건설 전반을 밀고나갈 데 대한 사상"이다.[122] 그는 선군혁명사상에 대하여 다음과 같은 지위를 부여했다.

- 혁명의 총대, 혁명군대를 강화하고 혁명군대를 핵심으로 하여 혁명의 주체를 튼튼히 다지며 그에 의거하여 혁명과 건설을 승리적으로 전진시켜나갈 데 대한 혁명이론
- 선군정치가 가장 위력한 정치이며 사회주의 기본정치방식으로 된다는 정

치이론

- 투철한 반제자주적 입장과 숭고한 애국·애족·애민의 정신으로 일관되고 철의 신념과 의지에 기초한 혁명적인 사상이론
- 주체사상을 구현해나가는 실천투쟁 속에서 심화발전된 사상으로서 주체사상의 요구를 완벽하게, 전면적으로 실현할 수 있게 하는 과학적인 혁명이론

김정일 시대의 선군혁명사상의 계승을 밝힌 김 제1비서는 선군시대 경제건설노선을 경제건설과 핵무력건설의 병진노선으로 계승하게 되는데, 그것은 집권 이듬해인 2013년 3월에 열린 당중앙위원회 3월 전원회의에서였다.

북한에서 사상은 전략적 노선과 밀접할 수밖에 없다. 북한의 경제정책 방향을 진단하거나 예측할 때 사상사업의 동향도 함께 살펴봐야 하는 이유이다.

6) 제8차 사상일군대회와 유일적 영도체계

조선로동당은 2014년 2월 24~25일 제8차 사상일군대회를 개최했다. 김정은 당 제1비서는 대회에 참석하여 《혁명적인 사상공세로 최후승리를 앞당겨나가자》(2·25연설)라는 연설을 하였다.[123] 연설은 사상전의 의지를 담은 것이었다. 참가자들은 대회 다음날, 《2·25연설》에 대한 집체 강습에 참가했고 사상전의 출발을 알렸다.

북한의 역사를 돌아보면 1974년에 사상전이 전면화한 적이 있었다. 당시에는 김정일 당 조직비서가 사상전의 불을 지폈다. 제8차 사상일군대회는 1974년 2월 19일의 제3차 사상일군대회의 40주년에 즈음해 열린 것이었다. 제3차 사상일군대회는 전국당선전일군강습회로 소집되었지만 이름이 바뀌었다. 제8차 사상일군대회는 여러 면에서 제3차 사상일군대회에 비견되었다.[124]

김정은 제1비서는 "당사상전선에 먼저 불을 지피고 사상사업의 화

력을 강화하여 온 사회의 김일성-김정일주의화를 위한 우리 혁명의 진 군속도를 비상히 높여나가야 합니다"라고 강조하는 것으로 《2·25연 설》을 시작했다. 그는 사상부문 활동가들이 '전당과 온 사회를 김일성-김정일주의로 일색화하는 사업의 기수'라고 내세우면서 사상사업 부 문의 과업을 제시했다. 그 과업은 유일적 영도체계 확립의 총집중(표 1-6), 사회주의수호전과 사상전(표 1-7)[125] 등으로 나눠진다.

《2·25연설》에서 제시된 과업들은 김정일 당 조직비서가 1974년 2월 19일 '온 사회의 김일성주의화' 강령을 제시했던 제3차 사상일군대회 에서의 결론을 상기시켰다.

〈표 1-6〉 유일적 영도체계 확립의 총집중

중점 방향	핵심 과업
현 시기 당 앞에 나선 기본임무에 화력 집중	"지금 당조직들에서 일하는 것을 보면 당의 유일적 영도체계를 세우는 사업을 말로만, 문건으로만 하는 편향이 나타나고 있습니다." "당의 유일적 영도체계를 확립하기 위한 문헌접수토의 사업을 전당적으로 진행하고 학습과 강연도 하고 결의도 많이 다졌지만 실지 당 안에서 현대판 종파가 발생한 것을 미연에 적발분쇄하지 못하였습니다." "현대판 종파의 정체는 밖으로는 제국주의자들의 압력에 겁을 먹고 안으로는 부르주아 사상문화에 오염된 타락한 사상적 변질체라는 것입니다. 당의 유일적 영도체계에 도전하는 분파행위는 바로 사상의 변질로부터 시작되며 사상적 배신자들이 가닿게 되는 종착점은 다름 아닌 반당, 반혁명입니다."
당의 유일적 영도체계 확립을 위한 투쟁의 종자 ⇒ 당과 혁명대오의 사상적 일색화	※ 당의 유일적 영도체계 확립을 위한 혁명적 사상공세목표 ⇒ 김일성-김정일주의와 당의 노선과 정책을 인민대중의 확고한 신념으로 만드는 것 - 김일성-김정일주의 노작 및 당문헌 학습열풍 - 자기 부문, 자기 단위의 유훈과 당 정책에 정통하고 그것을 사업과 생활의 신조로 삼도록 교양사업 - 매 시기 당 정책도 대중이 공감하고 자기의 것으로 받아들일 수 있게 논리정연하고 설득력 있게 해설선전
사상사업에서의 《특수》 절대 불허	"당에서 맡겨준 임무에는 특수한 것이 있을 수 있지만 사상생활을 게을리 하고 당의 노선과 정책을 몰라도 되는 《특수》란 우리 당 안에 있을 수 없습니다. 특수한 단위일수록 사상사업을

중점 방향	핵심 과업
	더 강도높이 하여야 하며 사상투쟁의 용광로 속에서 강철로 단련시켜야 합니다." "당에서 일단 결론한 문제를 흥정하려고 하는 현상, 우리 당의 영도업적을 음으로 양으로 훼손시키는 현상, 당적, 계급적 원칙에서 탈선하여 우리 내부에 쉴를 쓸 게 하는 요소들에 대하여서는 밑뿌리까지 파헤쳐 제때에 사상의 수술 칼을 들이대야 합니다."
사상적 일색화 사업과 실천투쟁의 밀접한 결부	- 당의 사상관철전, 당정책옹위전 - 모든 부문, 모든 단위에서의 유훈, 당의 새로운 병진 노선과 방침관철 정형에 대한 사상적 분석총화 - 인민군대의 결사관철의 정신을 따라 배우기 위한 화선선전, 화선선동의 포성 울리기
사상공세의 주타격 대상 ⇒ 당정책을 말로만 외우고 즉시 집행하지 않는 일군들의 그릇된 사상관점과 사업태도	- 자기 부문, 자기 단위, 자기 지역에서 당 정책이 제대로 집행되지 않아도 그만, 인민들이 생활상 고충을 겪어도 그만인 일군들의 사상적 병집에 대한 투쟁 - 패배주의와 보신주의, 형식주의와 요령주의, 무책임성과 본위주의와 같은 불건전한 사상요소를 뿌리채 들어내기 위한 교양과 투쟁 전개 - 당선전부문과 당조직부문의 치밀한 배합작전 - 사상전에 법적 투쟁을 따라세워 효과 극대화

유일적 영도체계 확립의 총집중은 얼핏 보면 유일적 영도체계를 확립하기 위한 당사업의 중요성을 강조한 것이어서 경제부문과 관련이 없는 듯하지만, 그 속내를 들여다보면 그렇게 볼 수만은 없다. 장성택 사건('현대판종파사건')의 여파가 곳곳에 감지되었기 때문이다.

당의 유일적 영도체계를 세우는 사업을 '말로만, 문건으로만 하는 편향'과 '유일적 영도체계에 도전하는 분파행위', '당의 노선과 정책을 몰라도 되는《특수》' 같은 요소들이 유일적 영도체계의 확립에 방해가 되는 행위들이며, 당 정책의 실현을 가로 막는다는 인식을 엿볼 수 있다. 당 정책의 핵심에 경제정책이 자리하고 있음은 말할 나위가 없다.

김 제1비서는 사상일군대회 연설이라는 점을 감안해 경제부문을 직접 언급하지는 않았지만, 김일성-김정일주의 노작 및 당문헌 학습, 당정책에 정통하고 논리정연하며 설득력 있는 해설과 생활 신조화, 당

결론의 무조건적인 집행, 모든 부문과 단위에서의 유훈 관철 및 당의
새로운 병진노선과 방침 관철 등과 관련한 사상적 분석총화 등을 강조
함으로써 사상일군들로 하여금 새로운 전략적 노선의 집행에서 수행
해야 할 방향을 제시했다.

그가 패배주의와 보신주의, 형식주의와 요령주의, 무책임성과 본위
주의와 같은 불건전한 사상요소를 일소하기 위한 교양과 투쟁의 전개
를 촉구한 것도 경제 지도단위와 생산현장에서 나타난 '불건전한 사상
요소'를 염두에 둔 것이었다. 보신주의, 형식주의, 본위주의 등과의 사
상투쟁은 직간접으로 생산 정상화에 영향을 준다.

〈표 1-7〉 사회주의수호전과 사상전

중점 방향	핵심 과업
강성국가 건설에서 군민대단결의 위력을 더 높이 발양시키기 위한 사상전 전개	- 조국보위와 사회주의건설 : 사상강군의 위력을 높이 떨치기 위한 선전선동사업 심화 - 군대 내 당조직들과 정치기관들 : 《마식령속도》와 같은 시대어의 계속 창조 - 사회 당조직들 : 혁명적 군인정신과 투쟁기풍을 따라 배우기 위한 사업 전개 "앞으로 적들과 총결사전을 벌려야 할 때가 오면 혁명적 군인정신에 기초한 군민대단결의 위력, 전민항쟁의 위력으로 최후의 승리를 이룩하여야 합니다."
모든 부문, 모든 단위에서 집단적 혁신의 불길을 세차게 지펴 올리기 위한 사상공세작전 전개	- 경제강국, 문명국 건설도 1970년대처럼 사회주의위력, 발양시켜 본때 있게 하자는 것 - 오중흡7련대칭호쟁취운동(군), 3대혁명붉은기쟁취운동(사회) - 부문별, 단위별, 지역별, 단계별로 맹렬한 사회주의 경쟁을 조직하여 온 나라에 집단적 경쟁열풍 "사상일군들은 시대의 앞장에서 나가는 전형단위를 창조하는데서도, 전형단위들을 따라앞서기 위한 경쟁을 벌리는데서도 대중의 창조적 열의와 적극성을 발동시키는데 주목을 돌려야 합니다." "세도와 관료주의를 반대하는 사상투쟁의 도수를 높여 모든 일군들이 대중과 생사고락을 같이하면서 집단의 마음을 한데 모으는 기둥, 대중적 혁신운동의 힘 있는 척후병이 되도록 하여야 합니다."
자력갱생정신을 높이 발양시키기 위한 선전선동사업 주력	- 일군들과 근로자들 속에서 사회주의건설 역사를 통한 교양사업 강화('자력갱생=강성국가건설의 진로' 교양) - 각 초소와 일터에서의 최첨단돌파전 전개의 선전선동공세

중점 방향	핵심 과업
	- 최신과학기술의 습득을 위한 투쟁의 사상적 지원 - 자력갱생의 대진군에서 과학자, 기술자들이 자기의 혁명진지를 굳건히 지키도록 고무추동 "전사회적인 과학중시기풍, 전민과학기술인재화의 선풍을 일으키는 데서 사상일군들이 한몫 단단히 하여야 합니다."
제국주의 반동세력을 사상정신적으로 타승하기 위한 선전공세	- 외부적으로 우리의 전진을 가로막아나서는 제국주의자들에 대한 정치사상적 제압 - 내부적으로 비사회주의와 퇴폐적인 사상문화를 혁명적인 사상문화로 쓸어버리는 공격전 "사상일군들은 우리의 사상과 위업의 정당성을 널리 선전하고 제국주의자들의 취약성과 추악한 정체를 낱낱이 발가놓는 단수 높은 대적 언론전, 전파전으로 적들의 기를 꺾어놓아야 합니다." "사상의 미사일들을 더 많이 만들어내야 합니다."
모기장 2중3중 치기와 제국주의의 사상문화적 침투책동을 물거품으로 만들기 위한 주동적인 작전 전개	- 우리 식의 건전하고 혁명적인 문학예술작품들과 기사, 편집물들의 더 많은 창작 보급 - 인터넷망을 우리 사상과 문화의 선전마당으로 만들기 위한 결정적 대책 수립 - 사상사업부문과 연관단위들에서 대중 및 대외선전수단들의 현대화·정보화를 실현하기 위한 계획의 수립과 실천

김 제1비서는《2·25연설》에서 사회주의수호전과 사상전과 관련하여 《마식령속도》 창조운동과 혁명적 군인정신과 투쟁기풍 따라 배우기, 1970년대처럼 집단주의위력에 의한 경제강국 건설, 부문별·단위별·지역별·단계별 사회주의경쟁 조직, 세도와 관료주의 반대투쟁, 자력갱생 교양사업 강화, 최첨단돌파전 전개의 선전선동공세, 전사회적인 과학 중시기풍과 전민과학기술인재화 선풍 등의 과업을 제시했다. 사회주 의수호의 사상전에서 경제부문의 중요성이 재확인된다. 각 생산현장 에서의 생산 정상화는 생산자대중의 책임과 역할을 높이는데 달려 있 고, 세도와 관료주의는 그러한 시대적 요구에 역행하는 만큼 그 반대 투쟁을 전개해야 한다는 것이었다. 세도와 관료주의는 '인민중시' 사 상에 전면 배치된다는 점에서 정치성을 내포하면서도 경제적 관련성 도 유추된다.

그는《2·25연설》에서 화선식火線式 정치사업, 패배주의 불사르기,

사상사업의 내용·형식·수단·방법에서의 혁명과업 수행 지향, '판에 박은 것처럼 같은 소리, 같은 방식'의 반복 경계, 당 정책의 학습과 지식·기술 습득 등의 세부 방법론도 언급했다. 아울러 사상일군들에게 인민관의 확립과 사업태도의 전환도 촉구했다.

세상사에는 겉과 속이 다른 경우가 종종 있고 사람의 태도도 그러하여 최고영도자가 사상사업을 아무리 강조한들 그것이 제대로 실행될 것인가에 냉소적인 시선이 있을 수 있다. 북한에도 면종복배面從腹背의 정치문화가 있다고 외부에서 추론해왔다. 이 추론은 대체로 북한이 탈주민들의 증언이나 선입견과 심정의 산물이다. 북한 인민들 속에서 겉과 속이 다른 현상이 있는지, 있다면 어느 정도인지를 파악하기는 쉽지 않다. 다만, 우리가 짐작할 수 있는 것은 일군들이 당·국가·군대에서, 기관·기업소·단체에서, 공민들 사이에서 '겉이 아닌 속'을 파악하는 것을 첫째가는 과업으로 삼고 있다는 사실이다.

한편, 김정일 당 조직비서가 제3차 사상일군대회(1974년 2월 19일)에서 '온 사회의 김일성주의화' 강령을 내건 이후 사상이념 작업을 가속화한 가운데 1982년 3월에 주체사상의 체계화·정식화의 결정판인 《주체사상에 대하여》를 발표하고, 이론가·학자들로 하여금 《위대한 주체사상 총서》를 출간하게 하던 패턴이 김정은 시대에도 재현될 수 있다. 김정은 당 위원장 겸 국무위원장도 적절한 시점에 김일성-김정일주의를 체계화·정식화하는 심화 논문을 발표하고 이론가·학자들로 하여금 《위대한 김일성-김정일주의 총서》 같은 기획출판물을 내놓게 할 수도 있다.

김 위원장은 자신의 사상이론 담론에서 김일성-김정일주의를 주체사상, 선군사상, 강성국가건설이론 등 세 가지로 정리한 바 있는데, 체계화·정식화 과정에서 다른 요소들이 보태질 수도 있다.

그는 2019년 4월 12일 최고인민회의 제14기 제1차 회의에서의 《시정연설》에서 "온 사회의 김일성-김정일주의화는 우리 당과 공화국정부의 최고강령이며 사회주의국가건설의 총적 방향, 총적 목표"라고 선언했다.[126] 그에 의해 '국가건설의 지도사상은 김일성-김정일주의'라는 명제가 제시됨에 따라 이에 대한 선전사업이 대대적으로 전개되고 학습열풍이 불었다.

다른 한편, 유일지도사상과 함께 반드시 다뤄야 할 정치적 기초는 유일적 영도체계이다. 유일적 영도체계의 확립이 사상사업에서 가장 중요하다는 것은 <표 1-6>에서 확인된다.

북한 정치체제는 수령의 유일적 영도를 기본으로 한다. 김일성은 수령으로서 생전에 조선로동당 총비서, 조선민주주의인민공화국 국가주석 직위를 가짐으로써 당-국가의 영도권을 행사했으며, 사후에는 '영원한 주석'으로 헌법에 명문화되었다. 수령 지위는 그 누구에게도 양도된 적이 없으며, 김정일은 생전에 영도자의 지위로 수령의 역할을 수행했다. 즉 김정일은 김일성 주석의 사후에 총비서와 중앙군사위원회 위원장(당), 국방위원회 위원장(국가), 최고사령관(군대)의 직책을 가진 최고영도자가 되었으며, 수령의 역할을 수행하면서도 자신을 수령으로 부르게 하지는 않았다. 이는 유일적 영도체계의 계승이 지닌 특징의 하나라고 할 수 있다.

김정은이 당 위원장과 중앙군사위원회 위원장(당), 국무위원회 위원장(국가), 최고사령관(무력)의 직책을 가진 최고영도자로서, 수령의 역할을 수행하고 있지만 수령으로 호칭되지 않는 것도 이 때문이다. 수령의 유일적 지위와 영도에서 그 지위는 놔둔 채 후계자인 최고영도자가 영도적 역할을 수행하는 구조인 것이다.

최고영도자 아래에 혁명과 건설을 이끌어가는 조선로동당이 있고, 조선민주주의인민공화국은 당의 영도 밑에 모든 활동을 진행한다(《사회주의헌법》 제11조). 당은 근로인민대중의 모든 정치조직들 가운데서 가장 높은 형태의 정치조직, 정치·군사·경제·문화를 비롯한 모든 분야를 통일적으로 이끌어 나가는 사회의 영도적 정치조직, 혁명의 참모부, 인민의 모든 승리의 조직자·향도자 등의 지위와 역할을 갖고 있다(당 《규약》 전문).

당의 이러한 지위와 역할을 감안해 당 건설 사업에서는 사상과 영도의 유일성 보장, 당-인민대중의 혼연일체, 당 건설에서의 계승성 보장 등 세 가지 원칙을 지키도록 하고 있다. 당 건설 사업의 기본방향은 당의 유일적 영도체계를 세우는 사업을 주선으로 틀어쥐고 나가는 것, 당 대열을 수령결사옹위의 전위대오로 만드는 것, 최고영도자를 중심으로 하는 당·군대·인민의 일심단결을 강화하고 그 위력을 발양시키는 것 등으로 되어 있다(당《규약》전문). 당 건설 사업의 원칙과 기본방향에서 유일적 영도체계에서 한 치도 벗어나지 않겠다는 의지가 읽혀진다.

당《규약》에 표현된 유일적 영도체계는 <표 1-8>의 내용과 같다.

〈표 1-8〉 당《규약》에 표현된 '유일적 영도체계'

구분	내용	조항
당원의 의무	- 김일성과 김정일을 영원한 주체의 태양으로 높이 모시고 김정은의 영도를 충정으로 받들어나가는 것 - 김정은을 결사옹위하고 당의 통일단결을 눈동자와 같이 지키며 당의 유일적 영도 밑에 하나와 같이 움직이는 혁명적 규율을 세우는 것 - 김일성-김정일주의로 튼튼히 무장하고 당의 노선과 정책을 결사관철하는 것	4항
당중앙위원회 사업	- 전당과 온 사회의 김일성-김정일주의화를 당사업의 총적 임무로 틀어쥐고 당의 유일적 영도체계를 튼튼히 세우는 것 - 당과 혁명대오를 수령결사옹위의 전투부대로 꾸리고 그 위력을 높이는 것 - 김일성-김정일주의를 구현하여 당의 노선과 정책을 세우고 혁명투쟁과 건설사업을 정치적으로 지도하는 것	25항
당중앙위원회 검열위원회 사업	- 당의 유일적 영도체계에 어긋나는 행동을 하거나 당 규약을 위반하는 것을 비롯하여 당규율을 어긴 당원에게 당적 책임을 추궁하는 것	30항
도·시·군 당위원회 사업	- 당의 유일적 영도체계를 세우는 사업을 주선으로 틀어쥐고 당원들과 근로자들이 김일성과 김정일을 영원히 높이 모시고 김정은을 결사옹위하며 당과 혁명내오의 일심단결을 강화하고 당의 노선과 정책을 결사관철하며 당의 유일적 영도 밑에 하나와 같이 움직이도록 지도하는 것	35항

구분	내용	조항
기층당조직 사업	- 당원들과 근로자들 속에 당의 유일적 영도체계를 세우는 것 - 김정은을 결사옹위하고 당의 노선과 정책을 결사관철하며 당과 혁명대오의 일심단결을 강화하고 당의 유일적 영도 밑에 하나와 같이 움직이는 혁명적 규율을 세우도록 하는 것	45항
조선인민군 각급 당조직 사업	- 전군의 김일성-김정일주의화를 군건설의 총적과업으로 틀어 쥐고 그 실현을 위하여 투쟁하는 것. - 당의 유일적 영군체계와 혁명적 군풍을 확고히 세워 인민군대 안에 당의 사상과 영도의 유일성을 철저히 보장하며 모든 당원들과 군인들을 김정은을 결사옹위하는 총폭탄으로, 조국과 인민을 위하여 한목숨 바쳐 싸우는 당의 참된 전사로 튼튼히 준비시키는 것	49항
인민정권 내부 당사업	- 당은 인민정권기관 안에 당의 유일적 영도체계를 튼튼히 세우고 인민정권이 수령의 혁명사상과 그 구현인 당의 노선과 정책을 철저히 관철하도록 정치적으로 지도하는 것	54항
근로단체조직 내부 당사업	- 당은 근로단체조직들 안에 당의 유일적 영도체계를 튼튼히 세워 근로단체들을 당에 충실한 정치조직으로 만들며 근로단체들이 당의 사상과 노선을 철저히 관철하도록 정치적으로 지도하는 것	57항

조선로동당은 2013년 6월에 《당의 유일적 영도체계 확립의 10대원칙》을 제정하면서 1974년 4월에 제정된 《당의 유일사상체계 확립의 10대원칙》을 근 40년 만에 전면 수정했다. 《당의 유일적 영도체계 확립의 10대원칙》의 제정은 김정은 후계체제의 공고화와 관련이 있고, 리더십의 계승을 규정할 필요성에 따른 것이었다.

이는 시대가 바뀌어도 당·국가·군대가 유일적 영도체계에 의해 운영된다는 원칙을 재확인한 것이었다. 유일사상과 유일적 영도체계를 실행하는 당 기본부서는 조직지도부와 선전선동부인데 이 점에서는 변화가 없었다.

2013년의 10대원칙은 장문의 전문(전체의 5분의 1 분량)으로 시작한다. 전문에는 김정일 총비서의 사망 이후에 개정된 당 《규약》(2015년 5월) 전문, 수정 보충된 《사회주의헌법》(2016년 6월 29일)의 서문과 마찬가지로 김일성-김정일의 사상과 영도업적이 언급되어 있다.

첫 문장에서 현 시대를 '김일성-김정일주의 기치따라 주체혁명위업, 선군혁명위업을 빛나게 계승 완성해나가는 역사적 시대'로 규정했다. 선대 수령들인 김일성-김정일을 '영원히 높이 모시고 충정을 다 바치며', '당의 영도 밑에 김일성-김정일주의 위업을 끝까지 계승 완성하기 위해' 10대원칙을 철저히 지켜야 한다는 논리가 이어졌다.

10대원칙 전문에 나타난 김일성-김정일에 대한 역사적 평가는 자주시대의 지도사상을 제시한 탁월한 사상이론가(김일성=주체사상 창시, 김정일=주체사상의 전면적 체계화 및 주체사상·선군사상의 발전 풍부화), 걸출한 정치가, 창조와 건설의 영재, 탁월한 군사전략가, 강철의 영장, 조국통일의 구성, 세계혁명의 탁월한 영도자, 절세의 애국자, 위대한 혁명가, 인민의 자애로운 어버이 등이었다. 사상, 당·국가·군대, 군사, 통일과 세계혁명, 영도예술 등 5대 부문에 걸쳐 탁월한 영도자였다고 규정한 것이고, 인민들로 하여금 10대원칙의 실천을 통해 '영원한 주석' 김일성과 '영원한 총비서' '영원한 국방위원장' 김정일이 '위대한 영도자'였음을 마음에 새기도록 하고, 김정은 위원장을 최고영도자로 받아들이게 하려는 것이었다.

유일적 영도체계의 핵심을 담은 10대원칙은 <표 1-9>와 같다. 각 원칙 아래의 조항 가운데 중요한 내용 일부를 표에 포함시켰다.

〈표 1-9〉 조선로동당의 유일적 영도체계 확립의 10대원칙

제1원칙	온 사회를 김일성-김정일주의화하기 위하여 몸바쳐 투쟁해야 한다.
제2원칙	김일성과 김정일을 우리 당과 인민의 영원한 수령으로, 주체의 태양으로 높이 받들어 모셔야 한다.
제3원칙	김일성과 김정일의 권위, 당의 권위를 절대화하며 결사 옹위하여야 한다.
제4원칙	김일성과 김정일의 혁명사상과 그 구현인 당의 노선과 정책으로 철저히 무장하여야 한다. ⑦ 당의 방침과 지시를 개별적 간부들의 지시와 엄격히 구별하며 개별적 간부들의 지시에 대하여서는 당의 방침과 지시에 맞는가 맞지 않는가를 따져보고 원칙적으로 대하여 개별적 간부들의 발언내용을 《결론》이요, 《지시》요 하면서 조직적으로 전달하거나 집체적으로 토의하는 일이 없어야 한다.

제5원칙	김일성과 김정일의 유훈, 당의 노선과 방침 관철에서 무조건성의 원칙을 철저히 지켜야 한다. ⑤ 당문헌과 방침, 지시를 말로만 접수하고 그 집행을 태공하는 현상, 당정책집행에서 무책임하고 주인답지 못한 태도, 요령주의, 보신주의, 패배주의를 비롯한 온갖 불건전한 현상을 반대하여 적극 투쟁하여야 한다.
제6원칙	영도자(김정은)를 중심으로 하는 전당의 사상의지적 통일과 혁명적 단결을 백방으로 강화하여야 한다. ④ 개별적 간부들에 대한 환상, 아부아첨, 우상화를 배격하며 개별적 간부들의 직권에 눌리워 맹종맹동하거나 비원칙적으로 행동하는 현상을 철저히 없애야 한다. ⑤ 당의 통일단결을 파괴하고 좀먹는 종파주의, 지방주의, 가족주의를 비롯한 온갖 반당적 요소와 동상이몽, 양봉음위하는 현상을 반대하여 견결히 투쟁하여야 한다.
제7원칙	김일성과 김정일을 따라 배워 고상한 정신도덕적 풍모와 혁명적 사업방법, 인민적 사업작풍을 지녀야 한다. ⑦ 세도와 관료주의, 주관주의, 형식주의, 본위주의를 비롯한 낡은 사업방법과 작풍을 철저히 없애야 한다.
제8원칙	당과 수령이 안겨준 정치적 생명을 귀중히 간직하며 당의 신임과 배려에 높은 정치적 자각과 사업실적으로 보답하여야 한다.
제9원칙	당의 유일적 영도 밑에 전당, 전국, 전군이 하나와 같이 움직이는 강한 조직규율을 세워야 한다. ② 모든 사업을 당의 유일적 영도 밑에 조직 진행하며 정책적 문제들은 당중앙의 결론에 의해서만 처리하는 강한 혁명적 질서와 규율을 세워야 한다. ④ 당중앙의 구상과 의도를 실현하기 위한 당과 국가의 결정, 지시를 정확히 집행하여야 하며 그것을 그릇되게 해석하고 변경시키거나 그 집행을 태공하는 현상과 강하게 투쟁하며 국가의 법규범과 규정들을 엄격히 지켜야 한다. ⑤ 개별적 간부들이 당, 정권기관 및 근로단체들의 조직적인 회의를 자의대로 소집하거나 회의에서 당의 의도에 맞지 않게 《결론》하며 조직적인 승인 없이 당의 구호를 마음대로 떼거나 만들어 붙이며 사회적 운동을 위한 조직을 내오는 것과 같은 비조직적인 현상들을 허용하지 말아야 한다. ⑥ 개별적 간부들이 월권행위를 하거나 직권을 남용하는 것과 같은 온갖 비원칙적인 현상을 반대하여 적극 투쟁하여야 한다. ⑦ 당에 대한 충실성과 실력을 기본척도로 하여 간부들을 평가하고 선발 배치하여야 하며 친척, 친우, 동향, 동창, 사제관계와 같은 정실, 안면관계, 돈과 물건에 따라 간부문제를 처리하거나 개별적 간부들이 제멋대로 간부들을 등용, 해임, 처벌하는 행위에 대하여서는 묵과하지 말고 강하게

	투쟁하며 간부사업에서 당적 원칙과 제정된 질서를 철저히 지켜야 한다. ⑨ 당의 유일적 영도체계와 어긋나는 비조직적이며 무규율적인 현상에 대하여서는 큰 문제이건 작은 문제이건 제때에 당중앙위원회에 이르기까지 각급 당조직에 보고하여야 한다.
제10원칙	김일성이 개척하고 김일성과 김정일이 이끌어온 주체혁명위업, 선군혁명위업을 대를 이어 끝까지 계승 완성하여야 한다. ③ 당의 유일적 영도체계를 세우는데 저해를 주는 사소한 현상과 요소에 대해서도 묵과하지 말고 견결히 투쟁하여야 한다.

　수령과 당이 국가·군대를 이끌고 유일사상과 유일적 영도체계가 사회 전반에 치밀하게 작동하는 정치시스템은 계급독재(인민민주독재, 무산계급독재)의 기반 때문에 가능하다. 북한의 《사회주의헌법》은 계급노선 견지, 인민민주주의독재[127] 강화, 인민주권과 사회주의제도 보위를 명시하고 있다(제12조). 당과 국가는 인민들과 무산계급(프롤레타리아)의 위임에 따라 적대계급(부르주아)에 대한 계급독재를 실행하는 것이 합법화되어 있다.

　북한은 계급독재에 따른 갈등을 완충하기 위해 광폭정치·인덕정치를 내세우지만 그 바탕이 계급독재인 것에는 변함이 없다. 적대계급에 대한 독재가 이념적으로나 제도적으로 합리화되어 있기 때문이다.

　유일사상과 유일적 영도체계는 전략적 노선을 포함해 경제 전반에 영향을 미친다. 수령과 당이 자원배분에 대한 초법적인 권한을 갖고 있고 최고영도자의 전략적 노선과 현지지도는 내각(민간경제)과 제2경제위원회(군수경제)의 경제활동을 규제한다. 김정은 위원장의 현지지도는 경제발전전략의 세부사항을 이해하는 중요한 단서가 된다. 그는 선대 수령들의 혁명위업을 이어받아 계급독재와 유일적 영도체계를 실질적으로 운영하는 최고영도자로서의 지위를 갖고 수령의 역할을 수행한다. 그의 통치행위[128]가 다른 나라에서 유례를 찾기 어려운 독특한 일면을 갖고 있는 것도 이 때문이다. 북한의 전략적 노선과 정책담론을 이해하는데 있어서 경제에 드리워진 정치(시스템 작동원리 포함)의 그림자를 인식하는 것은 시대가 바뀌어도 여전히 중요하다.

2. 당적 지도, 정책적 지도

"조직의 초점을 사명에 맞추고, 전략을 정하고 실행하며, 목표로 삼아야 할
성과를 분명히 규정하는 사람이 필요하다. 그리고 이런 매니지먼트에는 상당
한 영향력을 가진 권위가 뒷받침되어야 한다. 그러나 분명히 구분해야 할 것
은 매니지먼트의 일은 지휘명령이 아니라 방향을 제시하는 것이다." [129]

"조직의 매니지먼트에 근본적인 권한을 부여할 수 있는 것은 하나밖에 없다.
성과이다. 성과를 올리는 것이 조직의 유일한 존재 이유이므로 우리는 조직
이 권한을 갖고 권력을 휘두르는 일을 허락한다. 이는 조직이 자신의 목적과
성과가 무엇인가를 알지 않으면 안 된다는 것을 의미한다." [130]

정당이나 사회단체, 기업이나 협동조합과 같은 모든 조직에서 사명과
전략, 그리고 성과가 중요하다. 북한의 국가와 군대, 사회를 영도하는
조선로동당은 당적 지도와 정책적 지도를 통해 당 자체는 물론이고 국
가(경제기관 포함)와 군대, 사회를 관장한다. 지휘명령으로 조직을 관리
하는 것만으로는 한계가 있고 올바른 방향을 제시하고 성과를 거둬야
한다. 북한에서도 실적과 실력으로 평가하자는 움직임이 존재한다.
　조선로동당과 조선민주주의인민공화국 정부는 사회주의경제 전반
을 기획하고 관리하는 주체이다. 국가·사회 전반에 대한 영도적 기능
을 수행해온 당[131]은 경제부문에 대한 지도를 핵심 업무로 삼아왔다.
당《규약》[132] 전문에 따르면, 당은 "정치, 군사, 경제, 문화를 비롯한 모
든 분야를 통일적으로 이끌어나가는 사회의 영도적 정치조직"이다. 이
규정은 경제부문에 대한 당적 지도와 정책적 지도의 토대이다.
　당적 지도에는 당의 지도사상(김일성-김정일주의), 당의 계급노선과
군중노선, 당의 사업방법, 당의 혁명과 건설노선 등 여러 부문의 실천
행위가 포함되며(당《규약》 전문), 이는 일상적인 조직적 지도를 통해
현실화된다. 당의 사업방법에는 사람과의 사업, 항일유격대식 사업방
법, 주체의 사업방법 등이 포함된다. 당의 혁명과 건설노선에는 자주·

선군·사회주의노선과 원칙, 주체성과 민족성 고수, 사회주의건설의 총노선(인민정권 강화, 사상·기술·문화의 3대혁명 전개), 인민대중 중심의 사회주의제도 공고 발전, 경제건설 총력집중 노선, 사회주의경제강국·문명국 건설 등이 포함된다.

당의 정책적 지도는 당의 노선과 정책을 국가·사회 전반에서 실천하는 과정에 정책(특히 경제부문)에 대한 지도를 수행하는 것을 뜻한다.

북한에서는 당적 지도와 정책적 지도의 기제가 일상적으로 작동된다. 이 운영메커니즘이 제대로 작동하려면 당이 정상적으로 운영되어야 한다. 북한은 당 간부들의 행정대행 현상을 경계해왔다. 당 간부 apparatchik(당료)들이 당적 지도와 정책적 지도를 한답시고 경제에 대해 지나치게 간섭하면 경제 간부technocrat(경제기술관료)들의 사기를 저하시키고 본연의 당 사업의 관련 업무를 제대로 수행하지 못할 뿐더러 관료주의의 폐단이 나타날 수 있다.

당적 지도와 정책적 지도는 북한 경제의 운영메커니즘과 전략적 노선의 실행을 이해하는 첫 관문인데 외부의 북한경제 전문가들은 의외로 이 부분에 무관심하다. 당적 지도나 정책적 지도라는 관습화된 정치담론을 식상하게 여겨 그럴 것이다. 기본에 충실하자, 이 말은 북한의 경제부문에 대한 당적 지도와 정책적 지도를 이해해야 하는 필요성에도 적용될 수 있다.

1) 고난의 행군과 당의 정상적 운영

1995년에 시작된 고난의 행군 기간에 조선로동당이 정상적으로 운영되지 못했다는 증언이 적지 않다. 1993년 12월 8일에 열린 당 중앙위원회 제6기 제21차 전원회의 이후에 당 중앙위원회 전원회의가 열렸다는 소식은 북한 보도매체에서 사라졌었다.

경제침체와 연이은 대기근에 처하자 북한 영도집단은 '선군혁명노선'을 내걸었고 이 노선 아래 인민군대가 노동자·농민·근로인텔리와 함께 '혁명의 주력군'으로 급부상했다. 북한에서 '영도집단'은 당 중앙위원회 정치국 상무위원회 위원들, 정치국 위원들(후보위원 포함), 정무국 부위원장들, 그리고 당중앙군사위원들을 포함한다. 영도집단은 전략적 노선을 정하고 이를 전당적으로, 전국가적으로, 전군적으로 실행하는 것을 실질적으로 주도한다.

군인들은 안보의 주체에서 혁명과 건설의 주체로 그 역할이 커졌고, 흐트러진 국가기강과 사회질서를 바로잡는 일에 군대가 나섰다. 유례없는 경제침체로 인해 인민들이 생활고에 시달리면서 북한 전역의 당 조직들마저 이완된 모습을 보였다. 군대와 군 정치조직(총정치국 산하의 각급 부대의 당 조직)들이 지방에서 민간 당 조직들의 기능과 역할을 대신하는 일도 벌어졌다. 당은 2010년 9월 28일에 열린 제3차 당대표자회에 이르러서야 비로소 정상적 운영으로 되돌아왔다.

1994년부터 17여년의 시공간에서는 선군혁명노선이 버팀목이었고, 이 기간은 깊은 수렁에서 빠져나와 원상복구를 넘어 도약의 토대를 닦는 대진군의 노정이었다. 김정일 국방위원장의 갑작스런 죽음 앞에 인민들이 보인 통곡과 처연한 몸부림은 격동의 파고를 헤치면서 동고동락同苦同樂하던 그 세월의 회한 때문이었을 것이라는 지적이 있다.

제3차 당 대표자회 이후 당 중앙위원회 전원회의가 정례적으로 열리고 있고 정치국회의 또는 정치국확대회의, 당 중앙군사위원회 등이 북한 보도매체에 등장하고 있다. 여러 회의들의 정례화 조짐이 뚜렷해졌다. 김정은 시대에 들어와 열린 제4차 당 대표자회(2012년 4월 11일) 이후에는 '당 조직 중심의 국가와 군대'라는 제도화된 운영이 정상적으로 이뤄지고 있다.

김정은 영도체제 하에서 당 중앙위원회 정치국과 정치국 상무위원회의 기능이 정상적으로 작동하고, 정치국이 전원회의와 전원회의 사이에 당 중앙위원회의 이름으로 모든 사업을 조직 지도하고 있다. 김정은 당 위원장이 주재하는 정치국과 정치국 상무위원회는 국가의 모든 부문의 정책결정 권한을 갖고 있다.

실무적 집행 권한은 당 중앙위원회 정무국(이전의 비서국)이 갖고 있으며, 정무국에는 각 부문을 담당하는 9명의 부위원장(이전의 비서)들이 일하고 있다. 정무국 아래에서 당의 기본부서(조직지도부와 선전선동부)와 여타 전문부서들이 실무를 관장한다.

전문부서들로는 간부부, 경제부, 경공업부, 농업부, 과학교육부, 군수공업부, 국제부, 군사부, 민방위부, 통일전선부, 근로단체부, 당역사연구소, 문서정리실, 신소실, 재정경리부, 총무부, 39호실 등이 있다.[133]

북한은 당 기구표를 대외적으로 발표하지 않는다. 남한의 통일부가 북한 매체에 등장한 자료를 토대로 당의 기구표를 작성한 것이 <그림 1-1>이다. 정보와 추정이 섞여 있는 기구표는 조금씩 바뀌어왔는데 당의 중앙조직의 구조를 이해하는 데 도움이 된다.

2) 당 중앙위원회 정치국과 정무국

당 위원장이 영도하는 당 중앙위원회 정치국과 정치국 상무위원회가 북한의 모든 분야의 정책결정 권한을 갖고 있다. 당 중앙위원회의 임무를 일별하면, 전당과 온 사회의 주체사상화(당사업의 총적 임무), 당의 유일사상체계와 유일적 영도체계의 확립, 당과 혁명대오의 수령결사용위의 전투부대 조직화 및 그 위력의 제고, 김일성-김정일주의에 기초한 당의 노선과 정책 수립, 혁명투쟁과 건설사업에 대한 정치적 지도, 국내외의 각 정당·단체들과의 사업, 당의 재정 관리 등이 포함된다(당《규약》 23항). 여기에서 특히 '건설사업에 대한 정치적 지도'는 경제부문에 대한 당적 지도와 정책적 지도의 근거가 된다.

실무집행은 당 중앙위원회 정무국이 수행한다.[134] 당《규약》에 따르면 "정무국은 당 내부사업에서 나서는 문제와 그 밖의 실무적 문제들을 주로 토의결정하고 그 집행을 조직지도한다"고 되어 있다(26항). 정무국의 당 부위원장 전원(현재 9명)은 정치국 위원을 겸하고 있다. 이것은 정책결정권과 실무집행권이 분리된 데 따른 분산성을 막아 정책운영의 효율성을 높이려는 조치이다.

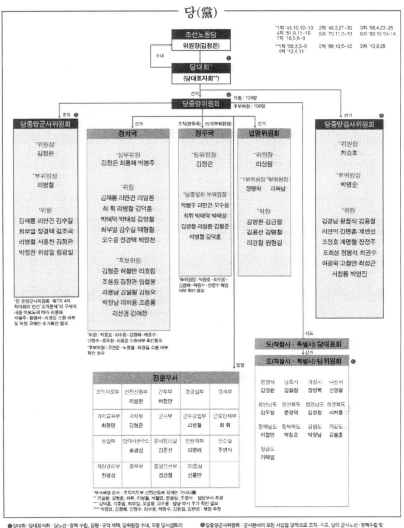

〈그림 1-1〉 조선로동당의 기구표

정무국은 당중앙위원회 전원회의에서 조직되지만 당 실무부서(<그림 1-1> 전문부서)의 인사권은 당 위원장이 갖고 있다. 당 《규약》에 전문부서에 대한 언급은 없으며, 도(직할시)·시·군 당위원회를 언급하는 부분에서 "각급 당위원회에는 필요한 부서를 둔다. 부서를 내오거나 없애는 권한은 당중앙위원회에 있다"고 규정하고 있다(17항).

당중앙위원회 정무국과 전문부서는 몇 부류로 나눠진다. 당 내부 사업을 담당하면서 행정기관 지도에 관여하는 조직·선전 등의 당무기관, 행정경제 사업에 대한 당적 지도를 위한, 행정계통에 대응하는 행정부문별 담당부서, 교육·연구부문, 통일·대외부문 등이 그것이다.

정무국과 전문부서는 정책안을 작성해 정치국에 제출하며, 정책결정 과정에서 부문 간 조정, 정책 수행에 대한 감독 등의 기능을 수행한다. 정무국과 전문부서에서 가장 중시되는 것은 조직·사상·간부사업이고 각급 기관 등을 관리하기 때문에 다른 부서에 비해 규모가 크다. 1995년 이후 행정부문별 담당 전문부서의 비중이 낮아졌다.

통일전선부 등 통일대외 부문은 여전히 중시되고 있고, 재정경리부, 39호실 같은 당 경제 담당기구를 별도로 두고 있다.[135]

정무국과 기본·전문부서는 '정부 위의 정부'라고 할 수 있다. 정책을 생산하고 조정하고 감독하는 당 기관이 내각의 책임 하에 수행되어야 할 경제정책 등의 집행에까지 나서면 그것은 과도한 권력집중과 업무권한의 혼란, 실무력의 제한, 관료주의의 폐단 등을 초래할 수 있다. 이 때문에 당 중앙위원회 정치국과 정무국은 '당의 행정대행' 현상에 대한 대책에 골몰하는 한편, 김정은 시대에 들어서는 간부집단의 연경화年輕化에 노력하고 있다.

당 조직의 혁신과 관련하여 당 중앙에서는 큰 변화가 없지만, 중하급 당 조직들에서는 세도와 관료주의에 대한 반대투쟁이 거세게 벌어지고 있다.

3) 당 조직지도부와 경제부서들

조직지도부는 당 안에서 가장 중심적인 역할을 수행한다. 조직지도부는 경제부문에 대한 정책적 지도 기능을 수행하지는 않지만 모든 당원들의 조직활동을 총괄하면서 당적 지도에서 지도력을 발휘한다. 조선로동당에는 당사업과 관련된 모든 현안이 당 조직 선線을 통해 보고되는 엄격한 질서가 수립되어 있고, 당 내에서 토의하는 문제는 비밀로 취급되며, 공개적으로 발표하지 않은 조직문제조차도 대외비 사항이다.[136]

김정일 당 조직비서의 1970년대 저작에 따르면, 당은 간부혁명화를 위해 간부들의 당 생활에 대한 지도를 강화해왔으며 조직생활에서 사상교양(학습)과 사상투쟁(비판), 혁명과업 수행정형 등을 중시해왔다. 모든 당원들은 당 세포에 소속되어 조직사상생활을 하고 있으며, 기층 당 조직들은 간부들의 당 생활을 조직지도하고 생활총화를 일상적으로 진행한다.

조직지도부는 모든 당원들의 당 생활 일체를 관장한다.[137] 조직지도부는 당생활총화제도를 운영하고 있으며 세포비서와 초급당 조직들에 대한 전반적인 지도권을 갖고 있다.[138] 김 비서는 1970년대에 당의 조직체계는 물론이고, 당생활지도체계, 간부사업체계, 지도검열체계, 선전선동사업체계 등 당의 사업체계를 정비한 장본인이다.[139] 당 중앙위원회 조직지도부와 각급 당위원회 조직부로 하여금 당원들의 조직생활 지도를 기본임무로 틀어쥐고 하부 당위원회들의 사업과 활동을 총괄하도록 했던 것이다.

조직지도부의 영향력은 세 갈래로 나타난다. 첫째, 조직지도부는 특정 부문에 대한 지도권을 행사하는 다른 부서들과 달리 전당을 대상으로 한다. 둘째, 조직지도부는 해당 부문에 대한 전문성을 바탕으로 정책지도에 집중하는 전문부서들에 비해, 당 생활지도, 검열, 간부사업, 당원등록, 신소처리, 사법공안부문 지도통제 등 모든 당 기관들과 인민들에 대한 장악과 통제를 기본 업무로 삼는다. 셋째, 조직지도부는 정무기획, 인사처리 등 정무부서의 핵심기능도 수행한다.

당 조직지도부는 아래에 본부당위원회과, 당생활지도과를 비롯해 검열과, 간부과, 당원등록과, 신소처리과, 10호실, 행정과, 종합과 등을 두고 있다. 본부당위원회는 당 중앙위원회의 모든 성원들의 당 생활을 지도한다. 당생활지도과는 정치, 경제, 군사, 사회문화, 사법검찰 등 각 부문의 과들로 구성되어 있으며, 각급 당위원회에 대한 당생활지도의 명목으로 모든 기관의 동향을 파악하고 통제한다. 행정과는 이름과는 달리 인민보안성, 중앙검찰소, 최고재판소를 비롯한 사법·검찰·공안부 문을 지도 통제한다.[140]

북한에서는 당 조직지도부가 국가와 사회의 전반적인 관리를 맡고 있다고 할 수 있다. 흔히 말하는 '경찰국가'와는 그 개념이나 운영시스 템이 다르다. 당 조직지도부는 당원과 인민들의 조직생활과 사상생활 을 관장한다는 점에서 볼 때 처벌 위주의 사회통제와는 결이 다른 것 이다. 조직지도부에 대한 파악 없이는 북한 사회를 이해하는 것이 불 가능하다고 해도 과언이 아니다.

한편, 당 중앙위원회의 경제부서들로는 국가경제정책을 총괄적으로 지도하는 경제부(2005~16년에 존재했던 계획재정부의 확장), 인민들의 생활필수품 생산을 지도하는 경공업부, 식량사업을 지도하는 농업부, 과학기술과 교육 정책을 지도하는 과학교육부 등이 있다. 경제부는 국 가예산을 책정하고 경제정책을 총괄적으로 지도하고 관리한다. 이전 의 계획재정부는 중공업부, 농업부 등 경제부서를 통폐합하여 2005년 7월에 설립되었던 것으로 알려졌고, 계획재정부가 경제부로 바뀌면서 경공업과 농업을 제외한 철도, 건설, 석탄공업 등의 부문까지 지도하 게 되었다는 관측이 있다.[141]

경제부는 국가예산 편성 및 기획업무의 지도·관장, 국가경제발전 5 개년계획의 정책 생산 및 총괄 지도, 경공업·농업을 제외한 내각 주요 경제부서들의 정책 지도·관리 등의 임무를 수행한다. 경제부는 정책 국, 중앙은행지도부서, 국가경제발전 5개년계획 수행을 위한 인민경제 선행부문 지도부서, 내각 국가계획위원회 및 핵심 경제기구 지도부서, 종합과 등의 관리부서를 두고 있다.[142]

경공업부는 인민소비품 생산 등을 지도하고 관리하는 부서다. 내각 경공업성을 지도하며 생필품 관련 각종 결정을 주도한다. 경공업부의 주요 기능은 당 정책기조(인민생활 향상)에 따른 경공업 제품의 생산 증대, 자강력제일주의에 의한 자체 생산능력 강화, 내각의 관련 경제 부서에 대한 지도·관리 등이다. 경공업부 방직공업총국은 섬유·의류 분야의 생산, 식료공업총국은 각종 종합식료공장 등의 식료품 생산을 지도한다. 경공업부에는 신발공업총국, 일용품생산총국, 기념품생산부서, 대외봉사총국, 해외인력파견부서, 경공업부 관련 은행업무 및 재정관리 부서, 종합과 등의 관리부서가 있다.[143]

농업부의 내부 사정은 드러난 게 거의 없지만, 식량 증산의 중요성에 비춰볼 때 주요 부서임에 틀림이 없다. 식량·축산·채소·수매 등을 담당하는 내각 관련 부서를 지도 관리하며, 그 담당부서를 갖추고 있을 것으로 추정된다.[144]

과학교육부는 내각의 과학기술·교육 부서를 정책적으로 지도한다. 과학교육부에는 과학기술정책과 교육정책 지도부서가 있다. 과학기술 정책의 지도는 내각 국가계획위원회 과학기술계획처를 매개로 하여 당 정책을 구체화하고, 관련 부문 위원회·성 기술지도국(지도처)을 관할한다. 내각 국가과학원을 통해 연구기관들의 연구방향을 제시하고 해외교류 및 생산현장 기술지도도 맡는다. 내각 부서를 통하여 관련 분야의 생산 공장과 연구소들에 대해서도 당의 과학기술 정책에 의거해 지도 관리한다. 교육정책 지도부서는 내각 관련 부서인 교육위원회·고등교육성·보통교육성에 대한 정책지도와 관리를 맡는다.[145]

<표 1-10>은 당 경제부서들의 역할을 간략히 정리한 것이다.[146] 당이 내각을 정책적으로 지도하는 역할을 하는 법적 근거는 "공화국은 조선로동당의 영도 밑에 모든 활동을 진행한다"는《사회주의헌법》의 규정(제11조)이다. 당《규약》도 당의 인민정권에 대한 지도를 명문화해 놓았는데 <표 1-11>은 이를 정리한 것이다.

북한이《사회주의헌법》과 당《규약》을 통해 내각에 대한 당의 지도를 제도화하고 있다는 점에서 자본주의나라들과는 구조가 다르다.

〈표 1-10〉 조선로동당 중앙위원회 경제관련 전문부서의 역할

핵심기능	전문부서	주요 역할
내각의 핵심 경제분야 지도	경제부	- 국가경제정책 총괄지도 - 구 재정계획부 (2016년 명칭 변경)
	경공업부	- 인민생산품(방직, 신발, 일용품) 생산관리 - 호텔 등 서비스업 관리 등
	농업부	- 식량문제해결 사업 * 김정은 시대 신설
과학기술·교육 지도	과학교육부	- 내각 과학기술·교육부서 정책지도
군수산업지도	군수공업부	- 군수물자·2경제사업 및 전략무기 생산

〈표 1-11〉 조선로동당의 인민정권에 대한 지도

구분	내용
인민정권에 대한 당의 영도	- 인민정권의 지위 * 사회주의위업, 주체혁명위업수행의 강력한 정치적 무기 * 당과 인민대중을 연결시키는 가장 포괄적인 인전대 * 당의 노선과 정책의 집행자 - 인민정권기관 : 당의 영도 밑에 활동 (당《규약》 53항)
인민정권기관 안에서의 당사업	- 당의 정치적 지도 * 인민정권기관 안에 당의 유일적 영도체계 확립 * 수령의 혁명사상과 그 구현인 당의 노선과 정책을 철저히 관철하도록 정치적으로 지도 - 당의 지도 내용 * 인민대중의 자주적 권리와 이익의 대표자, 창조적 능력과 활동의 조직자, 인민생활을 책임진 호주로서의 사명 수행 * 사회에 대한 통일적 지도기능과 인민민주주의독재 기능강화, 사회주의제도의 옹호 고수, 공고 발전 * 사회주의강성국가 건설 촉진 (당《규약》 54항)
일군들의 임무수행 지도	- 각급 당조직들 * 인민정권기관 일군대열의 조직화, 일군들의 역할 제고, * 인민정권기관들의 본신임무에 대한 책임적 수행(당《규약》 55항)

4) 당과 인민정권, 생산현장의 당 조직

당은 인민정권의 사업, 즉 국가사업을 지도한다. 이것은 당 《규약》과 《사회주의헌법》에 규정되어 있다. 김정은 국무위원장도 2019년 4월 12일 최고인민회의 제14기 제1차 회의에서 한 시정연설 《현 단계에서의 사회주의건설과 공화국정부의 대내외정책에 대하여》에서 이 점을 재확인했다.

그는 "당의 영도는 사회주의국가 건설의 본성적 요구이며 국가활동의 생명선"이라면서 "국가의 전반사업에 대한 당의 영도를 백방으로 보장하여야 합니다"라고 말했다. 국가의 전반사업에 대한 당의 영도가 실현되는 구조를 알아야 북한의 국정운영이 이해된다. 그는 《시정연설》에서 당의 영도의 성격과 과업, 인민정권기관에 대한 당의 영도 등에 대해 다음과 같이 밝혔다.

> "국가활동에 대한 당의 영도는 정치적 지도, 정책적 지도로 일관되어야 합니다. 당은 사회주의정권이 나아갈 지침을 안겨주고 모든 국가활동을 올바로 진행해나가도록 이끌어주는 향도적 역량이며 국가는 당의 노선과 정책의 집행자, 관철자입니다.… 정치적 영도기관인 당이 행정사업에 말려들고 실무적 방법에 매달리면 자기의 본도를 잃게 되는 것은 물론 행정기관들의 기능을 마비시키고 당의 권위를 훼손시키며 결국은 혁명과 건설을 망쳐먹을 수 있습니다. 공화국정부는 앞으로도 당의 사상과 영도에 충실함으로써 인민대중의 자주적 권리의 대표자, 창조적 능력과 활동의 조직자, 인민생활을 책임진 호주, 인민의 이익의 보호자로서의 사명을 다해나가야 합니다.… 인민정권기관들은 당의 영도 밑에서만 사업하는 것을 철칙으로 삼아야 합니다. 인민정권기관들은 당의 사상과 방침을 자(잣대, 기준)로 하여 모든 사업을 조직진행하며 당정책을 적극적으로 옹호하고 당이 제시한 혁명과업을 충실히 집행함으로써 우리 당정책의 생활력이 힘 있게 과시되도록 하여야 합니다." [147]

그에 따르면, 북한에서 국가는 당의 노선과 정책의 집행자·관철자로서의 지위와 역할을 수행한다. 정부는 당의 사상·영도와 노선·정책에 충실해야 하고, 당은 행정사업과 실무적 방법과는 거리를 두어야 한다는 것이다. 눈에 띄는 대목은 정부에 대해 인민생활을 책임진 호주戶主로 보는 인식이다. 북한식 사회주의대가정의 한 단면을 보여준다. 당과 국가에 대한 그의 발언은 김일성-김정일 시대의 관점을 충실히 재현하고 있다.

북한에서는 중앙의 내각과 성·위원회에 당 조직이 조직되어 있을 뿐 아니라 지역별로 도(직할시)·시·군(구역) 당위원회가 편제되어 있다. 시·군(구역) 당위원회는 중앙과 도(직할시) 당위원회의 지시를 집행한다. 시·군(구역) 당위원회는 해당지역의 각 공장·기업소에 조직된 초급당위원회와 세포 등을 지도한다. 각 공장·기업소 당 조직들은 시·군(구역) 당위원회의 지시를 받는다. 기관·기업소 및 협동농장 등의 생산단위에서는 '경제관리 및 경영에 대한 당적 지도'가 일상적으로 관철되고 있다.

경제관리에 대한 당적 지도의 첫 걸음은 1961년 12월 당 중앙위원회 제4기 제2차 전원회의 결정에서 시작되었다. 도당위원회로 하여금 관할 지역의 공장·기업소들의 자재보장·기술지도·노동행정·후방공급 사업을 지도하도록 했던 것이 그 시발점이었다. 기관·기업소 당위원회는 '대안의 사업체계'에 의거해, 해당 기관·기업소 당원들과 근로자들을 당의 노선과 정책으로 무장시키고 그들이 맡겨진 임무를 충실히 수행하도록 당 조직과 당원들을 조직 동원하고 통제하는 역할을 수행한다.

특급~1급 기업소 당위원회는 군郡당위원회(급)에 해당하며, 2급 이하의 중소규모 공장·기업소, 대학·병원 당위원회는 초급당위원회에 해당한다. 특급~1급 기업소 당위원회는 세포에서 출발해 부문당위원회, 분초급당위원회, 초급당위원회, (군당급)연합당위원회, 도당에 이르는 조직체계에 따라 활동한다. 초급당위원장은 당위원회 의장 자격으로 지배인·기사장 등으로 구성된 당위원회를 운영하며 지배인·기사장 등이 본연의 임무를 제대로 수행하도록 지원한다.

당위원회는 해당 단위의 집체적 지도기관 역할을 하며, 지배인·기사

장 등 행정경제일군들의 독단을 막고 생산현장에서 집체적 지도를 실천한다.[148]

공장·기업소 초급당위원회는 공장 운영의 중요한 문제를 토의 결정한다. 첫째, 매월 해당 공장·기업소 전투계획(생산계획)을 작성하고 당위원회 확대회의에서 비준한다. 초급당위원회는 행정경제사업과 관련된 모든 예산안, 생산준비와 생산조직, 생산물 처리 등에 대한 결정을 내린다. 둘째, 생산직의 직장장, 작업반장, 작업조장, 분조장 등을 배치하고 해임 및 임명 비준안을 가결한다. 셋째, 해당 단위 내의 청년동맹, 직업동맹, 여성동맹 등 근로단체 조직을 지도한다.

넷째, 지배인과 참모장을 통해 행정경제사업에 대한 당적 지도를 수행한다. 지배인은 일간사업과 활동을 당위원장에게 보고하며, 중요한 행정사무는 수시로 보고하고 그 처리 과정에서 당위원장의 의견을 존중해야 한다. 다섯째, 입당과 당 조직규율 등을 주관한다.

여섯째, 초급당위원장은 군중 동향과 관련하여 좋은 점과 나쁜 점을 기록한 군중동향자료를 작성해 구역당·시도당·중앙당 통보과로 올려보내야 한다. 다만 하급 단위로 내려갈수록, 다시 말해 초급당위원장을 거쳐 당 세포비서로 내려갈수록 당보다는 행정부문의 권한이 강해진다.[149] 당 기층단위에서는 유급·무급 여부에 따라 권한이 다르다. 초급당위원장은 대부분 유급인데 비해 당 세포비서는 태반이 무급이고 명예직에 가까워서 하급 단위로 내려갈수록 행정부문의 권한이 강한 것이다.

공장·기업소 초급당위원회에는 당세포가 조직되어 있다. 당원 5~30명 단위에 당세포를 조직하도록 되어 있다(당《규약》42항). 현재 조선로동당에는 수 십 만개의 세포에서 활동하는 당원이 3백만 명이 넘는 것으로 알려져 있다. 당세포, 초급당(당원 31명 이상), 부문당(초급당과 당세포 사이의 당원 31명 이상 생산·사업단위), 분초급당(초급당과 부문당 사이의 생산·사업단위) 등의 기층 당 조직이 수행하는 임무는 10가지다.

즉 당의 유일사상체계와 유일적 영도체계 확립, 당 생활조직과 지도 강화, 초급일군 대열의 견실한 조직화 및 검열·준비된 사람들의 당 인입, 사상교양사업, 군중과의 사업의 실속 있는 진행, 행정경제사업에 대한 당적 지도, 근로단체사업에 대한 당적 지도, 민방위사업과 인민군대 원호, 3대혁명붉은기쟁취운동을 비롯한 대중운동, 상급 당위원회에 자기 사업정형의 정상적 보고 등이 그것이다(당《규약》45항). 기층 당 조직의 임무에서도 행정경제사업에 대한 당적 지도가 포함되어 있음이 확인된다.[150]

행정경제사업에 대한 당적 지도는 당이 행정경제기관의 활동을 직접 장악하고 지도한다는 것을 의미한다. 당 정책을 틀어쥐고 정치사업을 강화해 당원들과 당 조직들이 움직이도록 하고 행정경제기관이 당의 경제정책을 정확히 집행하도록 이끌고 돕는다는 것이다.[151] 중앙뿐 아니라 지방 당 조직들도 당 안의 조직사상사업을 수행하는 한편, 정권기관·행정경제기관·사회기관들을 정치적으로 지도 장악함으로써 당 정책을 관철하고 있다.[152]

조선민주주의인민공화국이라는 국가는 이러한 시스템에 의해 당적 지도와 정책적 지도가 일상화되어 있다. 다른 나라에서 찾아볼 수 없는 이 시스템이 새로운 전략적 노선의 수행에 유리할지, 혹은 불리할지는 북한의 영도집단이 판단할 것이다. 내각책임제 강화와 공장·기업소의 사회주의기업 책임관리제를 실천하는 과정에서 당적 지도와 정책적 지도의 지침guidelines에 약간의 변화가 나타날 수는 있을 것이다.

5) 김정은 시대의 당적 지도와 정책적 지도

김정은 시대에 들어서도 경제부문에 대한 당적 지도와 정책적 지도는 견지되고 있다. 경제건설과 핵무력건설 병진노선을 채택한 2013년의 3월 전원회의는 김정은 당 제1비서의 전략적 노선을 조기에 정착시켰다. 당시 북한 매체들의 보도는 당적 지도와 정책적 지도의 계승을 드러냈다.

첫째, 인민생활 향상에 주안점을 두고 농업·경공업 부문에 대한 정책적 지도를 첫 순위로 강조했다. 농업부문에서 국가적 투자 증대, 주체농법의 요구에 의거한 과학기술적 영농, 알곡 생산목표의 무조건 수행 등을, 경공업부문에서는 경공업공장들의 만부하 가동, 질 좋은 인민소비품의 대대적 생산 등을 정책적 지도의 방향으로 삼았다.

둘째, 당의 경제정책에서 미래 지향적인 정책적 지도의 방향으로, 새 세기 산업혁명을 강조했다. 새 세기 산업혁명은 인민경제의 주체화·현대화 수준 제고, 지식경제로의 확고한 전환, 원료·연료·자재의 국산화, 과학기술과 경제의 유기적 결합, 통신위성을 비롯한 여러 가지 실용위성의 개발 확대 및 발사 등을 지향점으로 삼았다. 지식경제로의 전환은 첨단과학기술을 원동력으로 하는 지식경제강국 건설을 추구하고, 과학기술과 경제의 결합에서는 공장·기업소의 현대기술 개건이 중시되고 있다.

셋째, 당의 정책적 지도에서 경제관리의 개선을 강조했다. 개선은 내각을 비롯한 국가경제기관들, 생산현장들, 내각을 비롯한 국가경제기관들과 생산현장들의 연결고리라는 세 차원으로 진행되었다.

국가경제기관들에서는 경제발전전략과 부문별·단계별 목표의 현실성 있는 수립과 철저한 집행이 중시되었다. 생산현장들에서는 생산조직과 지휘의 빈틈없는 조직화가 중시되었다. 다만 사회주의기업 책임관리제의 법제화 이후에는 다양한 혁신 조치들이 실행되고 있다. 세 차원의 연결고리에서는 현실발전의 요구에 맞게 경제관리방법을 연구 완성하는 것이 중요해지고 있다.

넷째, 당의 정책적 지도에서 대외경제교류의 확대라는 변화가 나타났다. 대외경제교류 확대에서 주목을 끈 것은 원산지구·칠보산지구를 비롯한 여러 곳에서의 관광지구 조성, 도道 자체의 실정에 맞는 경제개발구 개설과 특색 있는 발전 등이었다.

한편, 조선로동당은 2016년 5월 6~9일에 제7차 대회를 개최했는데 이는 1980년 10월 제6차 대회가 개최된 이래 36년 만의 일이었다. 1993년 12월의 당중앙위원회 제6기 제21차 전원회의 이래, 17년 만인 2010

년 9월 28일에 제3차 당대표자회를 열어 당의 정상적 운영의 기틀을 마련하고, 2013년 3월 전원회의에서 전략적 노선을 채택한 데 이어 제7차 당 대회를 개최한 것은 김정은 시대의 조기 정착의 의미를 갖는다. 동시에 국가와 사회 전반에 대한 당의 지도적 기능이 정상화되었음을 뜻한다.

제7차 당 대회와 당 중앙위원회 제7기 제1차 전원회의에서는 당 중앙위원회 사업총화보고, 당 중앙검사위원회 사업총화보고, 《규약》 개정, 김정은 최고수위(위원장) 추대, 당 중앙지도기관 선거 등의 의정을 처리했다.[153]

김정은 당 위원장은 《사업총화보고》에서 2013년 3월 전원회의에서 채택된 경제건설과 핵무력건설 병진노선과 함께 자강력제일주의와 선군혁명노선을 항구적인 전략적 노선으로 선언했다. 병진노선과 관련해 핵무력(국방공업, 국방과학기술)과 경제의 상호연계성을 강조하면서 과학기술과 경제 일체화, 국방공업에서의 최첨단돌파 등을 과업으로 제시했다.[154] 당 대회에서는 주요 결정서가 채택되었는데 《과학기술강국 건설의 전략과제》, 《경제강국 건설과 인민생활 향상의 전략과제》, 《국가경제발전 5개년전략(2016~2020년) 수행과제》 등이 그것이었다.

《사업총화보고》에서는 우리식 경제관리방법의 전면적 확립이라는 방침 아래 내각책임제(내각중심제)에 입각한 국가의 통일적 지도와 전략적 관리, 사회주의기업 책임관리제에 입각한 주동적·창발적 기업활동 등이 강조되었다.[155] 실제로 경제부문에 대한 당적 지도와 정책적 지도는 당의 전략적 노선과 전략과제들에 집중되었고 우리식 경제관리방법의 전면적 확립에 초점을 맞춤으로써 그 집행력에 자신감을 갖게 되었던 것으로 보인다.

북한은 2018년 4월 9일 당 중앙위원회 정치국회의를 개최했는데 이 회의에서는 최고인민회의 제13기 제6차 회의에 제출할 《2017년 국가예산집행정형과 2018년 국가예산에 대하여》를 토의했다. 이 같은 국정운영 시스템이 계속될 것임을 실증하는 것이었다. 당시 박봉주 내각총리는 정치국회의에서 《국가예산안》을 보고해 비준 받았으며 이것을 최고인민회의 제13기 제6차 회의에 제출한다는 결정이 만장일치로 채택되었다.

회의에서는 한반도 정세발전에 대한 김정은 위원장의 보고도 있었다. 그는 국가의 모든 부문·단위들에서 자력갱생의 혁명적 기치를 틀어쥐고 나가며, 자체의 기술역량과 경제적 잠재력을 총동원하여 국가경제발전 5개년전략 수행의 3차 년도인 2018년 투쟁과업들을 수행하여 경제 활성화의 돌파구를 열 것을 강조했다.[156] 정치국회의의 결정과 김 위원장의 보고에 등장한 내용들은 당적 지도와 정책적 지도의 핵심이었고 곧바로 실행에 들어갔다.

북한에서 당의 유일적 영도체계가 존속하는 한, 경제부문에 대한 당적 지도와 정책적 지도는 견지될 것이다. 당적 지도와 정책적 지도의 존속은 김일성-김정일 시대의 계승의 일면을 보여준다.

김정은 시대에 당적 지도와 정책적 지도에서도 혁신이 일어날 것인가? 여러 방면에서의 혁신이 자율성과 융통성을 부여하는 방식으로 전개되고 있는데 당적 지도와 정책적 지도에서도 혁신적 조치가 있을 것인가? 사회주의원칙을 견지하면서 실리를 중시하듯이, 당 사업에서 당의 지도 원칙을 견지하면서 '그 어떤 것'을 중시하는 방식이 가능할까? 북한의 영도집단은 이에 대한 해답을 찾으려고 애쓸 것이다.

'그 어떤 것'에서의 혁신이 나타난다면 그것은 '인민중시'의 방향일 가능성이 높다. 대외비對外秘가 많은 북한 사회에서 당 내부의 변화는 외부에 노출되지 않으며, 영도집단은 정중동靜中動의 행보를 보여 왔다. '북한사회의 대외비'는 내부 사정을 외부에 될 수 있는 한 적게 공개하려는 경향을 함축한다. 경제발전의 전략적 노선이나 정책과제(그리고 당의 정책적 지도)에 대해서는 북한이 대부분 공개해왔다. 노선과 정책과제가 뚜렷이 천명되어야 집행의 정당성과 효율성을 높일 수 있기 때문이다. 다만 전략적 노선과 정책과제의 결정과정과 내부 토론과정은 대부분 공개하지 않는다. 이 때문에 영도집단 내의 의견 차이는 거의 드러나지 않는다.

인간사회는 변하더라도 그리 쉽게 바뀌지는 않는다. '당의 행정대행' 현상을 극복하기 위한 처방전 수준의 혁신이 될지, 우리식 경제관리방법을 발전시키고 내각책임제(내각중심제)를 강화하고 사회주의기업 책임관리제를 정착시키는 과정에서 당의 영도도 그에 맞게 혁신할 것인지를 예측하는 것은 어려운 숙제다.

북한의 영도집단은 지식경제시대의 대혁신·대비약을 위해 당 간부들에게 맞춤형 실력(경제 전문성)을 갖출 것을 촉구하고 있는데[157] 당 간부들이 생산부문의 자극 주체가 될지, 행정대행식의 공연한 참견으로 경제발전의 걸림돌이 될 지는 지켜봐야 한다.

당 간부들이 시대의 변화에 뒤떨어지면 경제발전을 추동하기보다는 뒷다리 잡기의 비판에 직면할 수 있다. 당은 그러한 압력에서 자유로울 수 없다. 더욱이 세대교체 하의 당은 시대적 요구에 맞는 영도방법을 개발해야 한다. 격변의 21세기에는 현실에 안주하면 낙후의 나락으로 떨어질 수 있다. '전환시대'는 주체의 전환적 대응을 요구한다.

3. 내각책임제(내각중심제)

"자유 시장 경제학자들은 적극적인 정부는 성장에 악영향을 끼친다고 주장해
왔다. 그러나 이런 상식과 달리 사실상 오늘날 부유해진 나라들은 모두 정부가
경제발전을 위해 적극적인 개입정책을 구사했다. 정부 개입은 제대로 계획되
고 추진되기만 하면 경제를 더 역동적으로 만들 수 있다. 예를 들어 연구개발,
노동자 훈련 등 시장이 제대로 하지 못하는 투입물의 공급을 늘리고, 사회적
수익은 높지만 사적인 수익은 높지 않은 사업의 위험을 분담하며, 후진국의
경우에는 '유치' 산업부문의 신생 기업들이 생산능력을 발전시킬 수 있는 공간
을 제공하는 방식을 통해서 말이다. 이제 우리는 더욱 활력 넘치고 안정적이며
더 평등한 경제 시스템에서 정부가 어떻게 핵심 요소가 될 수 있는지를 더
창조적으로 생각할 필요가 있다. 이를 위해서는 더 좋은 복지국가, 더 나은
규제 시스템(특히 금융부문에 관한), 더 우월한 산업정책 등이 필요하다." [158]

경제발전에서 차지하는 국가의 역할을 정당하게 평가할 때가 되었
다. 어느 나라의 정부이든지 성장 동력을 찾아 미래가치에 투자해야
한다. 그 핵심은 R&D와 노동자 교육, 공공부문과 벤처기업 등에 대한
국가투자, 경제제도의 개선과 지식기반경제에 적합한 산업정책 등이
다. 북한에서의 내각책임제 강화 조치는 내각에 그러한 권능을 부여하
는 정치적 결단에 해당한다.

북한이 자본주의국가는 아니지만, 국가정책을 수립하고 집행하는
내각이 산업정책 국가들과 사회적 조합주의 국가들에서 나타난 성과,
즉 기업가적 역할(미래 비전 제시, 조절구조의 제도화)과 갈등 관리자
의 역할(공적 의제의 설계·시행)도 수행하게 된다.

북한에서는 국영기업소들이 내각의 산업부문별 성·위원회 산하에
편제되어 있으므로 내각의 기업가적 역할은 중요할 수밖에 없다. 내각
은 당적 지도와 정책적 지도를 받지만 공적 의제를 설계하고 시공하는
경제주체이기 때문에 갈등 관리자(자원 배분 등)의 기능도 수행하는
것이다. 북한이 자본주의 주류경제학의 제도주의 이론에 관심을 갖고

그 역사적 경험과 이론을 활용하는 것도 생각해 볼 수 있다. 북한이 '우리식 사회주의'의 독자성을 중시하는 것은 이해되지만, 다른 나라의 경제발전 경험에서 배울 점을 찾아 재해석하고 이를 북한에 적용하는 것을 숙고하면 좋을 것이다. 북한이 중국·베트남 같은 사회주의 발전모델만 참고할 일은 아니다.

《조선민주주의인민공화국 사회주의헌법》에 따르면, 국가기구에는 최고인민회의, 국무위원회, 내각, 그리고 지방인민회의와 지방인민위원회, 검찰소와 재판소 등이 있다. 최고인민회의는 북한의 최고주권기관(제87조)이고 입법권을 행사한다(제88조). 국무위원회는 국가주권의 최고정책적 지도기관이다(제106조). 내각은 국가주권의 행정적 집행기관 겸 전반적 국가관리기관이다(제123조).

북한의 내각은 국가의 경제관리 주체다. 북한이 내각책임제(내각중심제)를 강조한 것은 어제 오늘의 일은 아니다.[159] 국방공업을 담당하는 제2경제위원회의 사업을 제외하고는 인민경제의 거의 모든 부문이 내각에 집중되어 있다. 최고영도자의 통치자금과 당의 운영자금을 조성하기 위한 특수경제단위(수령경제·당경제)의 존재를 부각시키는 남한 내의 연구가 많은 편이다. 이 연구들은 대체로 북한이탈주민의 증언에 의존하고 있다. 특수경제단위가 인민경제 전체에서 차지하는 비중에 대한 여러 가지 추정이 있는데 이를 과하게 해석하고 단정하면 경제 전반에 대한 이해가 어려워진다.

인민들의 일상에 직접 영향을 미치는 경제관리 기관은 내각과 지방인민위원회들이다. 북한에서 경제부문의 전략과 정책의 변화가 요구될 때마다 내각책임제를 부각시키는 것도 이 때문이다. 어느 나라에서나 경제발전에서 정책 경쟁력은 중대하다. 북한의 정책 경쟁력은 정책의 수립에서 집행에 이르기까지의 전 과정에서 내각이 자신의 역할을 제대로 수행하느냐에 달려 있다.

또한 내각책임제를 부각시키는 이면에는 당적 지도와 정책적 지도, 국방공업의 민간경제 관여 등에 따른 내각의 위축에서 벗어나고자 하는 의지도 작용하고 있다.

내각은 총리·부총리·위원장·상, 그밖에 필요한 성원들로 구성(제124조)되며 내각 성원들 대부분은 경제기술관료technocrat들이다. 내각에는 교육위원회(보통교육성·고등교육성), 국가가격위원회, 국가검열위원회, 국가계획위원회, 국가과학기술위원회, 국가품질감독위원회, 수도건설위원회, 조국평화통일위원회 등의 위원회들과 건설건재공업성, 경공업성, 국가건설감독성, 국가자원개발성, 국토환경보호성, 금속공업성, 기계공업성, 노동성, 농업성, 대외경제성, 도시경영성, 문화성, 보건성, 상업성, 석탄공업성, 수매양정성, 수산성, 식료일용공업성, 외무성, 원유공업성, 원자력공업성, 육해운성, 임업성, 재정성, 전력공업성, 전자공업성, 채취공업성, 철도성, 체신성, 체육성, 화학공업성 등의 성省들, 그리고 내각사무국, 중앙통계국, 국가과학원, 중앙은행 등이 있다.[160]

1) 내각의 임무와 권한

내각의 임무와 권한(제125조)은 <표 1-12>에서 알 수 있듯이 경제정책을 비롯한 국가정책을 집행하는 것에 집중되어 있다. 내각 총리는 내각 사업을 조직지도하고 정부를 대표한다(제126조). 내각전원회의는 행정경제사업에서 제기되는 새롭고 중요한 문제들을 토의결정하고 상무회의는 내각전원회의에서 위임한 문제들을 토의결정한다(제127조, 제128조).

내각의 위원회·성은 내각의 부문별 집행기관, 중앙의 부문별 관리기관으로서 내각의 지도 밑에 해당 부문의 사업을 통일적으로 장악하고 지도관리하는 기능을 수행한다(제133조, 제134조).

〈표 1-12〉 북한 내각의 임무와 권한

구 분	내 용	항
정 책 집 행	국가의 정책을 집행하기 위한 대책의 수립	1
	국가의 인민경제발전계획의 작성 및 그 실행대책의 수립	5

구 분	내 용	항
	국가예산의 편성 및 그 집행대책의 수립	6
	공업, 농업, 건설, 운수, 체신, 상업, 무역, 국토관리, 도시경영, 교육, 과학, 문화, 보건, 체육, 노동행정, 환경보호, 관광, 그밖의 여러 부문의 사업의 조직집행	7
	화폐와 은행제도 공고화를 위한 대책의 수립	**8**
국 가 관 리	헌법과 부문법에 기초하여 국가관리와 관련한 규정의 제정 또는 수정, 보충	2
	내각의 위원회, 성, 내각직속기관, 지방인민위원회의 사업 지도	3
	내각직속기관, 중요행정경제기관, 기업소의 신설 및 폐지, 국가관리기구의 개선 대책의 수립	4
	국가관리질서 수립을 위한 검열, 통제사업의 전개	9
	내각 결정, 지시에 어긋나는 행정경제기관의 결정, 지시 폐지	12
기 타	사회질서유지, 국가 및 사회협동단체의 소유와 이익의 보호, 공민의 권리보장을 위한 대책의 수립	10
	다른 나라와 조약 체결 및 대외사업의 전개	11
	결정과 지시 발동 (제129조)	

내각 국가계획위원회를 비롯한 경제기관은 인민경제계획을 수립하고 집행하며, 그 목표를 달성하기 위해 공장·기업소들을 관리하고 감독한다.[161] 국가계획위원회는 계획의 일원화·세부화 체계에 의해 수립된 경제계획들이 제대로 실행되도록 모든 사업을 지도하고 하부조직을 관리한다.

김정일 국방위원장은 "내각이 경제사령부로서 내각책임제, 내각중심제를 옳게 실현해나가도록" 함으로써 "경제사업에 대한 중앙집권적, 통일적 지도를 보장할 수 있어야 합니다"라고 지적했다. 그는 "당일군들은 행정대행을 하는 현상을 없애고 모든 경제사업을 내각이 전적으로 책임지고 해나가도록 당적으로 잘 밀어주고 도와주어야 합니다"라고 강조하기도 했다.[162]

당 일군들의 행정대행 현상에 우려를 표하면서 경제사령부인 내각이 경제사업 전반을 책임져야 하고, 당은 내각의 사업을 지원할 것을 당부했던 것이다. 이것은 내각책임제를 실현하지 않고서는 효율적인 경제관리가 어렵고, 경제 전반을 내각의 책임 아래 꾸려나가려면 당적 지도와 정책적 지도의 가이드라인을 새로 정비해야 하는 사정을 반영한 것이었다.

당적 지도, 정책적 지도와 내각책임제(내각중심제)의 결합이 말처럼 쉽지는 않지만, 북한의 영도집단으로서는 반드시 풀어야 할 관건적인 과제이다.

2) 내각책임제(내각중심제)와 인민경제계획

북한이 1999년 4월 9일 최고인민회의 제10기 제2차 회의에서 《조선민주주의인민공화국 인민경제계획법》을 채택[163]한 것은 내각책임제(내각중심제)에서 중요한 기점이었다. 인민경제계획에 의해 운영되는 북한 경제에서 계획은 경제발전을 과학적으로 예견하고 반드시 실행해야 하는 국가지령이다.

《인민경제계획법》을 어겨서 계획사업에 엄중한 결과를 초래한 기관·기업소·단체의 책임 있는 일군과 개별적 공민은 행정적·형사적 책임을 지도록 되어 있다(제48조). 경제계획은 법적 과제이며 계획의 정확한 실행은 기관·기업소·단체의 의무사항이다(제27조). 계획사업에서 잘못을 저지르면 위법違法행위로 취급된다.

경제계획은 《인민경제계획법》에 의거해 작성, 비준과 시달, 시행과 총화의 과정을 거친다. 이 법은 계획경제 운영의 제도와 질서를 확립해 경제를 계획적으로 발전시키는 것을 목적으로 한다(제1조). 생산수단을 국가와 사회협동단체가 소유하고 있기 때문에 경제의 계획적 운영이 가능하고, 경제를 계획적으로 발전시킴으로써 자립적 민족경제 토대의 강화와 인민생활의 지속적인 향상이 가능하다는 것이 북한의 논리다(제2조).

경제 관리와 운영에서는 중앙집권적 통일적 지도가 중시된다. 국가는 인민경제를 통일적으로 장악하고 유일적인 계획에 따라 관리 운영해야 한다(제3조). 내각은 《인민경제계획법》에 근거해 경제를 중앙집권적·통일적으로 지도하게 되는 것이다.[164]

인민경제계획은 현실발전의 요구에 맞게 인민경제의 높은 성장속도를 보장하면서 합리적으로 균형을 조절하는 것을 기본방향으로 삼고 있다(제4조). 고속성장을 추구하면서도 각 경제부문의 균형적 발전에 집중한다. 성장추구와 균형발전을 동시에 이룬다는 것이 쉬운 과제는 아니다. 북한의 경제정책의 역사를 돌아보면, 경제계획이 당초 목표를 실행하지 못해 여러 차례 '조정기'를 두었음이 확인된다.

계획사업에서 중요한 원칙은 생산자대중과 토의하여 계획을 수립하고, 작성된 계획을 '생산자대중 자신의 것'으로 만드는 것이다. 북한 정부는 이를 실천하기 위해 계획사업에서 군중노선을 관철해 생산자 대중의 열의와 창발성을 발양하려고 한다(제5조). 계획 작성에서부터 실천에 이르기까지 근로자들이 주인의식을 갖고 참여해야 계획지표를 달성할 수 있기 때문이다.

계획을 올바로 수립하려면 사회주의 경제법칙과 현실적 조건을 올바로 타산하여 과학성·현실성·동원성을 보장해야 하며, 계획을 정확히 실행하려면 계획실행 규율을 강화하면서 동시에 경제사업에서 실리를 중시해야 한다(제6조). 계획실행 규율의 강화(강제성)와 경제사업에서의 실리 중시(자율성)를 동시에 추구하는 것에서 북한 특유의 '결합의 원리'를 확인할 수 있다.

이러한 계획경제의 방향이 담긴 《인민경제계획법》이 제대로 이행되려면 내각이 확고한 권한을 가져야 한다. 현실경제의 운영은 그와 거리가 있기 때문에 김정은 위원장의 고민이 깊을 수밖에 없다. 이상과 현실의 간극을 좁히려면 내각책임제의 강화가 필요하고, 그는 당연히 그러한 방향으로 나아갈 수밖에 없다.

북한 정부는 계획의 일원화·세부화 방침을 오랫동안 견지해왔다. 중앙집권적·통일적 지도 원칙에 따라 경제계획을 일원화하는 동시에, 아래 단위의 현실적 조건에 맞게 세부화하는 것을 통해 계획사업의 유일성을 보장하면서도 계획이 세부적으로 맞물리게 하는 것을 목표로 삼았다(제7조).

북한은 오랫동안 예비숫자-통제숫자-계획숫자 3단계로 계획을 작성해왔다. 예비숫자는 각 단위가 매년 초에 예상하는 생산 가능한 양이고, 국가계획위원회는 이를 토대로 당 중앙위원회 및 내각과 협의해 통제숫자를 작성했다. 통제숫자는 당·국가의 지령指令으로 간주되었고 생산단위는 이를 무조건 집행해야 하는 책무를 졌다. 각 생산단위는 통자숫자 실행을 위한 생산계획을 작성했고 생산단위에서 작성된 계획이 다시 국가계획위원회에 상정되어 계획숫자가 결정되었던 것이다.

예비숫자와 통제숫자 간의 격차가 적지 않았고 현실성이 없는 경우도 있었는데, 이는 경제기관의 목표와 생산단위의 현실의 차이 때문이라고 할 수 있다.[165]

《인민경제계획법》이 2001년 5월 17일에 수정 보충되면서부터는 계획의 일원화·세부화 방침이 존속되면서도 예비숫자-통제숫자-계획숫자 3단계에서 예비숫자-통제숫자를 묶는 식으로 간소화되었다. 이에 따라 매년 초부터가 아닌 7월부터 계획을 작성하는 것으로 바뀌었다.[166]

한편, 북한 정부는 계획에 대한 중앙집권적·통일적 지도 원칙을 실행하기 위해 계획사업에 대한 지도체계를 올바로 수립하고 지도통제를 강화하려고 해왔다(제42조). 계획사업에 대한 지도는 내각의 통일적인 지도 아래 국가계획위원회가 맡고 있다.

국가계획위원회는 계획의 일원화·세부화를 실현하며 계획을 올바로 수립하고 어김없이 실행하도록 지도하는 주체이다(제43조). 국가계획위원회는 현실발전의 요구에 맞게 경제계획 작성방법을 개선하고 그에 기초해 계획사업을 하도록 지도한다(제44조).

국가계획위원회는 해당 감독통제기관과 함께 계획의 작성과 시달, 실행과 그 총화정형을 감독 통제하는 기능도 수행한다(제45조). 국가계획위원회와 해당 감독통제기관은 계획에 맞물린 노력(노동력)·설비·자재·자금으로 계획에 없는 제품을 생산하거나 건설하는 것을 중지시키며, 이를 실적으로 평가해서는 안 되도록 되어 있다(제46조). 국가계획위원회와 해당 감독통제기관은 노력과 설비·자재·자금을 유용하거나 낭비할 경우 해당한 손해를 보상시키도록 해야 한다(제47조).

인민경제계획 수행의 전 과정은 계획의 작성→비준·시달→실행→실행총화 4단계를 거친다. <표 1-13>은 인민경제계획의 작성과 실행에서 중요한 내용을 일부 정리한 것이다.

〈표 1-13〉 북한 인민경제계획의 작성과 실행

단계	구성	내용	조항
작성	기본 요구	- 국가의 정책에 근거한 계획 작성 - 국가계획기관의 기관·기업소·단체에 대한 계획지표 분담 * 국가적 요구와 기관·기업소·단체의 창발성을 옳게 결합시키는 원칙에서 전략적 의의를 가지는 지표, 국가적으로 반드시 틀어쥐어야 할 중요지표는 중앙지표로, 그 밖의 지표는 지방지표·기업소지표로 분담.	10조~ 13조
	방법과 절차	- 계획 작성은 예비숫자를 묶는 것으로부터 시작(예비숫자에서 생산장성의 가능성 타산), 상급 기관과 국가계획기관에 예비숫자 제출 - 국가계획기관의 예비숫자 검토 및 통제숫자를 묶어 해당 기관의 비준 획득, 비준 받은 통제숫자의 기관·기업소·단체 하달 - 기관·기업소·단체가 분담된 지표의 수요와 원천을 맞물리는 방법으로 경제계획 수립 * 인민경제계획의 맞물림은 주문계약의 방법으로도 할 수 있음. * 기관·기업소·단체의 통제숫자 보장하는 원칙에서 군중토의 진행, 경제계획 초안 작성, 상급기관과 국가계획기관 제출 * 국가계획기관의 경제계획 초안의 정확한 검토, 초안 작성 및 내각에 제기	14조~ 18조
실행	기본 요구	- 생산을 정상화하여 계획을 일별·월별·분기별·지표별로 어김없이 실행	27조 28조
	기관, 기업소, 단체의 과업	- 기관·기업소·단체의 정확한 계약 체결 및 계약의 어김없는 이행 * 계획에 기초한 계약은 경제계획이 시달된 때부터 정해진 기간 안에 맺으며 주문계약은 연중 수시로 맺을 수 있음. - 계획 실행에서 선후차를 바로 정하고 중심고리에 힘을 집중	29조 31조 32조 34조

단 계	구 성	내 용	조항
		* 중요대상과 수출계획에 예견된 제품의 우선 생산, 협동생산 계획에 예견된 제품은 월 상순 안으로 생산보장	
	기관의 실행 과제	- 해당 기관: 분기마다 계획을 월별로 분할해 기업소·단체 하달 * 월별 분할은 분기 인민경제계획 범위 안에서 해야 함. - 노동행정기관·자재공급기관·재정은행기관: 계획 실행에 필요한 노력·설비·자재·자금을 제때에 보장 * 설비·자재는 계획과 계약에 따라 품종별·규격별·재질별로 공급해야 함. - 내각과 해당 기관: 생산지휘체계의 올바른 수립, 계획 실행정형의 정상적 장악, 제때에 그 실행대책의 실행 * 기관·기업소·단체는 경제계획 실행정형을 매일 상급기관과 국가계획기관에 보고해야 함.	30조 33조 35조
	금지 사항	- 계획에 없는 제품생산과 건설 불가	36조

　북한은 김정은 시대에 들어와 《인민경제계획법》을 수정 보충하면서 생산현장과 직결된 《기업소법》, 《농장법》, 《무역법》 등도 수정 보충해 계획지표 분담체계를 변경했다. 《인민경제계획법》과 《기업소법》은 국가지표를 중앙지표·지방지표·기업소지표로 나누었다. 전략적 의의를 가지는 지표와 국가적으로 반드시 틀어쥐어야 할 중요지표는 중앙지표로 정하고, 그밖에는 지방지표와 기업소지표로 분담하게 했던 것이다. 기업소는 계획권을 가지고 자체의 실정에 맞게 현실적인 계획을 세울 수 있게 되었다.

　《농장법》에서는 농장이 중앙지표로 시달된 생산계획을 수행하는 조건에 맞추면서 수익성 높은 작물들로 농장지표로 계획화하고 자체적으로 재배할 수 있게 되었다. 농장지표는 기업소지표처럼 생산현장에 계획권을 부여한 것이었다. 다만, 농업생산의 전략적 성격을 감안해 '중앙지표로 시달된 농업생산계획을 수행하는 조건'이라는 단서가 붙었다.

　《무역법》은 국가적인 전략지표·제한지표·기타지표로 구분하고 국가적인 전략지표와 제한지표는 국가계획기관이 현물계획으로 계획화하고, 기타지표는 국가계획기관이 액상(금액)으로만 계획화하도록 변경되었다. 현물계획은 무역거래 당사자인 기관·기업소·단체가 자체로 작성하게 하고 중앙과 무역거래 당사자 간에 지표를 새롭게 분담하게 했다.

중앙정부와 기업소의 계획지표 분담에 따라 자재공급계획도 중앙정부와 생산현장의 경제주체들이 나눠서 작성하도록 바뀌었다. 중앙지표에 대한 자재공급계획은 국가계획기관이 작성하고, 기타지표의 자재공급계획은 해당 기관·기업소·단체가 작성하게 된 것이다.

계획지표 분담체계의 변경은 생산·무역 단위에 대한 지령성 계획이 축소되거나 폐지되는 것을 상정하고 있다. 사회주의기업 책임관리제가 실시됨에 따라 중앙정부가 관할하는 계획지표는 축소되고 기업체가 스스로 계획하는 지표가 늘어나게 되었다.[167] 법령의 수정 보충을 보더라도 계획경제에서 중앙지표는 줄어들고 기업소지표는 늘어난 것을 알 수 있다.[168]

내각책임제가 강화되고 계획지표의 달성이 중시되고 있지만 실제로는 중앙지표의 범위가 줄어들고 기업소의 자율경영의 여지가 늘어난 것이다. 내각이 모든 기업소의 경영을 100% 통제하는 방식은 경제규모가 확대되고 경제부문이 다양화된 현실에 적합하지 않기 때문에 중앙지표를 줄이고 기업소지표를 늘려나가며 중앙지표에 대한 내각의 관리책임을 높이는 방향을 모색하게 된 것이다.

3) 국가예산과 재정사업

계획에 의해 운영되는 북한 경제에서 국가재정은 중요한 몫을 차지한다. 북한은 재정의 기능과 역할을 높여 나라의 살림살이에 필요한 화폐자금을 계획적으로 마련하고 통일적으로 분배·이용하려고 노력해왔다. 이를 위해 《조선민주주의인민공화국 재정법》을 제정[169]해 운영한다(제1조). 재정사업의 기본수단은 화폐자금이고 국가예산 확보를 위해 이를 계획적으로 마련해야 한다.

《재정법》에는 6가지 원칙이 담겨 있다. 첫째, 화폐자금의 분배 원칙이다. 화폐자금은 사회주의건설과 인민생활에 배당된다. 국가는 화폐자금의 분배를 통해 축적과 소비의 균형, 사회주의경제의 높은 발전 속도 보장, 노동에 의한 분배 등을 실현한다(제2조). 계획경제에서는 축적과 소비의 균형과 생산 성장의 높은 속도의 보장이 필요하다고 북한 경제당국은 생각해왔으며, 이것은 《사회주의헌법》(제34조)에도 규정되어 있다. 인민의 생계와 직접적인 관련이 있는 노동의 양과 질에 의한 분배도 《사회주의헌법》(제70조)에 규정되어 있다. 이 규정들은 계획경제를 떠받드는 기둥이다.

둘째, 국가예산의 편성·집행 원칙이다. 국가는 군중노선과 과학성의 원칙을 구현하여 현실적이고 동원적인 국가예산을 편성하고 집행해야 한다(제3조). 국가예산의 편성과 집행에서 인민대중의 의견을 수렴하는 동시에 체계적이고 합리적인 방안을 만들어야 한다는 것이다.

셋째, 재정의 유일적·계획적 관리의 원칙이다. 국가는 재정관리를 사회주의 경제제도의 요구에 맞게 유일적이고 계획적으로 해야 한다(제4조). 국가재정의 관리는 내각의 책임 아래 유일적으로 이뤄져야 하고 계획경제 시스템에 맞게 계획적으로 수행되어야 한다는 것이다.

넷째, 자금 이용의 원칙이다. 국가는 증산절약투쟁을 힘 있게 벌려 적은 자금으로 생산과 건설을 더 많이 해야 한다(제5조). 국가자금 투입에 따른 생산 효율성을 높여야 하고, 그 과정에서 증산절약투쟁이 필요하다는 것이다.

다섯째, 재정총화의 원칙이다. 국가는 인민경제계획 실행정형총화와 맞물려 재정총화를 하며 그 시기성과 과학성·객관성이 보장되도록 해야 한다(제6조). 경제계획을 수행하고 난 뒤에는 반드시 그 실행과 재정 상황에 대한 검토가 있어야 한다는 것이다.

여섯째, 재정사업에 대한 지도통제의 원칙이다. 국가는 재정사업에 대한 지도체계를 바로세우고 재정 통제를 강화해야 한다(제7조). 국가의 각 부문사업에 대한 지도체계의 수립과 통제 강화는 계획경제의 기본이고, 따라서 거의 모든 법령에 지도체계와 통제에 관한 사항이 포함되어 있다.

북한 재정의 특징은 중앙집중적인 방식에 의한 재정관리, 독립채산제와 지방예산제[170] 채택, 균형예산 편성, 큰 규모의 국가재정 등으로 요약된다.[171] 북한에서 중앙집중적인 재정관리는 재정의 유일관리제 원칙에 의한 관리 또는 국가의 통일적 지도·통제 하의 관리를 의미하며, 북한의 국가예산이 경제 전체에서 차지하는 비중은 1980년대까지 70% 수준이었고, 1993~94년에는 90%를 초과했던 것으로 알려져 있다.

<표 1-14>는《재정법》에 규정된 국가예산의 주요 내용을 정리한 것이고, <표 1-15>는《재정법》에 규정된 기관·기업소·단체의 재정의 주요 내용을 정리한 것이다.

〈표 1-14〉《재정법》에 규정된 국가예산

구분	내용	조항
구성과 예산년도	- 구성 : 중앙예산과 지방예산으로 구성 * 예산년도는 1월 1일부터 12월 31일까지임.	11조 12조
국가 예산수입	- 재정기관: 국민소득이 늘어나는데 따라 국가예산수입의 체계적 증대 - 기관·기업소·단체: 생산·경영활동의 과학화 수준과 노동생산능률 제고, 원가 절감으로 순소득 또는 소득을 더 많이 창조하는 방법으로 국가예산수입금 증대	13조 14조
지출부문	- 기본투자 및 인민경제사업비 * 기본투자: 국가적으로 중요한 대상의 건설, 탐사, 대보수, 정보화, 설계사업에 대한 지출 * 인민경제사업비: 공업, 농업, 과학기술발전, 수산업, 산림업, 도시경영, 국토관리, 대외경제, 지방사업에 대한 지출 - 인민적 시책비, 사회문화사업비 - 국방비 - 국가관리비 - 예비비	15조 ~ 19조
지출의 실행	- 중앙예산의 원천: 중앙경제부문에서 창조된 순소득 또는 소득 중앙예산의 지출: 전국적 의의를 가지는 경제·문화건설과 국방건설, 대외활동, 인민생활에 필요한 자금 - 지방예산의 원천: 지방경제부문에서 창조된 순소득 또는 소득 지방예산의 지출: 지방경제발전과 살림살이에 필요한 자금	20조 ~ 22조

구분	내용	조항
지방예산제	- 국가의 지도 밑에 지방의 책임성과 창발성에 의거해 군을 기본 　단위로 실시 * 지방정권기관은 지방예산의 수입·지출을 자체로 맞추고 국가에 　더 많은 이익을 주어야 함. * 국가는 지방예산집행에서 모범적인 단위들에 재정적 특전을 줌.	23조

〈표 1-15〉《재정법》에 규정된 기관·기업소·단체의 재정

구분	내용	조항
재정관리 형태	- 기관·기업소·단체의 재정: 독립채산제 또는 예산제로 관리 * 생산·경영활동을 하는 기관·기업소·단체의 재정은 독립채산제 　로 관리하며 생산·경영활동을 하지 않는 기관의 재정은 예산제 　로 관리함.	25조
자금집행	- 독립채산제: 자체 수입으로 경영활동을 보장하는 기관·기업소· 　단체의 독립채산제 관리 운영 - 유동자금: 생산과 경영활동에 필요한 설비·원료·자재 구입에 사용 * 기관·기업소·단체는 유동자금회전을 촉진시켜 자금의 효과성을 　높여야 함. - 기본건설자금과 대보수자금: 계획에 예견된 설계예산 범위에서 　국가예산과 기업소에 적립된 감가상각금·기업소기금 같은 자체 　자금에서 씀. - 과학기술발전자금: 국가과학기술계획지표에 대한 과학기술발전 　자금은 국가예산에서 지출, 그 밖의 과학기술계획지표에 대한 　과학기술발전자금은 기관·기업소·단체의 과학기술발전자금과 　기업소기금 같은 자체 자금에서 씀.	29조 ~ 33조
원가, 가격, 순소득, 수입금	- 원가의 저하: 경영활동과 과학기술을 결합시켜 노동생산능률 증 　대, 원가의 체계적 저하 - 가격·요금의 적용: 생산된 제품의 판매 또는 봉사활동을 하는 경 　우 정해진 가격이나 요금 같은 것의 올바른 적용 - 순소득·소득의 이용: 경영활동과정에 이루어진 순소득 또는 소 　득에서 국가납부몫을 국가예산에 먼저 바치고 나머지를 자체충 　당금, 장려금, 상금기금 같은 경영 활동에 필요한 자금으로 이용 　가능 * 계획기간에 채 쓰지 못한 자체 과학기술발전자금, 상금기금 같 　은 자체로 쓰게 된 자금은 국가예산에 동원하지 않음. - 수입금·여유자금의 납부: 생산·경영활동과 관련이 없이 이루어 　진 수입금이나 여유자금의 국가예산 납부	34조 ~ 37조

북한의 국가예산을 이해하는 포인트의 하나는 기관·기업소·단체 등 생산단위들이 국가예산수입금을 늘려야 하는 의무를 지고 있다는 점이다. 독립채산제로 운영되는 기업소 등은 유동자금 회전을 촉진시켜 자금의 효과성을 높여야 하고, 노동생산성 증대와 원가의 체계적 저하, 가격의 올바른 적용 등을 통해 소득 자체를 높여야 한다.

기업소 등은 순소득 또는 소득에서 국가납부 몫을 우선적으로 납부하고 나머지를 경영활동에 필요한 자금으로 이용할 수 있다. 예산의 원천으로 예전에는 순소득만 인정했고 이에 따라 '원가'를 얼마로 볼 것인가를 둘러싸고 정부와 기업소가 갈등을 빚기도 했는데 지금은 소득도 예산의 원천으로 인정한다.[172] 북한 기업소의 경영활동에서 원가가 그만큼 중요해진다.

그리고 국가예산은 기본투자와 인민경제사업비, 인민적 시책비, 국방비 등으로 나눠 지출되는데 기본투자에 '정보화 사업'이, 인민경제사업비에 '과학기술발전'이 포함된 것이 눈에 띈다.

한편, 북한의 재정사업에서 《재정법》 못지않게 중요한 법령은 《조선민주주의인민공화국 국가예산수입법》[173]이다. 국가예산수입은 거래수입금, 국가기업이익금, 협동단체이익금, 봉사료수입금, 감가상각금, 부동산사용료, 사회보험료, 재산판매 및 가격편차수입금, 기타 수입금 등 국가 수중手中에 집중되는 화폐자금을 말한다(제2조).

국가예산수입의 종류는 계획경제를 반영한 것이어서 자본주의국가들의 예산수입(조세 등)과는 완전히 다르다. 국가예산수입에서 중앙예산수입은 중앙예산 소속 기관·기업소·단체의 납부금으로, 지방예산수입은 지방예산 소속 기관·기업소·단체의 납부금으로 각각 충당된다(제3조).

북한의 재정사업은 2002년을 기점으로 몇 가지 변화를 보였다. 첫째, 국가예산수입과 지출구조의 변화이다. 과거의 예산수입은 기업체의 순소득을 주 수입원으로 하는 단순구조였던데 비해, 지금은 토지사용료, 시장사용료, 시장 판매소득에 대한 국가납부금 등 기업체·협동농장·개인을 징수대상으로 한 예산수입이 다양해졌다.

예산지출에서 유동자금 공급제는 1985~95년에, 대보수자금 공급제는 2002년에 각각 폐지됐으며, 기본건설 자금공급도 1985~95년과 2002년에 축소되어 고정재산 신설이나 확대재생산에 필요한 자금 가운데 일부만 국가예산에서 지원된다.

둘째, 재정의 분권화이다. 국가예산과 기업체 재정의 연관성이 축소되었으며 중앙예산과 지방예산이 실질적으로 분리되었다. 셋째, 예산기능의 축소와 은행의 역할 강조이다. 예산은 국방·국가관리·사회보장이나 경제발전을 위한 하부시설SOC 건설 등에 사용되며 기업체의 경영활동에는 거의 지원되지 않는다. 예산기능이 축소된 반면에 은행기능은 강화되고 있다.

넷째, 계획 관리방식의 변화 가능성이다. 2002년에 경제관리 개선조치를 시행한 이래 주요지표 계획은 중앙정부가 작성하지만 세부계획은 개별 기업체나 지방정부가 작성하도록 바뀌었다. 기업체에서는 생산량 기준의 계획에서 '생산량과 번 수입' 기준(번 수입에서 액상으로 재변경)으로 변경되었다. 지방예산에서는 세부계획 대신 중앙납부금을 중점 관리대상으로 하고 있다.

국가재정사업에서 전반적으로 세부계획보다는 국가납부금을 중점적으로 관리하는 방식으로 변화할 가능성을 보여준다.[174] 재정사업에서의 일련의 변화는 경제관리의 개선과 혁신적 조치로 이어질 개연성을 내포하고 있다.

4) 김정일 시대의 내각책임제(내각중심제) 중시

북한의 과거를 돌아보면 경제정책의 집행에서 '변곡점變曲點'이 되는 시기에 내각책임제를 강화하는 경향을 보여 왔음을 알 수 있다. 김정일 국방위원장은 김일성 주석의 사망 100일에 즈음한, 1994년 10월에 당 중앙위원회 책임일군들과 한 담화《위대한 수령님을 영원히 높이 모시고 수령님의 위업을 끝까지 완성하자》(10·6담화)를 발표했는

데, 1993년 12월에 채택된 '혁명적 경제전략'(농업·경공업·무역 제일
주의)을 관철하려면 정무원(내각의 전신)의 역할을 높여야 한다는 내
용이 이 담화에 담겨 있었다. 이 기조는 2000년대에 지속되었다.

> "당의 혁명적 경제전략을 철저히 관철하자면 정무원의 역할을 결정적으로 높
> 여야 합니다. 정무원은 나라의 전반적 경제사업을 통일적으로 틀어쥐고 조직
> 지휘하는 경제사령부이며 나라의 경제사업에 대하여 당 앞에 책임지고 있습
> 니다.··· 당에서는 정무원이 경제사령부로서 나라의 경제사업을 전적으로 맡
> 아하도록 하기 위하여 정무원책임제, 정무원중심제를 내놓고 모든 사업조건
> 을 지어주었습니다. 정무원은 당의 의도를 똑똑히 알고 정무원책임제, 정무원
> 중심제를 철저히 실현하여 나라의 경제사업을 책임적으로 조직지도하여야 합
> 니다. 위원회, 부를 비롯한 경제기관들은 경제사업에서 제기되는 모든 문제를
> 정무원에 집중시키고 정무원의 통일적인 지휘 밑에 풀어나가야 합니다." [175]

그의 메시지는 간결했다. 모든 경제기관이 경제사령부인 정무원에
경제사업의 '모든 문제'를 집중하고 그 통일적 지휘 아래 해결해나가
야 한다는 것이었다. 그의 발언을 통해 정무원책임제(정무원중심제)를
위한 '모든 사업조건'을 만들어주었음이 확인된다. 인민경제에 관한
모든 사업을 내각에 집중시키려는 노력이 오래되었음을 알 수 있다.
김정일 국방위원장은 2001년 10월 3일에 한 담화《강성대국 건설의
요구에 맞게 사회주의경제관리를 개선강화할 데 대하여》(10·3담화)에
서 내각의 지위와 역할에 관해 상세히 언급했다. 사회주의경제관리를
개선·강화하는데 있어서 내각이 중요했기 때문이다. 그는 내각이 성·
중앙기관과 도 행정경제기관을 움직이고 성·중앙기관과 도 행정경제
기관이 산하 기관·기업소를 움직이는 경제지도 관리체계의 확립을 강
조했다.《10·3담화》의 아래 인용문은 김정은 당중앙군사위원회 부위원
장의 2012년《4·6담화》의 '내각책임제(내각중심제) 강화' 담론의 원형
을 보여준다.

"사회주의경제건설에서 당의 유일적 영도를 철저히 실현하기 위하여서는 나라의 경제사령부인 내각이 당의 노선과 정책에 기초하여 경제사업을 통일적으로 장악지도해야 하며 모든 경제기관들과 공장, 기업소들이 내각의 통일적 지도 밑에 경제관리를 해나가야 합니다.… 내각은 아래에 경제숫자나 쪼개주고 지시에 독촉이나 하면서 무엇이나 아래에서 자체로 집행하라고 내리먹이는 식으로 사업해서는 안 됩니다.…

사회주의경제관리에서 아래 단위의 창발성을 높이는 것은 어디까지나 국가의 중앙집권적 지도를 확고히 보장하는 기초 위에서 이루어져야 합니다.… 중앙집권적 지도를 강화한다고 하면서 쓸데없이 아래를 매놓아도 안되지만 아래의 창발성을 높인다고 하면서 무엇이나 아래에 맡겨 자체로 해결하라고 방임하여서는 안 됩니다.…

내각은 성, 중앙기관들을 직접 틀어쥐고 그 기능과 역할을 백방으로 높여 중앙경제부문과 단위들에 대한 지도관리를 결정적으로 개선 강화하도록 하여야 합니다. 성, 중앙기관들은 자기 맡은 부문에 대하여 당과 국가 앞에 전적으로 책임지며 당의 경제정책관철을 위한 내각의 결정, 지시를 어김없이 집행하는 강한 규율과 질서를 세워야 합니다." [176]

《10·3담화》를 보면, 당의 노선과 정책에 따라 경제사업을 통일적으로 지도하는 내각이 모든 경제기관, 공장·기업소들에 대한 중앙집권적 지도를 장악해야 한다는 것이었다. 내각은 중앙경제부문과 단위들에 대한 지도관리를 개선 강화하고 성·중앙기관의 기능과 역할을 높이며, 내각의 결정과 지시를 어김없이 집행하는 규율과 질서를 수립해야 한다는 내용이다. 내각은 아래 단위의 창발성을 높이는 노력을 기울이면서 '무엇이나 아래에 맡겨 자체로 집행하라고 방임'해서는 안 된다는 것이다.

내각의 이러한 경제조직자적 기능과 역할의 강화는 2002년 7월 이래의 경제관리 개선조치에서 중점 방향으로 자리 잡았다. 《10·3담화》가 제시한, 국가의 중앙집권적, 통일적 지도를 보장하면서 아래 단위의 창발성을 높여야 한다는 전략적 방향이 실행에 옮겨지기 시작했던 것이다. 이 전략적 방향에서도 '결합의 원리'가 어김없이 작동한다.

당 이론지『근로자』의 한 기고문(2005년 제2호)은 내각이 "당의 의도와 전반적 인민경제발전의 요구에 맞게 인민경제의 총적 발전목표와 방향을 세우고 균형을 보장하며 과학기술과 생산을 결합시키는 것과 같은 나라의 전반적 경제사업에 대하여 책임지고 조직 전개해나가는 것"을 임무로 삼는다고 지적했다. 여기에서 눈여겨봐야 할 점은 균형발전 보장, 과학기술과 생산의 결합이다.

기고문은 또 내각이 "나라의 인력, 물력, 재력을 통일적으로 조직하고 지휘하는 행정적 집행기관의 경제조직자적 기능을 강화"해야 한다고 지적했다. 내각이 국가 전반의 노동력·원자재·자금을 조직·지휘해야 한다는 함의가 담겨 있다.

내각의 경제조직자적 기능이 약화되면 "부문본위, 기관본위가 산생産生되어 국가의 총체적인 이익, 인민들의 전반적 이익, 전망적 이익보다도 자기 부문, 자기 단위의 당면한 이익을 추구하는 현상을 발로시킬 수 있다"고 우려했다. 내각이 경제조직자로서 기능을 제대로 하지 못해 부문·기관 본위주의가 득세하면 국가와 인민 전반의 이익과 미래가치를 창출하는 전망적 이익에 유해한 결과를 가져올 수 있다는 것이었다.

기고문은 경제관리의 개선 방향과 관련해 세 가지 과제를 내놓았다. 첫째, 모든 부문·단위에 대한 통일적 지도관리를 올바로 실현해야 한다는 것이었다. 둘째, 모든 부문·단위들에서 강한 준법기풍을 세워야 한다는 것이었다. 셋째, 발전하는 현실과 변화된 환경에 맞게 경제관리방법을 '우리식'으로 끊임없이 개선 완성해야 한다는 것이었다. 사회주의원칙을 확고히 견지하면서 가장 큰 실리를 얻을 수 있도록 경제관리방법을 계속 개선하고 완성해나가야 한다는 지적은 이 기고문에서도 반복되었다.[177]

이 기고문이 제시한 방향은 김정은 시대에도 유효하다. 김정은 시대의 전략적 노선이 김정일 시대의 계승과 혁신에 있다는 점에서 볼 때 이는 자연스러운 일이다. 각급 당위원회 간부들의 세도와 관료주의,

행정대행주의, 부정부패 등 낡은 관행들이 청산된다면, 내각이 경제조직자로서의 힘을 제대로 발휘하는 것만으로도 경제발전전략의 집행력은 향상될 것이고 경제성장의 기대효과가 있을 것이다.

5) 김정은 시대의 내각책임제(내각중심제) 강화

김정은 시대에 들어서면서 내각책임제 강화의 분위기는 더욱 선명해지고 있다. 김정은이 2012년 4월 11일에 개최된 제4차 당대표자회에서 당 제1비서로, 13일에 개최된 최고인민회의 제12기 제5차 회의에서 국방위원회 제1위원장으로 추대되기 직전에 발표한 《4·6담화》에서 '내각 중시' 발언을 한 것은 의미심장한 일이었다.

그는 《4·6담화》에서 국정운영, 특히 경제정책 집행과 관련해 내각책임제(내각중심제) 강화의 뜻을 다음과 같이 천명했다.

> "인민생활 향상과 경제강국 건설에서 혁명적 전환을 가져오기 위하여서는 경제사업에서 제기되는 모든 문제를 내각에 집중시키고 내각의 통일적인 지휘에 따라 풀어나가는 규율과 질서를 철저히 세워야 합니다. 내각은 나라의 경제를 책임진 경제사령부로서 경제발전 목표와 전략을 과학적으로 현실성 있게, 전망성 있게 세우며 경제사업 전반을 통일적으로 장악하고 지도관리하기 위한 사업을 주동적으로 밀고나가야 합니다.
> 모든 부문, 모든 단위들에서는 경제사업과 관련한 문제들을 철저히 내각과 합의하여 풀어나가며 당의 경제정책 관철을 위한 내각의 결정, 지시를 어김없이 집행하여야 합니다. 각급 당위원회들은 내각책임제, 내각중심제를 강화하는데 지장을 주는 현상들과 투쟁을 벌이며 내각과 각급 행정경제기관들이 경제사업의 담당자, 주인으로서 자기의 임무와 역할을 원만히 수행하도록 내세워주고 적극 떠밀어주어야 합니다." [178]

그는 경제사업의 모든 문제를 내각에 집중시켜야 하고 내각의 통일적 지휘가 요구된다고 강조했다. 그는 모든 단위·부문에서 경제사업 관련사항은 내각과 합의해 해결해나갈 것, 내각의 결정과 지시를 어김없이 집행할 것, 각급 당위원회는 내각책임제(내각중심제)의 강화에 지장을 주는 현상들과 투쟁하고 내각과 각급 행정경제기관들이 자기 임무와 역할을 제대로 수행하도록 지원할 것 등의 과업을 제시했다. 새로운 전략적 노선의 수행에서 내각책임제를 정착시키고 이를 강화하겠다는 의지를 선명하게 읽을 수 있다.

내각책임제(내각중심제)는 장성택 반당반혁명사건(2013년 12월)을 계기로 더욱 강화되었으며, 총리를 비롯한 성·위원회 책임자들이 해당 경제부문의 운영주체로 나서는 분위기가 역력해졌다.

내각전원회의 확대회의는 당의 전략적 노선에 따라 최고인민회의가 입법화한 인민발전계획을 집행하는 과제를 주로 다룬다. 김정은 시대에 들어와 내각전원회의 확대회의는 분기마다 개최되고 있다. 2012년 초에 열린 내각전원회의 확대회의에서 최영림 총리의 주관 하에 부총리의 보고와 토론이 진행된 뒤 해당한 결정이 채택된 바 있다. 그해의 중심과업은 경공업과 농업 발전에 주력해 인민생활을 향상시키고 인민경제 선행부문과 기초공업부문에서의 투쟁으로 당의 강성부흥전략을 실현하는 것이었다.

이 회의에서는 경공업 부문에서 인민들의 기호에 맞고 인민들이 인정하는 질 좋은 소비품을 더 많이 생산하며 지방공업 발전에서 결정적 전환을 일으키는 과제가 다뤄졌다. 농업에서는 알곡생산 목표를 점령하고 축산·가금·양어기지·과수농장들의 능력을 최대한 발휘하는 과제, 영농물자·자재·전력을 보장하는 과제 등이 토의되었다.

전력·석탄·금속공업, 철도운수, 기계·건설건재공업 등의 부문별 과업들도 제시되었다. 아울러 자체의 과학기술역량을 튼튼히 꾸리고 경제의 면모를 기술집약형으로 전변시키는 과제, 교육·문학예술·보건·체육·기본건설·국토관리·도시경영부문 과제들도 토의되었다.

경제관리와 관련해서는 사회주의원칙 고수와 실리實利 보장, 내각성·중앙기관, 공장·기업소들에서의 계획·재정·노동행정 규율 확립 등

의 문제들이 다뤄졌다.[179]

이러한 일련의 정책과제들이 토의된 사실에서 볼 때 내각전원회의 확대회의가 경제정책의 중심 담당자이고 국가의 기능이 정상적으로 작동되고 있음이 확인된다.

경제관리에서는 두 측면에 눈길이 간다. 하나는 사회주의원칙을 지킨다고 해서 실리를 잃어서도 안 되고 실리를 얻기 위해 사회주의원칙을 저버려서도 안 된다는 '결합의 원리'가 반복되었던 점이다. 북한에서 말하는 '결합의 원리'에는 동서양 고대철학에서 강조해온 중용中庸[180]의 길을 추구하는 정치논리가 내재되어 있다. 다른 하나는 계획경제의 핵심인 계획·재정·노동행정에서 규율을 강조한 대목인데, 이로부터 경제현장에서의 '이완'을 유추할 수 있었다.

내각전원회의 확대회의는 이제 정례화의 모습을 보이고 있다. 확대회의에는 의사결정권을 지닌 총리를 비롯한 내각성원들이 참석할 뿐 아니라 내각직속기관 책임일군 및 관리국장, 도·시·군 인민위원회 위원장, 도 농촌경리위원회 위원장, 도 지구계획위원회 위원장, 도 식료일용공업관리국 국장, 중요 공장·기업소 지배인 등이 방청한다.[181]

방청객들의 면면을 보면 계획경제의 실행단위인 내각 직속기관 책임자들과 중요 기업체 지배인들, 각 도의 지구계획위원회 위원장들이 한 축을 이루고, 인민생활과 직결되는 각 도의 농촌경리위원회 위원장들, 식료일용공업관리국 국장들이 다른 한 축을 이룬다. 이들로 하여금 내각전원회의의 결정사항을 정확히 숙지하게 함으로써 계획 실행에 차질을 빚지 않도록 하고 책임의식을 높이려는 것임을 알 수 있다.

2013년 12월에 개최된 내각전원회의 확대회의는 "올해 농사총화와 다음해 농사대책"을 안건으로 삼았다. 리철만 농업상이 보고에 나서 농정의 방향을 세 가지로 정리했다.[182] 첫째, 농촌경리에 대한 관리 운영방법의 개선과 농장원들의 책임성과 생산의욕의 증대였다. 각급 농업지도기관들에서 분조관리제의 강화를 위한 당해 연도의 사업 분석과 우수 경험의 일반화, 협동농장 농장원들의 포전 관리와 농사책임(포전담당 책임제), 분조장의 수준 제고 등이 강조되었다.

둘째, 해당 지역의 특성에 의거한 농업생산구조의 개선과 다수확작물의 파종면적 증대 대책의 수립이었다. 각급 농업지도기관들에서 다수확작물의 증식, 선진적인 경영방법 도입, 알곡작물 파종면적과 알곡 생산량 증대, 채소·공예작물농사의 집약화 등이 강조되었다.

셋째, 농업생산에 대한 국가적 투자 증대와 농업의 물질기술적 토대 강화였다. 특히 국가계획위원회와 화학공업성·전력공업성·기계공업성·금속공업성을 비롯한 성·중앙기관들에서 화학비료 등 농사에 필요한 설비와 자재를 보장해주는 과제가 강조되었다.

북한은 2014년 1월에도 내각전원회의 확대회의를 개최했는데 이 회의는 "김정은 제1위원장이 신년사에서 제시한 전투적 과업을 철저히 관철할 데 대하여"를 안건으로 삼았다.[183] 당시 박봉주 총리는 2014년에 "농업, 건설, 과학기술 부문이 앞장서서 나가며 선행부문, 기초공업부문을 비롯한 경제의 모든 부문에서 혁신을 일으켜야 한다"고 강조했다.

이 책의 집필시기를 기준으로 할 때, 마지막 내각전원회의 확대회의는 2019년 10월 20일에 열렸다. 이 회의에서는 김정은 위원장의 저작 《교원들은 당의 교육혁명 방침 관철에서 직업적 혁명가의 본분을 다해 나가야 한다》에 제시된 과업의 관철과 《신년사》 과업 관철을 위한 3.4분기 사업진행 정형총화와 대책을 토의했다.[184] 확대회의에서 이런 안건과 정책과제가 토의 결정된 것은, 내각전원회의가 행정경제사업에서 제기되는 새롭고 중요한 문제들을 토의 결정하는 권한을 갖고 있기 때문이다(《사회주의헌법》제128조).

김정은 국방위원회 제1위원장은 2014년 2월 6~7일에 열린 전국농업부문분조장대회 참가자들에게 보낸 《서한》에서도 "모든 힘을 총집중하여 농업생산에서 전환을 일으키는가 일으키지 못하는가 하는 것은 내각과 농업지도기관들의 역할에 많이 달렸다"고 하면서 "내각과 농업지도기관들의 역할을 높여야 한다"고 강조했다.[185] 그는 그 무렵에 계기가 있을 때마다 내각의 중요성을 부각시켰던 것이다.

그는 2014년 5월 30일에 당·국가·군대기관 책임일군들과 한 담화 《현실발전의 요구에 맞게 우리 식 경제관리방법을 확립할 데 대하여》

(5·30담화)를 통해 "내각에서 중앙집권제 원칙에 따라 나라의 경제 전반을 통일적으로 지휘하는 체계를 강하게 세우며 중요 경제부문과 대상들을 직접 틀어쥐고 전략적으로 관리할 것"과 "내각책임제, 내각중심제를 강화하여 모든 경제부문과 전반적 경제사업을 내각에 집중시키고 내각이 주관하여 풀어나가는 규율을 철저히 세울 것"을 강조했다.[186] 집권 3년차를 맞이해 내각책임제 강화의 의지를 더욱 분명히 했던 것이다.

내각은 《5·30담화》에 제시된 과업을 관철하기 위해 《내각결정 제43호》를 채택했는데 여기에는 경제의 지도와 관리를 담당하는 국가경제지도기관들의 업무 방향이 구체적으로 담겨 있었다. 《내각결정 제43호》에 따르면, 국가경제지도기관들에는 국가계획위원회, 재정성, 국가가격위원회, 중앙통계국, 대외경제성, 그리고 생산을 맡은 성省과 중앙기관들을 비롯한 내각 부서들과 도道인민위원회들이 포함된다. 국가경제지도기관들의 업무 방향은 다음과 같다. (《내각결정 제43호》는 내각의 기능과 경제운영방식을 이해하는데 도움을 준다. 다소 길지만 그대로 인용하며 이에 대한 해설은 생략한다.)

◎ 국가계획위원회는 국가의 경제발전전략과 단계별 계획작성을 기본으로 하면서 전략적 의의를 가지는 지표, 국가적으로 반드시 틀어쥐어야 할 중요 지표들을 위주로 연간계획을 과학성과 현실성, 동원성이 보장되게 세우며 기업체들에 기업소지표를 늘려주는 방향에서 계획화방법론을 완성하고 계획실행을 책임지는 입장에서 중앙지표의 설비, 자재, 제품을 책임적으로 맞물려주도록 할 것이다.

국가계획위원회와 해당 기관들은 나라의 자원과 모든 잠재력을 최대한 동원 이용하면서 생산의 끊임없는 장성과 경제의 전반적 균형 보장, 경제구조의 개선 등 경제발전의 총적 목표, 단계별 목표들을 반영하는 원칙에서 현재 진행 중에 있는 국가경제발전전략 작성사업을 당창건 70돌이 되는 주체104(2015)년까지 끝내고 이와 병행하여 단계별 발전계획을 정확히 세울 것이다.

◎ 재정성은 나라의 모든 재정자원을 통일적으로 장악하고 국가 수중에 집중시켜 국가예산수입을 최대로 늘리며 핵무력 건설과 첨단산업 창설, 기간공업부문과 인민적 시책의 실시를 비롯한 중요부문에 대한 투자를 늘리면서 자금지출을 효과적으로 하여 수입과 지출의 균형, 축적과 소비의 균형을 철저히 보장하고 재정의 통제적 기능을 높이며 기업체들의 경영활동에 대한 회계검증제도를 더욱 강화할 것이다.

◎ 국가가격위원회는 모든 경제계산의 기초이며 수단인 가격을 과학적으로 제정하고 그에 따라 경제계산을 정확히 하도록 할 것이다. 국가가격위원회는 모든 제품의 가격을 원가를 보상하고 확대재생산을 실현할 수 있게 정하게 위한 방법론을 옳게 세우고 국가적인 가격조정체계, 가격정보체계에 기초한 과학적인 가격전략을 세우며 현재의 국정가격과 합의가격을 점차 일치시켜 인민경제 부문별, 지역별 가격균형을 보장할 것이다.

◎ 중앙통계국은 국가적인 축적과 소비, 수요와 공급 간의 균형, 국가예산수입과 지출, 사회총생산액과 국민소득, 무역수지 등 국가적인 경제의 총적 규모와 발전과정을 일상적으로, 통일적으로 장악하고 분석하기 위한 경제계산체계와 방법을 끊임없이 개선할 것이다. 중앙통계국은 해당 성, 중앙기관들과 협동하여 국가적인 물가변동과 총생산액, 국민소득수준과 같은 경제규모 등 나라의 경제실태를 호상 연관 속에서 종합적으로 반영할 수 있는 경제계산지표체계를 완성하며 그에 따라 모든 경제부문과 단위들에서 계산을 정확히 하여 보고하는 엄격한 제도와 질서를 세울 것이다.

◎ 대외경제성은 나라의 대외무역전략을 현실성 있게 세우고 적극적으로 추진하며 각 도들에 경제개발구들과 관광지구들을 특색 있게 꾸리고 활성화하기 위한 사업, 투자유치 전략과 전술, 투자유치와 관련한 우대정책을 작성하고 외국투자기업 창설과 변경등록, 대표단 수속절차를 최대로 간소화하기 위한 대책을 세울 것이다.

◎ 생산을 맡은 성, 중앙기관들은 당의 경제정책에 맞게 해당 부문 기업체들에 대한 경제기술적 지도를 기본으로 하면서 기업체들이 과학적인 경영전략, 기업전략을 가지고 기업활동을 창발적으로 벌려 나갈 수 있게 법률적, 대외경제적 환경 등을 마련해 주는 사업을 진행할 것이다.

◎ 노동성과 해당 기관들은 성, 중앙기관들이 현재 맡아보고 있는 공장, 기업소들에서 국가적으로 반드시 틀어쥐어야 할 중요지표, 전략적 의의를 가지는 지표를 생산하는 공장, 기업소들을 기본으로 맡아보며 그 밖의 공장, 기업소들은 도, 시, 군에 넘겨주어 지방 살림살이를 개선해나가도록 할 것이다.

◎ 내각사무국, 내각 경제관리연구소와 해당 기관들은 내각에서 경제실태 장악 및 지휘 정보망, 계획정보망, 가격정보망, 통계정보망, 무역정보망, 재정정보망, 화폐유통정보망, 노력자원정보망, 상업정보망과 지역정보망, 중요공장, 기업소 정보망을 구축하고 경제정보의 유통과 이용을 활성화하며 경제전반에 대한 실태를 장악, 분석할 수 있도록 한다.

◎ 도 인민위원회들은 도, 시, 군들에서 자기 지방 살림살이를 당과 국가 앞에서 전적으로 책임진 호주라는 관점과 입장을 가지고 지방공업공장들을 만부하로 돌려 소비품 생산을 늘리는 것과 함께 농업생산에 선차적인 힘을 넣어 국가 알곡생산목표를 무조건 수행하며 도들 사이, 시, 군들 사이에 유무상통의 원칙에서 거래를 심화시켜 지방 살림살이를 자체로 일떠세워나가도록 할 것이다. [187]

《내각결정 제43호》에 제시된 국가경제지도기관들의 업무 방향을 보면 우리식 사회주의의 경제관리방법을 확립하는데 있어서 어떤 점들을 중시하는지를 어느 정도 알 수 있다.

흥미로운 점은 내각사무국과 경제관리연구소 등에서 다양한 부문의 정보망, 즉 경제실태 장악·지휘, 계획, 가격, 통계, 무역, 재정, 화폐유통, 노동력자원, 상업과 지역, 중요공장·기업소 등의 정보망을 구축하려고 한다는 것이었다. 이 정보망은 계획경제의 운영에 필수적인 기반이며, 정보화 사회에 와서야 정보망의 효율적 구축과 활용이 가능해졌을 것이다. 해당 성·위원회들은 《내각결정 제43호》에 제시된 방향을 숙지하고 결의를 다진 뒤에 본격적인 실천에 들어갔을 것으로 추정된다. 지난날 유선전화나 팩스로 보고하다가 광통신망의 인트라넷 메일로 각종 정보를 매일 집계하게 된 것은 계획경제의 운영기반과 효율성 측면에서 중대한 변화라고 할 수 있다.

한편, 김정은 위원장은 2013년부터 매년 《신년사》에서 경제지도와 관리를 개선하는 과업을 제기해왔으며, 내각을 언급하든지 하지 않든지 간에 그 기조를 유지했다. 2013년에 경제작전·지휘의 조직화, 단계적 경제발전전략의 수립, 경제관리방법의 개선(사회주의원칙 고수, 생산자의 주인 역할 제고) 등의 기본방향이 잡혔고, 2014년에는 국가의 통일적 지도(내각책임제 강화 의미)와 기업체의 책임성·창발성 제고(자율성 증대 의미)의 결합을 내걸었다.

2015년부터는 2013~2014년의 문제의식을 유지하면서 우리식 경제관리방법의 개선 확립을 강조함으로써 대부분의 혁신적 조치들이 우리식 경제관리방법의 이름으로 합리화되는 길이 열렸다. 김 위원장이 2015년에 당 부문에게 우리식 경제관리방법의 개선사업을 지원하라고 언급한 것은 중대한 전환점이었다. 이는 내각과 기업체에서의 혁신적 조치(생산 활성화와 확대재생산을 위한 경영권 확대 조치)를 해당 기관·기업소의 당조직들이 수용하고 이를 지원하라는 메시지였기 때문이다.

김 위원장은 2016년에 우리식 경제관리방법의 확립을 거듭 강조하면서 경제작전·지휘의 개선, 당정책의 무장, 생산자대중의 창의성과 과학기술 등을 동시에 강조했다. 2017년에는 제7차 당대회(2016년 5월)에서 제시된 5개년전략의 수행과 관련하여 경제관리와 기업관리의 혁신을 강조하는 동시에 지속적인 경제발전을 위한 책략을 만들 것을 촉구했다.

그의 발언에서 인민경제에 대한 국가의 통일적 지도를 책임진 내각의 지도력 강화와 함께, 생산현장의 책임자인 기업체와 생산자대중의 책임성·창발성 제고를 잘 결합해야 생산 활성화와 확대재생산이 가능하다는 인식이 중심을 이룬다는 것을 알 수 있다. 그가 2018년에 '인민경제계획의 작전을 잘 짜야 한다'고 하면서도 '사회주의기업 책임관리제의 성과를 거두기 위한 대책'이 필요하다고 강조한 것은 자연스러운 흐름이었다.

2019년 《신년사》에서는 국가의 통일적 지도와 생산현장의 자각적 열의를 동시에 강화하는 경제관리방법의 혁신이 필요하다는 것과, 이 과정에서 계획화(재정)와 경제적 공간들(가격, 금융)을 개선해야 한다는 것을 강조했다. 기업체들의 생산 활성화 및 확대재생산에 경제적 공간들이 적극 작용하도록 하라고 지시한 것은 인상적이었다.

놀랍게도 기업체의 변화된 경영활동에 맞게 기구체계와 사업체계를 정비할 것도 촉구했는데 이는 1960년대 이래의 '대안의 사업체계'가 자기 역할을 다하고 역사의 뒤안길로 사라질 수도 있음을 내비친 것이었다. 기구체계와 사업체계의 정비에 관한 북한 경제학자의 설명은 북한 내부의 구조변화를 읽는데 도움이 된다.

"사회주의경제에 대한 국가의 통일적 지도는 경제관리 기구체계와 사업체계를 통하여 실현되며 이것은 경제관리방법에 직접적 작용을 한다. 기구체계와 사업체계가 올바로 서 있지 않으면 경제에 대한 지도관리에서 관료주의적이고 독단적인 방법이 자라나거나 개별적 부문, 기업체들에서 본위주의적으로 무정부적인 방법이 허용될 수 있다. 이것은 사회주의계획경제의 본성과 우월성에 모순되는 그릇된 방법이다.…

불필요한 관리기구와 사업질서를 모두 없애고 국가의 통일적 지도가 거침없이 실현되도록 중간고리와 공정을 최소한으로 간소화하며 매개 지도관리기구들과 부서들이 기업체들의 생산과 기술, 재정, 노동행정, 판매, 자재보장, 협동생산 등의 조건과 환경을 편리하게 보장하고 감독하는 것을 기본 직능으로 삼도록 하여야 한다." [188]

기구체계와 사업체계에서 혁신이 이뤄진다면, 그것은 2015년 5월 21일에 최고인민회의 상임위원회의 정령에 의해 대폭 수정 보충된《조선민주주의인민공화국 기업소법》을 다시 수정 보충하는 과정으로 이어질 수 있다.

《기업소법》의 수정 보충은 그것만 진행되지는 않고《상업은행법》을 비롯해 다른 관련 법령들의 수정 보충에도 직접적인 영향을 줄 것이다. 그날이 오면 김정은 시대의 실리적 혁신이 어디까지 나아갈지를 더욱 뚜렷이 가늠할 수 있을 것이다.

6) 제7차 당대회 등의 내각 역할 규정

2013년 이래 김정은 위원장의《신년사》에서는 우리식 경제관리방법의 개선·완성·확립이라는 혁신의 표현이 이어졌다. 8년간의 혁신과정에서 중간에 해당하는 2016년 5월 제7차 당 대회의《결정서》에서는 정책 편향에 치우지지 않으려는 당의 고심이 엿보였다. 아래 인용은 내각의 역할과 경제관리·기업관리 개선의 현주소를 잘 말해준다.

> "경제사업에 대한 국가의 통일적 지도와 전략적 관리를 책임적으로 하여야 한다. 나라의 경제사령부인 내각은 요령주의, 형식주의, 패배주의와 단호히 결별하고 당과 인민 앞에 경제사업을 책임진 주인답게 당의 노선과 정책에 기초하여 국가경제발전전략과 단계별 계획을 현실성 있게 세우고 그 집행을 위한 경제조직사업을 빈틈없이 짜고 들며 끝장을 볼 때까지 완강하게 내밀 것이다. 내각은 중심고리에 역량을 집중하면서 경제전반을 활성화해나가는 방법으로 경제사업을 작전하고 지휘할 것이다. 내각책임제, 내각중심제의 요구대로 나라의 전반적 경제사업을 내각에 집중시키고 모든 경제부문과 단위들이 내각의 통일적인 작전과 지휘에 따라 움직이는 규율과 질서를 엄격히 세울 것이다.
> 사회주의기업책임관리제를 바로 실시하여야 한다. 공장, 기업소, 협동단체들

은 사회주의기업책임관리제의 요구에 맞게 경영전략을 잘 세우고 기업활동을 주동적으로, 창발적으로 하여 생산을 정상화하고 확대발전시켜나가야 한다. 국가적으로 기업체들이 부여된 경영권을 원활하게 활용할 수 있도록 조건을 충분히 보장해줄 것이다." [189]

당 대회의 《결정서》는 내각의 사명과 내각책임제(내각중심제)를 압축적으로 표현했다. 내각은 당의 노선과 정책에 기초하여 경제발전전략과 단계별 계획의 수립·집행에 대한 경제조직 사업과 경제 전반의 활성화를 책임져야 한다는 것이었다. '나라의 전반적 경제사업'을 내각에 집중시키고 모든 경제부문과 단위들이 내각의 통일적인 지휘를 받도록 한다. 내각은 기업체들에 부여된 경영권을 활용하는 조건을 보장해주어야 한다, 그렇게 하여 기업체들이 경영전략을 올바로 수립하고 기업활동을 주동적·창발적으로 하도록 함으로써 생산의 활성화 및 확대·발전이 가능하도록 해야 한다는 것이었다.

내각의 기업체들에 대한 직접 관여는 줄이고 기업체의 경영 여건을 만들어주는 역할을 수행하도록 했던 것은 혁신의 한 단면이었다.

김정은 시대에 들어와 내각책임제는 더욱 부각되고 있어 '경제=내각' 등식이 인민의 뇌리에 박히기 시작한 것으로 관찰된다. 김 위원장은 2016년 5월 제7차 당 대회 《사업총화보고》에서 내각의 역할과 위상 강화를 재삼 강조했다.

그는 "나라의 경제사령부인 내각은 요령주의, 형식주의, 패배주의와 단호히 결별하고 당과 인민 앞에 경제사업을 책임진 주인답게 당의 노선과 정책에 기초하여 국가경제발전전략과 단계별계획을 현실성 있게 세우고 그 집행을 위한 경제조직사업을 빈틈없이 짜고 들며 끝장을 볼 때까지 완강하게 내밀어야" 한다고 말했다.

《결정서》에도 나타났듯이 "내각책임제, 내각중심제의 요구대로 나라의 전반적 경제사업을 내각에 집중시키고 모든 경제부문과 단위들이 내각의 통일적인 작전과 지휘에 따라 움직이는 규율과 질서를 엄격히 세워야" 한다고 지시했다.[190] 내각이 경제발전전략의 수립·집행을 책임져야 한다는 것, 내각의 통일적인 작전과 지휘가 관철되어야 한다는 지시에서 내각책임제의 강화 전략은 거듭 확인되었다.

김 위원장은 2018년 4월 20일 당중앙위원회 제7기 제3차 전원회의에서 경제건설 총력집중노선을 발표하면서 "내각을 비롯한 경제지도 기관들은 급속한 경제발전을 이루기 위한 작전과 지휘를 치밀하게 짜고 들며 모든 부문은 당의 경제정책을 관철하기 위한 내각의 통일적인 지휘에 무조건 복종해야 한다"[191]고 했는데 이는 제7차 당 대회 기조의 반복이었다.

제7기 제3차 전원회의 결정서 《혁명발전의 새로운 높은 단계의 요구에 맞게 사회주의경제건설에 총력을 집중할 데 대하여》에서는 최고인민회의 상임위원회와 내각이 '전원회의 결정서의 과업 관철을 위한 법적, 행정적, 실무적 조치'를 취할 것이라고 밝혔다. 또 하나의 결정서 《과학교육사업에서 혁명적 전환을 일으킬 데 대하여》에서는 내각이 "전원회의 결정서 관철을 위한 행정실무적 대책"을 수립할 것이라고 밝혔다.[192]

경제건설 총력집중노선과 과학교육사업의 혁명적 전환을 실천하는 과정에서 내각이 행정·실무적 대책과 조치를 담당한다는 것은 내각의 위상을 설명해준다. 내각은 실제로 생산관리(우리식 경제관리방법 실시), 유통관리(직거래판매소 운영 및 국영상점의 확대), 국가재정관리와 무역관리, 금융제도 변화(상업은행 활성화, 현금결제제도, 카드사용 장려), 대외경제성 설립과 경제개발구법 제정 등의 역할을 수행하고 있었다.[193] 내각은 김정은 시대의 전략적 노선을 수행하는 실행주체로서, 그 위상이 과거 어느 때보다도 부상하고 있다. 2019년 4월 11일에 열린 최고인민회의 제14기 제1차 회의에서 수정 보충된 《사회주의헌법》에 "내각의 역할을 결정적으로 높인다"는 구절이 추가(제33조)된 것에서 김 위원장을 비롯한 영도집단의 생각을 읽을 수 있다.

내각책임제(내각중심제)와 관련하여 2019년 12월 28일~31일에 열린 당 중앙위원회 제7기 제5차 전원회의는 또 한 차례의 중요한 계기였다. 김정은 당 위원장은 전원회의 보고에서 "경제사업에 대한 통일적 지도와 전략적 관리를 실현하고 기업체들의 경영관리방법을 개선하기 위한 사업에서 뚜렷한 전진이 없다보니 국가의 경제조직자적 역할이 강화되지 못하였으며 경제 전반을 정비보강하고 활성화하여 장성단계로 이행하기 위한 사업에서 심중한 문제들이 발생하고 있다"고 밝혔다.

그는 문제점을 지적한 뒤에 '경제사업체계와 질서를 정돈할 데 대한 강령적인 과업'을 제시했다고 한다. 전원회의에 대한 『로동신문』의 보도에 따르면, 내각과 경제관리에 대한 김 위원장의 발언은 다음으로 요약된다.[194]

- 우리가 선차적으로 풀어야 할 문제는 경제사업체계와 질서를 합리적으로 정돈하는 것이다. 우리 공화국이 막강한 힘을 비축하고 모든 면에서 정상적인 발전을 지향하고 있는 오늘에 와서까지 지난 시기의 과도적이며 임시적인 사업방식을 계속 답습할 필요는 없다.
- 나라의 경제를 재정비하자면 결정적으로 경제사업에 대한 국가의 통일적 지도와 전략적 관리를 실현하기 위한 강한 대책을 세워야 한다. 내각은 현존 경제토대를 효과적으로 이용하여 국가재정을 강화하고 생산단위들도 활성화할 수 있게 경제작전을 바로 하고 조직사업을 치밀하게 짜고 들어야 하며 당면하여 국가경제의 명맥과 전일성을 고수하기 위한 사업에서부터 내각의 통일적 지도와 지휘를 보장하여야 한다.
- 혁명적인 사상과 정신은 시대를 앞서나가야 하지만 경제사업은 현실에 발을 든든히 붙이고 진행하여야 한다. 현실적 요구에 맞게 계획사업을 개선하기 위한 명확한 방안을 찾고 전반적인 생산과 공급의 균형을 맞추며 인민경제계획의 신뢰도를 결정적으로 높여야 한다.
- 내각사업이자 당중앙위원회사업이고 당중앙위원회의 결정집행이자 내각사업이다. 경제발전을 추동하고 일군들의 역할을 높일 수 있게 전반적인 기구체계를 정비하기 위한 혁신적인 대책과 구체적인 방안들을 강구하여야 한다.

그가 '지난 시기의 과도기적이며 임시적인 사업방식'에서 벗어나 경제사업체계와 질서를 합리적으로 정돈하라고 지시한 것에서 제7차 당

대회의 《결정서》로부터 혁신으로 더 나아가려는 의지를 볼 수 있다. 정돈은 불가피하게 변화를 수반할 것이다.

내각에 국가재정의 강화와 생산단위들의 활성화에 집중할 것을 주문하고 당면한 시기에 '국가경제의 명맥과 전일성'을 고수할 것을 강조한 것은 중요하다. 앞의 것은, 사회주의기업 책임관리제로 운영되는 국영기업체에서 소득이 중요하고 그 소득으로부터 국가재정을 충당해야 하는데 내각이 이와 관련된 경제작전을 제대로 해야 한다는 것이었다. 뒤의 것은, 기업체에 경영권을 부여한 조건에서 내각이 통일적 지도를 하지 않으면 '국가경제의 명맥과 전일성'이 보장되지 않는 문제에 직면할 수 있다는 것이었다.

두 사안은 계획사업의 개선과 직결된다. 계획사업은 내각이 성·위원회에 속한 국영기업체들에 대한 관리를 제대로 해나가는 개선(전략적 국가경제관리와 전략적 기업관리)과 국영기업체들이 책임경영을 통해 소득을 많이 올리는 성과(기업전략·경영전략)를 동시에 과제로 삼는다. 이 과정에서 사업체계와 기구체계의 혁신이 불가피하다. 내각책임제(내각중심제)의 강화와 사업체계·기구체계의 혁신은 불가분의 관계가 될 수밖에 없다.

김 위원장의 제7기 제5차 전원회의 보고의 전문이 공개되기라도 한다면 기구체계 정비의 '혁신적 대책'과 '구체적 방안'에 대해 더 많이 알게 될 것이다.

김 위원장은 보고에서 그밖에 경제성장의 관건적 문제들에 대한 해결방향을 명시했다고 하는데 『로동신문』은 관건적 문제들을 다음과 같이 예시했다.[195]

- 국가상업체계, 사회주의상업을 시급히 복원하여 사회주의상업의 본태를 고수하면서도 국가의 이익과 인민들의 편리를 다같이 보장할 수 있게 상업봉사사업을 개선하기 위한 방법론을 연구대책하기 위한 문제
- 세계가 분초를 다투며 새 기술, 새 제품 개발경쟁을 벌리고 있는 시대의 요구에 맞게 경제관리를 개선하는데서 불필요한 절차와 제도를 정리할 데 대

한 문제

- 국가관리와 경제사업에서 생산활동에 제동을 걸고 사업능률을 저하시키는 요소들을 빠짐없이 찾아 바로잡기 위한 문제
- 국가적으로 전문건설역량을 확대강화하고 건설장비를 현대화하여 중요대상 건설을 맡아 수행하게 하는 방향에로 나갈 데 대한 문제
- 사회주의기업 책임관리제를 현실성있게 실시하는 사업을 잘해나갈 데 대한 문제

이 문제들은 경제관리의 혁신을 담고 있는데 혁신의 지향점은 경제발전에 있었다. 당 중앙위원회 제7기 제5차 전원회의에서 제시된 '정면돌파전'은 제7기 제3차 전원회의에서 제시된 '경제건설 총력집중노선'을 제대로 수행하려는 조치였음을 감안할 때 경제관리의 혁신은 더이상 지연시킬 수 없는 숙제였던 것이다.

7) 박봉주 총리의 현지요해와 김재룡의 등장

내각책임제(내각중심제)의 강화에 따라 총리의 위상은 자연스레 높아졌다. 박봉주 총리는 김정일 시대에 이미 3년 7개월간(2003년 9월 3일~2007년 4월 11일) 총리를 역임한 바 있으며, 김정은 시대에 들어와 2013년 4월의 최고인민회의 제12기 7차 회의에서 총리로 다시 선출되었다.

그는 제7차 당 대회에서 당중앙위원회 정치국 상무위원에 선출되었고 당중앙군사위원회 위원으로 임명되었다. 그의 중용은 오랜 경제테크노크라트로서의 능력, 김정일 시대의 경제관리 개선조치의 실행 주도, 최고영도자에 대한 충실성 등이 감안됐을 것이다.

그의 활동에서 주목된 것은 '현지요해' 형식의 빈번한 생산·건설현장의 방문이었다.

현지요해는 최영림 총리의 재임 시기 때부터 부각된 생산·건설현장

의 방문 형식이다. 북한 매체들의 보도를 종합하면, 현지요해는 한 달에 수차례 특정지역을 방문해 2~3개 생산현장의 실태를 점검하고 실무적으로 지도하며 현지에서 관계자들과의 협의회를 진행하는 등으로 전개된다.[196] 협의회에서 현지 사정을 청취하고 중앙과 현장이 공동으로 대책을 마련하는 것에 주안점을 두는 것으로 관측된다.

박 총리가 방문한 현장은 당과 국가적으로 정책 우선순위가 높은 산업부문과 생산현장에 집중된 것으로 관찰된다. 김정일 시대에는 박 총리가 경제 간부들에 대한 인사권과 경제정책의 검열권을 부여받았던 것으로 알려졌는데 김정은 시대에 들어와서는 총리가 그런 권한을 갖고 있지 않다는 관측이 있다.[197]

그는 현지요해를 활발히 실행하여 생산현장에 대한 접근성이 높임으로써 경제책임자로서의 역할을 다하려고 했던 것으로 보인다. 그가 당중앙위원회 정치국 상무위원 자격으로, 김정은 당 위원장을 보좌하면서 경제정책의 결정에 참여한 점도 주목된다. 아울러 그는 당중앙군사위원회 위원의 자격으로, 국방공업의 민수지원 시스템에도 관여한 적이 있는 것으로 관측되는데 이는 김정일 시대에는 없었던 일이다.

박 총리의 활동은 김 위원장의 현지지도와 시찰 수행, 내각전원회의 확대회의, 최고인민회의를 비롯한 당·국가의 행사 참여, 중요 연합기업소를 비롯한 공장·기업소에 대한 현지요해, 협동농장들에 대한 현지요해, 지방경제단위에 대한 현지요해, 전국과학자기술자대회, 중앙과학기술축전, 건설부문일군강습회 같은 경제관련 행사 참가, 희천발전소·과학자살림집 등의 건설장 혹은 준공식 참가, 군대의 육종장 현지요해 등으로 나타났다.

생산현장의 현지요해가 압도적으로 많아 경제지도에 일상적으로 나섰음이 확인된다. 군대 관련 단위의 방문에서 알 수 있듯이 민수와 군수 간의 협력에도 관여한다. 그의 활동은 내각책임제의 강화가 본격적인 실천 궤도에 올랐다는 방증이다.

박 총리 이후 2019년 4월에 김재룡이 신임 총리로 등장해서도 내각책임제의 강화 기조는 견지되었다. 김재룡 내각총리는 당중앙위원회 정치국 위원, 당중앙군사위원회 위원의 지위도 갖게 되었다. 김재룡 총리 임명 이후에 박봉주는 당 부위원장 혹은 국무위원회 부위원장 자격으로, 김재룡은 총리 자격으로 각각 생산현장을 비롯한 경제단위의 현지요해에 나섰다. 이것은 경제건설 총력집중노선에 따른 경제리더십의 변화를 의미한다. 현지지도에 활발히 나서는 김정은 당 위원장 겸 국무위원장은 박봉주·김재룡의 현지요해까지 활용하면서 생산단위에 대한 장악력을 더욱 높이고 경제건설에 올인하는 분위기를 조성하였다.

이것은 김정은 시대의 당·국가·군대의 지도체계가 새로운 방향으로 정립되어가고 있다는 증거이기도 하다. 김정은은 2016년 5월의 제7차 당대회에서 당 위원장에 추대됨으로써 당중앙위원회 정치국 상무위원과 당중앙군사위원회 위원장을 겸하게 되었다. 제7기 중앙위원회 제1차 전원회의에서는 김정은 당 위원장을 비롯해 김영남 최고인민회의 상임위원회 위원장, 최룡해 당 부위원장(조직지도부 부장), 박봉주 내각총리, 황병서 조선인민군 총정치국장 등을 당중앙위원회 정치국 상임위원회 위원으로 선출했다. 김영남 최고인민회의 상임위원회 위원장은 2019년 4월 10일 당중앙위원회 제7기 제4차 전원회의에서 당중앙위원회 정치국 상무위원 직책에서, 4월 11일 최고인민회의 제14기 제1차 회의에서 최고인민회의 상임위원회 위원장 직책에서 각각 물러나 정계에서 은퇴했다. 최룡해 당 부위원장은 위 제4차 전원회의에서 당 부위원장에서 물러나면서 위 제1차 회의에서 최고인민회의 상임위원회 위원장에 선출됐으며 당중앙위원회 정치국 상무위원 직책에는 유임되었다.

정치국 상무위원들의 면모를 보면 김정은 위원장 밑에 당·국가·군대의 최고위급 지도자들이 포진해 있음을 알 수 있다. 국가에서는 국무위원장(김정은), 최고인민회의 상임위원장(최룡해), 내각총리(김재룡)의 3인 체제가 형성되어 있다. 경제정책 집행의 최고위급 인사는 내각총리이고 총리의 역할이 커지면 커질수록 내각의 기능과 역할도 강화된다. 다만 전임 총리인 박봉주가 정치국 상무위원, 당 부위원장으로서 현지요해 등의 활발한 활동을 보였던 점에서 보면, 경제건설 총력집중노선의 수행을 위해 경제부문에서 투톱 시스템(박봉주 당 부위원장-김재룡 내각 총리)을 운영하는 것이라 할 수 있다.

경제건설 총력집중노선은 제도 운영의 혁신을 요구하고 있고, 내각을 비롯한 행정경제기관 테크노크라트들의 역할이 어느 때보다도 중요해지고 있다. 내각책임제에 따른 운영의 혁신은 경제건설 총력집중노선의 성공적 수행에 직접적인 영향을 미칠 것이다. 내각의 '진정한' 책임제의 정착과 그 혁신의 행보는 앞으로도 계속될 것이다.

4. 관료주의·부패와의 투쟁, 인민 중시

"안타깝게도 기업의 국가소유에 기초한 중앙집중적 계획경제가 올린 성과는
형편없었다. 통제되지 않는 경쟁이 사회적인 낭비를 초래할 수 있다는 점에
서는 공산주의자들의 주장이 옳았지만, 완전한 중앙집중적인 계획과 포괄적
인 국유화를 통해 모든 경쟁을 억제하려던 시도는 경제의 역동성을 파괴하여
엄청난 비용을 초래했다. 게다가 공산주의 체제 하의 경쟁 부재와 과도한 하
향식 규제는 순응주의, 관료적 형식주의, 그리고 부정부패를 낳았다." [198]

북한 계획경제에서는 당료와 경제기술관료가 중요하다. 혁명성과
전문성을 갖춘 엘리트들이 관료집단에 충원되어 경제를 이끌어가는
북한에서, 관료주의와 부패는 체제 내의 일심단결을 해치는 심각한 암
덩어리로 여겨진다. 사회주의국가에서는 관료주의가 세도나 부패로
귀결될 수 있어 심각한 정치문제로 된다. 경제발전을 추구하는 다른
나라들과의 비교 우위에서 볼 때 국가공무원의 경쟁력은 중요한 요인
인데 관료주의와 부패는 이 경쟁력을 심각하게 약화시킬 소지가 있다.

북한 관료제의 일반적인 폐단에 대해서는 권위주의의 만연, 동조과
잉 행태, 형식주의 행태, 무사안일주의 팽배, 분파주의 조성, 목표와 성
과 지향 간의 괴리 등을 지적하는 견해가 있어왔다.[199] 북한 자신이 문
제 삼아온 것은 형식주의·무사안일주의와 종파주의적 경향이었다. 북
한이 관료주의를 해소하기 위해 일찍부터 사상교양을 강화해온 것은
널리 알려진 사실이다. 사상교양에서 설복과 교양의 방법을 주로 사용
했지만, 특정 간부의 관료주의가 심각한 민폐와 부패로 판명되면 처벌
이 불가피했다.

세도와 관료주의, 부정부패에 대한 투쟁을 전개하는 북한의 딜레마는
그것이 중앙집중적인 계획과 포괄적인 국유화에서 연원한다는 점이다.
오늘 북한의 영도집단이 사회주의경쟁을 살리려고 노력하고, 내각의
권한 확대와 우리식 경제관리방법을 통해 생산현장(공장·기업소, 협동
농장)과 지방의 자율성을 높이는 실리적 혁신에 나선 것도 현실의 문제

점을 치유해야 경제발전이 가능하다는 문제의식에서 출발한 것이다.

조선로동당의 《규약》은 규율을 어긴 당원에게 당 책벌을 주는 것을 규정하고 있다. "당의 유일적 영도체계에 어긋나는 행동을 하거나 당의 노선과 정책을 반대하고 종파행위를 하거나 적들과 타협하는 것을 비롯하여 당과 혁명에 엄중한 손실을 끼친 당원은 출당"시키지만, "출당시키지 않을 정도의 과오를 범한 당원에게는 그 과오의 엄중성 정도에 따라 경고, 엄중경고, 권리정지, 후보당원으로 내려놓는 책벌"을 주는 것으로 되어 있다(제7항).

세도와 관료주의에 대한 책벌은 경고(6개월), 엄중경고·권리정지(1년), 후보당원으로의 강등(2년) 등을 적용하는 것으로 관측된다. 부패와 관련한 범죄행위에 대해서는 《형법》에 따라 처벌한다.

당 《규약》과 《형법》 등에 의한 처벌을 강화한다고 해서 부정부패가 근절되지는 않을 것이다. 부정부패 현상은 층위별의 권력과 연관이 되기도 하고 다양한 형태로 경제현실과 연계되기도 한다. 관료주의와 부정부패는 북한의 경제발전에 지장을 초래할 뿐 아니라 민심을 이반시킬 우려마저 있다.

김정은 시대에 들어와 세도와 관료주의, 부정부패에 대하여 '전쟁'을 선포할 정도로 이 사안은 중대하게 취급되고 있다. 이 '전쟁'에서 성과를 거두지 못하면 인민중시의 정치철학을 무위無爲로 돌릴 위험성마저 잠재되어 있기 때문일 것이다.

1) 부정부패의 경제적 의미

사회주의국가에서는 공적公的 영역이 차지하는 부분이 절대석으로 크다. 당·국가의 노선과 정책을 집행하는 중추인 관료들의 부패는 사회주의제도의 운영에 유해有害한 요소가 된다. 관료주의가 비능률과 책임전가 같은 일반적인 폐해에 그친다면 그나마 다행이겠으나 부정부패로 이어질 수 있기 때문에 심각한 것이다.

북한에서는 관료시스템(당·국가·군대)에서 권력형·생계형 부패 또는 인민생활과 관련한 기층조직의 부패가 나타나고 있는 것으로 알려져 있다. 부패 방지를 위한 법적, 제도적 장치가 갖춰져 있지만 1990년대 중반의 경제침체 기간에 그 실효성을 상당 부분 잃었던 것으로 관측된다.[200]

2002년 이후 시장의 확대과정에서 생계형 부패가 늘어난 것은 이전과는 다른 현상이었다. 인민들이 시장과 정해진 지역을 벗어난 곳에서 장사를 하거나 취급품목 이외의 물건을 파는 경우 단속반원들에 대한 소액의 뇌물 상납이 불가피해진다. 이런 단순한 뇌물 상납에서 시작해 관료들에 대한 뇌물 공여로 발전하고, 새로 성장한 상인계층과 권력엘리트 간의 결탁관계가 나타나기도 했다.[201]

시장 상인들의 상납에 대해서는 '비사회주의그루빠'의 주기적인 검열과 물리적 통제기구(인민보안성 등)를 통해 통제해오고 있다.[202] 특히 권력형 부패에 대해서는 당 차원에서 적극적으로 대응하고 있다.

당 위원장이 2016년 5월의 제7차 당대회의 《사업총화보고》에서 "현시기 당사업에 인민대중제일주의를 구현하는데서 세도와 관료주의, 부정부패 행위는 추호도 용납할 수 없는 《주적》"이라고 발언한 것에 유념할 필요가 있다. 최고영도자가 대외적으로가 아니라 내부를 향해 '주적主敵' 발언을 할 정도로 이 사안은 심각하다. 고위급 인사들의 철직과 숙청이 부정부패와 관련되는 경우도 종종 있는 것으로 알려져 있다.[203] 엄포와 솜방망이로는 부패를 근절하기 어렵기 때문에 더 강한 처벌로 대처하고 있는 것이다.

권력형 부패는 관료들이 자신의 정치자본을 활용해 경제적 이익을 취하는 것이다. 정치자본을 활용해 다양한 방식으로 뇌물을 받는 부패가 존재한다. 중하위 관료들은 직장결근, 통행증 발급, 이주, 중국방문, 대학진학, 직장배치, 입당, 보위부 신분증 대여, 범죄에 대한 무죄방면 조치, 훈장수여, 자동차 면허증 발급, 군인신분증 또는 공민증 위조, 열차 단속 등을 이익의 수단으로 삼는다.[204] 문제는 부패와 연관된 이러한 수단들이 인민들의 일상과 밀접한 관련이 있다는 점에 있다.

다른 하나는 정치자본을 활용해 국가물품을 중간에서 착복하고 이를 암시장에서 팔아 이익을 취하는 부패다. 인민소비품의 유통과정은 내각 상업성 중앙도매소에서 출발해 각 도 출하도매소, 지역별 지구도매소, 시·군 상업관리소를 통해 일선 상점의 매대(판매대)에 도착한다. 이 과정에서 중간관리들이 물품을 착복하여 일부 유실된다는 것이다.[205]

그런가 하면 정치자본을 활용해 기관의 명의와 사업권을 대여하고 사용료를 받는 부패도 있고, 관료들이 연줄을 통해 사업을 비공식적으로 하거나 대리인에게 맡겨서 하는 부패도 있다. 관료 부패는 관료들 간의 공모와 협력, 관료들과 시장행위자들의 공모와 흥정으로 심화될 소지가 있다는 점에 문제의 심각성이 있다.[206]

관료들의 부패는 특권화 경향으로 이어질 수 있다. 이는 관료들이 경제침체와 시장 확산 과정에서 정치사회적 규범에서 벗어난다는 것을 뜻한다. 계획과 명령의 실효성이 약화된 가운데 시장이 관료들의 지배력 강화를 위한 지렛대로 이용될 수 있는 것이다.[207] 2002년의 7·1 경제관리개선조치의 시행과정에서 일선 기관·기업소들이 돈벌이에 열중하면서 본위주의本位主義가 두드러졌고, 공장·기업소의 시장 거래가 허용되면서 기관·기업소들이 자금을 만드는 공간으로 시장이 활용되기도 했다.[208]

국영부문의 시장 의존 경향이 나타나면서 신흥상인계층(돈주)과 기관·기업소의 유착관계도 늘어났다는 북한이탈주민들의 증언이 있다. 돈주로서는 비공식적으로, 비합법적으로 활동하는 과정에서 관료들의 정치적 비호가 필요했고,[209] 신변 안전을 위해 공채를 사거나 국가에 기부금을 내기도 했다고 한다.[210] 돈주들은 관료들의 후견이 있기 때문에 점점 거래와 생산을 독점하는 기회를 탐하게 된다.[211]

돈주들은 시장 지배력을 이용해 화폐적 이윤을 극대화하는 것에 관심을 기울였다.[212] 그러나 돈주들이 마치 북한 경제를 움직이는 실세인 것처럼 과장되게 설명하는 증언에는 주의가 필요하다. 북한 당국의 입장에서 보면, 돈주들의 화폐적 이윤 극대화는 소득 양극화와 빈부격차를 심화시키는 잠재적 위험요소다. 경제당국은 돈주들의 경제활동을 억제할 수 있는 수단과 방법을 여전히 많이 갖고 있고, 필요할 경우 이를 사용할 수 있다.

경제질서 위반 범죄는《조선민주주의인민공화국 형법》[213]에 의해 처벌받도록 되어 있고, 당과 국가 간부라고 해서 예외는 아니다. 북한에서의 경제범죄는 간부계층의 권력형 범죄, 전문지식인계층의 명예형(자격형) 범죄, 신흥상인계층의 상업형 범죄, 노동계층의 생계형(생활형) 범죄 등으로 분류할 수 있다.[214]

《형법》은 경제질서 위반 범죄를 '사회주의경제를 침해한 범죄'로 표현하는데 국가 및 사회협동단체 소유를 침해한 범죄, 경제관리질서를 침해한 범죄, 국토관리 및 환경보호질서를 침해한 범죄, 노동행정질서를 침해한 범죄 등이 이에 해당된다. 관료부패와 관련한 대표적인 범죄는 국가 및 사회협동단체 소유를 침해한 범죄와 경제관리질서를 침해한 범죄이다.

국가 및 사회협동단체 소유를 침해한 범죄에는 국가재산의 훔친 죄, 빼앗은 죄, 속여가진 죄, 횡령죄, 대량약취죄, 강도죄, 공동탐오죄, 고의적 파손죄, 과실적 파손죄 등 9개가 포함된다. 김정일 당 조직비서는 1982년에 "사법검찰기관들은 국가재산과 사회협동단체 재산을 탐오약취하는 것과 같은 범죄행위들과의 투쟁을 강화하여 국가재산과 사회협동단체 재산을 철저히 보호하여야 하겠다"고 지시한 바 있다.[215] 국가재산과 사회협동단체 재산을 보호하기 위해 김 비서까지 나서야 했던 것이 현실이다.

북한의 범죄 관련 동향은 공개되지 않지만, 1980년대 초반에 비해 국가재산과 사회협동단체 재산에 대한 '탐오약취' 범죄가 그 뒤로 현격히 줄어들었다고 보기는 어렵다.

《형법》은 경제관리질서를 침해한 범죄에 대하여 무려 63개 조항(제101조~제163조)을 두고 있다. 경제관리에서 관료들의 범죄행위가 중대한 문제를 일으킬 수 있는 만큼 경제사범에 대한 처벌 규정이 분명해야 했기 때문이다. 경제관리질서를 침해한 범죄에는 화폐질서, 상거래행위, 밀수, 운수부문, 대외무역, 인민경제계획, 국가재산 유용, 건설부문, 전력·체신부문, 농업부문, 상품공급질서 등이 포함된다.

북한에서 2009년에 출판된 『법참고서』는 "경제관리질서를 침해한 범죄와의 투쟁을 강화하는 것은 당의 경제정책 관철을 법적으로 보장하는데서 나서는 매우 중요한 문제의 하나"라고 전제하고, "사회주의 제도를 옹호보위하며 사회주의강성대국 건설을 법적으로 튼튼히 보위하기 위하여 경제관리질서를 침해한 범죄와의 투쟁을 엄격히 벌릴 것을 요구하고 있다"고 강조한 바 있다.[216]

경제관리질서를 침해한 범죄와의 투쟁은 곧 반부패투쟁과 직결된다. 북한이 세도와 관료주의를 근절하지 못하면 관료시스템 자체가 부정부패의 온상, 경제범죄의 텃밭이 될 수 있다. 부정부패는 계획경제의 운영에서의 사각지대를 만들고 국가경제발전 5개년계획 같은 경제정책 수행에 심각한 지장을 초래한다. 이렇게 볼 때 세도와 관료주의, 부정부패에 대한 투쟁은 장기화될 수밖에 없을 것 같다.

2) 관료주의 반대투쟁의 역사

북한에서 관료주의 반대투쟁의 기원은 김일성 시대로 올라가지만,[217] 조선로동당의 조직적 틀을 완성한 김정일 조직비서가 유달리 세도와 관료주의를 반대했다. 김정은 당 위원장은 세도와 관료주의 반대투쟁에 있어서 이전 시대의 정치적 유산을 계승하고 있다. 계획경제 하에서 관료들이 부패하면 국가의 공적 재산을 '사유화'하는 부패가 나타날 소지가 있기 때문이다.

사회주의국가들의 체제 붕괴를 보면 관료들의 고질적인 부패가 한 몫했음을 부인하기 어렵다. 정부의 경제부문에서 일하는 관료들도 문제지만 당 간부들의 세도와 관료주의는 심각한 문제를 낳을 수 있다. 북한의 담론에서 관료주의를 언급할 때면 어김없이 세도가 함께 거론된다. 세도勢道는 근대적 언술은 아니지만 '잘못된 권력행사'를 뜻한다는 점에서 적절한 표현이라 할 수 있다.

김정일 조직비서는 세포비서들과 초급당 지도원들이 세도와 관료주의에서 벗어나야 하고, 사업방법과 작풍을 바로잡는 사상투쟁을 전개해야 한다고 일찍부터 강조했다. 그는 1977년 4월 11일 당중앙위원회 조직지도부·선전선동부 책임일군회의에서 한 연설[218]에서 "사업방법과 작풍을 바로잡기 위한 사상투쟁을 위 단위에서만 벌리고 아랫단위에서 벌리지 않으면 군중과 직접 대상하여 사업하는 세포비서들과 초급당지도원, 군당지도원들의 사업 방법과 작풍을 바로잡을 수 없으며 군중을 당의 두리에 튼튼히 묶어세울 수 없다"고 지적했다.

그는 "지금 당 세도와 관료주의를 쓰고 행정을 대행하는 현상은 당 책임일군들보다 세포비서들과 초급당지도원, 군당지도원들 속에서 더 심하게 나타나고 있다"고 비판하면서 "세포비서들과 초급당지도원, 군당지도원들 속에서 사업 방법과 작풍을 바로잡기 위한 사업투쟁을 더욱 강화하여야 한다"고 촉구했다.

그의 발언을 통해 당 중앙에서 강조해온 세도와 관료주의 및 당의 행정대행 현상이 청산되지 않았다는 것, 그러한 현상이 각급 당위원회(도당·시당·군당·구역당)의 책임간부들보다도 세포비서들과 초급당(리당 등)과 군당 지도원들에게서 더 심각하게 나타났다는 것을 확인할 수 있다. 이 현상은 북한이 추구하는 인민대중 중심의 사회주의(우리식 사회주의)와 정치구호 '인민을 위하여 복무함!'을 무색하게 한다. 체제와 정권에 대한 인민들의 지지는 세도와 관료주의가 제대로 청산되느냐에 영향을 받을 것이다.

김정일 국방위원장은 1994년 11월에 발표한 논문 《사회주의는 과학이다》에서 세도와 관료주의 및 부정부패 현상을 신랄하게 비판했는데 그 중점 내용은 김정은 시대에도 반복적으로 강조되고 있다. 그는 1995년 10월에 발표한 논문 《조선로동당은 위대한 수령 김일성 동지의 당이다》, 1995년 6월에 발표한 논문 《사상사업을 앞세우는 것은 사회주의 위업수행의 필수적인 요구이다》에서도 같은 논조를 폈다. 《사회주의는 과학이다》의 일부를 살펴본다.

"사회주의사회에서 인덕정치의 실현을 저해하는 주되는 요소는 간부들 속에서 나타나는 세도와 관료주의, 부정부패이다.… 당과 국가의 모든 정책은 간부들을 통하여 집행되는 것만큼 당과 국가가 아무리 좋은 정치를 실시하여도 간부들이 세도와 관료주의를 부리면 그것이 제대로 구현될 수 없다.… 역사적 교훈이 보여주는 바와 같이 사회주의집권당이 간부들 속에서 세도와 관료주의, 부정부패를 허용하는 것은 스스로 제 무덤을 파는 것이나 같다.…

세도와 관료주의, 부정부패가 낡은 사상잔재에 뿌리를 두고 있고 우리 내부에 낡은 사상을 부식시키려는 제국주의의 사상문화적 침투책동이 계속되고 있는 조건에서 우리는 세도와 관료주의, 부정부패를 반대하는 투쟁을 조금도 소홀히 하여서는 안 된다. 간부들 속에서 세도와 관료주의, 부정부패현상을 철저히 뿌리뽑기 위한 교양사업과 사상투쟁을 계속 줄기차게 벌려나가야 한다." [219]

김정일 위원장은 관료들의 세도와 관료주의를 그냥 두면 부패가 만연할 것이고 이것이 우리식 사회주의의 근간을 흔들 수 있을 것이라고 우려했으며, 이에 적극 대응하려고 했다. 그는 "일군들은 세도와 관료주의를 결정적으로 없애고 인민적인 사업작풍을 가져야 합니다. 세도를 쓰고 관료주의를 부리며 제 살 궁리만 하는 일군은 대중을 이끌어 나갈 수 없습니다"라고 직설적으로 말했다.[220]

그의 우려에도 불구하고 시장 확대와 그 안에서 벌어지는 관료들의 부정부패를 막기에는 역부족이었던 듯하다. 경제침체에서 벗어나야 생계형 부패나 권력형 부패를 완화할 수 있을 터인데 김 위원장의 생전에는 완전한 경제회복에 이르지 못했기 때문에 부패와의 '전쟁'을 치르기도 어려운 사정이었던 것으로 보인다.[221]

3) 김정은 시대, 세도·관료주의·부정부패와의 투쟁

김정은 당위원장 겸 국무위원장은 세도와 관료주의, 부정부패에 대한 투쟁에 본격적으로 나서고 있다. 그는 2015년 2월 당중앙위원회 정치국 확대회의에서 "현 시기 위대한 김정일 동지의 유훈을 무조건 끝까지 관철하는데서 우리는 반종파투쟁에 이어 세도와 관료주의, 부정부패 행위를 반대하는 투쟁을 당의 중요한 투쟁 과업으로 내세우고 그 자그마한 싹도 뿌리 채 뽑아버림으로써 우리 혁명의 천하지대본인 당과 혁명대오의 일심단결을 더욱 반석같이 다져나가야 한다"고 강조했다.[222]

반종파투쟁(장성택 반당반혁명사건)에 이어 당과 혁명대오의 일심단결에 지장을 초래하는 세도와 관료주의, 부정부패 행위에 대한 투쟁이 중요하다고 천명했던 것이다.

그는 정치안정과 경제발전의 양면에서 당과 인민의 일심단결이 중요하다고 인식하고, 이를 해치는 장애요인으로 세도·관료주의·부정부패를 꼽고 있다. 사회주의경제강국 건설과 인민생활 향상을 위한 '경제건설 총력집중노선'의 실천에서도 말할 나위 없이 일심단결이 중요한데 그 토대를 허물 수 있는 장애물을 치우겠다는 것이었다. 세도·관료주의·부정부패 행위는 당·국가·군대 지도부에 대한 인민들의 존경과 믿음을 약화시키고 국정 운영에 난맥을 초래하고, 궁극적으로는 최고영도자와 영도집단에 대한 불만을 야기할 수 있다.

그런 까닭에 김 위원장은 해마다 《신년사》에서 세도·관료주의·부정부패 행위에 대한 반대투쟁을 호소해왔다. 2015년에 '모든 당조직과 당일군들은 세도와 관료주의를 철저히 극복'해야 한다, 2016년에 '일군들 속에서 일심단결을 좀먹고 파괴하는 세도와 관료주의, 부정부패 행위를 반대하는 투쟁을 강도 높게' 벌려야 한다, 그리고 2017년에 '세도와 관료주의, 부정부패행위를 뿌리 뽑기 위한 투쟁'을 전개해야 한다고 강조했다.

이어서 2018년에 '전당적으로 세도와 관료주의를 비롯한 낡은 사업 방법과 작풍을 뿌리 빼는데' 모를 박아야 한다, 2019년에는 '당과 대중의 혼연일체를 파괴하고 사회주의제도를 침식하는 세도와 관료주의, 부정부패의 크고 작은 행위들을 짓뭉개버리기 위한 투쟁의 열도'를 높여야 한다고 지시했다.

세도와 관료주의, 부정부패를 없애려면 그에 대한 반대투쟁과 아울러 제도적 장치를 갖춰야 한다. 당 조직지도부와 사법검찰기관이 그에 앞장서고 있음이 분명한데, 워낙 민감한 사안이어서 외부에 공개하지는 않고 있다. 북한이탈주민의 증언 등을 통해 간간이 흘러나오는 일부 고위간부들에 대한 '처형'설이 이와 무관하지 않은 것 같다.

북한과 같은 계획경제 시스템에서는 관료들이 부패에 연루될 가능성이 높기 때문에 이들에 대한 정신무장과 처벌 강화만으로는 이 문제를 해결할 수 없고 부정부패가 자라나지 못하도록 하는 시스템을 구축하는 것이 중요하다. 일벌백계도 필요하지만 부정부패의 온상을 원천적으로 줄이는 시스템을 만드는데 더 골몰해야 할 것이다.

세도와 관료주의 문제는 2013년 1월 28~29일에 열린 조선로동당 제4차 세포비서대회에서 심각하게 다뤄졌다. 당시 김정은 당 제1비서는 이 대회에 참가해 개회사·폐회사와 연설까지 하면서 이 난제를 해결하겠다는 각오를 밝혔다. 그는 《연설》에서 당세포의 과업을 제시하는 가운데 세도와 관료주의에 대한 반대투쟁을 전면에 내걸었다.[223]

그는 "세도와 관료주의는 일군들의 성격, 사업방법 상의 문제가 아닌 사상의 문제이며 당 중앙위원회는 세도, 관료주의를 뿌리 채 뽑아버리기로 결심하였습니다"라고 공표하면서 세 가지 지침을 제시했다.

첫째, 중앙당과 도·시·군당뿐 아니라 초급당 조직들과 당세포들에서도 세도와 관료주의에 대한 투쟁을 전개해야 한다는 것이었다. 당의 말단조직에서의 투쟁을 강조했다는 점이 중요하다. 인민대중과 직접 관련이 있는 하부로 내려갈수록 세도와 관료주의의 여파가 더 크기 때문이다.

둘째, 비판과 사상투쟁의 분위기를 확립하는 가운데 '밑으로부터의 비판'을 강화해야 한다는 것이었다. 밑으로부터의 비판이 강화되어야 해당간부와 상급 기관에서 긴장감이 높아지기 때문이다.

셋째, 자기 세포에 소속되지 않은 일군들의 세도와 관료주의에 대해서도 적극 투쟁해야 한다는 것이었다. 세도·관료주의 반대투쟁에서 자기 세포를 벗어나 수평적으로나 수직적으로 투쟁을 확대해나갈 것을 호소한 것이다. 세도와 관료주의에 대한 전방위적全方位的 투쟁이 필요하다는 것을 최고영도자가 나서서 호소할 정도로 이 사안은 엄중하다.

2013년 6월에 제정된《당의 유일적 영도체계 확립의 10대원칙》에도 혁명적 사업방법과 인민적 사업작풍을 강조하는 가운데 "세도와 관료주의, 주관주의, 형식주의, 본위주의를 비롯한 낡은 사업방법과 작풍을 철저히 없애야 한다"는 규정(제7원칙)이 포함되었다.[224]

김정은 당 제1비서는 2014년 2월 25일에 열린 제8차 사상일군대회의《연설》에서 "세도와 관료주의를 반대하는 사상투쟁의 도수度數를 높여 모든 일군들이 대중과 생사고락生死苦樂을 같이" 할 것을 촉구했다. 2016년 5월의 제7차 당대회의《결정서》는 '세도와 관료주의, 부정부패를 뿌리 뽑기 위한 전당적인 투쟁'의 강도 높은 전개를 촉구했다. 일련의 흐름으로 보아 북한이 세도와 관료주의, 부정부패 반대투쟁의 기조를 계속 견지해 나갈 것이 분명하다.

4) 북한 매체, 세도·관료주의·부정부패 전쟁 선포

당 기관지『로동신문』과 조선중앙통신·조선중앙방송은 2018년 6월 2일 경제건설 대진군에서 일군들의 책임성과 역할을 강조하면서 세도와 관료주의 반대투쟁을 일제히 촉구했다. 보도매체들은 '지금이야말로 모든 일군들이 신들메를 더 바싹 조여매고 새로운 승리를 향하여 총 매진해야 할 책임적인 시기'라면서 모든 부문·단위의 일군들에게 다음 과업을 제시했다.[225]

첫째, 일군들은 혁명승리에 대한 확고한 신념, 당의 노선·정책에 대한 절대성·무조건성의 정신을 지녀야 한다는 것이었다. 세부적으로는, 당 중앙위원회 4월 전원회의(2018년) 결정에 입각해 일별·주별·월별 전투계획을 면밀히 세우며 중심 고리를 찾아 쥐고 역량을 집중하여 돌파구를 열어나갈 것, 무슨 일이나 정황과 조건에 맞게 능동적으로 대처하는 높은 조직적 수완과 혁명적 전개력을 지니고 모든 사업을 모가나게 해나갈 것, 그날 계획은 그날로 무조건 수행하는 혁명적 기풍이 차 넘치도록 요구성을 높이고 총화와 평가 사업을 잘할 것, 오늘의 경제건설 대진군이 명실공히 자력갱생 대진군, 과학기술 대진군으로 되도록 전투조직과 지휘를 더욱 치밀하게 짜고 들 것 등이 제시되었다.

둘째, 일군들은 자력갱생 정신과 과학기술이야말로 강력한 사회주의 경제건설의 위력한 추동력이라는 관점을 갖고 현대과학기술에 기초한 자력갱생 혁명정신을 높이 발휘해 나가야 한다는 것이었다. 세부적으로는, 내부예비를 적극 찾아내고 절약투쟁을 강화하며 대중적 기술혁신운동·사회주의경쟁운동을 활발히 벌여 나감으로써 일터와 초소마다에서 새로운 혁신과 위훈이 창조되게 할 것, 당의 새로운 전략적 노선 관철에로 대중을 총 발동시키는 능숙한 정치활동가·야전형의 지휘관이 될 것, 일군들은 말공부나 조건타발이나 하는 우국지사가 아니라 부닥친 난관을 용감하게 맞받아 뚫고 나갈 줄 아는 불굴의 혁명가, 공격형의 투사가 될 것 등이 제시되었다.

셋째, 당 조직들의 역할을 높여야 한다는 것이었다. 세부적으로는, 각급 당조직들은 일군들에 대한 사상교양사업을 계속 심화시켜 그들이 높은 정치적 안목과 든든한 배심을 지니고 당 중앙위원회 4월 전원회의 결정 관철에 매진하도록 할 것, 세도와 관료주의, 보신주의와 수입병과 같은 그릇된 사상관점과 일 본새가 나타나지 않도록 늘 관심을 갖고 대책을 세워나갈 것, 경제지도 일군들이 높은 사업의욕과 창발성을 가지고 자기 사업을 책임적으로 해나도록 적극 떠밀어지고 이끌어줄 것 등이 제시되었다. 이상의 여러 대책 가운데 간부들이 주목한 것은 '세도와 관료주의, 보신주의와 수입병과 같은 그릇된 사상관점과 일 본새'에 대한 경계심이었을 것이다.

『로동신문』은 2018년 12월 27일《헌법절》46주년을 맞아 위법행위와 비사회주의 현상을 없애기 위한 법적 통제와 투쟁을 강조한 가운데 "일군들 속에서 군중을 깔보고 호령질하거나 인민들의 생활상 불편을 외면하고 특전, 특혜를 추구하는 현상이 절대로 나타나지 않도록 하여야 한다"고 강조했다.[226] 세도와 특전·특혜 추구를 경계하는 흐름이 지속된다는 걸 알 수 있다.

『로동신문』은 2019년 3월 24일자에서 "비사회주의적 현상에 대하여서는 자그마한 요소도 절대로 허용하지 말아야 한다"면서 "세도와 관료주의, 부정부패 행위는 당과 인민대중의 일심단결을 파괴하고 사회주의제도를 안으로부터 허물어뜨리는 혁명의 원수"라고 강조했다. 특히 "세도와 관료주의, 부정부패행위와의 《전쟁》을 선포한 우리 당의 의도를 명심하고 세도와 관료주의, 부정부패 행위의 사소한 요소에 대해서도 법적으로 엄격히 다스려야 한다"고 거듭 촉구했다.[227] 세도·관료주의·부정부패 행위에 대한 '전쟁'을 선포하고 '사소한 요소'에 대해서도 '법적 조치'를 하겠다는 엄중경고를 할 정도로 이 문제를 중시했던 것이다.

불가능하게 여겨지던 낡은 유습의 타파에 노력하는 모습이 인민들 앞에 선연히 드러나고 그것이 이뤄질 수 있다는 믿음을 인민들이 갖게 된다면, 말할 나위 없이 인민중시와 일심단결의 철학은 생활력을 발휘할 것이다. 세도·관료주의·부정부패에 대한 전쟁에서 살아남는 일군들만이 인민들을 이끌 자격이 있다는 것이고, 이 전쟁에 대해 인민들은 드러내놓고 말하지는 않아도 마음속으로는 지지할 것이다.

김정은 당 위원장은 2019년 4월 9일에 열린 당 중앙위원회 정치국확대회의에서 "만성적인 형식주의, 요령주의, 주관주의, 보신주의, 패배주의와 세도, 관료주의를 비롯한 부정적 현상들을 철저히 뿌리 뽑고 자기의 혁명적 본분을 다 해 나갈" 것을 강조함으로써 관료주의 등에 대한 반대투쟁은 마감 시한時限이 없음을 확인했다.[228] 부정부패를 직접 언급하지는 않았지만 부정적 현상들에 이것이 포함된 것으로 봐도 무방할 것이다.

그를 비롯한 영도집단이 세도·관료주의와 부정부패 행위에 대한 전쟁을 치르는 것이 경제발전전략의 수행에 어떤 영향을 미칠 것인가? 경제발전으로 인민들의 생활수준이 향상되면 생계형 부패는 감소할 것이다. 다만 권력형 부패는 경제발전에 따라 줄어들 수도 있고 늘어날 수도 있다. 권력형 부패가 늘어나면 빈부격차에 따른 상대적 박탈감relative deprivation이 심화될 수 있다. 북한의 영도집단으로서는 이것이 일심단결에 심대한 해독害毒을 끼칠 것을 우려하지 않을 수 없을 것이다.

'개별적 간부들'이 축적된 부富를 바탕으로 세력을 확장하면 '종파적 요소'로 자라나지 않으리란 법이 없다고, 김 위원장과 당·국가·군대의 핵심간부들은 생각할 것이다. 당 안의 종파적 요소는 당의 전략적 노선과 정책에 대한 이견異見과 왈가왈부를 유발시킬 것이고, 이는 경제발전전략의 전당적·전국가적 실천에 장애로 작용할 수 있다. 세도와 관료주의, 부정부패 행위에 대한 '전쟁'이 김정은 시대의 과업으로 떠오른 것에는 이런 측면이 작용했을 것이다.

5) 사회주의대가정과 수령-당-인민대중

북한의 사회주의대가정과 인민중시 담론은 경제에 어떤 영향을 미칠까? 이 담론은 북한 경제체제의 운영원리와 경제발전전략과 밀접한 관련을 갖고 있지만 경제연구에서 대체로 도외시되어 왔다. 북한은 사회주의원칙과 실리의 결합을 내걸면서 소득과 수익성을 중시하는 경향을 보이고 있지만, 한편으로는 사회주의 공동체를 중시하기 때문에 사회주의대가정과 인민중시의 담론도 말할 나위 없이 중요하다.

사회주의대가정은 수령-당-인민대중의 '사회정치적 생명체' 이론의 대중적 담론이다. 이것은 경제 현실에서 사회주의적 분배와 복지(사회안전망)로 나타난다. 수령을 어버이로, 조선로동당을 어머니로 부르는 북한 사회에서, 인민들의 가정은 수령과 당의 품속에서 유기체적인 사회정치적 생명을 지닌 사회주의대가정의 일부가 된다. 사회주의적 평등관이 유교儒教적 전통과 만나 '어버이 수령'과 '어머니 당', 그리고 사회주의대가정의 담론을 탄생시켰던 것이다. 이 담론 아래에서 수령-당-국가에 대한 충성, 수령의 후계자인 최고영도자에 대한 충성과 효성의 재생산구조가 작동된다.

충성과 효성의 사회적 규범은 정치학습과 강연, 생활총화 등에 의해 관습화된다. 되풀이되는 사상교양과 자기비판 등은 규범을 내면화하게 한다. 수령과 당을 절대시하는 반면에, 개별적 간부들과 당원들 사이에는 수평적 관계(무계급사회를 향한 평등관)가 유지된다.

북한에서는 직급과 직능에 따른 사회적 대우나 식량배급, 노동보수 등의 차이는 있을지언정 조직생활에서는 평등관계가 지켜져야 한다는 원칙을 강조해왔다. 이 때문에 세도는 당과 대중의 혼연일체渾然一體, 즉 일심단결을 파괴하는 행위로 규정된다.

사회주의대가정의 핵심 윤리는 일심단결이다.[229] 수령의 인민대중에 대한 사랑과 믿음, 인민대중의 수령에 대한 충성(충실성)과 효성이 어우러져 수령-당-대중이 하나의 사회정치적 생명체를 이루고, 이 생명체는 일심단결로 결합되어 있다는 논리다.[230]

1990년대의 경제침체 하에서 집단주의의 약화 현상이 나타난 이래, 북한에서는 인민대중을 하나의 사회정치적 생명체로 결속시켜야 정치적 자각이 높이 발양될 수 있다는 판단 아래 사상교양 강화에서 이 점을 강조해왔다.[231]

북한에서 1990년대 이후에 제작된 예술영화들에는 사회주의대가정을 그려낸 작품이 적지 않았다. '어버이 수령'의 품속에서는 누구나 행복할 수 있다고 하면서 사회적으로 버림받고 힘없는 존재들을 주변사람들이 보살피는 것을 형상화한 예술영화들은 수령의 은혜가 미치지 않는 곳이 없음을 틈틈이 내비쳤다. 가정이 사회의 축소판임을 강조하면서 자신에게 주어진 일을 소홀히 하면 가정 전체의 문제로 확산된다는 것을 보여주는 주제가 많았다. 가족 구성원들이 마음을 모아 문제해결에 나선 것을 형상화하면서 인민대중이 일심단결하면 어떤 난관도 극복할 수 있다고 강조한 영화들이 대세를 이루었다. 경제재건에 나선 영웅들의 활약상을 형상화함으로써 경제적 난관을 슬기롭게 극복해 나가는 과정을 묘사한 영화도 많았다. 이상적인 대가정을 그린 예술영화들은 한마디로 말해 인민들의 결속을 통한 공동체 회복을 위

한 것이었다.[232]

사회주의대가정의 정치윤리인 일심단결의 실천에서 중요한 원칙은 노동자·농민·군인·근로인텔리들이 사회생활 전반에서 평등하게 대접받아야 한다는 것이다. 북한에서는 개별적 간부들의 세도와 월권, 직권남용 등을 이 원칙에 위배되는 심각한 요소로 보고 있다.

북한은 개별적 간부들을 문제 삼는데 그치지 않고 기관본위주의에 빠져있는 개별적 단위들도 문제라고 비판해왔다. 기관본위주의는 특정 집단이 공동체 혹은 국가 전체 이익을 고려하지 않고 자기 집단의 이익만을 고집하는 집단이기주의의 변형된 형태라고 할 수 있다.

『로동신문』은 2018년 9월 17일자 논설[233]에서 "국가와 사회의 전반적 이익은 어떻게 되든 자기 지방, 자기 기관, 자기 부서의 이익만을 추구하는 것은 본질에 있어서 공명주의, 이기주의이며 자본주의 사상잔재"라면서 "나라의 전반적 이익을 우선시하는 사회적 기풍을 세우는 것은 경제건설 대진군이 벌어지고 있는 현실발전의 절박한 요구"라고 강조했다. '나라의 전반적 이익의 우선시'는 경제 전반에서 집단주의정신을 살릴 것을 호소한 것이었다.

논설은 이어서 "만일 개별적 단위들이 자기단위의 협소한 이익만을 추구한다면 효과적으로 쓰여야 할 자금과 자재, 설비들이 낭비되고 국가계획 규율과 협동생산 규율이 문란해지며 전반적인 인민경제발전이 더디어지고 당의 경제정책관철에 지장을 주게 된다"고 우려를 표했다. 지방·기관·부서 등 개별적 단위들의 이기주의가 자금·자재·설비의 낭비, 국가계획과 협동생산 규율의 문란, 나아가 경제정책 관철 및 경제발전에 대한 장애 초래 등의 폐단을 가져온다면서 경각심을 촉구한 것이었다.

논설에서 주목을 끄는 부분은 "자기 단위를 위한다는 미명 아래 자력갱생, 자급자족한다고 하면서 국가가 손해를 보든 상관없이 눈앞의 이익에만 급급하는 본위주의 역시 반드시 뿌리 뽑아야할 사상관점, 사업태도"라고 지적한 대목이었다. 자력갱생을 내걸고 본위주의에 빠져있는 기관·기업소·단체들이 있다는 지적이었고, 이에 대한 사상투쟁을 예고하는 것이었다.

이 논설은 북한이 개별적 단위들의 이기주의와 본위주의가 야기하는 제반 문제들을 얼마나 심각하게 여기는지를 잘 보여주었다. 개별적 간부들의 세도와 부패, 개별적 단위들의 이기주의와 본위주의는 북한 사회를 하나의 사회주의대가정으로 만들려는 정치기획의 기반을 뿌리채 흔들 수 있는 폐습으로 간주되었던 것이다.

1990년에 제정된 《조선민주주의인민공화국 가족법》[234]은 온 사회를 화목하고 단합된 사회주의대가정으로 만들기 위해 사회주의적 결혼과 가족제도를 공고 발전시킨다는 규정으로 시작한다(제1조). 사회주의대가정에서 화목과 단합이 중요한데 이를 위해서는 사회적 평등과 사회주의적 분배가 요구된다는 입장이고, 이를 가로막는 장애물이 개별적 간부들의 세도와 부패이기 때문에 그 반대투쟁이 사활적 요구가 된다는 것이다.

한편, 사회정치적 생명체론에서는 육체적 생명과 사회정치적 생명 가운데 후자를 더 중시하며, 인민대중은 당의 영도 아래 수령을 중심으로 조직적, 사상적으로 결속함으로써 '영생하는 자주적인 생명력'을 얻는다고 한다. 북한에서는 수령이 사회적 집단의 생명활동을 통일적으로 지휘하는 중심이고 수령 중심의 사회정치적 생명체가 영생한다는 인식이 지배한다. 사회정치적 생명체의 수령은 후계자 지명권을 가짐으로써 사회정치적 생명체가 영생하는 길을 열어나간다는 논리가 정당화된다. 이에 따라 김일성 주석은 김정일 국방위원장을 후계자로 지명했고, 김정일 국방위원장은 김정은 국무위원장을 후계자로 지명했던 것이다.[235]

이런 이유로 해서 북한 정치에서는 사회정치적 생명체론과 그 근간을 이루는 혁명적 수령관(+후계자론)을 도외시할 수 없게 된다. 김정은 당위원장 겸 국무위원장이 수령을 대행하는 최고영도자로서의 지위와 역할을 갖고 정치권력을 행사하는 바탕에는 사회정치적 생명체론이 있다. 북한 체제에서 수령-당-인민대중을 하나의 사회정치적 생명체로 보는 인민관이 지속되고 있고, 그러한 사상관점은 정치와 경제를 뒤덮고 있다.

6) 광폭정치와 인덕정치, 그리고 인민중시

사회주의대가정과 관련한 김정일 시대의 키워드는 광폭정치廣幅政治와 인덕정치仁德政治였다.[236] 광폭정치와 인덕정치는 『로동신문』이 1993년 1월 28일자 논설("인덕정치가 실현되는 사회주의 만세")에서 "노동계급의 당의 정치는 어디까지나 정치의 폭이 넓어야 한다"고 언급하며 이를 김정일 국방위원장의 통치방식으로 설명하면서 시작되었다. 노동계급 출신은 말할 것도 없고 계급적 토대와 성분이 좋지 않은 '복잡한 군중'도 차별 없이 포용하는 광폭정치를 김 위원장이 시행한 것으로 북한은 주장해왔다.[237]

광폭정치 담론은 김정은 시대에 들어와 더욱 확장되고 있다. 김정은 당중앙군사위원회 부위원장은 김정일 국방위원장의 사후 취임 일성으로 광폭정치를 계승했다.

> "일부 사람들 속에서 사업과 생활에서 이러저러한 문제들이 제기된다고 하여 그런 대상들을 모두 법적으로 취급하려고 하여서는 안 됩니다. 사업과 생활에서 좀 문제가 제기되는 사람들도 교양하면 얼마든지 바로 잡아줄 수 있습니다. 근본 바탕이 나쁘지 않은 이상 이러저러한 이유로 가슴앓이를 하는 사람들은 다 고쳐주어야 합니다.…
> 당 조직들은 어머니가 자식들을 돌보듯이 이러저러한 이유로 가슴앓이를 하는 사람들에 대해서 더 마음을 쓰고 풀어주며 교양하여야 합니다. 과오를 범한 사람들을 한번 치기에 앞서 열 번 만나 교양하여 다 당의 품에 포섭하여야 합니다." [238]

김정은 당 제1비서는 2013년 1월 29일에 열린 조선로동당 제4차 세포비서대회《연설》에서 인덕정치·광폭정치에 의거한 군중과의 사업을 언급하면서 "엄중한 과오나 죄를 지은 사람이라도 1%의 양심을 귀중히 여겨 대담하게 믿고 포섭해 재생의 길로 인도"해야 한다고 강조했다. 그는 정권의 출발 시기부터 광폭정치와 인덕정치를 계승하면서 이에 대한 혁신을 모색했다.

그 혁신의 버전은 '인민중시'였다. 그는 정권 초에 인민중시·민심과 일심단결을 결부시키는 담론으로 인민들의 지지를 이끌어내려고 했다. 인민중시 담론은 김일성-김정일 시대의 위민이천爲民以天에 뿌리를 둔 것이며, 그 구체성과 실천의 면에서 더 두드러졌다.

그는 2012년 4월 6일 당중앙위원회 책임일군들과 한 담화(4·6담화)[239]를 4월 19일자 『로동신문』에 공개하도록 했고, 4월 15일 김일성주석 탄생 100주년 경축 열병식에서의 연설(4·15연설)[240]은 실황으로 중계하도록 했다. 그는 《4.6담화》에서 김정일 당 총비서의 일심단결론, 즉 수령-당-인민대중의 일심단결을 계승하면서[241] 인민 존중, 인민의 요구와 이익의 절대시, 당 조직들의 '어머니' 심정에 기초한 인민 보살피기 등을 강조하면서[242] 일심단결과 민심을 결부시키는데[243] 주력했다.

그는 2014년 3월 9일의 최고인민회의 제13기 대의원선거를 앞두고 《전국의 모든 선거자들에게 보낸 공개서한》(2·18서한)에서 "우리 인민을 받들고 인민들이 세상만복을 누리며 남부럽지 않게 살 강성번영의 그날을 앞당기기 위하여 모든 것을 다 바쳐 투쟁해나갈 것"이라고 밝혔다.[244]

이는 민심 중시의 집중적 표현이라 할만 했다. 민심 중시는 경제정책의 수행에서 사회안전망(복지)을 보다 촘촘하게 설계할 것을 요구하는데, 이는 비약적 성장의 일시적인 장애요인이 될 수 있다. 비약적 성장과 사회안전망의 확충 간의 반비례 관계를 여하히 조율할 것인가는 김정은 시대의 중대한 정책과업이다.

<표 1-16>은 김정은 당 위원장 겸 국무위원장이 2013년 《신년사》 첫 발표에서부터 2019년 《신년사》에 이르기까지의 '인민중시'의 발언들을 옮겨놓은 것이다. 인민중시 담론은 직설적이었고, 해를 거듭하면서 다양한 내용을 갖춰나간 흔적이 엿보였다.

〈표 1-16〉 김정은 위원장의 《신년사》에 나타난 '인민중시' 발언

연도	《신년사》 내용
2013년	- 일군들은 《모든 것을 인민을 위하여, 모든 것을 인민대중에게 의거하여!》 구호를 높이 들고 헌신적으로 투쟁하여야 합니다. - 일군들은 자기 사업에 대한 높은 책임감과 일 욕심, 진취적인 사업태도를 가지고 최대의 마력을 내야 하며 당과 인민 앞에 자기의 충실성과 실천력을 평가받아야 합니다.
2014년	- 일군들이 혁명의 지휘성원, 인민의 충복으로서의 본분을 다하기 위하여 뛰고 또 뛰어야 합니다. - 일군들은 인민들의 요구와 이익을 사업의 절대적 기준으로 삼고 오직 인민들이 바라고 좋아하는 일을 하여야 하며 무슨 일을 하든 인민들이 덕을 보게 하여야 합니다. - 일군들은 인민의 요구, 대중의 목소리에 무한히 충실하여야 하며 언제나 인민을 위해 헌신하는 인민의 참된 심부름꾼으로 살며 일하여야 합니다.
2015년	- 어머니당의 본성에 맞게 당사업 전반을 인민대중제일주의로 일관시켜 전당에 인민을 존중하고 인민을 사랑하며 인민에게 의거하는 기풍이 차 넘치게 하고 당사업의 주되는 힘이 인민생활향상에 돌려지도록 하여야 합니다. - 모든 당조직과 당일군들은 세도와 관료주의를 철저히 극복하며 인민들을 따뜻이 보살피고 잘 이끌어주어 그들 모두가 우리 당을 어머니로 믿고 의지하며 당과 끝까지 생사운명을 같이해나가도록 하여야 합니다. - 일군들은 숭고한 애국관과 헌신의 각오를 가지고 조국의 부강번영과 인민의 행복을 위하여 멸사복무하여야 하며 스스로 무거운 짐을 맡아지고 대중의 앞장에서 뛰고 또 뛰어야 합니다.
2016년	- 당 조직들과 국가기관들은 인민중시, 인민존중, 인민사랑의 정치를 구현하여 인민의 요구와 이익을 절대시하며 인민들의 정치적 생명과 물질문화생활을 책임지고 끝까지 돌봐주어야 합니다. - 당 조직들은 민심을 틀어쥐고 광범한 대중을 당의 두리에 튼튼히 묶어세우며 일군들 속에서 일심단결을 좀먹고 파괴하는 세도와 관료주의, 부정부패행위를 반대하는 투쟁을 강도 높게 벌려야 합니다. - 일군들은 현실 속에 깊이 들어가 대중의 심장에 불을 달고 모든 사업을 혁명적으로, 과학적으로 전개해나가며 인민을 위한 길에 한 몸이 그대로 모래알이 되어 뿌려진대도 더 바랄 것이 없다는 고결한 인생관을 지니고 인민을 위하여 멸사복무하는 인민의 참된 충복, 혁명의 유능한 지휘성원이 되어야 합니다.
2017년	- 당사업과 국가사회생활의 모든 분야에서 주체의 인민관, 인민철학의 최고정화인 인민대중제일주의를 철저히 구현하여야 합니다. - 세도와 관료주의, 부정부패행위를 뿌리뽑기 위한 투쟁을 전개하여야 합니다. - 일편단심 당을 따르는 우리 인민의 순결하고 뜨거운 마음과 지향을 가로막

연도	《신년사》 내용
	고 당과 인민대중을 갈라놓으려는 적들의 비열하고 악랄한 책동을 단호히 짓부셔버려야 합니다.
2018년	- 전당적으로 당세도와 관료주의를 비롯한 낡은 사업방법과 작풍을 뿌리빼는 데 모를 박고 혁명적 당풍을 확립하기 위한 투쟁을 강도 높이 벌려 당과 인민대중과의 혈연적 연계를 반석같이 다져나가야 합니다. - 당, 근로단체조직들과 정권기관들은 모든 사업을 일심단결을 강화하는데 지향시키고 복종시켜나가야 합니다. - 인민들의 요구와 이익을 기준으로 사업을 설계하고 전개하며 인민들 속에 깊이 들어가 고락을 같이하면서 인민들의 마음속 고충과 생활상 애로를 풀어주어야 합니다. - 모든 것이 부족한 때일수록 동지들 사이에, 이웃들 사이에 서로돕고 진심으로 위해 주는 미풍이 높이 발양되도록 하여야 합니다.
2019년	- 주체의 인민관, 인민철학을 당과 국가활동에 철저히 구현하여 광범한 군중을 당의 두리에 튼튼히 묶어세워야 합니다. - 당과 정권기관, 근로단체조직들은 무슨 일을 작전하고 전개하든 인민의 이익을 최우선, 절대시하고 인민의 마음의 목소리에 귀를 기울이며 인민이 바라고 덕을 볼 수 있는 일이라면 천사만사를 제쳐놓고 달라붙어 무조건 해내야 합니다. - 언제 어디서나 어떤 조건과 환경에서나 인민을 위해 멸사복무하고 인민생활에 첫째가는 관심을 돌리며 모든 사람들을 품에 안아 보살펴주는 사랑과 믿음의 정치가 인민들에게 뜨겁게 가닿도록 하여야 합니다.

김 위원장의 《신년사》는 인민중시를 국정의 최고 목표로 삼고 있음을 보여준다. 인민중시 철학은 사회주의대가정을 지향한다. 그는 2015년 10월 10일 당 창건 70주년 경축 열병식의 《연설》에서 "우리 당의 역사는 곧 인민이 걸어온 길이고 우리 당의 힘은 곧 인민의 힘이며 우리 당의 위대함은 곧 인민의 위대함이고 우리 당이 이룩한 승리는 위대한 우리 인민의 승리"라고 말했다.

그는 "우리 당은 앞으로 인민중시, 군대중시, 청년중시의 3대 전략을 제일가는 무기로 틀어쥐고 최후의 승리를 향하여 힘차게 매진할 것이며 조선혁명을 끝까지 완수할 것"이라고 천명함으로써 인민중시 철학을 되풀이했다.[245] 인민중시·군대중시·청년중시를 3대 전략이라고까지 의미를 부여한 것은 흥미롭다. 군대중시는 총대철학을 연상시키고

청년중시는 지식경제시대와 첨단과학기술시대를 이끌어갈 미래세대에게 큰 기대를 걸고 있음을 보여준다.[246]

한편, 김 위원장은 2019년 3월 6일에 열린 제2차 전국당초급선전일군대회에 보낸 서한 《참신한 선전선동으로 혁명의 전진동력을 배가해 나가자》에서 "수령은 인간과 생활을 열렬히 사랑하는 위대한 인간이고 숭고한 뜻과 정으로 인민들을 이끄는 위대한 동지"라고 하면서 "수령의 사상이론도 인민들을 존엄높이 잘 살게 하기 위한 인민적인 혁명학설이고 수령의 영도도 인민대중에 의거하여 그 힘을 발동시키는 인민적 영도이며 수령의 풍모도 인민을 끝없이 사랑하고 인민에게 멸사복무하는 인민적 풍모라는 것을 원칙적으로, 생활적으로 알게 하여야 합니다"라고 말했다.

이것은 수령을 "인민과 동떨어져 있는 존재가 아니라 인민과 생사고락을 같이하며 인민의 행복을 위하여 헌신하는 인민의 영도자"라는 데에 초점을 두고 '위대성 교양'을 해야 한다는 지적에 이은 설명이었다.[247]

수령은 인간이자 동지이고 인민과 생사고락을 함께 하는 존재이며, 그의 영도는 인민적 영도이며 그의 풍모는 인민에게 멸사복무減私服務하는 인민적 풍모라는 규정을 통해 인민중시 철학에서 수령의 존재를 재해석하려는 시도가 감지되었다. 수령-당-인민대중의 사회정치적 생명체론을 계승하면서 수령과 인민의 간극을 좁히려는 시도로 볼 수 있었다.

김 위원장은 2015년과 2016년, 2019년 《신년사》에서 인민을 위한 멸사복무를 촉구했다. 『로동신문』은 김 위원장의 의도를 반영해 2018년 12월 10일자 사설에서 간부들의 멸사복무 자세를 다음과 같이 촉구해 나섰다.

"우리 당과 국가에 있어서 인민보다 더 귀중한 존재는 없으며 인민의 이익보다 더 신성한 것은 없다. 인민을 위하여 일군들이 있다. 인민에 대한 멸사복무, 이것은 어머니당의 슬하에서 성장하고 당과 인민의 높은 정치적 신임과 기대 속에 혁명의 지휘성원으로 된 우리 일군들의 마땅한 본분이며 도리이다.… 당의 구상과 의도대로 인민의 이익과 편의가 최우선, 절대시되는가, 인민생활 향상에서 실질적인 전진이 이룩되는가 하는 것은 전적으로 일군들의 사상관점과 투쟁기풍, 일 본새에 달려 있다." [248]

『로동신문』은 이어서 2019년 1월 8일자에서도 "인민을 위한 멸사복무 정신은 일군들에게 있어서 둘도 없는 인생관으로 되어야 한다"고 강조했다. 신문은 "일군들이 인민들 속에 들어가지 않고 인민과 생사고락을 함께 하지 않으면 그 순간부터 부식腐蝕과 귀족화貴族化의 길을 걷게 된다"면서 "인민과 동떨어져 인민의 목소리에 귀를 기울이지 않고 인민이 바라는 문제를 외면하며 인민이 아파하는 문제를 무심히 대하는 것보다 더한 관료주의는 없다," "인민들 속에 들어가야 아무리 조건이 어려워도 우리 당의 인민적 시책을 더 잘 구현할 묘책을 찾을 수 있으며 천사만사를 제쳐놓고 인민이 바라고 인민이 덕을 볼 수 있는 일부터 찾아 달라붙어 해제낄 수 있다"고 지적했다.[249]

'인민이 바라고 인민이 덕을 볼 수 있는 일'부터 하기 위해 '인민들 속에 들어가야' 한다는 지적은 인민중시 철학을 축약한 것이었다. 김일성-김정일 시대에 당 일군들에게 항일무장투쟁 시기의 전사들처럼 '배낭을 메고' 인민들 속으로 들어갈 것을 촉구했던 과거를 연상시킨다. '인민이 바라고 인민이 덕을 볼 수 있는 일'을 위해 인민들 속으로 들어가야 한다고 강조한 점이 달라졌다. 인민들 속으로 들어가는 철학에서도 실리 중시가 엿보인다.

당과 국가의 모든 간부들에게 인민을 위한 멸사복무를 촉구한 것은 인민중시의 실천적 요구였으며, 이것이 전략적 노선에 이르면 인민생활 향상을 지향하게 된다. 당과 국가의 인민중시 철학을 인민들이 체감할 수 있으려면 세도와 관료주의, 부정부패가 사라져야 하고 민생이 실제로 나아져야 한다는 것을 김 위원장 자신이 누구보다도 잘 알고 있다는 방증이다.

7) 인민대중제일주의 구현

2015년과 2017년 《신년사》에서 강조된 인민대중제일주의는 2019년 4월의 최고인민회의 제14기 제1차 회의에서 김일성-김정일주의 국가건설사상의 한 부문으로 격상되었다. 김정은 국무위원장은 4월 12일 《시정연설》에서 "인민대중제일주의는 인민대중을 혁명과 건설의 주인으로 보고 인민대중에게 의거하며 인민을 위하여 멸사복무할 데 대한 정치이념"이라면서 "국가활동과 사회생활 전반에 인민대중제일주의를 철저히 구현하여야 합니다"라고 강조했다.

그는 시정연설에서 인민대중제일주의와 인민정권기관들의 기풍에 대하여 다음과 같이 설명했다.

"국가활동에서 인민을 중시하는 관점과 입장을 견지하는 것은 사회주의건설 과정에 일군들 속에서 세도와 관료주의와 같은 인민의 이익을 침해하는 현상 들이 나타날 수 있는 것과 관련하여 중요한 문제로 제기됩니다. 인민 위에 군 림하여 인민이 부여한 권한을 악용하는 특권행위는 사회주의의 영상과 인민 적 성격을 흐리게 하고 당과 국가에 대한 인민들의 지지와 신뢰를 약화시켜 사회주의제도의 존재 자체를 위태롭게 만들 수 있습니다.…

《모든 것을 인민을 위하여, 모든 것을 인민대중에게 의거하여!》라는 구호에는 우리 당과 공화국정부의 인민대중제일주의 입장이 응축되어 있습니다. 우리 는 국가사회생활 전반에서 인민적인 것, 대중적인 것을 최우선, 절대시하고 인민의 복리증진을 위함에 모든 것을 아낌없이 돌려왔습니다.…

우리 당과 공화국정부는 인민의 이익을 침해하는 세도와 관료주의, 부정부패 를 반대하는 투쟁을 국가존망과 관련되는 운명적인 문제로 내세우고 그와의 단호한 전쟁을 선포하였으며 강도 높은 투쟁을 벌리도록 하였습니다.

우리는 사회주의건설이 심화될수록 인민대중제일주의를 구현하기 위한 사업 에 더 큰 힘을 넣어 혁명의 전진동력을 배가하고 남들이 모방할 수 없는 우리 식 사회주의의 고유한 우월성을 계속 높이 발양시켜나가야 합니다."[250]

인민대중제일주의는 인민중시 철학의 결정판이다. 북한의 정치담론은 인민대중제일주의의 기치를 들고 이를 최우선적으로 실천하는데 초점을 맞추고 있다. 인민대중이 제일 중요하다고 내세운 만큼 인민 위에 군림하는 행위와 특권행위, 이와 관련된 부정부패에 대해서는 '전쟁'처럼 대응하겠다는 각오를 보였다.

『로동신문』 2019년 5월 26일자는 "인민 위에 군림하여 인민이 부여한 권한을 악용하는 특권행위는 인민적 성격을 흐리게 하고 당과 국가에 대한 인민들의 지지와 신뢰를 약화시켜 사회주의제도의 존재 자체를 위태롭게 만들 수 있다"면서 "우리 당이 제일 경멸하는 것은 인민의 이익이야 어떻게 되든 저 하나의 안일과 향락만을 추구하는 세도꾼, 관료배들이다. 오늘 우리 당은 세도와 관료주의, 부정부패와의 투쟁을 심각한 정치투쟁으로 보고 그와의 전쟁을 선포하였다"고 거듭 강조했다.[251]

북한의 영도집단이 정치투쟁과 전쟁을 선포한 이상, 그 물결이 공직사회에 밀려들어갈 것이고 사정司正 한파는 지속될 것이다.

북한에서 사회주의대가정과 사회정치적 생명체, 인민대중제일주의 등의 담론이 반복된다고 해서 그것이 현실에 그대로 부합된다고 단정하기는 물론 어려울 것 같다. 경제침체와 식량부족, 인민들의 자구책에 의한 개인 상거래와 사회유동성 증가, 그 과정에서의 시장 활성화와 임금체계 변화 등이 개인주의의 확대를 초래했음은 의심의 여지가 없다. 경제적 실리주의實利主義 하에서 개인과 집단을 둘러싼 가치의 충돌은 불가피하다고 보는 것이 상식적이다. 다만, 북한의 영도집단이 그 치유책 마련에 적극적으로 나서고 있느냐가 중요한 것이다.

북한의 영도집단은 개인 이익의 추구에 대해 '비사회주의적 현상'이라고 규정하고 이에 투쟁하면서 실리주의 시대에 적합한 집단주의 담론을 실천하려고 할 것이다. 김정은 위원장은 2019년 12월 당 중앙위원회 제7기 제5차 전원회의 보고에서 "전당적, 전국가적, 전사회적으로 반사회주의, 비사회주의현상을 쓸어버리기 위한 투쟁을 강도높이 전개"할 것을 촉구했다.

이러한 일련의 과정에서 사회주의대가정과 사회정치적 생명체, 인민대중제일주의는 계속 위력을 발휘할 것이다. 공식담론과 현실세계의 틈을 좁히면 좁힐수록 김정은 위원장의 정치적 기반은 공고해질 것이고, 경제발전전략의 실행력은 향상될 것이다. 북한의 전략적 노선의 실행 과정에서 인민대중제일주의가 얼마나 생명력을 발휘하는지를 지속적으로 관찰할 필요가 있다.

5. 성장 동력으로서의 대중운동

"뒤르켐이 말하는 이 고차원의 감성 중에서도 가장 중요한 것이 '집단적 들썩임collective effervescence'으로서, 집단적 의식에서 생겨날 수 있는 열정과 열광을 말한다. 뒤르켐 자신은 이를 다음과 같이 표현하고 있다. "어딘가에 모이는 행위 그것 자체가 무엇보다도 강력한 자극제이다. 개개인 여럿이 다 같이 한자리에 모이는 순간, 서로 가까이 다가선 상태는 짜릿한 전류 같은 것을 일으킨다. 그러면 순식간에 사람들은 그 어느 때보다 들뜬 상태로 고양되기 시작한다." 이런 상태에 들어가면, "원기가 고도로 활성화되고, 열정은 한층 격렬해지며, 감정은 더욱 격해진다."

뒤르켐이 보기에, 이러한 집단감정에 완전히 이끌리면 인간은 잠시나마 삶의 두 영역 중 더 고차원에 해당하는 성스러운 영역에 빠져들게 된다. 그러면 어느덧 자아는 사라지고 집단의 이해利害가 가장 중요해진다." [252]

북한은 대중운동의 나라다. 혁명적 군중노선에 의거한 대중운동을 하나의 성장 동력으로 삼아왔다. 《조선민주주의인민공화국 사회주의헌법》은 "국가는 3대혁명붉은기쟁취운동을 비롯한 대중운동을 힘 있게 벌려 사회주의건설을 최대한으로 다그친다"는 규정을 두고 있다(제14조). 경제건설에서 대중운동이 중요하다는 것을 헌법에 명시한 셈이다.

대중운동은 잦은 군중대회로 시현된다. '군중대회의 나라'라고 할 만큼 북한에서는 대규모 집회가 빈번히 열린다. 역사적으로 보면 천리마운동과 천리마작업반운동, 3대혁명소조운동과 3대혁명붉은기쟁취운동, 제2의 천리마대진군과 김정은 시대의 다양한 대중운동 등이 있다. 대중운동은 전략적 노선의 실행과 직접적인 연관성을 갖고 있다.

1) 김정일 국방위원장의 사망에 뒤이은 군중대회

김정일 국방위원장이 생애를 마친 이듬해(2012년) 1월 2일, 함흥광장에서는 함경남도군중대회가 열렸다. 이날 군중대회는 비장한 결의의 자리였다. 최고영도자의 유고有故라는 비상 국면에서 열린 조선로동당 정치국회의(2011년 12월 30일)는《결정서》를 채택했고, 군중대회는 정치국《결정서》의 전투적 과업을 관철하겠다는 혁명적 각오를 다지는 자리였다.

《위대한 령도자 김정일 동지의 유훈을 받들어 강성국가건설에서 일대 앙양을 일으킬 데 대하여》라는 결정서의 핵심 과업은 당 중앙위원회와 중앙군사위원회의《공동구호》및 3대 기관지(『로동신문』『조선인민군』『청년전위』)의 2012년 신년공동사설에 반영되었다.《결정서》는 김정은 당중앙군사위원회 부위원장을 '유일한 후계자'로, '통일단결과 영도의 유일중심'으로 적시摘示하고 그를 결사옹위할 것을 촉구했다.《결정서》는 또한 선군사상과 선군혁명노선 견지, 새 세기 산업혁명의 불길과 함남의 불길에 의한 사회주의경제강국 건설 등 김정일 노선의 계승을 핵심과업으로 제시했다. 당은 이 과업들을 전체 인민들에게 각인시키려고 함경남도군중대회를 새해 벽두에 열었던 것이다.

군중대회에서는 함경남도 당 책임비서의 보고가 있었고 도 인민위원장, 도 농촌경리위원장 등이 참가한 가운데《전국의 근로자들에게 보내는 편지》가 채택되었다. 군중대회에서 편지를 채택한 것은 '운동의 전국화'를 향한 하나의 제의祭儀이다.

편지에는 김정일 국방위원장의 유훈遺訓 관철을 강조하면서 함남의 불길을 전국으로 확산시켜 2012년에 강성부흥의 대문을 열 것, '경애하는 김정은 동지를 수반으로 하는 당중앙위원회를 목숨으로 사수하자!'는 구호 아래 김정은을 결사옹위 할 것 등을 호소하는 내용이 담겼다.[253] 최고영도자의 사망에 따른 슬픔과 충격을 딛고 일어나 경제발전에 매진할 것과 후계체제를 흔들림 없이 지지할 것을 전체 인민에게 호소하며 김정은 시대를 개막하려고 했던 것이다.

북한의 대중운동이 늘 그렇듯이 함경남도군중대회는 봉화烽火의 발화점이었다. 다음날 평양의 김일성광장에서는 각 계층 군중 10만 명이 모인 가운데 함경남도 근로자들의 편지에 호응하는 평양시군중대회가 열렸다. 평양시군중대회에는 평양시당 책임비서가 보고에 나섰고 주석단에 내각 총리와 당 정치국 위원들이 자리를 함께 하는 등 국가행사의 면모를 보였다.

평양대회에서 채택된 결의문에는 2012년을 정치사상적 위력이 발휘되는 일심단결의 해로 만들 것, 강성부흥 구상을 실현하기 위한 총돌격에 나설 것, 선군의 기치 아래 국방력을 다지고 투철한 대적對敵 관념을 지니며 사회주의를 고수할 것 등이 담겼다.[254]

군중대회는 평양을 기점으로 평안남도, 자강도, 황해북도, 강원도, 남포시 등으로 확산되었고 청년전위결의대회, 체육부문결의대회, 직업동맹원결의대회 등 각 부문의 결의대회로 이어졌다.[255]

잇따른 군중대회와 결의대회를 통해 인민들을 각성시킴으로써 일심단결의 기운을 드높이고 성장 동력을 얻으려는 것이 북한의 전형적인 정치운동방식이다. 함남의 불길을 시발로 한 요원燎原의 불길로 강성부흥(부국) 건설의 동력으로 삼으려는 것이었다. 함남의 불길은 김정일 국방위원장이 2011년 10월 16일에 2·8비날론연합기업소, 흥남비료연합기업소 등 기간 산업체들을 잇달아 방문해 현지지도를 한 이후 함경남도를 모범생산지역으로 내세우며 등장한 슬로건이었다.

인민의 힘을 믿고 의거하면서 모범적인 생산단위의 경험을 모든 부문과 단위로 확산시켜 나가는 대중운동이 북한에서는 중시되어왔고 앞으로도 그럴 것이다.

대중운동의 반복에 대해 외부에서는 무관심하거나 냉랭하다. 군중대회와 결의대회를 낡은 정치관행으로 치부하거나 인민들의 피로감에 초점에 맞추는 쪽으로 설명하려 든다. 그러나 북한의 대다수 인민들은 군중대회와 결의대회 같은 일상화된 집회에서 정치참여의 자부심을 느낄 지도 모른다. 어쩌면 북한에서는 당과 국가의 선전선동과 인민들의 자발적 참여 사이의 틈새는 별반 의미가 없을지도 모른다. 집단감정과 참여열정이 일체감을 형성하고, 북한의 영도집단이 그토록 강조하는 일심단결이 대중운동을 통해 더욱 고양될 수도 있을 것이기 때문이다.

2) 건국사상총동원운동에서 천리마운동·천리마작업반운동으로

북한의 대중운동사는 해방 직후로 거슬러 올라간다. 김일성 위원장은 1946년 11월 25일 북조선임시인민위원회 제3차 확대위원회에서 새 나라 건설을 위한 건국정신총동원과 사상의식 개조투쟁 전개를 제안하여 대중운동의 서막을 올렸다. 그해 12월 3일 북조선노동당 상무위원회가 《사상의식 개변을 위한 투쟁을 전개할 데 관하여》라는 결정서를 채택하면서 건국사상총동원운동이 시작되었다.

북조선노동당과 북조선임시인민위원회의 지도에 따라 북조선직업총동맹·북조선농민동맹·북조선문학예술동맹 등 단체들이 모든 직장과 마을에서 건국사상동원 집회를 열었고 건국사상총동원운동은 전 인민의 군중운동으로 확대되었다.

건국사상총동원운동에서는 개인이기주의, 부화하고 나태한 경향, 관료주의, 사업에서의 무책임성과 고용자적 근성 등을 비판하는 한편, 새 국가주인으로서의 의식, 조국건설의 모든 난관과 시련을 뚫고 나가는 투지, 사회 전체의 이익을 중시하고 서로 돕고 단결하는 윤리의식 등을 강조했다. 이 운동은 건국기의 사상운동인 동시에 당면한 경제현안들을 해결하기 위한 노력동원운동이기도 했다.[256]

건국사상총동원운동에 이은 천리마운동은 북한 대중운동을 대표한다. 북한이 저개발을 넘어서 사회주의혁명과 건설을 추진하려면 인민대중의 노동력과 혁명적 창의성에 의존할 수밖에 없었다.[257] 경쟁과 혁신의 코드를 담은 천리마운동은 내부예비와 인민대중의 노력동원을 추동하는 성장 동력의 기관차였다. 내부예비 동원의 극대화와 절약정신은 천리마작업반 칭호 수여의 평가기준이기도 했다.[258] 북한의 역사책은 강선제강소에서 천리마대진군의 봉화가 높이 타올랐다고 기록하고 있다.[259] 하나의 모범단위에서 불붙기 시작하는 대중운동의 관행은 이 운동에서도 같았다.

이 운동은 1956년 12월의 시작단계에서는 대중적 증산경쟁운동으로 불리다가 천리마운동으로 정착되었다. '천리마'는 김일성 수상이 1958

년 6월 최고인민회의 제2기 제3차 회의에서 연설하면서 처음 등장했다. 그는 천리마운동을 가장 높은 형태의 사회주의경쟁운동이라면서 "인민경제를 빨리 발전시키는 강한 추동력이며 자각된 근로자들의 대중적 경제관리의 훌륭한 방법일 뿐 아니라 사람들을 새로운 공산주의적 인간으로 개조하는 훌륭한 대중적 교양의 방법"이라고 정리했다.[260]

이 운동은 혁신을 가로막는 보수주의와 소극성을 극복하는 투쟁이었고, 절약과 증산 방법을 모색하고 내부예비를 찾아내며 혁신을 이끌어내어 생산성을 증대시키려는 것이었다.[261] 경쟁과 혁신의 천리마운동은 대중운동에서 생산기술과 과학기술의 결합을 중시하는 생산문화를 탄생시켰고, 1960년대의 기술혁신과 1970년대의 기술혁명을 예고했다.

김일성 수상은 1959년 2월에 천리마운동의 발원지인 강선제강소를 방문했고, 이에 호응한 강선제강소의 진응원 작업반원들은 3월 8일에 결의대회(연간계획 11% 초과 수행, 1차 5개년계획의 1959년 내 완수 결의)를 열어 천리마작업반운동을 선언했다. 조선직업총동맹은 중앙위원회 제12차 확대전원회의에서 천리마작업반운동을 확대발전시킬 데 대한 결정을 채택했다. 이 운동은 작업반 단위로 그 구성원들이 천리마운동에 참가하는 형태였다.

천리마작업반 칭호를 수여받으면 사회적, 물질적 평가를 받도록 조치했다. 사회적으로는 주로 공장·주택 지구에서 속보·벽신문·공장신문·유선방송 등을 통해 선전하거나 강연회·보고회·학습회 등에서 대중들 앞에서 선전하는 것, 모범작업반에 승리의 깃발을 수여하고 직장에 우승기를 수여하는 것 등으로 나타났다. 생산계획을 초과 수행하거나, 창의 고안과 발명으로 기술혁신을 일으키거나, 새 기술과 선진작업 방법을 도입해 물자절약에서 혁신적인 성과를 달성하는 집단과 개인에게 상금과 상품을 주어 표창하는 물질적 평가도 있었다.

발기일로부터 1961년 8월까지 2년 5개월 만에 천리마작업반운동에 2백만 명 이상의 근로자들이 참여했고 작업반·직장 4,958개가 '천리마' 칭호를 수여받았다. 북한은 1960년 8월과 1968년 5월에 천리마작업반운동선구자대회를 개최했는데 1968년에만 공장 36개, 직장 740개, 작업반 11,503개가 새로 이 운동에 참여했다고 한다.

천리마작업반운동은 천리마운동이 '집단적 혁신운동'으로 발전하는 계기였다. 공업부문에서 시작된 운동은 농업, 건설, 운수, 상업 등 다른 부문으로 확산되었고 조직적 체계를 갖추어나갔다.[262]

외부 전문가들은 천리마운동과 천리마작업반운동에 대하여 구소련에서 1935년에 시작된 노동생산성 향상운동인 스타하노프운동이나 중국에서 1958년~1960년 초에 전개된 대약진운동에서 유사성을 찾아보려는 경향을 보인다. 그러나 천리마운동은 천리마작업반운동(생산현장에서의 집단주의 강화)으로 진화된 점에서 스타하노프운동과는 다르다. 또한 천리마운동은 농업 노동력을 공업부문으로 급격히 이동시키고 기술개발보다는 노동력의 집중으로 중화학공업을 발전시키려고 했던 대약진운동과도 다른 양상을 보였다.

북한의 대중운동은 구소련이나 중국의 영향을 받은 면이 있다고는 할 수 있으나 자신의 형편에 맞게 대중운동을 독자적으로 발전시킨 점에서 유별나다. 북한은 건국사상총동원운동으로 시작된 대중운동을 천리마운동, 천리마작업반운동으로 발전시켰고 이것은 1970년대에 들어서 3대혁명의 발판이 되었다. 북한의 대중운동은 언제나 경제성장의 동력이었다.

3) 3대혁명소조운동과 3대혁명붉은기쟁취운동

북한은 천리마운동과 천리마작업반운동의 여세를 몰아 청산리정신·청산리방법의 혁명적 군중노선을 발전시키고 1970년대에 들어서는 3대혁명운동을 전개한다. 3대혁명이 어느 날 갑자기 등장한 것은 아니었다. 김일성 수상은 1958년 8월 9일에 열린 시·군인민위원회 위원장 강습회에서 기술혁명과 문화혁명을 언급했었고,[263] 그해 9월 16일 전국생산혁신자대회에서는 사상혁명과 기술혁명을 강조했었다.[264]

사상·문화·기술혁명이 한꺼번에 처음으로 등장한 것은 1959년 1월에 열린 전국농업협동조합대회에서였다.[265] 인민들 속에서 천리마운동을 전개하면서 사상·기술·문화혁명을 부분적으로 강조해오던 중에, 김 수상은 1964년에 발표한 《우리나라 사회주의농촌문제에 관한 테제》에서 사회주의적 협동화를 완성한 이후에 농촌에서 중심적 혁명과업으로 삼아야 할 방향은 사상·기술·문화혁명이라고 명시했고 이 테제에서 3대혁명의 상호관계가 밝혀졌다.[266]

그는 1967년 12월 16일에 발표한 《조선민주주의인민공화국 정부 10대 정강》에서 "공화국정부는 조선로동당의 영도 밑에 사상혁명과 문화혁명을 더욱 강화"(제3항)하며 "사회주의공업화정책을 계속 견지하며 인민경제 모든 부문에서 기술혁명을 실현하기 위하여 투쟁할 것"(제5항)이라고 명시했다.[267] 그는 1970년 11월에 개최된 조선로동당 제5차대회에서 '사회주의의 완전승리를 위한 물질사상적 요새를 점령하는 기본노선'이 3대혁명이라고 선언했으며,[268] 이것은 1972년의 《사회주의 헌법》에도 명시되었다.

3대혁명 가운데 사상혁명은 전 사회를 혁명화·노동계급화하는 인간개조사업이고 기술혁명은 물질적 요새 점령을 위한 투쟁이며, 문화혁명은 근로자의 문화기술수준을 높이고 생산문화와 생활문화를 세우기 위한 투쟁이다. 3대혁명은 3대혁명소조운동을 거쳐 3대혁명붉은기쟁취운동으로 발전됨으로써,[269] 대중운동은 경제발전에서 더욱 중요한 요소로 자리를 잡는다.

3대혁명소조운동은 생산단위에 대한 당적 지도를 강화하여 관료주의, 형식주의, 요령주의 등을 혁파하려는 것이었다. 천리마운동에 의해 축적된 청산리정신·청산리방법(혁명적 군중노선)을 당적 지도체계 안에서 구현하여 대중에 대한 당적 지도를 체계화하려는 것이기도 했다.[270] 이 운동은 정치사상적 지도(사상혁명)와 과학기술적 지도(기술혁명)를 병행하는 방식으로 진행되었다.

3대혁명 소조원들은 당 지시의 전달이나 행정적인 지도에 그치지 않고 해당 공장·기업소에 장기간 머물면서 문제점과 혁신의 요소를 발굴해 해결책과 대안을 모색하는 임무를 부여받았다. 3대혁명소조에는 당 간부, 국가경제기관 종사자, 대학생, 대학교원, 공장·기업소의 기술자와 과학자들이 망라되었다.

소조는 사상·기술·문화혁명을 수행하는 전위대로서, 생산자대중 속으로 들어가 사상교양과 사상투쟁을 벌려 인간개조에 힘쓰고 낡은 설비를 발전된 기계설비로 개조하고 생산 공정의 종합적 기계화·자동화에 주력하며, 공산주의적 문화생활조건을 마련하는 등의 다양한 업무를 수행했다.[271]

김정일 당 조직비서는 1973년에 공업·농업부문으로 분리되어 있던 3대혁명소조 지도체계를 통일적 체계로 바꾸었다. 1975년 3월에는 중앙과 도·시·군의 3대혁명소조종합실을 당 중앙위원회 3대혁명소조지휘부 직속'으로 개편했다. 이로써 당적 지도가 3대혁명소조를 통해 생산현장인 공장·기업소에까지 관철되는 시스템이 구축되었다.[272]

3대혁명소조운동을 주도하던 김 비서는 1974년에 70일전투(1974년 10월 21일~12월 29일)를 발기하여 '속도전'에 불을 지폈다. 70일전투 기간에 새로운 천리마속도, 70일 전투속도 등이 등장했다. 1970년대 이전에 속도전이 없었던 것은 아니었다. 이를테면 1950년대의 평양속도, 1960년대의 비날론속도·강선속도 등이 있었지만 1970년대 속도전은 이전과 분명한 차이가 있었다. 이전에는 속도전이 행정경제일군(간부)들의 책임 하에 추진된 반면에 1970년대의 속도전은 당의 지도 아래 전개되었다.

3대혁명소조를 통해 당의 경제관리 지도체계가 갖추어졌기 때문에 1970년대의 속도전은 북한 전역에서 신속히 집행되었고, 기술혁신에 의한 높은 성장속도가 강조되었다. 1974년에 불붙은 속도전은 3대혁명소조운동의 연장선에서 진행되었던 것이다. 소조원들은 근로자들에게 선진과학기술과 새로운 기술을 보급하고 이를 생산현장에서 활용할 수 있도록 뒷받침함으로써 나름대로 혁신의 바람을 일으켰다.[273]

3대혁명소조운동을 집단주의정신에 따라 혁신 버전으로 만든 것이 3대혁명붉은기쟁취운동이었다. 이 운동은 1975년 11월 9일에 열린 당

중앙위원회 제5기 제11차 전원회의에서 '사상도 기술도 문화도 주체사상의 요구대로!'라는 구호가 제시된 뒤, 12월 1일 함경북도 검덕광산 궐기대회, 12월 2일 청산리협동농장 궐기대회를 계기로 점화되었다. 12월 3일에는 평양시에서, 4일에는 송림의 황해제철연합기업소, 남포의 대안전기공장, 평양종합방직공장 등에서 궐기모임이 각각 개최되었고 함흥·청진·신의주를 비롯한 각 도소재지에서 군중집회가 이어졌다. 3대혁명붉은기쟁취운동은 공업·농업뿐 아니라 교육, 과학, 문학, 예술, 보건 등 모든 부문의 궐기모임으로 번졌다.

김 비서는 1976년 1월 초에 3대혁명붉은기쟁취운동의 원칙적 방도를 제시한데 이어 6월에는 《3대혁명붉은기쟁취운동지도서》를 작성해 각 단위에 보급하는 조치를 취하였다. 7~8월에는 도·시·군 당위원회들과 공장·기업소·협동농장을 비롯한 각 단위의 당 조직들에서 《3대혁명붉은기쟁취운동지도서》 집행을 위한 토의사업이 진행되었고 각 단위의 결정서와 집행계획서가 채택되었다.

그해 12월에는 김 비서의 주도로 이 운동의 경험과 성과를 보급하기 위한 중앙경험교환회와 시범방식상학이, 이듬해 1월에는 도·시·군 시범방식상학이 조직되었다. 1977년 9월에는 중앙인민위원회 정령 《3대혁명붉은기를 제정함에 대하여》가 발표되고 중앙과 도·시·군에 붉은기수여판정위원회가 설치되었으며, 《붉은기 수여에 관한 세칙》이 제정되었다.

북한은 선구자대회(1986년 11월, 1995년 11월), 경험토론회(1987년 11월) 등의 각종 집회를 통해 3대혁명붉은기쟁취운동을 새로운 사상·기술·문화 개조운동으로 발전시켜왔다.[274] 북한이 2006년 2월에 열린 제3차 3대혁명붉은기쟁취운동 선구자대회에서 공개한 바에 따르면, 전국적으로 22,016개 단위가 3대혁명붉은기를, 3,297개 단위가 2중 3대혁명붉은기를, 136개 단위가 3중 3대혁명붉은기를 수여받았다고 한다.[275] <그림 1-2>는 천리마운동에서 3대혁명붉은기쟁취운동에 이르는 운동의 발전과정을 보여준다.[276]

북한의 대중운동이 시대별로 당의 전략적 노선을 수행하는 성장 동력으로 작용했음을 구조적으로 이해할 수 있다. 중국의 대약진운동 같은 급진적 대중운동은 경제발전에 부정적으로 작용한다는 이미지가 굳어져 있는데 북한의 경우에는 대중운동이 경제성장에 도움이 되었던 것으로 관측된다. 중국의 대약진운동은 마오쩌둥毛澤東의 주도하에 1958년부터 1960년 초 사이에 일어난 경제성장을 위한 대중운동인데 도시인구 급증과 생필품 부족, 농업생산력의 저하와 자연재해 등으로 인해 수천만 명의 아사자餓死者가 발생했다. 그러나 북한에서는 이러한 부작용이 거의 없었다.

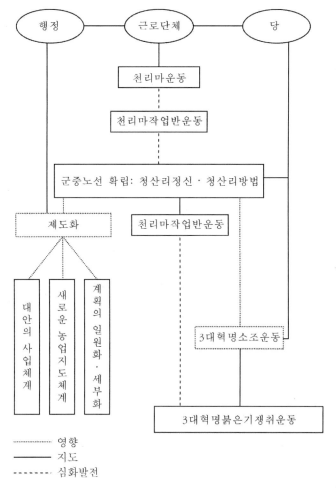

<그림 1-2> 북한 대중운동의 발전과정

4) '고난의 행군' 이후 제2의 천리마대진군

북한은 경제침체를 돌파하거나 성장 동력을 회복하고자 할 때면 으레 대중운동을 벗 삼았다. 고난의 행군(1995~97년)을 종결지은 시기에 당 기관지 『로동신문』은 1998년 1월 8일자 사설에서 사회주의강행군을 제안하면서 혁명적 군인정신으로 경제현안들을 해결해 나가자고 촉구했다.

김정일 당 총비서는 그해 3월 14일 성진제강연합기업소를 방문하여 천리마 대고조의 선봉에 설 것을 호소했고, '제2의 천리마대진군'이 이곳에서 발원發源했다. 3대 기관지(『로동신문』『조선인민군』『청년전위』)의 1999년 신년공동사설은 "강성대국 건설을 위해 수령님(김일성 주석)의 영도 따라 제2의 천리마대진군을 다그쳐 나가야 한다"고 촉구했다. 제2의 천리마대진군은 1999년 11월 제2의 천리마대진군선구자대회를 거치면서 대중운동으로 자리 잡았다. 북한의 영도집단은 1950년대 천리마운동의 집단적 활력을 현실에서 되살리려고 했을 것이다.

『로동신문』은 "천리마대고조를 일으키던 전후의 나날을 더듬어"라는 기획기사(1998년 5월 29일부터 7월 1일까지 10회)를 게재하여 안팎의 이목을 끌었다. 어려움을 극복하고자 할 때에는 온고지신溫故知新도 혁명정신이 되는 것일까? 제2의 천리마대진군은 천리마운동에서처럼 '자강도의 모범'을 창조하여 그것을 따라 배우게 하는 방식으로 전개되었다.

제2의 천리마대진군을 통해 달성하려고 했던 과업을 돌아보면, 자력갱생의 강계정신, 사상·기술·문화의 3대혁명붉은기쟁취운동의 지속, 공업부문의 절약증산운동, 중공업부문의 생산 정상화, 농업부문의 감자농사혁명과 토지정리사업 등이 두드러졌다.[277]

2009년 봄에 시작된 150일전투(4월 20일~9월 16일)는 모든 부문·단위에서의 생산 정상화와 최고생산년도 수준의 돌파를 위한 대혁신·대비약의 캠페인이었다. 국가계획부문 바깥에 존재하는 자원을 계획부문으로 유입시키고 건설부문과 농업생산에 집중적으로 투자하여 가시적인 성과를 내려는 것이었다. 전투 기간에 수령결사옹위·자력갱생·집단주의의 3대 정신이 부상했다. 150일전투의 수행 과정에서 일심단결과 사상론의 기치 아래 교양, 강연, 예술선동, 직관直觀선동, 구두선동 등 모든 역량과 수단이 총동원되는 '화선식火線式' 선전선동사업이 전개되었다.

늘 그래 왔듯이 150일전투가 끝나면서 그 성과가 발표되었는데 "영
도자는 인민을 믿고 인민은 자기 영도자를 절대적으로 신뢰하며 따르
는 당의 일심단결이 더욱 다져진 것이 가장 빛나는 승리"였다고 한다.
또한 "경제강국의 목표를 점령하기 위한 투쟁에서 최근 연간 일찍이
있어 본 적이 없는 대혁신, 대비약이 이룩되고 나라의 경제전반이 확
고한 상승궤도에 올라서게 되었다"고 자평하였다.[278]

외부에서 보기에는 150일전투의 실적이 숫자로 나열되지 않으니 답
답한 면이 없지는 않지만, 일심단결과 대혁신·대비약, 그리고 '나라의
경제전반이 확고한 상승궤도'라는 표현에서 분위기를 어느 정도 감지
할 수 있었다.

김정은이 당중앙군사위원회 부위원장 겸 당 중앙위원으로 공개적으
로 등장한 것은 2010년 9월이었지만, 김정일 당 총비서의 건강 악화에
따라 2009년 1월에 '후계자 지명'이 이뤄졌다는 정보가 있음을 감안하
면, 직책 미상의 김정은이 후계자 수업의 일환으로 150일전투를 지휘
했거나 이에 개입했을 개연성은 높다. '영도자는 인민을 믿고 인민은
자기 영도자를 절대적으로 신뢰하며 따르는 당의 일심단결'이라는 표
현에 유의할 필요가 있다. 150일전투는 2010년대 경제재건의 발판이었
다고 할 수 있다.

5) 김정은 시대의 다양한 대중운동

김정은 시대에 들어와 대중운동과 혁명적 군중노선에 집중하는 모
습은 자연스러운 귀결이다. 김정은 국방위원회 제1위원장은 집권 다음
해인 2013년 6월 4일에 전체 군대와 인민에게 호소문을 발표했는데,[279]
이때 대중운동의 신호탄을 쏘아 올렸다.

그는 《마식령속도를 창조하여 사회주의건설의 모든 전선에서 새로
운 전성기를 열어나가자》라는 호소문에서 "군인 건설자들이 《마식령

속도》를 창조하여 스키장 건설을 올해 안으로 끝내며 온 나라 전체 군대, 인민이 그 정신, 기백으로 사회주의건설 모든 전선에서 대비약을 일으키리라는 것"을 확신한다고 말했다. 그는 "《총공격전, 총결사전을 벌려 마식령스키장 건설을 올해 안으로 무조건 끝내자!》는 것이 마식령스키장 건설 군인들의 구호"라고 강조했다.

그는 김정일애국주의와 군민대단결을 내세우면서 강성국가 건설의 모든 전선에서 새로운 전성기를 가져올 것을 촉구했다. 이로써 인민대중과 군대의 정신력에서 경제성장의 동력을 찾는 대중운동이 본격화할 것임이 분명해졌다.

3대혁명붉은기쟁취운동도 변함없이 강조되었다. 북한은 2015년 11월 20일 평양체육관에서 제4차 3대혁명붉은기쟁취운동선구자대회를 열었다. 김정은 제1위원장은 대회 참가자들에게 《혁명발전의 요구에 맞게 3대혁명붉은기쟁취운동에서 근본적인 전환을 일으키자》라는 서한을 보냈다.

선구자대회의 보고에 나선 김기남 당 비서는 김일성 수상의 건국사상총동원운동·천리마운동을 비롯한 대중운동의 발기, 김정일 조직비서의 3대혁명붉은기쟁취운동의 발기(1975년 11월), 김 조직비서의 제1차 3대혁명붉은기쟁취운동선구자대회(1986년 11월) 준비 및 서한 《3대혁명붉은기쟁취운동을 더욱 힘있게 벌리자》 발표, 김정은 제1위원장의 3대혁명붉은기쟁취운동의 새로운 전개 등을 상기시켰다. 그는 김정은 제1위원장의 《서한》을 받들고 3대혁명붉은기쟁취운동에서 결정적 전환을 일으킬 것과, 사회주의강성국가 건설과 주체혁명위업의 최후 승리를 앞당기기 위해 계속 혁신·전진해 나갈 것을 강조했다.[280]

경제재건을 위한 '전투' 형식의 총력전도 계속되었다. 제7차 당 대회를 앞둔 2016년에 70일전투(2월 24일~5월 2일)를, 당 대회를 마친 뒤의 200일전투(6월 1일~12월 15일)를 연이어 전개함으로써 거의 1년 내내 전투상황이 지속되었다.

70일전투에는 '충정의 전투'라는 이름이 붙여졌고[281] 자력자강의 사상전이라는 점이 강조되었다.[282] 70일전투는 공장·기업소·협동농장·대학교 등에서 광범위하게 전개되었지만 전체적인 성과는 공개되지 않았다. 다만, 황해제철연합기업소, 재령광산, 평안북도 간석지건설종합기업소, 남흥청년화학연합기업소, 철도운수, 평성석탄공업대학 등에서 목표를 초과 달성했다는 등의 보도는 산발적으로 있었다.

200일전투는 당 대회 후 지역별 군중대회로 시작되었으며 려명거리 등 건설부문과 농업부문에서의 성과가 강조되었다. 그해 8월 29일부터 9월 2일까지 태풍 라이언록이 함경북도 지역을 강타하면서 200일전투의 주 타격방향이 북부피해복구전선으로 바뀌게 된다. 200일전투는 9월부터 대부분의 역량이 수해복구에 집중되어 당초 계획했던 건설사업의 비중을 줄일 수밖에 없었다.[283]

김정은 당 위원장 겸 국무위원장은 200일전투 기간이던 8월 28일에 열린 김일성사회주의청년동맹(김일성-김정일주의청년동맹으로 변경) 제9차 대회에 참석하여 《연설》을 했다. 인민중시·군대중시와 함께 3대 전략의 하나인 청년중시를 감안하면 그의 《연설》은 중요하지 않을 수 없었다.

그는 "청년동맹 조직들과 청년들은 사회주의강국 건설에서 선봉대, 돌격대가 되어야 한다"고 전제하고, 사회주의강국건설의 전구戰區들마다에서 자강력제일주의 기치를 높이 추켜들고 과감한 공격정신과 청춘의 기백으로 새로운 기적과 혁신을 끊임없이 창조할 것, 경제발전과 인민생활 향상에서 의의 있는 중요 대상건설을 청년동맹이 맡아 훌륭히 건설하여 청년돌격대의 위력을 높이 떨치도록 할 것, 청년들은 과학기술강국 건설에서 선구자·개척자가 될 것 등을 강조했다.[284] 여러 생산단위에서 기적과 혁신, 중요 대상건설에서 청년돌격대의 위력 발휘, 과학기술강국 건설에서 선구자·개척자, 이 세 가지에 현 시기 청년들의 역할이 응축되어 있다. 청년중시가 생산부문에서는 이러한 지위와 역할로 표현되었던 것이다.

한편, 당 중앙위원회는 2017년 1월 25일, 그해 연말에 만리마선구자대회를 소집한다고 공개하였고, 강원도는 3월 군중대회에서 만리마선구자대회에 참여하자는 호소문을 발표했다.[285] 김정은 위원장이 자력갱생의 창조물로 평가한 원산군민발전소, 당이 제시한 생산현대화의 방침을 실현한 안변요업공장을 비롯해 원산구두공장, 송도원국제소년 단야영소 등의 모범으로 대표되던 '강원도정신'이 만리마선구자대회의 포문을 열었다. 강원도정신은 수령의 사상과 위업에 대한 충직성, 당 정책 관철의 결사정신, 과학기술을 앞세우는 진취적인 태도, 자력갱생의 혁명정신 등으로 표상되던 터였다.[286]

만리마선구자대회 소집이 공개된 뒤 『로동신문』에 관련 사설·기사 등이 거의 매일 등장하다가 11월 이후 이례적으로 관련 기사가 자취를 감추었다. 북한 보도매체들이 만리마속도창조를 위해 과학기술의 힘에 의거할 것과, 만리마선구자(개인), 만리마선구자작업반(집단) 칭호를 앞세워 증산경쟁을 전개할 것을 강조했지만, 아무런 배경 설명 없이 만리마선구자대회는 12월에 열리지 않았다.

『로동신문』은 사회주의강국건설, 자력갱생, 경제건설대진군, 혁명적인 총공세 등을 강조하면서도 만리마를 언급하지는 않았다. 2017년 10월 7일에 열린 당 제7기 중앙위원회 제2차 전원회의에서도 만리마는 사라졌다.[287] 북부지역의 수해복구 여파가 200일전투에 그치지 않고 만리마진군의 지연에도 영향을 미쳤던 것으로 관측된다.

그러나 대중운동과 혁명적 군중노선이 약화된 것은 아니었다. 북한 정부는 2017년 후반에서 2018년에 이르는 기간에 증산돌격운동에 집중했다. 그러다가 2019년 4월부터 강원도를 시작으로 북한 전역에서 자력갱생 대진군을 전개하는 가운데 "만리마속도창조운동의 열풍으로 난관 앞에 주저하며 동면하는 저조한 분위기를 말끔히 가셔내고 누구나 우리식 사회주의의 더 밝은 미래를 위하여 계속혁신, 계속 전진해 나가야 한다"고 촉구함으로써[288] 만리마속도창조운동의 불씨가 다시 살아났다.

『로동신문』은 2019년 5월 15일자에서 만리마속도창조운동의 목적이 "모든 부문, 모든 단위에서 자력갱생과 과학기술을 틀어쥐고 굴함 없는 공격적 혁명정신으로 경제건설에서 새로운 비약과 혁신을 끊임없이 창조하여 사회주의강국 건설의 높은 목표를 앞당겨 점령하자는

데 있다"고 강조했다.

이 운동은 "사회주의경제강국 건설과 인민생활 향상의 높은 목표를 최대의 속도로 최단기간 내에 점령하며 자력갱생과 과학기술을 보검으로 틀어쥐고 사회주의의 발전 잠재력을 남김없이 발양하여 세계를 압도하고 연속적인 공격전으로 승리에서 더 큰 승리를 이룩해나가기 위한 대진군운동"이라는데 특징이 있다고 지적했다.[289]

만리마속도창조운동은 새로운 비약·혁신 창조에 의해 '최대의 속도로, 최단기간 내에' 사회주의경제강국 건설과 인민생활 향상을 달성하려는 대중운동이라는 것이다. 이 운동에서 자력갱생과 과학기술이 가장 중요한 수단이자 방법임이 확인되었다. 만리마속도창조운동은 김정은 시대의 전략적 노선의 수행에 필요한 성장 동력을 살리기 위한 대중운동인 것이다.

김정은 시대에 들어와 사회주의경쟁열풍은 이전보다 더 강조되는 경향을 보이고 있다.[290] 『로동신문』은 2018년 3월 19일자 보도에서 '사회주의경쟁이야말로 오늘의 혁명적인 총공세를 힘 있게 추동하는 위력한 대중운동'이라면서 경쟁열풍의 전개는 사회주의강국건설의 모든 전선에서 대혁신·대비약을 일으키기 위한 필수적 요구이고, 우리식 사회주의의 본태本態와 집단주의의 위력을 남김없이 발양시키기 위한 중요한 요구라고 밝혔다. 경제부문의 각 단위들에 대해서는 예비와 잠재력 동원, 절약투쟁 전개, 증산경쟁, 속도와 질의 동시 보장, 집단주의의 미풍 발양 등에 주력할 것을 촉구했다.[291]

2018년 8월 6일에 『로동신문』과 조선중앙통신은 국가경제발전 5개년전략 수행을 위한 증산돌격운동의 발기 소식을 보도했다. 양대 매체는 "증산돌격운동의 불길을 세차게 지펴 올려 국가경제발전 5개년전략 목표를 우리가 정한 기한 내에 기어이 점령하자는 것이 당의 의도"라고 밝혔다. 또한 김정은 위원장은 "《삼복철강행군》으로 평안북도와 량강도, 함경북도와 강원도의 여러 부문 사업을 현지에서 지도하면서 국가경제발전 5개년전략 수행에서 승전 포성을 높이 울리며 사람들의 정신 상태를 개변하여 새 세기 혁명정신, 새로운 시대정신을 창조할 데 대한 강령적 과업을 제시하였다"고 전했다.

두 매체는 5개년전략수행을 위한 증산돌격운동의 전략적 의의를 제시했다. 첫째, 당 중앙의 권위를 결사옹위하기 위한 '충정의 운동'이라는 것이다. 둘째, 자립경제의 토대를 튼튼히 다져 사회주의경제강국 건설의 웅대한 목표를 성과적으로 점령하기 위한 '자력자강의 대진군운동'이라는 것이다. 셋째, '자력갱생 정신에 과학기술을 더하면' 하늘도 이기는 기적을 창조할 수 있다는 것이다. 과학기술에 의거해 생산 정상화와 활성화의 문을 열고 부족한 자재와 설비·노동력문제도 풀어나가자는 것이었다.[292] 정치적 성격의 '충정의 운동'을 열외로 하면 자력갱생과 과학기술이 핵심이었다.

자력갱생과 과학기술은 사회주의경제강국 건설과 인민생활 향상을 '최대의 속도로, 최단기간 내에' 도달하기 위한 수단이자 방법이고 5개년전략 수행을 위한 증산돌격운동의 시대정신이기도 하다는 것을 알 수 있다.

이어서『로동신문』8월 18일자는 증산돌격운동의 성과와 경험 교환 사업을 강조하고 나섰다. 경험교환운동은 공장·기업소들과 협동농장들이 최대한으로 증산절약하고 다수확을 이룩하는 과정에 얻은 선진적인 생산방법과 기술을 서로 공유하여 자체의 발전 잠재력을 끊임없이 증대시키기 위한 것이다. 앞선 경험과 기술을 서로 교환하고 도입하는 사업을 진행해 나갈 때, 인민들 속에서 개인이익보다 사회와 집단의 이익을 더 귀중히 여기고 개별적 단위의 협소한 이익보다 국가의 전반적 이익을 우선시하는 기풍이 확립될 수 있다는 것이었다.[293]

『로동신문』8월 23일자는 증산돌격운동의 특성을 몇 가지로 정리했다. 8월 6일자 신문과 마찬가지로 충정의 운동과 자력자강의 대진군운동을 반복한 뒤에 두 가지를 덧붙였다. 하나는, 증산돌격운동이 '최단기간에' 인민생활 향상의 돌파구를 열고 경제건설대진군 속도를 가속화하는 전격적인 운동이라는 것이다. 인민경제 모든 부문과 단위에서 최단기간에 최상의 성과를 이룩하기 위한 일대 공격전이라는 것이다.

다른 하나는, 증산돌격운동이 행복을 위한 투쟁, 조국의 부강번영을 위한 성스러운 애국투쟁이라는 것이다.[294] 사회주의경제강국 건설과 인민생활 향상을 최단기간에 도달하려고 하다 보니 2019년의 증산돌격운동은 만리마속도창조운동과 결부될 수밖에 없었다.

건국사상총동원운동, 천리마운동과 천리마작업반운동, 3대혁명소조운동과 3대혁명붉은기쟁취운동, 제2의 천리마대진군, 증산돌격운동과 만리마속도창조운동 등으로 이어져온 대중운동과 전투는 김정은 시대에 들어와서도 여전히 성장 동력으로 인식되고 있다.

캠페인국가인 북한에서 대중운동은 인민들에게 일상이자 시대적 요구로 받아들여진다. 북한은 경제성장의 동력을 대중운동에서 찾고 있는 만큼 전략적 노선의 수행에서 대중운동이 미치는 영향은 적지 않을 것이다.

자력자강과 과학기술에 초점을 둔 증산돌격운동과 만리마속도창조운동이 단번도약에 얼마나 긍정적인 영향을 미칠 것인가? 증산돌격운동·속도창조운동에서 과학기술을 전면에 부각시키면 단번도약이 가능할 것인가? 질문이 꼬리를 물지만 북한의 대중운동이 인민들에게는 경제성장을 향한 절박한 몸짓이라는 점은 의심의 여지가 없다.

북한이 사회주의경쟁열풍을 통해 치열한 경쟁을 경험하고 학습하는 것은 바람직한 일이다. 북한이 자본주의 세계시장에 진출하는 날, 한시도 눈을 팔 수 없는 경쟁의 세계에 진입하지 않을 수 없기 때문이다. 경쟁 과정은 공장·기업소의 폐업과 같은 도태(노동 재배치까지의 실업, 사회안전망 등) 혹은 분배 격차 등의 부작용을 수반할 수 있음을 고려해야 한다. 생산성이 낮은 공장과 기업소를 유지하면 비효율성의 늪에 빠지고 국영기업체의 효율성 저하는 국가재정에 부담을 줄 수밖에 없기 때문에, 북한 정부도 알고 있듯이 혁신과 경쟁은 피할 수 없는 길이다.

외부의 시각에서 북한의 대중운동을 어떻게 평가하든 그것은 부질없는 일이 되기 쉽다. 개인 누구나가 어려움을 이겨내는 자기 방식을 갖고 있듯이 국가와 사회도 그러할 것이기 때문이다.

제3절 경제발전전략의 경제적 기초

　북한 경제발전전략의 경제적 기초는 다양하다. 자립적 민족경제와 사회주의 건설, 생산수단의 사회적 소유와 계획경제, 계획경제와 시장의 공존, 경제강국 건설과 새 세기 산업혁명, 지식경제시대의 과학기술발전, 우리식 경제관리방법 등이 경제적 기초의 핵심을 이룬다. 네 가지에 계승이 보이고 두 가지에는 혁신이 뚜렷하다. 김정은 시대의 전략적 노선은 이 토대 위에 세워진 건축물이다.

　시대별의 전략적 노선과 김정은 시대의 경제발전전략의 방향과 과제를 다루기에 앞서 경제적 기초를 자세히 살펴보는 것은 북한경제의 기초사실과 경제구조 및 정책을 개관해볼 필요가 있기 때문이다. 특히 우리식 경제관리방법에서는 생산현장(기업소와 협동농장)의 운영관리에 대해서도 구체적으로 다룬다.

1. 자립적 민족경제와 사회주의 건설

"나라에 9년 쓸 것을 비축하지 않으면 '부족(不足)하다' 하고, 6년 쓸 것을 비축해두지 않으면 '위급(急)하다' 하고, 3년 쓸 것을 비축해두지 않으면 '나라가 나라꼴이 아니다(國非其國)'라고 한다. 3년을 경작하면 반드시 1년 식량이 여분으로 남아야 하고, 9년을 경작하면 반드시 3년 먹을 식량이 여분으로 남아야 한다. 그러면 비록 가뭄(凶旱)과 홍수(水溢)가 있다 하더라도 백성에게 굶주린 기색(菜色)이 없을 것이다. 그런 뒤에야 천자가 음악이 연주되는 가운데 성찬을 먹을 수 있다."(『禮記』「王制」)[295]

인용문이 옛글이다 보니 식량비축을 기준으로 표현했지만, 국가의 생산능력을 향상시키고 생산된 재부를 전부 소비할 것이 아니라 축적해야 한다는 생각에서는 고금古今이 따로 없다. 『맹자孟子』양혜왕梁惠王편 상上에 무항산무항심無恒産無恒心(항산이 없으면 항심이 없다)이라는 대목이 있는데 이는 "생활이 안정되지 않으면 바른 마음을 유지하기 어렵다"는 뜻이다.

주자는 이에 대해 사람이 생업이 없으면 선한 마음을 지닐 수 없다고 풀고 있다. 백성에게는 생업이 있어야 한다는 가르침이다. 자립적 민족경제와 사회주의 건설을 주창하는 북한이 전통사회와는 근본적으로 다르지만, 인민들의 생업과 먹고 사는 문제를 풀어야 하고 재부를 축적해야 한다는 방향에서 보면 경제건설의 지향성과 목적은 다르지 않다. 민족단위로 발전된 근대국가에서도 경제적 자립성은 말할 수 없이 중대한 과제다.

북한의 자립적 민족경제건설노선의 기원은 1940년대로 거슬러 올라간다. 북한은 1947년에 첫 경제발전계획을 수립하면서 일본제국주의의 침탈에 의한 식민지경제의 편파성을 극복하기 위해 자립적 민족경제의 발전을 강조했다. 1948년 9월 10일에 발표된 《조선민주주의인민공화국 10대 정강》에는 자립적 민족경제의 발전 의지가 밝혀져 있다. 당시에는 자립경제의 추구가 다분히 선언적이었다.

자립적 민족경제건설이 노선으로 표현된 것은 1962년 10월 최고인민회의 제3기 제1차 회의에서였고, 자립적 민족경제건설노선이 제시된 것은 1963년 4월이었다.[296] 자립적 민족경제가 선언에서 노선으로 정착하게 된 데에는 전후 복구사업을 성공적으로 수행한 뒤인 1957년에 제1차 5개년계획의 착수를 앞두고 소비에트연방공화국과 동유럽 사회주의국가들의 대북한 원조가 어려워진 사정이 있었다.

김일성 수상은 제1차 5개년계획을 앞두고 이전의 3개년계획(1954~56년) 때처럼[297] 소련과 동유럽 국가들의 무상원조를 기대하며, 정부대표단을 이끌고 1956년 6월 1일부터 7월 19일까지 이들 나라를 방문했다. 기대와 달리 무상원조는 거의 없었고 차관 제공도 그리 많지 않았다. 그는 귀국 직후부터 자력갱생을 강조하기 시작했고,[298] 1957년에 수매제도 및 가격·조세제도의 개정을 계기로 자립적 민족경제의 토대에 관심을 기울였다. 북한이 원조 의존 체제에서 자력갱생의 축적 체제로 전환함에 따라 이전과 달리 소련에 의존하는 태도는 사라졌다.[299]

미국과 전쟁을 치른 북한으로서는 국가안보와 경제발전의 두 마리 토끼를 잡아야 했고 민족주의적인 경제발전의 길을 걸어야 했다. 북한 정부는 군수산업 발전에 나서야 했고,[300] 군수산업에 필요한 중공업부터 우선 발전시켜야 하는 전략으로 궤도를 수정하는 게 불가피했다.

이러한 궤도 수정은 인민생활에 상당한 부담을 주는 것이었지만, 북한은 '중공업 우선'의 사회주의 건설로 내달리면서 농업과 경공업 발전의 끈도 놓지 않으려고 안간힘을 써야하는 상황이었다.

1) 자력갱생의 경제적 기원과 정착

북한은 외부로부터의 원조가 감소한 조건에서 제1차 5개년계획(1957~61년)을 달성하기가 여의치 않았지만 내부 원천의 동원으로 그 목표를 1년 앞당겨 달성하는데 성공했다. 이 경험은 북한으로 하여금 자신의 힘으로 사회주의 경제건설이 가능하다는 자신감을 갖게 했고 자력갱생 원칙을 경제건설의 원천으로 삼도록 했다.

북한은 자체의 자금, 원료, 기계설비, 기술 등으로 경제계획을 달성하면서 '자기 완결적 재생산구조'에 매달리게 된다. 어느 국가나 설비·기술, 소재·부품의 국내 생산연계 및 조달을 강화하는 것을 목표로 삼지만, 북한의 '자기 완결적 재생산구조'의 지향은 유별난 데가 있다. 북한의 자립적 민족경제건설노선은 구소련, 동유럽사회주의국가들의 체제붕괴에도 불구하고 '예외적인 국가'로 남을 수 있었던 요인의 하나였다.

북한이 자력갱생에 자신감을 갖게 된 데에는 1961년 5월에 주체공업·자립공업의 상징인 함흥비날론공장(연간 2만톤 생산)을 완공한 것도 어느 정도 작용했다.[301] 석회석과 무연탄을 원료로 한 비날론(합성섬유) 생산이 가능해지면서 국내 자원에 의거해 섬유원료 문제를 해결하게 된 북한에서는 자긍심이 넘쳐났다.

북한은 1961년의 곡물생산량이 483만 톤에 이르자 식량 자급자족의 토대를 구축한 것으로 섣불리 평가했다.[302] 김일성 수상은 기계설비의 자급률이 1956년의 46.5%에서 1960년에 90.6%로 높아졌다고 발표했다.[303]

북한 영도집단은 1962년에 자립경제의 토대가 구축된 것으로 스스로 평가했고, 10월에 열린 최고인민회의에서 김 수상은 경제성과에 대해 '위대한 비약'[304]이라며 강한 자신감을 드러냈다. 다만 북한의 자력갱생에 의거한 성장에 대해 사회주의국가들의 원조와 협조 없이는 불가능했을 것이란 지적이 없는 것은 아니다.[305]

북한의 자립적 민족경제건설노선은 1960년대의 중소분쟁中蘇紛爭을 거치며 더욱 공고해졌고, 국방에서의 자위 담론과 한 몸이 되면서 자력에 의한 군수산업 발전의 의지를 정착시켰다. 이러한 기류가 경제·국방 병진노선을 낳았다.[306]

자기 완결적 경제구조를 지향하는 자립적 민족경제 시스템은 원자재 조달과 기술축적에서 생산·소비에 이르기까지 모든 경제활동이 자국 내에서 보장되도록 하는 것이다. 북한은 중공업·경공업 제품과 농산물 생산체제를 다방면적으로 발전시키고 현대적인 기술과 장비를

갖추며 자체의 튼튼한 원료기지를 조성함으로써 모든 부문이 유기적으로 연결되는 경제체제를 지향했다.[307]

이 시스템에서는 대외무역이 최소한의 원자재와 자본재를 수입하는 보완적 역할에 그치게 된다. 수출은 원자재와 자본재 수입에 필요한 외화획득의 방편으로 활용된다. 북한의 대외무역 의존도는 10% 이하였고 1970년대의 세계 석유위기와 같은 경기변동의 영향은 상대적으로 덜 받았다. 북한의 자립적 민족경제의 지향은 무역과 경제성장의 상관성, 국제분업의 이익을 무시한 데 따른 대가를 치르지 않을 수 없었다.

북한이 마이너스 성장의 늪에서 오랫동안 헤어나지 못한 원인을 자립적 민족경제건설노선에서 찾는 전문가들이 적지 않다.[308] 북한의 경제규모와 산업자원, 인구 등 여러 여건을 감안할 때 자기 완결적 경제구조를 이루려는 것은 애초부터 쉽지 않은 일이었다. 그러나 북한은 자력갱생 정신과 자립적 민족경제건설노선을 오랜 세월 견지했고 그것 때문에 어려움을 자초한 면도 있었지만, 숱한 고난을 겪으면서 이를 극복하는 원동력을 내부에서 찾아왔다.

2) 자립적 민족경제와 '중공업 우선 전략'

북한의 자립적 민족경제건설노선은 세계적으로도 독특한 것이었다. 북한이 이 노선을 채택할 무렵에 대부분의 사회주의국가들은 사회주의 국제분업체제에 편입되어 있었다.[309] 부존자원이 빈약하고 경제규모가 작은 북한이 자립경제를 추구한 것은 정치적 고려에 따른 정책결정이었다고 하지 않을 수 없다.

북한은 사회주의 국제분업체제에 편입되어서는 독자적인 고속성장을 추진할 수 없었고 남한과의 체제 경쟁에서 이길 수 없었다. 북한으로서는 자립경제가 정치적 자주성의 물질적 토대였다. 더욱이 북한은 자력갱생을 내걸었던 중국에 접근함으로써 중국과 소련 사이에서 등

거리 외교를 할 수 있었다.[310] 이러한 요인들이 복합적으로 작용한 가운데 북한은 자립경제의 길로 나아갔다.

북한이 에너지와 원자재를 수입하지 않을 수 없었던 작은 경제규모의 나라라는 점에서 자체의 공급과 수요가 가능했던 중국과는 사정이 판이하게 달랐다.[311] 어떤 의미에서 보면 자력갱생은 '중공업 우선노선'의 기초를 무너뜨릴 수 있는 것이었는데도 북한은 자력갱생 노선을 결행하였다.[312] 북한의 초기 자력갱생은 '외부로부터 강요된' 측면이 있었다고 볼 수 있다.

북한은 자립적 민족경제건설노선의 실행 과정에서 중공업 우선의 불균형 성장전략에 발을 들여놓는다. 이 전략은 생산재를 생산하는 중공업을 발전시켜야 생산력 제고와 농업·경공업의 발전을 보장할 수 있다는 기본전제를 밀고나간 것이었고, 그 집행 과정에서 자연히 중공업을 우선시했다. 이 전략은 중공업 투자의 장기 수익이 소비재 위주의 농업과 경공업에 대한 투자의 단기 수익을 능가할 것이라는 예측에 기초한 것이었다.

중공업 우선 전략에 따라 사회총생산에서 공업부문이 차지하는 비중은 1946년의 23.2%에서 1964년에 62.3%로 높아졌다. 북한의 공업총생산 증가율은 5개년계획 기간(1957~61년)과 제1차 7개년계획 기간(1961~67년)에 최고조에 이르렀다가 차츰 둔화되는 추세로 돌아섰다. 이는 중공업 우선 전략이 단기적으로 빠른 경제성장을 추동하지만 장기적으로는 경공업·농업과의 연계성 부족, 생산요소 투입의 불합리성 등으로 인해 모순을 드러내었다는 것을 뜻한다.

경제성장은 일정 단계를 지나면 생산요소의 양적인 투입 증가에 의해서만 이뤄지지는 않으며 생산성에 영향을 받는다는 것이 주류경제학의 일반 이론이다. 사회주의 정치경제학에서도 경제성장에서 생산성이 중시된 지가 오래였고 1960년 후반은 외연적 성장에서 내포적 성장으로의 전환의 필요성이 제기되기 시작한 때였다. 아무튼 중공업 위주의 공업화로 경제성장을 유지하던 북한에서 성장 둔화의 조짐이 나타난 것은 당시로서는 피할 수 없는 일이었다.[313]

북한에서의 중공업 우선 전략의 기원도 따지고 보면 1940년대로 거슬러 올라간다. 해방 직후부터 북한의 경제복구는 중화학공업 중심으로 전개되었다.[314] 한국전쟁의 정전停戰 이후인 1953년 8월 30일에 열린 조선로동당 제6차 전원회의에서 김일성 당위원장은 전후 인민경제 복구 발전을 위한 대책을 논의하면서 중공업 우선의 방침을 시사했다. 복구건설에서 우선순위가 필요하며 중공업부터 우선적으로 복구해야 한다는 것이었다.

이 회의에서는 경공업 우선의 주장도 동시에 제기되었다. 김 위원장은 '선후차先後次를 가려서 경중輕重을 찾아서 순서 있게' 진행해야 한다는 식의 원론적인 결론을 낼 수밖에 없었다.[315]

전후 경제발전의 노선으로 '중공업의 우선발전과 경공업·농업의 동시발전'이 확정된 것은 1956년 4월의 제3차 당 대회에서였다. 김 위원장은 당 대회 연설에서 "5개년계획 기간에 인민경제 발전에 있어서 주도적 역할은 무엇보다도 중공업이 담당할 것"이라며 "중공업을 우선적으로 발전시키지 않고서는 인민경제 모든 분야에서 확대재생산을 보장할 수 없으며 인민경제의 기술적 개건과 노동생산능률의 끊임없는 장성을 보장할 수 없습니다"라고 강조했다.[316]

그는 그 전년도에 이미 "사회주의적 공업화의 중심은 중공업의 선차적 발전에 있다"고 하면서 "오직 위력한 중공업을 창설하는 조건 하에서만 모든 공업, 운수 및 농촌경리의 발전과 사회주의제도의 승리를 보장할 수 있다"고 언급한 전례가 있었다.[317] 중공업의 우선발전 전략이 장기적으로는 축적과 확대재생산에 한계가 있음을 북한 경제당국도 알고 있었기 때문에 경공업과 농업의 동시발전을 함께 추구했던 것으로 볼 수 있다.

김일성을 비롯한 영도집단은 중공업 우선발전 전략이 채택되기 전부터 재정투자에서 이 노선을 실행에 옮기고 있었다. 중공업의 비중이 1953의 37.7%에서 1956년에 53.9%로 높아졌다. 김일성 위원장은 중공업 비중의 확대가 공업에 대한 집중적인 기본건설투자의 필요성 때문이라고 밝혔다.[318] 북한은 3개년계획 기간에 공업투자액의 81.1%를

중공업에 집중적으로 투자했다.[319]

전후 복구사업의 최우선 순위는 기계공업의 재건에 있었고 그 다음이 철도, 전력 등 사회간접자본이었으며 주택 등 인민생활 향상을 위한 투자는 억제되었다. 이 무렵은 중공업화와 소유구조의 사회주의화(생산수단의 사회적 소유)를 전개하면서 사회주의 경제건설에 적합한 경제구조로의 전환이 급속히 진전되던 시기였다.[320]

북한의 자신감이 근거 없는 것은 아니었다. 북한은 당시에 경제성장의 속도 면에서 남한에 앞서 있었다.[321] 김일성 수상은 남한의 저조한 성장세를 보면서 '북조선 경제의 발전을 통한 남조선 경제의 부흥'을 언급했고, 북한에서 전력과 연료생산을 늘리면 남한에도 지원할 역량을 쌓을 수 있다고 공언하기도 했다.[322] 오늘의 북한 영도집단이 당시를 생각하며 절치부심切齒腐心하고 있을지도 모를 일이다.

3) '사회주의완전승리' 테제와 경제·국방 병진노선

북한의 '사회주의완전승리' 테제가 외부의 관심을 끈 것은 중국의 경제개혁과 구소련의 페레스트로이카가 한창 진행 중이던 1986년이었다. 그러나 북한의 역사를 찬찬히 살펴보면 '사회주의완전승리' 테제가 '사회주의 과도기론'이 제기되던 1960년대에 이미 제시된 바 있음을 확인할 수 있다.

이 테제는 공교롭게도 경제·국방 병진노선이 제기된 시기와 겹치고 이 노선도 2000년대까지 관통되었다. '하늘 아래 새로운 것이 없다'는 격으로 북한에서는 계승의 흐름이 여전히 지속되고 있다.

김일성 당위원장은 1961년에 열린 조선로동당 제4차 대회에서 "5개년계획의 수행에서 이룩한 위대한 성과를 총화하고 사회주의건설을 더욱 촉진시키기 위한 7개년계획의 전망과업"을 제시했다. 그는 대회에서 "생산관계의 사회주의적 개조가 끝난 다음 사회주의 경제제도의 우월성을 전면적으로 발양시키며 사회주의와 공산주의를 성과적으로 건설하기 위하여서는 인민경제에 대한 지도관리사업을 끊임없이 개선"해야 한다고 강조했다.[323] 당시까지는 사회주의 경제제도의 우월성을 발휘하는 것이 중요했다.

그는 1967년에 북한이 '사회주의 과도기·이행기'에 진입했다고 선언했다. 이 시기에 '사회주의완전승리'는 프롤레타리아독재의 사회주의제도가 수립된 사실에 토대하여 노동자와 농민 사이의 계급적 차이가 소멸되고 농민의 노동계급화가 실현된 사회에 진입하는 단계에서 가능한 것으로 정리되었다.[324] 사회주의완전승리가 북한이 도달해야 할 중대 목표로 제시되었던 것이다.

김일성 수상은 그해 12월에 열린 최고인민위원회의 제4기 제1차 회의에서 사회주의완전승리를 위한 강령적 과업들을 제시했다. 사회주의완전승리가 하나의 테제로 설정된 것이다. 테제에서는 정치에서의 자주, 경제에서의 자립, 국방에서의 자위가 전략적 가치로 자리매김되었다. 경제적 측면에서 생산력 발전이, 정치적 측면에서는 공산주의 건설이 각각 나아갈 목표로 설정되었다. 당시만 해도 '공산주의 건설'이 거리낌 없이 운위云謂되던 때였고, 그 가능성에 대한 믿음이 지배하던 시대였다.

테제에서 자위自衛가 중요하게 부상한 배경에는 '전 세계적 범위에서 혁명이 완수되지 못한 조건'[325]에서 프롤레타리아독재의 존속이 필요하다는 것, 테제의 목표가 반제투쟁의 종국적 승리에 있다는 것, 1966년에 경제·국방 병진노선을 채택한 것 등이 작용하고 있었다. 북한의 국가전략에서 국방에서의 자위가 중요한 지위를 차지하게 되었고, 병진노선은 이를 실천하는 전략적 노선이었다.[326] 병진노선은 군사력 강화로 사회주의를 지키고 경제발전으로 사회주의완전승리를 앞당기려는 전략적 노선이었던 것이다.

경제발전과 군사력 강화를 동시에 추구하는 경제·국방 병진노선은 1966년 10월의 제2차 당 대표자회의에서 제시되고 뒤이은 당 중앙위원회 전원회의에서 채택되었다. 국가예산에서 군사비가 차지하는 비중은 1966년까지 약 10%였으나 1967~71년에는 30% 이상으로 대폭 증가되었다. 북한은 1970년대에 들어오면서 동서화해와 남북대화의 분위기를 감안해 군사비를 국가예산의 17% 수준으로 발표했지만, 이에 의문이 제기되는 상황이었다.

북한의 과도한 중공업 위주의 경제성장 정책과 군수산업의 연계는 소비재 산업의 육성과 발전을 제약했고 자원배분의 비효율성 증가와 소비수준의 악화를 초래했다.[327]

이것은 사회주의경제에 일반적으로 나타났던 '부족의 경제'와 사뭇 다른 것이었다. 북한은 소비재 산업의 제약과 소비수준의 악화라는 면에서 '부족의 경제'와 유사한 모습을 보였지만(현상의 측면), 자원배분의 비효율성은 안보위기로 인해 국방공업의 비중이 높아진데 따른 것이었다(배경의 측면). 사회주의완전승리를 앞당기려는 강력한 의지(중공업 위주의 경제성장에 의한 생산력 발전에의 의지)가 있었음에도 불구하고 병진노선에 따른 자원배분의 비효율성(과도한 군사비 지출)이 경제성장의 발목을 잡기 시작했던 것이다.

당시만 해도 북한은 고속성장의 와중에 있었기 때문에 이에 대해 심각하게 생각하지는 않았던 것 같다. 그 여파는 1970년 중반을 넘기면서 드러났던 것으로 보이지만 북한은 '가던 길을 멈추지 않고' 그대로 내달렸다. 사회주의완전승리를 향한 달음박질은 누가 말린다고 해서 그만 둘 일이 아니었다.

4) '선군시대 경제건설노선'과 자립적 민족경제건설노선

중공업 우선발전 전략과 경제·국방 병진노선의 근저에는 자립적 민족경제건설노선이 있었고 이 노선으로 사회주의완전승리 단계에 진입하려던 북한의 노력은 1970~90년대를 관통하여 2000년대에도 지속되었다. 다만 '현실변화'에 따라 전략적 노선의 변화가 있었을 뿐이다. 2002년 9월 이래의 선군시대 경제건설노선의 바탕에도 수십 년 간 지속되어온 자립적 민족경제건설노선이 놓여 있었다.

북한은 경제건설노선과 관련하여 현재의《사회주의헌법》에 사회주의 자립적 민족경제건설노선의 견지, 인민경제의 주체화·현대화·정보화·과학화에 의거한, 고도로 발전된 주체적인 경제의 형성, 완전한 사회주의사회에 맞는 물질기술적 토대를 구축하기 위한 투쟁 등을 명시하고 있다(제26조).[328] 조선로동당출판사가 발행한 한 경제해설서는 '자립성과 주체성이 철저히 보장된 민족경제 수립'을 경제강국 건설의 첫째 목표라고 밝힌 바 있다.[329]

한편, 북한은 자력갱생과 함께 대외경제교류의 추구를 동시에 중시해왔다. 자력갱생을 추구한다고 해서 '자급자족적autarky 경제'나 '폐쇄closed 경제'를 지향한 것은 아니었다. 북한이 자급자족적 경제나 폐쇄 경제를 추구한다고 밝힌 적도 없다.

미국의 대북 적대시 정책이 장기화하면서 북한이 자본주의 시장경제로부터 고립되어온 것은 사실이지만, 북한 스스로는 대외경제교류를 확대하려는 노력을 지속해왔다. 북한이 자립적 민족경제건설노선에 중점을 두는 이유는 명백하다. 경제의 대외종속이 국가자주권 행사의 근간을 훼손할 수 있다고 판단하기 때문이다.

김정일 시대에 등장한 선군시대 경제건설노선을 자립적 민족경제건설노선과 분리해서 이해해서는 안 될 것이다. 선군경제노선에서 국방공업의 우선발전과 경공업·농업의 동시발전을 추구한 것은 중공업의 우선발전과 경공업·농업의 동시발전(김일성 시대)의 계승 버전이었다. 국제환경의 변화를 반영하여 중공업 우선을 국방공업 우선으로 변경한 것이었지만, 두 가지 변화에 주목하게 된다. 하나는 사회주의원칙과 실리實利의 결합을 강조한 것이었고, 다른 하나는 과학기술 중시정책을 명백히 한 것이었다.

여기에는 정보통신기술ICT 혁명이 열어나가는 세기적 변혁기에 경제의 현대화와 정보화가 중요하다는 인식이 깔려 있었다. 국방공업의 우선발전에서는 국가투자에서의 국방공업 몫의 충분한 조성, 국방공업에 대한 설비·자재·전력·노동력 등의 최우선적인 보장,[330] 다른 경제부문보다 국방공업의 선행화 등이 강조되었다. 경공업·농업의 동시발전에서는 경공업·농업에 대한 국가투자 및 자원분배에서 국방공업의 다음 위치, 경공업·농업의 동시발전에 의한 인민생활의 결정적 향상 등이 강조되었다.[331]

선군경제노선은 국방공업이 어느 정도의 궤도에 오를 때까지는 인민생활 향상을 일시적으로 유보하는 비상시국을 반영한 것이었다. 국가의 투자와 자원배분에서 국방공업을 우선시하는 한 경공업·농업에 대한 투자와 자원배분은 줄어들 수밖에 없었다. 북한의 영도집단으로서는 다른 선택지가 없었다고 강변하겠지만, 국방공업 때문에 인민생활을 희생시킬 소지가 다분히 있었다.

경제침체의 돌파 수단으로 인민군대를 총동원할 정도로 화급한 상황에서, 국방공업의 생산 정상화를 이룬 연후에 민수산업에 관심을 돌릴 수밖에 없는 절박한 사정(안보위기)이 선군경제노선을 낳았다. 전략적 노선의 선택에서 양 극단을 균형적으로 동시에 추구하는 것은 어려운 일이었음에 틀림이 없다.

북한이 2010년 이후, 특히 김정은 시대가 열린 2012년부터 인민생활 향상을 이전 시기보다 강조하게 된 배경에는 국방공업에서의 성과가 일정하게 작용했을 것이다. 련하기계공장에서 생산한 최첨단 CNC공작기계의 사례에서 보듯이 군수공업의 첨단과학기술이 민수산업으로 이전되는 파급효과spin-off effect가 본격적으로 나타나기 시작했다.

김정은 시대의 경제건설과 핵무력 건설의 병진노선과 경제건설 총력집중노선이 하루아침에 가능해진 것은 아니었다. 모든 실상實相에는 눈앞에 보이는 모습과 함께 심처深處가 있는 법이다. 김정일 시대의 선군시대 경제건설노선에 대한 내부 평가는 새로운 시대를 준비하며 역경逆境을 순경順境으로 바꾸어놓은 전략적 노선으로 되어있는 것 같다. 자립적 민족경제건설노선을 지키고 사회주의강국 건설과 인민생활 향상에 나설 수 있는 노둣돌을 놓았다고 보기 때문일 것이다. 김정은 시대의 경제성장과 전략적 노선은 김정일 시대의 산물이라고 해도 과언이 아니다.

2. 생산수단의 사회적 소유와 계획경제

"자본주의경제도 계획으로 이뤄지는 부분이 많다. 공산주의경제의 중앙계획
보다 훨씬 더 제한적이기는 하지만 자본주의경제의 정부 역시 계획을 세우고
실행에 옮긴다. 모든 자본주의정부는 연구개발과 인프라 투자에 필요한 재원
의 상당 부분을 지원하고 있고, 또 대부분의 자본주의정부가 국영기업의 사
업 방향을 정하는 방식으로 경제의 상당 부분을 계획한다. 부문별 산업 정책
을 통해 미래의 산업구조를 계획하는 경우도 많으며, 심지어 유도계획
inductive planning을 통해 국민경제의 미래 모습까지 설계하기도 한다.
   더 중요한 것은 현재 자본주의경제는 국경을 넘나들 정도로 큰 규모의 위계
질서를 갖춘 대기업들로 이루어져 있고, 이 기업들은 세세한 부분까지 모두
계획을 세우고 그것에 입각해 경제활동을 한다는 사실이다. 문제는 계획의
수립 여부가 아니라 적절한 수준에서 적절한 계획을 하는지에 달려 있다." [332]

   위 인용문은 경제계획의 필요성과 중대성을 잘 말해주고 있다. 북한
경제의 토대는 사회주의적 소유제도와 계획경제이다. 사회주의적 소
유제도는 자본주의와 달리 생산수단의 사회적 소유에 기초해 있다. 사
회주의적 소유는 사회주의적 생산관계의 기초가 되는 생산수단과 생
산물의 전 사회적 또는 집단적 소유를 말한다.[333] 북한에서는 생산수단
에 대한 사회주의적 소유와 그에 기초하여 물질적 부의 생산·분배·교
환·소비과정에서 맺어지는 사람들의 사회적 관계의 총체를 사회주의
적 생산관계로 규정한다.[334]
   사회주의 사회인 북한에서는 물질적 부의 근원이 생산수단의 사회
적 소유에 기초한 계획적 생산에 있다. '나라의 재용財用은 모두 백성
으로부터 나온다'는 고대 중국의 유학자들의 관점은 북한사회의 인식
과 비슷한 바가 있다.[335] 생산과 노동 중시, 비용절약의 중시 등 고대
의 가르침을 보면, 생산수단의 사회적 소유(전인민적 소유와 협동적
소유)와 노동의 조직화가 하늘 아래 새로운 것은 아닌 듯하다.
   생산수단은 물질적 부의 생산에서 사람들이 이용하는 노동수단과

노동대상을 아울러 이르는 말이며 토지, 산림, 지하자원, 원료, 생산도구, 생산용 건물, 운수수단, 통신시설 등이 이에 속한다.[336] 《조선민주주의인민공화국 사회주의헌법》[337]은 생산수단의 소유 주체를 국가와 사회협동단체로 제한하고 있다(제20조).

국가소유는 전체 인민의 소유를 뜻하며, 국가소유권의 대상에는 제한이 없고 국가는 국가소유를 보호하고 늘려나간다. 나라 안의 모든 자연부원(지하자원 포함), 사회간접자본(철도, 항공운수, 항만 등), 체신기관과 은행, 중요 공장·기업소들은 국가만이 소유할 수 있다(제21조). 《토지법》[338]도 나라의 모든 토지는 인민의 공동소유로서 그것을 누구도 팔고 사거나 개인의 것으로 만들 수 없으며, 국가소유 토지의 범위에는 제한이 없다고 규정하고 있다(제9조, 제10조).

《사회주의헌법》에 따르면, 사회협동단체소유는 해당 단체에 들어있는 근로자들의 집단적 소유를 말하며, 국가는 사회협동단체소유를 보호하도록 되어 있다. 사회협동단체가 소유할 수 있는 생산수단에는 토지, 농기계, 배, 중소 공장·기업소 같은 것이 포함된다(제22조).

《토지법》은 협동단체소유 토지가 협동경리에 들어있는 근로자들의 집단적 소유라고 명시하고 있다(제11조). 협동경리제도는 생산수단에 대한 협동적 소유와 공동노동에 기초하여 운영되는 사회주의 경리의 한 형태이고, 여기에는 협동농장, 생산협동조합, 수산협동조합 등이 포함된다.[339] 판매협동조합이나 편의협동조합도 사회협동단체로 인정된다. 편의협동조합은 식료품 가공 또는 생활용품 수리의 생활편의, 이발 또는 미용 등의 위생편의 업무를 수행하는 협동조합을 말한다. 협동조합이 운영하는 상점과 협동농장직매소는 협동경리의 상업유통이다.[340]

《토지법》은 협동농장을 비롯한 기관·기업소·단체 및 공민들이 여러 방면으로 토지를 이용할 수 있는 토지 이용권을 규정하고 있는데 이것은 토지의 효율적 이용을 위해서다(제13조).

사회협동단체소유는 사회주의완전승리 이전의 사회주의 과도기·이행기에 존재하는 소유형태이다. 노동자와 농민 사이의 계급적 차이가 소멸되고 농민의 노동계급화가 실현되기 전의 과도기에는 사회협동단체소유를 인정할 수밖에 없다는 것이 북한의 입장이다.

이 때문에 《사회주의헌법》과 《토지법》에 농민들의 사상의식과 기술문화수준 제고, 협동적 소유에 대한 전인민적 소유의 지도적 역할 제고 및 이 방향에서의 두 소유의 유기적 결합, 협동경리 지도·관리 개선에 의한 사회주의적 협동경리제도의 공고 발전, 협동단체 성원들의 자원적自願的 의사에 의한 전인민적 소유로의 전환 등이 규정되어 있다. '자원적 의사'라는 단서가 붙어 있지만 궁극적으로는 사회협동단체소유를 전인민적 소유(국가소유)로 전환하겠다는 의지가 법령에 담겨 있다.

북한 경제의 미래가 그 방향으로 나아갈지 여부는 경제의 발전양상과 인민들의 선택에 달려 있다. 다만 생산수단의 사회적 소유와 계획경제가 북한 경제의 구조와 현실을 좌지우지하는 기본 틀이라는 사실에는 변함이 없을 것이다.

1) 생산수단의 사회적 소유의 경제적 효능

북한에서는 생산수단의 사회적 소유가 가져오는 경제적 효능을 중요시한다.[341] 우선 생산수단의 사회적 소유는 근로대중으로 하여금 생산과 관리의 주인이 되게 한다는 것이다. 생산 주체인 근로대중이 공장·기업소와 협동농장에서 생산수단을 공동으로 소유하기 때문에 생산과 관리를 공동으로 하는 근거가 된다는 관점이다. 다음으로, 사회의 모든 물질적 재부를 인민대중의 요구와 이익에 맞게 분배하고 이용할 수 있도록 한다는 것이다. 공장·기업소와 협동농장에서 생산과 관리를 공동으로 할 뿐 아니라 사회적 생산물을 분배하고 이용하는 것도 근로인민의 요구와 이익에 맞게 할 수 있다는 입론이다.

또한 생산수단의 사회적 소유는 경제에 대한 국가의 통일적인 계획적 지도를 보장해준다는 것이다. 생산수단의 집단적 소유로 인하여 국가는 여러 경제부문의 생산현장에 대한 통일적이고 계획적인 지도가

가능하다. 이에 따라 사회의 모든 물질적 재부가 인민대중에게 효과적
으로 복무할 수 있게 하는 한편, 국가는 인민대중에게 자주적이고 창
조적인 생활을 마련해줄 수 있다는 것이다. 북한 경제학자들의 이러한
설명은 생산수단의 사회적 소유가 경제적·사회적 운영원리의 토대임
을 알려준다.

북한 체제와 국가가 존재하는 한, 생산수단의 사회주의적 소유제도
는 존속할 것이다. 시장경제를 선택한 '중국 특색의 사회주의'에서조
차도 토지를 비롯한 일부 생산수단의 개인소유를 인정하지 않고 있듯
이, 사회주의 제도와 생산수단의 집단적 소유는 분리될 수 없는 관계
이다. 생산수단의 소유제를 바꾸면 근로인민대중의 계급정당(집권당)
의 토대를 뿌리 채 흔드는 격변을 초래할 수 있다. 사회주의완전승리
를 기획하는 북한이 소유제도를 바꾼다는 것은 상상하기조차 어렵다.
이것은 체제 안위安危의 문제이기도 하다.

<표 1-17>과 <표 1-18>는《사회주의헌법》과《토지법》에 규정된 소유
권 관련사항이다.

〈표 1-17〉《사회주의헌법》에 규정된 소유권

구 분	내용	조 항
국가경제의 기초	- 공화국은 사회주의적 생산관계와 자립적 민족경제의 토대에 의거함.	제19조
생산수단 소유주체	- 공화국에서 생산수단은 국가와 사회협동단체가 소유함.	제20조
국가소유	- 국가소유는 전체 인민의 소유임. * 국가소유권의 대상에는 제한이 없음. * 나라의 모든 자연부원, 철도, 항공운수, 체신기관과 중요 공장, 기업소, 항만, 은행은 국가만이 소유함. * 국가는 나라의 경제발전에서 주도적 역할을 하는 국가소유를 우선적으로 보호하며 장성시킴.	제21조
사회협동단체 소유	- 사회협동단체소유는 해당 단체에 들어있는 근로자들의 집단적 소유임. * 토지, 농기계, 배, 중소공장, 기업소 같은 것은 사회협동단체가 소유할 수 있음. * 국가는 사회협동단체소유를 보호함.	제22조

구 분	내용	조 항
협동단체 소유의 전인민적 소유로의 전환	- 국가는 농민들의 사상의식과 기술문화수준을 높이고 협동 적 소유에 대한 전인민적 소유의 지도적 역할을 높이는 방 향에서 두 소유를 유기적으로 결합시킴. - 협동경리에 대한 지도와 관리를 개선해 사회주의적 협동경 리제도를 공고 발전시킴. - 협동단체에 들어있는 전체 성원들의 자원적 의사에 따라 협동단체소유를 점차 전인민적 소유로 전환시킴.	제23조
개인소유	- 개인소유는 공민들의 개인적이며 소비적인 목적을 위한 소 유임. * 개인소유는 노동에 의한 사회주의분배와 국가와 사회의 추 가적 혜택으로 이루어짐. * 터밭경리를 비롯한 개인부업경리에서 나오는 생산물과 그 밖의 합법적인 경리활동을 통하여 얻은 수입도 개인소유에 속함. * 개인소유를 보호하며 그에 대한 상속권을 법적으로 보장함.	제24조

〈표 1-18〉《토지법》에 규정된 소유권

구분	내용	조항
기본요구	- 토지는 국가 및 협동단체의 소유임. - 나라의 모든 토지는 인민의 공동소유로서 그것을 누구도 팔고 사거나 개인의 것으로 만들 수 없음.	제9조
국가소유 토지	- 국가소유 토지는 전체 인민의 소유임. * 국가소유 토지의 범위에는 제한이 없음.	제10조
협동단체소유 토지	- 협동단체소유 토지는 협동경리에 들어있는 근로자들의 집단적 소유임. * 국가는 협동단체소유 토지를 법적으로 보호함.	제11조
전인민적 소유로의 전환	- 국가는 사회주의적 협동경리제도를 공고 발전시키며 농 업경리제도의 발전과 협동단체에 들어있는 전체 성원들 의 자원적 의사에 따라 협동단체 소유의 토지를 점차 전 인민적소유로 전환시킬 수 있음.	제12조
토지이용권	- 토지는 오직 국가만이 지배할 수 있으며 그것을 인민의 이익과 행복을 위하여 협동농장을 비롯한 기관, 기업소, 단체 및 공민들이 여러 방면으로 이용할 수 있음. * 협동농장원들의 터밭 이용은 협동농장규약에 의하여 20~ 30평으로 함.	제13조

한 가지 덧붙이면, 생산수단 가운데 토지는 그 경제적 효능이 직접적이다. 노동·자본과 함께 생산의 3대 요소의 하나인 토지의 경우, 제조업의 공장부지 가격(지대 포함)은 상품 가격에 영향을 미친다. 토지 가격이 올라가면 물가가 올라가고 인플레이션을 유발할 수 있다. 제품 원가가 상승하면 수출 경쟁력이 약화된다. 자본주의경제에서는 자본의 탐욕과 무계획적 생산으로 인한 생산의 무정부성이 발생하는 가운데 토지 가격과 지대는 상품 가격에 반영되어 국내외 소비자에게 전가된다.

북한에서처럼 토지를 국가 또는 협동단체가 소유하는 경우에는 토지 가격과 지대를 안정시킬 수 있어서 상품 가격을 조절할 수 있고, 수출 경쟁력에서 유리할 수 있다. 남한과 같은 자본주의경제에서는 기업들이 공장부지 명목으로 토지를 많이 확보하려고 하고, 이는 토지 가격의 상승요인이 된다. 기업의 경영수익보다 토지 가격 상승에 의한 자산수익이 높은 비중을 차지하는 경우도 비일비재하다. 북한과 같은 사회주의경제에서는 기업이 토지를 많이 점유할수록 국가에 토지사용료를 많이 납부해야 하므로 불필요한 토지를 점유하려는 동기가 약하다.

2) 개인 영리활동의 확대와 사회주의적 소유제도

북한의 사회주의경제에서 개인소유의 범위는 제한될 수밖에 없다. 개인은 공장·기업소는 물론이고 토지와 기계·설비를 비롯한 생산수단을 소유할 수 없다. 《사회주의헌법》은 '공민들의 개인적이며 소비적인 목적을 위한 소유'인 개인소유에 대하여 노동에 의한 사회주의분배, 국가와 사회의 추가적 혜택, 터밭경리를 비롯한 개인부업경리에서 나오는 생산물과 그 밖의 합법적인 경리활동을 통해 얻은 수입 등으로 제한한다(제24조).

개인소유에는 우선 임금과 노동에 따른 분배 몫, 이것으로 구입한 생활필수품이 포함된다. 개인부업경리는 '주로 협동농민들의 개인노동에 의하여 조직되며 그들의 보충적 수입원천으로 되는 남새(채소) 생산, 집짐승 기르기, 가내 수공업 등의 경리'를 말한다.

북한에서는 나라의 생산력이 인민들이 요구하는 모든 소비품의 수요를 원만히 충족시킬 수 있을 만큼 발전하고, 협동적 소유가 전인민적 소유로 넘어가 단일 소유가 되면 개인부업경리는 없어질 것으로 예견한다.[342] 이를 역으로 말하면 소비품 수요를 충족시키는 수준의 생산력 발전, 전인민적 소유에 의한 단일소유제의 정착 이전에는 개인 영리활동을 인정한다는 것이다.

《사회주의헌법》에서 개인부업경리 생산물과 그 밖의 합법적 경리활동에 의한 수입을 인정한 것은 개인 영리활동의 확대도 묵인한다는 뜻이다. 사회주의사회는 과도기이고 인민소비품의 수요를 원만히 충족시키지 못해 근로인민대중의 삶에 어려움이 있기 때문에 개인의 영리활동을 인정하는 것이다.

합법적 경리활동의 범위가 넓어질수록 개인의 돈벌이 영역도 넓어진다. 소토지 경작물이나 시장에서의 영업활동, 지식재산(발명, 특허 등)으로 얻은 수입 등은 개인소유로 인정된다. 개인소유를 법적으로 보호할 뿐 아니라 개인소유의 상속권도 보장한다. 상속권이 개인주의나 가족주의의 단초가 될 수는 있지만 각종 영리활동에 나선 인민들에게는 동기부여로 작용하기 때문이다.

여러 가지 영리활동이나 장사로 번 돈을 화폐자산으로 보유한 일부 상인들이 이를 공장·기업소, 상업기관 등에 투자하는 과정에서 생산수단을 소유하는 현상(생산수단을 명목상으로는 소유할 수는 없으나 실질적으로는 소유하는 현상)이 일부 나타나고 있다. 인민들 사이에서 《국가주택이용허가증》(입사증)의 명의 변경에 의한 주택 거래가 이뤄지기도 한다. 북한이탈주민들에 따르면, 주민들은 소토지, 살림집, 매대(시장판매대)를 개인의 재산권 대상으로 인식하는 경향을 보인다고 한다.[343]

시장 상인으로 출발해 큰돈을 벌게 된 신흥상인계층(돈주)이 인민생활 안정 및 주택건설 활성화 과정에 참여하면서 그 역할이 커지고 있다. 돈주들이 개인사금융업자를 넘어 사회적 금융의 역할도 하고 있다. 사회적 금융에는 인민생활용 소비금융, 공장·기업소의 생산활동과 관련된 생산금융의 역할이 포함된다. 주택자금 또는 생활자금의 대출, 보건위생 환경보호 분야의 기부, 취약계층 원호와 교육부문에 대한 기부, 지방기업체 및 협동단체의 생산자금의 대출 등이 일부 나타나고 있다.[344]

경제당국은 돈주들의 투자활동이 지닌 순기능과 역기능을 감안하면서 그들의 활동 범위를 조절할 것이다. 이들이 각급 행정경제기관 및 기업소들과 연계하는 과정에서 '붉은 자본가'로 성장할 지는 불확실하다. 북한 경제당국이 이를 용인할 가능성은 적어보인다. 그렇다고 해도 돈주들의 활동 범위와 성장과정은 시장에 지대한 영향을 미칠 것이다.

북한은 개인 영리활동의 확대 과정에서 국가와 사회협동단체의 재산에 대한 침해 현상이 나타날 것을 우려해《사회주의헌법》에 "국가와 사회협동단체 재산은 신성불가침"이라고 못박고 있다(제84조).

또한 "공민은 국가재산과 사회협동단체 재산을 아끼고 사랑하며 온갖 탐오낭비 현상을 반대하여 투쟁하며 나라살림살이를 주인답게 알뜰히 하여야 한다"고 규정하고 있다. 탐오낭비 현상은 국가재산과 사회협동단체 재산을 남모르게 **빼돌려** 제 것으로 만들거나 함부로 써 버리는 범죄행위를 말한다. 국가와 사회협동단체의 재산을 남의 것처럼 여기거나 낭비가 사회습속이 될 것을 우려한 북한 정부는 일상적으로 절약투쟁을 강조해오고 있다.

개인소유의 허용 범위는 주체 정치경제학에서도 신중히 다뤄야 할 주제다. 돈주들이 생산수단(자동차, 기계, 설비 등)의 일부를 실제로 소유하면서 그 명의만 공장·기업소의 것으로 등록하는 경우에 대하여 이론적으로, 정책적으로 어떻게 다룰 것인지는 심각한 과제다. 도도히 흐르는 현실의 물결을 외면할 수는 없지만, 전인민적 소유의 급격한 확대 같은 좌편향이나 개인소유의 급진전 같은 우편향의 정책적 선택은 혼란을 초래할 수 있다. 극단적 선택은 수습이 어려운 만큼 경제당국은 조심스레 살얼음판 걷기를 할 수밖에 없다.

중국의 저우언라이周恩來 총리가 칠레의 아옌데 대통령에게 보냈다는 옛 편지 구절을 떠올려본다. "서두르면 안 됩니다. 모든 일을 한꺼번에 풀려고 하지 마십시오." 아옌데는 개혁을 가속화하라고 종용하는 사람들에게 편지를 꺼내 보여주곤 했다고 한다. 북한에도 이 일화는 꽤 알려져 있을 것이다.

3) 중앙집권적 계획제도의 특징

사회주의적 소유제도 위에 존재하는 계획경제는 북한의 경제관리에서 알파이자 오메가다. 계획경제의 핵은 국가가 자원 배분을 독점하는 데 있다. 북한에서는 경제계획의 수립을 비롯한 모든 경제적 의사결정 권한과 이에 필요한 정보의 흐름이 중앙에 집중되어 있다. 중앙집권적 계획경제에서는 경제계획의 작성과 집행, 감독이 내각의 국가계획위원회[345]를 중심으로 도·시·군의 지방행정단위와 공장·기업소·협동농장의 생산단위에 이르기까지 일원화된 체계로 이뤄져 있다.

사실 자본주의경제에서도 계획되는 부분은 많다. 남한과 같은 자본주의정부에서도 인프라를 비롯한 국책사업 투자, 부문별 산업정책과 산업구조 조정, R&D 지원, 국영기업의 사업방향 등에서 계획을 수립한다. 또한 대기업들도 시장의 동향을 의식하면서 계획을 수립한다. 북한과 같은 중앙집권적 계획경제와 다르기는 하지만, 각국의 경제발전에서 정부의 역할은 중요하며 계획도 필요하다. 이를 감안하면서 북한의 계획경제를 살펴보면 이해에 도움이 될 것이다.

북한의 《사회주의헌법》은 국가가 사회주의 경제발전 법칙에 의한 축적[346]과 소비의 균형, 경제건설 촉진과 인민생활의 지속적인 향상, 국방력 강화 등을 위해 인민경제 발전계획을 세우고 실행하며, 계획의 일원화와 세부화[347]를 실현하여 생산 장성의 높은 속도와 인민경제의 균형적 발전을 보장하는 것을 규정하고 있다(제34조).

계획의 일원화는 전국의 국가계획기관과 계획세포들이 하나의 계획화체계를 이루어 국가계획위원회가 제정한 통일적인 계획지표와 방법에 따라 경제활동을 수행하는 것이다. 계획의 세부화는 경제계획을 구체적으로 세밀하게 세워 모든 공장·기업소와 협동농장들이 서로 잘 맞물려 돌아가게 하는 것이다.[348]

중앙집권적 계획제도는 광범위한 대상과 세밀한 내용, 수직적인 조정과 통제, 상부의 직접적인 명령과 결정사항의 하부 전달 등의 특징을 보인다. 또한 재화·서비스에 대한 수요·공급의 행정적 방법에 의한 균형, 위계제hierarchy에 의한 관리기구의 구축, 중앙-기업체-소비자 간의 수직적 의사결정에 따른 연계, 각 단계에서의 당-행정 융합에 의한 관리, 중앙집중적 자재공급체계의 구축 등의 특징도 보인다.[349]

다만 북한의 국가운영에서 중앙집권적·통일적 지도와 아래 단위의 창발성의 결합이 중시된다는 점은 유의해야 한다. 《사회주의헌법》은 정치적 지도와 경제기술적 지도, 국가의 통일적 지도와 매개 단위의 창발성, 유일적 지휘와 민주주의, 정치도덕적 자극과 물질적 자극을 올바로 결합시키며 실리를 보장하는 원칙을 견지해야 한다고 규정하고 있다(제32조).

북한은 중앙집권적·통일적 지도와 지방 및 생산현장의 창발성의 결합을 중시한다. 결합의 담론은 원칙을 지킨다고 좌경으로 흐르거나 자율성을 내걸고 우경으로 흐르는 우愚를 범하지 않으려는, 균형 중시의 산물이다.

결합에서 중요한 것은 세 방면이다. 첫째, 중앙집권적 지도와 아래 단위의 창발성의 결합이다. "어떤 명목으로든 국가의 중앙집권적, 통일적 지도를 약화시킨다면 경제관리에 자본주의독소가 침습되며 사회주의경제제도가 좀먹게 되고 변질된다"고 하면서도, "경제관리에서 국가의 중앙집권적, 통일적 지도와 아래 단위의 창발성을 옳게 결합시킬 때에만 사회주의를 《전체주의》로 비난하면서 사회주의가 개인의 창발성, 경쟁심, 기업의욕을 억제한다는 부르조아 반동이론의 궤변을 실천으로 짓부셔버릴 수 있다"고 한다.[350]

북한의 '개혁'을 기대해온 외부 전문가들은 아래 단위의 창발성에 주목하지만, 북한의 경제현실에서는 결합이 중시되는 것이다.

둘째, 사회주의원칙과 실리 획득의 유기적 연관이다. "사회주의 경제관리방법이 사회주의원칙에서 벗어나면 그것은 질적 변화를 가져와 자본주의적 경제관리방법으로 전환된다"고 하면서도, "중앙의 경제지도기관의 활동으로부터 맨 아래 경제단위에 이르기까지 인민경제 모든 부문에서 경제실리를 최대한 보장할 수 있도록 경제관리를 하여야 최소한의 지출로 더 많이, 더 좋게 생산할 뿐 아니라 생산물을 가장 합리적으로 분배하고 교환하며 확대재생산을 끊임없이 실현할 수 있게 된다"는 것이다.[351]

외부 전문가들은 실리 획득의 중시가 가져올 파장에 주목하지만, 북한 경제학자들은 그것과 사회주의원칙의 유기적 연관에 초점을 맞추어 지속적인 확대재생산의 길을 찾는다.

셋째, 계획적 경제관리와 상품화폐관계 이용의 결합이다. "사회주의 경제건설을 다그치자면 사회주의원칙의 요구대로 계획경제를 확고히 견지하면서 시장을 홀시하지 말고 적절하게 이용하여야 한다"고 하면서 "상품화폐관계의 이용을 절대화하면 경제가 이윤본위로 움직이게 되고 무정부성을 띠게 되며 사람들의 머릿속에 개인주의사상이 조장"되는 반면에, "상품화폐관계의 이용을 소홀히 하게 되면 경제관리를 합리화하지 못하고 사회적 노동의 막대한 낭비를 가져온다"고 한다.[352] 이 설명은 특히 북한 경제의 현실을 잘 보여준다.

계획경제와 계획적 경제관리를 견지하면서 시장과 상품화폐관계를 어떻게 이용할 것인가? 이것은 북한 경제당국과 전문가들이 가장 고심하는 대목이다. 외부 전문가들은 시장 확대 현상이 '시장경제'로 나아갈 것으로 기대하지만, 북한 학자들은 '시장요소'의 이용과 '시장경제'는 엄연히 다르다며 선을 긋는다.

북한의 정책 당국자나 전문가뿐 아니라 일선 생산현장의 실무자들도 결합의 원리를 현실에서 어떻게 실행할 것인지를 고심할 것이다. 좌우경적 오류에 빠지지 않으려면 당면 시기의 정책 중점이 어느 지점에 와 있는지를 파악하는 노력을 끊임없이 기울여야 한다. 그 지점은 고정불변이 아니고 전략적 노선에 따라 중점이 약간씩 이동할 수 있다. 이를 우려해 '총대'를 매지 않으려고 뒷전에서 눈치 보기로 일관하면 형식주의·요령주의·기회주의라는 비판에 직면할 수 있다.

공장·기업소의 지배인들은 자기 단위의 당 일군들과 끝없이 교감해야 한다. 사회주의기업 책임관리제 아래 공장·기업소의 '경영권'이 확대된 현재의 상황으로 보면 지배인들의 발언권이 높아질 게 분명하지만 이들도 혁신의 바늘이 가리키는 현재의 눈금을 정확히 보려고 안간힘을 쓸 것이다.

4) 인민경제계획 작성과정

북한 경제는 내각에서 작성해 발표하는 인민경제계획[353]에 의해 운영된다. 경제계획은 '법적 과제'이며 계획의 정확한 실행은 기관·기업소·단체에게는 의무가 된다(《인민경제계획법》 제27조). 경제계획사업에 엄중한 결과(문제)를 일으킨 기관·기업소·단체의 책임 있는 일군(간부)과 개별적 공민에게는 정상에 따라 행정적 또는 형사적 책임을 지게 한다(제48조). 경제계획사업에서 잘못을 저지르면 위법違法 행위로 취급하는 것이다.

경제계획은 《조선민주주의인민공화국 인민경제계획법》[354]에 따라 작성, 비준과 시달, 시행과 총화의 과정을 거친다. 북한 정부는 인민경제를 통일적으로 장악하고 유일적인 계획에 따라 관리 운영해야 한다(제3조). 《인민경제계획법》을 떠나서는 북한 경제의 운영과 작동원리를 설명할 수 없다. 계획의 기본방향은 '현실발전의 요구에 맞게' 인민경제의 높은 성장속도를 보장하면서 균형을 합리적으로 조절하는 데 있다(제4조).

북한은 고속성장을 추구하면서도 경제부문의 균형적 발전을 희망하지만, 이 바람이 늘 실행된다고 말하기는 어렵다. 경제계획이 목표대로 이행되지 않아 '조정기'를 가졌던 역사가 이를 말해준다. 경제계획을 실행하려면 탄력적인 적용이 불가피하고 이 때문에 '현실발전의 요구에 맞게'라는 문구가 법령에 삽입되어 있는 것이다.

북한 정부는 계획을 올바로 수립하기 위해 '사회주의 경제법칙과 현실적 조건'을 올바로 타산하여 과학성·현실성·동원성을 보장해야 한다. 계획을 정확히 실행하기 위해서는 계획실행의 규율을 강화하는 동시에 경제사업에서 실리를 중시해야 한다(제6조). 이를 위해 북한은 '경제계획의 일원화·세부화' 방침(일원화 1964년, 세부화 1965년)을 내세웠다.

계획을 중앙집권적·통일적 지도의 원칙에 따라 일원화하는 동시에 각 부문의 아래 단위에서의 '현실적 조건'에 맞도록 세부화하는 것을 통해 계획사업의 유일성을 보장하면서도 계획을 세부적으로 맞물리도록 하려고 한다(제7조). 북한의 계획당국은 계획의 일원화·세부화 방침을 관철하기 위해 오랫동안 예비숫자-통제숫자-계획숫자의 3단계로 계획을 작성해왔다.

예비숫자는 각 단위가 매년 초에 예상하는 생산 가능한 양이고, 국가계획위원회는 이를 기초로 당 중앙위원회 및 내각과 협의해 통제숫자를 작성했다. 통제숫자는 당과 국가의 지령이었고, 생산단위는 이를 무조건 집행해야 하는 의무를 지고 있었다. 생산단위는 이 의무에 따라 통자숫자 실행을 위한 생산계획을 작성했고 생산단위에서 작성된 계획은 다시 국가계획위원회에 상정되어 최종적으로 계획숫자가 만들어졌다.

대체로 예비숫자와 통제숫자 간에는 격차가 있었고 현실성이 없는 경우도 있었으며, 그 격차와 비현실성은 행정경제기관의 '이상'과 생산단위의 '현실' 간의 괴리라고 할 수 있었다.[355]

《인민경제계획법》이 2001년 5월 17일에 수정 보충되면서부터 일원화·세부화 방침은 유지되면서도 실제로는 예비숫자-통제숫자를 묶어 한 단계 간소화했다. 이에 따라 다음해 계획을 매년 초부터가 아닌 7월부터 한 단계로 작성하게 되었다.[356] 매년 상반기에는 계획작성을 준비하고 경제지도기관의 계획작성 방안에 대한 군중토의를 진행하는 것으로 그친다. 다만 《인민경제계획법》에는 예비숫자와 통제숫자의 표현이 남아 있다.

이와 관련하여 '번수입지표'에 의한 기업소 경영활동을 예견하고 이를 도입하기에 앞서 《인민경제계획법》을 정비한 것이라는 관측이 있었다. 2001년 5월 《인민경제계획법》 수정 보충, 2001년 10월 김정일 국방위원장의 《10·3담화》, 2002년 7월 7.1 경제관리 개선조치 등으로 이어진 '개선'의 흐름이 이러한 관측의 근거다.

실제로 김정일 위원장은 2001년 《10·3담화》에서 "계획경제라고 하여 모든 부문, 모든 단위의 생산경영활동을 세부에 이르기까지 다 중앙에서 계획하여야 한다는 법은 없다"면서 "국가계획위원회는 경제건설에서 전략적 의의를 가지는 지표들을 계획화하고, 그 밖의 소소한 지표들과 세부규격지표들은 해당기관, 기업소들에서 계획화하도록 하여야 한다"는 지침을 제시했다.

김정일 시대의 이러한 개선 조치는 경제정책의 역사에서 이례적인 것이었고, 김정은 시대의 '혁신'의 바탕이 되었다. 다만 '번수입지표' 제도는 일정한 실험기간을 거친 뒤에 《기업소법》의 연이은 수정 보충과 사회주의기업 책임관리제의 도입에 따라 자기 운명을 다하고 역사의 무대 뒤로 퇴장했다.

5) 계획화사업의 책임과 권한의 분담 체계 등장

계획경제는 인공지능장치가 붙어있는 수백만~수천만 개의 톱니바퀴가 맞물려 돌아가는 것을 연상시킨다. 북한 정부는 국가계획위원회를 비롯한 계획기관의 물질기술적 토대를 튼튼히 꾸려 경제계획사업을 현대화·과학화하려고 노력해오고 있다(제8조). 계획화사업의 물질기술적 토대는 컴퓨터와 휴대폰, PDA 같은 수단을 사용해 생산현장과 계획부서의 계획지표들을 정확하고 신속하게 연결시키는 것이다.

과거에 주판과 계산기로 계산하고 장부에 기장하던 시대의 계획화사업과 21세기 첨단과학기술시대·지식경제시대의 계획화사업은 하늘과 땅만큼의 차이라 할 수 있다. 북한 정부가 계획부문의 간부양성체계를 올바로 수립해 간부를 체계적으로 양성하려고 노력하고 있는 것(제9조)도 이러한 환경 변화를 반영한 것이다.

북한 공장·기업소의 모든 경영활동은 계획의 작성에서 실행을 거쳐 총화에 이르는 과정에서 벗어날 수 없다. 그렇다고 해서 계획화사업에서 아무런 변화가 없다는 뜻은 아니다. '현실발전의 요구'에 따라 계획화사업에도 변화의 조짐이 관찰된다.

북한 정부는 경제관리 개선의 필요성이 제기될 때마다 계획화사업에서 당면한 문제들을 치유하는데 관심을 기울여왔다. 계획화사업은 단계적으로, 점진적으로 변해왔다. 기업체의 계획화사업이 일원화·세부화 방침에 의거하면서도 계획 작성에서 기업체의 역할이 강조된 것이 그 첫 번째 변화였다.

기업체가 생산계획에서 보다 비중 있는 역할을 수행하면서도 계획에 관한 결정권은 여전히 국가에 있었다. 사정이 이렇다 보니 기업체에서 본위주의 경향이 싹트게 되었고 계획경제의 운영에 차질을 빚었다. 기업체들은 가급적 생산목표를 낮게 잡으려는 편향을 보였다. 김일성 주석과 김정일 국방위원장의 저작들에서 본위주의의 문제점과 그 극복에 관한 언급이 잦았던 이유의 하나도 이것이었다.

중앙집권적 계획경제의 운영체계는 일정한 경제 규모까지는 효용성이 있었지만, 규모가 커지고 질적 구성이 복잡해지면서 그 운용비가 높아지고 효용성은 오히려 줄어드는 딜레마에 처하게 된다.[357] 북한도 외연적 성장에서 내포적 성장으로, 양적 성장에서 질적 성장으로 전환해야 하는 결정적 시기(1970년대 중반)에 생산성의 저하라는 복병을 만났고, 계획경제의 효율적 운영에 골몰하지 않을 수 없었다.

1980년대에 지구촌에서 극소전자혁명의 물결이 시작되고 소품종 대량생산 체제에서 다품종 소량생산 체제로 이행해가는 상황에서 사회주의경제권이 이 변화에서 도태될 즈음에 북한도 내포적 성장이 어려워졌다. 북한은 전통적인 계획화사업으로는 변화하는 현실을 따라잡을 수 없다는 것을 알면서도, 사회주의나라들의 잇단 붕괴로 인해 적극적인 변화에 나설 수도 없었다. 북한은 1993년 12월에 '혁명적 경제전략' (농업·경공업·무역 제일주의)을 채택하면서도 계획화사업에는 손을 대지 못했고, 1995년 이래의 고난의 행군은 이를 더욱 어렵게 만들었다.

그러나 북한은 1990년대 중반부터 계획지표 관리체계에 변화를 주기 시작했고, 2002년에 선군시대 경제건설노선이 가동되면서 계획화사업에서의 변화는 뚜렷해졌다.

북한이 2002년 7월 이래 경제관리 개선을 위한 각종 조치들을 실행하는 과정에서, 특히 기업체 운영에서 '번수입지표'가 기준이 되고 경영전략과 기업전략이 중심과제로 등장한 여건에서, 그 현실에 맞게 계획화사업을 조정하기에 이르렀다. 계획의 작성과 실행에서 경제효율 향상과 국가적 실리의 보장을 중시하고 계획화사업의 체계와 방법을 개선하는 움직임이 나타났던 것이다. 계획경제를 견지하면서도 시장을 무시하지 말고 보조수단으로 활용해야 한다는 사유가 북한에서 자리잡아가고 있었다.[358]

7·1경제관리 개선조치 이후 시장요소의 부분 도입에 따라 시장이 계획의 보완재로 성장했다. 다만 2005년 10월에 식량전매제를 도입한 이후에는 개인경작지 및 상행위 단속, 종합시장 폐쇄, 화폐교환의 단행 등 시장 확산을 막고 계획경제를 강화하는 쪽으로 일시적으로 선회하였다. 2010년 2월경부터는 시장에 대한 통제를 다시 완화했다.[359] 시장완화 정책은 김정은 시대에 와서도 지속되고 있다.

한편, 계획화사업에서 중대한 변화는 '전략적인 계획화'로 대표된다. 당 기관지 『근로자』, 경제전문지 『경제연구』 등에 '전략적인 계획화'를 다룬 글들이 수록되기 시작했다. 전략적인 계획화는 국가계획의 방향을 경제구조와 기술개건, 인민경제의 균형적 발전 등에 집중하는 방안이다. 중앙에서 모든 것을 틀어쥐고 계획화하는 사업체계와 방법으로는 현실에 발맞춰 나가기가 어렵다는 판단 아래, 중앙정부는 전략적 부문의 계획만 담당하는 것으로 바꾸었던 것이다.

북한에서는 계획의 분권화를 '계획사업에 대한 책임과 권한이 분담된 사업체계와 방법'이라고 표현한다. 1990년대 중반 이래 전략적으로

의의가 있고 국가적으로 해결해야 하는 중요 경제지표들(국방공업, 기간산업, 선행 경제부문들의 경제지표)만 국가계획위원회에서 관리하고 그 외의 지표들은 해당 기관이나 공장·기업소에서 자체 계획으로 해결하도록 해왔다.

북한은 장기적인 경제침체의 상황에서 국가계획의 범위를 축소하고, 기업체 등 생산단위에 '경영상 상대적 독자성'을 부여해 소득을 증대시키고 이로부터 국가재정의 부족을 메우려고 했다. 아래 단위들에게 계획경제의 테두리 안에서 과학적인 경영전략과 기업전략을 수립하게 한 것은 중대한 변화였다.

기업체들이 경영상 상대적 독자성을 수행하면서 새로운 기업문화가 싹 트기 시작했다. 계획화사업에서 생산단위에 책임과 권한이 분담된 사업체계와 방법을 실시하여 어느 정도 성과를 거두었고 그 경험이 쌓였던 것으로 관측된다. 김정은 시대에 사회주의기업 책임관리제와 협동농장 포전담당 책임제를 정착시켜나간 배경에는 계획화사업의 변화 및 생산단위의 책임과 권한 확대의 경험이 있었던 것이다.

계획 분권화의 범위를 보여주는 실증적인 자료를 찾기는 어렵다. 북한 보도를 종합하면, 국방공업과 국가기간산업 등의 전략부문은 계획을 엄격히 유지하고 경공업을 비롯한 비非전략부문은 분권화를 확대한 것으로 관측된다.

계획당국은 전략부문 이외의 생산단위들의 계획지표를 '생산량지표'가 아닌 '액상(금액)지표'로 부과하고 있다. 기업체들이 시장을 활용해 액상지표를 달성하는 현상이 점차 일반화된 것으로 보인다. 공장·기업소들이 계획 수행을 명분으로 시장을 활용하고, 시장에서 벌어들인 소득으로 국가납부금을 납부하는 사례가 늘어나고 있다. 계획경제 시스템 아래 시장요소가 적극 활용되고 있는 것이다.[360]

다만 북한 경제에서 시장 및 시장요소와 '시장경제'를 구분해서 이해할 때 경제관리의 본질을 이해하는데 한발 다가설 수 있다. 북한은 자본주의시장경제는 말할 것도 없고 중국과 같은 사회주의시장경제 방식으로 전환하는 '경제개혁'에도 거부감을 보여 왔다. 북한은 시장요소(상품화폐관계의 이용)를 계획경제의 보완책으로 활용하는 것에는 진지한 관심을 갖고 있다. '명령형' 계획경제에서 벗어나 '지도형' 계획경제 방식으로 사회주의(과도기) 경제를 발전시킬 수 있다고 생각하는 것 같다.

이를테면 경제계획의 분권화, 가격 기능의 정상화, 임금 보전에 의한 구매력 유지, 수익 중심의 경영 평가, 독립채산제 강화에 의한 경영상 자립성의 확대, 농업관리제도의 개선, 소비품시장 등 서비스산업 확대 등의 여러 부문에 걸친 '개선'을 통해 경제발전의 길을 모색하고 있다. 북한에서 계획과 시장은 상호 간에 배제와 결탁을 반복하면서 협력과 공존이 이뤄지고 있는 것이다.[361]

김정은 시대에 부상한 사회주의기업 책임관리제와 협동농장 포전담당 책임제, 지방경제의 자율성 증대, 상업은행 활성화의 금융혁신 등은 김정일 시대에 시작된 계획의 분권화와 계획·시장의 공존이라는 '경험의 소산'이다. 계획의 분권화, 계획과 시장의 공존은 오늘의 북한 경제현실을 이해하는 중요한 관문이다.

3. 계획경제와 시장의 공존

"자유 시장은 존재하지 않는다. 모든 시장에는 선택의 자유를 제한하는 모종의 규칙과 한계가 있다. 시장이 자유로워 보이는 것은 단지 우리가 그 시장의 바탕에 깔려 있는 여러 규제를 당연한 것으로 여겨 규제로 생각하지 않기 때문이다. 시장이 얼마나 자유로운 지를 규정할 수 있는 객관적인 방법도 없다. 자유 시장은 정치적으로 정의되는 것이다. 자유 시장 경제학자들은 자신들이 정부의 정치적 개입으로부터 시장을 보호하려고 하는 것처럼 이야기하지만 그것은 사실이 아니다. 정부는 언제나 시장에 개입하고 있고, 자유시장론자들도 다른 모든 사람들과 마찬가지로 정치적이다. 객관적으로 규정된 자유 시장이 존재한다는 신화에서 벗어나는 것이야말로 자본주의를 이해하는 첫 걸음이다." [362]

'자유 시장이 존재한다는 신화에서 벗어나야 한다', '자유 시장은 정치적으로 정의된다', '정부는 언제나 시장에 개입한다'는 등의 관점은 현존하는 시장의 실제 성격을 보여준다.

자본주의시장과 사회주의시장이 다르고, 북한의 계획경제 하의 시장은 중국과 베트남 같은 시장사회주의의 시장과 다르다. 북한의 시장이 외형적으로 시장사회주의 등의 시장과 유사해 보이지만, 북한이 원하는 것은 질서 있는 시장(규제된 시장), 인민소비품 공급과 유통에 도움이 되는 시장이다.

북한 정부는 자본축적에 성공한 신흥상인계층이 '붉은 자본가'나 개인상공업자로 변신하는 것을 허용하기 보다는, 시장에 대한 규제 범위를 조절하면서 이들이 국영기업소와 합법적인 연계를 갖도록 하고, 계획경제 질서를 흩트리지 않고 경제법령의 테두리 안에서 활동하도록 유도하고 있다.

북한에는 계획경제와 시장이 공존한다. 명령형(지령성) 계획경제에서 점차 벗어나고 시장이 활성화되면서 계획경제-시장 공존 시스템이 정착되고 소비재 시장이 활력을 띠고 있다. 북한은 소비재 부족에서 벗어나는 모티브를 시장에서 찾으려는 듯이 보인다. 그러나 계획경제의 본령에서 벗어나려고 하지는 않는다. 외부의 일부 전문가들은 경제 침체기에 북한의 계획경제 시스템이 붕괴되었던 것으로 단정하지만, 김정은 시대의 경제상황을 보면 침체기의 어려움을 딛고 일어나 계획경제 시스템을 어느 정도 복원해가고 있음이 분명하다.

북한에서 계획경제와 시장이 공존한다고 해서 이를 '중국 특색의 사회주의'에서 지향하는 시장사회주의[363]로 결론짓는 것은 섣부르다.[364] 북한 전역에 시장이 470여개 이상이고 그 범위도 소비재시장에서 생산재시장, 노동시장, 금융시장 등으로 확대되고 있지만, 북한 정부는 계획경제 기반의 사회주의로 나아갈 것임을 거듭 천명하고 있다. 그 길에서는 계획경제뿐 아니라 생산수단의 사회적 소유도 견지될 것이다.

다만 계획의 일원화와 세부화의 오랜 전통이나, 모든 것을 사전에 계획한대로 업무를 수행하려는 '설계주의 오류'에서는 벗어나려고 할 것이다. 특히 전략부문과 비전략부문을 분리하고 이러한 가운데 공장·기업소의 생산 정상화와 소비재시장 동향 등을 예민하게 관찰하면서 계획을 탄력적으로 적용해나갈 것이다.

북한에서 사회주의완전승리 테제를 포기하려는 징후는 찾아볼 수 없다. 사회주의강성국가 건설과 인민생활 향상에 집중하면서 우리식 사회주의를 고수한다고 보는 편이 현실에 부합한다. 이를 전제로 하여 계획경제-시장 공존시스템의 실제를 들여다보고자 한다.

1) 주문제와 완전 공급제 지향

계획경제와 시장의 공존을 살펴보기에 앞서 북한에서 상업유통이 운영되는 방식부터 짚어본다. 《조선민주주의인민공화국 사회주의상업법》[365]은 국가가 상업유통에서 어떤 책임을 지고 있는지를 설명하는 것으로 시작한다.

첫째, 국가는 상품공급 과정에서 주문제를 올바로 실시하여 상품 수요와 생산이 정확히 맞물리게 하고 상품을 제때에 수요자에게 공급해야 한다(주문제에 의한 상품공급/ 제2조). 주문제는 국영유통의 기본방식이고 이는 북한에서 사회주의제도가 수립되면서부터 유지해온 관행이다.

북한의 국영상점을 둘러본 외부 방문객이 상점에 상품이 턱 없이 부족하다고 판단하는 것도 주문제 상품공급제도를 이해하지 못한데서 오는 잘못인 경우가 많다. 국영상점에는 현장 판매상품도 있지만 대부분의 내구성 소비재처럼 주문에 의해 공급되는 상품도 있고 이 경우에는 견본품을 전시하는 일도 흔하다. 백화점이나 종합시장 등은 주문제에서 예외에 해당한다.

둘째, 국가는 자립적 민족경제의 토대에 기초하여 상품원천 조성, 수매와 가공사업의 강화, 상품예비 동원 등을 통해 상품을 더 많이 확보해야 한다(상품원천 조성과 확보/ 제3조). 상품의 양을 늘리지 않으면 공급 부족의 어려움에 처할 수 있다. 유통부문에서는 소비재생산공장들과 밀접한 연계를 갖고 상품을 확보하는 것이 중요하다. 공장들은 말할 나위 없이 상품 생산에 필요한 원자재 확보가 생명이다.

셋째, 국가는 봉사(서비스)혁명을 실천하는 과정에서 상업조직과 기술·봉사방법의 개선, 상업시설의 현대화와 경영활동의 과학화, 상업의 문화성과 봉사성 증진 등에 힘써야 한다(봉사/ 제4조). 상업시설의 현대화와 경영활동의 과학화는 김정은 시대에 들어와 상업유통 정책에서 심혈을 기울이는 대목이다. 대형 상점의 대표적인 서비스 사례로 평양의 광복거리상업중심을 들 수 있다. 소비재 생산공장의 대표적인 서비스 사례로는 상점에 《의견수첩》을 비치한 원산구두공장이 눈에 띈다.

넷째, 국가는 지도관리체계를 올바로 세워 상업을 과학적, 합리적으로 관리해야 한다(상업관리/ 제5조). 과학적·합리적 관리에서는 상업유통부문에 '경영'의 개념을 도입하는 것이 중요하다.

다섯째, 국가는 상품유통 사업을 강화 발전시켜나가면서 조건이 성숙되면 점차적으로 완전한 공급제로 넘어가게 해야 한다(공급제로의 전환/ 제6조). 북한은 완전한 공급제로의 전환을 지향하고 있으며, 이것은 사회주의완전승리 테제와 맞물려 있다.

북한은 '필요에 따른 분배'(완전한 공급)를 지향하는데 어느 시기에 가서 상품 공급이 충분해질 지를 전망한다는 건 쉬운 일이 아니다. 다른 사회주의국가들의 역사를 돌아보면 언제나 '부족의 경제'라는 늪에서 헤어나지 못했고 중국에서 보듯이 시장사회주의를 도입하고서야 상품이 풍부해질 수 있었다.

북한이 계획경제-시장 공존시스템 하에서 가까운 시일 안에 상품 공급에 성공하여 완전한 공급제로 전환한다면 그것은 사회주의의 역사를 다시 쓰는 일이 되겠지만, 그러한 예측은 여전히 시기상조이다.

2) 상품공급과 수매의 운영체계

계획경제는 상업부문에서도 예외가 아니다. 북한은 상업부문도 경제계획에 따라 움직이도록 하고 있다. 상품의 생산·수입·공급계획을 마음대로 조절하는 것은 법적으로 금지되어 있다(제82조). 상업부문은 상품공급, 수매, 사회급양, 편의봉사 등으로 구분되며 《사회주의상업법》은 이를 구체적으로 규제한다. 시장 동향에 앞서 상품공급과 수매의 운영체계를 중심으로 한 상업체계가 어떻게 작동되는지를 먼저 이해할 필요가 있다.

북한에서는 오랫동안 인민소비품의 공급이 원활치 않았고 현재 시장의존도가 높은 편이다. 상품 공급이 늘어나는데 따라 국영상점이 상업유통의 중심으로 복원될 수 있겠으나, 지금은 시장이 날로 확대되고 그 중요성도 커지고 있다. 북한의 사정으로 보면, 중앙경공업공장들이나 지방공업공장들에서 인민소비품 생산이 정상화되면 상품이 늘어나고 시장보다 가격이 싼 국영상점의 이용자는 늘어날 것이다. 이 점에 유의하면서 상품공급과 수매의 구조를 이해할 필요가 있다.

<표 1-19>와 <표 1-20>은 북한의 상품공급과 수매의 운영체계를 정리한 것이다.

상품공급체계에서 도매 상업기관·기업소들이 상품주문을 받아 생

산에 맞물리게 하는 것이 중요하다. 도매 상업기관·기업소들은 상품 확보에 주력하고 지역 사이의 연계망을 갖고 움직인다. 도매 상업기관·기업소들은 소매 상업기관·기업소에 상품을 정상적으로 공급해야 한다(제9조).

상업유통은 공급에 초점을 맞춰 운영된다. 주문 단계에서 수요를 반영하려고 하지만 상품 부족이 만성화된 여건에서 주문은 명목에 그칠 수밖에 없다. 상업기관과 상품생산·수입기관, 기업소·단체들이 국가의 상품공급계획에 기초해 상품공급계약을 체결하고 이를 어김없이 이행하도록 법령에 규정되어 있지만(제12조), 상품이 만성적으로 부족하면 법령은 구두선口頭禪에 그칠 수 있다.

《상업법》은 부문별 공급대상으로 식료품, 수산물, 국가가 정한 일용잡화·건재상품, 농촌상점에 갖춰야 할 상비상품, 영양식료품 같은 어린이용 상품, 협동농장 결산분배용 상품, 탄광·광산을 비롯한 중요대상 상품, 지역의 자체 가공상품, 여행용 상품과 지방특산물, 민수용 연료 등을 열거하고 있다(제13조~제21조). 법령은 중앙상업기관의 승인 없이 '회의 강습 경쟁 지원' 등의 명목으로 기관·기업소·단체가 주민용 상품을 빼내거나, 안면 또는 직권을 남용해 판매 공급하는 행위를 금지하고 있다(제27조).

이 금지 규정은 역설적으로 강습이나 경쟁의 명목으로 주민용 상품을 빼돌리는 행위가 존재한다는 것, 직권을 남용해 주민용 상품을 마음대로 판매하는 행위가 존재한다는 것을 말해준다. 국영상점에 공급된 상품들이 이러한 비법非法적인 과정을 통해 개인(시장상인 혹은 도매상)들에게 넘어가면 이것은 필시 시장에 판매되어 시세 차익을 발생시키고 유통질서를 교란시킬 수 있다.

〈표 1-19〉 북한의 상품공급의 운영체계

구 분	내 용	조 항
해당 단위의 기본요구	- 중앙상업지도기관·지방정권기관 : 상품의 통일적 장악, 인민들에게 필요한 상품이 골고루 차례지도록 공급	제8조

구 분	내 용	조 항
	- 도매 상업기관·기업소 : 상품주문을 받아 생산에 맞물림, 상품 확보와 지역 간 교류, 소매 상업기관·기업소에 상품의 정상적 공급	제9조
	- 소매 상업기관·기업소 : 상품의 정확한 인수, 인민 공급	제9조
	- 국가계획기관·중앙상업지도기관·지방정권기관·상업기관·기업소 : 인민들의 수요 연구, 상품주문서 작성, 상품생산과 수입·분배·공급 계획 작성	제10조
	- 상품의 생산·수입 기관·기업소·단체 : 상품의 국가계획에 의한 생산·수입, 해당 단위 공급	제10조
분배와 공급계약	- 중앙상업지도기관 : 국가계획기관으로부터 상품 총량을 넘겨받아 상품을 도(직할시)별로 분배 - 도(직할시)정권기관 : 상품을 시(구역)·군별로 분배	제11조
	- 상업 및 상품생산·수입기관, 기업소·단체 : 국가의 상품공급계획에 기초한 상품공급계약 체결, 어김없는 이행	제12조
	- 도매 상업기관·기업소 : 상품공급계획에 따라 생산·수입된 상품 인수 및 출하	제12조
부문별 공급	- 식료품	제13조
	- 수산물	제14조
	- 상비상품	제15조
	- 어린이용 상품	제16조
	- 협동농장 결산분배용 상품	제17조
	- 중요대상의 상품 : 탄광·광산을 비롯한 중요대상에 상품의 우선적 공급	제18조
	- 자체 가공상품 : 여러 가지 부식물과 어린이옷, 일용 세소(細小)상품 같은 상품에 대한 자체 가공사업	제19조
	- 여행자용 상품판매	제20조
	- 민수용 연료공급 : 민수용 연료를 계획에 맞물려 생산, 주민세대와 비생산부문의 해당 기관·기업소·단체에 골고루 공급	제21조
상품유통	- 상품유통의 장악지휘 : 상품유통에 대한 장악지휘체계 확립, 중요상품 확보·공급 사업의 정기적 장악 지휘	제23조
	- 상품예비의 조성 : 자연피해와 특수하게 제기되는 대상에 필요한 상품예비 조성	제24조
	- 상품의 수송·송달	제26조

구 분	내 용	조 항
직매점 운영	- 중앙기관 운영 직매점 : 자기 부문 기업소에서 새로 만든 상품을 위주로 판매, 인민들의 수요연구에 기초해 상품의 가지수 증대 및 품질 제고	제25조
	- 직매점 : 주민들에게 기준에 따라 공급하게 된 상품과 다른 부문 기관·기업소·단체에서 생산한 상품의 판매금지	제25조
기 타	- 신용보증제	제22조
	- 상품의 비법판매 금지 : 중앙상업기관 승인 없이 회의, 강습, 경쟁, 지원 명목으로 기관·기업소·단체가 주민용 상품을 빼내거나 안면 또는 직권을 남용하여 판매 공급하는 행위 금지	제27조

한편, 북한에서 수매의 의미는 각별하다. 수매는 농촌과 공업의 연결(순환)고리다. 상업지도기관과 수매기관·기업소들은 여러 가지 형식과 방법으로 농업생산물과 공업원료 원천을 수매한다(제28조). 농촌지역에서는 수매사업이 일상화되어 있다. 수매기관·기업소들은 수매과정에서 국가이익과 수매시키는 자의 이익을 올바로 결합하고, 자원성의 원칙을 견지해야 한다(제29조). 국가이익만 앞세우거나 자원성의 원칙을 어기면 농민들로부터 원성怨聲을 살 수 있기 때문이다.

수매에는 계획수매와 자유수매가 있다. 계획수매는 수매기관·기업소들이 지표별 수매계획에 따라 농업생산물을 수매하는 것이다. 자유수매는 농촌 주민들로부터 농부산물·축산물·약초·고古자재 등을 수매하는 것이다(제30조). 수매 실행과정을 기준으로 분류하면 식료농산물 계약수매, 주민보유 물품 수매, 산나물·산과일 수매 등이 있다(제34조~제36조).

흥미로운 점은 '여유물건 수매'에서 수매자의 신분확인을 금지한 것이다(제38조). 물자 부족의 현실을 반영하여 주민들의 여유물건을 수매하기 위해 '신분확인 없이' 수매가 가능하도록 한 것이다.

〈표 1-20〉 북한의 수매 운영체계

구분	내용	조항
기본요구	- 수매 : 도시농촌, 생산소비의 연결로 주민들의 식료품 수요 충	제28조

구분	내용	조항
	족, 공업에 필요한 원료·자재 보장의 중요 방도	
	- 상업지도기관과 수매기관·기업소 : 여러 가지 형식과 방법으로 농업생산물과 공업원료 원천 수매	제28조
	- 수매기관·기업소 : 국가와 수매시키는 자의 이익을 올바른 결합, 자원성의 원칙 견지	제29조
수매종류 와 과업	- 수매종류 : △계획수매[366]-지표별 수매계획에 따라 농업생산물 수매 △자유수매-주민들로부터 농부산물, 축산물, 약초, 고자재 등 수매	제30조
	- 수매 다각화 : 직접 수매하는 방법으로 수매사업 다각화, 수매원 천의 최대한 탐구 동원	제31조
	- 수매 다양화 : △계약수매 △현물교역수매 △위탁수매 △예약수매 △순회수매 같은 방법으로 수매사업의 다양화	제32조
수매의 실행	- 수매계획 작성 : 수매기지와 원천의 조성과 증대, 수매원천의 조 사 장악으로 수매품 총액 및 지표별·시기별 계획 수립 및 집행	제33조
	- 식료농산물 계약수매 : 국영·협동농장 공동경리에서 생산한 남 새, 축산물 같은 식료농산물을 수매계획에 따라 생산단위와 계 약 체결 및 수매	제34조
	- 주민보유 물품 수매 : 농촌상점을 거점으로 하여 주민들이 가지 고 있는 수매품 수매, 제때에 운송	제35조
	- 산나물·산과일 수매 : 산나물과 산과일이 많이 나는 시기에 채취 사업의 집중화, 수매량 증대	제36조
	- 수매품의 품종과 규격제정, 수매선전	제37조
	- 여유물건 수매와 수매자의 신분확인 금지 : 수매상점을 지역별로 조성, 주민들이 여유로 가지고 있는 물건 수매 진행	제38조

　북한은 주문제에서 완전한 공급제로 전환하는 것을 지향하지만, 현실에서는 주문제도 정상적으로 실행되지 않는다. 시장의 활성화가 그 증거다. 이를 감안하면《상업법》의 시장 규정이 흥미롭다. 북한의 "중앙상업지도기관과 지방정권기관은 시장을 사회주의 경제관리의 보조적 공간槓杆(지렛대)으로 이용해야 한다. 시장에서는 팔지 못하게 되어 있는 상품을 판매하거나 한도가격을 초과하여 상품을 팔 수 없고 시장 밖에서는 상품 판매행위를 할 수 없다"는 것이다(제86조). 이것은

시장의 역할을 인정하면서 시장의 규제 범위를 제시한 것이다.

북한은 사회주의 경제관리에서 계획을 중심으로 하면서 시장을 보조수단으로 인정한다. 시장의 가이드라인과 관련해서는 판매상품 종류와 가격의 제한, 시장 밖에서의 상품판매 금지를 명시하고 있다.《상업법》조항이 준수된다면 별문제가 없겠지만 판매활동에서 그 경계를 넘나드는게 현실이다. 역동적인 시장은 가이드라인을 넘나들고 인민들은 활성화된 시장에 점차 익숙해지고 있다.

북한 정부는 상품유통과 수매의 전통적인 운영체계를 유지하려고 애썼지만 현실은 그리 녹록치가 않았다. 경제침체의 늪에 빠진 1990년대 중반 이래 시장은 확장의 길을 걸었고 이에 따라 국정가격과 시장가격의 이중구조가 형성되었다. 시장 활성화의 초기에 판매자와 구매자 사이에서 가격이 자유롭게 결정되었고, 그에 따라 가격은 상승했으며 국정가격과 노동자 임금은 현실로부터 동떨어진 것이 되고 말았다.

공식적으로는 '계획경제의 견지와 보조수단으로서의 시장 이용'이라는 틀이 유지되었지만, 시장의 역동성과 확장성을 우려한 경제당국에 의해 시장은 확장-긴축-확장-긴축-확장의 부침浮沈을 보이지 않을 수 없었다.[367] 이러한 부침은 경제당국이 시장의 역동성과 확장성에 대해 중앙집권적 통제를 강화하는 식으로 대응했기 때문에 벌어진 현상이었다.

그런 가운데 발표된 2002년의 7·1경제관리 개선조치(이하 7·1조치)는 국정가격을 시장가격 수준으로 현실화하고 임금도 물가 인상을 반영해 지급하려는 것이었다. 이것은 북한식으로 말하자면 계획경제의 운영관리에서 '시장신호'를 적극 받아들이려는 것이었는데 정책이 현실을 뒤쫓아 가는 형국이었다.

7·1조치는 계획경제와 시장의 공존을 시도한 첫 조치였고, 그 여파는 오늘까지도 미치고 있다. 이를 긴 안목에서 보면 7·1조치에 대한 평가를 올바로 할 수 있고, 우리식 경제관리방법과 재정사업의 혁신과 같은 김정은 시대의 경제발전전략에 대한 이해를 가능하게 할 수 있을 것 같다.

3) 7·1조치와 시장 동향의 변화

7·1조치는 '가격과 생활비를 개정한 국가적 조치'라는 이름으로 발표되었다. 이 조치는 원가와 가격 간의 불균형, 공급과 수요 및 생활비와 소비생활 간의 불일치 등을 개선하려는 것이었다. 이러한 불균형과 불일치가 계획경제의 확대재생산에 장애를 초래하고 경제 전반과 인민생활에 난관을 초래한다고 보고, 그 낡은 틀을 혁파하려는 것이었다. 7·1조치는 계획경제에 '시장요소'를 반영하여 경제재건에 나서려고 한 점에서 북한 경제사의 분수령이었다.

이 조치는 발표 당시에 상당한 주목을 끌었고 그 여파는 장기간에 걸쳐 나타났다. 김정은 시대의 전략적 노선은 김정일 시대의 선군시대 경제건설노선과 7·1조치의 성과를 발판으로 삼아 전개된 것이라고 할 수 있다. 7·1조치에는 시장요소 외의 요소들도 담겨 있었고 '경제관리 개선+알파'를 통해 경제재건에 나섰다는 점이 중요하다. 7·1조치를 이해하려면 북한 정부가 발표한 가격[368]과 생활비[369]의 개정을 살펴보는 것에서 출발해야 한다.

북한 정부는 7·1조치에서 알곡을 비롯한 농산물의 수매가격을 다시 정하고, 식량가격을 기준(이전에는 석탄과 전력가격 기준)으로 삼아 시초원료, 소비품, 운임과 요금 등의 가격을 전반적으로 개정했다. 근로자들의 생활비도 그에 맞게 지급하는 조치도 취하였다. 가격 개정에서 노동가치뿐 아니라 생산과 소비, 수요와 공급의 '시장신호'(상품-화폐관계의 형태적 이용)를 반영한 점에서 이전의 가격정책과는 완전히 달랐다. 노동가치는 상품생산에 지출된 '사회적 필요노동'을 반영한 가치를 뜻한다.

북한은 2002년 7월에 백미 1kg의 국가수매가를 82전에서 40원으로, 강냉이 1kg는 49전에서 20원으로 대폭 올렸다. 식량수매가를 40~50배 인상한 데 비해 생활필수품 가격은 종전보다 평균 25배 높이고 생활비를 평균 18배 정도 높여 개정한 것으로 알려졌다. 1946년 이래의 식량 저가低價공급제에서는 노동자와 사무원들의 실질 생계비에서 식량 값이 차지하는 몫이 3.5%에 지나지 않았다.

2002년 7월 이후 협동농장에서의 국가수매가에 일정한 부가금을 붙여 식량 공급기준을 초과하지 않는 범위에서 식량을 공급할 경우 근로자들의 실질 생계비에서 식량 값이 차지하는 몫은 50% 정도 되었다고 한다.

북한 정부가 각종 상품의 국정가격을 결정하면서 수요와 공급의 시장신호를 반영한 것은 시장의 활용 의지를 보여 준 것이었다. 다만 이를 '시장경제'라고 단정하면 본질이 왜곡될 수 있다. 시장경제는 자본주의 시장경제와 사회주의 시장경제로 나눠볼 수 있는데 어느 쪽이나 가격의 자유로운 흐름에 따라 생산과 소비가 결정되고 그에 따라 자원의 합리적 분배가 이뤄지는 기조가 유지된다. 시장경제는 수요-공급의 균형화 작용을 중시한다. 북한이 시장신호를 중시한 것도 수요-공급의 균형화 작용의 필요성을 인정했기 때문이고 이를 북한에서는 이론적으로 '상품-화폐관계의 형태적 이용'으로 설명한다. 북한은 시장을 계획경제에 의해 통제되는 범위와 수준에서만 인정하려고 한다. 자본주의하에서의 생산의 무정부성과 시장경제의 비인간성(자본가의 이윤극대화 추구)을 우려하기 때문이다.

시장신호는 사회주의사회에서의 상품-화폐관계를 반영하지만 생산수단의 사회적 소유 및 계획경제의 틀 안에서 제한된 의미를 갖는데 비해, 시장경제는 자본주의 시장경제[370] 혹은 사회주의 시장경제의 무제한적無制限的, 비규제적非規制的 시장으로 해석될 수 있다.

북한은 가격제정 기준을 고치지 않고서는 경제적 실리를 보장하거나 근로자들의 생산의욕을 높이는 것이 불가능하다고 판단했던 듯하다. 국영상점은 상품가격이 낮은 반면에 상품구입이 어렵고, 국영상점에서 판매되어야 할 상품들이 시장으로 흘러가 높은 가격에 거래되는 '잘못된' 구조를 계속 용인할 수 없었던 것이다. 이 '잘못된' 구조는 국가재정의 확보를 어렵게 만들고, 공장·기업소 근로자들로 하여금 노동보수(임금)만으로 생활하기 어려운 지경에 처하게 했기 때문이다.

중앙가격제정기관은 7·1조치에 의거한 지침을 내려 보내 지방과 생산단위들이 자체로 가격을 정하도록 탄력적인 조치를 취하였다. 이로써 어느 정도 현실이 반영된 가격 책정이 가능해졌다.

북한의 한 경제해설서는 "전략적으로 틀어쥐어야 할 일부 중요지표들에 대해서만 국가가 제정하고, 그 밖의 국영경리와 협동경리의 생산물과 연합기업소 간에서 유통되는 생산물, 지방적 의의를 가지는 생산물에 대해서는 국가가 정해준 가격제정 원칙과 방법에 준하여 지방과 생산단위들이 자체로 제정하도록 하는 것이 합리적"이라고 밝히고 있다.[371] 국가가 정한 기준가격을 감안하되 수요-공급에 따라 생산자와 구매자, 기업소와 기업소 간에 가격을 정할 수 있는 여지를 주었던 것이다. 다만 가격변동의 폭이 크지 않도록 했고 가격차 범위는 5~10%로 제한되었다고 한다.

7·1조치는 가격과 생활비 개정에 그치지 않고 공장·기업소에서 독립채산제의 효과적 정착, 경제관리의 합리화, 재정금융체계의 개선, 원에 의한 계산제도 확립, 가격공간의 효과적 이용 등으로 이어졌다. 이 때문에 7·1조치는 경제관리 개선조치 전반을 지칭하는 것으로 인식되었던 것이다.

7·1조치에 따라 시장 동향에도 변화가 나타났다. 북한은 2003년 3월부터 종래의 농민시장을 '시장'으로, 5월에 다시 '종합시장'[372]으로 개칭하고, 농산품과 함께 공산품도 판매할 수 있도록 허용했다. 상설시장인 종합시장은 상인들에게 매대 규모에 따라 시장사용료를 시장관리소에 납부하도록 했고, 매월 시·군 인민위원회에 수입에 따른 국가납부금을 내도록 했다.

시장 상인들에게 세금을 부과한 것은 재정수입 확보를 위한 것만은 아니었다. 북한은 1950년대의 시장 이용·제한 정책에서도 시장의 무분별한 확산을 차단하고 상인들의 자본축적을 막으려고 했던 적이 있었다. 2003년에도 시장을 양성화한 뒤에 단속과 통제에 나섰다. 2005년에 식량배급제의 정상화를 시도했던 것이나, 2007년부터 시장 상행위의 연령 제한, 품목 및 판매액 제한, 개인의 현금 소유액 제한 등의 조치에서는 단속의 강도와 범위가 커졌다.[373] 시장에 대한 압박 강도가 거세질수록 이를 우회하며 상행위에 나선 상인들과 주민들의 대응 방

식도 다양해졌다.[374]

일부 공장·기업소들에서는 자신에게 부여된 시장 참여 권한을 개인에게 양도하고 그 대가를 받는 편법이 나타나기도 했다. 당국으로서도 공장·기업소의 생산 정상화에 도움이 된다면 일시적으로 편법에 눈을 감을 수밖에 없었다. 공장·기업소의 근로자들 가운데 자금력이 있으면 출근 대신에 그에 상응하는 대가를 지불하고 무역이나 장사에 나서는 사례가 늘어났다.

종합시장 인근에서 단속을 피해 장소를 옮겨가며 물건 파는 행위('메뚜기장사'), 골목길 좌판에서 물건 파는 행위('골목장사')를 하거나 시장 판매금지 제품을 팔면 단속대상이 된다. 종합시장에서의 상행위는 철저히 시장관리소의 통제를 받는다. 국영상점에서 생활필수품을 원활히 공급하지 못하는 여건에서 종합시장을 폐쇄하면 암시장 의존도가 높아질 수 있기 때문에 당국은 국영상점의 상품공급 사정을 감안하면서 종합시장에 대한 대책을 조절했던 것으로 관측된다.

시장의 동향과 관련하여, 김정은 시대에 재기한 박봉주 내각 총리의 부침도 의미가 있다. 김정일 국방위원장의 신임을 받던 박봉주가 2007년 4월에 총리직에서 물러난 직후인 5월부터, 당의 주도로 비사회주의적 요소 척결을 내세운 각종 검열이 대대적으로 전개되었다. 2009년에 들어서는 시장 통제가 더욱 강화되었다. 그해 1월에 종합시장을 10일장으로 바꾸었고 뙈기밭을 협동농장에 귀속시키기도 했다. 6월에는 평안남도 도매시장인 평성시장을 닫아버렸다. 같은 해 11월 30일에는 화폐교환이 단행되었는데 이는 개인의 자본축적을 막고 시장을 정상적으로 통제하려는 것이었다. 화폐교환은 상인들이나 암시장 상행위자들에게 타격을 주었지만, 시장가격의 안정화에 영향을 주지 못했던 것으로 알려졌다.

당국의 시장통제 강화는 도리어 기업체와 국영상점을 멈춰서게 하는 역효과를 냈다. 화폐교환 2개월 뒤인 2010년 2월 4일을 기해 당국은 시장 규제를 완화했고, 그 뒤 《5·26 당 지시》를 통해 시장 통제를 철회했다.[375] 2007년 5월부터 2009년 11월 화폐교환에 이르는 기간의 시장

통제 강화를 주도한 책임자로 박남기 당 계획재정부장이 지목됐다. 그는 화폐교환에 따른 대혼란의 책임을 지고 2010년 3월에 퇴진했다.

이런 흐름 속에서 북한 정부는 국영상점의 약화와 시장의 확산에 경계심을 가졌고 국영상점의 개선에 나서게 된다. 그 대책으로 국영상점에 대한 상품보장사업의 조직화, 수입상품의 국영상점 공급, 국영상점의 통폐합 및 일부 상점의 운영주체 변경, 상품의 장기간 적체 현상 일소 등이 시행되었다.[376]

국영상점에 대한 상품보장사업의 조직화 대책으로는 중앙 경공업공장들의 완전가동 대책 수립, 지방 산업공장과 공장·기업소의 생활필수품생산 직장·작업반의 상품생산 증대, 생산제품 중 국가규정량을 제외한 나머지 생산물의 국영상점망 우선 공급 등이 포함되었다. 일부 상점의 운영주체 변경과 관련해서는 무역회사 등 상점을 운영할 수 있는 기관·기업소가 주체가 될 수 있게 바뀌었다. 상품의 장기간 적체 현상 일소를 위해서는 상품광고, 수요공급관계에 따른 상품가격 조절, 봉사활동 개선 등의 조치가 취해졌다.

이러한 국영상점의 개선 대책이 어느 정도 성과를 거두었는지를 외부에서 진단하기에는 정보가 부족하다.

그런 가운데 2012년 초 평양에서 광복지구상업중심이 개장된 것이 눈에 띈다. 식료품(1층), 잡화·의류(2층), 가전제품과 가정용품(3층) 등 광복지구상업중심의 매장 구성은 남한의 대형마트와 흡사하다. 이 슈퍼마켓형 쇼핑센터 모델은 북한의 다른 도시로 확산될 가능성이 있다.

상품관리와 결제 등의 정보시스템을 갖춘 쇼핑센터는 종합시장에 비해 국가관리가 용이하고 주민들이 종합시장보다 이용에 편리하다는 점에서 발전 잠재력이 있어 보인다. 광복지구상업중심의 가격은 시장보다는 싸고 국영상점보다는 비싸게 책정되어 있다고 한다.

광복지구상업중심의 방식을 각 도 소재지에서 새끼치기에 성공한다면 이는 지방의 유통부문 활성화에 기여할 것이다.

4) 소비품 생산체계와 8.3인민소비품생산운동

북한에서 계획경제와 시장이 공존하는 유통 생태계는 그다지 정상적인 것은 아니었다. 시장은 계획경제 내의 설비·자재·전력 등을 유출하거나 절취하는 방법으로 생산기반을 마련하는 한편, 계획경제가 제공하지 못하는 식량·생필품·서비스를 보완해왔다. 계획경제는 재정부족을 메우기 위해 시장의 잉여를 다양한 형태로 가져가고 있다. 시장 확산에 덤으로 따라붙는 부정부패는 계획경제의 물질적 기반을 약화시키고 있다.

1990년대 중반의 경제침체는 계획경제의 핵심요소들을 약화시켰고, 시장 확산과정에서 8·3인민소비품 생산에 영향을 주었다. 공장·기업소들은 계획수행 과정에서 '계획 외 생산'을 자신의 출로로 여겼고, 계획 외 생산에 해당하는 가내작업반과 부업반의 활동은 수공업의 확대를 가져왔다.[377]

북한의 소비품 생산체계는 원래 대규모 중앙공업 체계와 중소규모 지방공업 체계가 공존하고 있었다. 중앙공업은 섬유공업을 위주로 국가의 기본투자가 투입되었고, 생산 공정이 현대적이며 전국적인 소비수요를 보장했다. 지방공업은 지방 자체원료로 식료가공품과 일용품 위주로 생산했으며 지방의 소비수요를 담당했다.

그러다 1984년에 8·3인민소비품생산운동이 시작되면서 중앙공업·지방공업과는 별개로 군중적 소비품 생산체계가 출범하였다.[378] 생활필수품의 생산을 군중적 생산으로 확장한 것은 국가투자를 줄이기 위한 조치였다.

북한 정부는 공장·기업소의 부산물과 폐설물, 지방의 자연·재배 원료를 비롯한 내부 원료원천을 활용하여 자력갱생할 수 있다는 점, 일용잡화를 비롯한 생필품은 설비·자재·노동력을 투자하지 않고 소규모 경리형태로 생산할 수 있다는 점 등에 착안해 8·3인민소비품 생산과 판매에 눈을 돌렸다.

과거에 중앙공업과 지방공업에서는 대량생산을 계획하다보니 잡화 같은 다양한 생활소비품 생산에서 만족스러운 성과를 낼 수 없었다. 북한은 8·3인민소비품생산운동을 통해 가내작업반과 부업반 같은 소규모적인 협동경리의 생산단위에서 소비품 생산을 확대함으로써 부족한 소비품의 수요를 충족시킬 요량이었다.

군중적 소비품 생산체계는 '계획 외 생산'에 해당하며, 사회협동단체소유가 이 시스템의 주력으로 떠올랐다. 8·3인민소비품을 판매하는 직매점이 설치되었고 이곳에서는 상품들이 수요공급에 의해 조절하는 협의가격으로 판매되었다.[379]

<표 1-21>은 북한의 소비품 생산체계를 중앙경공업, 지방공업, 군중적 체계 등 세 가지로 비교한 것이다.[380]

〈표 1-21〉 북한의 소비품생산체계

구 분	중앙경공업 소비품생산체계	지방공업 소비품생산체계	군중적 소비품생산체계
규 모	대규모	중소규모	소규모
계획관계	계획생산	계획생산, 계획 외 생산	계획 외 생산
생산수단 소유	국가적 소유	국가·협동적 소유	협동적 소유
생산자원	국가투자	지방자체 해결	지방자체 해결
역 할	전국수요 충족	지방수요 충족	지방수요 충족
생산수단 수준	현대화, 자동화	반현대화, 반자동화	수공업 위주
배 치	전국 곳곳에	지방에 분산배치	지방에 분산배치
상품유통	국영상점	국영상점, 직매점	직매점
상품가격	국정가격	국정가격	협의가격

8·3인민소비품생산운동은 1990년대 중반의 경제침체 이후 중요한 변화를 맞이했는데, 이는 계획에서 액상(금액)지표를 중요시한데 따른 변화였다. 당초 계획지표에는 현물지표와 액상지표가 있었고 생산량을 현물로 표시하는 현물지표가 중시되어왔다. 생산단위에서 현물지표에 근거한 현물계획 수행에 매진해왔던 것이다.

1990년대 중반 이래 국가의 물자공급체계가 약화되고 생산이 난항에 빠지면서 어쩔 수 없이 액상계획이 받아들여졌다. 계획평가는 액상지표로 바뀌었고 계획수행의 책임 한계가 희미해졌다.[381]

장기적인 경제침체로 현물계획을 수행하기 어려운 기업체들은 액상계획을 택하였고, 식량해결과 경영자금을 자체적으로 확보해야 했다. 기업체들은 자재 조달과 판매처 확보가 어려워지면서 시장을 찾게 되었다. 그 과정에서 8·3인민소비품 생산은 합법적인 경로로 활용되기에 이르렀다.[382]

7·1조치 이전에는 기업체들이 생산품목 결정, 가격제정, 자재조달, 판매 등의 결정에서 계획시스템에 따라야 했다. 7·1조치를 계기로 기업체의 '경영상 상대적 독자성'(자율성)이 장려되었다. 국가가 지정한 중요물자와 전략물자를 생산하는 기업체를 제외한 나머지 기업체들에서 자체로 의사결정을 하는 폭이 넓어졌다. 북한 기업체들은 7·1조치 이전에 이미 8·3인민소비품 생산이라는 합법적 공간을 활용했던 것이다.

중앙경공업에서는 8·3인민소비품의 비중이 낮았기 때문에 이것으로 생산실적을 조절할 여지는 제한적이었다. 이에 비해 지방공업공장들은 8·3인민소비품을 통한 액상지표의 달성이 쉬웠고 이를 통해 경영관리를 변화시킬 여지가 있었다. 기업체들은 부족하거나 필요한 자재를 비공식적인 방법으로 구입해 제품을 생산하고 이를 8·3인민소비품으로 보고했던 것이다. 액상계획이 중시되면서 심지어 공장 전체가 8·3인민소비품만 생산하는 사례도 나타났다고 한다.[383]

공장·기업소들은 액상계획 수행뿐 아니라 식량문제까지 해결해야 하였다. 북한 정부는 1995년부터 공장·기업소들에게 종업원들의 식생활을 자체적으로 해결하라고 지시했다.[384] 공장·기업소들은 다양한 8·3인민소비품을 생산하여 협동농장들의 식량과 교환하거나 직매점과 시장에서 팔아 식량문제를 해결했다.

7·1조치 이후 기업의 자율성이 장려되면서 8·3인민소비품 생산의 활용도는 이전보다 낮아졌다. 공장·기업소들이 '계획 외 생산'과 시장 판매를 할 수 있게 되었기 때문이다. 7·1조치 이후 현금으로 자재를 사올 수 있었고 필요한 곳에 판매할 수 있었다. 한편, 8·3인민소비품생

산운동이 계획경제 영역의 원자재·생산수단·노동력까지 끌어들여 자금을 확보하는 수단으로 활용되기도 했던 점은 변화의 계기였다.[385]

이러한 현상은 공장·기업소에 그치지 않았다. 협동농장들도 자금·자재·노동력 조달 과정에서 시장을 활용하는 사례가 늘어났다.[386] 협동농장들은 필요자금을 조달하기 위해 생산수단(부림소 포함 영농자재, 농업토지, 노동력)을 활용하고 돈주(시장 상인, 화교, 간부 등) 등 외부와의 연계를 강화하는 길을 모색했다.

일부 농장들은 생산물의 시장 처분으로 자금을 마련해도 상당 부분을 자재 구입을 위해 빌린 돈을 상환하는데 쓰고 각종 준조세를 납부하기에도 빠듯한 실정이다. 또한 영농자재시장에서 필요량의 상당 부분을 유상 구입하거나 생산수단을 처분·유용함으로써 자재(또는 자재 구입 자금)를 마련하고 있다고 한다.

일부 협동농장들에서는 외부인(도시민)을 상대로 농업 토지를 제공하고 수확물의 일부를 대가로 받는 식의 위탁영농을 늘렸다. 농업 토지 중에 비非경지를 생계 곤란자에게 위탁 영농하는 형태는 이전에도 있었지만, 지금은 자금력과 영농능력을 갖춘 개인들에게 경지를 위탁하여 노동력과 자금 조달을 동시에 해결하고 있다. 농장의 노동력 관리체계는 유지되고 있으나 노력일 평가와 근무태도 관리 등은 예전보다 완화되고 있다고 한다.[387]

<그림 1-3>은 협동농장에서의 계획실행 단계의 행동양식의 변화를 1995년 경제침체의 이전과 이후로 나눠 정리한 것이다.[388]

농업부문에서의 시장화의 영향은 영세 자급농에서 상업영농으로의 점진적 이행, 시장을 매개로 한 도시와 농촌의 직접 연계 확대, 선先 소비재시장, 후後 생산재시장의 발달 등으로 이어지고 있다는 분석도 있다.[389] 다만, 농업부문의 시장화 영향이 뚜렷하게 나타난다고 할지라도 이러한 분석이 대부분 북한이탈주민들의 증언에 의한 것이고, 농업의 전략적 성격에 의해 농정당국의 규제가 강화될 수도 있다는 점을 감안하여 여전히 세밀한 관찰과 데이터 확보가 필요하다고 생각한다.

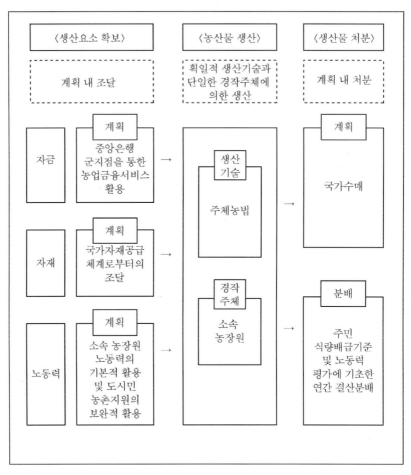

〈그림 1-3〉 협동농장에서의 계획실행 단계의 행동양식 - 경제침체 이전

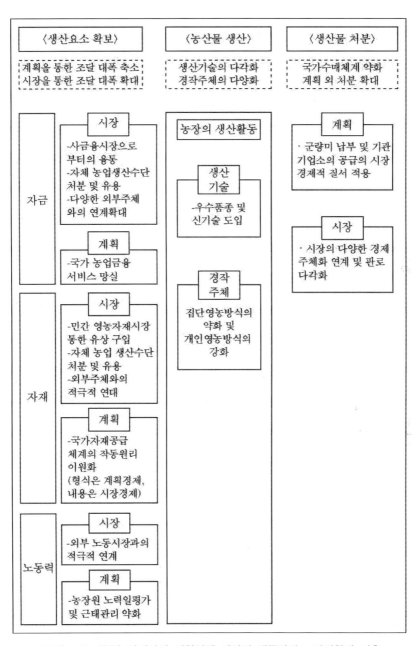

〈그림 1-3〉 협동농장에서의 계획실행 단계의 행동양식 - 경제침체 이후

5) 계획과 시장의 공존 : 가계와 기업

북한에서 계획부문과 시장의 공존은 가계와 기업에서 구체적으로 작동한다. 가계는 소득과 식량·생필품 확보 과정에서 계획부문과 시장에 걸쳐 있다. 소속 직장에서 노동력을 제공하고 임금소득을 얻으며, 시장에서의 상행위로 현금수입을 확보한다.

가계는 현금 수입으로 계획부문(배급제 및 국영상점)에서 식량·생필품을 확보하거나 종합시장 등에서 구매한다. 개별 가계에 따라 계획부문과 시장이 차지하는 비중은 다르다. 간부들이라면 계획부문의 비중이 높고 일반 주민들은 시장의 비중이 높을 것으로 추정된다.[390] <그림 1-4>는 계획부문과 시장의 공존 형태를 가계의 측면에서 표현한 것이다.[391]

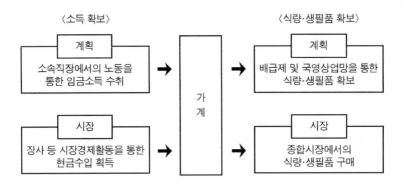

〈그림 1-4〉 계획과 시장의 공존 형태: 가계의 측면

기업은 생산요소 확보와 생산물 처분 과정에서 계획부문과 시장에 걸쳐 있다. 기업은 계획부문(국가재정 및 은행)에서 자금을 확보하고 생산물의 시장 판매를 통해 현금수입을 획득하거나 돈주 등 개인의 대부와 투자에 의해 현금을 확보한다. 북한 정부의 입장에서 보더라도 돈주의 자금은 장롱에 두거나 시장에 투자하기보다는 제조업에 투자하도록

하는 것이 바람직할 것이다.[392]

돈주들이 제조업에 투자하는 과정에서 개인상공업자 또는 '붉은 자본가'로 성장할 소지가 전혀 없는 것은 아니다. 북한 정부는 이에 대한 대책으로 돈주들을 국영기업 내부로 흡수하거나 국영기업의 하청업체(수직계열화) 또는 투자협동조합의 형태를 인정해 기업 경영활동을 보장하는 방법 등을 고려할 수 있겠는데, 이와 관련된 조치들은 나타나지 않고 있다.

북한 기업은 계획부문(국가계획체계의 원자재 공급망)으로부터 원자재를 주로 조달하며, 다른 기업 또는 생산재시장에서 원자재를 구매하기도 하고 임가공 의뢰인에게서 원자재를 공급받기도 한다.

기업은 자금과 원자재로 제품을 생산하고 그 생산물을 계획체계에 따라 다른 기업 또는 국가 상업망에 넘길 수 있다. 종합시장 등에서 생산물을 판매하거나 임가공의 의뢰인에게 인도하는 것도 가능하다.

개별 기업의 사정에 따라 생산요소 확보와 생산물 처분 과정에서 계획부문과 시장이 차지하는 비중은 다르다. 국가적으로 중요도와 우선순위가 높은 기업에서는 계획부문의 비중이 높고, 이와 반대의 경우에는 시장의 비중이 높을 것으로 추정된다.[393] <그림 1-5>는 계획부문과 시장의 공존 형태를 기업의 측면에서 표현한 것이다.[394]

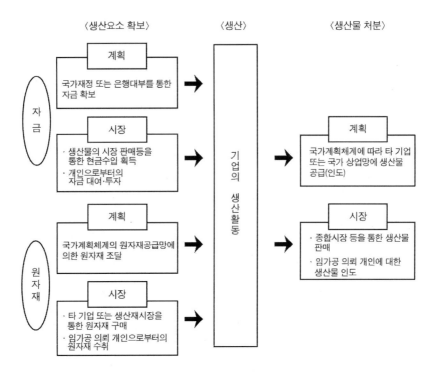

〈생산요소 확보〉　　　〈생산〉　　　〈생산물 처분〉

　　　　　계획
국가재정 또는 은행대부를 통한
자금 확보

　　　　　시장
· 생산물의 시장 판매등을
　통한 현금수입 획득
· 개인으로부터의
　자금 대여·투자

자금

　　　　　계획
국가계획체계의 원자재공급망에
의한 원자재 조달

　　　　　시장
· 타 기업 또는 생산재시장을
　통한 원자재 구매
· 임가공 의뢰 개인으로부터의
　원자재 수취

원자재

기업의 생산활동

　　　　　계획
국가계획체계에 따라 타 기업
또는 국가 상업망에 생산물
공급(인도)

　　　　　시장
· 종합시장 등을 통한 생산물
　판매
· 임가공 의뢰 개인에 대한
　생산물 인도

〈그림 1-5〉 계획과 시장의 공존 형태: 기업의 측면

　북한에서 계획부문과 시장은 보완과 대체의 기능을 갖고 있다. 시장
은 그 물질적 토대의 상당 부분을 계획부문에 의존한다. 시장은 계획
부문의 각종 설비, 원자재, 부품, 전력 등을 유출하는 형태로 자신의
생산기반을 확보하는 것이다. 시장은 계획부문이 제공하지 못하는 식
량과 생필품을 제공함으로써 기능적으로 계획부문을 보완한다.

　계획부문은 시장에서의 각종 잉여를 조세 또는 준조세로 흡수해 재
정기반을 보충한다. 북한 정부는 시장이 창출한 경제잉여의 상당 부분
을 계획부문에 편입하려고 하기 때문에 시장 자체의 내부 축적은 쉽지
않다. 계획부문은 시장에서의 잉여를 생산적 활동에 주로 사용하지만
소비적 활동에 사용될 가능성도 있다.[395]

　계획부문과 시장이 공존하며 보완과 대체의 기능을 수행하기 때문

에 시장 통제가 이전처럼 빈번하게 나타나지는 않을 전망이다. 다만 이러한 공존구조는 중공업보다는 경공업에서, 중앙공업보다는 지방공업에서, 생산재보다는 소비재 부문에서 주로 작동할 것이다. 중공업과 중앙공업과 생산재 부문에서 계획부문이 압도적으로 높은 비중을 차지함에 따라 시장의 영향은 그리 크지 않을 것이다.

인민경제 선행부문이나 중요 공업부문에서는 시장 의존도가 미미하거나 아예 없는 경우도 있다는 점을 놓쳐서는 안 된다. 이런 점을 고려한다면 북한의 경제시스템에서 소비재시장뿐 아니라 부분적으로 생산재시장이 활성화되더라도 '시장경제'라는 표현을 사용하는 것은 적절치 않아 보인다. 국가경제 전반에서나 생산·유통·소비과정에서 계획부문이 차지하는 비중이 여전히 압도적으로 높은 데다가 북한 경제당국이 '시장경제'를 수용하지 않기 때문이다.

6) 종합시장 운영과 《인민경제계획법》《기업소법》《농장법》

북한의 종합시장은 시장관리소 건물, 시장울타리, 매대, 지붕(전체·부분 덮개형), 자전거보관소, 짐보관소, 화장실, 정문, 후문 등으로 되어 있다. 북한이탈주민들의 증언에 따르면, 시장이 제도적으로 허용되고 현재 모습을 갖추기 시작한 것은 2000년대 초반이었다. 북한 정부는 2003년에 종합시장 개설을 허용한 뒤 기존의 장마당을 대대적으로 정비(신축 개축 증축)하며 '○○시장'이라는 이름을 사용하기 시작했다.[396]

시장은 전국적으로 거의 유사한 관리체계에 의해 운영된다. 시장 관리는 해당 지역의 인민위원회 상업관리국(혹은 상업부)에서 담당한다. 상업관리국은 해당 지역 시장관리소 소장을 비롯하여 시장관리원 등 직원들에 대한 임명권을 갖고 있다. 《내각결정 제24호》와 《내각결정 제27호》는 시장의 기본 규정을 담고 있다. 이를 간단히 정리한 것이 <표 1-22>이다.

<표 1-22> 북한 시장의 기본 규정

구분	규정	책임기관
시장 명칭	- 시장이 위치한 해당 지역이나 '리'의 지명을 따름.	상업성, 도인민위원회, 해당기관 책임
시장 건설	- '시장표준설계'에 기초하여 건설	국가건설감독성, 도인민위원회, 해당기관 책임
건설 소요자금	- 해당 시장이 위치하는 지방의 예산과 군중적 자금원천을 동원하여 해결	재정성, 도인민위원회, 해당기관 책임
시장관리소 조직		재정성, 상업성, 도인민위원회, 해당기관 책임
시장사용료 결정		상업성, 재정성, 도인민위원회, 해당기관 책임

북한의 시장관리는 중앙당이 내각 상업성에 지시하고, 상업성은 도·시·군 인민위원회 내 상업관리국에 지시하는 체계로 이뤄져 있다. 해당 지역의 상업관리국이 시장관리소에 지시를 내린다. 시·군 인민위원회 상업관리국이 해당 지역의 시장과 관련된 업무 전반을 책임지고 시장관리소에 대한 통제와 관리를 담당한다. 청진 수남시장을 예로 들면, 청진시 인민위원회 상업관리국에서 수남시장 시장관리소 임원을 선출하는데, 시 당위원회의 결정에 따라 시장관리소장이 결정된다고 한다.[397]

북한 전역에서 시장관리소의 구조는 유사하다. 행정업무 전반 사업을 책임진 시장관리소장, 부기 혹은 은행거래를 담당하는 출납원 혹은 부기원, 시장과 매장을 관리하는 시장관리원, 장세 징수업무를 담당하는 장세관리원, 자전거보관소 업무를 담당하는 자전거보관원, 창고의 짐 보관을 담당하는 창고보관원, 시장 경비를 담당하는 시장경비원 등이 업무를 분담하고 있다.

지역에 따라 시장관리소 구조가 약간씩 다를 뿐이다. 직함와 직무 명칭이 다르거나 같은 명칭이라도 담당업무가 다를 수 있다.[398] 시장에서 가장 중요한 부분은 상인들이 자신의 상품을 진열해 판매하는 매대,[399]

상인들과 소비자들의 자전거를 보관하는 자전거보관소,[400] 상인들의 각종 상품과 다양한 짐을 보관하는 짐보관소[401] 등이다.[402]

북한 정부는 시장의 중요성이 커지는데 따라 계획화 체계에 시장을 어떻게 편입시킬 것인지에 골몰해온 것으로 관측된다. 김정은 시대에 들어와 《인민경제계획법》, 《기업소법》, 《농장법》 등을 수정 보충한 것을 보면, '변화하는 현실적 조건에 맞게'('시장 활성화 등의 조건에 맞게'라는 의미로 독해 가능) 계획화 체계를 변경하고 기업체와 협동농장의 생산자대중들의 역할을 높이는 방향으로 전환해오고 있다. 국가가 개입하는 중앙지표와는 달리 기업소지표·농장지표와 관련된 원자재는 계획부서로부터 공급받을 수 없어 시장에서 시장가격으로 구입해야 하고, 이것으로 생산한 제품에 대해서는 '원가 보상의 측면'을 감안해 시장가격으로 책정한다.

《기업소법》은 기업소지표에 의한 생산제품, 수요자와의 주문계약에 의한 생산제품 등 기업소가 원자재를 구입해 생산한 제품에 대해서는 기업소 자체의 가격결정권을 부여하는 동시에, 시장을 비롯해 각종 도소매기관 등 모든 유통망에서 판매할 수 있는 판매권한을 부여하고 있다.

《농장법》은 농장지표에 의한 농산물과 농장이 결정한 부업생산물에 대해서는 가격결정권과 판매권한을 농장에 부여하고 있다. 기업소와 협동농장으로 하여금 시장가격으로 판매할 수 있는 길을 터준 것이다.

이에 상응해 《인민경제계획법》에서는 주문계약을 허용했다. 주문계약은 국가계획에 의해 사전에 정해진 것이 아니라 수요자와 공급자가 자율적으로 거래하는 계약이고, 이 거래는 시장가격으로 이뤄지는 것을 상정한 것이다. 이에 따라 기관·기업소는 서로 원자재를 공급하고 공급받을 수 있게 되었다. 이 거래도 시장가격으로 이뤄지고 현금거래 방식의 대금결제도 가능해졌다.

개정 법령들에서 시장이나 시장가격을 거론하지는 않지만 내용적으로는 시장이나 시장가격을 뜻하는 경우가 있다는 점에 유의할 필요가 있다. 2002년의 7·1조치에서는 기업실적의 평가지표로 '번수입지표'를 도입해 '계획 외'의 생산과 유통의 일환으로 시장 활동을 인정한 적이 있었다.

김정은 시대의 '우리식 경제관리방법'에서는 번수입지표를 없애고 기업소지표와 농장지표를 통해 시장을 국가계획화 체계에 편입시켰다.[403] 이러한 변화는, 북한에서 이론적으로 정립되어온 사회주의사회의 과도적 성격에 따른 '상품화폐관계의 형태적 이용'과 '가치법칙의 활용'이 현실경제에 본격적으로 도입되는 게 아닌가 하는 생각을 갖게 한다. 여기서 '가치법칙의 활용'이란 원가·가격·수익성 같은 경제적 공간의 올바른 이용을 말한다(《사회주의헌법》 제33조).

시장이 인민생활의 불가결한 요소로 자리매김 되면서 인민들 사이에서 시장 체험이 늘고 시장 적응력이 높아진 것으로 관측된다. 북한 전역에서 시장이 확대되면서 소비재시장, 생산재시장, 금융시장, 노동시장의 연관성이 커지고 상인계층[404]이 늘어나고 있다. 농산물시장은 곡물시장, 채소시장, 축산물시장, 과일시장 등을 중심으로 고도화 되면서 주식 일변도에서 부식, 기호성 먹거리 등의 중시로 변화되고 있다. 아울러 영농자재시장과 식품원료 및 식자재시장도 형성되고 있다.[405]

시장화의 진전은 소유권에서도 제한적이나마 변화를 가져오고 있다. 상점, 식당, 당구장, 가라오케 등 서비스업에서 개인자금이 진출할 수 있는 공간이 넓어지면서 소규모 개인서비스업이 확대되고 있다. 공장, 무역회사, 상점, 식당 등 공식부문에 개인자본 투입이 확대되는 경향도 부분적으로 나타난다. 특히 종합시장의 허용 이후 각종 국가납부금 및 사용료가 제정되면서 국가재정수입이 보충되고 있다.[406] 다만, 이러한 새로운 동향에 따른 국가재정수입이 전체 재정에서 어느 정도 비중을 차지하는지는 알 길이 없다.

계획경제와 시장의 공존은 김정은 시대의 전략적 노선에 중요한 영향을 미치는 변수이며, 그 공존은 앞으로도 심화될 것이다. 시장사회주의에는 반대하면서도 시장신호와 시장요소는 중시하면서 시장 확대의 길에 나선 북한이, 주체경제학 이론의 '상품-화폐관계'의 이용과 '시장의 지위와 역할'과 관련하여 '우리식' 걸음을 잘 걸어갈 것인가? '우리식'에 담긴 다양한 혁신적 실험 조치들이 계획경제와 시장의 관계에서 어떤 현실을 가져올 것인가? 계획경제와 시장의 공존에 대한 북한 안팎의 시선은 앞으로도 뜨거울 수밖에 없다.

4. 강성국가건설론과 새 세기 산업혁명

"경제발전은 선진기술을 습득하고 숙달하는 것과 관련이 있다. 물론 이론적으로는 한 나라가 자체적으로 기술을 개발할 수 있다. 하지만 북한의 사례에서 보듯이 이런 기술 자급자족 전략은 곧 벽에 부딪치게 마련이다. 때문에 경제발전에 성공한 나라들의 사례에서는 하나같이 선진적인 외국의 기술을 습득하고 숙달하기 위한 진지한 노력들이 돋보인다. 그러나 선진국에서 기술을 수입하려면 개발도상국들은 (기술특허나 기술자문 용역 같은) 직접적인 방식으로든 (더 좋은 기계의 구입 같은) 간접적인 방식이든 해당 기술의 구매에 필요한 외화를 손에 쥐고 있어야 한다.

그리고 여기에 필요한 외화는 (외국원조 같은) 부자 나라들의 선물 형태로 제공될 수도 있지만, 대부분은 수출을 통해 벌어들여야 한다. 따라서 무역이 없이는 기술발전이 있을 수 없고, 기술발전이 없으면 경제발전이 있을 수 없다." [407]

'기술발전이 없으면 경제발전이 있을 수 없다'는 명제는 충분히 받아들일 수 있다. 그러나 '무역(선진기술 도입)이 없이는 기술발전이 있을 수 없다'는 명제는 심층적인 논의를 필요로 한다.

기술구매와 그에 필요한 외화보유(수출)를 중시해야 한다는 충고는 북한에도 적용된다. 북한도 외국의 선진기술 도입을 중시한다. 다만 기술도입만으로는 부족하고 자국 내에서 과학기술발전에 매진해 전반적인 산업기술발전을 이뤄야 하고, 생산 공정의 자동화·무인화·유연 생산체계 등에 필요한 자체의 능력을 키워야 한다. 외국의 기술특허와 기술자문 용역이나 기계구입 같은 것이 불가피하지만 그 의존도를 낮출 수 있으면 낮추는 것이 바람직하다. 21세기의 산업특성상 기술종속은 또 다른 종속을 불러 올 수 있기 때문이다. 이러한 사정을 염두에 두면서 기술발전을 요체로 삼는 북한의 강성국가 건설론과 새 세기 산업혁명의 정책담론을 살펴보기로 한다.

북한은 자신을 사상정치강국·군사강국으로 여긴다. 북한은 다른 사회주의체제의 붕괴에도 불구하고 자신이 살아남은 것은 사상정치강국이기 때문이라고 평가한다. 그들은 사상정치강국의 동력은 사상전과 일심단결에 있고 그 바탕에는 유일사상과 유일적 영도체계가 작동한 다고 믿는다. 그들은 또한 핵무기와 대륙간 탄도미사일ICBM의 개발로 군사강국에 진입했다고 판단한다.

북한은 자신에게 남은 과제는 사회주의경제강국을 건설하는 것이라 고 생각한다. 경제강국 건설이 그들의 전략적 목표일 수밖에 없다. 김 정일 시대의 선군시대 경제건설노선, 김정은 시대의 경제건설과 핵무 기건설 병진노선과 경제건설 총력집중노선 등은 모두 사회주의강성국 가 건설이론의 시대적인 변주變奏이다.

사회주의강성국가 건설이론은 '강성대국' 담론에서 출발했다. 조선 로동당 기관지 『로동신문』은 1998년 8월 22일자 정론에서 강성대국 담론을 선보였다. 정론은 "우리 혁명에서 새로운 전환적 국면이 열리 는 오늘의 장엄한 역사적인 시기에 우리 앞에 나선 가장 신성한 목표 는 강성대국 건설"이며, 이는 "사상강국을 만드는 것부터 시작하여 군 대를 혁명의 기둥으로 튼튼히 세우고 그 위력으로 경제건설의 눈부신 비약을 일으키는 것"이라고 밝혔다. 강성대국 건설이 국가발전전략임 을 선언한 것이었다.[408]

이 정론이 나온 때는 고난의 행군이 막 결속될 무렵이었다. 북한에 게 1998년은 경제침체를 이겨내고 공장·기업소에서 생산 정상화로 전 환하겠다는 원력願力을 세운 원년元年이었다고 할 수 있다.

1) 강성대국 건설이론의 등장과 부국·강병

천리 길도 한 걸음부터인가? 김정일 국방위원장은 고난의 행군을 이겨내고 경제재건의 걸음을 걷자고 인민들을 설득해야 하는, 바로 그 무렵에 사회주의강성대국 건설의 전략적 방향을 제시함으로써 거문고 의 줄을 바꾸는 듯한 해현경장解弦更張에 나섰다.

『로동신문』은 1998년 9월 9일에 정권수립 50주년 기념사설 "위대한 당의 령도 따라 사회주의강성대국을 건설해나가자"를 발표했다.[409] 경제침체의 고통을 뒤로 하고 강성대국 건설에 나서겠다는 의지는 이해될만한 것이었지만, 외부에서는 '내부 선전용'으로 치부했다. 그만큼 고난의 행군이 가혹했기 때문이다.

북한은 1999년 정초에 3대 기관지(『로동신문』『조선인민군』『청년전위』) 신년공동사설을 통해 "강성대국 건설에서 새로운 진격로를 열어놓기 위해서는 우리식의 혁명방식을 철저히 구현해 나가야 한다"고 강조했다. 그로부터 수년 간 김정일 국방위원장의《신년사》를 대신한 신년공동사설에서 강성대국 건설의 전략적 지향은 줄곧 강조되었다.[410]

곤고한 시대를 끝내려는 김 위원장의 구상에는 강성대국 건설에의 의지가 집약되었지만 그 당시 외부에서는 수사적修辭的 담론으로 보는 경향이 강했다. 북한 내부에서는 분위기가 완전히 달랐다. 강성대국 건설에 나선다는 의지가 사회 곳곳으로 번져나가기 시작했다.

북한 학자들은 강성대국론을 다음과 같이 정리했다.[411] 사상강국은 '온 사회가 하나의 사상, 수령의 사상으로 일색화되어 사상의 위력으로 존재하고 발전하는 나라'를 뜻하는데, 사상강국에 주력한 이유는 '사회주의국가의 위력이 사상에 의해서 규제되기 때문'이라는 설명이었다.

정치강국은 '영도자의 주위에 전체 인민이 철석같이 일심 단결된 튼튼한 정치적 역량에 의거해서 철저한 자주정치를 실시하는 나라'를 뜻하는데, '자기 나라 혁명, 자기 인민의 이익을 첫 자리에 놓고 견결히 옹호하며 모든 문제를 자기 실정에 맞게 자체의 힘에 의거하여 풀어나간다'는 정신이 북한을 지배한다는 것이었다. 북한은 '대외관계에서 완전한 자주권과 평등권을 행사'하고 있고 '인민대중의 자주성을 철저히 옹호하고 실현하며 사회주의 강성대국을 정치적으로 확고히 담보'하는 방향으로 전진해나가고 있다는 주장을 폈다.

군사강국은 '어떠한 제국주의자들의 무력침공도 일격에 타승하고 나라의 자주권과 존엄을 지킬 수 있는 강대한 군사력을 가진 무적 필승의 나라'를 말하는데, '강력한 자위적 무장력과 그를 핵심으로 하는 전인민적, 전국가적 방위체계가 튼튼히 확립되고 군대와 인민의 혼연일체가 이루어진 막강한 군사대국'이 북한이라는 것이었다.

그리고 경제강국은 '자립적 민족경제의 튼튼한 토대 위에서 끊임없이 발전하는 나라'를 일컫는데, '자립성과 주체성이 철저히 보장된 민족경제를 가진 나라', '경제의 모든 부문이 현대화되고 모든 생산과 경영활동이 과학화되어 있는 나라'가 북한의 지향점이라는 것이었다. 기둥 줄거리는 간요簡要하다.

사상정치강국은 유일사상과 유일적 영도체계를 다루는 부분에서 이미 검토한 바 있기 때문에 여기에서는 군사강국과 경제강국을 다루기로 한다.

김정일 국방위원장은 고난의 행군을 수습하던 1998년부터 선군정치를 제창하기 시작했다.[412] 북한에서는 선군정치의 등장에 대하여 제국주의자들과의 정치군사적 대결에서 '우리식 사회주의'를 수호하는 것과 연관시켜 설명한다. 선군정치의 배경을 들여다보면 국가적·사회적 위기 아래 당의 기능 약화에 따른 사회적 기강 확립의 필요성, 사회주의강성대국 건설을 위한 정책의 실현, 미국과의 대결 격화에 따른 군사력 강화(핵·미사일 등 전략무기 개발)의 필요성 등이 놓여 있었다.

수령의 사망에 따른 인민들의 충격과 심리적 공황, 식량부족과 경제침체로 사회시스템이 정상적으로 작동되지 못한 여건에서 김 위원장은 군대를 전면 배치하지 않을 수 없다고 생각한 것으로 보인다. 이런 환경에서 당-인민의 일체감에다 군대-인민의 일체감을 덧붙인 담론이 급부상한 것은 자연스러운 일이었다.

선군정치에서는 혁명적 군인정신과 돌격대 정신, 혁명의 수뇌부를 결사 옹위하는 '총폭탄' 정신이 일상화되었다. 1998년 9월에 수정 보충된 《사회주의헌법》은 선군정치를 국가기구체계에 반영하는 계기였다. 헌법의 수정 보충에서 국방위원회는 지위와 구성, 임무와 권한(최고군사지도기관, 전반적 국방관리기관)의 면에서 최고인민회의 상임위원회, 내각, 사법검찰기관 등의 여타 기관보다 상위上位에 놓이게 되었고, 국방위원장은 정치·군사·경제 등 모든 부문을 총체적으로 영도하는 최고영도자의 지위를 갖게 되었다.

선군정치의 등장에 따라 당의 위상이 바뀌었다는 연구가 외부에서 더러 등장했지만,[413] 사회 전반에 대한 당적 지도가 근본적으로 뒤흔들린 것은 아니었다. 지방의 당 조직들이 제대로 기능하지 못하는 분위기 하에서 군대 안의 당 조직은 조직·정치사업을 그런대로 수행했고, 이것이 선군정치의 토대가 되었다. 조선인민군이 '수령과 당의 군대'였기 때문에 그나마 가능한 일이었다.

실제로 김정일 총비서는 군대의 통제력에 의해 사회적 안정을 어느 정도 되찾고 경제회복의 기미가 보이자 2002년부터 당의 기능을 정상화하는 조치를 취했다. 이로써 당-군관계는 이전의 전통적인 관계로 되돌아갔다.[414]

선군노선은 사회주의 강성대국 건설이론과 닿아 있으며 부국富國(경제강국)과 강병强兵(군사강국)의 두 마리 토끼를 잡으려는 것이었다. 선군정치는 체제 안정의 사상정치적 기능을 넘어 안보적 기능과 경제발전의 기능을 포괄했다. 사상중시·총대중시·과학기술중시는 강성대국 건설의 3대 기둥이었으며, 그 기본정신은 김정일 시대를 넘어 김정은 시대에도 관통되고 있다.

장기간의 경제침체에 시달린 인민들에게 부국 구호는 '받아들여질 만한' 시대적 요구였다. 강병 구호는 북한에서 중장거리 미사일 개발과 발사시험, 핵무기 개발과 실험을 정당화했다.[415] 김정일 위원장을 비롯한 영도집단은 어려운 환경에서도 전략무기 개발에 집중했고, 짧은 시간 안에 대륙간 탄도미사일ICBM과 핵무기 보유에 성공함으로써[416] 자신이 추구해온 강병의 목표에 어느 정도 도달할 수 있었다. 남은 과제는 부국이었다. 이 과제는 만만치 않을뿐더러 많은 시간을 요구하는 것이자 새로운 도전이었다.

2) 사회주의강성국가의 목표와 경제관리 개선

2006년 10월 9일은 북한에게 '운명의 날'이었다. 그날의 핵실험 이전과 이후는 정책지향이 다를 수밖에 없었고, 남한과 주변 국가들의 대응도 달라지지 않을 수 없었다. 북한은 2007년 이후 부국富國의 발걸음을 재촉하기 시작한다.[417] '강성대국' 담론은 '사회주의강성국가' 건설로 바뀌었다. 국제사회의 강대국 이미지와 자국의 이미지가 동떨어져 있고, 지난날 중국·소련과 불편하던 시기에 대국주의大國主義를 비판하던 역사도 있어서 '대국' 표현을 버린 것으로 추정된다.

국제사회에서는 스웨덴·아일랜드·네덜란드·핀란드·스위스·싱가포르 같은, 나라 규모는 작지만 경제적으로 부유하고 강한 나라를 강소국強小國이라 한다. 강소국들은 첨단산업 부문의 발전과 높은 국민소득, 국가비전과 지경학적地經學的 이점 등의 특징을 보이고 있다.

북한도 사회주의강성국가라는 목표 아래 실제로는 이러한 강소국을 지향할 개연성이 있다. 도널드 트럼프 미국 대통령이 김정은 리더십 아래에서의 발전 잠재력과 북한 인민들의 능력, 지경학적 이점을 간혹 언급하는 것도 이와 무관하지 않은 것 같다. 다만 강소국들은 하나같이 세계에 열려 있는 나라들이다. 강소국들과 분명한 차이가 있지만 북한이 '사회주의강성국가'를 모토로 내건 것이 심상한 일은 아니었다.

북한의 사회주의강성국가의 정책목표에 대하여, 조선로동당이 출판한 한 도서는, 자립성과 주체성이 철저히 보장된 민족경제 수립, 모든 경제부문의 현대화·정보화 수립, 인민의 풍요로운 물질문화생활 향유, 강력한 자위적 군사력에 의한 안보유지 등이 그 목표라고 정리한 바 있다. <표 1-23>은 이 목표를 실행하기 위한 원칙과 중점과제를 정리한 것이다.[418]

모든 경제부문의 현대화·정보화 실현과 관련해 현대적인 과학기술에 기초한 자력갱생을 강조한 점이 눈에 띈다. 사상·총대 중시와 함께 과학기술 중시가 강조되어온 점에서 이것은 예견된 일이었다. 다만 자력갱생의 원칙이 강성국가 건설의 모든 기간, 즉 선군시대의 경제건설노선에서부터 경제건설과 핵무력건설의 병진노선을 거쳐 경제건설 총력집중노선에 이르기까지 견지된 측면에서 보면, 북한은 여러 강소국들과는 다른 길을 걸어가겠다는 뜻을 갖고 있는 것으로 보인다.

〈표 1-23〉 사회주의강성국가의 정책목표별 원칙과 중점과제

정책목표	원칙과 중점과제
기본전제	- 생산수단의 사회적 소유에 기초한 경제강국 - 물질적 부의 풍부한 창조 - 인민의 요구와 이익에 의한 분배
자립성과 주체성이 철저히 보장된 민족경제 수립	[원칙] 자력갱생 (자급자족적 경제, 폐쇄경제와 차별화) [과제] - 다방면적이고 조화로운 경제구조 - 자체의 원료·연료·동력기지 - 자국 실정에 맞는 자기 방식 - 자기 인민에 복무하는 경제
모든 경제부문의 현대화·정보화 실현	[원칙] 현대적인 과학기술에 기초한 자력갱생 [과제] - 모든 경제부문이 현대적 기술로 장비 - 모든 생산·경영활동이 정보적 과정으로 진행 - 국가경제 발전속도 가속화 - 모든 경제부문에서의 실리 보장
인민의 풍요로운 물질문화생활 향유	[과제] - 모든 근로자의 안정된 일자리 보장 - 사회주의분배 실현 및 국가적 추가혜택 제공
강력한 자위적 군사력에 의한 안보유지	[과제] 자체의 위력한 국방공업체계 수립

북한 학자들의 논의를 일별하면, 강성국가 건설의 원칙과 방향은 '우리식'과 자력갱생의 원칙, 실리주의實利主義 원칙과 기술개건, 과학기술 중시정책 등으로 요약된다.

우리식의 원칙에는 정치도덕적 자극을 확고히 앞세우면서 물질적 자극을 적절히 결합하는 것, 계획경제의 관리원칙을 확고히 견지하면서 경제적 공간槓杆(경제단위의 경영활동을 계산하고 통제하며 자극하기 위한 수단)을 올바로 이용하는 원칙을 일관성 있게 견지하는 것, 제기된 문제들을 사회주의계획경제의 우월성에 의거한 중앙집권적 원칙에서 선후차先後次를 가려 집중적으로 해결해나가는 것, 경제토대

와 경제구조를 살리고 그것을 효과적으로 이용하며 모든 것을 자체의 실정에 맞게 풀어나가는 것 등이 포함된다.[419] 우리식에는 '결합의 원리'가 곳곳에 배여 있음을 알 수 있다.

북한은 자력갱생으로 공업잠재력과 내부예비를 적극 탐구 동원하여 동력(에너지)문제를 풀고 원료와 자재를 자체로 해결하여 생산을 정상화해 나가면 얼마든지 강성국가를 일떠세울 수 있다고 강조해오고 있다.[420]

북한이 중공업우선 정책과 자립적 민족경제건설노선을 자력갱생의 원칙과 결부시킨 시원은 1960년대로 거슬러 올라간다. 현 시기에는 자력갱생을 과학기술 중시와 결부시키고 있다는 점에서 그 기조에 중대한 변화가 일어나고 있음이 확인된다.

김정일 시대의 북한은 우리식과 자력갱생의 원칙을 강조하는 한편, 경제관리 방법에서는 실리주의를 강조함으로써 혁신의 지렛대를 마련하였다. 자본주의 시장경제를 배격하고 사회주의적 원칙을 지키면서 최대한 실리를 보장하는 방향으로 나아가겠다는 것이었다.

'중국 특색의 사회주의'라는 이름 아래 진행된 중국의 경제개혁과 시장사회주의를 실용주의實用主義노선으로 지칭해왔는데 북한은 개혁이나 실용주의라는 용어를 피하면서 실리주의를 내걸고 '나 홀로의 길'을 가고 있는 것이다. 이 길은 중앙집권적인 통일적 지도의 틀 내에서 개별 생산단위의 책임성과 창발성을 높여 생산성과 효율성을 증진하는 것에 집중하겠다는 것이었다.[421]

1999년 4월에 제정된 《인민경제계획법》에 실린 "국가는 사회주의 경제법칙과 현실적 조건을 옳게 타산하여 과학성, 현실성, 동원성이 보장된 인민경제계획을 세우고 계획실행규율을 강화하며 경제사업에서 실리를 내도록 한다"(제6조)는 규정은 북한 정부의 경제적 사유의 단면을 보여준다. 북한의 한 경제학자가 실리주의 원칙을 구현하기 위한 과제로 제시한 다음 몇 가지는 실리주의의 방향성을 잘 보여준다.[422]

- 모든 공장·기업소에서 최소한의 지출로 최대한의 이익을 내고 추가적인 이

익과 전망적인 이익의 견지에서 실제적인 이익을 얻는다.

- 경제관리를 현실적 조건에 맞게 과학적으로 합리적으로 해나간다.
- 과거의 것을 고집하지 말고 변화하는 환경과 조건에 맞게 생산과 건설을 효과적으로 해나간다.
- 현실발전의 요구에 맞게 공업구조를 변경시킨다.
- 제품의 질을 높이기 위한 투쟁을 전개한다.
- 모든 일에서 타산과 계획을 면밀히 세운다.
- 인민경제의 모든 부문에 과학기술의 성과를 적극 받아들인다.

위의 과제들은 실리주의를 전반적으로 다루고 있지만, 아예 직설적으로 "지금과 같이 어려운 조건에서 나라의 인적, 물적 자원을 효과적으로 이용하지 않고서는 경제사업에서 실리를 보장할 수 없으며 나라의 경제를 빨리 추켜세울 수 없다"고 주장한 경제학자도 있었다. "적지 않은 공장, 기업소들이 원료, 자재를 원만히 보장받지 못하여 생산을 높은 수준에서 정상화하지 못하고 있으며 일부 단위들에서는 자체의 힘으로 생산을 정상화한다고 하면서 자체 생산기지를 불합리하게 꾸려놓아 나라의 인적, 물적 자원을 낭비하여 국가에 손해를 주고 있다"는 것이었다.[423]

외부 전문가들 가운데 실리주의를 중국식의 실용주의 노선으로 해석하려는 시도가 있었으나 그 흐름은 이내 사라졌다. 실리주의에 '우리식'의 그림자가 짙게 드리워져 있었기 때문이다. 북한이 실리주의의 원칙 아래 원가·수익성과 같은 가치법칙과 상품-화폐관계, 독립채산제, 물질적 자극 등을 확대한다고 해서 시장경제를 전면 도입하려는 것은 아니었다. 강성대국 건설에서의 실리주의는 '시장요소의 도입'에 그치고 있음이 분명했다.[424]

북한은 강성국가 건설에서 실리주의와 함께 중요공업부문들의 현대적 기술에 의한 개건을 특별히 강조했다. 기술개건과 관련하여 낡은 틀에 매달리지 말고 모든 것을 새로운 관점에서 대담하게 전개할 것, 세계적인 첨단기술을 받아들이고 설비를 갱신할 때에 현대적인 설비를 들여놓을 것, 보다 적은 품을 들이면서 큰 효과를 거둘 수 있는 공업부문부터 기술개건을 할 것 등을 중점으로 삼았다.[425] 2000년대에 들어서면서 '새로운 관점', '새로운 높이'라는 표현이 자주 등장했다.

김정일 국방위원장은 현존하는 경제토대를 정비하고 인민경제 전반을 현대적 기술로 개건하라는 지침을 내렸다.[426] 그는 2001년 10월 3일의 담화《강성대국 건설의 요구에 맞게 사회주의경제관리를 개선 강화할데 대하여》(10·3담화)에서 "사회주의원칙을 확고히 지키면서 가장 큰 실리를 얻을 수 있는 경제관리방법의 해결"을 특히 강조했다.[427]

외부에서는 김정일 집권기의 선군시대 경제건설노선에서 국방건설의 우선발전에 주목하는 경향이 강했지만, 북한의 산업현장에서는 실리의 물결이 조용히 밀려오고 있었다.《10·3담화》의 주요 내용을 정리하면 <표 1-24>와 같다.[428]

〈표 1-24〉 김정일 국방위원장의 《10·3담화》와 기존 정책의 비교

정책방향	핵심과제	이전의 정책
경제계획 권한의 이원화	- 국가계획위원회는 전략적·국가적 중요지표 담당 - 해당 기관·기업소는 세부지표의 계획화	- 계획의 일원화·세부화 원칙과 국가계획 위원회 담당
사회주의 물자교류시장	- 자재공급의 기본은 계획에 의거 - 과부족되는 원자재·부속품은 공장·기업소 간 교류	- 자재의 물자공급 위원회에 의한 계획적 공급(대안 사업체계)
기술계획과 재정계획 중시	- 기술계획과 원가·이윤·재정계획의 현실화 - 물자·임금 낭비의 억제	- 기술재정계획 및 생산과 건설의 편향
기업의 자율성 강화	- 연합기업소·협동농장의 생산 전문화	- 생산운영에 대한 국가의 계획적 지도관리 우선
지방공장에 상품 가격 및 규격 제정권 부여	- 지방공업 생산품의 가격·규격은 상급기관 감독 하에 공장 자체로 제정, 생산·판매	- 국가 가격제정국의 국정가격 제정(가격일원화)
분배에서의 평균주의 배제	- 노동량에 따른 물질적·정치적 보상	- 국가적 혜택의 평균적 분배

정책방향	핵심과제	이전의 정책
임금과 무상지원 개선	- 무상공급·국가보상 폐지 - 상품가격과 생활비 인상 - 무상교육·무상치료·사회보험 유지	- 현물배급제도 기본 - 임금은 생활비의 보조적 수단
과학기술·정보 산업 발전	- 경제의 현대화·정보화 실현 - 외국과의 과학기술교류 발전	

《10·3담화》는 경제관리 개선의 방향을 제시했다는 중대한 의미를 갖는다. 가장 중요한 조치는, 국가계획위원회는 전략적·국가적 중요지표만 담당하게 하고 해당 기관·기업소가 세부지표를 계획화하는 '계획의 분권화'였다.

그에 따른 부속조치로 과부족의 원자재와 부속품은 공장·기업소 간의 교류를 통해 해결할 수 있게 하고, 기술계획과 원가·이윤·재정계획을 현실화하도록 했다. 공장·기업소 간의 원자재·부속품 매매 또는 물물교환은 이미 이뤄지고 있던 것을 사후에 추인한 것이라 할 수 있다. 원가·이윤·재정계획의 현실화는 처음 있는 일이었다. 이는 계획 분권화와 연동되는 조치였다.

계획의 분권화와 연동된 또 하나의 조치는, 지방공업 생산품의 가격과 규격에 대해 상급기관 감독 아래 공장 자체로 제정해 생산·판매할 수 있게 한 것이었다. 지방공업의 자율성을 점차 확대해나가기 위한 시동이 걸렸다.

이러한 일련의 조치들은 인민의 일상생활에 파장을 미치지 않을 수 없었고 상품가격과 생활비 인상 조치(2002년 7·1조치)는 이런 환경에서 탄생되었다. 김정일 국방위원장이 경제관리 개선에 관심을 기울이게 된 것은 관리시스템을 부분적으로라도 고치지 않고서는 사회주의 강성국가 건설에서 성과를 거두기 어려웠기 때문일 것이다.

3) 강성국가 건설의 과업인 과학기술 중시

북한의 사회주의경제강국 건설에서 중점과업은 과학기술 중시정책이다. 과학기술 중시는 강성국가 건설의 3대 기둥의 하나인데, 사상이 견실하고 총대가 굳건한 토대 위에서 과학기술이야말로 경제강국으로 가는 길을 결정짓는 조건이라는 것이었다.[429]

북한은 과학기술 발전 없이는 강성국가를 건설할 수 없다면서, 21세기를 과학으로 국력을 다투고 과학으로 민족의 흥망을 결정하는 과학전科學戰의 세기로 규정했다.[430] 북한이 생각하는 강성국가는 현대적인 과학기술에 기초하고 경제와 문화 등 나라의 모든 분야가 고도로 발전된 '우리식 사회주의강국'이고, 이를 건설하는 지름길은 정보산업의 발전에 있다는 것이었다.[431]

북한이 '에너지 과소비형'의 중공업 중심의 경제구조에서 탈피하려고 한 것은 중대한 변화였다. 정보산업시대에 적합하도록 산업구조의 전반적인 조정이 불가피하다는 인식을 보였다.[432] 공장·기업소의 생산현장에서 '과학기술과 생산의 일체화'를 실천하여[433] 과학기술이 생산성과 효율성에 기여하게 해야 경제강국 건설에 한발이라도 다가갈 수 있다고 북한의 영도집단은 믿고 있다.

북한은 과학기술 발전에 의한 단번도약을 기대하면서 인민경제 전반에 이를 관철하려고 안간힘을 쓰고 있다.[434] 정보기술혁명에 의한 단번도약은 일자리 창출, 즉 고용효과는 적다는 점을 감안해 현 단계에서 산업인력의 재교육·재배치와 관련된 대책을 마련하는 것이 필요하다. 북한의 전민과학기술인재화 방침은 새 세기의 고용대책을 염두에 둔 것이라 할 수 있다.

북한에서 새 세기는 과학기술혁명의 시대이고 이 시대는 1960~70년대 산업화 추진기에 비해 단번도약이 가능하다고 여겨지고 있다. 정보기술혁명과 녹색혁명의 세계적 추세를 지켜본 북한은 녹색혁명과 환경산업을 중시하면서도 정보기술혁명에 의한 단번도약에 더 초점을 맞추는 느낌이다.

북한이 단번도약의 꿈을 꾸게 된 데에는 최첨단 국방공업에서 거둔 성과가 작용한 듯하다. 핵무기 개발의 경우 원자력공업에 해당되어 산업연관효과는 상대적으로 적은 편이다. 이와 달리 미사일 개발은 전자공업 발전과 연관되어 있고 발사체 기술은 최첨단 전자장비의 집합체라 할 만큼 산업연관효과가 크다. 북한 정부와 경제전문가들이 국방공업의 성취를 민간경제로 파급시켜야 한다고 강조한 것은 그들로서는 자연스러운 귀결이었다.

경제강국 건설에는 새로운 산업혁명의 포부가 담겨 있다. 정보통신기술ICT 산업에 자본과 기술을 집중 투자하고 이를 수출산업으로 육성하여 경제의 비약적 발전을 모색한다면 이는 중대한 전환이 될 수 있다. 단계적으로 낙후성을 따라잡는 추격 방식보다는 첨단과학기술 발전에 바탕을 둔 도약 전략이 효과적이라고 판단하는 것이다.[435]

김정일 시대의 선군시대 경제건설노선은 국방공업 우선발전, 경공업·농업의 동시발전이 가능하다는 믿음에 기초해 있었다.[436] 이 노선은 김일성 시대의 중공업 우선발전, 경공업·농업의 동시발전 노선을 계승하면서 시대상황에 맞게 조정한 것이었다.[437] 선군시대 경제건설노선은 김정은 시대의 경제건설과 핵무력 건설의 병진노선 및 경제건설 총력집중노선으로 가는 징검다리로서의 의미를 갖는다.

김정일 시대의 북한은 가능성과 체념의 갈림길에서 가능성을 선택했다. 그 시대의 유산을 넘겨받은 김정은 시대의 북한은 그들이 추구해온 사회주의경제강국에 들어서는 문을 열 수 있을 것인가? 국제사회의 대북제재가 지속되는 동안에는 단번도약의 꿈이나 대동강의 기적을 실현하기가 쉽지 않겠지만, 제재의 장막이 거둬진다면 새로운 현실이 눈앞에 펼쳐질 것이다.

4) 새 세기 산업혁명론의 등장

북한은 새 세기 산업혁명과 산업구조의 개편을 21세기의 시대적 요구로 인식한다. 새 세기 산업혁명과 지식경제강국 건설은 김정일-김정은 시대를 관통하는 키워드다. 새 세기 산업혁명이 처음으로 등장한 것은 김정일 국방위원장의 자강도지역 현지지도(2011년 10월 말)를 다룬 『로동신문』11월 2일자 사설에서였다.

사설은 "자강도가 나라의 기계제작공업의 발전과 최첨단돌파전에서 선구자적 역할을 하고 있다"면서 "희천련하기계종합공장에서 이룩한 생산 공정의 CNC(Computerized Numerical Control, 컴퓨터수치제어)화, 통합생산관리체계 확립 및 무인화 실현, 대량설비생산의 혁신 등의 성과는 새 세기 산업혁명과도 같은 의의를 지닌다"고 밝혔다. 사설은 지식경제시대의 본보기 공장인 자강도의 기계공장들처럼 모든 경제부문에서 기계설비와 생산 공정의 CNC화, 경영활동의 정보화를 적극 추진해 생산의 무인화無人化와 통합생산관리체계를 실현해야 한다고 강조했다.[438]

산업혁명의 목표는 생산의 무인화와 통합생산관리체계의 실현이었고, 이를 위해 생산 공정의 CNC화와 경영활동의 정보화가 필요하다는 것이었다. 이러한 전략적 방향은 김정은 시대에 들어와 다양한 변주變奏로 나타나고 있다.

당 기관지인『로동신문』은 위에서 보듯이 사설을 통해 당의 전략적 방향을 제시하는 전통을 갖고 있다.『로동신문』은 2011년 11월 10일자 정론에서 새 세기 산업혁명의 필요성을 본격적으로 제기했다. 정론은 산업혁명이 '경제활동의 모든 분야가 지능知能노동에 의거함으로써 육체노동과 정신노동의 차이가 없어진 지식산업시대의 출현'을 의미한다고 밝히고 지식경제강국 건설을 강조했다.

정보기술과 첨단과학기술의 급속한 발전에 의한 경제의 지식화 추세, CNC 성과 등이 언급된 가운데 북한이 새 세기 산업혁명의 길에 접어들었다는 주장이 정론에 담겼다.[439] 지능노동과 경제의 지식화 추세를 강조한 것이 인상적이었다. 북한이 지향하는 산업구조의 개편의 방향이 여기에 담겨 있었기 때문이다.

『로동신문』은 그해 12월 17일에 새 세기 산업혁명의 현 시대는 과학기술과 생산의 일체화, 지식의 산업화 수준이 올라가는데 따라 경제발전의 질과 속도가 높아진다는 사설을 내보냈다. 사설은 산업혁명 과정에서 과학기술과 인재의 중시, 정보기술·국방과학기술의 토대에 의거한 지식산업의 창설과 경제 전반의 주체화·현대화·과학화 수준 제고, 정보통신 하부구조(인프라)의 확충에 의한 지식의 생산·전파·응용 속도 제고 등을 강조했다.[440]

지식산업 창설과 경제의 주체화·현대화·과학화 수준 제고를 위한 수단으로 정보기술IT과 국방과학기술Defence Science and Technology을 중시한 점이 눈에 들어온다.

김정은 시대의 전략적 노선에서 인민경제의 주체화·현대화·과학화에 정보화를 추가한 것이나, 국방과학기술의 성과를 민간경제에 활용한다는 경제철학은 김정일 국방위원장의 집권 후반기에 뿌리를 내리기 시작했다. 그는 경제침체에도 불구하고 새 세기 산업혁명의 불씨를 지펴 강성국가 건설의 지름길을 열려고 무던히 애쓴 바 있는데,[441] 이는 김정일 시대의 끝 무렵의 전략적 노선을 이해하는 단서였다.

조선로동당은 김정일 국방위원장의 사후인 2011년 12월 30일에 중앙위원회 정치국회의를 열어 《결정서》를 채택하고 당 중앙위원회와 중앙군사위원회 명의의 《김일성 탄생 100주년 공동구호》를 심의했다. 여기서도 새 세기 산업혁명에 의한 경제강국 건설이 핵심 키워드로 제시되었다.[442] 정치국 《결정서》는 새 세기 산업혁명의 불길로 '사회주의 경제강국 건설에서 일대 앙양'을 일으킬 것을 촉구했다.

《공동구호》는 "새 세기 산업혁명의 불길을 따라 나라의 경제면모를 근본적으로 혁신"할 것을 강조하면서 과학자·기술자들에게 "자기 땅에 발을 붙이고 눈은 세계를 보라!"고 촉구했다. 김정일 국방위원장이 집권의 마지막 시기에 강조한 '세계 지향'은 다방면적인 혁신을 예고한 것이었고, 당은 이러한 혁신을 계승하겠다는 의지를 분명히 했던 것이다.

《공동구호》에 나타난 산업혁명의 전략적 과업에는 련하기계(최신식 CNC 공작기계 생산의 모범)[443] 개발자들의 지식경제강국 건설 주도,

고속화·정밀화·지능화된 고성능 CNC설비 개발, 현대화·과학화된 본 보기공장 설립 등이 포함되었다.

또한 첨단기술산업 개척, 지식경제시대·정보시대에 적합한 체신(통신) 현대화, 전자공업 발전의 혁신, 과학기술과 생산의 일체화 및 과학자·기술자와 생산자의 창조적 협조, 현대과학기술과 풍부한 지식을 소유한 간부 중시 등도 포함되었다. 톱니바퀴처럼 맞물려 있는 이 과업들은 김정은 시대의 혁신을 예고한 것이었다.

김정은 시대가 출범한 2012년 정초에 3대 기관지(『조선로동당』『조선인민군』『청년전위』)는 신년공동사설에서 "새 세기 산업혁명은 최첨단돌파전으로 우리식의 지식경제강국을 일떠세우기 위한 성스러운 투쟁이며 우리 당이 내세운 사회주의건설의 웅대한 전략적 노선이다"라고 밝혔다. 공동사설은 "위대한 장군님(김정일 국방위원장)의 불면불휴不眠不休의 노고에 의하여 새 세기 산업혁명의 봉화가 타올라 우리 경제가 지식경제형 강국 건설의 길에 들어서게 되었다"고 강조했다.[444] 김정일 시대에 단초端初가 마련된 새 세기 산업혁명이 김정은 시대에 계승될 것임을 천명했던 것이다.

공동사설은 새 세기 산업혁명이 최첨단돌파전,[445] 우리식 지식경제강국 건설 투쟁,[446] 사회주의건설의 전략적 노선 등을 뜻한다고 해설했다. 공동사설은 이를 위한 전략적 과업으로 련하의 개척정신과 창조기풍에 의거한 전반적 기술장비 수준 제고, 모든 경제부문·단위에서 자체의 신기술·신제품 개발능력 향상, 기술집약형 경제구조로의 전환 등을 제시했다. 또한 정보기술·나노기술·생물(바이오)공학 등 핵심기초기술과 중요부문 기술공학 발전, 과학기술발전에서의 주체 확립과 집단주의 구현, 과학기술과 생산 실천의 결합 등도 제시했다.[447]

<표 1-25>는 2012년 신년공동사설과《공동구호》에 언급된 새 세기 산업혁명의 전략적 과업들을 정리한 것이다. 공동사설에서 제시된 과업은《공동구호》에서의 과제를 보완하고 업그레이드한 것이었다.

이 무렵 양형섭 최고인민회의 상임위원회 부위원장은 미국통신사인 AP와의 인터뷰(2012년 1월 17일자)에서 김정은 당 중앙군사위원회 부

위원장이 "지식기반경제에 중점을 두고 있다"고 밝혀 내외의 이목을 집중시켰다.[448] 북한이 지식기반경제를 추구할 것이며, 이를 김정은 부위원장이 이끌어간다고 예고했던 것이다.

〈표 1-25〉 '새 세기 산업혁명'의 전략적 과업

구분	신년공동사설	공동구호
전략적 과업	- 련하(최신식 CNC 공작기계생산의 모범)의 개척정신·창조기풍에 의거한 전반적 기술장비수준의 획기적 제고 - 모든 경제부문·단위에서 자체의 신기술·신제품 개발능력향상 - 기술집약형 경제구조로의 전환 - 정보기술·나노기술·생물공학등 핵심기초기술과 중요부문 기술공학 발전 주력 - 과학기술발전에서의 주체 확립 및 집단주의 구현 - 과학기술과 생산실천의 결합 - 과학기술인재들에 대한 처우개선 및 과학연구조건 보장 등	- 련하기계 개발자들의 지식경제강국 건설의 주도 및 고속화·정밀화·지능화된 고성능 CNC설비 개발 증대 - 현대화·과학화된 본보기 공장들의 설립 추진 - 첨단기술 산업분야의 적극 개척 - 지식경제시대·정보시대의 요구에 맞는 체신현대화 추진 - 전자공업 발전의 일대 혁신 - 과학기술과 생산의 일체화, 과학자·기술자들과 생산자들의 창조적 협조 강화
인재양성	- 지식경제시대의 요구에 적합한 교육 내용과 형식, 조건과 환경 보장	- 현대과학기술과 풍부한 지식을 소유한 지식경제시대의 유능한 일군 중시
국방공업	- 국방공업의 잠재력의 최대 발휘	- 국방공업부문의 인민생활 향상 이바지

김정은 시대의 새 세기 산업혁명과 산업구조 개편을 다루기에 앞서 김정일 시대의 경제회복기가 갖는 의미를 간략히 살펴보는 것이 좋을 것 같다. 북한 경제는 경제성장을 기준으로 할 때 고도성장기(1954~80년), 조정기(81~85년), 재성장기(86~90년), 침체기(91~98년), 회복기(1999년~) 등으로 나눠볼 수 있다.

북한은 1954년부터의 전후복구 3개년계획과 1957년부터의 제1차 5개년계획의 성공적인 완수로 연평균 20% 안팎의 급속한 경제성장을 이루었다.[449] 중공업 육성에 초점을 맞춘 제1차 7개년계획(1961~67년)은 계획보다 3년이 늦춰진 1970년에 완료되었다. 1961~70년에 북한의 공업은 연평균 12.8%의 높은 성장률을 기록했다.[450]

북한은 1970년대 중반까지 남한보다 경제규모가 더 컸고 1인당 국민소득도 남한보다 더 높았다. 일부 연구에서는 북한의 1인당 국민소득이 1980년대 중반까지 남한보다 높았던 것으로 나타났다.[451] 북한 경제가 사회주의 경제권과의 경제협력이 활발하던 초기에는 빠르고 안정적인 성장을 보였으나 뒷날 그 관계가 소원해지면서 경제발전의 저해요인으로 작용했다.

북한이 사회주의 경제권에서 활동하던 시기가 장기화되면서 경제구조 개선의 기회를 놓친 면이 있다. 사회주의 경제권의 붕괴는 북한 경제에 즉각 부정적인 영향을 미쳤다. 북한은 1960년대 이래의 외연적·내포적 성장을 보다 효율 지향적인 경제구조로 전환하지 못한 채 사회주의 경제권의 붕괴에 의해 심각한 타격을 입었다.

북한은 전쟁을 겪은 분단국으로서 국방건설과 경제건설의 병진노선을 채택했고 이 노선은 자원의 효율적 배분을 가로막았다. 미국 등의 대북한 봉쇄의 장기화는 북한의 자본과 기술의 유입정책을 무력화시켰다. 북한도 대외경제협력을 확대하며 외자유치에 본격적으로 나선 때가 있었지만 그것마저도 세계경제의 급격한 변동에 따라 대외부채의 증가를 초래했고 경제구조의 변화에 긍정적으로 작용하지 못했다. 새로운 성장단계로 진입하기 위한 경제구조의 근본적인 혁신에 나서지 못했던 것이다.[452] 1995년에 시작된 고난의 행군 전후의 경제침체는 경제구조 개선의 기회를 앗아갔다.

북한은 경제회복기에 들어선 1999년에 농업과 기간산업의 생산 정상화를 중점정책으로 삼았다. 이 부문의 예산 증가율을 전체 평균증가율보다 높은 10~15%로 책정했다. 북한은 1998년에 경제과업 관철을 위한 《내각 결정》을 채택하였고 2000년대에 들어서면서 에너지, 농업, 과학기술, 도시건설 등의 중기계획을 내놓았다. 《연료, 동력문제 해결을 위한 3개년계획》(2003~05년)을 비롯해 식량증산계획의 1단계 조치로 영농 과학화를 추진했다. 2003년 10월에는 전국과학기술자대회를 개최하여 《제1차 과학기술발전 5개년계획》(1998~2002년)을 평가하고 새로운 과학기술발전계획(제2차 2003~07년, 제3차 2008~12년)을 수립해 추진했다.

도시건설부문에서는 《평양시현대화계획》(2002~04년)을 수립해 평양시 중심거리의 보수·정비, 통일거리 등의 종합시장 건설, 평양시 2만 2,800여 세대의 주택건설 등을 추진했다. 또한 《기간공업과 농업 3년 연속계획》(2006~08년)을 추진하여 이 부문에서 1980년대 후반의 경제수준에 도달하는 것을 목표로 잡았다. 이러한 일련의 계획은 경제 전반의 종합계획은 아니었고 당면과업을 중심으로 한 부문별 실행대책이었다.[453]

김정일 국방위원장은 경제회복기를 앞둔 1998년 8월에 『로동신문』 정론을 통해 강성대국 건설을 선제적으로 제기했다.[454] 그는 김일성 주석 탄생 100주년이 되는 2012년을 '강성대국의 문을 여는 해'로 정할 만큼 강성대국 건설에 초점을 맞추었다. 그는 경제강국 건설을 위해 인민경제 선행부문의 회복을 통한 생산 정상화와 농업·경공업 발전을 통한 인민생활 향상, 과학기술중시와 기술개건, 실리實利사회주의 등을 전략적 목표로 삼았다.[455]

이 목표들은 김정은 시대에도 유효하다. 김정일 시대의 경제회복기는 계승의 바탕 위에서 실리적 혁신을 여는 '과도기'의 의미를 갖는다. 김정은 시대로 넘어온 새 세기 산업혁명은 2030년까지의 지속개발목표에도 관통할 것이다. 2030년까지의 지속개발목표는 유엔 성원국들에게 부여된 필수과제이다.

5) 김정일 시대의 산업정책과 산업구조 개선

김정일 시대의 과도기 면모는 산업정책에서도 확인된다.[456] 그 시기의 산업정책은 첫째, 기술개건·현대화를 통한 선군경제 및 강성대국의 건설을 도모했다. 노후화된 산업설비의 폐기가 추진되는 과정에서 대규모 공장들에서 설비 폐기가 이뤄졌다. 잠재력이 있는 설비에 대해서는 개보수·현대화에 나섰는데 이것은 그 뒤에 북한 산업정책의 키워드가 되었다. 2000년대 중반까지 신규 설비 투자를 수력발전소 등에 국한시키고 대부분의 투자를 기존 설비의 가동률과 생산성을 높이는 데 집중했다.

철강공업에서는 용광로 등 핵심설비 투자를 거의 하지 않았고 원자재의 효율성을 높이는 설비에만 투자했다. 화학공업에서는 2000년대 중반까지 설비를 거의 방치하다시피 했다. 공작기계와 중전기에서는 국방공업과 수력발전소 건설에 관련되는 부문만 어느 정도 설비가 가동되었고, 자동차와 선박 등 수송기계나 산업용 기계에는 거의 투자가 이뤄지지 않아 생산이 위축되었다. 농업과 전력·금속·기계·철도운수에 투자를 집중하되 신규 설비의 제작보다는 가동률을 높이는데 집중했다.

이 방식으로는 한계점이 다다르자 북한은 주요 설비의 전면교체·현대화를 통한 생산능력의 확충과 효율성의 증가로 방향을 바꾸었고, 기술개건과 현대화에 집중하였다. 그 결과 인민경제 선행부문과 중요공업부문뿐 아니라 경공업을 포함한 모든 산업으로 기술개건·현대화 정책이 확대되었다.

둘째, 기업구조의 개편과 부실기업의 정리에 나섰다. 회생 가능성을 중심으로 공장·기업소에 대한 구조 조정을 단행했는데 1999년에 연합기업소 110개를 해체했다가 2000년에 필수부문의 연합기업소만 30여 개 복원시켰다. 4,700여 개의 중소 규모 공장·기업소 가운데 설비가 노후화됐거나 중복 투자된 공장·기업소 1,800여 개를 정리했고, 무역상사 400여개 중에 부실한 60여 개를 정리했다. 한편, 최소투자로 설비 가동률을 높이는데 주력하는 가운데 주로 전력·석탄·금속·기계 등에 집중하고 중소 규모 공장·기업소들은 내부예비를 동원해 가동률을 높이도록 조치했다.

셋째, 기술개건·현대화에서 과학기술을 강조했다. 과학기술 강조는

2000년 이후 산업설비의 개건사업과 결합되어 나름대로 현실적인 의미를 갖게 된다. 새로운 기술에 기반을 둔 현대화된 생산 공정의 도입과 에너지·원자재를 절약하는 생산설비 도입이 강조되었다. 설비의 기술개건·현대화에서 컴퓨터 도입에 의한 생산과정의 자동화가 핵심으로 간주되었다.

넷째, 2000년대 중후반에 이전의 산업정책으로 회귀하는 조짐이 나타났다. 한동안 방치된 화학공업에 대규모 설비 투자가 재개되었는데 2·8비날론연합기업소 개건, 흥남화학연합기업소와 남흥청년화학연합기업소의 석탄가스화에 의한 비료생산 공정 건설 등이 대표적이었다. 2008년부터 에너지부문의 부분 회복에 따라 금속소재 공급의 부족이 산업재건의 걸림돌이라는 인식 아래 금속공업을 강조하기 시작했다. 이 무렵에 주체철, 주체섬유, 주체비료 등 주체공업의 완성과 평양 10만호 건설 등이 추진되었고, 1980년대에 구축된 자기완결적인 산업구조를 복구하려고 노력했다.

2000년대 중반까지만 해도 비효율적인 투자의 중단, 기존 설비의 가동률 제고, 생산성 향상을 위한 투자 등에 집중한데 비해 2000년대 후반에는 대규모 산업설비의 신설에 집중하는 모습을 보인 점에서 예전의 산업정책 기조에 재접근한 것으로 평가할 수 있다.

북한은 경제회복기를 경과하면서 산업구조의 개선에 나서기 시작했다. 정보산업이 중추적 역할을 하는 공업구조로의 개선 발전, 전기를 적게 쓰는 공업으로의 전환, 공업의 지역적 구조개선(공업배치의 불합리성 개선), 각종 운수부문의 조화로운 발전, 기타 경제구조의 개선 등이 그 방향이었다.

김정일 시대에 정착된 산업구조 개선의 이 같은 방향은 지금도 지속되고 있다. 산업구조의 개선은 경제체질을 개선하기 위해서나 새 세기 산업혁명에 착수하기 위해서 반드시 넘어서야 할 산山이었다.

<표 1-26>은 김정일 시대의 경제회복기 이후 경제구조의 개선방향과 과업을 정리한 것이다.[457]

〈표 1-26〉 김정일 시대의 경제회복기 이후 경제구조의 개선방향과 과업

방 향	과 업
정보산업이 중추적 역할을 하는 공업구조로의 개선발전	[전자공업] - 새로운 전자재료 개발 및 순도 향상 - 집적회로를 비롯한 전자요소(부품) 생산 증대 - PC 생산에 필요한 대규모 집적회로 생산증대 - 특수반도체소자 생산 증대 - 고급전자일용품 생산 주력 - 광섬유통신 실현에 필요한 전자요소 생산 주력 - 화합물반도체 및 정밀사기재료 개발 [자동화공업] - 여러 부문의 자동화·원격화에 필요한 각종 기구, 장치 등 - 자동화 요소와 기구, 계기 생산
전기를 적게 쓰는 공업으로의 전환	[화학공업] - 화학공업을 전기를 적게 쓰는 공업으로 전환시키기 위한 대책 수립(예: 흥남비료연합기업소, 남흥청년화학연합기업소, 청수화학공장 등) - 화학공업부문의 생산기술공정의 합리적 구성 및 현대식 설비 장비 - 생산지표 중 전기를 많이 써서 국가에 이롭지 못하거나 밑지거나 효율성이 낮은 지표에 대한 대담한 제거 및 조절, 연차별 계획 반영 및 갱신 - 화학기업소의 자금문제가 풀리면 생산 공정의 대담한 갱신 [금속·기계공업] - 금속공장 및 기계공장의 일부 낙후된 생산공정에 대한 선진기술 도입 및 기술혁신안 적극 도입 - 단계적 계획 수립 및 갱신 - 금속공장에서 산소전로에 의한 강철생산방법으로의 전환
공업의 지역적 구조개선(공업배치의 불합리성 개선)	- 공장·기업소와 원료원천지 및 제품소비지에의 접근(신규 공장·기업소 건설 시 생산과 소비, 원료보장과 수송조건, 전력공급계통 등의 정확한 타산 및 배치) - 모든 지역에 지방공업의 균형 있는 건설 - 국방상의 요구 충족 - 공해현상 고려
각종 운수부문의 조화로운 발전	- 철도운수 위주의 운수부문구조를 앞으로도 지속적으로 공고 발전 - 자동화운수(화물근거리수송), 해상운수(화물선·무역선 증대·현대화) 발전 - 항공운수

방 향	과 업
기타 경제구조 개선	- 체신 등 서비스부문이 원만히 갖추어진 경제구조 - 모든 지역이 균형 있게 발전하는 경제구조 - 늘어나는 외화 수요를 보장할 수 있는 경제구조

6) 새 세기 산업혁명의 혁신과 당면과업

북한은 김정은 위원장이 김정일 국방위원장의 '유훈교시'를 받들어 새 세기 산업혁명을 이어가고 있다고 강조하고 있는데,[458] 산업혁명에 서는 계승 못지않게 혁신이 두드러진다. 새 세기 산업혁명 자체가 미래 지향적이고 혁신을 담지하기 때문이다.

북한의 한 경제학자에 따르면, "새 세기 산업혁명은 모든 부문 및 단위에서 과학기술과 생산, 지식과 경제의 일체화를 실현하여 경제를 지식의 힘으로 운영, 발전하는 지식경제로 일신할 것이고 이를 토대로 사회주의경제강국을 건설하는 것"을 목표로 삼는다.[459]

『로동신문』은 새 세기 산업혁명이 "경제구조를 최신과학기술에 기초한 기술집약형 경제로 전변시키는 것"이고 "과학기술과 생산의 일체화를 높은 수준에서 실현하여 경제를 현대화된 지식산업으로 일신시키기 위한 경제 분야에서의 일대 변혁"이라고 의미를 부여한 기고와 사설을 게재했다.[460] 과학기술-생산 및 지식-경제의 일체화, 기술집약형 경제가 김정은 시대에 들어와 실천적 토대가 마련되고 있다는 것이다. 이 측면에 주의를 기울일 때 혁신의 방향과 내용을 파악하기가 수월하다.

김정은 위원장은 2012~13년 초반에 새 세기 산업혁명에 대한 자신의 생각을 여러 차례 밝힌 바 있다. 그 내용을 보면 유훈의 계승 못지 않게 혁신이 선명히 드러난다.

그는 △2012년 4월 6일 담화《위대한 김정일 동지를 우리 당의 영원한 총비서로 높이 모시고 주체혁명위업을 빛나게 완성해나가자》△ 2012년 4월 15일 김일성 주석 탄생 100주년 경축 열병식 연설《선군의 기치를 더 높이 추켜들고 최후 승리를 향하여 힘차게 싸워나가자》△ 2013년 《신년사》 △2013년 1월 29일 제4차 세포비서대회의 연설 《당세 포사업을 개선 강화하여 당의 전투적 위력을 백방으로 높이고 강성국 가건설을 힘 있게 다그치자》 등에서 다음과 같이 새 세기 산업혁명을 거론했다.

"새 세기 산업혁명의 불길높이 우리나라를 지식경제강국으로 일떠세워야 합니다. 오늘 세계는 경제의 지식화에로 전환되고 있으며 우리 앞에는 나라의 경제를 지식의 힘으로 장성하는 경제로 일신시켜야 할 시대적 과업이 나서고 있습니다.··· 최첨단 CNC 공작기계 생산에서 비약적 발전을 이룩한 련하의 개척정신, 창조기풍으로 최첨단돌파전을 힘 있게 벌려 나라의 전반적 기술장비 수준을 세계적 수준으로 끌어올리며 지식경제시대의 요구에 맞는 경제구조를 완비하여야 합니다."(《4·6담화》)[461]

"일심단결과 불패의 군력에 새 세기 산업혁명을 더하면 그것은 곧 사회주의 강성국가입니다. 우리는 새 세기 산업혁명의 불길, 함남의 불길을 더욱 세차게 지펴 올려 경제강국을 전면적으로 건설하는 길에 들어서야 할 것입니다."(《4·15연설》)[462]

"새 세기 산업혁명의 불길을 세차게 지펴 올려 과학기술의 힘으로 경제강국 건설의 전환적 국면을 열어놓아야 하겠습니다. 새 세기 산업혁명은 본질에 있어서 과학기술혁명이며 첨단돌파에 경제강국 건설의 지름길이 있습니다.··· 인민경제 모든 부문에서 과학기술발전에 선차적인 힘을 넣고 과학기술과 생산을 밀착시켜 우리의 자원과 기술로 생산을 늘리며 나아가서 설비와 생산공정의 CNC화, 무인화를 적극 실현하여야 합니다."(2013년 《신년사》)[463]

"모든 부문, 모든 초소마다에서 위대한 장군님(김정일 국방위원장)께서 지펴주신 새 세기 산업혁명의 불길, 최첨단돌파의 열풍이 더욱 세차게 타 번지도록 하여야 합니다.··· 현 시대는 과학기술의 시대, 지식경제의 시대이며 과학기술을 떠나서는 부강조국 건설과 그 미래에 대하여 생각할 수 없습니다."
(《제4차 세포비서대회 연설》)[464]

김 위원장은 새 세기 산업혁명을 통해 북한을 '세계 속의 지식경제 강국'으로 도약시키겠다는 비전을 밝히면서 세 가지를 제시했던 것이다. 첫째로, 최첨단돌파전을 통해 전반적 기술장비수준을 세계적 수준으로 끌어올리겠다는 것이었다. 최첨단돌파전은 경제구호 이상의 의미를 갖는다. 과학기술경쟁에서의 승패가 첨단돌파에 의해 좌우되고 첨단과학기술의 높이가 곧 나라의 경제발전수준, 국력평가의 척도가 된다는 인식 아래 '강성대국 건설 목표가 최첨단돌파로 되어야 사회주의조선이 모든 것의 패권을 쥐고 세계를 굽어보며 새 세기 발전을 주도'할 수 있다는 담론이 반복적으로 재생산되었다.[465]

둘째로, 과학기술과 생산의 밀착, 경제 현안의 과학기술적 해결, 생산 공정의 CNC화와 무인화 등 과학기술의 발전을 통해 산업 전반의 발전을 이루겠다는 것이었다. 김 위원장은 기존 산업의 정상화와 미래의 성장 동력을 동시에 추진하려는 생각을 갖고 있었음이 분명하다. 이는 생산 공정과 설비의 현대화 및 경영활동의 정보화[466]와 직결된다.

이 과업들은 경제관리의 새로운 전환, 즉 혁신을 수반할 수밖에 없다. 현대화·정보화 과제와 관련해 공작기계공업에서의 산업혁명, 즉 CNC 공업화는 4단계로 진행되었다. 첫 단계에서, 재래식 낡은 설비들을 CNC기계로 바꾸었다. 설비갱신과 CNC 공업화를 동시에 밀고 나간 첫 걸음이다. 둘째 단계에서, 자동화된 유연생산구역을 조성했다. 제한된 일정한 구역에서 CNC 기술에 기초한 생산체계를 수립하는 CNC 공업화의 보다 높은 단계를 추진한 것이다. 셋째 단계에서, 컴퓨터통합생산체계를 형성했다. 이 체계는 주문·계획·설계·제작·검사·판매 등 모든 생산부문과 노동력·자재·설비·회계 등 경영관리가 컴퓨터망으로 통합된 생산체계를 말한다. 넷째 단계에서, 무인화를 실현하는 것이다.[467]

CNC 공업화의 4단계는 산업 전반의 혁신을 위한 조치였고 이를 통해 산업구조는 개편의 길에 접어들고 경제체질도 개선될 것으로 예견되었다.

북한의 산업현장들이 어느 단계에 와있는지에 관한 실증적인 자료를 찾아내기는 어렵다. 중공업과 경공업부문의 여러 공장들에서 제1~2단계에 돌입한 가운데 희천련하종합기계공장을 비롯한 일부 시범단위는 제3~4단계에 이른 것으로 관측된다. CNC 기술도입과 관련해 북한은 '남들이 어떻게 하든 우리 식으로 윤곽이 복잡하고 가공하기 까다로우며 정밀도에 대한 요구가 높은 제품을 생산하는 설비, 오작誤作이 많이 나고 노력(노동력)이 많이 드는 공정부터 CNC 기술을 도입'하고 있다고 한다.

시범단위에서 먼저 실천하고 그 경험을 확산하는 것은 북한의 일상화된 방식이다. 북한 학자들은 "CNC 공업화 실현과정에는 투자 타산, 생산능력 타산, 생산환경 조성문제, 가공공정 확립문제, 공구 및 부속품 보장방법 등 수많은 경제기술적 문제들이 제기되며 이런 것들은 경험이 없이는 바로(올바로) 할 수 없다"고 설명한다.[468] 북한이 CNC 공업화를 위한 시범단위를 만들어 경험을 축적하고 그 경험을 일반화하고 있다는 사실을 확인할 수 있다.

셋째로, 지식경제시대[469]의 요구에 맞는 경제구조를 완비하겠다는 것이었다. 김 위원장은 과학기술의 발전을 통한 사회적 생산의 효과성 제고, 사회적 노동의 절약, 사회순소득 증대, 사회주의적 확대재생산의 고高속도 보장, 제품의 질에 대한 요구 충족, 방위력 강화, 인민생활 향상 등을 중시한다는 것이 북한 경제학자의 설명이었다.[470] 경제 외적인 목표인 방위력 강화를 제외하면, 내포적 경제성장의 핵심요소들이 중시되고 있음을 확인할 수 있다. 효율성, 노동절약, 순소득증대, 확대재생산, 품질향상 등은 내포적 경제성장의 표현들이다.

논의를 달리해서 보면, 지식경제시대의 새 세기 산업혁명은 정보통신기술ICT혁명과 빅데이터big data, 인공지능AI, 사물인터넷IoT, 자율주행차,[471] 지능로봇, 스마트시티,[472] 차세대통신 등을 포괄하는 4차 산업혁명과 관련이 있어 보인다. 다만, 북한의 새 세기 산업혁명은 4차 산업혁명과 같은 것이라기 보다는 과학기술발전과 지식경제를 중시하는, 보다 광범위한 산업혁명을 염두에 둔 것으로 해석할 수 있다.

산업혁명과 관련해 ICT산업에만 초점을 두는 것은 그 포괄범위를 좁히는 한계가 있다. 스마트폰이 인기를 끌면서 세계적으로 ICT산업이 각광을 받고 있지만 이 업종은 대규모 인력을 필요로 하지 않기 때문에 고용창출에는 제한성이 있다. 다른 나라들에서도 그렇듯이 고용문제를 고려한다면 기계, 전기전자, 섬유 등 전통 제조업의 발전에도 관심을 기울여야 한다.[473]

북한의 설명에 따르면, "현 시대는 지식경제시대이며 최첨단과학기술의 발전은 나라의 자원을 효과적으로 이용할 수 있는 넓은 길을 열어주고 있다. 정보기술, 나노기술, 생물(바이오)공학을 비롯한 핵심기초기술과 새 재료, 새 에네르기(에너지) 기술[474]과 같은 첨단과학기술의 발전은 자원의 새로운 용도들을 밝혀내 새 원료들을 개발하게 하며 그에 기초하여 새로운 생산 공정과 생산 분야가 출현하게 하고 있다"고 한다.[475]

북한의 새 세기 산업혁명에서는 주체철, 주체비날론, 주체비료, 주체CNC가 대표사례로 부각된다.[476] 앞으로 지식경제시대의 요구에 맞는 경제구조의 완비과정은 낡은 경제관리 체계와 방법을 개선하는 과정을 수반할 것이다.

김 위원장은 2013년 3월 31일 당 중앙위원회 3월 전원회의《보고》에서 새 세기 산업혁명의 과업으로 인민경제의 주체화와 현대화 수준 제고, 지식경제로의 확고한 전환, 원료·연료·자재의 국산화, 과학기술과 경제의 유기적 결합, 통신위성을 비롯한 여러 가지 실용위성의 개발확대 및 발사 등을 제시했다.[477]

여기서 지식경제로의 확고한 전환은 과학기술을 원동력으로 하는 지식경제강국을 지향하고 그러한 시스템으로 전환하겠다는 뜻이다. 국산화와 관련해서는 금속공업과 화학공업을 비롯한 기간공업의 주체화 실현이 중시되고 있다. 과학기술과 경제의 결합에서 중요한 실천과제는 공장·기업소의 현대기술 개건이다.

산업구조 개편과 직접 관련되는 것은 지식경제로의 전환 및 과학기술과 경제의 유기적 결합이다. 이렇게 볼 때 새 세기 산업혁명이 4차 산업혁명과는 결이 다름을 알 수 있다.

김정은 위원장은 2016년 5월 7일 조선로동당 제7차 대회《사업총화보고》에서 현 시기 당과 국가가 총력을 집중해야 할 기본 전선인 경제강국을 건설하기 위해서는 새 세기 산업혁명을 지속해야 한다고 강조했다.[478]

《제7차대회 결정서》(5월 8일)에는 새 세기 산업혁명이 생산 공정의 자동화·지능화·무인화를 위한 실행과업들과 함께 거론되었다. 즉 인민경제 전반의 현대적 기술개건 및 모든 부문의 첨단수준화, 통합생산체계와 무인조종체계의 확립, 녹색생산방식을 비롯한 선진생산방법의 도입, 주요 경제기술지표의 세계선진수준화 및 부단한 개선 등이 그러한 실행과업들이었다.

《제7차대회 결정서》는 또한 '지식경제의 하부구조의 강력한 구축'을 과학기술과 생산의 일체화를 위한 실행과업들과 함께 거론하였다. 즉 모든 부문에서 현대과학기술의 도입, 과학·기술·지식의 생산주도형 경영관리체계의 확립, 공장·기업소의 생산·기술 관리공정의 개발 창조형으로의 전변,[479] 정보산업·나노산업·생물(바이오)산업과 같은 첨단기술산업의 대대적 창설, 경제발전에서 첨단기술산업이 차지하는 비중과 중추적인 역할 제고 등이 그 실행과업들이었다.[480]

주목할 점은 생산 공정의 자동화·지능화·무인화, 과학기술과 생산의 일체화를 위한 노력이 전개되어왔고, 그것은 필연적으로 산업구조 개편을 가져올 것이라는 사실이다. 북한의 영도집단은 산업구조의 개편과 경제체질의 개선이야말로 핵심적인 전략적 과제라는 사실을 내각을 비롯한 각급 경제기관들과 공장·기업소 등 생산단위들에게 계도 啓導하려고 했던 것이다.

7) 새 세기 산업혁명과 관련된 산업정책

김정은 시대에 들어선 이래 새 세기 산업혁명과 관련된 산업정책의 여러 양상도 살펴볼 필요가 있다.[481] 첫째로, 김 위원장의 정권 초반에는 기존 설비투자를 마무리하기 위한 투자에 집중되었다. 대규모 설비투자는 2·8비날론연합기업소 개건, 흥남비료연합기업소와 남흥청년화학연합기업소의 석탄가스화 비료공정 설치·안정화 등 김정일 시대에 시작된 설비투자 프로젝트에 집중했다.

2015년까지는 대규모 신규 투자 프로젝트의 추진은 자제한 것으로 나타났다. 2015년 이전에 새로 시작한 대규모 설비확충 투자로는 남흥청년화학의 석유화학 공정의 개건 정도에 그쳤다. 중화학공업 투자는 신규 생산능력 건설보다는 기존 생산설비의 에너지 절약·전환·효율화 등에 집중되었다.

둘째로, 2017년부터 소재부문의 설비투자를 재개했다. 2015년 하반기에서 2016년 상반기 사이에 주체철 생산설비인 황해제철연합기업소의 산소열법용광로 현대화 사업이 추진되었고 2016년에 생산이 안정화된 것으로 추정된다. 황해제철 산소열법용광로의 성과를 토대로 2017년에 김책제철연합기업소에서 규모가 큰 산소열법용광로 설비가 건설되었으며, 2018년 초에 첫 생산이 이뤄졌다.

북한은 탄소하나화학공업의 창설을 위해 2017년 5월부터 순천화학연합기업소에 수십만 톤 규모의 메탄올 생산 공정 건설을 시작했다. 김책제철의 산소열법용광로 건설이나 순천화학의 석탄가스화에 의한 메탄올 공정 건설을 보면 본격 투자 전에 상당한 성과의 축적이 있었던 사업임을 알 수 있다.

셋째로, 에너지부문에 자원을 집중했다. 희천발전소나 백두산영웅청년발전소 등 대규모 수력발전소 건설을 위해 국가재정과 노동력을 집중 투입했고 희천 1,2호 발전소, 백두산영웅청년 1·2·3호 발전소, 청천강계단식발전소 등 대규모 수력발전소가 완공되어 조업에 들어갔다. 제7차 당대회 이후 단천발전소 건설이 추진되었으며, 북창화력발전소 등 주요 화력발전소의 개보수와 현대화를 위한 투자가 확대되었다.

전력 공급량에서 차지하는 비중은 아직 미미하지만 태양광, 풍력, 바이오에너지 등 재생에너지 부문에 대한 관심도 지속되었다. 그밖에 2017년부터 국가통합전력관리체계를 위한 사업, 전국 120여 개 주主변압기와 수천km 배전선 개조 등 에너지공급체계의 개선사업이 개시되었다. 북한은 에너지 효율성의 증대나 에너지원 전환을 위한 투자도 지속했는데 석탄가스화를 통한 고온高溫공기연소기술의 도입을 위한 설비투자가 대표적이다. 김책제철소와 황해제철소, 성진제강소 등에서 석탄가스화를 통한 고온공기연소기술이 도입됐는데 내화벽돌 생산공정 등으로 확산되는 경향을 보였다. 이는 석탄을 활용하는 공정으로 전환하여 전기에너지나 수입중유에 대한 의존을 줄이려는 조치였다.

넷째로, 금속·화학 소재의 공급을 늘리기 위한 노력을 지속했다. 북한은 2000년대 후반 이후 대규모 석탄화학 플랜트, 주체철 생산능력 확충 설비 등에 대한 투자를 늘려왔는데 김정은 시대에는 기존 투자 플랜트의 완료와 안정화, 기존 설비의 현대화 등에 집중했고 2017년부터는 금속소재 공급확대를 위한 신규 설비투자를 재개했다.

석탄화학플랜트는 2012~13년에 완공되어 조업에 들어가 비료와 기초화학제품 공급이 다소 증가했던 것으로 추정된다. 황해제철의 산소열법용광로에서 2016년에 선철 생산이 안정화되는 등 금속소재 공급도 다소 증가했던 것으로 추정된다. 그러나 금속·화학 등 기초 소재의 공급량은 여전히 부족하고 수요의 일부를 수입에 의존하는 어려움이 지속되고 있다.

다섯째로, 과학기술에 기초한 경제발전을 시도했다. 《인민경제발전 제2차 7개년계획》(1978~84년)부터 인민경제의 주체화·현대화·과학화를 내세워온 북한은 2016년 5월의 제7차 당대회에서 '인민경제의 정보화'를 추가했다. 정보화는 생산과 경영활동의 전반에서 컴퓨터 이용을 확대하려는 것이고, 산업현장에서는 주요 생산 공정을 자동화하고 이 공정들을 컴퓨터망으로 연결하여 통합생산체계를 구축하려는 것이다.

북한의 경제구조를 지속적으로 개선하는데 있어서 기존 산업부문의 현대화·정보화와 첨단기술산업부문 창설은 매우 중요한 전략적 과업이다. 다방면적이고 종합적인 경제구조를 완비하는 전략적 방향과 관련하여 인민경제의 현대화·정보화와 연관된 인민경제 부문들과 단위들 사이(석탄공업-화력공업, 기계·금속·화학공업-경공업 등)의 생산-소비적 연계의 올바른 보장, 새 세기 경제구조 확립 등이 중요하게 취급되고 있다.

인민경제의 현대화·정보화를 위한 세부과제는 모든 생산 공정의 자동화와 지능화, 공장·기업소의 무인화, 인민경제 모든 부문에서의 과학기술과 생산의 일체화 실현, 첨단기술산업의 대대적 창설과 발전 등이었다.

새 세기 경제구조를 확립하기 위한 세부과제는 정보기술·나노기술·생물공학을 비롯한 첨단과학기술의 세계적 수준 발전 및 산업화 촉진, 지식산업과 첨단기술산업의 비중과 중추적인 역할의 체계적인 제고, 첨단기술산업을 기둥으로 하는 경제구조 확립 등이었다.[482]

이 과제들은 2011년부터 강조되어왔지만 앞으로도 상당 기간 지속적으로 강조될 것이다. 전략적 과업들과 세부과제들이 산업구조의 개편과 맞물리면서 어떻게 실행되어나갈지가 주목된다. 북한 정부의 다양한 '실리적 혁신' 조치들이 성장 동력의 발판을 마련하게 되면 단번도약의 도약대가 될 수 있을 것이다.

한편, 북한의 경제발전에서 과학기술의 중요성이 높아진데 비례하여 대학과 연구기관의 역할이 높아졌고 산학협동체계 및 산업체 간의 협동생산체계가 작동하고 있다. 북한은 세계 과학기술추세를 따라잡기 위해 과학기술의 대외교류 확대와 선진과학기술 도입에도 적극적이다.

과학기술과 관련해 흥미로운 사실은, 산업생산 부문에서는 국가의 계획기능이 과거보다 축소되고 있는데 비해 과학기술인력의 양성에서는 국가계획이 이전보다 더 중시되고 있다는 점이다. 산업체의 협동생산과 산학협동이 강조되는 가운데 산업체들과 연구조직들은 기술개발에 더 적극 나서는 모습을 보이고 있다.[483]

김정은 시대에 들어와 산업정책에서는 '실리적 혁신'이 두드러지고 있지만, 공업배치구조에서만은 김일성 시대의 틀에서 벗어나지 않고 있다는 점도 눈여겨보게 된다. 북한은 인민생활과 직결되는 경공업 및 생활용품 부문의 공업기업은 전국에 분산 배치함으로써 지역 단위에서 독립적인 경제순환을 구축하는 것을 목표로 삼아왔다. 반면에 전략적으로 중요한 중공업부문의 대기업은 생산 활동에 편리한 특정 거점에 배치해 투자를 집중시키고 중앙집중적으로 관리하는 공업배치 전략을 추진해 왔다. 그 결과 경공업·일용공업 부문의 기업들은 규모가 작고 전국에 분산되어 있으며 지방행정기관이 관리운영하고 있다.

김정은 시대에도 중공업부문의 대기업은 중앙집권적으로 관리하고 경공업·일용공업부문은 각 지역에 분산 배치된 채로 독립적 경제순환 구축을 유지한다. 김 위원장이 이러한 공업배치구조를 전환하려면 상당한 시간과 재원이 소요될 것이다.[484] 북한이 지방공업의 발전을 중시하고 경제개발구를 비롯해 공업, 농업, 첨단기술, 관광 등의 특화된 개발구를 지역거점으로 발전시키려고 시도하는 것을 보면, 기존 공업배치구조를 흔들지 않으면서 부족한 점을 해결하려고 한다는 것을 알 수 있다.

지식경제시대, 새 세기 산업혁명, 최첨단돌파전 등은 21세기 사회주의경제강국 건설에 나선 북한의 전략적 키워드다. 1980년대에 구소련과 동유럽 사회주의국가들에서 '계획적 상품경제론'에 관한 논의가 무성한 가운데 극소전자micro-electronics혁명과 다품종 소량생산을 둘러싼 이론작업이 활발했던 적이 있었다. 사회주의경제의 발전경로에 대한 새로운 해석과 논의는 정치다원화(민주화와 다당제)의 물결 속에 사회주의국가들의 정권이 붕괴되면서 더 이상 설 자리가 없어졌다.

사회주의 건설을 표방하던 나라들 대부분이 사라진 21세기에, 북한은 '사회주의의 길'을 가겠다며 지식경제시대에 조응하는 산업 첨단화를 추구하고 있다. 북한 사회과학자들은 새로운 이론화 작업을 책임지지 않을 수 없게 되었다.

북한은 산업구조 개편과 경제체질 개선의 실행 단계에 이미 들어섰다. 새 세기 산업혁명은 군수산업의 민수산업으로의 전환, 과학원·국방과학원 등 연구기관과 대학 소속 과학자들이 생산현장에 투입되는 과학기술과 생산의 결합, 첨단기술 장비의 경공업·농업부문에서의 활용, 정보통신기술ICT 활용을 통한 단번도약 추진과 전자통신혁명, 과학자·기술자들에 대한 우대 프로그램 실행(인센티브 확대) 및 공장·기업소에서의 기사장과 기술자의 권한 강화 등을 수반한다.

아울러 청년 과학자·기술자 교육프로그램의 강화(해외연수 증대), 산업혁명을 이끌어갈 선구적 간부(당·국가·군대)들의 등용, 새로운 경제구조 완비 및 경제관리 개선에 관한 이론 체계화 작업의 심화, 주체경제학의 이론계와 학계의 논의 활성화, 과학기술부문의 해외교류와 협력 확대 등 다양한 모습으로 새 세기 산업혁명의 면모가 드러날 것이다.

이런 흐름은 당 이론지『근로자』나 경제전문지『경제연구』등에 게재된 경제당국자들과 학자들의 기고문과 논문, 보도매체의 다양한 보도에서 유추한 것이다.

북한은 새 세기 산업혁명의 수행과정에서 대외협력과 교류의 폭을 넓힐 것이고, 자주권이 침해당하지 않는다면 여러 나라들과의 협력교류와 합작에 나설 것이다.

북한은 새 세기 산업혁명에서 얼마만큼의 성공을 거둘 것인가? 도널드 트럼프 미국 대통령과 짐 로저스 회장이 자주 거론하는 북한 경제의 잠재력은 과연 폭발할 것인가? 미래는 꿈꾸는 자의 몫이고, 밝은 미래는 어려운 현실을 타개하려는 의지와 담대하고 창의적인 모색에서 비롯된다. 21세기를 살아가는 북한 영도집단과 인민들의 꿈과 희망의 실현은 혁신적 사고와 행동, 왕청같은 노력에 달려 있다.

5. 지식경제시대의 과학기술발전

"오늘날 우리는 새로운 통신매체와 에너지 체제의 융합, 즉 3차 산업혁명을 목도하고 있다. 청정에너지, 친환경건설, 텔레콤, 미니발전, 분산형 그리드 IT, 전기 및 연료전지 자동차, 지속가능 화학, 나노기술, 제로탄소물류, 공급망 관리 등과 같은 광범위한 사업분야에서 새로운 기술과 제품, 서비스를 줄줄이 개발하고 있다.

최근까지 이 새로운 사업기회들은 투자집단이나 대중의 관심을 크게 끌지 못했다. 그 이유는 우리 인간은 이야기에 의존해서 사는데 이야기란 본디 캐릭터 간의 관계와 상호작용에 대한 내용이기 때문이다. 개별적인 낱말만으로 이야기를 만들 수 없듯이 개별적인 기술과 제품 라인, 서비스로는 새로운 경제에 대한 내러티브(스토리라인)를 만들 수 없다. 사람은 개별적인 기술과 제품라인, 서비스 간의 상호관계를 발견하고 경제에 관한 새로운 대화를 만들어낼 때 비로소 관심을 갖는다. 바로 그런 일이 지금 일어나고 있다. 3차 산업혁명의 선지자들이 글로벌 경제의 새로운 이야기에 대한 첫 장을 공동 집필 중이라는 의미다." [485]

제레미 리프킨은 『3차 산업혁명』에서 과학기술발전에 의해 도래된 글로벌 경제의 변화를 언급하면서 3차 산업혁명의 선지자들이 '새로운 이야기에 대한 첫 장을 공동집필 중'이라고 했지만 21세기에 들어와 그 이야기는 어느새 중반으로 치닫고 있다.

북한은 현 시대를 지식경제시대로 규정한다. 지식경제시대는 지식이 사회경제발전의 원동력으로 되는 시대다.[486] 북한의 생각으로는, 지식경제시대에서 첨단돌파는 합법칙적인 요구이며 사회주의강성국가 건설에서 가장 중요한 투쟁목표이다.[487]

북한에서는 경제발전의 원천이 노동력, 자원, 자금 등 물질적 자원으로부터 지식, 정보, 과학기술 등 무형의 지적知的 자원으로 바뀌었다고 본다. 지식경제시대에는 생산수단보다도 '지능知能 높은 사람'을 누가 더 많이 보유하는지가 중요하다는 것이다.[488]

북한은 3대 기관지(『로동신문』『조선인민군』『청년전위』)의 2012년 신년공동사설을 통해 "새 세기 산업혁명의 봉화가 타올라 우리 경제가 지식경제형 강국 건설의 길에 들어서게 되었다"고 선언했다. 이것은 김일성 주석의 지도사상(주체사상)과 일심단결에 의해 정치사상강국이 실현되고 김정일 국방위원장의 핵무기 보유에 의해 군사강국이 완성된 조건에서, 김정은 시대에는 새 세기 산업혁명을 일으켜 '지식경제형 강국'을 건설하겠다는 선언이었다.[489]

국제사회에서는 '지식기반경제'라는 표현이 사용되어왔다. 북한의 지식경제시대는 '지식기반경제의 시대'의 줄임말로 보아도 무방할 것 같다. 지식기반경제는 지식의 창출에 바탕을 둔 경제 또는 경제구조를 뜻한다.

경제협력개발기구OECD는 지식기반경제를 "직접적으로 지식과 정보를 생산·배포하는 산업에 기반을 둔 경제"로 정의한다. 아시아태평양경제협력체APEC는 지식기반경제를 "산업 전반에 걸쳐 지식을 생산·분배·이용함으로써 경제를 발전시키고 부를 창출하며 고용을 확대하는 원동력이 되는 경제"라고 규정한다. 여기서 말하는 지식은 앎을 바탕으로 무엇인가를 새로 창출하고 이를 체계화함으로써 다시 새 것을 창출할 수 있는 기술과 정보까지를 포괄하는 개념이다.

21세기에는 지식의 생산, 획득, 전파, 이용, 축적 등의 지식기반이 튼실한 국가가 경제 강국이 될 것이라는 가정假定이 지구촌에 널리 퍼져 있다.[490] 북한의 지식경제시대의 구상은 과학중시에 기반을 둔 경제체제로의 진화를 지향하고 있다.

1) 선군시대 경제건설노선과 과학기술발전계획

북한에서 과학중시 사상이 언제 태동했는지를 한마디로 말하기는 쉽지 않다. 북한은 1950년대 후반의 천리마운동 시기에 이미 과학기술 중시를 내걸었고 1970년대 사상·기술·문화의 3대혁명에서도 과학기술은 줄곧 강조되었다.

21세기 지식경제시대에 들어와 첨단과학기술 중시사상을 전면화한 것은 김정일 시대에서였다. 북한은 1995년 초부터 온 사회의 과학기술 중시기풍을 강조한 가운데[491] 그해 4월에 김정일 국방위원장은 국가과학원을 현지지도 하였고, 12월에는 국가과학원 직속으로 조선과학상사(대외 과학기술협조 및 과학기술무역 담당)를 설립하기도 했다. 다만 이 시기에 시작된 고난의 행군은 과학기술 중시 구호를 무색하게 만들었다.

김정일은 국방위원장에 재추대된 1998년 9월을 기점으로 과학중시 사상을 전면에 내걸기 시작했다. 고난의 행군이 어느 정도 결속된 분위기에서 과학기술에 의한 '단번도약'을 추구하지 않고서는 경제재건에 성공하지 못한다는 절박감도 있었다. 북한은 3대 기관지의 1999년 신년공동사설("올해를 강성대국 건설의 위대한 전환의 해로 빛내이자")에서 사회주의강성대국 건설의 국가목표를 공식화하고 과학기술의 경제강국 건설을 표방했다.

북한은 과학기술의 경제강국 건설을 위해 1999년을 '과학의 해'로 정하고 과학기술 중시정책을 구체화했다. 특히 《과학기술발전 5개년 계획》을 수립하고 과학기술 중시를 사상중시·총대중시와 함께 강성대국 건설의 3대 기둥으로 규정했다.[492] 『로동신문』과 『근로자』 공동논설(7월 4일)은 '과학기술을 홀시하는 것은 혁명을 하지 않겠다는 것과 같다'고 천명함으로써 과학 선행先行을 강조했다.[493]

이 무렵 북한에서는 '나라의 형편이 어려울수록 과학기술발전에 선차적인 힘을 넣는 것'이 중요하다는 인식이 자리를 잡기 시작했다.[494] 북한의 '광명성 1호' 발사(1998년 8월)는 과학기술을 앞세운 국가발전 전략에 따른 것이었고, 이를 계기로 첨단과학기술이야말로 자립적 민족경제와 강성대국 건설의 강력한 수단이 될 것이라는 믿음을 낳았던 것으로 보인다.[495] 다만 외부에서는 북한의 위성 발사를 탄도미사일인 '대포동 1호' 시험발사로 규정했고, 북한 내부와 외부의 인식 차이는 여전히 큰 채로 남아있다.

북한 내각은 2001년에 4대 중점육성 부문을 선정하면서 선진과학기술의 육성과 제조업의 정상화 등을 포함시켰다. 김정일 국방위원장은 2002년 9월과 2003년 8월의 《담화》를 통해 '국방공업의 우선발전과 경공업·농업의 동시발전'을 지향하는 선군시대 경제건설노선을 천명했다. 국방공업의 우선발전은 금속·기계공업을 비롯한 중공업의 육성 없이는 불가능한 사정이었고, 북한 경제발전을 파악함에 있어서 이 시기에 선진과학기술의 육성에 집중했다는 사실을 기억할 필요가 있다.[496]

그는 2003년 10월 15일에 '현 시기 과학기술을 발전시키는 것은 우리 혁명과 건설에서 가장 절박하고 필수적인 요구'라면서 핵심기술·응용기술·첨단기술 산업에 대한 국가지원을 강화하고, 가까운 시일 안에 세계적 수준으로 끌어올릴 것을 강조했다.[497]

《과학기술발전 2차 5개년계획(2003~2007년)》에서는 110개 대상, 450건의 과제가 선정되었고 연구개발과 기술도입의 연계를 강화해 산업현장에서 수익을 더 많이 내는 것을 목표로 삼았다. 《과학기술발전 3차 5개년계획(2008~2012년)》은 110개 대상, 1,700여건의 과제를 선정했다. 이 가운데 기간산업 10개, 주민생활 향상 4개, 첨단기술 8개 등이 포함되었고 기간산업의 기술력 제고가 핵심과업으로 부각되었다.[498]

《과학기술발전 2차 5개년계획》 기간에 열린 최고인민회의 제11기 제4차 회의(2006년 4월 11일)에서는 과학기술 중시노선이 핵심 의제로 채택되었다. 박봉주 총리는 이 회의에서 과학연구사업과 선진과학기술의 도입에 집중한 결과, 국가중점대상을 비롯한 1,050여건의 과학기술발전계획을 달성했다고 보고했다.

그는 《과학기술발전 3차 5개년 계획》과 2022년까지의 국가기술발전전략을 수립해 과학기술부문을 체계적으로, 획기적으로 육성하겠다는 청사진을 내놓았다.[499] 당시 농업부문 12.2%, 전력·석탄·금속공업·철도운수의 인민경제 선행부문 9.6%의 예산 증액율과 비교할 때 과학기술부문은 3.1%로 소폭 증액하는 데 그치기는 했지만, 정보기술, 생물공학, 나노기술 및 우주항공, 해양과학 등 최첨단 분야에 관심을 집중했던 사실이 공개되었고 이는 주목할 만한 일이었다.[500]

김정일 시대의 북한은 산업현장에서의 정보기술화를 통해 생산 공정의 자동화·현대화를 실현함으로써 생산성을 높이고자 하였다. 정보기술IT 발전에 의한 단번도약을 내걸고 각종 과학기술전시회, 정보화연구토론회, 미디어홍보 등 여러 방법으로 IT산업의 중요성을 부각시켰다. IT산업과 관련하여 조작체계프로그램(소프트웨어), 망(네트워크)보안기술, 새 자료기지Data Base Platform 관리체계, 수준 높은 지능프로그램을 비롯한 병렬컴퓨터의 메모리 효율과 접근속도 개선, 계산이론에 기초한 정보처리기술 등이 강조되었다. 생산과 경영 활동의 컴퓨터PC화에 필요한 과학기술적 문제의 해결도 중시되었다.[501]

북한이 이 시기에 국방공업의 최신과학기술을 중공업부문에 파급시켜 전반적인 경제발전에 촉진시키려는, 다시 말해 군사용 기술을 민간용 기술로 활용하는 스핀 오프spin-off 효과를 창출하려고 했던 점은 눈여겨볼 필요가 있다.[502] 선군시대 경제건설노선 하의 과학기술발전계획은 지식경제시대를 개막하려는 열망을 품고 있었다.

2) 지식경제시대의 최첨단돌파전

경제 전반의 개건改建과 현대화에서는 생산 공정의 자동화와 컴퓨터화가 기본이었기 때문에 북한에서 전자공학과 컴퓨터과학 발전에 관한 담론들이 늘어나기 시작했다.[503] 청년과학자들의 IT 성과, 각종 프로그램 개발 등에 관한 보도가 이어졌다.[504] 전국프로그램경연 및 전시회의 진행에 대한 상세한 보도가 나오는가 하면 김정일 국방위원장이 컴퓨터발전 사업을 직접 지도한다는 보도도 있었다.[505]

경영활동과 생산 공정의 자동화와 컴퓨터화를 촉진하는 가운데 IT부문에서 중요한 성과들이 나오고 그 이용분야도 확대됨에 따라 정보화담론이 더욱 확산되었다. 지역별·부문별 컴퓨터망 체계를 개발하고 운영함으로써 경영활동의 자동화와 컴퓨터화가 실현되는 한편, 광케이블에 의한 통신망 정비 등 전국적인 통합정보처리체계로 발전되었다.

여러 생산현장에서 공작기계의 수자제어NC(number control)에 의한 유연柔軟생산체계로 전환하려는 움직임이 있었다. 북한은 구성공작기계공장, 평양방직기계공장, 천리마제강연합기업소, 신의주화장품공장, 각 도의 기초식료품공장 등을 자동화의 본보기 공장으로 내세웠고 70여개의 주요 발전소들에서 송배전 설비의 현대화가 본격화되었다.[506]

김정은 당 중앙군사위원회 부위원장이 후계자로 결정된 2009년 이후 북한 보도매체들은 정보산업시대보다는 지식경제시대를 부각시키기 시작했다. 조선로동당 기관지 『로동신문』은 2009년 8월 11일자 정론에서 련하기계공장의 CNC공작기계 개발 성과를 보도하면서 지식경제시대를 언급하여 이목을 끌었다.[507]

3대 기관지의 2010년 신년공동사설도 '오늘의 지식경제시대에는 첨단기술의 개척자가 미래의 승리자'라고 표현했고, 지식경제시대에는 끊임없이 첨단을 돌파해야 한다는 논리를 전개했다. 정보산업시대에 컴퓨터 인재양성과 기술보유, 생산 공정의 현대화 등에 역점을 두었다면, 지식경제시대에는 최첨단 과학기술 지식에 의해 정보산업, 생물(바이오)산업, 나노산업 등 21세기 지식집약형 산업들이 창설되는 만큼 그에 필요한 지식경쟁을 벌여야 한다고 강조했다.[508] 지식경제시대에서는 과학기술 인재의 지적인 노동에 의해 CNC 공작기계, 유연생산체계, 컴퓨터체계, 지능로봇, 전면적인 자동화 등의 현대적인 생산체계가 창조되기 때문에 자연히 과학기술 인재의 필요성에 대한 담론도 증가했다.[509]

2011년 신년공동사설은 경제건설의 대고조진군 속도를 높이는 방도의 하나로 최첨단돌파전을 언급한 가운데 희천련하기계종합공장의 모범을 따라 기계공업뿐 아니라 전반적 공업부문에서 '첨단돌파의 열풍이 세차게 몰아쳐야' 한다고 강조했다. 최첨단돌파전이라는 표현이 자주 등장하면서 CNC를 비롯한 최신기술을 바탕으로 한 과학기술 혁신이 강조되고 그 성과들이 잇달아 보도되었다.[510]

김정일 국방위원장은 "비약적으로 발전하는 오늘 첨단에서 뒤떨어지면 남의 기술의 노예가 될 것"이라면서 "첨단을 돌파하지 못하고 강성국가 건설에 대하여 말할 수 없다"고 말했다.[511] 첨단돌파는 단번도약을 목적으로 삼아 첨단기술을 활용해 신속한 국가발전을 이루겠다는 정책의지의 표현이었다.

『로동신문』은 2011년 12월 13일자에서 "과학과 기술, 생산이 일체화되는 지식경제시대에는 최첨단을 남 먼저 돌파해나가는 나라와 민족만이 끊임없는 발전과 번영을 이룩할 수 있다"면서 "최첨단돌파에 나라와 민족의 강성부흥이 있고 미래가 있다"고 강조했다.[512] 북한에서 과학기술은 CNC, 첨단돌파, 강성국가 등의 용어와 어우러지면서 김정일 국방위원장과 김정은 국무위원장의 업적을 부각시키고 주민들의 결속력을 다지는 키워드가 되었다.[513] 과학기술 중시노선이 명실상부하게 경제발전전략의 핵심으로 자리매김하게 된 것이다.

한편, 북한은 1988년에 최고인민회의 상설회의에서 채택한 《조선민주주의인민공화국 과학기술법》[514]을 2013년 10월에 수정 보충했는데 이 법은 과학기술발전에 관한 정책방향을 포함하였다. 이 법에는 과학기술을 발전시켜나가는 데서 지켜야 할 8대 원칙이 담겨 있다.

첫째, 과학기술 중시의 원칙이다. 국가는 과학기술 중시노선을 일관하게 견지하며 전반적 과학기술사업에서 비약을 일으켜 과학기술강국의 지위에 올려 세워야 한다는 것이다(제2조). 둘째, 과학기술 발전에서 주체적 입장 구현의 원칙이다. 국가는 과학기술을 자체의 실정에 맞게 창조적으로 발전시켜야 한다는 것이다(제3조).

셋째, 핵심기초기술, 기초과학, 기술공학 발전의 원칙이다. 국가는 정보기술IT, 나노기술NT, 생물공학BT과 같은 핵심기초기술을 비롯한 첨단과학기술 발전에 선차적인 힘을 넣으면서 기초과학과 중요부문 기술공학을 적극 발전시켜야 한다는 것이다(제4조).

넷째, 최신과학기술에 의한 인민경제의 주체화·현대화·과학화의 원칙이다. 국가는 최신과학기술의 성과를 받아들여 인민경제의 주체화·현대화·과학화를 실현해야 한다는 것이다(제5조).

다섯째, 새 과학기술의 연구개발과 선진과학기술 도입 사업의 배합의 원칙이다. 국가는 새 과학기술을 연구 개발하는 사업과 다른 나라의 선진과학기술을 받아들이는 사업을 합리적으로 배합해야 한다는 것이다(제6조). 여섯째, 과학기술과 경제의 결합의 원칙이다. 국가는 과학기술발전에 의거하여 경제건설을 다그치며 과학기술과 생산을 밀접히 결합시켜야 한다는 것이다(제7조).

일곱째, 전민과학기술인재화 실현의 원칙이다. 국가는 정연한 과학기술학습체계를 세워 전체 인민이 현대적인 과학기술지식과 높은 기술기능수준을 소유하도록 해야 한다는 것이다(제8조). 여덟째, 과학기술 잠재력 동원의 원칙이다. 국가는 과학기술발전에 필요한 인적·물적 자원을 통일적으로, 집중적으로 조직동원하도록 한다는 것이다(제9조). 이상의 8대 원칙은 북한의 과학기술정책의 근간을 이룬다.

<표 1-27>은 《과학기술법》에 담긴 과학기술발전계획과 과학기술사업의 일부를 정리한 것이다. 과학기술과 경제의 결합과 관련하여서는 첨단산업·첨단기술개발구 창설과 우대, 생산과 경영관리의 과학화, 전문기술개발단위 조직, 설계기관의 조직운영 등을 규정하고 있다.

또한 자문봉사기관의 조직운영, 과학기술 지적제품의 등록·관리·유통, 기술관리, 기술개건·현대화계획의 작성, 기술개건·현대화대상의 심의, 기술개건·현대화의 실행과 확인, 과학자·기술자돌격대활동의 권장, 기업소 경영관리 평가기준의 제정 등도 규정하고 있다. 《과학기술법》에는 지식경제시대의 최첨단돌파전을 수행하는 방법론까지 담겨 있다고 할 수 있다.

〈표 1-27〉《과학기술법》의 과학기술발전계획과 과학기술사업

구분	관리운영의 규정	조항
과학기술 발전계획	- 과학기술발전계획 및 과제의 분류	제13조
	- 과학기술발전전망계획의 작성	제14조
	- 과학기술발전 당해년도계획의 작성	제15조
과학기술의 연구개발	- 첨단과학기술의 연구개발	제23조
	- 응용과학기술의 연구개발	제24조
	- 기초과학의 연구	제25조
	- 공동연구·협동연구의 조직	제26조

구분	관리운영의 규정	조항
	- 기술혁신운동	제30조
	- 과학기술분야의 교류와 협조	제31조
과학기술 심의와 보급	- 과학기술자료기지의 구축	제38조
	- 과학기술자료의 보급	제39조
	- 주문·계약에 따르는 과학기술도입	제41조
과학기술과 경제의 결합	- 첨단산업·첨단기술개발구의 창설	제43조
	- 첨단산업·첨단기술개발구의 우대	제44조
	- 생산과 경영관리의 과학화	제45조
	- 기술관리	제50조
	- 기술개건·현대화계획의 작성	제51조
과학기술 인재관리	- 유능한 과학기술인재의 배치	제60조
	- 과학자·기술자의 자질 제고	제61조
	- 과학기술사업에 대한 공로 평가	제65조

3) 지식경제시대의 국가비전

북한은 지식경제시대에 맞는 국운國運 개척을 국가비전으로 삼고
있다. 김정은 당중앙군사위원회 부위원장은 2012년의 《4·6담화》에서
"오늘 세계는 경제의 지식화에로 전환되고 있으며 우리 앞에는 나라의
경제를 지식의 힘으로 장성하는 경제로 일신시켜야 할 시대적 과업이
나서고 있다"고 강조했다.[515] 지식의 힘을 경제발전전략 수행의 기초로
인식한 것이다. 그는 과학기술의 종합발전, 지식의 대대적인 축적과 적
극 활용으로 급속히 발전하는 지식경제시대에 경제강국을 건설하려면
최첨단돌파전과 새 세기 산업혁명이 필요하다고 역설했다.

그해 4월 15일 김일성 주석의 100회 생일 경축 열병식에서 그는 "일
심단결과 불패의 군력에 새 세기 산업혁명을 더하면 그것은 곧 사회주
의강성국가"라고 선언했다.[516] 정권의 여명기에 지식경제시대의 최첨
단돌파전과 새 세기 산업혁명을 강조한 것을 보면 김정은 국방위원회
제1위원장의 국가발전 비전은 자명하다.

그가 2018년 4월에 경제건설 총력집중노선을 내걸고 사회주의경제강국 건설과 인민생활 향상에 질주한 것은 지식경제시대에 맞는 국운 개척을 국가비전으로 삼았기 때문이다.

2019년 4월 11일 최고인민회의 제14기 제1차 회의에서 수정 보충된 《사회주의헌법》에 "과학기술력은 국가의 가장 중요한 전략적 자원"이며 "국가는 모든 경제활동에서 과학기술의 주도적 역할을 높이며 과학기술과 생산을 일체화하고 대중적 기술혁신운동을 힘 있게 벌려 경제건설을 다그쳐나간다"는 구절을 추가한 것(제27조)이나 '과학연구부문에 대한 국가적 투자 증대'를 명시한 것(제50조)에서도 과학기술 발전의 지향이 드러난다.

북한은 3대 기관지의 2012년 신년공동사설에서 "새 세기 산업혁명의 불길을 따라 나라의 경제면모를 근본적으로 혁신"할 것을 주문하면서 과학자와 기술자집단에게 "자기 땅에 발을 붙이고 눈은 세계를 보라!"고 촉구한 바 있다. "자기 땅에 발을 붙이고 눈은 세계를 보라!"는 김정일 국방위원장이 2009년 12월 17일 김일성종합대학 전자도서관 준공을 앞두고 친필로 보낸 구호다.

이 구호는 북한의 대학이나 연구소 등 과학기술 관련 부문이라면 어디에나 붙어 있다. 근본적인 경제 혁신에 과학자와 기술자들의 역할이 중요하다는 인식이 밑바탕에 있다.

지식경제시대의 담론과 첨단과학기술의 생산현장 도입에서 북한의 전략적 노선의 핵심이 드러난다. 최첨단돌파전과 새 세기 산업혁명의 신호탄은 김정일 시대에 높이 쏘아지기는 했으나 김정은 시대에 와서 본격적인 실천에 돌입했다.

이렇게 볼 때 지식경제시대와 첨단과학기술 중시는 이전 시대의 계승이면서 혁신이다. 계승과 혁신의 다양한 변주 속에서 김정은 당 위원장 겸 국무위원장의 각종 저작이나 현지지도에서의 발언을 통해 구체적인 과업들이 재생산되고 있다. 김정은 시대의 북한이 지식경제시대에 맞는 국운 개척으로 사회주의경제강국의 결승점에 근접할 것인지를 인민들도 지켜보고 있고, 국제사회도 주시하고 있다.

4) 김정은 시대의 정치학습과 기술학습

북한은 사상교양과 기술교육의 학습사회다. 사회주의국가들이 사상
교양을 비롯한 정치교육을 중시한다는 것은 널리 알려져 있지만, 교육
은 북한에서 각별한 위상을 차지한다. 각급 단위에서 정치교육과 기술
교육을 병행하고 있고, 모든 인민이 매주 토요학습에 참여한다. 학습의
양대 축은 사상교양과 기술교육이다. 북한이 새 세기 산업혁명을 내걸
고 과학기술을 중시하면서 과학기술교육의 비중은 날로 커지고 있다.

서구의 경제전문가들은 교육을 인적자본의 관점에서 다루어왔다.
사람에 대한 투자도 기계설비에 대한 투자처럼 이윤을 창조한다는 것
이다. 교육은 현대과학기술의 기본원리와 분석적 추론방법을 알려주
고 학습능력을 키워줌으로써, 변화가 가능하며 생산과정을 조직화할
다른 방법이 있다는 생각을 불어넣어준다.[517] 교육은 그 가는 길이 좀
멀다고 할지라도 창조적 비약과 상상력, 직관과 통찰로 가는 길이다.

북한에서 정치교육과 기술교육의 병행은 천리마작업반운동이 1959
년에 시작된 이래 지속된 사회주의교양사업의 일환이었다. 천리마작
업반운동은 성장 동력을 얻기 위한 대중운동이면서 인간개조운동이기
도 하였다. 이 운동에서는 사상혁명을 앞세우면서 기술혁명과 문화혁
명을 동시에 진행했으며 혁명적 군중노선이 대두되면서 그 양상은 조
직생활의 강화로 나타났다. 천리마작업반운동에 앞장서서 리더십을
발휘한 사람들에게 '천리마기수' 칭호가 붙여졌고, 이들은 생산현장의
관리자·조직자이자 교사였다. 천리마기수에게는 혁명가, 노동자·인텔
리, 조직을 절대시하는 집단주의자, 국가정체성이 확고한 애국자, 생활
상의 도덕적 인간 등의 자질이 요구되었다.[518] 천리마작업반운동의 전
개과정은 노동자 영웅들의 탄생 과정이기도 했다.

천리마작업반운동에 이어 1960년대에 대안의 사업체계(공장·기업
소), 청산리방법(협동농장)이 등장하면서 주체의 확립과 혁명적 군중
노선을 내건 교양사업이 북한 사회에 휘몰아쳤다. 인민들의 생활에서
정치교육과 기술교육은 일상화되었다.

조선로동당은 인민들을 사회주의사회에 적합한 '새로운 인간'으로 재탄생시키기 위한 교양사업에 집중하면서 '인간개조사업'이란 표현도 서슴지 않았다. 그 목표는 공산주의적 인간형을 창조하는 것이었고, 주체사상이 당·국가·군대의 지도사상으로 정착된 뒤에는 주체형의 인간을 만들어내는 것이 목표였다.

북한은 모든 인민을 혁명가로 만들기 위해 수령에 대한 충실성, 혁명전통교양, 당정책교양, 공산주의신념, 사상에서의 주체 등을 교양사업의 포인트로 삼았다. 모든 인민을 노동계급화하기 위해 계급교양, 노동교양, 문화의 노동계급화 등에 초점을 맞추었다. 문화의 노동계급화에서는 언어교양, 문학예술의 노동계급화, 군중예술 등이 중시되었다. 노동계급을 '산 지식인'으로 양성하기 위해 이론과 실천의 결합, 생산노동의 교육, 기술의무교육의 학제개편 등이 추진되었다.

집단주의 교양에서는 개인보다 집단의 힘 강화, 집단의 적절한 규모·단위로의 조정, 중층적重層的 경쟁과 협동, 조직적 분공分工(구체적 과업 분담), 희생과 봉사의 제도화, 규율과 규칙 등이 중시되었다. 이와 더불어 사회주의애국주의 교양이 강화되었고, 도덕적 인간을 만들기 위한 사회주의생활양식 교양이 심화되었다.[519] 정치사회적·교육적 규범은 오늘날에도 변함없이 지속되고 있다.

정치교육과 기술교육 체계가 어떻게 운영되는지, 구체적인 방법이 무엇인지를 살펴보면 북한 인민들의 일상을 파악할 수 있다. 사상교양은 모든 부문과 단위에 조직되어 일상적으로 진행되는 선전선동사업과 참관·견학·답사 등의 방법으로 나눠진다.

사상교양은 수령(또는 최고영도자)의 교시와 말씀 전달, 영화문헌학습, 도록圖錄해설모임, 강연회, 학습회, 노작·명언 해설모임 등으로 진행된다. 교시와 말씀 전달은 성인 전체를 대상으로 분기별로 1회 실시되며 간부, 일반인민, 대학생 등에 따라 차별화된 내용으로 진행된다. 인민들은 누구나 수령(또는 최고영도자)의 발언을 메모할 노트를 갖추고 있다. 시·군 당위원회 부위원장이나 선전부장이 김일성-김정일 혁명역사연구실이나 노동자회관 등에서 교시와 말씀을 전달한다.

영화문헌학습은 수령(또는 최고영도자)의 활동을 수록한 기록영화를 단체로 시청하는 것이다. 2000년대 초까지는 영화관에서 상영하다가 지금은 조선중앙텔레비전에서 방영한다. 각 기록영화는 시간대를 달리하여 사나흘 간 되풀이 방영된다. 각 공장·기업소 초급당위원회는 기록영화 2개를 선정해 강당이나 회의실에서 집체적으로 시청하도록 한다.

도록해설모임은 도록[520]을 해설하는 것인데, 수령일가의 삶을 그림·사진·글로 엮은 것들(김일성편, 김정일편, 김정숙편)이 있으며 그 명칭은《위대한 수령 김일성동지의 혁명력사도록》등이다. 이 모임에서는 수령가계와 관련한 기념일이나 명절 때 1~2개판으로 진행된다. 도록해설은 당에서 파견한 전문해설강사 혹은 공장·기업소 초급당위원회 강사에 의해 진행된다.[521] 정치교육의 내용은 전반적으로 수령과 당에 대한 충실성 교양, 사회주의·공산주의 교양, 계급교양과 혁명전통교양 등에 집중된다.[522]

당이 매주 실시하는 사상교양 형식에는 강연회와 학습회가 있다. 매월 격주로 두 차례는 강연회, 두 차례는 학습회가 진행되는데 그 내용은 기관·단체·직급 별로 다르다. 김일성-김정일주의 학습반은 간부학습반과 일반군중학습반으로 운영되며 학습내용도 다르다.

《학습제강》은 당중앙위원회 정치국과 정무국이 비준한 다음년도《학습과정안》에 따라 선전선동부에서 작성해 각 단위와 지방에 하달되며 통일적으로 시행된다. 간부학습은 도·시·군 당위원회의 지도하에 토요일 오전에 실시되며, 일반근로자학습은 해당 지역과 공장·기업소에 따라 일시가 정해지고 초급당위원회의 지도하에 진행된다. 학습에서는 수령(또는 최고영도자)의 발언과 노작, 수령일가의 혁명역사와 덕성실기[523] 등에 의한 충실성 교육이 중점을 이룬다.

북한의 모든 기관들과 공장·기업소, 대학들은 당 세포 단위로 근로자들이 하루 일과를 시작하기 전에 10분간『로동신문』에 실린 사설·정론·논평 같은 주요 기사를 읽는 독보회를 진행하게 되어 있다.[524] 이 학습과정은 생각의 통일, 견해의 단일화를 위한 조치다.

북한에서는 매년 초에 어김없이 최고영도자의 《신년사》에 대한 학습열풍이 벌어진다. 보도매체들은 내각의 성·중앙기관의 일군(간부)들과 정무원들이 《신년사》를 자자구구字字句句 새겨가며 학습하는 집체독보集體讀報와 개괄강의 모습을 일제히 보도한다. 각 기관의 초급당위원회에서 세포비서와 선동원들을 발동하여 작업 현장마다 《신년사》의 기본내용을 체계화한 직관물直觀物을 갖춰놓게 하고 해설 선전사업을 진행한다.[525]

이처럼 정밀하게 짜인 교양체계에 따라 반복적으로 교육받기 때문에, 북한 인민들은 사람에 따라 질적인 편차는 있을지언정 대체로 비슷한 사유와 행동양식을 갖게 되는 것이다.

정치교육과 기술교육에서 강연회가 차지하는 비중은 매우 크다. 강연회는 목적과 대상, 형식과 방법에 따라 구분되는데 매 강연회의 메시지가 다르고 내용에 따라 참석대상이 다르며, 다양한 형식으로 진행된다.

강연회는 목적에 따라 기념강연, 정책강연, 정세강연, 과학기술강연, 위생상식강연, 통보강연 등으로 구분된다. 정책강연에서는 수령의 노작이나 지시, 주체사상[526], 당의 노선과 정책을 해설하며, 당연히 경제정책도 포함된다. 과학기술강연에서는 첨단과학기술의 트렌드와 생산현장에서 필요한 실무기술들이 다뤄진다.

대상에 따른 강연회로는 간부·군중강연과 조직·부문별 강연이 있다. 조직별 강연회는 당을 비롯한 각 근로단체 구성원을 대상으로 한다. 부문별 강연회는 공업부문, 농업부문, 서비스부문, 교육부문 등에서 따로 진행되며 필요할 때에 탄력적으로 운영된다. 강연회는 형식·방법에 따라 녹음강연, 3방송강연, 해설강연, 집중강연, 강연선전대강연, 동영상강연 등으로 나눠진다. 3방송강연은 조선중앙3방송 시스템에 의해 북한 전역에 갖춰진 유선방송을 통해 진행된다.[527]

강연회는 정교하고 치밀한 운영시스템으로 진행된다. 일례로 기계부품제조공장에 다니는 근로자가 대학을 졸업한 당원이라면, 그는 월 2회 이상의 군중강연회, 분기 1회의 당원강연회, 비정기적인 공업부문 근로자강연회와 과학자·기술자강연회에 참석해야 한다. 누구나 자신이 소속된 정치조직·직급·직업에 따라 다양한 강연회에 참석하는 것이다.

강연회 참가는 강제성을 띠며 강한 통제력이 수반된다. 당선전부는 강연회가 정해진 일시에, 정해진 장소에서 정상적으로 시행되는지를 임의의 시각에 순회하면서 점검한다. 녹음강연, 3방송강연, 기념강연 등은 끝나는 대로 시행결과를 당 조직부와 선전부에 보고하게 되어 있다.

강연회는 다른 교양수단이나 형식과 달리, 시간과 장소에 구애받지 않고 적은 비용으로 시행할 수 있다는 이점이 있다. 강연강사만 잘 준비시키면 얼마든지 신속히 교양을 진행할 수 있고 투자에 비해 효과도 크다.[528]

모든 강연에서는 강사의 임의성이 용납되지 않으며 당선전부에서 비준한 《강연제강》에 의거한다. 《강연제강》에는 신문·방송·영화와 달리 비공개 내용들과 국제사회에 알려지면 안 될 사안들도 포함된다. 당은 강연회의 조직과 기획운영은 물론 《강연제강》의 회수처리까지 직접 관장한다. 전문가들에 의해 잘 작성된 《강연제강》과 잘 준비된 강연강사만 있으면 군중과의 직접 대면을 통해 수백, 수천 명 군중의 마음을 움직이고 그들을 계몽시킬 수 있다.

강사가 자의로 주제를 정하거나 내용을 확대해석하여 자유롭게 발언하지 못하게 하며, 《강연제강》에 철저히 의거해 강연하도록 한다. 강연회에 의한 교양에는 주체사상교양과 충실성교양, 혁명전통교양, 경제과업수행교양, 계급교양, 사회주의애국주의교양 등이 포함된다.

경제과업수행교양은 각 단위·부문의 인민들로 하여금 사상·기술·문화의 3대혁명에 입각해 사회주의강성국가 건설을 위한 경제활동에 참여하도록 독려하는 것이다. 이 과정에서 수령(또는 최고영도자)의 경제노선과 정책을 인식시키고 그것을 철저히 옹호 고수할 것을 요구한다. 김정은 시대에 들어와서는 경제발전이 중요한 만큼 당이 모범으로 내세우는 공장·기업소들과 단위들의 실적과 그들의 운영경험을 소개 선전하는 교양을 늘려나가고 있다.

과학기술강연회는 분기마다 정기적으로 실시되며, 그 《강연제강》은 전문성을 반영해야 하기 때문에 조선과학기술총연맹이 작성하기도 한다. 강연 내용의 기술적 특성과 난이도를 감안해 해당부문 전문가가 강사로 나서는 경우도 있다. 때로는 각 부문별로 과학기술강연회가 따로 진행되기도 한다.

과학기술강연이 빈번히 반복되기 때문에 인민들의 기술지식 습득에 어느 정도는 기여할 것으로 관측된다.[529] 북한에서는 정치교육과 기술교육의 배합의 원칙 아래 교육시간이 적절히 안배되고 있어 사상교양과 실리교양이 동시에 이뤄진다고 볼 수 있다.

한편, 북한은 학교교육에서 기술학습을 중시해왔다. 북한 교육학은 정권 초기부터 교육과 혁명실천의 결합을 강조해왔는데, 이것은 교육을 실천적 요구와 밀착시켜 학생들에게 실생활에 필요한 지식과 여러 분야의 실천적 능력을 겸비하게 하려는 것이었다.[530]

《조선민주주의인민공화국 교육법》[531]은 교육의 기본원칙과 방향을 다음과 같이 제시한다. 첫째, 교육사업에서 사회주의교육학의 기본원리, 즉 건전한 사상의식과 깊은 과학기술지식, 튼튼한 체력을 가진 믿음직한 인재를 키우는 것을 철저히 구현해야 한다는 것이다(제3조). 둘째, 교육과 실천 활동을 밀접히 결합하도록 해야 한다는 것이다(제4조). 셋째, 학교교육의 결정적 역할을 높이는 기초 위에서 사회교육을 힘 있게 밀고나가야 한다는 것이다(제5조). 넷째, 학업을 전문으로 하는 고등교육체계와 일하면서 배우는 고등교육체계를 더욱 발전시켜온 사회를 인텔리화하며 전체 인민이 일생동안 꾸준히 학습하도록 해야 한다는 것이다(제8조).

《교육법》에 과학기술지식, 실천 활동, 사회교육, 일생동안의 학습 등이 명시된 것에서 인민들이 학습사회에서 살고 있음이 거듭 확인된다. 북한은 교육과 생산노동의 결합을 중시함으로써 일반과목 수업을 생산과 결부시키고 노동을 교육과정에 도입해왔다. 학생들에게 생산에 필요한 기술기능을 가르치고 생산관리 지식을 전달하며, 노동에 대한 사회주의적 태도를 갖도록 교육해왔던 것이다.[532]

기술교육의 변화과정을 간략히 살펴보기로 한다. 1945~1950년에는 여러 산업부문에서 기술자들이 부족했던 탓에 기술인력 양성을 위한 기술교육체계를 도입해야 했고, 학교와 직장에서의 기술교육에 주안점을 두어 초급 수준의 인력이라도 신속히 공급해야 했다.

1950년대에는 전후 복구 3개년계획과 제1차 6개년계획에 따라 농업과 공업부문의 기술 인력이 많이 필요했다. 기술교육은 공업과 농업분야의 기술인력 양성에 중점을 두었으며 종합기술교육도입 체계가 확립되었다.

1960년대는 사회주의 경제제도를 공고화하는 시기였으므로 기술력 강화 및 기술 인력의 양적 증가에 중점을 두었다. 중등단계와 고등단계의 기술자 대오가 늘어났고 기술교원 수의 증가, 기술서적의 대량 출판 등의 양적인 변화가 있었다.

1970년대 이후 사상교육의 강화와 기술교육의 질적 강화가 동시에 진행되었으며, 11년제 의무교육에서 기술교육을 위한 기초교육이 강화되었다. 2002년의 7·1 경제관리 개선조치는 교육에도 깊은 영향을 주었는데 정보기술IT교육 강화, IT산업 추진, 컴퓨터교육 실시 등이 교육현장의 화두로 떠올랐다. 선군시대를 반영한 사상교양도 지속적으로 강조된 만큼 사상교양과 실용적 기술교육이 배합될 수밖에 없었다.[533] 선군시대에도 학교교육에서 기술학습의 비중은 과거에 비해 높아졌다.

김정은 시대에 들어와서도 《학습제강》《강연제강》의 형식은 그대로 유지되고 있다. 예를 들어 학습제강 《노래 '조국찬가'를 높이 부르며 우리식 사회주의를 빛내이기 위한 투쟁에 모든 것을 다 바쳐나갈 데 대하여》(2018년 9월 초, 당원·근로자용, 16쪽 분량)는 애국심과 우리식 사회주의에 대한 자긍심을 중점으로 삼았다. 이 《학습제강》에는 김정은 국방위원회 제1위원장이 2013년에 정권수립일(9·9절) 65주년을 맞아 창작을 지시했다는 노래 《조국찬가》의 일부를 학습 도중에 직접 부르도록 하라는 지침이 담겨있다.

이 제강은 병진노선(경제건설과 핵무력 건설)의 승리에 토대하여 자력갱생의 기치를 높이 들고 혁명의 전진속도를 더욱 가속화함으로써 당 제7차대회가 제시한 사회주의 건설의 더 높은 목표를 앞당겨 점령할 것을 강조했다. 또한 자력갱생과 간고분투의 혁명정신 발휘, 우리식 설계, 자체의 역량과 기술, 자체의 자원과 자재로 해나가는 기풍 수립, 없는 것은 만들어내고 부족한 것은 찾아내면서 걸린 문제의 자체의 힘에 의한 해결 등을 역설했다. 《학습제강》은 삼지연 꾸리기를 성의껏 지원해 김정은 제1위원장의 감사를 받은 노동자들과 단천발전소 건설에 지원물자를 보낸 노동자들의 실명을 거론하고 추켜세움으로써 인민들이 자발적으로 지원 사업에 나설 것을 촉구하기도 했다.[534]

김정은 시대의 정치학습과 기술학습을 보여주는 《문답식 학습참고자료》(2018년 10월, 간부용, 13쪽 분량)에는 과학기술과 경제, 사회주의강국건설을 위한 과업과 방도를 학습하도록 유도하고 있다. 이 자료에는 14가지 주제에 관한 김정일 국방위원장과 김정은 국무위원장의 교시와 이에 대한 설명과 해설이 담겨 있다. 1~8번은 주체사상과 우리식 사회주의, 김정일 국방위원장의 선군사상 등 정치사상부문, 9~14번은 국가전략부문으로 되어 있다.

국가전략부문에서는 과학기술강국과 경제강국 건설, 국가경제발전 5개년전략 수행, 사회주의문명강국 건설, 사회주의의 승리적 전진 등의 과업과 방도를 학습하는 것이 중시되었다. 특히 5개년전략 수행에서 전환을 일으키기 위한 부문별 과업으로 과학기술 중시, 전력·금속·화학공업부문의 기치 들기, 발전소와 금속·화학공장들의 석탄과 수송수요의 최우선적 보장, 기계공업의 신속한 발전 등이 제시되었다.

또한 경공업·농업·수산업의 획기적 발전에 의한 인민생활 향상의 진전, 중요 대상건설에의 역량 집중과 교육문화시설·살림집 건설, 인민경제 모든 부문·단위에서의 최대한 증산·절약투쟁 전개, 국토관리 사업에 대한 전국적인 집중 등도 제시되어 있었다. 늘 그렇듯이 "일군들의 사업기풍과 일 본새를 혁명적으로 개선하여야 한다"는 당부도 빠트리지 않았다.[535]

《문답식 학습참고자료》는 북한 학습자료의 전형을 잘 보여준다. 당과 국가와 군대의 간부들은 이런 유의 자료를 근거로 학습하기 때문에 거의 같은 생각을 갖고, 그에 따라 반응한다고 볼 수 있다.

정치학습과 기술학습의 배합에서 기술학습의 비중이 커지고 특히 경제과업수행 교양이 중시되는 가운데 과학기술강연회가 더욱 늘어날 것이다. 인민들이 반복되는 교육에 싫증내지 않게 하려면 다양한 방법론의 동원과 정보화 수단을 활용하는 변화가 필요할 것이고, 당선전선동부가 그 과제를 수행할 것이다. 김정은 시대의 교육이 그러한 방향으로 가고 있음은 불문가지不問可知이다.

5) 지식경제시대와 총체적 학습사회

북한이 사상교양의 정치교육에 주력하면서도 21세기 산업혁명과 지식경제시대에 적합한 기술교육을 중시한다는 것은 주목할 만하다. 지구촌 곳곳에서 학습사회의 중요성이 강조되는 것은 새로운 산업혁명이 시작된 데 조응하기 위해서다. 학습사회가 부상한 배경에는 지식기반 사회의 등장과 기존 학교교육에 대한 비판이 깔려 있다.

교육계 외적으로 보더라도 지식이 부가가치 생산의 핵심으로 바뀌면서 더 많은 지식 소유가 자본축적의 수단이 된다. 심지어 "교육은 최선의 경제정책이다"(토니 블레어 영국 총리)라는 말이 회자되기도 한다.

지식기반 사회에서 교육과 학습은 인적자원 개발의 지름길이다. 교육계에서 한계를 드러낸 학습시스템의 대안으로 학습사회 개념이 부각되었고 유네스코UNESCO는 현대의 공교육公敎育 시스템을 줄곧 비판해왔다.[536] 학습사회 이전에 대부분의 국가에서 학습활동을 지배해온 패러다임은 학교였다.

학교라는 공교육시스템이 지닌 학습양식은 교육과 학습을 동일시해 모든 교육활동을 학교 내의 활동으로 치환했다. 지식기반 사회, 네트워크 사회에서는 과거의 학습양식으로는 변화에 조응하기 힘들다. 학습총량의 확대, 학습내용의 질적 변화, 학습양식의 변화 등으로 인해 총체적으로 학습패러다임이 바뀌고 있다.[537] 남한에서 학습사회와 관련한 논의가 주목을 끈 것은 '총체적 학습사회' 개념이었다. 총체적 학습사회는 고부가가치 창출을 담보하는 선진경제로 발전하기 위해서 모든 개인과 조직이 보다 학습 지향적으로 전환되는 사회를 뜻한다. 총체적 학습사회는 전 생애에서의 학습복지체계 구비, 새로운 학습주체(보조자와 촉진자, 능동적 학습자)의 탄생, 학습목표와 방향의 변화, 조직차원 학습의 중요성 증대, 정보·지식의 폭발적 증가, 유비쿼터스 학습환경의 조성, 학습네트워크 구축의 다양화, 지식정보 가치의 복잡계, 정보지식 관리시스템의 확산 등의 특징을 보이고 있다.[538]

북한식 학습사회에서도 '총체적 학습사회'의 특징 일부가 나타나고 있다. 북한이 사상교양 우선에서 물러설 기미는 없지만, 학습체계의 운영에서 경제성장과 발전을 위한 기술학습을 더 늘려나가면 그 파급효과는 커지고 총체적 학습사회에로의 걸음을 재촉할 것이다. 전 인민에 대한 다양한 학습체계 망이 입체적으로 구성되어 있는 북한 사회에서 학습체계의 망을 효과적으로 사용함으로써, 다시 말해 그 시스템에 과학기술 혁신을 장착함으로써 지식경제시대의 인적자원 개발에 더욱 접근할 수 있을 것이다.

북한의 영도집단은 노장청老長靑의 결합 아래 전민과학기술인재화를 추진하는 과정에서 총체적 학습사회의 세례를 받고 있는 청장년세대에게 경제발전과 도약을 맡기기 위한 행보에 나서고 있다.

6) 12년제 의무교육과 김정은 위원장의 교육혁신

북한의 경제발전전략이 성과를 거두려면 시스템 혁신이 필요하지만 그에 못지않게 생산자대중의 책임성과 열의도 높여야 한다. 그러려면 개인의 자각과 능력을 높여야 한다. 북한은 사람의 자주성과 창의성을 중시하는 주체사상에 따라 인간개조사업을 내걸고 교양과 교육에 힘써왔다. 김정일 시대에는 새 세기 산업혁명에 적합한 인재양성을 중시했고 김정은 시대에 들어와서는 전반적 12년제 의무교육과 전민과학기술인재화를 근간으로 하는 새 세기 교육혁명에 나서고 있다.

북한에서 교육혁명은 사회주의경제강국과 문명강국 건설의 강력한 수단으로 인식된다. 김정은 시대의 교육혁명은 세계적 교육발전의 추세 반영, 과학기술교육의 강화, 교육정보화의 추진 등의 특징을 보이고 있다. 특히 교육발전의 세계 추세 반영은 최고영도자의 담론(교육추세의 우리식 수용)에서 강조되면서 2012년의 초중등 학제개편과 교육과정 개정, 각종 고등교육제도 개편 등의 조치로 나타났다.

북한은 지식경제시대의 각종 담론에서 과학기술 발전이 국력을 좌우한다고 표명하는 가운데 과학기술인재의 양성에 사활을 걸고 있다. 학교교육에서 과학기술교육을 강화하는 것과 함께 정보통신에 의한 원격교육의 활성화를 비롯한 교육정보화에 기초한 전민과학기술인재화에 나서고 있다.[539]

북한은 2000년대 이래 교육현장에서의 실리주의[540]를 내걸고 과학기술교육과 외국어교육을 강화하는 한편, 중등·고등교육에서 수재교육을 강화하면서 정보기술IT을 비롯한 첨단과학기술 부문의 인재를 육성해왔다.[541] 김정은 시대는 이를 유지하면서 세계적 표준을 북한에 적용해 교육제도와 교육과정을 개편하고 교육의 질을 세계적 수준으로 끌어올리려고 시도하는 것으로 관측된다.

김정은 국방위원회 제1위원장은 새 세기 교육혁명을 수행하는 과정에서, 김정일 국방위원장이 강조했던 '자기 땅에 발을 붙이고 눈은 세계를 보는' 주체적인 입장과 안목에서 세계적인 교육발전의 경험을 수용해 교육을 '우리식'으로 발전시켜 나가야 한다고 강조한 바 있다. 교육관련 신문과 정기간행물들은 그의 발언과 당의 정책담론을 수용해 해외 교육동향을 해설해가면서 교육 방향을 제시하고 있다. 2012년 학제개편을 비롯한 중등·고등교육제도 개선도 교육발전의 세계 추세를 반영한 것이라 할 수 있다.[542]

김정은 제1위원장이 집권 첫 해에 교육제도의 전환에 착수한 것은 중요한 의미가 있다. 2012년 9월 25일에 열린 최고인민회의 제12기 제6차 회의는 의무교육 제도를 바꾸는 법령을 채택하기 위해 소집되었다. 외부의 시각에서 보면, 교육법령 하나를 바꾸기 위해 최고인민회의가 소집되었다는 것이 언뜻 이해하기가 쉽지 않을 수 있다. 교육혁명과 청년세대에 국가의 운명을 거는 혁신의 면에서 보아야 그 움직임이 온전히 이해된다.

최고인민회의 제12기 6차 회의가 채택한《전반적 12년제 의무교육을 실시함에 대하여》라는 법령은 교육혁명의 한 축인 학교교육 개편을 단행한 것이었다. 법령은 '혁명발전과 시대의 요구에 맞게' 중등일반교육을 결정적으로 개선하고 강화하는 것과 사회주의 교육제도의 발전을 위해 전반적 12년제 의무교육을 실시하는 것을 주 내용으로 한다.

교육제도와 관련하여 법령은 네 가지를 제시했다.[543] 첫째, 모든 지역에서 전반적 12년제 의무교육을 실시하는 일이었다. 11년제 의무교육에서 의무교육 연한을 1년 연장하면 의무교육의 무료 실시에 따른 재정압박이 일어날 수 있음에도 불구하고 이 같은 조치를 취했다는 사실이 중요하다. 의무교육 대상은 5세부터 17세까지의 모든 어린이들과 청소년들이며, 1년제 학교전 교육(유치원)과 5년제 소학교, 3년제 초급중학교, 3년제 고급중학교 교육이 무상으로 이뤄지게 되었다. 6년제 중학교를 2013년~14학년도부터 3년제 초급중학교와 3년제 고급중학교로 운영하도록 했으며, 4년제 소학교를 5년제 소학교로 전환하는 사업은 준비단계를 거쳐 2014~15학년도부터 시작해 2~3년 안에 마치는 것으로 계획이 잡혔다.

둘째, 부족한 교원들을 보충하며 교원들의 자질을 높이고 교육방법의 개선 대책을 세우는 일이었다. 교원 노동력기구와 교원양성부문의 대학입학생을 늘리는 계획을 세우는 한편, 교수·실험실습의 정보화, 교육위원회와 교육행정관리의 컴퓨터화, 전국 교육기관들 사이의 정보통신망 형성 등에 나서기로 했다. 정보화, 컴퓨터화, 정보통신망 형성 등은 정보통신기술ICT 시대에 조응하는 교육시스템을 구축하려는 것인 동시에 세계 추세에 맞추려는 것이었다.

셋째, 교육 사업에 대한 국가적 투자를 늘리며 12년제 의무교육을 실시하는데 필요한 조건과 환경을 마련하는 일이었다. 이를테면 통학

버스 등의 운영을 정상화한다거나 교육비품 등을 제때에 생산하여 공급하는 것, 도·직할시마다 본보기 유치원을 1~2개씩 꾸리고 모든 유치원에 일반화하는 것 등이 그러한 과제들이었다.

넷째, 12년제 의무교육을 성과적으로 실시하기 위한 행정적 지도와 법적 통제를 강화하는 일이었다. 흥미로운 일은 각급 인민보안·검찰기관들로 하여금 교원들과 학생들을 학과과정에 반영된 국가적 동원 외에는 다른 일에 동원하지 못하도록 하는 조치가 포함됐다는 점이다. 이렇게 되면 학생들의 교육시간이 정상적으로 지켜질 것이고 교육의 질에도 긍정적인 영향을 줄 것이다.

그밖에 내각과 해당기관들에게 새로운 교육법령을 집행하기 위한 실무적 대책을 세울 것을 명시함으로써 교육혁신이 국가차원의 정책임을 분명히 했다. 법령이 채택된 지 한 달이 안 된 10월 22일에 열린 내각전원회의 확대회의에서 《전반적 12년제 의무교육을 실시함에 대하여》를 집행하기 위한 내각결정을 심의하여 채택하는 후속조치가 있었다.[544]

북한에서는 2013년부터 법령 《전반적 12년제 의무교육을 실시함에 대하여》에 따른 교육과정 개정과 새 교과서 편찬 작업이 활발하게 진행되었다. 북한은 전반적 12년제 의무교육에 대하여 '지식경제시대 교육발전의 현실적 요구와 세계적 추이에 맞게 교육의 질을 높여 세 세대들의 중등일반지식과 현대적인 기초기술지식, 창조적 능력을 키우는 교육'이라고 의미를 부여하고, 2014년 4월 신학기부터 이를 실행할 것이라고 공지했다.[545]

학제 개편에 따라 유치원(2년제 중 1년 의무교육)과 초등교육(5년), 초급중학교(3년), 고급중학교(3년)의 의무교육 이후 4~5년간의 고등교육으로 정리되었다. 중등교육은 계열분리 없는 단선형 학제에서 벗어나 2017년 후기부터 기술고급중학교(실업계열) 100여 개를 설립했다. <그림 1-6>은 북한 학제를 정리한 것이다.

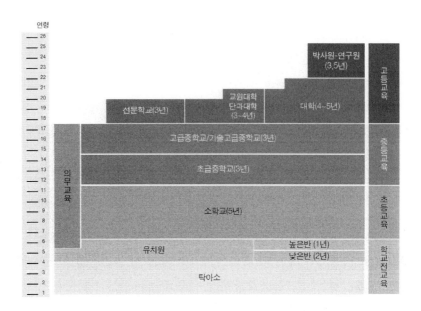

연령

26					
25				박사원·연구원	
24				(3,5년)	
23					고등교육
22					
21			교원대학		
20		전문학교(3년)	단과대학	대학(4~5년)	

〈그림 1-6〉 북한의 학제

2012년의 법령에 의한 학제개편에 따라 북한의 학제는 국제표준학제에 보다 가까워졌고 남한 학제와의 차이도 조금 줄어들었다. 학제 개편에서 초등교육 기간을 연장한 것은 소학교 학생들의 기초학력을 높이고 초급중학교 입학생들의 수준을 끌어올려 중등교육을 정상화하려는 것이었다.

또한 중등교육을 초급·고급으로 분리함에 따라 초급중학교에서 기초지식 획득에 주력하고 고급중학교에서는 실생활과 산업현장에서의 활용 가능성에 초점을 맞춘 교육을 제공하는 것으로 구분할 수 있게 된 것으로 보인다.[546]

2013년에 개정된 교육과정은 몇 가지 특징을 보여주었다. 첫째, 학생들의 연령상의 특성을 반영해 초기와 후기 중등교육의 교과목을 다르게 구성하고 초급중학교에서 일정 정도의 통합형 교육과정을 적용하고자 시도했다. 둘째, 과학기술 발전과 생산현장의 연계성을 강화하기 위해 기술교과의 통합과 신설이 이루어졌다.

셋째, 과목별 수업시수 및 비중의 변화가 나타났다. 영어의 수업시간수와 수업시수 비중이 초급중학교와 고급중학교에서 가장 큰 폭으로 늘어났다. 이전에 '콤퓨터' 과목으로 운영되던 '정보기술' 과목의 비중도 초급중학교와 고급중학교에서 높아졌으며 특히 초급중학교 단계에서 강화되었다. 넷째, 도시와 농촌의 교과목별 수업시간수를 동일하게 적용하도록 했다.[547]

국제개발기구는 개발도상국가들의 초등교육에 초점을 맞추는 경우가 종종 있다. 고등교육을 받으려면 초등교육의 기초를 다지는 것이 필수적이기 때문이다. 그러나 선진국과 저개발국의 지식격차를 해소하기 위해서는 초등교육만큼이나 중등교육 및 대학 시스템이 견실해져야 한다. 개발도상국의 경우 일류교육을 하더라도 적합한 일터가 없으면 교육에 막대한 투자를 쏟아 부은 지적 자산을 잃을 수 있고, 특히 두뇌유출이 벌어질 수 있다.[548] 북한은 선진국들에게 지적 자산을 약탈당할 위험이 다른 나라에 비해 현저히 적다. 그러한 사정이니만큼 교육투자와 경제발전이 정비례 관계가 될 수 있는 이점이 있다.

『로동신문』에 보도된 전반적 12년제 의무교육 관련 기사(2014년 9월 1일~2016년 10월 31일)의 빈도 분석에 따르면 담론, 교육정책, 교육방법, 교육사업, 대중운동, 정령과 현지지도 등으로 나타났고, 소분류 기사 빈도에서는 교육조건과 환경개선, 교수방법, 대중운동, 후대교육, 담론과 새 세기 혁명, 학교건설, 교원자질과 인재강국, 분교관련, 정령과 현지지도, 교육정보화와 현대화, 중등일반교육·교양사업, 새 학년도 준비, 12년제 의무교육과 전인민과학기술인재화, 지식경제강국과 세계적 추세, 사회주의교육테제 등의 순으로 나타났다.[549] 기사 빈도의 분석은 북한 정부의 생각을 읽는데 도움이 된다.

『로동신문』의 관련 기사를 보면 12년제 의무교육 목표는 새 세기 교육혁명과 인재 강국에 초점을 두고 있다는 점, 교수방법과 교수의 질의 개선을 추구한다는 점, 교육조건과 환경개선에 힘쓴다는 점 등이 확인된다.[550]

2014년 4월부터 시행에 들어간 전반적 12년제 의무교육은 3년 뒤 전면 시행에 들어갔다. 조선중앙통신과 『로동신문』은 2017년 4월 1일부터 전면 시행에 들어간 사실을 보도했다.[551] 내각의 김승두 교육위원장은 그해 4월 "전반적 12년제 의무교육이 전면적으로 실시되었지만 아직 전반적인 중등일반교육은 발전하는 시대의 요구에 따라서지 못하고 있다"면서 2013년에 개정한 제1차 강령의 후속으로 초등 및 중등교육을 원리교육화하는 원칙에서 《제2차 전반적 12년제 의무교육강령》을 개발할 계획이라고 밝히기도 했다.[552]

한편, 김정은 당 중앙군사위원회 부위원장은 2012년 4월 11일과 13일에 당 제1비서와 국방위원회 제1위원장으로 각각 추대되기 직전인 4월 6일, 당중앙위원회 책임일군들과 한 담화 《위대한 김정일동지를 우리 당의 영원한 총비서로 높이 모시고 주체혁명위업을 빛나게 완성해나가자》(4·6담화)에서 교육혁신의 강령적 지침을 내놓았다. 그는 "교육 사업에 대한 국가적 투자를 늘리고 교육의 현대화를 실현하며 중등일반교육 수준을 결정적으로 높이고 대학교육을 강화하여 사회주의강성국가 건설을 떠메고나갈 세계적 수준의 재능 있는 과학기술인재들을 더 많이 키워내야 합니다"라고 말했다.[553]

비록 한 문장이었지만 국가적 투자의 증대, 교육 현대화, 중등교육 수준의 향상, 대학교육의 강화, 세계적 수준, 과학기술 인재양성 등의 키워드들을 거의 다 담았는데, 이 키워드들이 교육혁명의 담론으로 재생산되고 있는 것이다.

김정은 국방위원회 제1위원장은 《신년사》를 통해 교육개혁 의지를 계속 천명해오고 있다. 2013년에 선진적인 문명강국의 측면에서 교육을 언급했고, 2014년에는 교육내용과 방법의 개선, 교육조건과 환경의 개선, 중등일반교육을 비롯한 교육사업의 전환 등을 강조했다. 2015년에는 교육 일군들의 역할과 교육 사업에 대한 국가적·사회적 관심 제고, 새 세기 교육혁명의 적극 추진, 전민과학기술인재화와 인재강국화 실현 등을 과업으로 제시했다.

'온 사회의 인텔리화'의 김정은 시대의 버전인 '전민과학기술인재화' 방침은 2015년 《신년사》에 등장했는데, 전년도 8월 30일에 당중앙위원회 책임일군들과 한 담화 《새 세기 교육혁명을 일으켜 우리나라를 교육의 나라, 인재강국으로 빛내자》에서 이미 언급한 방침이었다.

『로동신문』이 2014년 10월 20일자 사설("전민과학기술인재화를 힘있게 다그쳐나가자")에서 김 제1위원장이 "전 사회적으로 과학기술 중시기풍을 세우며 전민과학기술인재화의 구호를 높이 들고 모든 일군들과 근로자들이 현대과학기술을 열심히 배우도록 하여야 합니다"라고 말한 것을 소개하면서, "전민과학기술인재화에 관한 독창적인 사상을 제시한 지 1년 남짓한 기간을 흘러갔다"고 지적[554]한 것으로 보아 전민과학기술인재화 방침이 실제로는 2013년 가을에 처음 등장했던 것으로 관측된다.

김 제1위원장은 2016년 《신년사》에서 교육조건과 환경의 일신, 교육의 질의 결정적 제고, 지덕체를 겸비한 인재 양성 등을 강조했고, 2017년 《신년사》에서는 교육 전선에서의 혁명적 앙양, '과학교육의 해'에 즈음한 전국가적·전사회적인 과학교육 시설과 환경의 일신을 지시했다. 2014년, 2016년, 2017년에 연속해서 교육조건과 환경의 일신을 강조한 점이 두드러졌다.

2018년에는 교원진영의 강화, 현대교육 발전추세에 맞게 교수내용과 방법의 혁신을 강조했고, 2019년에는 국가적인 인재육성과 과학기술발전 사업 추진 및 투자 증대, 세계적인 교육발전 추세와 교육학적 요구에 맞게 교수내용과 방법의 혁신, 사회경제발전을 책임질 인재들의 질적인 양성 등을 강조했다. 2018년과 2019년에 현대교육 발전추세라든가 세계적인 교육발전 추세라는 표현을 사용한 것과, 사회경제발전에 대처하기 위한 인재 양성을 강조한 것이 눈에 띈다.

<표 1-28>은 김정은 위원장의 《신년사》에 나타난 교육관련 발언을 옮겨놓은 것이다.

<표 1-28> 김정은 위원장 《신년사》의 교육관련 발언

연도	신년사 발언
2013년	교육, 보건, 문학예술, 체육, 도덕을 비롯한 모든 문화 분야를 선진적인 문명강국의 높이에 올려 세워야 합니다.
2014년	교육부문에서는 혁명의 요구, 발전하는 시대의 요구에 맞게 교육내용과 방법, 교육조건과 환경을 개선하고 중등일반교육을 비롯한 교육 사업에서 새로운 전환을 가져오도록 하여야 합니다.
2015년	교육부문 일군들의 역할과 교육 사업에 대한 국가적, 사회적 관심을 높여 새 세기 교육혁명을 적극 추진함으로써 전민과학기술인재화, 인재강국화 실현에서 새로운 전진을 이룩하여야 합니다.
2016년	새 세기 교육혁명의 불길높이 교육조건과 환경을 일신하고 교육의 질을 결정적으로 높여 지덕체를 겸비한 인재들을 키워내야 합니다.
2017년	교육과 보건, 체육, 문학예술을 비롯한 문화분야의 모든 전선에서 새로운 혁명적 양양을 일으켜 문명강국건설을 앞당겨야 합니다. 과학교육의 해인 올해에 전국가적, 전사회적으로 과학교육시설과 환경을 일신시키기 위한 된바람을 일으켜야 합니다.
2018년	교원진영을 강화하고 현대교육 발전추세에 맞게 교수내용과 방법을 혁신하며 의료봉사사업에서 인민성을 철저히 구현하고 의료설비와 기구, 여러가지 의약품생산을 늘여야 합니다.
2019년	국가적으로 인재육성과 과학기술발전 사업을 목적지향성 있게 추진하며 그에 대한 투자를 늘려야 합니다. 세계적인 교육발전 추세와 교육학적 요구에 맞게 교수내용과 방법을 혁신하여 사회경제발전을 떠메고나갈 인재들을 질적으로 키워내야합니다.

7) 전민과학기술인재화와 교육정보화

북한에서 교육혁명이 소용돌이를 일으키는 가운데 2014년 9월 5일에 열린 제13차 전국교육일군대회에 김정은 제1위원장이 8월 30일에 당중앙위원회 책임일군과 한 담화《새 세기 교육혁명을 일으켜 우리나라를 교육의 나라, 인재강국으로 빛내자》가 전달되었다. 새 세기 교육혁명의 목표는 "전민과학기술인재화를 실현해 21세기 사회주의 교육강국이 되는 것"이라면서 중등일반교육에 대한 투자, 고등교육제도

의 개선이 주요 과업으로 제시되었다.[555]

그는 담화에서 "사회주의 교육의 본태를 고수하면서 세계적인 교육 발전 추세와 좋은 경험을 받아들이고 우리 식으로 발전시켜 교육에서도 당당히 세계를 앞서나가야 한다"고 강조했다. 그는 "교육을 홀시하며 교육사업 발전을 위해 주인답게 애쓰지 않고 투신하지 않는 일군들과 교육자들의 그릇된 관점과 태도로 엄중한 결과가 빚어지고 있다"고 비판했다. 교육부문 간부들과 교육자들의 '그릇된 관점과 태도'를 비판한 것이었는데 무엇이 그릇되었는지는 구체적으로 언급하지 않았다.

그는 또 "고등교육체계가 지난 세기 공업경제시대의 틀에 머물러 있다 보니 지식경제시대를 짊어질 인재를 키우는 데 제한이 있다"고 지적하면서 "학술형·실천형 인재를 키울 수 있도록 고등교육체계를 갱신해야 한다"고 지시했다,[556] 고등교육체계가 지식경제시대에 맞는 인재를 양성하는 것을 지향해야 한다는 문제제기였다.

학술형 인재는 스스로 문제제기를 하고 그것을 풀어나갈 수 있는 인재를, 실천형 인재는 지식경제시대의 산업현장에 필요한 과학기술 지식을 갖추어 현장에 곧장 투입해도 실천할 수 있는 인재를 뜻하는 것으로 보인다. 이러한 학술형·실천형 인재를 양성하는 고등교육체계는 북한뿐 아니라 모든 나라들에서 추구한다고 할 수 있다.

김용진 내각 부총리(교육위원장)는 전국교육일군대회 보고를 통해 "오늘의 현실은 교육 사업에 있어 근본적 혁신이 필요하지만 지금 당의 교육사상과 정책이 관철되지 못하고 교육의 질이 시대적 요구에 뒤떨어지고 있다"고 반성하면서 "2017년을 과학교육의 해로 정해준 당의 의도에 맞게 교육의 질을 개선하기 위한 비약의 불바람을 일으켜나가야 한다"고 촉구했다.

이를 실행하기 위해 12년제 의무교육을 원만히 진행하여 중등교육의 질을 높이고 고등교육을 비약적으로 발전시킬 것, 교육의 정보화·현대화·첨단화를 실현하고 모든 면에서 최상의 교육조건과 환경을 마련할 수 있도록 교육기관을 적극 도와줄 것, 중등일반교육부문에 대한 투자를 늘리고 교원의 생활조건을 보장하는 데 힘을 넣을 것 등의 방침을 내놓았다.[557] 이 대회는 이전과는 달리 새 세기 교육혁명의 분위기를 물씬 풍겼다.

북한은 2019년 9월 3일에 제14차 전국교원대회를 개최했다. 이 대회는 2014년의 제13차 전국교육일군대회가 열린 지 5년 만의 행사였고 명칭이 전국교원대회로 바뀌었다. 김정은 당 위원장 겸 국무위원장은 이 대회에《교원들은 당의 교육혁명방침 관철에서 직업적 혁명가의 본분을 다해나가야 한다》는 담화를 보냈다.

그는 담화에서 "과학기술이 나라의 경제발전을 추동하는 기관차, 국력을 과시하는 중요 징표라면 과학기술의 어머니는 교육"이라고 말했다. 교육의 중요성과 관련해 정치사상적 측면보다 과학기술과 경제력 발전의 원동력으로 강조한 것은 정보화시대라는 거시적 변화와 전략적 노선을 반영한 것이었다.[558]

제13차 전국교육일군대회에서 주로 초중등 교육체계 정비와 고등교육의 제도적 개선의 관련 과제가 제시되었다면, 제14차 전국교원대회에서는 초중등 및 고등교육 부문의 제도 개선에 따른 후속과제의 추진과 교원 진영의 강화, 장기교육전략의 구축, 시설 확충 및 예산 투자 등 교육발전을 위한 기반 구축 차원의 현안이 논의되었고 그와 관련된 과제들이 제시되었다.

초중등교육에서는 '소질과 능력에 따라 상급학교에 갈수 있는 기회를 여러 번 주어야 한다'고 한 것으로 보아 영재교육기관의 학생 선발 방식, 시기 등과 관련된 제도 변화를 기획하고 있었던 것으로 관찰된다.

또한 중등일반교육단계와 고등교육단계의 영재교육 체계의 연속성 강화, 외국어교육의 강화, 지적 능력과 창조적 응용능력평가 위주로 평가방법의 개선 등의 과제들이 제시되었다.

고등교육에서는 대학 유형과 양성목표를 고려한 인재수요 계획 및 이를 반영한 대학 학제와 학과의 정리, 학부 규모의 설정 등이 제시되었다. 첨단과학기술 관련 학과를 적극 개설해야 한다는 점도 강조되었다.[559]

김 위원장은 담화에서 교원의 양성과 배치, 재교육 등에 대한 과제를 제시하는 한편, 과학이론과 정보기술기재 활용 등 정보화 관련 자질의 함양을 강조했다. 그는 교육에 대한 국가투자 확대와 학교후원의 활성화, 교육시설의 확충과 개선 등 교육인프라 강화를 위한 지원 과제를 제시했다. 모든 교실을 ICT 활용이 가능한 다기능화된 교실로 전환하는 등 정보화 사회의 교육적 대응을 강조했다. 그는 당 중앙위원회 과학교육부와 도·시·군 당위원회 교육부의 역할 제고 및 과학적·장기적 전략 구축도 지시했다.[560]

한편, 김정은 제1위원장이 2015년 《신년사》에서 새 세기 교육혁명과 전민과학기술인재화 정책담론을 제시한 데 이어, 조선로동당은 2016년 5월의 제7차 대회 《결정서》를 통해 전민과학기술인재화의 전략적 과업을 구체적으로 제시했다.

"우리나라를 과학기술강국의 지위에 올려 세우기 위하여서는 인재를 중시하며 전민과학기술인재화를 실현하여야 한다.… 국가과학기술발전전략에 따라 과학기술부문의 연구일군 수를 가까운 기간에 3배 이상 늘리며 지식경제시대의 요구에 맞게 기술집약적 산업과 현대화된 경제를 운영해나갈 수 있는 관리인재들을 계획적으로 키우고 공장, 기업소들에서 과학기술 개발역량을 꾸리기 위한 사업도 잘하여야 한다.

전민학습의 대전당이며 다기능화된 과학기술보급의 중심기지인 과학기술전당을 중심으로 전국적인 보급망을 형성하여 새로운 과학기술자료들이 중앙에서부터 말단에 이르기까지 물이 흐르듯이 보급되도록 하여야 한다. 기관, 기업소, 공장, 협동농장들에서 과학기술전당과 망으로 연결된 과학기술보급실을 잘 꾸려놓고 운영을 정상화하여 근로자들의 과학기술지식 수준을 높일 것이다." [561]

제7차 당대회 《결정서》에서 인상적인 것은 전민과학기술인재화와 관련하여 과학기술 연구진의 확대, 기술집약적 산업과 현대화된 경제를 운영할 관리인재의 양성, 생산현장에서의 과학기술 개발역량 조성 등을 강조하는 동시에, 평양 과학기술전당을 중심으로 한 전국적인 과학기술보급망의 형성 등의 과제를 제시했던 점이다.

전민과학기술인재화는 사회의 모든 성원들을 '대학졸업 정도의 지식을 소유한 지식형 근로자로, 과학기술발전의 담당자로' 준비시키는 것,[562] '최신과학지식과 기술기능에 정통하고 그것을 능숙하게 활용하며 강성국가 건설에서 제기되는 과학기술적 문제들을 원만히 풀어나갈 수 있는 혁명인재로' 키우는 것[563]을 뜻한다. 이 목표를 달성하려면 인재 양성과 과학기술의 전국적인 보급이 중요해진다.

전민과학기술인재화 전략은 일종의 지식의 확산·공유의 과정인데, 이에 대해서는 프랑스 경제학자인 토마 피케티Thomas Piketty의 언급을 살펴보는 것이 유익할 것 같다. 그는 "지식과 기술의 확산은 국가 내, 국가 간 불평등을 줄일 뿐만 아니라 전반적인 생산성을 제고시킬 수 있는 중심적인 메커니즘"이라면서 "이를 잘 보여주는 것이 바로 지금 중국을 비롯해 예전에 가난했던 신흥국들이 선진국을 따라잡는 것이라 할 수 있다"고 지적했다. 그는 또 "기술적인 수렴과정은 무역을 위해 국경을 개방하는 방식으로 촉진할 수도 있지만 이는 기본적으로 시장 메커니즘이 아니라 탁월한 공공재인 지식의 확산과 공유의 과정"이라고 해석했다.[564]

김정은 위원장은 2019년 4월 12일 최고인민회의 제14기 제1차 회의에서 한 《시정연설》에서도 교육혁명과 전민과학기술인재화 방침을 거듭 천명했다.

"국가적으로 교육을 최우선시하는 기풍을 세우고 우리 식의 교육혁명을 다그쳐 발전된 나라들의 교육수준을 따라 앞서야 합니다. 교육부문에서는 교원진영을 강화하고 현대교육발전 추세에 맞게 교육의 질을 높여 나라의 과학기술발전과 사회주의건설을 떠메고나갈 인재들을 더 많이 육성하여야 합니다. 전민과학기술인재화의 구호를 높이 들고 모든 근로자들을 일하면서 배우는 교육체계에 망라시켜 지식형 근로자로 키워야 합니다." [565]

전민과학기술인재화 방침은 고등교육의 구조조정과 대학-연구기관-

산업현장 사이의 연계성 강화로 시현되고 있다. 고등교육의 구조조정과 관련해 연구형 대학과 직업기술대학의 분리, 대학 통합, 대학·박사원(대학원) 연속교육체계의 발전, 주요 대학의 과학연구 및 국제학술교류 거점화 등이 추진되고 있다.

2012년 이후에 종합대학이 증설되어 기존의 3개에서 2016년에는 10여 개로 늘어났다.[566] 종합대학 증설은 각 도의 교원대학·사범대학을 통합해 지역별 종합대학을 만들거나 지역 내 유사 부문의 단과대학을 통합해 부문별 종합대학을 만드는 방식[567]으로 진행되었다.

그 밖에 산업과 과학기술 발전을 고려한 학과 통폐합과 신설, 교육과정의 조정, 대학입시제도의 개선, 대학학점제 도입의 확대, 대학원 교육제도 개선, 원격교육의 확대 등이 진행되고 있다. 다만, 교육시설과 교육환경의 개선, 교원 확충과 생활조건 보장, 교육정보화 등에는 재정이 소요되는 만큼 속도를 조정하게 될 것이다.[568]

교육정보화는 교육매체의 멀티미디어화, 컴퓨터와 인터넷 기반 교육의 발전, 학습환경 및 교수방식 설계의 중시, 교육에서 인공지능 응용연구의 심화, 교육기술 응용방식의 다양화 등 교육기술의 변화를 반영한다.[569] 교육사업의 현대화와 정보화는 12년제 의무교육의 수준을 보장하기 위한 필요조건이다. 교수·실험실습의 정보화와 교육행정관리의 컴퓨터화, 교육기관들 간의 정보통신망 구축 등이 그러한 과제에 해당된다.[570]

북한에서는 2000년대 중반부터 전자도서, 동영상자료 등 전자매체의 학습자료화, 모의실험이나 설계 등 컴퓨터를 활용한 교육이 추진되어왔다. 김정일 시대의 교육현대화가 김정은 시대에 교육사업 정보화로 업그레이드되고 있는 것이다.

교육정보화의 과제로는 교육지원 프로그램의 연구개발, 멀티미디어 편집물 제작기지의 구축 및 보급체계 정비, 원격교육의 광범위한 도입, 교육행정의 정보화 등이 제시되고 있다.[571] 주요 대학과 제1중학교 등 교육환경 우수학교를 중심으로 멀티미디어 매체를 수업에 활용하는 다매체교육이 확대되고 있다. 컴퓨터와 네트워크, 가상컴퓨터 환경,

액정TV 등을 갖춘 다기능 교실을 구축하는 사업도 진행되고 있다. 2014년에는 김일성종합대학의 모든 교실이 다기능 교실로, 2016년에는 여러 대학과 각급 학교에서 2만 3천여 개의 교실이 다기능 교실로 전환되었다고 한다.[572]

교육정보화에서 특히 주목되는 것은 원격교육이다. 2000년대 초반부터 대학 네트워크를 연결해 이러닝E-Learning을 활용한 원격교육이 진행되었다.[573] 컴퓨터와 네트워크를 활용한 원격교육이 추진된 것은 2007년에 김책공업종합대학에 원격교육센터가 설립되면서부터였다. 김책공업종합대학은 2010년에 원격교육대학을 설립하여 근로자들을 대상으로 교육했고, 2011년에는 김형직사범대학에서 원격교육으로 대학교원들의 재교육을 진행했다.[574]

전민과학기술인재화 방침에 따라 각 부문의 주요 대학에 원격교육대학이 부설되고 있다. 조선중앙통신은 2016년 10월 현재 전국 50개 대학에 원격교육대학이 구축되어 운영 중이라고 보도했다.[575]

김책공업종합대학 원격교육대학의 사례를 보면, 2015년에 40개 학과에 8천여 명이 재학 중이었고 그해 10월에 110명의 첫 졸업생들이 배출되었다. 이들은 김정숙평양제사공장, 황해제철연합기업소 등 20여 개 기업소의 현장기술자들이었다. 학생들이 소속된 기업소에서는 통신네트워크와 시설을 갖춘 원격강의실을 설치해 원격교육을 받을 수 있도록 교육환경을 조성하고 있다. 2015년 기준으로 1,700여 개 기관·기업소에서 원격교육대학에 의한 학습이 진행되고 있었다.[576] 태블릿·휴대전화를 이용한 원격교육도 진행하고 있다.[577]

북한의 원격교육 발전 수준을 이러닝의 8개 표준영역 중 인프라, 콘텐트, 표준화에 초점을 맞춰 개발-발전-확장의 3단계로 구분하면, 콘텐트에서는 '발전' 단계, 표준화에서는 '확장' 단계, 인프라에서는 '개발-발전' 사이의 단계에 각각 위치해있다는 평가가 있다.[578]

토마 피케티는 "훈련에 대한 적절한 투자가 없으면 일부 사회집단은 경제성장의 혜택에서 완전히 소외될 수 있다는 사실은 명백하다"면서 "성장은 어떤 집단에서는 득이 되지만 어떤 집단에는 해가 될 수 있다

(최근 중국 노동자들 때문에 선진국 노동자들의 일자리를 잃는 것을 보라). 요컨대 수렴으로 가는 주된 힘, 즉 지식의 확산은 언제나 당연하고 자동적인 것은 아니다. 이는 또한 교육정책, 적합한 기술 습득과 교육 기회에 대한 접근성, 관련 제도에 크게 좌우된다"고 지적한 바 있다.[579] 그의 지적을 고려하면 북한의 전민과학기술인재화와 교육정보화는 지식의 확산·공유에 의거해 미래의 불평등에서 벗어날 수 있는, 다시 말해 기회의 평등을 제공할 수 있는 정책 방향이라 볼 수 있다.

북한은 원격교육과 과학기술보급체계를 통한 지식형 근로자의 양성에 관심을 쏟는 가운데 숫자중시 기풍을 강조하고 있다. 『로동신문』은 2019년 7월 6일자에서 "모든 부문, 모든 단위에서는 숫자를 사업의 설계와 작전, 집행의 출발점, 기준으로 삼고 그에 의거하여 최량화, 최적화된 방안을 찾아 최대한의 효율과 실리를 얻는 혁신적인 관점과 일본새를 확립"할 것을 강조했다.

숫자를 중시해야 자금·자재·노동력을 절약할 수 있고, 노동의 질과 양을 정확히 평가하여 인민대중의 혁명적 열의와 창조적 적극성을 분출시킬 수 있다는 것이다. 신문은 숫자중시를 제대로 실천하기 위한 실천과제를 제시했다.

그 과제에는 모든 사업을 숫자에 의거해 진행해나가는 것을 생활화·습성화할 것, 모든 사업을 과학적으로 계산되고 타산된 숫자에 의거해 진행하는 실무적 자질과 능력을 갖출 것, 일반상식만 있으면 경제관리를 할 수 있다는 그릇된 관점을 털어버리고 전문지식·현대과학기술을 비롯한 폭넓고 다방면적인 지식과 경영관리방법을 배울 것, 모든 사업을 숫자에 근거해 과학적으로 해나가는 정연한 사업체계와 질서를 세울 것 등이 포함되었다.[580]

지식경제시대의 경제관리가 대부분 디지털화·지능화되는 상황에서 숫자중시 기풍은 자연스러운 흐름이다. 국가의 경제관리, 기업의 경영과 마케팅에서 빅 데이터의 중요성은 날로 중요해지고 있고 각종 통계는 빅 데이터의 중요한 자산이다. 인공지능의 기초인 빅 데이터를 산생하는 출발은 숫자중시의 사업태도라 해도 과언은 아니다.

한편, 김정은 국무위원장은 2018년 1월 중순에 새 세기 교육혁명의 현장인 평양교원대학을 방문했다. 그는 평양교원대학이 교육과학 행정관리체계를 자체로 개발한데 기초하여 대학의 교육과학사업 전반에 대한 지휘조종을 진행함으로써 모든 교육행정사업이 학생들의 학습열의와 학과실력을 높이는데 지향시킨 것, 소학교 교수방법 실기실, 자연실험교수 수법실, 어린이지능 계발기술 보급실을 비롯한 모든 교실들을 전공실천 실기교육을 할 수 있는 다기능 교실들로 잘 꾸린 것 등을 성과로 들었다.

또한 장서 능력이 크고 국가망을 통하여 인민대학습당과 과학기술전당의 자료들을 열람할 수 있을 뿐만 아니라 김일성종합대학, 김책공업종합대학을 비롯한 여러 대학들의 유능한 교수들로부터 강의도 받을 수 있게 꾸린 것, 3D화상 입력장치와 3D인쇄기, 전자칠판을 비롯한 첨단교육설비들과 현대적인 교구비품, 관리운영설비들을 갖춘 것 등도 성과로 꼽았다.

그는 평양교원대학에서 학생들이 자연과 사회에 대한 폭넓은 지식을 체득하고 지적 능력과 응용능력, 자립성을 높일 수 있도록 교육과정안을 개선 완성할 것, 실험실습 비중을 높이고 교육 사업을 학생들의 창조적 능력을 높이는 데로 확고히 지향시킬 것, 실력평가방법·시험방법을 개선하고 학생들의 실력을 공정하게 평가해 그들의 학습열의를 적극 높여나갈 것 등의 과업을 제시했다. 그는 대학·학교들을 학생들의 학습과 생활에 편리하게, 교육학적 요구에 맞게, 문화혁명의 거점답게 훌륭히 꾸릴 것도 지시했다.[581] 이 과업들은 북한 전역의 교육자 양성기관에 거의 그대로 적용되고 있을 것이다.

다른 한편, 『로동신문』은 2018년 6월 10일에 '교육 사업에서의 대혁명'을 촉구하는 논설을 게재해 이목을 끌었다. 북한을 최단기간에 세계적인 교육강국·인재강국으로 만든다는 목표 아래 이 논설은 교육혁명의 의미를 세 가지로 정리했다.[582]

교육혁명은 첫째로, 사회주의강국 건설의 골간이 되는 인재들을 더 많이 키워 혁명의 전진을 가속화하기 위한 근본요구라는 것이다. 둘째로, 인민대중 중심의 우리식 사회주의의 우월성을 더욱 높이 떨쳐나가기 위한 필수요구라는 것이다. 셋째로, 당·행정 책임일군들과 교육부문 일군들, 교원들이 교육 사업에서 혁명적 전환을 일으켜 교육강국 건설에서 제기되는 모든 과제들을 최상의 수준에서, 최대의 속도로 완수해야 한다는 것이다.

『로동신문』은 이어서 6월 27일에는 '과학과 교육을 중시하는 사회적 기풍' 확립을 촉구하는 논설을 게재했다. 논설에 따르면, 이 과제는 "나라의 과학교육을 최단기간 내에 비약적으로 발전시키며 전민과학기술인재화를 하루빨리 실현하기 위한 중요한 요구"이고, "현실은 국가적 보장과 함께 모든 부문, 모든 단위에서 과학교육부문에 대한 사회적 지원을 더욱 강화할 것을 절실히 요구하고 있다"는 것이다.

논설이 제시한 과업은 세 가지였다. 첫째, 모든 문제를 과학기술의 힘으로 풀어나가며 교육 사업에 선차적인 관심을 돌리는 일이다. 둘째, 과학자·기술자·교육자들을 존경하고 우대하며 그들의 사업조건과 생활조건을 원만히 보장해주는 일이다.[583] 셋째, 모든 사람들이 현대과학기술을 열심히 배우고 무슨 일이나 과학기술적 요구대로 하는 것을 생활화하는 일이다.[584]

과학기술 중시와 교육사업의 관심 제고, 과학자·기술자·교육자 우대와 조건 보장, 과학기술의 생활화 등을 실천할 것을 촉구한 논설이었다. 이러한 기조는 교육정책담론이 되어 확산되고 있다.

『로동신문』은 2019년 1월 5일자에서는 "인재와 과학기술은 국가의 주되는 전략적 자원이고 무기"라고 강조하고 "모든 문제를 과학기술에 의거하여 풀어나가며 교육사업에 선차적인 관심을 돌리는 기풍을 세워야 한다"고 지적했다. 신문은 "특히 일군들은 과학자, 기술자, 교육자들의 역할은 그 누구도 대신할 수 없다는 것을 명심하고 그들을 사회적으로 존경하고 우대하며 살림집과 식량, 땔감을 비롯하여 사업조건과 생활조건을 원만히 보장해주도록 하여야 한다"고 역설했다.[585] 과학기술과 교육의 발전을 통해 경제강국 건설에 성공하려는 염원과 그 사회적 분위기를 조성하기 위한 당 기관지의 노력을 확인할 수 있다.

김정은 시대의 경제발전전략을 수행하는 데 있어서 새 세기 교육혁명은 전략적 차원의 과제다. 교육혁명은 학교에서 12년제 의무교육으로 전개되고 있고 사회에서는 전민과학기술인재화로 수행된다. 과학기술혁명과 정보통신기술의 시대, 지식경제시대에는 과학기술지식과 창조적 능력을 소유한 인재들이 필요하고 이 인재들을 양성하자면 교육혁명 외에 달리 길이 없다.

사회주의경제강국과 문명강국의 건설에 나선 김정은 위원장의 꿈은 지식경제시대의 '교육대혁명'과 직결된다. 온 사회의 인텔리화를 목표로 삼아 학습사회 전통을 유지해왔던 북한에서 오늘 전민과학기술인재화를 내걸고 학습열풍에 나선 것은 낯선 풍경이 아니다. 북한에서 도서관 이용자가 급속히 늘어나고, 기관·기업소 등의 생산현장에서는 과학기술지식 보급기지를 만들어 이를 실속 있게 운영하는 것을 모토로 삼고 있으며, 원격교육체계를 활용해 대중 속에서 기술혁신을 일으키고 있다.

천리마운동 이래 대중적 기술혁신의 길을 걸어온 북한이 과학기술혁명시대, 지식경제시대를 맞이해 '교육대혁명'에 과연 성공할 것인가? 이에 성공한다면 경제발전전략의 실행력은 비할 바 없이 높아지고, 대혁신과 대비약은 말의 성찬盛饌을 넘어 실체로 떠오를 것이다. 사람의 창의력이 세상을 바꾸는 시대다. 그 준비를 제대로 하고 있는지는 북한 인민들이 스스로 묻고 답해야 한다.

6. 우리식 경제관리방법과 경제현장

"개인 혼자서 기업가 정신을 발휘하여 실행에 옮기는 일이 애초부터 가능한 것인지 잘 모르겠지만 그것이 개인 차원을 훌쩍 넘어선 지는 한 세기는 족히 된다. 한 나라가 번영하기 위해서는 국민 개개인의 노력이나 재능보다도 공동체 차원에서 효율적으로 조직과 제도를 마련하는 것이 더 중요하다. 영웅적인 기업가들이 등장하는 신화를 거부하고 제도를 마련하는 것이 더 중요하다. … 집단 차원의 공동체적 기업가 정신을 실행에 옮길 수 있는 조직과 제도를 마련하도록 돕지 않으면 가난한 나라들이 빈곤에서 완전히 벗어나기란 불가능하다." [586]

공동체적 기업가 정신은 사회주의경제제도에서도 필요하다. 북한의 경우 공동체문화가 일상화되어 있으면서도 기업가 정신은 부족하며, 생산현장의 자율성이 높아지고 경영혁신 경험이 축적된다면 기업가 정신이 살아날 수 있을 것이다. 이를 위한 조직과 제도 정비가 필요하다는 것은 말할 나위가 없다.

슘페터Joseph Alois Schumpeter가 1942년에 발표한 『자본주의, 사회주의 및 민주주의』에 따르면, 국가단위의 동태적 발전은 창조적 파괴를 이끄는 기업가 정신에서 이뤄지며, 기업가 정신은 대기업과 독점기업에서 유리하게 작동된다고 한다. 슘페터 가설Schumpeterian hypotheses은 첫째, 대기업이 중소기업보다 기술혁신을 주도하고 투자 대비 성과도 높다는 것이다. 둘째, 독과점을 지닌 기업이 기술혁신에 더욱 유리한 환경을 지녔다는 것이다.

그는 국가경제 또는 기업이 진보하기 위해서는 혁신을 위한 대규모의 투자가 필요하고, 규모가 큰 기업이 자금 조달이 용이하며, 특히 독점력이 주어질 경우 독점이윤을 통해 투자 인센티브가 제공된다고 보았다.[587]

슘페터의 창조적 파괴, 즉 기술 기반의 혁신이 대기업과 독과점 기업에 유리하다는 지적은 자본주의경제의 분석에서 나온 것이지만, 북한과 같은 사회주의경제에도 유추해 해석해볼 여지가 있다. 북한의 국영기업체야말로 대기업과 독과점 기업인 경우가 대부분이다. 대규모 투자와 독점이윤에 의한 투자효과 극대화의 면에서 북한의 환경은 유리할 수 있을 것이다. 다만 생산현장의 생산성과 효율성을 얼마나 극대화하는가, 계획경제 하에서 원가·이윤·수익성 같은 경제적 공간을 효과적으로 활용하는가가 남는 문제다.

북한의 경제발전전략 수행에서 기업체와 협동농장의 관리는 더 없이 중요하다. 북한에서는 '우리식 경제관리방법'에 의한 생산현장의 관리 혁신이 진행 중이다.[588] 우리식 경제관리방법은 사회주의기업 책임관리제와 협동농장 분조관리제 하의 포전담당 책임제로 정착되고 있다. 사회주의기업 책임관리제와 포전담당 책임제는 생산자대중의 책임과 역할을 높이는 '시스템의 혁신'에 초점을 두고 생산현장의 자율성을 높이는 것을 지향한다.

> "혁신과 기업가 정신이 조직, 경제, 사회에 없어서는 안 될 생명활동과 같이 여겨져야 한다. 모든 조직이 자신의 업무와 조직에 관해 혁신과 기업가 정신을 가지고 그것을 규칙적이며 계속적인 일상 활동으로 간주하고 수행하지 않으면 안 된다." [589]

북한에서 혁신과 기업가정신이 규칙적이고 지속적인 일상 활동으로 되게 하려면 어떻게 해야 할까? 생산현장의 책임성과 자율성을 높이는 것은 기본이고, 창조적이고 실리적인 혁신이 용납되는 기업문화가 필요할 것이다. 생산현장의 당 조직들이 기업가들의 창조적이고 실리적인 혁신을 인정하고 이를 지원하는 시스템이 형성되어야 한다. 각급 단위의 당 조직들이 거듭나야 하고 실력과 전문성을 갖춰야 한다. 이 과제는 북한의 영도집단이 근본적으로 고민하는 지점일 것이다.

생산현장에서 혁신을 진행한다고 해서 생산수단에 대한 사회적 소유와 계획경제를 지탱하는 국가의 통일적 지도가 약화된다는 것을 뜻하지는 않는다. 김정은 시대의 전략적 노선은 기업체와 협동농장, 생산자대중의 자율성과 책임을 높이는 혁신에 초점을 두고 있지만, 이를 중국의 경제개혁[590]이나 베트남의 도이모이[591]에서와 같은 시장사회주의로 흐를 것으로 속단해서는 안 된다.

북한의 혁신을 외부에서 '경제개혁' 또는 '경제관리 체계의 개혁'으로 설명하기도 하는데 이렇게 단정하면 북한 경제의 이해에서 왜곡이 발생할 수 있다. 북한의 세세한 정책방향을 있는 그대로 이해하는 것이 현실에 더 부합될 것이다.

김정은 국방위원회 제1위원장의 집권 초기인 2012년 6월 28일에 《우리식의 새로운 경제관리체계를 확립할 데 대하여》(6·28방침)가 발표되었다는 관측이 있어왔다. 그해 7월 초에 남한에서는 《6·28방침》을 둘러싼 각종 소식들이 이어졌는데, 북한은 《6.28방침》을 공개한 적이 없다.

조선로동당 기관지 『로동신문』을 비롯한 북한 보도매체들과 재일본 조선인총연합회 기관지 『조선신보』의 7월 이후의 보도를 종합해보면 《6.28》방침으로 알려진 조치들이 실시되었음을 유추할 수는 있다. 북한에서 이에 관한 강연회가 2012년 7~8월에 열렸다는 북한이탈주민들의 증언도 있다.

이 동향과 관련하여 유의할 점은 북한이 '새로운 경제관리 체계'라는 용어를 쓰지 않고 '우리식 경제관리방법'으로 지칭한다는 것이다.[592] 우리식 경제관리방법은 말 그대로 방법이지 체계는 아니다. 전반적인 경제관리 시스템의 개선 가운데 생산현장에서의 관리방법 개선을 의미하는 것으로 보는 것이 타당할 것이다.

전반적인 경제관리 시스템의 개선에는 내각책임제(내각중심제) 강화, 재정은행사업의 변화(상업은행의 활성화 등), 지방경제의 자율성 확대(지방예산의 독립채산제) 등이 포함된다. 우리식 경제관리방법에서의 '우리식'에는 '자주적(독자적)'이라는 뜻과 함께 '창조적' 지향이 담겨 있고, '우리식' 아래 실리적 혁신을 추구하면서 정책을 탄력적으로 적용할 수 있다.

북한은 중국의 경제개혁과 베트남의 도이모이에서와 같은 시장사회주의를 지향하지 않으면서, 북한 경제의 구조와 현실발전의 요구에 맞게 다양한 실리적 혁신을 추진하고 있다.

다만 실리적 혁신과정에서 관성적 흐름과 새로운 흐름 간의 긴장과 갈등이 있을 수 있고, 북한 경제당국은 이를 최소화하려고 노력하면서[593] 이런 모습을 외부에 노출하지 않으려고 할 것이다. 북한이 이야기하는 '실리적 혁신'과 관련하여 실리주의實利主義(utilitarianism)는 흔히 중국 경제개혁을 지칭할 때 사용되는 실용주의實用主義(pragmatism)와는 달리, '최대 다수의 최대 행복(the greatest happiness of the greatest number)'을 목표로 하는 공리주의적功利主義的인 성격이 내포된 듯이 보인다. 이를 감안하면 실리적 혁신은 'utilitarian innovation'으로 표현할 수 있을 것 같다.

공장·기업소와 협동농장 같은 생산현장에서의 우리식 경제관리방법의 실행을 살펴보기에 앞서 우리식 경제관리방법의 등장 과정과 주요 내용, 이의 법제화부터 알아보기로 한다.

1) 우리식 경제관리방법의 등장과 주요 내용

김정은 당 제1비서가 2013년 《신년사》와 3월 31일에 열린 당중앙위원회 3월 전원회의의 《보고》에서 경제지도 및 관리를 언급하면서 경제관리방법의 개선을 촉구한 것은 중대한 전환점이었다.[594]

그는 《신년사》에서 "우리식 사회주의경제제도를 확고히 고수하고 근로인민대중이 생산활동에서 주인으로서의 책임과 역할을 다하도록 하는 원칙에서 경제관리방법을 끊임없이 개선하고 완성해나가며 여러 단위에서 창조된 좋은 경험들을 널리 일반화하도록 하여야 합니다"라고 강조했다. 경제관리방법의 개선 완성과 여러 단위에서 창조된 좋은 경험의 일반화는 '변화된 환경에 맞게' 혁신이 필요하다는 메시지였다.

김 제1비서는 3월 전원회의 《보고》에서 내각을 비롯한 국가경제기관들에서의 경제발전전략과 부문별·단계별 목표의 현실성 있는 수립과 철저한 집행, 생산조직과 지휘의 빈틈없는 조직화, 현실발전의 요구에 맞게 경제관리방법의 연구 완성 등의 과업을 제시했다. 그는 2013년 《신년사》에서도 "현행계획과 전망적인 단계별 발전전략을 과학적으로 세우고 그대로 완강하게 집행해나가야 한다"며 "생산적 앙양을 일으키기 위한 경제작전과 지휘를 짜고" 들 것을 역설했다.

주목되는 점은 그가 우리식 경제관리방법과 관련하여 "생산수단에 대한 사회주의적 소유를 확고히 고수하면서 국가의 통일적 지도 밑에 모든 기업체들이 경영활동을 독자적으로, 창발적으로 해나감으로써 생산자대중이 생산과 관리에서 주인으로서의 책임과 역할을 다하도록 하는 사회주의 기업관리방법"을 강조했다는 것이다.[595] 사회주의적 소유 및 국가의 통일적 지도는 기본 전제이고, 그 아래 기업체들의 경영활동의 독자성과 창발성을 권장해야 한다는 것이었다.

김정일 시대에도 기업 경영활동의 과학화와 '경영상의 상대적 독자성'이 경제현안으로 여러 차례 부각된 바 있으나,[596] 김 제1비서는 '경영활동을 독자적으로'라고 표현함으로써 기업체에게 자율성을 더 부여할 것을 예고했다.

『조선신보』 2013년 5월 10일자는 북한 소식을 전하면서 우리식 경제관리방법의 핵심이 "경영권한을 현장에 부여한 것"이라고 보도했다. 이 신문은 "그전에는 국가에서 받은 생산계획만 집행하게 되어 있었다. 이번 조치에 의해 공장들에서는 국가계획을 수행하면서도 여러 대상들과 자체의 결심으로 생산계약을 맺을 수 있다"고 보도했다.[597] 공장·기업소들이 이전에는 국가계획만 수행해야 했지만 이들로 하여금 국가계획 수행과 시장용 생산을 동시에 수행하게 하면서 그 경영 성과에 책임지도록 했고, 이 변화에 발 맞춰 국가의 경제관리와 기업관리를 혁신했다는 것이었다.[598]

『조선신보』 보도를 통해 우리식 경제관리방법와 관련된 몇 가지가 확인되었다. 첫째, '2012년부터 일부 공장·기업소·협동농장들이 내각의 지도 밑에 독자적으로, 창발적으로 경영관리를 하는 조치가 시범적으로 시행되고 있다'는 것이었다.[599]

둘째, '해당 단위들에서는 생산자대중이 생산활동과 관리의 주인으로서의 자각을 가지고 책임과 역할을 다할 수 있는 방법을 연구하고 있다'는 것이었다.[600]

셋째, '생산수단에 대한 사회적 소유를 확고히 고수하면서 국가의 통일적 지도 밑에 모든 기업체들이 경영활동을 독자적으로, 창발적으로 해나감으로써 생산자대중이 생산과 관리에서 주인으로서의 책임과 역할을 다하도록 하는 사회주의 기업관리방법을 연구완성하기 위한 실천적인 조치들이 취해지고 있다'는 것이었다.[601] 마지막 것은 김정은 당 제1비서가 3월 전원회의 《보고》에서 밝힌 과업에 대한 실천적인 조치들이 실행되고 있음을 재확인한 것이었다.

우리식 경제관리방법은 2012년에 시범적으로 시작되어 2013년에 부상했는데 최고영도자의 발언, 매체들의 보도 및 학술논문 등을 통해 그 윤곽이 드러났다. 우리식 경제관리방법이 진화 중이어서 그렇겠지만,[602] 전체 이론을 체계화한 김정은 위원장의 저작이나 경제당국의 《우리식 경제관리방법 지도서》 등은 공개되지 않고 있다. 새로운 경제관리방법과 관련된 각종 조치들이 어느 정도 안착되면 그 이론을 정리한 자료들이 공개될 것이다.

지금으로서는 북한과 재일조총련의 매체에 등장한 각종 보도를 통해 그 방향을 파악할 수 있다. <표 1-29>는 남한의 북한경제 전문가들이 정리한 우리식 경제관리방법의 주요 내용이다.[603]

〈표 1-29〉 김정은 시대 '우리식 경제관리방법'의 주요 내용

부 문	주요 내용
농업부문	○ 포전담당제 　- 협동농장 생산단위 규모 축소(10~20명 → 3~6명) 　- 담당 포전에 대한 경영자율권 부여 ○ 국가가 생산비용 선지급 ○ 생산물은 국가와 포전담당 분조가 7:3으로 분배 　- 국가는 수매 형식으로 생산물 70% 수급 　- 분조는 30%를 분조원에게 현물 분배 ○ 생산요소와 생산물에 시장가격 적용 ○ 목표량(생산계획) 초과분은 분조에서 자율적 처분

부 문	주요 내용
공업부문	○ 공장·기업소에 경영자율권 부여 　- 계획지표 수의 대폭적인 감소 　- 기업의 제품개발권, 품질관리권, 인재관리권 행사 　- 가격결정, 제품판매, 노무관리 권한 부여 ○ 자체 원자재 구입을 통한 생산, 경영활동 및 시장판매 허용 ○ 국가계획과 자체 계획 병행 　- 중소 지방기업소는 자체 계획에 따라 활동 ○ 지배인에 대해 경영실적에 따라 평가 ○ 지방공장에 대한 개인투자 허용
상업 및 서비스부문	○ 개인투자 통한 경영 참여 허용 　- 운송, 상점, 편의봉사, 식당 　- 이윤의 10~20% 국가에 납부 　- 개인투자 기관에서 자체 노동력 고용 가능
노동부문	○ 지배인의 노동자 고용, 해고, 임금 결정권 확대 ○ 임금 수준의 현실화 ○ '일한 것만큼, 번 것만큼' 보수 지불 　- 생산성에 따른 임금차별 허용 ○ 노동자 배급과 임금도 공장·기업소 수익에 따라 자율 결정 ○ 노동자 토지임대제 실시 　- 작업 외 시간에 농사지어 수확량 30% 협동농장에 납부, 70% 배급, 임금 대신에 수취
대외경제부문	○ 지방정부, 공장·기업소, 각 기관에 무역권 부여
배 급	○ 국가예산제 기관인 국가기구, 교육, 의료부문 종사자를 제외한 기타 독립채산제 기관 종사자에 대한 배급제 폐지

　우리식 경제관리방법은 농업부문에서 협동농장 분조(10~25명)를 세분하여 3~6명으로 축소하면서 분조관리제 내에 포전담당 책임제를 도입한 것으로 나타났다. 삼지강협동농장의 사례를 보면 작업반 9개, 분조 36개, 각 분조 22명에서 한 조에 5명 정도를 묶어 포전을 담당하게 했다고 한다.[604] 분조를 작은 규모로 조직하고 분조에 토지와 중소 농기구를 고정시키고 생산계획도 분조 단위로 주었다.[605]

　분조관리제와 포전담당 책임제에 기초해 농장원들이 일한 몫과 생산실적에 따라 현물로 분배받게 했던 점이 주목된다. 국가계획을 달성하면 국가 몫으로 70%를 납부하고 나머지 30%는 농민들에게 현물로 분배했고, 농민들은 자가自家소비 외의 농산물은 자유로이 처분할 수 있게 되었다. 국가 몫은 토지, 관개, 영농물자, 비료 등의 대금에 해당되며 그 몫을 바치고 남은 농작물들을 협동농장의 결심에 따라 처리할 수 있게 하였다.[606]

낮은 국정가격에 의한 의무수매를 진행하고 현금분배를 해왔던 이전의 방식[607]에 비하여 새 조치는 농민들에게 유리했을 것으로 관측된다. 농민들이 초과 생산물을 처분할 수 있게 되면서 생산성 향상에 긍정적으로 작용했던 것으로 알려졌다.[608]

공업부문에서는 우리식 경제관리방법에 의거해 생산현장에 이전보다 경영권한을 더 많이 부여했다. 계획 수립에서 생산, 제품판매(처분) 및 수익처분에 이르는 과정에서 기업체의 권한이 확대되었다. 기업체는 수익의 일정 부분을 국가에 납부하고 나머지는 자체로 분배를 결정해 설비투자, 생활비 인상, 후방(복지)시설 확장 등에 사용할 수 있게 되었다. 정부가 근로자들의 임금 상한을 규제하지 않음에 따라 기업체는 노동자들의 보수 몫을 늘릴 수 있었다.[609]

기업체는 국가계획에 의한 품목 외의 것을 자체로 생산해 시장가격에 준하는 협의가격(생산자와 소비자의 합의로 정한 가격)으로 판매할 수 있었다.[610] 운송, 상점, 편의봉사, 식당 같은 상업·서비스나 중소 지방공장에게는 이윤의 10~20%를 국가에 납부하는 조건으로 개인투자 및 노동력 고용이 허용되었다. 어떤 경우이든 개인 기업체를 허용하지 않기 때문에 개인 투자자나 고용된 노동자는 소속 단위에 입직入職해야 하는 제약이 있었지만, 제한적이나마 개인 자금의 투자를 인정하여 투자 활성화를 꾀한 것은 주목할 만한 변화였다.[611]

공업과 농업에서 모두 경제주체의 계획권을 확대하는 등 책임관리제를 강화한 점에서 그 방향은 동일했다고 할 수 있다. 기업체의 계획부문은 국가전략물자에 집중되고, 농업의 계획부문은 곡물(알곡)에 집중된다. 나머지 품목은 기업체와 협동농장에 자율처분권이 부여되어 시장 판매가 가능해졌다. 기업체와 협동농장은 계획부문에 필요한 물자를 국가에 공급한 뒤의 나머지를 가지고 필요한 원료를 조달할 수 있게 되었다. 기업은 국가예산납부금제도에 따라 소득의 일정 부분을 국가에 납부하고 있으며, 농장도 동일한 방식으로 국가예산납부금을 내고 있다.

과거에는 기업소의 소득분배에서 '순소득'(판매수입-(원가+생활비))을 기준으로 했지만, 우리식 경제관리방법 하에서는 그 기준이 '소득'으로 변경되었다.

협동농장들에서는 과거에 총생산량 중 농장원들의 식량, 가축사료 등을 우선적으로 유보한 다음 나머지 생산물은 국가가 수매 형태로 구매했으나, 우리식 경제관리방법에서는 국가가 수매한 농산물의 나머지에 대해 협동농장이 처분할 수 있게 했다. 농업부문은 인민들의 식량 공급을 담당하기 때문에 국가의 개입이 클 수밖에 없고 계획적 요소가 상대적으로 크게 작용한다고 할 수 있다.[612]

우리식 경제관리방법에서 결정적인 전환기는 2014년 5월이었다. 김정은 국방위원회 제1위원장은 2014년 5월 30일 당·국가·군대기관 책임일군들과 한 담화《현실발전의 요구에 맞게 우리 식 경제관리방법을 확립할 데 대하여》(5·30담화)에서 "사회주의기업 책임관리제는 공장, 기업소, 협동단체들이 생산수단에 대한 사회주의적 소유에 기초하여 실제적인 경영권을 가지고 기업 활동을 창발적으로 하여 당과 국가 앞에 지닌 임무를 수행하며 근로자들이 생산과 관리에서 주인으로서의 책임과 역할을 다하게 하는 기업관리방법"이라고 말했다.[613] 《5·30담화》는 2014년 9월 이후 당 기관지인 『로동신문』과 『근로자』, 내각 기관지인 『민주조선』을 통해 잇달아 소개되었다.

이 담화에서 언급된 사회주의기업 책임관리제는 기업체에 생산권, 이윤 사용 및 임금 결정 등의 분배권, 무역권 등을 부여함으로써 경영 자율권의 범위를 확대한 것이었다. 다만 "당위원회의 집체적 지도를 철저히 시현하도록 하여야" 한다고 지적했던 것으로 보아 지배인책임제를 도입할 의사는 없음이 분명하였다.[614] <표 1-30>은 《5·30담화》의 주요 내용을 간추린 것이다.[615]

〈표 1-30〉 김정은 제1위원장의 《5·30담화》의 주요 내용

구 분	내 용
원 칙	- 생산수단에 대한 사회주의적 소유를 옹호고수하고 집단주의 원칙을 철저히 구현함.
실 리	- 객관적 경제법칙과 과학적 이치에 맞게 하여 최대한의 경제적 실리를 보장함.
혁신성	- 과학기술과 생산경영관리를 결합하고 과학기술의 힘으로 경제를 발전시킴.
사회주의기업 책임관리제	- 제품개발권, 품질관리권, 인재관리권을 행사하여 기업체의 경쟁력을 높임. - 직장, 작업반, 분조단위에서 담당책임제를 실시하여 생산성을 높임. - 노동평가와 분배방법을 사회주의원칙대로 하여 일한 것만큼 보수를 공정하게 받도록 함. - 생산과 관리의 주인인 근로자들의 건강과 노동안전, 물질문화생활 조건을 책임지고 보장함. - 경제관리사업에 대한 당의 영도를 보장하며 정치사업을 앞세움(당위원회의 집체적 지도를 철저히 실현).

《5·30담화》가 우리식 경제관리방법의 확립을 지시한 공식문헌이었음은 다른 자료에서도 확인된다.[616] 리영민 국가계획위원회 부국장은 당 이론지 『근로자』 2014년 9월호의 기고문("우리 식 경제관리방법을 확립하는 것은 경제강국 건설의 중요한 요구")을 통해 김정은 제1위원장이 《5·30담화》에서 "사회주의강성국가 건설 위업을 성과적으로 실현하기 위하여서는 현실발전의 요구에 맞게 우리식 경제관리방법을 확립하여야 합니다"라고 지시했다고 밝혔다.

리 부국장은 기업체들이 "사회주의기업책임관리제를 바로 실시하여야 한다"면서 "국가의 통일적인 지도 밑에 자기에게 부여된 경영권을 행사하여 온갖 예비와 가능성을 남김없이 탐구동원하고 근로자들의 정신력을 발동하여 맡겨진 국가 과제를 무조건 수행하여야 하며 국가의 경제발전전략에 기초하여 자기 실정에 맞는 경영전략, 기업전략을 세워 생산을 적극 늘리고 기업을 확대발전시켜야 한다"고 강조했다.[617]

그가 기업체들에게 국가의 경제발전전략에 기초해 자기 실정에 맞는 경영전략·기업전략을 수립함으로써 생산증대와 기업의 확대발전에

나서야 한다고 강조한 대목을 눈여겨볼 필요가 있다. 국가전략과 기업체의 경영전략·기업전략의 연계는 패러다임의 혁신으로 나아가는 경제조직화의 토대이며, 경제조직화는 경제발전의 초석을 놓는 작업이기 때문이다.

2) 우리식 경제관리방법의 법제화

2016년에 발행된 『조선민주주의인민공화국 법전(증보판)』은 북한이 2012~2015년에 경제법령들을 개정하고 수정 보충하면서 우리식 경제관리방법을 법적·제도적 차원에서 안받침하려고 노력했음을 보여준다. 경제법령들은 새로운 경제관리방법의 전체상을 그려내는데 유용한 정보를 담고 있다.[618]

<표 1-31>은 2015년 6월 한 차례 수정 보충된 《인민경제계획법》의 내용을 정리한 것이고,[619] <표 1-32>는 2014년 11월, 2015년 5월 등 두 차례 수정 보충된 《기업소법》의 내용을 정리한 것이며,[620] <표 1-33>은 2012년 11월, 2013년 7월, 2014년 12월, 2015년 6월 등 4차례 수정 보충된 《농장법》의 내용을 정리한 것이다.[621]

<표 1-31> 《인민경제계획법》의 수정 보충

구분	종전 법령	2015년 개정 법령
계획지표의 분담	- 구체적 언급 없음.	- 중앙지표, 지방지표, 기업소지표로 분담. 즉 전략적 의의를 가지는 지표 등 중요지표는 중앙지표로, 그 밖의 지표는 지방지표, 기업소지표로 분담.
계획의 맞물림과 주문계약	- 언급 없음.	- 인민경제계획은 기관·기업소·단체가 분담된 지표의 수요와 원천을 맞물리는 방법으로 함. 다만 이 맞물림은 주문계약으로도 할 수 있음.
계약의 체결	- 기관·기업소 등은 인민경제계획에 기초해 계약을 체결해야 함.	- 기관·기업소 등은 인민경제계획에 기초하지 않더라도 계약 체결 가능. 주문계약은 연중 수시 체결 가능.

〈표 1-32〉《기업소법》의 수정 보충

구분	종전 법령	2014~15년 개정 법령
경영권	- 언급 없음.	- 기업소의 경영권이라는 개념 등장. - 기업소의 경영권을 바로 행사하는 것은 사회주의기업책임관리제를 정확히 실시하기 위한 중요한 요구임.
계획권	- 언급 없음.	- 기업소는 계획권을 가지고 자체적 계획 작성 가능. 이것을 기업소지표라는 개념으로 규정.
생산조직권	- 언급 없음.	- 기업소는 생산조직권을 행사함. - 자체 실정에 맞게 여러 가지 생산조직 채택 가능.
관리기구 및 노동력 조절권	- 언급 없음.	- 기업소는 관리기구 및 노동력 조절권을 행사해 관리기구 조절 가능. - 노동력을 내보내거나 받아들이거나 기업소 사이에 주고받을 수 있음.
제품개발권 등	- 언급 없음.	- 기업소는 제품개발권, 품질관리권, 인재관리권 행사.
무역과 합영·합작권	- 언급 없음.	- 기업소는 무역과 합영·합작권을 가지고 대외 경제활동을 전개. - 원료·자재·설비를 자체 해결하고 설비와 기술공정의 현대화를 실현.
재정관리권	- 언급 없음.	- 기업소는 재정관리권을 가지고 경영자금을 주동적으로 마련. - 부족자금을 은행으로부터 대부받거나 유휴 화폐자금을 동원이용 가능.
가격제정권과 판매권	- 언급 없음.	- 기업소는 가격제정권과 판매권을 행사. - 기업소지표, 수요자와의 주문계약 생산품은 자체로 가격제정 및 판매 가능. - 기업소지표 생산물 중 소비품 등은 도소매기관 등에 직접 판매 가능.
노동보수	- 사회주의분배 원칙 준수	- 기업소는 노동보수자금 분배규모를 종업원 생활을 원만히 보장할 수 있는 수준으로 끌어올려야 함.
고정재산 관리	- 건물, 시설물의 관리	- 기업소는 고정재산에 대해 여러 가지 감가상각법을 적용. - 개건현대화에 필요한 자금 마련 - 유휴 부동산·설비는 합의가격에 의한 자금담보 하에 다른 기업소에 이관·임대하고 이 자금을 경영활동에 이용가능.

구분	종전 법령	2012~15년 개정 법령
농장의 경영활동 원칙	- 특별한 언급 없음.	- 농장책임관리제의 실시.
농장 운영 관련 제도	- 분조관리제, 작업반우대제, 독립채산제실시	- 분조관리제 안에서의 포전담당책임제와 유상유벌제 실시.
계획지표의 분담	- 언급 없음.	- 중앙지표와 농장지표의 구분, 농장은 중앙지표 달성 전제 하에 자체로 농장지표 계획화 가능.
농업생산조직 및 노동력 배치	- 특별한 언급 없음.	- 여러 부업 생산단위 자체 조직 가능. - 직종별 노동력 배치 관련 자율성 확대.
농장의 재정 관련 권한	- 특별한 언급 없음.	- 농장의 현금 보유 가능. 농장지표 통해 획득 자금의 경영활동 무제한 사용 가능. - 유휴화폐자금 동원 이용 가능.
결산분배	- 원론적 언급 (현금분배방식)	- 현물분배를 기본으로 하면서 현금분배를 결합하는 방식.
국가수매와 농장의 자율처분	- 일정 수량만 남겨두고 전량 국가에 수매	- 국가수매량 납부 이후 남은 물량을 농장이 자율적으로 처분 가능.
가격제정 및 판매권한	- 일부 농산물을 직매점 통해 판매 가능	- 국가수매량 납부 이후 남은 물량을 기관·기업소 등 판매 가능. - 농장지표와 부업생산물은 농장 자체로 가격 결정 및 판매 가능.

이상의 법령 외에도 《무역법》이 2012년 4월, 2015년 12월 수정 보충됐고, 《자재관리법》(2015년 9월 수정 보충), 《재정법》(2015년 4월>, 《중앙은행법》(2015년 7월), 《상업은행법》(2015년 7월) 등에서도 수정 보충이 있었다.

경제법령들의 개정에서 나타난 우리식 경제관리방법의 성격과 특징은 계획화체계의 개편(중앙·기업 간 계획지표의 분담체계 개편), 시장의 계획화체계 편입(시장의 제도화 수준 제고), 기업체·협동농장의 자율성과 권한 및 인센티브 확대, 정부의 역할 축소와 기업체의 역할 증대, 현실 변화의 사후적事後的 추인, 정부·기업체·가계의 이해관계 절충의 제도화 등으로 일별一瞥된다.[622]

우리식 경제관리방법에 의한 제도 변경에 따라 개별 경제주체들의 자율성과 인센티브가 확대되었고, 경제주체들은 다양한 방식으로 시장을 활용하면서 경영성과를 높여왔다. 그 과정에서 생산증대와 활성화의 효과를 어느 정도는 거둔 것으로 관측된다. 다만 투자재원의 부족은 여전히 한계로 작용했고, 기업체와 협동농장이 인민들의 유휴화폐자금을 최대한 활용하는 것이 필요했다. 이 과정에서 금융제도의 변화(전자카드의 도입, 상업은행의 제도화)도 나타났다.[623]

외부의 전문가들은 이러한 변화를 중국의 실용주의에 빗대어 '북한판 실용주의'로 보려고 하지만, 북한은 사회주의 원칙 고수 및 실리 획득이라는 틀을 유지하고 있다. 북한은 '우리식 경제관리방법에 의한 실리적 혁신'을 자신의 경제체질에 적합한 것으로 보고 있으며, 이러한 인식은 장기간 지속될 것이다.

북한은 《사회주의기업 책임관리제 실시를 위한 독립채산제 규정》을 2014년 1월에 발표한 후 《로동보수자금지불규정세칙》 수정·보충(2014년 8월), 《기업체주민유휴화폐동원이용표준세칙》(2014년 9월), 《사회주의물자교류시장운영표준세칙》(2014년 9월), 《기업소지표가격제정표준세칙》(2014년 9월), 《기업체소득분배표준세칙》(2014년 11월) 등의 세부지침을 마련했다.[624] 이 규정과 세칙은 우리식 경제관리방법의 실천과정에서 필요해진 법적·제도적 장치들이다.

사회주의기업 책임관리제와 관련해 2016년 7월에 발간된 당 이론지 『근로자』에 수록된 '소개문'은 간략하지만 시사하는 바가 많다. <그림1-7>은 『근로자』 지면을 캡처한 것이다.[625] 이것을 보면 우리식 경제관리방법은 '소유관계'인 생산수단의 사회주의적 소유, '조직관계'인 국가의 통일적인 지도하의 집단주의적 경영, '분배관계'인 이익배분[626]과 가격[627]의 세 측면 가운데 소유관계는 그대로 두면서 조직과 분배관계를 부분적으로 개선한 것임을 알 수 있다.

기업체의 관리운영에서 경영권[628]이 부여된 것은 중요한 변화다. 조직관계에서 생산단위의 경영 자율성을 높이고 분배관계에서 근로자의 생활향상을 추구하는 것이 사회주의기업 책임관리제인 것이다. '우리식'은 소유와 조직관계에서 사회주의적 소유와 집단주의를 유지한다는 함의도 있어, 그 혁신적 성격에도 불구하고 외부에서 기대하는 '개혁'과는 다르다는 것을 거듭 확인할 수 있다.[629]

사회주의기업책임관리제

공장, 기업소, 협동단체들이 사회주의기업책임관리제를 실시하는것은 우리식 경제관리방법에서 중요한 내용을 이룬다.

사회주의기업책임관리제는 공장, 기업소, 협동단체들이 생산수단에 대한 사회주의적소유에 기초하여 실제적인 경영권을 가지고 기업활동을 창발적으로 하여 당과 국가앞에 지닌 임무를 수행하며 근로자들이 생산과 관리에서 주인으로서의 책임과 역할을 다하게 하는 기업관리방법이다.

사회주의기업책임관리제에서 기업체들에 부여된 경영권에는 확대된 계획권과 생산조직권, 관리기구와 로력조절권, 제품개발권과 품질관리권, 인재관리권, 무역과 합영, 합작권, 재정관리권, 생산물의 가격제정권과 판매권이 포함된다.

기업체들에 실제적인 경영권을 준다고 하여 생산수단에 대한 소유권과 경영권이 갈라지는것은 결코 아니다. 모든 기업체들은 국가의 통일적인 지도밑에 자기에게 부여된 경영권을 행사하여 온갖 예비와 가능성을 남김없이 동원하고 생산과 관리에서 근로자들의 창조력을 적극 발동시켜 자기 단위에 맡겨진 국가과제를 무조건 수행하여야 하며 국가의 경제발전전략에 기초하여 자기 실정에 맞는 합리적이고 효률적인 경영전략, 기업전략을 세워 생산을 적극 늘이고 지식경제시대의 요구에 맞게 확대발전시켜나가야 한다.

〈그림 1-7〉 사회주의기업 책임관리제의 기본

김정은 국방위원회 제1위원장은 2014년《신년사》부터 표현을 조금씩 바꿔가면서 우리식 경제관리방법의 개선완성을 강조했다.

"당의 영도 밑에 경제에 대한 국가의 통일적 지도를 강화하고 기업체들의 책임성과 창발성을 높이며 모든 근로자들이 생산과 관리에서 주인으로서의 책임과 역할을 다해 나가도록 하여야 합니다." (2014년)

"내각을 비롯한 국가경제지도기관들에서 현실적 요구에 맞는 우리식 경제관리방법을 확립하기 위한 사업을 적극적으로 내밀어 모든 경제기관, 기업체들이 기업활동을 주동적으로, 창발적으로 해나가도록 하여야 합니다." (2015년)

"주체사상을 구현한 우리식 경제관리방법을 전면적으로 확립하기 위한 사업을 적극 조직 전개하여 그 우월성과 생활력이 높이 발휘되도록 하여야 합니다." (2016년)

"5개년전략수행에서 전환을 일으키자면 경제지도와 기업관리를 뚜렷한 목표를 가지고 혁신적으로 해나가야 합니다." (2017년)

"국가적으로 사회주의기업책임관리제가 공장, 기업소, 협동단체들에서 실지은을 낼 수 있도록 적극적인 대책을 세워야 합니다." (2018년)

"경제전반에 대한 국가의 통일적 지도를 원만히 실현하고 근로자들의 자각적 열의와 창조력을 최대한 발동할 수 있도록 관리방법을 혁신하여야 합니다.… 경제사업의 효율을 높이고 기업체들이 경영활동을 원활하게 해나갈 수 있게 기구체계와 사업체계를 정비하여야 합니다." (2019년)

그의 《신년사》를 들여다보면 2014년에 기업체의 책임성·창발성 제고와 근로자의 책임·역할을 강조하는 것에서 출발해 2015년과 2016년에 '우리식 경제관리방법의 확립 사업'의 전개를 내걸었듯이 새로운 제도화(사업방법의 개선)를 중시하는 것으로 바뀌었다. 2017년에는 '경제지도와 기업관리의 혁신'을, 2018년에는 '사회주의기업 책임관리제의 실천적 대책'을, 그리고 2019년에는 '관리방법의 혁신'과 '기구체계와 사업체계의 정비'를 각각 제시했다.

북한은 1960년대 이래의 '대안의 사업체계'를 2016년 6월 29일 최고인민회의 제13기 제4차 회의에서 수정 보충된 《사회주의헌법》(제33조)에서까지는 유지했으나 2019년 4월 11일 최고인민회의 제14기 제1차 회의에서 수정 보충된 《사회주의헌법》(제33조)에서는 이를 돌연 삭제했는데 이는 2019년 《신년사》에서 기구체계와 사업체계의 정비를 제기한 것과 관련이 있어 보인다.

북한의 대표적인 경제학자·법학자들과 기업체 지배인들이 머리를 맞대고 기구체계와 사업체계의 정비와 관련한 기업경영이론을 정리하고 법령을 만들고 있을 가능성이 크다. 그 방향이 정리되면 김정은 당위원장 겸 국무위원장의 담화 등의 형식으로 발표될 수 있을 것이다.

한편, 2016년 5월 제7차 당대회의《결정서》는 "사회주의기업 책임관리제를 바로 실시하여야 한다"고 하면서 국가와 기업체의 과업을 각각 제시했다.《결정서》는 "공장, 기업소, 협동단체들은 사회주의기업 책임관리제의 요구에 맞게 경영전략을 잘 세우고 기업활동을 주동적으로, 창발적으로 하여 생산을 정상화하고 확대발전시켜나가야 한다"고 촉구했다. 생산주체들에게 생산 정상화와 확대재생산을 위한 경영전략 수립과 주동적·창발적인 경영을 강조했던 것이다. 이는 리영민 국가계획위원회 부국장의『근로자』기고문과 동일한 정책흐름이었다.

《결정서》는 또 "국가적으로 기업체들이 부여된 경영권을 원활하게 활용할 수 있도록 조건을 충분히 보장해줄 것"이라고 약속했다.[630] 기업체들에게 조건을 충분히 보장한다는 것은 기구체계와 사업체계의 정비와 직접적인 관련이 있다.

사회주의기업 책임관리제 하에서 국가와 기업체는 계획된 생산 수행에 필요한 원자재를 공급한 기여만큼의 권한을 갖게 되었다는 점이 변화의 포인트다. 국가는 기업체의 계획 수행에 필요한 원자재를 공급한 경우에 가격제정에서부터 공급처 결정에 이르기까지 통제권을 행사한다. 반면에 기업체가 생산에 필요한 원자재를 국가로부터 공급받지 않고 자체적으로 조달해 생산한 상품에 대해서는 자신이 생산방법, 가격 및 판매처 등에 대한 결정권을 갖는다.[631]

기업체가 획득한 소득의 처분권이 강화됨에 따라 기업체는 국가예산납부 이후의 소득을 임금, 설비투자 등에 사용하는 권한을 일정 부분 확보하게 되었다. 기업체의 소득배분을 순소득 분배방법에서 소득분배방법으로 바꿈에 따라 국가와 기업체 간의 기업 소득배분을 둘러싼 갈등요소가 줄어들었다.

또한 주민유휴화폐를 활용할 수 있도록 하여 부족한 자금을 조달하는 통로가 열렸으며, 현금돈자리와 외화돈자리 제도 등을 통해 기업체에게 현금통화와 외화 사용을 허용하는 변화가 있었다.[632] 이것은 생산수단의 사회적 소유와 불가분의 관계에 있는 계획화 체계는 유지하면서도 기업체의 공장 가동률을 높이고 생산성을 향상시키려는 노력의 일환이었다.

국가의 투자재원과 물자공급 능력이 제한된 여건에서, 기업체의 생산과 투자를 확대하려면 시장의 활용이 불가피하다. 그에 따른 국가와 기업체 사이의 이해 충돌의 여지를 없애거나 완화하는 방향으로 개편되고 있는 것이다.

북한에서 진행되는 제도 개편의 핵심은 계획, 생산, 원자재 조달, 가격제정과 판매에 관한 권한 등을 기업체에 이양함으로써 생산성과 효율성을 높이려는 것이다.[633] 공장·기업소로 하여금 생산 정상화의 고개를 넘어 확대재생산의 길에 들어서게 하려는 북한 경제당국의 고육지계苦肉之計를 읽을 수 있다.

다른 한편, 제7차 당대회의 《결정서》에는 협동농장 분조관리제와 포전담당 책임제에 관한 언급이 없었는데, 그 이유를 한번 생각해볼 필요가 있다. 《결정서》에 등장한 "협동단체들은 사회주의기업 책임관리제의 요구에 맞게"라는 표현을 감안하여, 넓게 보면 협동농장도 사회주의기업 책임관리제(기업경영방식)에 의거해 운영하는 것으로 이해할 수 있다.

2016년 《사회주의헌법》에 있던 "농촌경리를 기업적 방법으로 지도하는 농업지도체계"(제33조)라는 표현이 2019년 《사회주의헌법》에서 삭제된 것도 이를 뒷받침한다. 다만 법령의 변화를 한 쪽에 치워놓고 보면, 농정당국이 여전히 포전담당 책임제를 실험적인 조치로 인식할 개연성은 남아 있다. 기본식량을 생산하는 농업 부문이 계획적·전략적 요소를 갖고 있는 점을 감안하여, 당·국가의 영도집단은 협동농장에서의 혁신이 가져올 파장을 주의 깊게 관찰하면서 신중모드를 유지하는 게 아닌가 하는 것이다.

협동농장 포전담당 책임제는 지역별로 도입 시기의 편차가 있었지만 이 제도를 시행하는 농장의 비율은 상당히 높아졌다고 북한이탈주민들은 입을 모은다. 북한과 재일조총련의 보도매체들이 포전담당 책임제의 모범사례를 소개해온 점을 감안해도 이 제도가 전반적인 성과로 이어지고 있는지는 불분명하다.

새로운 조치가 생산현장에 도입될 때에는 새 제도와 현실 사이에 간극間隙이 존재할 수 있다.[634] 2000년대 중반에 일부 협동농장 분조에서 실험적 조치(가족분조의 등장 등)에 의해 농업생산의 증대가 있었지만 이를 현장에서 실제로 조사해보니 비료 투입량 증가에 의한 성과였다는 증언이 있다. 이런 경험에서 보면, 농업부문에서의 혁신은 조심스럽게 다뤄질 수밖에 없을 지도 모른다.

3) 사회주의기업 책임관리제와 《기업소법》

북한의 전략적 노선의 실행에서 경제현장의 중요성은 날로 커지고 있다. 공장·기업소는 공업을 대표하는 생산현장이다. 북한에서 기업체는 공장·기업소와 협동단체가 일정한 자금을 가지고 경영활동을 독자적으로 수행하는 단위를 일컫는다. 공장은 가공加工을 기본으로 하는 생산단위이고, 기업소는 독자적으로 경영經營활동을 수행하는 경영단위다. 공장 하나 혹은 공장 여러 개가 합쳐져 기업소 하나가 될 수 있다.[635]

협동단체는 단체 소속의 근로자들이 생산수단을 공동으로 소유하고 경영활동을 수행하는 경영단위다. 공장·기업소와 협동단체 가운데 기업소가 큰 비중을 차지한다. 기업소는 일정한 노력(노동력)·설비·자재·자금을 가지고 생산물을 생산하거나 봉사(상품공급·여객운수·체신·보건·문화후생 등)를 제공하여 얻는 수입으로 지출을 보상하고 채산을 맞춰 나간다.[636] 기업소에는 생산, 건설, 교통운수, 봉사단위 등이 포함된다.[637]

북한이 1950~60년대에 중앙집권적 계획경제 시스템을 구축하는 과정에서, 기업소는 중앙계획부서-내각(성·위원회)-기업소의 위계구조 아래 국가의 명령에 따라 생산을 담당하는 생산주체가 되었다. 기업소는 국가가 공급하는 원자재와 노동력으로 계획된 상품을 목표량만큼 생산하면 자기 책임을 수행한 것으로 인정되었다. 국가가격결정기관이 상품가격을 결정했고 상품은 국가계획에 의해 정해진 곳에 공급되었다.

1950년대의 기업소에서는 '지배인 유일관리제'가 시행되었다. 유일관리제는 지배인의 독단적 운영으로 인해 관료주의, 기관본위주의, 개인주의 등의 폐단을 낳았다.[638]

지배인 유일관리제를 '대안의 사업체계'로 전환한 것은 1961년이었다. 대안의 사업체계는 김일성 수상이 1961년 12월에 대안전기공장을 현지에서 지도하는 과정에서 제시한 것인데,[639] 지배인을 대신해 당이 기업의 의사결정을 주도하는 시스템이었다. 이 체계에서는 당위원회에 의한 집체적 지도가 중심이 되었고 당 비서, 지배인, 기사장, 근로단체 책임자, 기술자대표 및 생산핵심당원 등이 참여하는 당위원회가 기업소의 생산활동 전반을 집단적으로 관리 운영했다. 지배인은 기업소 관리운영과 관련된 모든 문제를 당 비서에게 보고해야 했다.[640] 개별 기업소가 성·관리국의《지시서》에 의거해 다른 기업소와 계약을 맺어 필요한 자재를 받던 체계는 폐지되었고, 성·관리국이 자재공급을 책임지게 되었다.[641]

북한의 모든 기업소·공장이 '대안의 사업체계'에 의거하면서 모든 기업체들의 운영이 비슷해졌다. 지배인은 당위원회의 집체적 지도 밑에 모든 행정경제사업을 지휘하였다. 기사장은 계획화사업, 기술준비·생산과정 등 생산과 관련된 사업을 책임지며 계획부서, 생산지도부서, 기술부서, 공무동력부서 등을 관할했다. 업무부지배인은 자재공급·제품관리·운수사업 등을, 후방부지배인은 후방공급사업을, 행정부지배인은 노동행정·재정회계사업을 각각 책임졌다. 기업소 지휘부 아래 직장장과 부직장장, 생산지도·자재공급·통계 등의 담당부원들이 실무를 맡았다.

당위원회의 조직부는 당생활지도과·간부과·당원등록과·적위대과를, 선전부는 교양과·선전과를, 근로단체부는 직업총동맹·청년동맹담당과를 각각 두었다. 연합기업소의 경우에는 예하 공장에 초급당위원회(분초급당위원회)가 있었으며 직장 단위에 부문당위원회, 작업반 단위에 당세포가 조직되었다.

당위원회는 기업소 간부들과 종업원들의 정치조직생활(당생활·근로단체생활)을 지도하며 인사권을 갖고 있었다.[642] 이 관리체계를 통해 생산주체인 기업소가 생산을 넘어 정치조직으로서의 역할도 수행하게 되었던 것이다.

중앙계획부서-내각(성·위원회)-기업소의 위계구조에서는 기업소가 제대로 돌아가야 계획경제도 정상적으로 수행된다. 이 시스템에는 내재적인 한계가 있었다. 기업소에서는 현물계획 달성이 중요했기 때문에 계획작성 과정에서 생산능력을 축소하거나 자재·설비·노동력을 과다하게 신청할 개연성이 늘 있었다. 기업소들은 기한 내에 생산계획량을 달성하는 데 초점을 두다 보니 상품의 질에 대해 심각하게 고려하지 않았고, 중간재의 수요처인 다른 기업소가 생산에 차질을 빚더라도 '남의 일' 보듯 하는 경향이 나타났다.

기업소의 독립채산제는 형식에 그치기 십상이었고 기업소들이 이윤을 내려고 아등바등 하지도 않았다. 기업소들이 원가·이윤·수익성 같은 '경제적 공간들'에 대해 깊이 고민하지 않았던 것이다. 생산주체가 이렇다보니 전반적인 계획경제 시스템이 정상적으로 작동되지 못했고 매너리즘에 의한 하향 추세에 접어들었던 것이다.[643]

북한은 기업소의 효율성 제고를 위해 1981년에 '새로운 공업관리체계'를 도입했는데 이것은 중앙에서 지방으로, 상부에서 하부로 권한을 분산시킨 것이었다. 정무원(내각의 전신) 산하의 공장·기업소가 도道경제지도위원회로 이관되고 시市·군郡행정경제지도위원회가 지방공업에 대한 감독과 통제기능을 수행하게 되었다.

1985년에는 1973년부터 시범적으로 운영되던 연합기업소 체제가 전면적으로 도입되었다. 이는 여러 공장·기업소를 연합기업소로 묶어 관리대상과 단계를 줄이는 조치였다. 정무원 국가계획위원회·성의 권한이 상당 부분 연합기업소에 위임되었고, 국가경제기관은 일부 연합기업소를 대상으로만 계획화사업, 생산지도·생산조건 보장사업을 진행하도록 바뀌었다.

1984년 말부터 독립채산제가 강조되면서 국가·기업소 간의 수익분배가 현안으로 떠올랐다.[644] 당시 기업소 경영활동으로 얻은 수익금의 일정 부분을 기업소기금으로 유보하게 함으로써 이를 생산증대, 기술개발, 문화후생사업, 상금 등에 사용할 수 있었다.[645]

독립채산제는 1990년대 이후 더욱 강화되었고 기업소의 자력갱생이 화두로 부상했다. 북한 정부는 기업소의 유동자금 공급을 중단하고 기본건설자금과 대보수자금만 지급했다. 이에 기업소들은 자체 자금과 은행 대부자금으로 운영할 수밖에 없었고, 종업원들에 대한 식량공급도 떠안았다. 이러한 현실변화는 기업소의 자율성에 영향을 주었고 계획 작성단계에서 기업소의 발언권을 높여주었다.

기업소들에서 현물지표(생산량) 달성이 어려워지면서 1990년대 중반 이후 액상계획(생산액)을 달성하면 계획을 수행한 것으로 인정하는 방향으로 정책이 전환되었다.

기업소들은 생산액의 달성이 중요해지자 중앙의 생산 지령품목 이외의 상품을 생산해 판매하는 것에 관심을 가졌고 이런 경영활동이 어느 정도 용인되었다. 8·3인민소비품이 액상계획 달성의 수단으로 활용되었고 계획부문의 자재를 사용해 8·3인민소비품을 만드는 폐단도 일부 나타났다. 이 현상은 지방의 중소규모 기업소에서 더 심했다.

1990년대 중반 이후 기업소들의 생산품 처분방식에도 변화가 나타났고 지배인들의 권한이 이전보다 높아지는 경향이 두드러졌다. 지배인이 경영상 불가피한 이유로 위법違法한 수단에 의존하더라도 계획달성의 필요성 때문에 당 비서가 이를 묵인하거나 지원하는 분위기가 생겨났다.[646] 기업소의 자력갱생과 독립채산제의 강화는 경영활동의 '상대적 독자성'이라는 이름 아래 기업의 자율성 제고로 이어질 수밖에 없었다.

2002년의 7·1경제관리 개선조치는 기업소의 '경영상 상대적 독자성'의 확대에 영향을 미쳤다. 국가계획위원회는 국가의 전략적 지표와 관련된 계획을 작성하고 그 밖의 지표와 세부지표는 지방과 기업소가 자체 실정에 맞게 계획을 수립하도록 바뀌었다. 전략적 중요도가 낮은 부문과 단위일수록 자력갱생이 강하게 요구되었다. 국가자재공급위원회가 담당하던 생산재 공급이 탈바꿈하여 생산재 시장인 사회주의 물자교류시장이 도입된 것도 주목되는 변화였다.

생산단위에서의 자력갱생 요구는 자금조달 면에서 더욱 강화되었고, 고정재산의 확대재생산에 대한 국가재정의 지급은 축소되었으며 고정재산의 단순재생산에 대한 지급과 대보수자금 지급은 아예 폐지되었다. 경제침체 시기에 시장에서 개인자금을 축적한 신흥상인계층(돈주)이 등장하여 식당, 상점 등에서부터 점차 무역업, 제조업 등으로 투자 범위를 넓혀 나갔다.

개인자금의 기업소 투자는 두 가지로 나타났다. 하나는 투자 몫에 대한 수익금의 회수 형태였다. 다른 하나는 명의 대여 및 자산 임차 후 종업원 고용에 의한 생산활동의 형태였다.[647] 개인자금이 초기에는 소규모 지방공업에만 투입되다가 점차 대규모 중앙공업에도 조금씩 투입되는 양상을 보였다는 북한이탈주민들의 증언이 있다.[648]

7·1조치 이후 기업소의 경영활동과 관련한 추가 조치들이 이어졌다. 2004년부터 전략적 지표에 대해서만 현물계획을 하달하고 그 밖의 지표에 대해서는 액상계획으로 바뀌었고, 수익 납부방식도 기존의 정률 방식에서 정률·정액 병행 방식으로 전환되었으며, 노동자들에게 지급하는 임금의 상한선은 폐지되었다.

시범적인 개선조치들이 늘어났다가 줄어들기를 반복하며 굴곡을 보이다가 마침내 2012년의 《우리식 경제관리방법》(6·28 방침)과 2014년 김정은 국무위원장의 《5·30 담화》에 이르러 근본적인 전환점을 맞이하게 된다.

2014년 11월 5일과 2015년 5월 21일, 최고인민회의 상임위원회 정령으로 수정 보충된 《조선민주주의인민공화국 기업소법》[649]에는 이전과는 완전히 다른 내용들이 담겼다. 《기업소법》에 수록된 기본원칙은 조직원칙(제3조), 경영원칙(제4조), 물질기술적 토대강화 원칙(제5조), 경영활동의 주체화·현대화·과학화 원칙(제6조), 김정일애국주의[650] 교양 원칙(제7조), 기업소사업에 대한 지도원칙(제8조), 기업소의 합법적 권리와 이익보호 원칙(제9조) 등이다. "기업소의 경영은 객관적 경제법칙의 요구에 맞게 경제적 공간들을 능숙하게 활용하여 국가에 더 많은 이익을 주기 위한 경제활동"이라는 인식(제4조)이 《기업소법》 전반에 짙게 깔려 있었다.

객관적 경제법칙의 요구는 사회주의사회의 과도기적 성격을 반영한 것이었고 상품-화폐관계의 형태적 이용이 필요하다는 인식에서 출발한 것이었다. 기업소는 경영상 상대적 독자성을 지닌 경제주체이고,[651] 기업소는 경제적 공간들(원가·이윤·수익성 등)을 잘 활용해야 한다는 것이다.[652] 기업소의 기본원칙들 가운데 눈여겨볼 대목은 기업소의 경영원칙, 경영활동의 주체화·현대화·과학화 원칙, 기업소사업에 대한 지도원칙 등 세 가지다.

첫째로, "국가는 기업소들이 경영전략, 기업전략을 정확히 세우고 사회주의기업책임관리제를 바로 실시하여 경영활동에서 사회주의원칙을 지키면서도 최대한의 실리를 내도록 한다"고 되어 있다(제4조). 기업소의 경영원칙으로 경영전략·기업전략의 정확한 수립,[653] 사회주의기업 책임관리제[654]의 올바른 실시, 사회주의 원칙과 최대한의 실리 등을 내건 것은 매우 중요하다.

북한은 2019년 4월 11일 최고인민회의 제14기 제1차 회의에서 수정 보충된 《사회주의헌법》에서 이전의 "대안의 사업체계의 요구에 맞게 독립채산제를 실시하며"를 삭제하고 "경제관리에서 사회주의기업책임관리제를 실시하며"를 추가한 것(제33조)은 의미 있는 변화였다. 헌법에서 대안의 사업체계를 삭제하고 사회주의기업 책임관리제를 명시한 것은 기업경영에서의 변화를 실감나게 보여주었다.

둘째로, "국가는 기업소들에서 첨단과학기술의 성과를 적극 받아들여 경영활동의 주체화, 현대화, 과학화 수준을 끊임없이 높여나가도록 한다"고 되어 있다(제6조). 경제 전반의 주체화·현대화·과학화 방침이 기업소 경영활동에도 반복되고 첨단과학기술의 성과 도입이 그 기본 전제로 되고 있는 것이다. 김정은 시대의 전략적 노선에서 인민경제의 주체화·현대화·과학화에 '정보화'를 추가한 사실을 고려하면, 《기업소법》이 다시 수정 보충될 때에 경영활동의 정보화가 추가될 것이다.

셋째로, "국가는 사회주의경제관리 원칙에 맞게 기업소에 대한 국가의 통일적 지도를 확고히 보장하면서 기업소의 창발성을 높이 발양시키도록 한다"고 되어 있다(제8조). 기업소사업의 지도원칙에서 국가의 통일적 지도 보장과 기업소의 창발성 발양이 함께 강조된 것에서 결합의 원리가 작동되고 있음이 다시금 확인된다.

국가의 통일적 지도는 내각의 통일적 지도 아래 해당 중앙기관, 도(직할시)·시(구역)·군 인민위원회가 수행한다. 내각과 해당 기관은 사회주의원칙을 확고히 견지하면서 우리 식 경제관리방법의 요구에 맞게 기업소사업을 엄격히 장악·지도하도록 되어 있다(제53조). 지도 수단으로는 경영활동 정형의 보고, 기업소 사업에 대한 감독통제, 행정적·형사적 책임 등이 활용된다.

기업소는 경영활동에 대해 상급기관에 정기적으로 보고하고, 상급기관은 기업소의 경영활동 정형을 분석하고 제기되는 문제를 제때에 풀어줘야 한다(제55조). 해당 감독통제기관은 기업소 경영활동이 사회주의경제관리 원칙의 요구에 맞게 진행되도록 감독통제사업을 강화해야 한다(제56조). 《기업소법》을 어겨 엄중한 결과를 일으킨 기관, 기업소, 단체의 책임일군에게는 정상에 따라 행정적, 형사적 책임을 지도록 한다(제57조).

이상에서 기업소의 경영원칙, 경영활동의 주체화·현대화·과학화 원칙, 기업소사업에 대한 지도원칙 등을 살펴보았는데 사회주의기업 책임관리제 아래 기업소의 계획화사업은 어떻게 해야 하는지를 파악하는 것도 중요하다. 북한의 경제학자는 기업소의 계획화사업으로 4가지 방법을 권장하고 있다.[655]

첫째, 기업소지표의 수행과 관련하여 주문계약과 계획공간을 활용하는 것이다. 즉 "기업소지표를 늘이고 중앙지표도 생산조건의 보장성 정도에 따라 기업소지표로 하여 계획을 무조건 집행"할 것, "기업소지표와 넘겨받은 중앙지표에 대한 계획을 주문계약의 방법으로 자체로 세워 수행"할 것, 그리고 "생산능력상 여유가 있을 때에는 중앙지표계획을 수행하는 조건에서 더 생산할 수 있거나 수요가 있는 지표들을 주문계약에 따라 생산할 수 있도록 계획공간들을 효과적으로 이용"할 것 등이 구체적인 방안으로 제시되고 있다. '계획공간의 효과적 이용' 은 과거에는 생각지도 못한 일이었다.

둘째, 기업관리와 관련하여 노동보수공간을 활용하는 것이다. 즉 "기업체와 생산자들의 이해관계를 직접 결합시키고 노동의 결과를 노동보수와 유기적으로 결합"시킬 것, "기업체들이 판매수입에서 국가납부몫을 바친 다음 원가보상, 소득확정, 생활비지불 등 수입분배를 자체의 결심에 따라 실정에 맞게 할 수 있도록 노동보수공간들을 주동적으로 이용"할 것 등이 구체적인 방안으로 제시되고 있다. 노동보수공간을 기업체의 '자체의 결심에 따라 실정에 맞게, 주동적으로 이용'한다는 것 역시 과거에는 생각지도 못한 일이었다.

셋째, 기업체의 경영에서 재정·금융·가격공간을 활용하는 것이다. 즉 "기업체들에서 독자적인 재정금융질서를 세우고 유동자금을 비롯한 경영자금의 조성과 이용을 주동적으로" 할 것, "국가적인 원가항목과 계산방법에 따라 원가계획을 세우고 가치와 수공급관계, 원가보상의 원칙에서 가격을 제정"할 것, 그리고 "재정, 금융, 가격공간들을 주동적으로 이용하여 기업체들과 생산자들이 높은 의욕과 열의를 가지고 일해 나갈 수 있게" 할 것 등이 구체적인 방안으로 제시되고 있다.

다른 경제학자는 "가격의 제정과 조종, 재정수입과 지출, 화폐의 발행과 조절, 신용의 제공 등 모든 경제사업들을 철저히 사회주의사회에서 작용하는 객관적 경제법칙의 요구에 맞게 주동적으로, 신축성 있게 진행해나가야 한다"고 지적한다.[656] 재정·금융·가격공간의 활용이 근본적으로는 기업체와 생산자의 의욕·열의를 높이기 위한 것이라는 관점도 과거에는 생각지도 못한 일이었다.

넷째, 기업체에서 과학기술과 생산·경영관리를 결합하는 것이다. 즉 "과학기술과 생산, 경영관리를 결합하고 기업관리와 생산활동을 유기적으로 결합시켜 기업체들과 생산자들이 높은 의욕과 열의를 가지고 일해 나갈 수 있게" 할 것이 제시되고 있다.

이상에서 보듯이 계획공간, 노동보수공간, 재정·금융·가격공간, 과학기술과 생산·경영관리의 결합 등이 기업소의 계획화사업의 실행방안으로 권장되고 있는 것이다. 이것은 사회주의기업 책임관리제의 실시 이전과 이후가 기업경영에서 중대한 분기점이 되었음을 말해준다. 기업체들이 이러한 방향으로 계획화사업을 지속적으로 개선해나가지 않으면 도태될 개연성을 함의하고 있다고 볼 수 있다.

한편, 내각과 해당 기관은 기업소가 경영권을 올바로 행사하여 자기의 책임과 역할을 다하도록 우리식 경제관리방법을 구현한 규정·세칙들을 제때에 작성·시달하며 필요한 조건을 충분히 보장해주어야 한다(제54조). 기업소의 창발성은 경영활동의 여건과 직결되며, 기업소의 경영상의 상대적 독자성의 범위와 방법들을 제시하는 지침이 필요해졌던 것이다.

기업소에 관한《규정》《세칙》을 분석하면 기업소 경영의 변화 양상을 세밀히 알 수 있겠지만, 이러한 것들은 아직 외부에 드러나지 않고 있다. 다만 북한 경제학자들이 사회주의기업 책임관리제와 관련하여 내각과 해당 기관과 그 일군들의 역할을 다음과 같이 강조하고 있음을 확인할 수 있다.

> "내각과 성, 중앙기관들에서는 생산과 경영활동에서 인민경제의 계획적 균형적 발전 법칙과 노동에 의한 분배방식, 가치법칙과 같은 경제법칙들과 그와 관련한 경제적 공간들을 효과적으로 이용할 수 있도록 법 규범과 규정, 시행세칙들을 수정 보충하여 시달하는 사업을 제도화하여 사회주의기업 책임관리제 실시에서 자그마한 편향도 나타나지 않도록 해야 한다.…
> 국가경제지도기관 일군들이 옳은 방법론을 가지고 아래 단위들에 자주 내려가 실태를 구체적으로 요해하며 사회주의기업 관리책임제 실시에서 제기되는 문제를 제때에 풀어주기 위한 사업을 짜고 들어야 한다. 아래 단위의 경영실패를 구체적으로 요해한 다음에는 제기된 사업에 대하여 깊이 연구하고 명확한 방도를 세워가지고 현지에 내려가 대중과 토의하여 그것을 다시 확인하며 집행방도를 아래 단위 일군들과 근로자들에게 알려주고 과업 수행을 위한 그들의 사업을 책임적으로 도와주어야 한다." [657]

이상의 인용에서 관심을 끄는 대목의 하나는《기업소법》제54조의 제도화와 관련하여 '인민경제의 계획적 균형적 발전 법칙과 노동에 의한 분배방식, 가치법칙과 같은 경제법칙들과 그와 관련한 경제적 공간들'의 효과적 이용[658]을 강조한 것이다. 여기에는 가치법칙 등과 관련된 실태를 감안해서 적절하게 법제화해야 경영권 행사에 현실적인 기준을 제시할 수 있다는 뜻이 담겨 있다.

다른 하나는 국가경제지도기관 일군들의 역할과 관련해 아래 단위의 경영실패의 파악과 개선된 집행방도의 통보를 강조한 것이다. 이를테면 김책제철연합기업소에서 '경영실패'가 나타나면 이 기업소가 내각 금속공업성 산하이므로 금속공업성 간부들이 생산현장과 협력하여 개선된 집행방도를 찾아내어 현장에서 실행에 옮기도록 협조해야 한다는 뜻이다.

<표 1-34>는《기업소법》에 규정된 기업소의 관리기구다. 눈에 띄는 부분은《기업소 관리규정》에 따라 자체 실정에 맞게《사업준칙》을 작성해 준수해야 한다는 것, 경영활동에서 집체적 협의를 강화해야 한다는 것, '사회주의기업 책임관리제 실시위원회' 등 비상설위원회를 운영한다는 것 등이다.

〈표 1-34〉 북한《기업소법》에 규정된 기업소 관리기구

구분	내용	조 항
관리일군	- 정해진 관리기구에 따라 지배인·기사장·부지배인 같은 관리일군 임명	제20조
지 배 인	- 지배인 : 기업소 대표, 기업소 전반사업 책임 * 지배인이 없을 경우 기사장 또는 정해진 관리일군이 대리	제21조
기 사 장	- 기사장 : 기업소의 계획작성·생산지도·기술관리·품질관리·설비관리 같은 사업 책임 * 기사장은 자기 사업정형을 지배인에게 정상적으로 보고 의무	제22조
부지배인	- 부지배인 : 기업소의 자재공급·제품판매·노동행정·운수·후방경리 같은 사업 책임 * 부지배인은 자기 사업정형을 지배인 또는 기사장에게 보고 의무	제23조
관리부서	- 기업관리를 과학적·합리적으로 할 수 있게 부서 설치, 구체적으로 사업 분담	제24조

구분	내용	조 항
사업준칙 작성	- 국가의 통일적인 기업소 관리규정에 따라 자체 실정에 맞게 사업준칙 같은 것의 작성 및 엄격한 준수 * 사업준칙은 행정간부회의 또는 종업원총회에서 결정	제25조
회의운영	- 경영활동에서 집체적 협의를 강화하고 필요한 대책을 세우기 위하여 행정간부회의, 참모회의, 종업원총회 같은 것의 정상적 운영	제26조
비상설 위원회 조직운영	- 사회주의기업 책임관리제 실시위원회를 비롯하여 기업관리에 필요한 비상설위원회를 실정에 맞게 조직 및 정상적 운영	제27조
기구변경	- 정해진데 따라 기구를 합리적으로 변경 가능	제28조

《기업소법》은 기업소의 경영활동에 관한 제반 규정을 두고 있는데 경영의 원칙과 방향, 경영권, 기업관리, 노동보수와 종업원 생활조건 등이 그에 해당한다.

<표 1-35>는 경영의 원칙과 방향에 관한 규정을 정리한 것이다. 눈에 띄는 부분은 기업소 종업원들이 생산·관리에서 주인으로서의 책임과 역할을 다하도록 해야 한다는 것, 현실발전의 요구에 맞게 경영전략·기업전략을 수립하고 그에 의거한 경영활동을 진행해야 한다는 것, 작업반 안에서 사회주의경쟁을 활발하게 조직하고 '실정에 맞게' 담당책임제를 실시해야 한다는 것 등이다.

〈표 1-35〉 북한 《기업소법》에 규정된 경영의 원칙과 방향

구분	내용	조 항
경영권 행사	- 기업소는 사회주의적 소유에 기초한 실제적인 경영권 보유, 주동적·창발적 기업활동으로 자기 임무 수행 * 종업원들이 생산·관리에서 주인으로서의 책임·역할을 다하도록 함.	제29조
경영전략, 기업전략 작성	- 현실발전의 요구에 맞게 경영전략·기업전략 수립, 경영전략·기업전략에 의거한 경영활동 진행	제30조
종업원들의 책임성과 창조력 발양대책	- 직장·작업반 안에서 사회주의경쟁의 활발한 조직, 실정에 맞게 담당책임제 실시	제40조

구분	내용	조 항
과학기술 발전사업	- 국가의 과학기술발전방향과 과업, 과학기술발전 추세, 기업소의 실태와 생산발전 전망의 깊은 연구분석에 기초한 과학기술발전계획 수립, 기술자·노동자들의 창조적 협조 강화, 대중적 기술혁신운동 전개, 과학기술발전계획의 어김없는 실행	제41조
기술개건	- 과학기술과 생산의 밀착, 현대적 기술에 기초한 자력갱생의 원칙을 구현할 수 있게 기술개건 목적과 목표·방향 제시, 기술개건사업의 적극적 전개	제42조
경영총화	- 경영총화의 순별·월별·분기별·반년별·연도별의 정상적 진행	제52조

4) 기업소의 경영권 확대

《기업소법》의 변화에서 중요한 것은 경영권 확대가 대폭 반영된 점이다. <표 1-36>은 경영권 규정을 정리한 것이다. 《기업소법》은 기업소의 경영권과 관련하여 계획권, 생산조직권, 관리기구와 노력조절권, 제품개발권, 품질관리권, 인재관리권, 무역과 합영·합작권, 재정관리권, 가격제정권 및 판매권 등을 인정하고 있다.

주목되는 것은 계획권, 생산조직권, 제품개발권, 재정관리권, 가격제정권·판매권 등이다. 기업소는 계획권과 관련해 자체 생산지표를 계획하여 자체로 원자재 해결이 가능한 제품을 생산할 수 있다.

중앙기업소의 중앙지표는 국가계획위원회와 내각 성·위원회에서, 지방기업소의 지표는 지방에서 계획을 최종 결정하고, 중앙과 지방의 모든 기업소가 자체 생산지표인 기업소지표 계획을 수립할 수 있게 바뀌었다. 계획지표에는 중앙지표·지방지표·기업소지표가 있고, 국가계획기관과 지방인민위원회가 기업에 할당하는 방식과 기업이 자체로 수립하는 방식이 공존한다.

계획수립체계의 무게중심이 국가에서 기업소로 바뀐 조건에서, 계획의 일원화·세부화 원칙은 국가전략부문 기업소에서는 엄격히 지켜질 것이고 소비재 생산단위와 지방기업소에서는 강제성이 상대적으로 약화될 것이다. 이는 북한 정부가 기업소 전반의 생산활동에 대한 규제를 완화시키고 있음을 보여준다.[659]

<표 1-36> 북한 《기업소법》에 규정된 경영권

구 분	내 용	조 항
인민경제 계획의 실행	- 계획권 보유 - 자체의 실정에 맞게 현실적인 계획 수립, 경제계획의 일별·월별·분기별·지표별의 어김없는 실행, 수요가 높은 제품생산의 계획적 증대 * 기업소 지표는 기업소가 수요자 기관·기업소·단체와 주문계약을 맺은데 따라 자체로 계획화 및 실행 (해당 지역 통계기관에 등록)	제31조
생산조직 및 생산공정 관리	- 생산조직권의 올바른 행사 - 생산조직의 합리화, 생산공정관리의 조직화, 종업원들의 창조력의 적극 발동으로 어김없는 과제 수행 * 수요와 공급간의 균형을 보장하는 원칙에서 협동생산 조직과 전문화 생산조직, 결합화생산조직, 대규모생산조직 같은 여러 가지 생산조직 형태의 도입 가능	제32조
관리기구 와 노력조절	- 관리기구와 노력 조절권 보유 - 노력자원의 합리적·효과적 이용, 기술경제적 지표들의 갱신, 종업원들의 기술기능수준 제고 등으로 노동생산능률의 끊임없는 장성	제33조
제품개발	- 제품개발권의 올바른 행사 - 세계적인 발전추세와 규격화·표준화의 요구에 맞게 새 기술, 새 제품 개발의 적극 추진, 과학기술과 생산이 일체화된 기업, 기술집약형 기업으로의 전환	제34조
품질관리	- 품질관리권의 올바른 행사 - 제품에 대한 수요자의 요구, 과학기술발전 추세, 해당 제품의 질을 높이는데서 대외적으로 이룩된 성과, 기업소의 기술적 가능성에 대한 연구 분석에 기초한, 자체의 실정에 맞는 품질관리전략과 제품의 질 제고 목표 규정 및 집행	제35조
인재관리	- 인재관리권의 올바른 행사 - 높은 창조적 자질과 실천능력을 가진 인재들을 기술대학을 비롯한 해당 대학들에 보내어 학습, 공장대학·공장고등기술전문학교, 통신 및 야간교육망 같은 일하면서 배우는 교육체계의 정연한 수립, 쓸모 있는 기술자·전문가·기능공들의 체계적 양성	제36조

구 분	내용	조 항
무역과 합영·합작	- 무역과 합영·합작권 보유 - 가능한 범위에서 대외경제활동을 능동적으로 벌려 생산에 필요한 원료·자재·설비의 자체 해결, 설비와 생산기술공정의 현대화 적극 실현, 수출품생산을 위한 단위를 실정에 맞게 조직 및 세계적으로 경쟁력이 있는 제품 생산	제37조
재정관리	- 재정관리권 보유 - 경영자금의 주동적 마련 및 효과적 이용, 확대재생산 실현, 경영활동의 원만한 실현 * 정해진데 따라 부족되는 경영활동자금을 은행으로부터 대부받거나 주민유휴화폐자금의 동원 이용 가능	제38조
가격제정 및 판매	- 정해진 범위 안에서 생산물의 가격제정권과 판매권 보유 - 생산물 유통의 자체 실현, 원가 보장 및 생산의 끊임없는 증대 * 수요자와 주문제작하여 생산하였거나 자체로 지표를 찾아 생산한 제품은 생산물의 가격을 원가를 보상하고 생산 확대를 실현할 수 있게 정해진 가격제정원칙과 방법에 따라 구매자의 수요와 합의 조건을 고려하여 제정 및 판매 가능 * 정해진데 따라 기업소지표로 생산한 생산물을 수요자 기관·기업소·단체와 계약을 맺고 직접 거래, 소비품·생활필수품·소농기구와 같은 상품들은 도매기관·소매기관·직매점과 직접 계약 및 판매 가능	제39조

이전에는 기업소 설비자금·유동자금 등을 국가재정으로 지급하고 일시적으로 부족한 자금은 기업소에게 은행 대부로 해결하도록 했었다. 《기업소법》에서는 경영활동 자금이 부족할 때 은행대부 혹은 주민유휴화폐자금을 이용할 수 있도록 하여 기업소들이 개인자금을 활용해온 '현실'을 합법화했다. 계획경제시스템이 작동하는 환경에서 개인자금을 차용하여 생산에 투입할 수 있도록 기업소들에게 길을 터준 것은 파격적인 조치라고 할 수 있다.

은행대부와 개인자금 이용 범위와 규모가 확대되면 기업소의 재정관리체계가 '재무관리체계'로 전환될 가능성마저 있다는 예측이 나올 정도로 변화의 폭이 크다.[660] 이것은 기업소의 경영상 상대적 독자성이 더 높아질 것이라는 예측에 근거한 것이다. 기업소들이 생산조직권과 가격제정권·판매권을 갖게 된 것도 자율성의 차원에서 보면 의미가 크다.

기업소의 가격제정권 보장은 정부가 상품가격을 일률적으로 정하던 관행에서 벗어난 움직임이다. 북한은 2002년의 7·1조치 당시에 원가와 가격의 불균형, 공급과 수요 및 생활비와 소비생활의 불일치 등이 확대재생산에 장애를 조성하고 경제 전반과 인민생활에 난관을 초래한다고 보고, 이를 타개하려고 했었다.

북한은 7·1조치에 따라 알곡을 비롯한 농산물의 수매가격을 다시 정하고, 식량가격을 기준으로 시초원료, 소비품, 운임과 요금 등 가격을 전반적으로 개정하고 근로자들의 생활비도 그에 맞게 주는 조치를 취하였다. 개정된 가격에 따라 생산과 경영활동을 진행했는데 가격이 종전보다 평균 25배 정도 높아진 것으로 나타났다고 한다.

10여년 이상 가격과 관련된 실험을 해본 경험에 힘입어, 2014년의 《기업소법》에서는 '정해진 범위 안에서' 기업소에 가격제정권을 부여하기에 이르렀던 것이다. 기업소에 가격제정권을 보장한다고는 하지만 내각 국가가격위원회가 각 상품들의 가격에 대한 전국적인 지침(가격 범위 등)을 정하고, 기업소는 그 안에서 가격을 정하도록 하고 있다.

다만, 기업소들이 수요자와 주문 계약하여 생산하거나 자체로 지표를 찾아 생산한 제품에 대해서는 '원가를 보상하고 생산 확대를 실현할 수 있게 정해진 가격제정 원칙과 방법에 따라', '구매자의 수요와 합의조건을 고려하여' 자체로 가격을 정할 수 있게 바뀐 사실이 중요하다. 기업체들은 이런 정도라도 가격 결정의 범위가 넓어져 숨통이 트이게 되었다고 생각했을 것이다.

가격이라는 '경제적 공간'을 어떻게 다루느냐는 앞으로도 중요한 과제다. 국가가격위원회는 상품화폐관계와 '시장신호'를 반영하여 가격을 적절히 정함으로써 인플레이션을 방지하면서 계획경제의 선순환구조를 만드는데 주력할 것이다. 《기업소법》과 관련된 《규정》과 《세칙》은 기업소뿐 아니라 내각 차원에서도 중요하게 여길 것이다. 현실변화를 수용해야 기업소들이 전략적 노선의 현장 수행자로서의 역할을 제대로 수행할 것이고, 생산 정상화도 조기에 도달할 수 있을 것이기 때문이다.

<표 1-37>은 기업소의 기업관리에 관한 사항을 규정한 것이다. 기업관리에는 기술관리, 동력관리, 전력관리, 자재관리, 건물·시설물 관리 등이 포함되는데 생산에 직결되는 자재관리와 자재조달이 핵심이다. 기업소의 자재조달체계는 자재공급기관(원자재·설비를 공급하는 자재상사)을 통한 자재구입, 생산기업소와의 직거래를 통한 자재구입, 자체 조달(수입·시장 구입)로 다원화되어 있다. 이전에는 기업소들이 자재공급기관을 통해 모든 자재를 공급받았지만, 지금은 중앙지표와 지방지표에 따른 자재는 자재공급기관이, 기업소지표와 추가적으로 발생하는 자재수요는 시장에서나 생산기업소와의 계약을 통해 조달할 수 있다.[661]

북한이탈주민들에 따르면, 일부 옷 공장들이 개인으로부터 원자재를 받아 임가공 형식으로 운영하기도 하며, 국가로부터 자재공급을 전혀 받지 못하는 지방 기업소들이 시장에서 원자재를 구입하여 자체 생산제품, 즉 기업소지표 계획을 수행하고 있다고 한다.[662]

<표 1-38>은 기업소의 노동보수와 종업원 생활조건에 관한 사항을 규정한 것이다. 기업소들은 경영수입과 소득을 끊임없이 증대시켜 노동보수자금의 분배 규모를 키워야 한다고 규정되어 있는데, 이것을 보더라도 기업소가 노동자들의 생활을 책임지게 하고 국가의 부담을 이전보다 경감시키려는 의도를 알 수 있다.

〈표 1-37〉 북한 《기업소법》에 규정된 기업관리

구 분	내 용	조 항
기술관리	- 기술관리의 조직화, 기술경제적 지표의 개선, 기술규정과 표준조작법에 의한 기술공정관리	제43조
동력관리	- 석탄을 비롯한 연료의 보관 및 효과 있는 이용, 열 설비에 대한 기술관리의 조직화, 사고 방지, 열효율 제고, 열의 낭비 금지	제44조
전력이용	- 전력 사용한도의 준수, 공급된 전력의 정해진 대상에 국한된 사용	제45조
자재관리	- 자재 소요량의 정확한 타산, 자재공급계획 수립, 그에 따라 필요한 자재의 제때 보장 및 생산 정상화	제46조

구 분	내 용	조 항
	* 자재관리체계의 정연한 수립, 자재 소비기준의 정확한 준수, 자재의 극력 절약	
재산실사	- 정해진 대로 기업소 재산에 대한 실사 진행	제47조
고정재산의 관리	- 부동산·설비를 비롯한 고정재산의 빠짐없는 등록 및 책임적 관리 * 고정재산의 특성과 사용연한의 고려에 따라 자체로 갱신주기 설정, 여러 가지 감가상각방법 적용해 개건현대화에 필요한 자금 마련 * 남거나 사장되어 있는 부동산·설비를 비롯한 고정재산은 합의가격에 의한 자금담보 수립, 해당 기관에 등록한 조건에서 다른 기업소에의 이관·임대, 이 과정에 이루어진 자금은 경영활동에 이용 가능	제50조

〈표 1-38〉 북한《기업소법》에 규정된 노동보수와 종업원 생활조건

구분	내용	조 항
노동정량의 제정과 적용, 노동보수	- 노동정량의 과학적 제정·적용, 사회주의분배 원칙의 요구에 맞게 사회주의적 노동보수제의 정확한 실시 * 노동보수자금을 소득에서 분배하는 것을 기본으로 하면서 경영수입과 소득을 끊임없이 늘여 노동보수자금의 분배 규모를 종업원들의 생활을 원만히 보장할 수 있는 수준으로 끌어올려야 함.	제48조
노동보호, 사회보험 및 사회보장	- 노동보호시설의 충분한 구비, 생산에 앞세운 노동보호사업 실천 * 국가사회보험 및 사회보장제도의 정확한 실시, 종업원들에게 국가의 인민적 시책이 골고루 차례지도록 하여야 함.	제49조
종업원 생활보장	- 종업원들의 살림집·부식물공급·땔감 같은 생활상 문제의 책임적 해결	제51조

5) 국가와 기업소 관계의 변화 양상

세상은 끝없이 변하고 조직 내의 역力관계도 언제나 꿈틀거린다. 북한의 공장·기업소에서는 '대안의 사업체계' 아래 당위원회를 중심으

로 한 집단지도방식이 작동되어왔다. 이 사업체계에서는 공장·기업소 지배인과 기사장을 비롯한 생산관리자와 생산노동자들이 중심이 된다고는 했지만 실제로는 당 책임자의 입김이 강했던 게 사실이다.

1990년대 중반 이래의 경제침체는 공장·기업소의 내부 사정을 바꿔놓았다. 당 간부-생산관리자-생산노동자 간에 실질적인 공동운명체 관계가 형성되었던 것이다. 이전에 비해 당위원장(이전의 비서)의 통제력은 약화되고 지배인의 역할이 높아지면서 양자의 공생관계가 만들어졌다. 노동자들의 시장 진출이 빈번해짐에 따라 노동자-당위원장, 노동자-지배인 간에도 이익에 바탕을 둔 후견관계가 형성되었다고 한다.[663]

공장·기업소의 노동자들을 현 상황에서 분류하면 핵심노동자, 기층노동자, 주변노동자, 집단노동에서 벗어난 개인노동자(8·3노동자) 등의 부류가 있다.[664] 핵심노동자는 당과 수령에 충실한 노동자, 유능한 노동자, 간부들과 깊이 연계된 노동자 등이다. 이들은 간부들과 결탁해 자신을 보호하고 생존하며, 이러한 자생적 질서가 만들어졌다고 한다.[665] 기층노동자는 기본토대가 나쁜 사람들이 대부분인데 공장에서 공급하는 식량 외에 별도의 돈벌이가 극히 적고 장사밑천도 없어서 배급의존도가 높다.[666]

주변노동자는 주력 생산물을 생산하는 조직에 속하지 않고 이들을 보조하는 위치에 놓여 있는 비생산직 노동자이다.[667] 주변노동자에는 부업지, 화목반, 정양소, 국수가공반, 현장식모 등의 노동자들이 포함된다.

8·3노동자는 소속 공장을 나와 시장에서 일하는 개인노동자다. 이들은 장사를 하거나 다른 일당노동자들을 고용해서 고용주로서 일하거나, 또는 다른 사람에게 일당노동자로 고용되기도 한다. 인력이 남아도는 부서와 직장의 책임자들은 노동자들을 부업 밭이나 '8·3노력'으로 보내려고 애쓴다고 한다.[668]

이러한 공장·기업소 노동자들의 분화에도 불구하고 '공장직무가 곧 나의 이익'이라고 생각하는 새로운 충성노동자들, 자본주의에 거부감을 지닌 옛 충성노동자들의 집단주의도 뿌리 깊게 존재한다. 그 저변에 생활공동체로서의 공장사회가 지녀온 역사성과 공동체성이 있기 때문이다.[669] 노동자사회의 변화는 공장·기업소의 생산 정상화에 따라 제자리에 돌아올 수 있으므로 한시성限時性을 갖는다고 볼 수 있다. 공장·기업소가 노동자들에게 노동보수를 지급하고 식량과 소비품의 공급에서 능력을 발휘한다면, 그 속도에 비례하여 집단주의의 회귀본능은 되살아날 것이다.

북한 정부가 사회주의원칙 고수와 실리 보장을 결합한다는 생각을 견지하는 한, 공장·기업소 관리도 그러한 기조를 벗어나지 않을 것이다. 경제당국은 기업소의 계획·재정·노동행정 부문에서는 규율을 강화하는 한편, 계획권, 생산조직권, 제품개발권과 가격제정권 등의 경영권한을 확대하여 '경영상의 상대적 독자성'을 높여주고 있다.

이 같은 흐름은 지난 10여 년 이상 북한의 경제 문헌들에서 기업소 경영활동의 독자성과 창발성 강조, 국가계획의 축소 및 기업의 자율성 증대, 공장·기업소들 간 유휴자원의 합리적 이용, 기업소의 화폐축적 강조, 노동보수에 대한 평균주의 배격 등으로 다뤄져왔다.

이러한 정책 기조는 우리식 경제관리방법과 직결된다. 다만 현실에서는 국가 행위자들이 기업소 통제권을 유지하려고 하고, 기업소 관리자들도 비즈니스 환경이 급변하는 기류 속에서 자원에 효율적으로 접근하기 위해 국가와의 연계를 선호한다. 당과 국가에 이익을 주고 기업소를 안정적으로 운영하며 구성원 관리에 문제가 없는 선에서 실리추구와 독자성·창발성이 인정된다.[670] 당·국가의 영도집단이 강조해온 혁명적 개선은 시장사회주의로의 돌진을 고려하지 않으며, 새로운 경제발전전략의 수행에 필요한 수준의 혁신을 추구한다. 혁명적 개선은 'revolutionary improvement'로 표현할 수 있을 것이다. 이것은 중국의 개혁改革(reform)이나 베트남의 도이모이doimoi(刷新)와는 다르다.

북한 정부는 국가와 기업소의 관계를 중시하고 있으며 현재 다양한 변화들이 나타나고 있다. 변화 양상에서 가장 특징적인 측면은 세 가지로 요약된다.

첫째, 국가는 계획경제에 필요한 핵심기업소의 운영에 집중하며, 그 밖의 기업소는 자체적인 관리에 의해 독자적으로 경영하게 하고 있다. 국가발전전략의 수행에서 중요한 연합기업소, 특급·1급 기업소는 중앙의 직접 관리 아래 국가의 경제관리와 기업소 경영이 일체화되는 경향을 보인다. 4급 이하 지방산업 공장·기업소는 지방 인민위원회의 지도 아래 놓여 있는 경우가 많고 경영의 독자성이 크다. 2~3급 기업소의 경우에는 그 생산물이 국가에서 차지하는 중요도, 도 단위 경제여건의 차이 등을 근거로 하여 중앙·지방 관리대상으로 분류된다.

둘째, 국영기업소의 소유권은 국가에 있기 때문에, 완전 독립채산제로 운영되는 기업소라도 국가납부금 또는 이윤의 상당 부분을 국가에 납부하도록 되어 있다. 기업소는 국가분배 몫을 제외한 이윤과 자원으로 운영한다. 기업소들은 실리 추구와 독자성·창발성을 독려하는 정부의 기조 아래 시장과 적극 연계하고 있다.

셋째, 국가가 요구하는 사회적 동원, 노동자 관리와 사상교양은 변함없이 수행되고 있다. 기업소에서 설령 생산시설이 가동되지 못하는 상황일지라도 노동자 관리와 사회적 동원의 과제는 유지된다. 기업소 안팎의 네트워크의 힘이 일상적으로 견고하게 작용하는 것이다.[671] 기업소의 역할이 커지고 자율성도 높아짐에 따라 자연스럽게 국가와 기업소의 관계가 변하고 있기는 하지만, 그것은 '찻잔 속의 태풍'에 그치고 있고, 사회주의원칙은 큰 틀에서 유지된다.[672] 중국의 경제개혁 과정에서 한때 주목받았던 '조롱鳥籠경제론', 즉 새장(계획경제) 안에서 새(시장)가 날아다닐 수 있게 하자는 논리가, 북한 경제에서 국가와 기업소의 관계를 설명하는데 유용할 수 있다.

실리적 혁신의 면모를 더 파악하려면《기업소법》의 변화를 예민하게 관찰할 필요가 있다. 일단 2014년《기업소법》을 기준으로 삼더라도 기업소의 관리운영이 예전과는 판이判異해진 것이 분명하다. 실리적 혁신의 실험은 계속 확대되어갈 것이다. 전격적이고 포괄적인 혁신 조치에는 위험이 따를 수 있으므로 단계적이고 부분적인 혁신 조치들을 쌓아갈 것이다.

그런 점에서 김정은 당 위원장 겸 국무위원장이 주도하는 실리적 혁신은, 덩샤오핑鄧小平이 1978년 12월 중국공산당 제11기 3중전회에서 실권을 잡고 개혁에 나서기 전에『광명일보光明日報』5월 11일자에 게재한 사설 '실천이 진리를 검증하는 유일한 기준이다'(实践是检验真理的唯一标准)를 떠올리게 한다. 다만 단계적이고 예민한 혁신 조치들은 외부에 잘 드러나지 않을 수 있다.

앞으로 북한에서도 급변하는 비즈니스 환경에 적응하지 못하는 기업체의 당 위원장과 지배인은 도태될 수 있다. 반면에 정책과 환경의 변화를 성장의 기회로 삼는 기업체, 국가가 기업체에 부과하거나 자체로 수립한 생산계획을 달성하는 기업체들은 경제당국과 원만한 관계를 유지하면서 김 위원장의 '모범단위 현지지도'의 대상이 될 것이다. 실리적 혁신 차원에서의 모범 창출과 경쟁이 공장·기업소의 생산문화로 뿌리내리기까지에는 시간이 다소 소요될 것이다.

《기업소법》과 우리식 경제관리방법을 구현한《규정》《세칙》등은 기업체들의 적응 수준을 감안하면서 점점 진화할 것이고 더 많은 혁신 조치들을 담게 될 것이다. 새로운 기업문화에 성공적으로 적응하는 공장·기업소들은 경제성장과 도약의 미래를 책임지게 되겠지만, 낡은 관행과 관습에 안주하는 공장·기업소들은 구조 조정의 대상이 될 수 있다. 산업구조의 조정이나 기업체의 퇴출은 일시에 노동자들에게 고통을 줄 수 있기 때문에 경제당국은 그러한 과정을 단계적으로 밟을 수밖에 없을 것이다.

북한은 1960~70년대에 중국 문화혁명文化革命의 격변 속에서도, 사상·기술·문화혁명의 3대혁명을 내걸고 '온건하면서 올바른 방안'을 찾으려고 노력했던 역사적 경험이 있다. 새 세기 산업혁명 시기의 산업구조 조정과 공장·기업소의 퇴출 과정에서도 그 충격을 완화하기 위해 '온건하면서 올바른 방안'을 찾으려고 노력할 것이다. 계획경제에서는 나비효과Butterfly effect의 충격이 더 클 수 있기 때문이다.

북한의 공장·기업소 지배인들이나 당 간부들이 새로운 도전에 어떻게 대응할 것인가? 문명권의 흥망을 '도전과 응전의 법칙'으로 설명한 토인비Arnold Joseph Toynbee의 명제는 북한의 새로운 경제발전전략의 수행과정에도 대입될 수 있다. '단번도약'과 '대동강의 기적'은 당·국가 영도집단의 전략적 노선과 공장·기업소 지배인들이나 당 간부들의 노력 여하에 달려 있다.

생산자대중은 지배인과 당 간부들의 행동을 낱낱이 지켜보면서 혁신 기류에 신속히 올라탈지, 혹은 뒷짐을 지고 방관할 지를 내면적으로 정할 것이다. 북한의 보도와 공식담론을 보는 한에서는, 생산자대중이 혁신 기류에 적극 동참할 것으로 예상되지만 인민대중들 속에 소극성과 개인이기주의가 일부 남아 있는 것도 부인할 수 없다.

6) 새로운 분조관리제와 포전담당 책임제

북한에서 식량생산을 담당하는 단위는 국영농장들과 협동농장들이다. 농업관리에서는 내각 농업성[673]-도농촌경리위원회[674]-군협동농장경영위원회[675]의 체계가 작동하며, 식량생산계획은 이 계통과 협동농장들 간의 소통에 의해 작성된다.

북한에는 생산수단의 협동적 소유에 근거한 협동농장과 생산수단의 국가적 소유에 근거한 국영농장이 있다. 협동농장은 1953년 8월 조선로동당 중앙위원회 제6차 전원회의에서 채택된《농업 및 개인상공업의 협동화 방침》에 따라 조직되기 시작했다. 협동농장은 리里 단위 행정구역으로 통합되어 있는 공동소유·공동운영의 집단농장이고, 농촌의 생산·생활공동체다.[676]

국영농장은 농사시험장 같은 과학기술용 농장, 채종농장·종축장 등 원자재 생산농장, 과수농장·축산농장을 비롯한 전문농장 등으로 이뤄져 있다. 국영농장은 예전부터의 국가소유 농지, 토지개혁 때 국가에 편입된 농지, 농업협동화 과정에서 국유화된 농지 등에서 설립되었다. 국영종합농장은 협동농장들이 군郡단위로 통합되면서 국영화된 것이며, 농업관련 기관·기업소들도 망라한 농업종합기업소의 형태를 갖추고 있다.[677]

<표 1-39>는 북한의 농장유형을 정리한 것이다.[678] 협동농장이 전체 경작지의 90% 이상을 차지한다.

<표 1-39> 북한의 농장유형

구분	협동농장	국영농장	
		국영농장	국영종합농장
경지	170만 정보	7만 정보 *	9만 정보 **
기능	식량 및 농산물 생산	종자, 종축, 축산물, 특수작물 생산	식량 및 농산물 생산 특수작목 대규모생산
종류	-	채종장, 종축장, 원종장, 전문농장 (과일·담배·양묘) 축산농장 (가금·돼지·염소)	일반 농산 종합농장 전문종합농장 (과일·담배 등)
관리	공유에 기반한 협동경영	국유에 기반한 국영 및 도영으로 운영	국유에 기반한 국영 및 도영으로 운영
소득 분배	배분과 국가수매	임금지불과 국가수매	임금지불과 국가수매

* 국영농장의 경지면적은 국가기관과 공장·기업소의 부업농지가 포함된 것임.
** 국영종합농장의 경지면적은 1958년 당시의 협동농장 경지면적(179만 정보)에서 협동농장 경지면적 추정치(170만 정보)를 차감한 면적으로 추산한 것임.

협동농장은 1958년 8월에 농업협동조합(협동화 초기의 자연부락 통합)이 리 단위로 확대, 통합되면서 출범했다. 협동농장은 협동화 완료 당시에 3,700여 개에 이르렀으나 2000년대 이후에는 3,000여 개로 추정되고 있다. 협동농장의 감소는 도시화, 농장합병, 국영농장·국영종합농장으로의 전환 등에 따른 것이다.[679]

협동농장은 몇 가지 특징을 보여준다. 첫째, 농장원이 토지, 시설, 농기구 등 생산수단을 공유하는 협동적 소유에 기초하면서도 실제 소유권 행사는 국가에 위탁되어 있다. 둘째, 계획경제 시스템에 따른 경영의 종속이다. 협동농장은 국가계획위원회의 지도하에 농업성-도농촌경리위원회-군협동농장경영위원회-리협동농장관리위원회로 이어진 계획·

관리체계에 속해 있고, 군협동농장경영위원회를 통해 시달되는 연간 농업생산계획을 수행한다.

셋째, 협동농장은 독립채산제로 운영된다. 넷째, 협동농장은 농업생산 조직·경영체이자 농촌 주민생활공동체의 기능을 수행한다. 도시의 리里인민위원회에 대응하는 농촌 단위는 협동농장관리위원회이고, 도시의 인민반에 대응하는 농촌 단위는 자연부락 단위의 작업반과 거의 일치한다.[680]

협동농장 내의 조직으로는 당(초급당위원회·당세포), 행정(리인민위원회·인민반), 의결과 감사(농장원총회·대표자회의·검사위원회), 관리(협동농장관리위원회), 생산(작업반·분조) 등이 있다. 협동농장관리위원회는 농장에서 생산계획 이행, 기술지도, 농산물 분배, 농촌생활 관리·지원 등을 수행하며, 농장 외적外的으로는 연간계획의 수립과 전달, 농산물 수매, 농자재 및 기타 자재 조달 등을 수행한다.[681] 협동농장에는 농산(식량생산), 기계화(트랙터, 트럭 운용), 남새(채소), 과수, 축산(돼지·염소 등 사양), 관개 등을 담당하는 부문별 작업반이 있다. 지역에 따라 공예(산림·특수작목), 잠업, 담배 등의 작업반을 두기도 한다.

자연부락 하나에 작업반 1개가 조직되는데 자연부락이 크면 2개 또는 그 이상, 산간지역에서는 2~3개 부락을 합하여 1개가 조직된다. 종합작업반은 여러 생산부문을 합하여 농산작업반에 여러 전문분조를 두는 형태다. 전문작업반은 기계화·공예·담배작업반처럼 한 가지 작목을 생산하거나 한 가지 활동을 전문적으로 수행한다.[682] 작업반은 70~80명을 기본으로 하며 100여 명 되는 경우도 더러 있다.

농산작업반은 농장규모, 생산기계, 장비수준에 따라 70~120정보를 경작하며 남새작업반은 대략 20~30정보를 할당받는다. 농산작업반은 천리마뜨락또르(28마력) 1~2대, 이앙기 5~6대, 역우(부림소) 10~30마리를 보유하는 것으로 알려져 있다.[683]

<표 1-40>은 북한의 협동농장 조직의 기능을 정리한 것이다.[684]

<표 1-40> 북한의 협동농장 조직의 기능

조직		기능
총회 (대표자회의)		- 관리위원장 선출과 관리위원회 구성 비준 - 협동농장 규약과 제반 규정의 제정 및 수정 - 조합원의 가입, 탈퇴, 책벌의 결정 - 계획, 계약, 결산, 분배 등 결정사항 비준
검사위원회		- 조합규약과 제반규정의 준수 여부 감독 - 조합원들의 신소 청원 및 분쟁 처리
관리위원회	위원장	- 농업생산과 경영활동 관리운영 책임
	부위원장 (생산)	- 농자재 조달, 농업생산기반 유지 등 농업생산 지원
	부위원장 (생활)	- 탁아유치원, 학교, 문화회관, 진료소, 상점 운영 - 농장주택 제공과 개보수 등 농촌생활 지원
	기사장	- 위원장의 제1대리인 - 농업생산의 조직, 농업기술 지도
	부기장	- 농장 계산의 관리 - 농장의 재정계획 수립과 생산관련 재정관리 - 농장과 농장원의 은행계정 관리(저축, 기금) - 농장원 노력공수의 화폐 환산
	창고원	- 장비·자재·농산물의 보관
	통계원	- 계획통계원 : 생산계획 및 작업 점검 - 노동통계원 : 농장원 노력공수 부여와 관리
	지도원	- 기사장과 생산부위원장 보좌 - 작목별 분야별 사업을 행정적으로 관리 * 축산기사 : 동물사육 지도, 유기질비료 생산 * 관개지도원 : 관개시설의 유지보수와 관리지도 * 노력지도원 : 노동력의 배치와 관리 * 계획지도원 : 연간계획의 수행 여부 결정
	정량원	- 계획 및 성과 정량의 조정과 관리
생산조직	작업반장	- 작업반 운영과 노력 관리
	분조장	- 작업분조 노력 관리

분조관리제의 등장 이전에만 해도 협동농장의 생산·노동 기본단위는 작업반이었고 분조는 작업반 내의 작업조직에 지나지 않았다. 협동농장이 작업반 중심으로 움직이던 시기에는 생산수단에 대한 책임소

재와 한계가 불명확하여 생산과정을 효과적으로 관리하기 어려웠고, 노동력 유동의 낭비를 막을 수 없었다고 한다. 농작업의 분업과 협업이 작업반에서 이뤄졌기 때문에 투입 노동력을 정확히 평가하기도 어려웠다.

작업반 중심의 농장운영에서 나타난 결함을 극복하고 생산과 분배를 개선하기 위해 작은 규모의 운영체계로 바꿀 필요가 있었다. 협동농장은 분조관리제로 개편되었고, 작업반은 기계화영농機械化營農을 위한 생산단위로 남게 되었다.[685]

협동농장에서 분조관리제가 전면 실시된 것은 1966년이었다. 분조관리제를 도입함에 따라 두 가지 변화가 나타났다. 하나는, 각 분조에 생산도구와 시설뿐 아니라 농지도 고정시켜 분조별로 농업생산을 독립적으로 진행하게 했다. 다른 하나는, 연말의 결산분배 과정에서 각 분조의 생산성에 따라 분배를 실시했다. 분조관리제는 농민의 책임과 동기유발을 적절히 결합시킨 생산의 조직 및 분배형태라고 할 수 있다.

분조관리제 아래 가족이 같은 분조에서 일할 수 있게 되었고 지대 특성에 따라 분조 크기를 달리했다. 생산수단(토지, 중소농기구, 역우 등)을 분조에 고정시키고 자체적으로 농업생산을 하도록 했다. 분조 규모는 통상적으로는 10~25명(세분하면 평야 15~30명, 중간 12~18명, 산간 8~12명 등)을 기준으로 삼았고, 전문농사의 경우에는 담배분조 10~15정보, 남새분조 7~10정보, 잠업분조 15~20정보 등이었다. 규모를 고정시키지 않고 토지정리 상태, 화학화·기계화 수준에 맞춰 탄력적으로 적용했다.[686]

북한의 한 농업전문가는 분조관리제의 특징으로 분조(10~25명)마다 토지·노동력·생산도구 등 고착화, 협동농장(및 상부기관)으로부터 분조에 생산계획 및 노동력 배정계획 하달, 분조원의 노동력 투입량에 따라 개인별 분배 등을 설명한 바 있다. '노동력 배정계획 하달'은 분조의 실정에 맞게 노동정량을 정확히 제정하고 시달하는 것을 말한다. '개인별 분배'에서는 노동정량 수행율과 해당급수에 따른 노력일 평가 기준과 작업 질에 따른 노력일 평가를 동시에 고려하도록 하고 있다.

분조는 생산단위이자 노동력 조직단위이고 분배단위인 것이다.[687] 북한 농정당국은 분조관리제를 시행한 이래 그 골격을 유지하면서도 분조 규모의 축소를 비롯한 개선책을 마련하려고 노력해왔다.

북한은 1990년대 들어 구소련과 동유럽 사회주의권 붕괴의 여파에 따른 경제침체, 김일성 주석 사망 이후의 연속적인 자연재해 등으로 식량부족 사태를 겪었고, 그 대책으로 협동농장의 관리운영에서도 변화를 시도했다. 고난의 행군 기간에 극심한 식량부족을 타개하려고 고심하던 북한은 1996년에 '새로운 분조관리제'를 도입했다. 김정일 국방위원장은 새로운 분조관리제가 도입되던 해에 농민들의 의사를 존중하고 그들의 역할을 높일 것을 지시해 주목을 끌었다.[688]

새로운 분조관리제는 분조 규모 축소(이전의 10~25명에서 7~10명 혹은 5~8명으로 축소)와 분조 구성에서 가족·친척 단위의 허용, 과거 3년간(1993~95년)의 평균수확량과 1993년 이전 10년간 평균수확량을 합해 나눈 평균치보다 약간(통상 10%) 적은 생산목표량의 설정, 분조의 초과생산분에 대한 자유처분 허용(초과생산분에 대한 종래의 국가수매에서, 초과생산분의 현물 분배 및 처분권 허용으로 변경) 등을 담고 있었다.

새로운 분조관리제는 분조 내부의 결속력을 가족영농家族營農 못지않게 강화하는 한편, 식량생산 수준이 현저히 하락한 사정을 감안해 생산목표를 하향 조정한 것이었다. 고난의 행군이 계속되는 조건에서 새로운 분조관리제를 정착시킬 여건이 성숙되지 못했던 것으로 짐작된다. 초과생산이 가능한 물적 토대, 초과생산분이 농가소득 향상으로 이어지는 시장 여건, 농민들이 취득한 초과소득의 재투자 여건 등이 모두 충분하지 못했던 것이다. 이 때문에 협동농장에서의 인센티브 시스템은 작동되지 못했다.[689]

북한 농정당국이 새로운 분조관리제를 도입할 때는 의욕적이었지만, 그 성과가 미미하자 그 이듬해부터 시들해졌다. 1997년 이후 새로운 분조관리제의 전국적 실시에 관한 보도는 사라졌고, 3~4년간 농업생산도 회복되지 못한 것으로 나타났다.

새로운 분조관리제가 자리 잡으려면, 분조의 목표 계획치의 초과달성, 분조원들의 초과생산분에 대한 추가분배, 추가분배분의 인근 농민시장 판매, 분조원의 높은 소득 달성, 새로운 분배제도의 동기유발효과 구현, 분조의 독자적 투자재원 확보 등의 선순환구조가 필요했지만, 이것은 현실화되지 못하였다.

새로운 분조관리제가 도입된 이후에도 농업생산은 회복되지 못했고, 새로운 제도의 도입 효과는 나타나지 않았다.[690] 북한 농정당국과 전문가들은 새로운 분조관리제가 기대했던 성과를 거두지는 못했지만, 그 개선의 방향은 옳다고 판단했던 것으로 보인다. 그러한 개선 노력은 2000년대 들어와 재개되었다.

북한은 식량부족을 해결하기 위한 토대 구축에 다각적으로 나섰다. 지속적인 경제침체 하에서도 농업 증산을 위한 다양한 정책을 모색했다. 이 정책들은 김정은 시대에도 이어지고 있다. 이를테면 농사의 중점과업으로 종자혁명,[691] 두벌농사방침,[692] 감자농사혁명 방침[693](나중에 콩농사 포함) 등이 지속적으로 강조되었고 농정의 중점방향으로 토지정리사업,[694] 수리화,[695] 종합적 기계화 등이 추진되어왔다. 김정은 시대의 농정을 보면 그 계승의 모습이 뚜렷하다.

2002년의 7·1조치는 협동농장 분조관리제의 변화에도 영향을 미쳤다. 7·1조치 이후 농산물 수매가격은 백미 1Kg에 82전에서 40원으로 인상되고 국가수매량은 축소되었다. 이전에 협동농장 수확량의 70~80%를 국가에 수매하던 것에서 토지사용료, 관개용수 및 전기사용료 및 생산비 등의 명목으로 50~60% 정도만 수매하고 나머지는 농장이 자율적으로 처분하는 것으로 바뀌었다. 1996년의 새로운 분조관리제 하에서는 초과생산분에 대해서만 자율처분을 허용했는데, 7·1조치 이후에는 수매량을 하향 조정하고 그 나머지에 대한 자율처분을 인정하는 것으로 현실화되었다.

7·1조치 직전인 2002년 6월에 북한은 《농업법》 개정을 통해 협동농장에 세부 생산계획의 수립 권한을 부여하는 등 농장 재량권을 확대하는 조치를 취했다. 분조 규모도 축소(5~13명으로 축소)하여 책임영농

을 유도하고 작목선택권(벼 이외의 작물선택권 부여)을 확대했다.

작업반의 실적에 따라 분배 몫이 정해지면 분조 3~4개가 평등하게 나누던 관행에서 벗어나, 분조별 실적에 따라 분배 몫을 받는 방식으로 바꿈에 따라 '일한 것만큼의' 원칙이 강화되었다.

협동농장과 개인이 경작한 뙈기밭 농산물에 대해서는 15%(현물)의 토지사용료를 부과하기 시작했다. 개인이 개간·경작할 수 있는 토지(텃밭, 뙈기밭) 면적은 30~50평에서 400평으로 확대되었다. 2004년 3월 이후 황해북도 수안군, 함경북도 회령시 등지의 일부 협동농장에서는 분조를 가족단위(2~5가구)로 재편하고 농지를 할당해 경작하도록 하는 포전담당 책임제가 시범적으로 실시되기도 하였다.[696]

분조관리제 하에서 포전담당 책임제를 도입한 것은 농업관리에서의 중요한 변화였는데, 북한 농정당국은 여전히 이에 신중한 태도를 보이는 듯하다. 포전담당 책임제가 농업증산에 긍정적인 효과를 거둘지, 생산자대중인 농민들은 이에 어떻게 반응할지가 조심스럽고 농업생산은 국가의 안위安危에 영향을 주는 전략적 측면이 있어서일 것이다.

7) 포전담당 책임제의 실행과 《농업법》《농장법》

포전담당 책임제의 시범 실시에서 눈여겨볼 대목은 2003~04년의 경제관리 개선을 주도한 인물이 박봉주 총리였다는 점이다. 비료생산 등을 담당한 화학공업상이던 그는 2003년 9월 총리에 발탁되어 2007년 4월에 해임되기까지 김정일 국방위원장의 경제관리 개선지침을 실행한 장본인이었다.

김 위원장은 2003년 5월에 농촌경리에 대한 지도·관리 개선, 생산·관리에서의 경제적 효과성 제고 및 실리 획득, 영농조직사업과 노동력·설비자재·재정 관리의 개선 등을 강조함으로써 박 총리가 농정을 새로 지휘할 수 있는 분위기를 조성했다.[697] 또 홍명렬 농업성 부상이 『근로자』(당정책이론지) 기고문에서 '농업부문의 실리주의' 관철을 강조[698]하는 등 실리주의 화두를 농업부문에서 관철하려는 움직임은 시작되고 있었다.

박 총리는 2003년 11월 김 위원장에게 공장·기업소와 협동농장에 경영재량권을 대폭 부여하는 방안을 건의했다고 한다. 농업에서 집단 영농방식을 더 완화해 종래의 분조단위에서 가족단위(2~5가구)로 농사 짓게 하는 포전담당 책임제를 제안했다는 것이다. 7·1조치 이후 수매가 인상(쌀 1kg 당 82전에서 40원으로 인상), 국가수매량 축소(70~80%에서 50~60%로 축소) 등 분배 조치와 분조관리제 중심의 제도화, 개인경작지 확대(종래 텃밭 30평에서 뙈기밭 400평으로 확대) 등 생산조치가 실행되고 있었는데, 박봉주 내각이 포전담당 책임제를 본격화하려 했다는 것이다. 박 총리의 건의에 대해 김 위원장은 "시범적으로 실시해 보라"고 했다고 한다.

2004년 3월부터 황해도와 함경도 지역의 협동농장 30여 개를 선정해 분조를 가족단위로 재편해 농지를 할당해주고 토지사용료, 생산비용 등 국가납부몫을 제외한 수확량에 대해서는 자율처분을 허용해주었다. 박 총리는 2004년 가을에 시범단위의 알곡 생산량에 대해 전년대비 150~200% 증산으로 보고했고, 김 위원장은 "내년부터 전국으로 확대 실시하라"고 지시했다고 한다.

그러나 전국으로 확대된 정황은 나타나지 않았다. 당에서 시범단위에 대해 조사해본 결과, 증산은 영농자재 등 측면 지원에 따른 효과에 지나지 않음이 밝혀졌다고 한다.[699] 그럼에도 나중에 포전담당 책임제가 확산될 수 있었던 것은 이 제도가 생산자대중, 즉 농민들의 자발성과 적극성을 이끌어내는데 도움이 된다는 판단 때문일 것이다.

포전담당 책임제와 관련해 2004~05년은 중대한 해였다. 김용술 무역성 부상은 『조선신보』 인터뷰(2004년 12월 11일)에서 "현재 협동농장에서 포전담당제를 시범적으로 도입하고 있다"면서 "같은 노력을 가지고 같은 땅에서 알곡이 더 많이 난다면 바로 그것이 실리주의에 맞는 것"이라고 설명했다.[700] 그러나 농업부문에서의 완화 정책은 2005년 하반기부터 분명한 후퇴를 보였다.

김정일 국방위원장은 2005년 9월 29일에 '국가양곡전매제를 강하게 밀고 나갈 것'을 지시했다. 10월 1일 개시된 국가양곡전매제는 양곡의 시장유통을 금지하고 국가가 수매·판매한다는 것이었다. 쌀 수매가를 kg당 40원에서 180원으로 인상하면서 협동농장과 개인 경작지나 공장·기업소 부업지에서 생산된 곡물 전량을 국가가 수매했다.[701]

농민들은 수매가 인상에 관심이 적었고 추가·부업 생산분에 대한 자율처분과 농민시장 판매를 선호했기 때문에 국가양곡전매제에 싸늘한 반응을 보였다. 국가양곡전매제는 양정당국의 양곡 확보량이 부족한 상태에서 시행되었던 탓에 평양을 제외한 지방에서는 점차 무의미해졌다.

포전담당 책임제의 일시적 후퇴는 분조를 가족단위로 잘게 쪼개는 방식이 바람직한지에 대한 의문 때문이었다.[702] 이 제도의 후퇴에도 분조관리제는 흔들림이 없었다.

박봉주 총리는 경제정책을 둘러싼 갈등 속에서 박남기 당 계획재정부장(전 내각 국가계획위원장, 2010년 해임)과의 불화가 불거지면서 2007년 4월 총리에서 물러나 5월에 순천비날론연합기업소 지배인으로 좌천左遷되었다. 북한 농정당국은 2009년에 뙈기밭조차 협동농장에 귀속시키는 등 개인농의 싹이 자라지 못하도록 조치했다. 이는 농민들의 영농물자 절취를 비롯한 개인주의 경향과 협동농장의 생산성 저하 때문이었다고 한다.[703]

그러나 김정은 시대에 들어오면서 포전담당 책임제는 다시 부상했다.[704] 2012년에 등장한《6·28 방침》에는 분조에 일정한 면적의 토지를 할당하고 영농에 들어가는 제반 비용을 국가가 보조해주어 생산성을 높이려는 조치, 작물을 국가와 농민이 7:3 비율로 분배하고 점차 농민의 분배 몫을 늘려나가는 조치(지역에 따라 그 비율을 5:5까지 조정할 수 있도록 했다고 한다), 국가수매를 제외한 30%에 대해서는 분조에서 현물분배를 실시하는 조치(분조 임의 처분 가능 및 목표량 초과부분에 대한 자율처분 허용),[705] 협동농장의 열악한 환경을 고려해 영농자금과 물자를 국가가 먼저 제공하고 수확 후에 회수하는 조치(다만 분배에서 국가 투입물의 비용을 우선적으로 공제) 등이 포함된 것으로 남한의 북한농업 전문가들이 파악해왔다.

주목되는 것은 이 방침이 공급부문의 재원·자재 부족, 생산 감소, 수익 감소, 근로의욕 약화, 생산 감소라는 악순환의 고리를 끊고 선순환 사이클을 회복하려고 했다는 점이다.[706] 포전담당 책임제는 다시 수면 위로 떠올랐고 협동농장은 활기를 되찾게 된 것으로 보인다.

『조선신보』는 2013년 2월 27일자에서 그 전년도에 진행한 농장들의 증산경쟁에서 황해남도 재령군 삼지강협동농장의 3작업반 1분조가 전국의 본보기가 되었으며 정보당 450여kg을 증산했다고 보도했다. 이 분조는 선진적 영농기술과 방법을 도입하고 "여러 해 끈질긴 탐구로 선정된 다수확품종을 적극 받아들이면서 포전담당제를 실시하여 농장원들 모두가 분조 농사를 자기들이 책임졌다는 자각을 더욱 높이도록 하고 있다"는 것이었다.[707]

이 보도는 시범분조에서의 선진적 영농기술과 방법의 도입, 지대적·필지별 특성에 맞는 다수확품종 확보, 농장원의 책임성과 자각 등을 강조한 것이었지만, 한편으로 포전담당 책임제의 재등장을 표면화한 것이었다. 2005년 후반에 슬그머니 사라진 포전담당 책임제가 재등장했다는 보도는 이목을 끌기에 충분했다.

『조선신보』는 2013년 4월 11일자에서 삼지강협동농장에서 "분조관리제를 철저히 집행하고 포전담당제를 합리적으로 도입함으로써 농장원들 속에서 자기가 맡은 포전에 대한 책임과 자각이 높아졌다고 한다"고 다시 보도했다. "농장들은 국가적인 생산계획을 달성하여 나라에서 분여받은 토지, 보장받은 관개, 영농물자, 비료 등의 대금에 상응하는 몫만 바치면 그 외의 남은 농작물들을 모두 농장의 결심에 따라 처리할 수 있게 되었다"면서 "새로운 조치로 협동농장이 농자재 등의 시설을 자체적으로 해결하고 국가의 생산계획을 충족하면 다른 농작물도 생산할 수 있다"는 것이었다.

리혜숙 삼지강협동농장 관리위원장은 신문 인터뷰에서 "농장원들의 생산의욕이 높아졌다는 것"이 증산 비결이라며 "그들의 농사의 주인으로서의 책임과 역할을 높여주는 것이 중요하다"고 말했다.[708] 이 보도는 북한이 포전담당 책임제의 확대 시행을 검토하고 있다는 관측을 낳았다.

『조선신보』의 후속보도(5월 10일자)는 그런 관측에 힘을 주었다. 김기철 내각사무국 부부장과 리영민 국가계획위원회 부국장이 인터뷰에서 "우리는 연구기관, 경제부문들과 함께 여러 차례 국가적인 협의회도 하고 토론회도 하고 있다"면서 "협의과정에서 좋은 안들이 나와 경제시험을 해보고 성과가 나타나면 전국적으로 도입하자고 한다. 아직 대부분이 연구단계에 있다"고 밝혔다. 이들은 2012년에 국가계획을 달성한 일부 농장들에서 현물분배를 실시하고 있으며, 김보현대학에서 농장관리위원장·경영위원장들을 재교육하고 있다고 공개했다.[709]

이들이 포전담당 책임제를 거론하지는 않았지만 '본보기 분조'에서 성공을 거둔 포전담당 책임제를 일반화하는 과제를 검토한다는 것을 확인해준 셈이었다.

이와 관련하여 『로동신문』 2013년 4월 2일자는 안승옥 최고인민회의 대의원의 발언[710]을 통해, 4월 18일자는 "분조관리제를 더욱 강화하자"는 기사를 통해, 분조의 구체적 실정에 맞는 포전담당 책임제의 실시, 노력일 평가사업의 정확한 진행, 일한 것만큼, 번 것만큼 분배 몫의 배분 등을 공개했다. 이 무렵부터 협동농장 관리운영에서 중대한 변화가 나타나고 있다는 내외신 보도가 이어졌다.[711]

포전담당 책임제의 재등장은 말할 나위 없이 생산주체들로 하여금 책임감과 열의를 갖도록 하려는 것이었다. 김정은 위원장이 농업생산에서의 혁신을 위해 분조관리제를 올바로 실시할 것과 포전담당 책임제에서 실적을 낼 것을 지시했다는 점이 중요하다.

> "분조의 역할을 높여야 사회주의 농촌경리를 발전시켜 나갈 수 있으며 농업생산에서 혁신을 일으킬 수 있습니다. 분조관리제의 우월성을 높이 발양시켜야 하겠습니다.… 농업부문에서 현실발전의 요구에 맞게 분조관리제를 바로 실시하여 농장원들의 책임성과 창조적 열의를 높이 발양시키도록 하여야 합

니다. 분조관리제의 요구대로 농장원들에게 토지관리와 영농공정수행, 생산계획수행에 대한 과업을 명백히 주고 그에 대한 총화를 제때에 실속 있게 하여 농장원들 모두가 주인다운 가각과 높은 열의를 자기고 책임적으로 일해 나가도록 하여야 합니다. 최근에 농장원들의 생산열의를 높이기 위하여 분조관리제 안에서 포전담당책임제를 실시하도록 하였는데 협동농장들에서 자체 실정에 맞게 옳게 적용해 농업생산에서 은이 나게 하여야 합니다." [712]

포전담당 책임제와 관련하여 북한 농업관리체계에 대한 이해가 필요한데 《농업법》[713]과 《농장법》[714]이 그 근거자료다. 《농업법》은 농업생산을 늘려 인민들의 먹는 문제를 높은 수준에서 해결하고 공업원료를 원만히 보장하는 것(제2조)과, 농업발전에서 이룩한 성과를 공고히 하며 농업구조를 개선하고 농업생산을 고도로 발전시키는데 깊은 관심을 돌리는 것(제3조)을 국가 임무로 규정하고 있다.

북한은 국영경리의 지도적 역할을 높이며 협동경리를 성숙된 조건과 가능성, 협동단체 성원들의 자원적 의사에 따라 점차 국영경리國營經理로 전환하는 것을 목표로 삼고 있다(제4조). 또한 북한은 농업근로자들의 의사와 요구를 존중하고, 그들이 창발성과 적극성을 발양하여 농업생산과 관리에 주인답게 참가하게 하는 것을 지향하고 있다(제5조).

《농업법》은 농업관리의 주요 방향을 다음과 같이 제시하고 있다. 첫째, 알곡생산을 비롯한 농업생산의 여러 부문을 합리적으로 배합하여 발전시키는 것이다(농업의 다각적 발전, 제6조). 둘째, 농업에 대한 투자를 체계적으로 늘려 농업의 공업화·현대화 수준을 높이는 것이다(농업의 물질기술적 토대 강화, 제8조). 셋째, 농업발전의 현실적 요구에 맞게 농업에 대한 다방면적인 지원을 강화하는 것이다(농업에 대한 지원, 제9조). 넷째, 농업과학기술의 성과에 기초하여 주체농법[715]을 발전 풍부화시키고 그것을 농업생산에 철저히 구현하는 것이다(농업생산에서의 주체농법 구현, 제7조). 다섯째, 농업에 대한 통일적이며 계획적인 지도를 강화하는 기초 위에서 농업생산단위의 창발성을 높이며 농업관리방법을 끊임없이 개선하는 것이다(농업관리방법의 개선, 제10조).

《농업법》은 농업의 기업적 방법에 의한 관리운영(제71조), 독립채산제 아래 분조관리제와 작업반우대제의 올바른 실시(제72조), 토지사용료 납부(제73조), 사회주의 분재원칙에 따른 분배(제74조) 등도 규정하고 있다. <표 1-41>은《농업법》에 규정된 농업생산에 관한 주요 내용이다.

〈표 1-41〉 북한《농업법》에 규정된 농업생산

구분	내용	조항
농업생산 부문의 배치	- 농업지도기관과 농목장, 해당 기관·기업소·단체는 알곡생산을 위주로 하면서 농업생산의 다른 부문을 배합하여 배치해야 함.	제13조
농업생산의 전문화	- 농업지도기관과 농목장, 해당 기관·기업소·단체는 농업생산의 전문화 수준을 높여야 함.	제14조
종자생산 중시	- 농업지도기관과 종자관리기관, 원종장·채종농장·종축장·종묘장·종란장 같은 종자생산 공급기관·기업소는 종자생산 공급체계를 바로 세워 생산성이 높고 지대의 기후풍토에 맞으며 순결률이 높은 종자를 제때에 생산 공급해야 함.	제15조
농업생산의 종류	- 알곡생산	제17조
	- 남새생산	제18조
	- 공예작물생산	제19조
	- 다모작 도입	제20조
	- 축산물생산	제21조
	- 과일생산	제22조
	- 고치생산	제23조
적지적작, 적기적작의 원칙	- 농목장, 해당 기관·기업소·단체는 적지적작, 적기적작의 원칙에서 작물과 품종을 배치하고 영농공정에 따르는 작업을 제철에 질적으로 하여야 함.	제24조
농업용수의 공급	- 농업지도기관과 관개수리기관·기업소는 물사령체계를 바로세우고 농업생산에 필요한 물을 제때에 공급해야 함.	제25조
농업기계화 수준의 제고	- 농목장, 해당 기관·기업소·단체는 기계작업의 종류와 범위를 늘리고 기계수단을 효과적으로 이용하여 농업의 기계화 수준을 높여야 함.	제26조
농작물 손실의 방지	- 농업지도기관과 농목장, 해당 기관·기업소·단체는 비바람, 고온, 저온, 우박, 서리에 의한 피해막이 대책을 예견성 있게 세워 농작물의 손실을 막아야 함.	제29조

한편,《농장법》은 농장 관리운영의 여섯 가지 원칙을 제시한다. 첫째, 국가는 농업경영활동을 진행하는 사회주의농업기업소인 농장에 대한 투자를 계통적으로 늘려 높은 수준에서 정상화해야 한다는 것이다(농장 토대강화, 제2조). 둘째, 국가는 농장의 조직기준을 올바로 정하고 농장을 합리적으로 조직해야 한다(농장의 조직, 제3조). 농장의 조직에는 신설, 축소, 통합, 분리, 변경 등이 포함된다.

셋째, 국가는 농장책임관리제를 실시하며 농장의 경영활동을 실리주의 원칙에서 과학화·합리화해야 한다(농장의 경영활동, 제4조). 넷째, 국가는 사회주의 원칙에 맞게 분조관리제와 작업반우대제, 독립채산제를 정확히 실시하며 그 우월성을 높이 발양시켜야 한다(분조관리제, 작업반우대제, 독립채산제 강화, 제5조).

다섯째, 국가는 농장지도체계를 정연하게 세우고 농장에 대한 통일적인 지도를 확고히 보장하는 기초 위에서 농장의 창발성을 적극 발양시켜야 한다(농장에 대한 지도, 제6조). 여섯째, 국가는 농장에 대한 다방면적인 지원을 강화하며 농장의 이익을 보장해야 한다(농장 지원, 제7조).

이상의 원칙에서 농장에 대한 사회주의농업기업소 취급, 농장책임관리제의 실시, 경영활동에서 실리주의와 독립채산제 중시, 농장에 대한 통일적 지도와 농장의 창발성 배합 등이 눈에 띈다. 특히 농장책임관리제의 실시는 김정은 시대에 들어와《농장법》에 새로 포함된 것이다.

농장책임관리제는 사회주의기업 책임관리제의 농장 버전이라 할 수 있다.《농장법》은 사회주의기업 책임관리제가 국영기업뿐 아니라 협동농장에도 적용된다는 사실을 보여준다.[716] 2019년 4월 11일 최고인민회의 제14기 제1차 회의에서 수정 보충된《사회주의헌법》에서 이전 헌법의 '농촌경리를 기업적 방법으로 지도하는 농업지도체계'(제33조)를 삭제한 것은 '경제관리에서 사회주의기업 책임관리제를 실시하며'라는 규정으로도 충분하다고 판단했기 때문일 것이다.《농장법》에서 농장을 '농업경영활동을 진행하는 사회주의농업기업소'로 규정한 것을 보면 농장책임관리제와 사회주의기업 책임관리제는 같은 맥락으로 볼 수 있다.

<표 1-42>는《농장법》에 규정된 농장의 주요 경영활동에 관한 사항을 정리한 것이다.

〈표 1-42〉 북한 《농장법》에 규정된 농장의 주요 경영활동

구분	내용	조 항
분조관리제의 실시	- 분조관리제 안에서 포전담당 책임제와 유상유벌제를 정확히 실시하여 분조별, 농장원별로 토지관리와 영농공정수행, 생산계획수행, 수매계획수행에 대한 과업을 정확히 주고 그에 대한 총화를 제때에 실속있게 하며 알곡생산물에 대한 분배와 처리를 바로 해야 함.	제22조
농업생산의 기본사항	- 농장은 시달된 농업생산계획을 작업반, 분조별로 분담하고 항목별·지표별로 어김없이 실행해야 함. - 농장은 중앙지표로 시달된 농업생산계획을 수행하는 조건에서 수입이 높은 여러 가지 작물을 농장지표로 계획화하고 자체로 재배할 수 있음.	제23조
	- 농장은 국가에서 시달한 농업생산계획을 지표별로 수행할 수 있게 작물과 품종선택, 재배형식과 파종면적을 규정하고 군농업지도기관의 합의를 받아 집행하며 영농시기와 방법도 자체의 실정에 맞게 정할 수 있음. - 농장은 농장원들의 수입을 높일 수 있게 여러 가지 부업생산단위를 자체로 조직할 수 있음.	제24조
	- 농장은 영농물자를 분조관리제 안에서의 포전담당 책임제가 생활력을 발휘할 수 있게 분조별로 균형을 맞추어 공급하며 모기르기, 논물 관리, 비료주기, 농약치기 등 영농공정수행에 대한 기술적 지도를 책임적으로 해야 함.	제27조
농업토지	- 농업토지의 지목을 변경하려 할 경우에는 중앙농업 지도기관의 승인을 받아야 함.	제28조
	- 농업토지정리를 경제적 효과성이 높고 쉽게 할 수 있는 대상부터 먼저 해야 함. 정리하는 농업토지는 규격포전·기계화포전으로 만들어야 함.	제29조
	- 농업토지를 건설부지 같은 농업생산 밖의 목적에 이용하려 할 경우에는 대토를 확보하고 국토환경보호기관의 동의를 받은 다음 중앙농업지도기관과 내각의 승인을 받아야 함. 대토복구를 하지 않고 농업토지를 다른 목적에 이용하는 행위를 할 수 없음.	제32조

구분	내용	조 항
노력 (노동력)	- 생산부문의 노력비중을 늘이는 원칙에서 비생산 노력조절, 노동정량제정 등 노력 관리에서 나서는 문제들을 자체의 실 정에 맞게 처리하며 기술자, 기능공대열을 계획적으로 늘이 고 그들을 우대하기 위한 대책을 세워 나가야 함.	제41조
	- 농장은 농장원들의 노력일평가를 노동의 양과 질에 따라 제 때에 평가하고 공시해야 함.	제42조
재정총화와 결산분배	- 농장은 해당 은행기관에 돈자리를 개설하고 돈자리에 적립 된 범위 안에서 필요한 자금으로 영농물자, 식량 같은 것을 구입하거나 기타 경영활동을 진행하는데 이용할 수 있음. 이 경우 자체지표 생산물을 가지고 번 자금은 경영활동에 제한 없이 쓸 수 있음. - 농장은 농장원들의 의사에 따라 소득을 생산확대와 농장원 들의 생활보장에 합리적으로 분배·이용하며 경영활동을 위 하여 해당 기관이 정한 절차에 따라 주민들의 유휴화폐자금 을 직접 동원 이용할 수 있음.	제43조
	- 분배는 현물분배를 기본으로 하면서 현금분배를 결합하는 방법으로 함.	제44조
농업생산물 의 처리	- 국가계획기관은 토지와 관개용수, 전력, 영농물자를 비롯한 국가의 생산수단이용몫에 해당한 농업생산물을 과학적으로 계산하여 수매계획으로 시달해야 함. - 계획된 영농물자를 제때에 보장하지 못하였거나 자연재해 를 심하게 받았을 경우에는 그에 해당한 농업생산물을 수매 계획에서 조절할 수 있음. - 수매계획을 수행하고 남는 농업생산물은 농장원총회에서 토의결정하여 농장원들에 대한 분배, 종자와 집 짐승먹이의 조성, 농장의 확대재생산 같은데 이용함.	제48조
	- 농장은 농업생산물 수매계획과 농장원들의 식량분배를 보 장하고 남은 농업생산물을 경영계산에 반영하고 생산과 경 영활동에 필요한 물자를 구입하는데 쓸 수 있음. - 농장지표로 생산한 농업생산물과 부업생산물은 정해진데 따라 원가를 보상할 수 있게 자체로 가격을 정하고 판매할 수 있음.	제50조

《농장법》은 협동농장의 경영에 상당한 변화가 있음을 보여준다. 이전에 비해 혁신이라 할 만한 대목으로는 첫째, 포전담당 책임제와 유상유벌제를 정확히 실시하도록 한 점이다. 분조별·농장원별로 토지 관

리와 영농공정·생산계획·수매계획 수행 과업을 제시하고, 제때에 실속 있게 총화(평가)하며, 알곡생산물의 분배를 올바로 하게 된 것이다.

둘째, 농장은 중앙지표 생산계획을 수행하기만 한다면, 수입(소득)이 높은 여러 가지 작물을 농장지표로 계획화하고 자체로 재배할 수 있게 한 점이다. 농장지표에 따라 자율성의 폭이 넓어졌다.

셋째, 농장원들의 수입을 높이는 부업생산단위를 조직할 수 있게 한 점이다. 부업생산단위가 활성화되면 자연히 농장지표 달성에도 유리해질 것이다.

넷째, 농장은 은행에 돈자리(계좌)를 개설하고 적립된 범위 안에서 그 저금을 영농물자·식량 구입과 기타 경영활동에 이용할 수 있게 한 점이다. 자체지표 생산물로 번 자금은 경영활동에 무제한 사용할 수 있다.

다섯째, 농장원들의 의사에 따라 소득을 생산 확대와 농장원 생활보장에 사용할 수 있고, 주민 유휴화폐자금을 경영에 직접 동원할 수 있다는 점이다.

여섯째, 농장지표로 생산한 농업생산물과 부업생산물은 '정해진데 따라' 원가를 보상할 수 있게 자체로 가격을 정하고 판매할 수 있다는 점이다. 농장 자체의 가격결정에 관한《지도서》나《지침》같은 것이 존재할 것으로 추정된다.

이상의 변화와 혁신은 농장책임관리제의 틀 안에서 실리주의와 창발성을 구현하기 위한 실천적 방안들이라 할 수 있다.

8) 전국농업부문분조장대회와 협동농장 관련 보도

북한은 2014년 2월 6~7일에《사회주의 농촌문제에 관한 테제》발표 50주년을 맞이해 전국농업부문분조장대회를 개최했다.[717] 박봉주 내각 총리는 분조장대회가 "농업생산에서 전환을 일으켜 강성국가 건설을 앞당기는데 중요한 계기가 될 것"이라면서 농업 발전과정에서의 수령들의 영도업적을 열거했다.

김일성 수상은 1964년 2월 25일에《사회주의 농촌문제에 관한 테제》를 발표해 사회주의 농촌건설의 전환적 계기를 열었고, 이듬해 5월에는 강원도 회양군 포천협동농장을 방문해 분조관리제를 창안했다는 것이다. 김정일 국방위원장은 사회주의 농촌건설 사상을 더욱 심화 발전시키는 가운데 경영관리방법을 개선하고 분조관리제의 우월성을 높여나가게 했다는 것이다.

김정은 국방위원회 제1위원장은 분조장대회에서 김일성 주석의《사회주의 농촌문제에 관한 테제를 철저히 관철하자》(1990년 6월 중앙인민위원회 제9기 제2차 회의 연설)의 녹음자료를 청취하도록 했다고 한다.

분조장대회는 농촌테제가 유효하다는 것, 분조관리제의 전통은 지속된다는 것을 내외에 천명하는 계기였다. 대회는 김정은 시대에 농업정책에서의 계승(분조관리제)과 혁신(포전담당 책임제)을 동시에 밀고나간다는 것을 보여주었다.

박 총리는 분조관리제가 "집단주의 정신을 키우고 농장의 경영관리를 개선하여 농업생산을 늘이는데 우월성을 발휘했다"고 언급함으로써 계승을 강조하는 듯이 보였지만, 그 자신은 2013년에 포전담당 책임제의 실행에서 성과를 거두어 혁신으로 나아간 발판을 마련한 당사자였다.

김정은 제1위원장은 분조장대회 참가자들에게 보낸 서한《사회주의 농촌테제의 기치를 높이 들고 농업생산에서 혁신을 일으키자》에서 몇 가지 대책을 제시했다.[718] 농촌에서 3대혁명(사상·기술·문화)의 전개, 농업생산에서의 결정적 증대, 당의 농업정책과 주체농법의 요구에 따른 과학기술적 영농, 분조관리제의 우월성 발양, 농촌에 대한 국가적 지원 강화 등이 그것이다.

과학기술적 영농에는 종자혁명, 선진 영농기법 도입, 유기농법 장려, 농업과학기술 발전, 농경지 보호 및 알곡재배면적 확대 등의 과제가 포함되었고, 분조관리제의 우월성 발양과 관련하여 특히 분조장의 책임성 강화 등이 강조되었다. 농촌에 대한 국가적 지원 강화의 대책으로는 투자 확대 및 지원 개선, 내각과 농업지도기관의 역할 강화, 농업부문에 대한 당적 지도 강화 등이 포함되었다.

특별히 새로운 방향을 제시한 것은 아니었지만 농정 방향을 포괄적으로 재강조한 것이었다.

박 총리는 분조장대회《보고》에서 농업부문의 과업을 몇 가지 제시했는데 당연히 김 제1위원장과 같은 방향이었다. 즉 지식경제시대의 요구에 맞는 기술·문화혁명 전개, 유기농법을 비롯한 과학적 영농방법의 도입과 알곡 생산목표 달성, 현대적인 축산기지들에서의 생산 정상화와 온실채소·버섯재배의 대대적 전개 및 과수업·잠업의 발전과 공예작물의 증산 등이 그것이다. 그 중 기술·문화혁명과 관련해서는 농업 근로자들의 문화기술수준 향상, 농촌경리의 수리화·전기화·기계화·화학화 완성, 농업의 공업화·현대화·정보화 추진 등을 전개해야 한다고 언급됐다.

또한 토지정리, 간석지 개간과 당면한 대상 건설의 제 기일 완공, 농업지도일군들의 협동농장 분조 파견과 농사설비 보장의 규율·질서 수립 등도 언급되었다. 당면한 대상건설에는 세포지구 축산기지, 고산과수농장, 황해남도 물길건설 등이 포함되었다.

그의 보고는 김 제1위원장의《서한》에 제시된 농정 방향에 토대해 당면한 과업들을 제시한 것이었다.

한편, 전국농업부문분조장대회가 개최된 지 4년 반이 지난 시점에 『로동신문』은 내각 농업성의 주철규 국장의 인터뷰(2018년 8월 30일자)를 게재하여 포전담당 책임제를 강조해 주목을 끌었다. 주 국장은 "현 시기 협동농장들에서 실시되는 분조관리제 안에서의 포전담당 책임제가 실지 은이 나도록 하는 것"이 중요하다고 말했다.

그는 모든 농업근로자들이 자기가 맡은 포전은 자기가 전적으로 책임진다는 높은 자각을 갖고 담당포전의 농작물들에 대한 비배관리를 마지막까지 깐지게 할 것, 일군들은 가을걷이·낟알털기·수매에 이르는 모든 공정을 책임적으로 수행하도록 농업근로자들의 자각성과 생산열의를 부쩍 높여주기 위한 정치사업과 경제조직사업을 능숙하게 해나갈 것, 일군들은 분배에서의 평균주의가 농업근로자들의 생산의 욕을 떨어뜨리며 가을걷이에도 영향을 준다는 것을 명심하고 조직정 치사업을 실속 있게 할 것 등을 강조했다.

그는 아울러 모든 협동농장들에서 '노력일 평가사업'을 잘하고 사회 주의분배원칙의 요구를 철저히 지키도록 요구성을 높일 것, 가을걷이·낟알털기에서 과학기술을 확고히 틀어쥐고 나갈 것, 모든 알곡 생산단 위들에서 농작물의 생육상태에 따라 가을걷이적기를 과학적으로 정하 고 적기에 맞는 일정계획을 바로 세워 수확고를 올릴 것, 모든 단위들 에서 '시간을 최대한 앞당겨' 낟알허실을 결정적으로 막을 것 등의 주 문을 쏟아냈다.[719]

주 국장의 인터뷰는 2018년 추수기를 앞두고 협동농장에 당면 과제 들을 일괄적으로 제시하려는 면이 있었다. 이 과제들은 분조관리제를 비롯한 농업관리방법의 지속적 개선, 국가의 농업투자 증대, 농업경영 에서의 실리주의 견지, 과학기술영농과 선진적 영농방법·기술 도입 등 김정은 국무위원장이 제시해온 과업들에 부응하는 것이었다.

농민들은 포전담당 책임제가 정착되는 과정에서 '번 것만큼' 분배받 는 일에 익숙해지고 현물 분배분의 처분권도 활용하게 될 것으로 예견 된다.

협동농장의 움직임에 대한 외부의 시선은 협동농장의 가족분조 영 농, 국가와 농민의 생산물 배분율(7:3제, 5:5제, 4:3:3제 등), 국가수매분 의 비율과 수매가, 현물 분배분에 대한 자율처분권 허용범위와 시장활 성화 등에 초점을 맞추는 경향이 있다.

이러한 동향은 농업생산량, 식량사정 등에 의해 언제나 조금씩 바뀔 수 있고, 정책 목표와 수단 사이에서 조정이 이뤄질 수 있다. 아무튼 김정은 시대의 농정에서 협동농장의 생산결정권과 농민의 토지사용권 의 행사가 실제 정책 실행에서 어떻게 반영될지가 주목된다.

국가차원의 전략작물을 생산하는 협동농장들에서 국가수매량과 농 민의 자율처분 물량을 조정하는 것은 쉽지 않은 일이다. 전략작물 외 의 농산물에 대해서는 작업반·분조별로 독립채산제로 운영하거나, 일부 지역의 시범분조들에서 계약주문을 받아 생산하는 사례도 나타날 것이다.[720] 어떠한 실험적 조치도 포전담당 책임제가 유지되는 선에서 진행될 것이며 개인농個人農을 조장하거나 집단주의를 해치는 방향으로 나아가지는 않을 것이다.

요약하자면 협동농장 분조관리제는 1966년에 시작된 이래 2002년 7·1조치 이후, 2012~13년 등의 시기에 몇 차례 전환이 이뤄졌고 지금도 혁신을 모색 중이다. 포전담당 책임제는 분조관리제의 혁신에 해당되고 어느 정도 성과를 거둔 것으로 관측된다. 농정당국이 비료를 비롯한 농자재의 정상 공급이나 과학영농 등으로 식량고지를 정복할 수 있다고 판단한다면 더 이상의 혁신으로 나아가기 보다는《농장법》에 규정된 수준에서 머무르게 될 것이다.

김정은 위원장의 서한《사회주의 농촌테제의 기치를 높이 들고 농업생산에서 혁신을 일으키자》에서 제시된 종자혁명, 선진 영농기법의 도입, 유기농법의 장려, 농업과학기술의 발전, 농경지 보호 및 알곡재배면적의 확대, 국가투자의 확대 등이 잘 수행되어 농업생산이 획기적으로 증대된다면 이러한 경우에도 더 이상의 혁신에 나서지는 않을 것 같다. 농업부문의 전략적 성격 때문에 혁신에 제약이 있다는 점을 늘 감안해야 한다는 뜻이다.

그가 2019년 12월 말의 당 중앙위원회 제7기 제5차 전원회의 보고에서 과학농사제일주의와 다수확열풍, 농업의 모든 분야(축산업, 과수업 등)에서의 새로운 전환 등을 강조[721]하는 데 그친 것도 이런 맥락에서 생각해볼 수 있다.

'인민의 쌀독'을 책임진 협동농장들에서 포전담당 책임제가 과연 농업근로자들의 의욕을 북돋우고 과학영농과 조화롭게 작용하면서 식량을 비롯한 농업생산의 획기적 증대를 가져올 것인가? 인민들은 먹는 문제가 해결되는 날을 소망하고 있고, 언젠가 『로동신문』도 지적했듯이 "사람은 물질문화 생활에서 다른 것과는 타협할 수 있어도 배고픈 것과는 절대로 타협할 수 없다"고 한 것에 비추어볼 때 북한 농정당국의 긴장은 앞으로도 오래 지속될 수밖에 없을 것 같다.

9) 우리식 경제관리방법의 과제들

우리식 경제관리방법이 성과를 거두려면 개별 생산단위들의 자율성을 확대하고 인센티브를 강화하는 차원을 넘어 가격, 임금, 재정, 금융 등의 혁신 조치들이 수반되어야 한다. 경제정책의 개별 조치들은 정책 패키지로서의 완결성을 높여야 효과를 발휘할 수 있다.[722] 2014년 김정은 국방위원회 제1위원장의 《5·30담화》에 이어 《내각결정 제43호》에서 국가계획위원회, 재정성, 국가가격위원회, 중앙통계국, 노동성 등의 임무와 권한을 제시한 것도 이 때문이었다.

내각책임제(내각중심제) 아래 국가의 통일적 지도를 중시하는 가운데 개별 생산단위들의 자율성 확대의 조건에 맞는 법적·제도적 정비가 필요하였다. 가격문제만 하더라도 국가가격위원회로 하여금 가격조정·가격정보 체계에 기초한 과학적인 가격전략, 국정가격과 협의가격의 점차적인 일치, 경제부문별·지역별 가격균형 등을 강구하지 않을 수 없었다.

김정은 국무위원장이 2019년 《신년사》에서 우리식 경제관리방법의 혁신을 강조하는 가운데 계획화(재정)와 경제적 공간들(가격, 금융)의 개선을 촉구한 것은 개별 생산단위들의 자율성 확대의 조건에 맞는 법적·제도적 정비가 필요해서였다.

법적·제도적 정비는 현재 진행형이다. 북한 학술지에 수록된 논문과 『로동신문』 논설에서 이 점이 확인된다. 『김일성종합대학학보』 2018년 제2호(철학·경제학분야)에 게재된 논문은 "기업체들이 사회주의기업 책임관리제를 바로 실시하는 데서 나서는 중요한 문제는 기업체들이 부여된 경영권을 원활하게 활용할 수 있도록 행정적, 법률적 환경과 조건을 충분히 보장해 주는 것"이라고 주장했다.

그러면서 "무엇보다 먼저 법 제정기관들과 중앙경제지도기관들이 기업체들의 경영권 활용과 관련한 법 규범과 규정들을 작성하여 제시하며 변화되는 현실적 조건에 맞게 부단히 개선 완성하는 것이 중요하다"고 지적했다. 이어 "법 제정기관들과 중앙경제지도기관들은 기업체들의 책임과 권한을 명백히 규정해 주고 기업체들이 경영권을 활용하는 데서 지켜야 할 준칙들은 법과 규정, 세칙으로 규제해 주어야 하며 변화되는 환경과 조건에 맞게 법과 규정, 세칙들을 제때에 수정 보충하는 사업을 정상적으로 진행하여야 한다"고 강조했다.[723]

이 논문에서 법과 규정은 물론 세칙까지 언급하며 '변화되는 환경과 조건에 맞게' 제때에 수정 보충해야 한다고 강조한 것은, 우리식 경제관리방법의 실행에서 관리시스템 혁신을 위한 세부적인 추가조치들이 필요하다는 것을 잘 말해준다. 북한 정부도 추가조치들의 필요성을 느끼고 있을 것이 분명하지만, 문제는 적절한 시점에 합당한 조치를 내놓고 실행해야 한다는 점이다.

『로동신문』 2019년 2월 3일자 논설은 "경제사업의 효율을 높이고 기업체들이 경영활동을 원활하게 해나갈 수 있게 기구체계와 사업체계를 정비하기 위한 법률적 조건과 환경이 마련되고 있다"고 밝혔다.[724] 이것은 김 위원장이 2019년 《신년사》에서 기업체의 변화된 경영활동에 맞게 기구체계와 사업체계를 정비할 것을 촉구한 이후 실행 조치가 취해지고 있음을 알려준다.

논설은 "경제건설에서 나타나는 무규율과 무질서에 대한 법적 통제, 법적 투쟁의 도수를 높이지 않는다면 국가적 손실을 막을 수 없고 나라의 경제발전이 더디어져 나중에는 사회주의 경제제도가 자기의 우월성을 원만히 발휘할 수 없게 된다"면서 "법적 기강을 확립하여 인민경제 모든 부문, 모든 단위에서 생산과 관리를 주체의 사회주의경제관리 원칙과 사회주의기업 책임관리제의 요구대로 하도록 하며 생산계획을 어김없이 수행하도록 하는 것은 우리의 자립경제의 위력을 더욱 강화하기 위한 필수적 요구"라고 강조했다.

논설은 또한 "경제관리와 관련한 국가의 법규범과 규정들을 철저히 지켜야 나라의 모든 인적, 물적 자원을 경제건설에 실리 있게 동원·이용할 수 있다"면서 "모든 경제적 공간(가격, 수익성 등)들을 합리적으로 이용하고 자립경제의 위력을 남김없이 발양시켜 인민경제 전반을 활성화하자고 하여도 국가적인 규율과 질서를 강하게 세워야 한다"고

강조했다.[725]

이 논설은 준법기풍을 강조함으로써 '환경과 조건의 변화'가 급속하게 진행되는 가운데 무규율·무질서[726]가 초래되고 있는데 대한 경각심을 일깨워주고 있다. 기구체계와 사업체계를 제대로 정비해야 하고 그에 맞게 법률 등의 제도적 장치가 갖춰져야 한다는 것이다. 실리적 혁신이 진화하면서 《기업소법》을 비롯한 경제법들이 다시 수정 보충될 것이다.

우리식 경제관리방법의 실행에 대한 종합평가를 내리기에는 아직 이르다. 그 혁신이 계속되고 있기 때문이다. 현 단계에서 볼 때 국가와 기업체가 다양한 형태의 관계를 맺는 가운데 경제관리의 순기능이 나타나고 있다.

발전소, 제철소 등에 필요한 전략물자를 생산하는 기업소는 국가가 필요 자원을 투입하고 생산·투자를 직접 통제하고, 여타의 기업체들은 시장을 활용해 생산·투자하도록 함으로써 계획화체계에 의한 재정 확보가 가능해지고 있다. 중간 규모 이하의 비非전략적 기업체들에게는 경영 자율성을 더 많이 부여함으로써 국가의 재원투입을 줄이면서도 생산·투자활동은 지속될 수 있도록 하고 있다.

다만, 제조업 기업체들이 성장하기 위해서는 효과적인 투자조달 시스템이 필요한데 이것은 쉽지 않은 과제다. 중소규모의 상업, 요식업, 운수업 등 서비스 부문에서는 유휴화폐자금을 끌어들이는 기제가 작동하는데 비해 제조업 기업체들은 외부 자금을 유입하기가 여의치 않기 때문이다. 임가공이나 설비 대여를 비롯해 소규모 제조업체에서는 유휴화폐자금을 유입하는 경향이 뚜렷하지만, 아직 제조업체들의 전반적인 성장에는 영향을 미치지는 못하고 있는 것이다.

기업체들로서는 이윤을 재투자하여 생산능력을 확대하는 것이 중요한데, 유휴화폐자금의 활용으로 획기적인 성장을 기대하기는 어렵다.[727] 결국 상업은행의 활성화를 통해 유휴화폐자금의 저축과 합당한 이자 지급, 그리고 기업체들에 대한 일상적인 대출 실행이 이뤄지도록 해야 할 것이다.

북한은 우리식 경제관리방법의 개선완성의 기치 아래 앞으로 더욱 다양하고 실효성 높은, 상호 유기적이고 복합적인 조치들을 마련해나 갈 것이다. 국가의 통일적 지도(내각책임제·내각중심제 강화) 아래 사회주의기업 책임관리제를 더욱 발전시켜 나감으로써 제조업 기업체들의 생산증대와 활성화를 도모할 것이다. 협동농장 분조관리제 하의 포전담당 책임제도 현실변화에 맞게 융통성 있게 조절해가면서 알곡생산의 증대와 먹는 문제의 해결에 유익한 성과를 거둘 것이다. 전반적으로 볼 때 공장노동자와 농장근로자들의 책임과 열의를 높이는 다양한 방법들이 강구될 것이다.

북한의 영도집단이 경제발전전략을 성공적으로 이끌어나갈 수 있는 힘은 국가-생산현장-생산자대중의 책임성과 실리적 혁신에의 강력한 실천의지에 달려 있다. 정치적 일심단결에 의한 구심력求心力과 경제적 자율성에 의한 원심력遠心力 간의 긴장관계에서 조화로운 균형을 찾는 것도 중요한 과제다. 전략적 노선에 부합하면서도 경제현장에서 요구되는 탄력적인 정책들을 다양하게 개발하여 적실성 있게, 효과적으로 구사해야 할 것이다.

우리식 경제관리방법에서 가장 중요한 혁신은 생산자대중의 생생한 목소리를 정책에 반영하는 일이다. 북한의 공장·기업소 노동자들과 협동농장 농민들은 '그날'이 오기를 진심으로 바랄 것이다. 열린 경제정책에는 '소통의 정치'가 필요하다.

제2장
북한 경제발전 전략노선의 변천과정

제1절 김일성 시대의 경제발전 전략노선

조선민주주의인민공화국이 수립된 지 70년이 넘는 동안 조선로동당은 시대상황과 경제발전에 맞춰 전략적 노선을 바꾸어왔다. 김일성 시대에는 중공업의 우선발전과 경공업·농업의 동시발전, 경제건설과 국방건설의 병진, 인민경제의 주체화·현대화·과학화와 혁명적 경제전략 등의 노선이 있었고, 김정일 시대에는 선군시대 경제건설과 7·1조치, 과학기술발전 전략과 경제강국 건설 등의 노선이 있었다.

김정은 시대에 들어와서는 경제건설과 핵무력건설의 병진노선을 거쳐 지금은 경제건설 총력집중노선을 수행하고 있다. 북한의 전략적 노선은 정치권력의 지속성을 반영하듯이 앞의 노선을 꼬리 물듯이 이어가는 계승의 면모가 강하다.

이것은 과거의 한 선택이 관성inertia 때문에 쉽게 변하지 않고 현재의 선택에 영향을 준다는 의미에서 경로의존성經路依存性(path dependence)을 상기시킨다. 인간사회는 법률과 제도, 관습과 문화, 과학적 지식과 기술에 이르기까지 한번 형성되면 그 뒤에 외부로부터의 다양한 충격에 의하여 과거의 환경이나 여러 조건이 변경되었음에도 불구하고 기존의 내용이나 형태가 그대로 존속할 가능성이 있다.[728]

북한의 전략적 노선이 지닌 정책과 제도의 지속성도 이와 유사하다. 특히 정권 이행기에는 경로의존성에 따라 계승이 강조되고 혁신에는 신중모드를 취하게 된다.

또한 계승은 세르비아공화국(구 유고슬로바키아)의 격언처럼 "절대로 확실한 것은 미래뿐이다. 과거는 끊임없이 변하기 때문이다"라는 말을 상기시킨다.[729] 이 격언에는 과거가 현재의 의도대로 재해석된다는 뜻이 담겨 있다. 정치의 세계에서 믿을 것은 미래 밖에 없다고 본

것이다. 권력의 승계자는 계승을 통해 미래의 정당성을 확보하고 시간이 경과하면서 과거의 해석권도 독점하게 된다.

북한에서 과거의 전략적 노선에 대한 평가는 긍정적일 수밖에 없다. 수령을 이은 정치적 승계자가 이전 시대의 전략적 노선에 대해 왈가왈부하지 않을뿐더러 수령의 '무오류성無誤謬性'을 견지하기 때문이다. 다른 한편으로는 북한 사회야말로 발전전략의 '패러다임 공백기'를 줄이거나 없애려고 애써왔다고 할 수 있다. 그런 의미에서 계승은 반복에 의해 '구조화'되고 혁신은 변화하는 현실을 반영하는 '사다리 놓기'처럼 비쳐진다.

이런 점을 감안하면서 전략적 노선의 변천과정을 살펴보기로 한다. 김정은 시대에 이르기까지의 전략적 노선에서 계승과 혁신의 변주를 마주하게 될 것이다.

1. 중공업의 우선발전과 경공업·농업의 동시발전

"오늘 우리가 하려고 하는 것을 실행하려면 우리 당이 지금까지 견지하여온 방침, 다시 말하여 중공업을 위주로 하고 경공업과 농업을 동시에 발전시키는 방침을 계속 견지해야 합니다. 중공업을 위주로 하고 경공업과 농업을 동시에 발전시키는 방침은 우리나라에 가장 적합한 방침입니다." (김일성) [730]

북한의 경제발전전략은 시대상時代相을 반영해왔다. 김일성 시대의 경제발전전략을 살펴보는 것은 역사를 통해 현재를 이해하고 전략의 차이를 파악하며 미래를 예측하려는 생각에서다. 김일성 시대의 전략적 노선은 중공업의 우선발전과 경공업·농업의 동시발전 전략, 경제건설과 국방건설의 병진노선, 인민경제의 주체화·현대화·과학화 노선과 농업·경공업·무역 제일주의 등의 흐름을 보였다.

중공업의 우선발전과 경공업·농업의 동시발전 전략의 기원은 해방 직후로까지 거슬러 올라가며, 이 노선이 정착된 것은 1950년대였다. 북한은 공업화 초기부터 막대한 자금과 생산설비 및 기술 인력이 필요한 중화학공업을 건설하려고 했고, 이는 중화학공업의 성장을 통해 산업발전에 필요한 생산재·자본재를 자급자족하려고 했기 때문이었다. 중공업의 우선발전으로 생산기반을 구축해야 경공업과 농업의 지속적 발전도 가능하다는 논리에 따른 것이었다.[731]

경제건설과 국방건설의 병진노선은 1960년대에 정착되어 오늘날까지 그 기조가 유지되고 있다. 인민경제의 주체화·현대화·과학화가 경제발전의 전략적 노선으로 등장한 것은 1978년에 시작된 제2차 7개년 계획에서였다. 농업·경공업·무역 제일주의는 1993년 말에, 즉 김일성 주석의 사망 전 해에 '혁명적 경제전략'으로 채택된 것이었다. 김일성 시대의 전략적 노선의 기조는 사후 25년이 넘어서까지 견지되고 있다. 이것은 북한 사회가 혁명전통뿐 아니라 사회주의건설에서도 계승을 중시하고 있음을 말해준다.

수령의 '무오류성'이 당대當代에 지켜질 뿐 아니라 대代를 이어서

수호되고 있음을 보여주고, 당·국가·군대를 영도하는 정당성legitimacy
이 수령의 승계로부터 연원한 것임을 일깨워준다.

1) 중공업의 우선발전과 경공업·농업의 동시발전의 기원

김일성 수상은 정권 초기부터 중공업의 우선과 경공업·농업의 동시
발전 사이의 균형을 취하려는 생각을 자주 내비쳤다. 그는 중공업 우
선으로 명백히 기울어진 상황에서조차도 균형을 놓치지 않으려고 애
쓰는 모습을 보였다. 북한은 해방 이후 4~5년 만에 경제 복원과 자립
경제의 토대를 마련하는데 어느 정도는 성공했으며 그 무렵에 이미 중
공업의 우선발전과 경공업의 동시발전을 경험했다.

북한은 일제 강점기의 공업화 유산과 소비에트연방공화국의 협력을
발판으로 중화학공업에 중점적으로 투자했다. 북한 정부는 중공업 복
구에 집중하면서 경공업의 상당 부분은 민간 기업에 맡겼으며, 농민들
의 토지소유에 기초한 소농小農경리로 농업의 생산성을 높이려 했다.
1946년 3월의 토지개혁, 8월의 산업국유화 조치, 10월의 개인소유권 보
호 및 민간기업의 창발성 발휘 대책 등은 그러한 정책의 표현이었다.

산업국유화 정책에 따라 대부분의 공업시설이 국유화됨으로써 북한
은 국가재정이나 자본축적에서 유리한 고지에 올라섰다. 토지개혁으
로 토지소유권을 갖게 된 농민들의 증산 노력에 힘입어 식량부족은 어
느 정도 해소됐으며, 농민들의 현물세現物稅는 경제건설 투자의 기초
가 되었다. 민간 기업들이 인민들에게 생활필수품을 공급하면서 물가
는 안정됐으며, 기업들이 납부한 거래세去來稅·소득세는 국가재정에
보탬이 되었다.

북한 정부는 농업 관개시설과 비료 등을 지원하는 한편, 대규모 방
직공장을 건설했으며 생필품 공급을 확대했다. 이 성과들은 자립적 민
족경제건설의 뿌리가 되었고, 중공업의 우선발전과 경공업·농업의 동
시발전의 전략적 토대가 되었다.[732]

김일성 시대의 초기 경제발전전략은 농촌의 희생에 의한 불균형 성장전략이라기 보다는 '농공農工병행발전론'에 가깝다. 중공업의 우선발전과 경공업·농업의 동시발전과 유사한 발전전략이 이미 해방공간에 채택되었다는 점이 인상적이다. 해방공간의 발전전략은 중공업의 우선발전과 경공업·농업의 동시발전 전략의 '원형'으로 보아도 무방할 것이다.

북한의 공식담론에서는 중공업의 우선발전과 경공업·농업의 동시발전 전략이 1953년 전후복구 시기에 시작되어 1956년에 공식화된 것[733]으로 설명된다. 훗날 북한 경제학자들의 여러 논문에서 해방 직후부터 중공업의 우선발전과 경공업·농업의 동시발전 전략을 추구한 것으로 언급되기도 했다.[734]

김일성 당 위원장(수상)은 1953년 6월 5일에 조선로동당 중앙위원회 정치위원회에서의 결론 《전후 경제복구 건설방향에 대하여》에서 중공업의 우선발전에 대한 자신감을 보이면서 다음과 같이 말했다.

"정전이 실현된 다음 우리는 중공업을 선차적으로 복구 발전시켜야 합니다.… 전후에 복구 건설하여야 할 대상들은 많고 자재, 자금, 노력은 부족한 조건에서 그것을 한꺼번에 다 복구 건설할 수는 없습니다. 그러므로 선후차를 옳게 가려 중요한 대상부터 먼저 복구 건설하여야 합니다. 그래야 투자의 효과성을 높일 수 있으며 적은 자재와 자금, 노력을 가지고도 전반적 인민경제의 복구발전을 촉진시킬 수 있습니다.…

기계제작공업을 발전시키지 않고서는 중공업 자체도 발전시킬 수 없고 경공업과 농업도 발전시킬 수 없으며 나라의 장래 공업화를 위한 기초도 축성할 수 없습니다. 기계제작공업 부문에서는 파괴된 기계공장들을 신속히 복구 정비하여 인민경제 각 부문에 필요한 기계설비들을 생산 보장하는 한편 새로 기계공장들을 많이 건설하여야 하겠습니다.… 공업부문에 대한 투자는 금속공업, 기계제작공업, 화학공업, 건재공업, 조선업에 중점적으로 하며 전력공업과 채취공업에도 많이 하여야 하겠습니다." [735]

전쟁 기간에 군수공업과 연관된 기계공업을 발전시키면서도 방직산업을 유지시켰던 북한 영도집단의 생각에는 변함이 없었다. 김 위원장의 발언에서 기계제작공업의 발전을 통해 중공업과 경공업·농업의 발전을 도모하겠다는 생각이 확인된다. 전후복구 시기에 중공업 우선과 소비재 중심을 둘러싼 논쟁이 있었지만, 중공업의 우선발전과 경공업·농업의 동시발전 전략이 관철되었다. 이 전략에 대해 급진적인 중공업주의라고 비판했던 일부 지도자들은 '종파주의'로 비판받아야 했다.[736]

전쟁 이후의 군사사회 분위기에서 국방력 강화를 위해 중공업의 우선발전은 불가피한 것으로 여겨졌다. 북한의 영도집단의 주류主流는 중공업 우선발전과 경공업·농업의 동시발전을 어떻게 진행해나갈 것인지에 초점을 맞추고 이에 집중하였다.[737]

전후복구 3개년계획이 수립되기 전인 1953년 8월에 당 중앙위원회 제6차 전원회의에서 중공업 우선발전과 경공업·농업의 동시발전의 전략적 노선이 급부상했다. 김일성 위원장은 전원회의 보고 《모든 것을 전후 인민경제 복구발전을 위하여》를 통해 이 노선을 다음과 같이 설명했다.

"우리는 전후 경제건설에서 중공업의 선차적 복구발전을 보장하면서 경공업과 농업을 동시에 발전시키는 방향으로 나아가야 할 것입니다. 그래야 우리나라의 경제토대를 튼튼히 할 수 있고 인민생활을 빨리 개선할 수 있습니다.… 전후 공업 복구발전의 기본방향은… 중공업을 선차적으로 복구 확장하며 인민생활 안정을 위한 경공업을 급속히 복구 발전시키는데 있습니다.… 우리는 또한 공업을 복구 건설함에 있어서 선후차를 잘 가려 중요한 공장, 기업소들부터 먼저 복구 건설하여야 하겠습니다.…

기계제작공업의 발전은 우리나라의 장래 공업화를 위한 기본조건으로 되며 국방상 중요한 의의를 가지고 있습니다. 그렇기 때문에 우리는 기계제작공업의 발전에 특별한 주의를 돌려야 하며 한편으로는 공작기계를 외국에서 다량으로 수입하며 다른 편으로는 국내에서 자체로 공작기계를 생산하도록 하여야 하겠습니다.⋯ 인민생활을 안정시키며 필수품에 대한 인민들의 수요를 충족시키기 위하여 우리 당은 경공업의 발전에 깊은 주의를 돌려야 하겠습니다.⋯ 우리는 전후 국영농장과 농업협동조합을 발전시키는데 큰 힘을 돌릴 것이며 장차 우리 농업을 점차적으로 기계화할 대책을 예견하여야 하겠습니다." [738]

그의 보고에서 강조된 것은 중공업의 선차적 복구와 공업 복구에서의 선후차 구분, 기계제작공업의 발전 주력 및 공작기계의 수입과 자체 생산, 생필품의 수요 충족과 농업기계화의 대책 준비 등이었다.

그는 그해 12월 당 중앙위원회 정치위원회에서 《전후 인민경제 복구건설사업을 성과적으로 진행할 데 대하여》라는 결론을 통해 중공업의 우선발전과 경공업·농업의 동시발전의 전략적 노선을 더욱 분명히 했다. 그의 발언은 이 노선을 이해하는데 도움을 준다.

"중공업을 복구 확장하는 데서는 중공업 공장, 기업소들을 한꺼번에 다 복구하려 할 것이 아니라 중요한 공장, 기업소들부터 먼저 복구하여야 합니다. 우리는 중공업을 우선적으로 복구 발전시키면서 인민생활을 안정 향상시키기 위한 경공업을 동시에 복구 발전시켜야 합니다.⋯ 우리는 중공업의 우선적 장성을 보장하면서 경공업을 동시에 복구 발전시킬수 있는 가능성을 충분히 가지고 있습니다.⋯

전후 인민경제를 복구 건설하는데서 선후차를 옳게 정하는 문제가 매우 중요합니다.⋯ 우리는 파괴된 인민경제를 복구 건설하는데 있어서 인민생활 향상과 전반적 경제발전에 절실히 필요하며 가장 긴급한 부문부터 먼저 복구하고 다른 부문들은 점차적으로 복구할 것을 예견하여야 합니다. 우리는 나라의 공업발전에서 중추적 역할을 하는 기계공장과 기계부속품공장, 농기계공장들을 선차적으로 복구 건설하여야 합니다.⋯

전후 인민경제 복구건설에서 공업과 농업의 비중, 공업의 부문구조를 합리적으로 조절하는 것은 인민경제의 균형적 발전을 보장하는데서 중요한 의의를 가집니다.⋯ 공업 자체의 균형적 발전을 보장하기 위하여서는 원료와 반제품을 생산하는 중공업 공장, 기업소들은 국내수요를 보장할 수 있을 정도로 복구건설하고 기계공업을 대대적으로 발전시켜야 합니다. 중공업과 함께 인민 생활필수품을 생산하는 경공업을 발전시키는데도 역량을 집중하여야 합니다. 우리는 공업의 복구발전 속도에 농촌경리의 복구발전을 따라 세워야 합니다." [739]

중공업의 우선발전과 경공업·농업의 동시발전의 전략적 노선에 대해 김일성 위원장은 분명한 태도를 갖고 있었음을 알 수 있다. 첫째, 중요한 중공업 공장·기업소의 우선 복구를 전제로 하면서 중공업의 우선적 성장 보장과 경공업의 동시 복구발전을 배합해야 한다는 것이었다.

둘째, 복구건설의 선후차와 관련해서는 인민생활 향상과 전반적 경제발전에 절실하고 긴급한 부문을 우선적으로 복구해야 한다는 것이었다. 이와 관련해 기계공장과 기계부속품공장, 농기계공장을 선차적으로 복구할 것을 지시했다.

셋째, 공업과 농업의 비중, 공업의 부문구조를 합리적으로 조절해야 한다는 것이었다. 넷째, 생필품을 생산하는 경공업 발전에도 역량을 집중해야 한다는 것이었다. 다섯째, 공업의 복구발전 속도에 따라 농촌경리의 복구발전의 속도를 맞춰나가야 한다는 것이었다.

그가 제시한 지침을 보면 전후 복구건설에 해당하는 것이면서도 중공업의 우선발전과 경공업·농업의 동시발전의 방향적인 틀을 구성하고 있음을 알 수 있다.

2) 1950년대 중반의 중공업 집중투자와 소비재 부족

전후복구 시기에 사회주의권의 원조는 북한의 경제발전전략의 수행에 보탬이 되었다. 1956년 8월 종파사건과 중소분쟁中蘇紛爭의 소용돌이 속에서 외부원조가 급감한 조건에서, 북한은 자립적 민족경제의 구축과 사회주의공업화의 토대 마련을 위해 중공업의 우선발전을 위한 자본축적으로 선회하여야 했다.[740] 북한은 1950년대 중후반에 중공업의 복구와 건설을 국방공업의 선행조건으로 보고 중공업에 집중적으로 투자했기 때문에 국방비[741]의 직접 지출은 적었다.[742]

북한의 1954~57년도 국가예산에서 외부원조는 20% 이상(대체로 설비와 기계류 도입)을 차지했는데 이것이 축적의 초기 원천이 되었음은 분명하다. 외부원조의 급감은 중공업의 우선발전과 경공업·농업의 동시발전의 전략에 부정적인 영향을 미쳤다.

북한 노동자·사무원들의 1956년의 임금이 1949년에 비해 2.3배 증가하고 농민의 수입도 증가해 상품수요는 늘었지만, 소비재 원조의 감소에 따라 국내에서 인민소비품 증산이 필요했다. 사회주의권의 원조와 무역 수입의 대부분이 공업부문에 투입될 때에도 원조와 수입의 20~25%를 소비재에 할당했는데 그 부분이 감소되었으니 소비재 부족이 현안으로 떠오르지 않을 수 없었다.

북한으로서는 외부원조가 순탄하던 시기부터 중공업 투자에 집중하여 경공업 투자가 적었던 데다가 1954~55년에는 농업생산량도 감소해 어려움을 가중시켰다. 국가기본건설의 전체에서 농업투자의 비중을 1954년의 6.4%에서 1955년에 10.5%, 1956년에 10.5%로 늘려야 했다. 1956년에 곡물 생산량이 좀 늘어나 식량부족이 어느 정도는 해소되었으나, 원조 감소로 인해 농업투자의 비중은 1957년에 도로 5.1%로 낮아졌다.[743] 북한 정부는 그 대책을 찾아야 했다.

북한은 원조가 감소한 1956년 이후에도 중공업의 우선발전과 경공업·농업의 동시발전 전략을 유지하려고 했고, 소비재 부족을 해결하는 대안을 지방공업의 활성화에서 찾았다. 제한된 자금·자재·연료를 중공업에 집중해야 하는 여건을 감안하여 인민소비품 생산을 지방공업에 맡기는 쪽으로 선회했던 것이다. 개인상공업의 사회주의적 개조의 완료가 선언된 1958년 6월 당 중앙위원회 전원회의 이후, 지방공업의 활성화 전략이 구체화되었다. 북한 정부는 1958년 10월에 자금과 예산 권한을 지방 당국에 이전했고, 군郡인민위원회에 산업관리부를 신설했다.

북한 정부가 '지방예산제'를 실시하면서 전체 예산에서 지방예산이 차지하는 비중은 1956년의 10.3%에서 1960년에 35.5%로 증가했다. 지방 산업공장은 1958년 12월에 1,093개였는데 이는 1947년에 비하면 28배, 1957년에 비해서도 9.2배나 늘어난 것이었다.

지방의 원료원천과 유휴노동력에 기초하여 지방공업이 발전함에 따라 북한에서는 중공업 건설에 필요한 자금에 여유가 생겼고 소비품 증산에 따라 국가예산수입도 늘어났다. 북한은 중공업 위주의 중앙공업과 경공업 위주의 지방공업을 육성하면서 새로운 길을 찾은 셈이었고, 이 무렵부터 증산과 절약[744] 및 독립채산제[745]를 본격적으로 강조하게 되었다.

증산과 절약, 독립채산제는 오늘날에도 유지되고 있다. 자립적 민족경제 건설과정에서 대외경제협력이 줄어든 여건에서 증산과 절약은 생산 정상화를 위한 불가피한 선택이었고, 지방예산제와 경공업 위주의 지방공업을 중시함에 따라 독립채산제의 중요성도 이전보다 커졌다.

북한은 독립채산제를 강화하면서 1956년부터 기업소 이윤의 50%까지 기업소기금으로 보유할 수 있게 했으며, 1957년부터는 기업소기금의 30%를 기술발전과 생산성 향상에 사용하도록 했다.[746] 기업소기금에 관한 조치는 2000년대의 기업소의 '번수입지표'의 관련 조치를 연상시킨다.

이 무렵 농업부문에서는 양곡 수매가격 문제가 불거졌다. 북한은 사회주의공업화의 재원을 마련해야 했고, 국가재정의 부족 때문에 시장가격으로 양곡을 수매하는 것을 감당할 수 없었다. 수매가격을 시장가격보다 낮게 책정하면 농민의 반발이 예상되었기 때문에 시장가격에 근접하게 수매해야 했고 수매가격은 당시 시세의 70~80% 정도였던 것으로 추정된다. 1955~56년의 수매가격 인상조치는 시장가격에 근접한 수매사업과 매우 낮은 공급가의 양정사업(식량배급)에 따른 이중가격을 유지하는 것이었다.

북한은 이 상황에서 농업과 공업의 거래를 통해 공업부문의 자금축적을 할 수 있었다. 협동농장의 농기계, 비료 등 영농지출에서 알 수 있듯이 농촌은 공장·기업소의 안정적인 시장으로서의 역할을 하였다.

경제당국은 농산물과 공산품의 가격차를 조금씩 좁혀보려고 했으나 그 간극을 줄이기 위해 공산품 가격을 대폭 인하하는 조치를 취하지는 않았다.[747] 공산품 가격을 대폭 인하하면 공업부문의 축적蓄積에 어려움이 발생할 수 있었기 때문이다. 공산품 가격을 일정하게 높은 상태로 유지함으로써 축적의 문제를 해결할 수 있었다.

1950년대 중반의 중공업 집중투자에 따른 소비재 부족 현상을 타개하는 과정에서 지방공업으로 하여금 소비재산업을 담당하게 하는 길을 찾았고, 곡물 수매가와 공급가의 이중가격제에 의한 재정부담은 공산품의 높은 가격 유지에 의해 메울 수 있었다. 공산품의 높은 가격 유지는 공업부문에서의 축적의 문제를 해결하는 길이기도 했다.

3) 생산관계의 사회주의적 개조와 저소비·고축적 전략

전후복구 3개년계획(1954~56년)의 목표는 전쟁 이전의 생산수준을 회복하는 것이었다. 전후복구를 비교적 성공리에 끝낸 북한은 제1차 5개년계획(1957~61년)에 착수하면서 사회주의공업화의 토대를 구축하고 인민들의 의식주 문제를 해결한다는 목표를 내걸었다.

북한은 이 시기에 생산관계의 사회주의적 개조를 완료했다. 1954년부터 농업의 집단화에 나서[748] 1958년 8월에 농업의 협동화, 수공업 및 중소상공업의 협동화 등 생산수단의 사회주의적 소유화를 매듭지었다. 토지, 원자재와 기계 같은 생산수단의 사적私的 소유를 전인민적 소유와 협동적 소유로 전환함으로써 사회주의제도에 진입할 수 있었던 것이다.

북한은 전후복구 3개년계획과 제1차 5개년계획에서 연평균 공업성장률이 30~40%에 도달했다고 발표했다. 제1차 5개년계획은 국민소득과 공업·농업총생산 등에서 목표치를 훨씬 초과하여 계획목표가 2년 앞당겨진 것으로 발표되었다. 이 시기의 고속성장은 전후복구의 시기적 특성, 사회주의권의 대규모 원조, 천리마운동 등의 영향을 받았다.[749]

김일성 당 위원장은 1958년 3월 6일에 열린 조선로동당 대표자회의에서 한 결론《제1차 5개년계획을 성과적으로 수행하기 위하여》에서 중공업의 우선발전과 경공업·농업의 동시발전 전략에 대하여 거듭 강조했다.

"오늘 우리가 하려고 하는 것을 실행하려면 우리 당이 지금까지 견지하여온 방침, 다시 말하여 중공업을 위주로 하고 경공업과 농업을 동시에 발전시키는 방침을 계속 견지해야 합니다. 중공업을 위주로 하고 경공업과 농업을 동시에 발전시키는 방침은 우리나라에 가장 적합한 방침입니다.… 중공업이 없이는 경공업과 농업을 도저히 발전시킬 수 없습니다. 물론 우리가 하려는 중공업은 경공업과 농업 발전에 복무할 수 있는 중공업이요, 앞으로 우리의 사회주의공업화를 위한 기초를 닦는 중공업이요 또한 오늘 인민들의 의식주문제를 해결하는데 필요한 중공업입니다. 이와 같이 중공업을 위주로 하고 경공업과 농업을 동시에 발전시키는 방침은 완전히 옳은 것입니다. 그렇기 때문에 5개년계획 기간에도 우리는 중공업을 위주로 하고 경공업과 농업을 동시에 발전시키는 이 방침을 견지해야 하겠습니다." [750]

그러나 북한의 1950년대 전략적 노선은 중공업의 우선발전과 경공업·농업의 동시발전의 틀을 유지하면서도 중공업 발전을 위한 저低소비·고高축적 전략이 기본이었다. 전사회적으로 소비보다는 축적을 중시하고, 증산과 절약을 통해 중공업 투자를 위한 축적에 집중했다. 이 무렵에는 축적에 자금이 많이 돌려질수록 생산이 빠른 속도로 성장하고 그에 따라 인민생활도 빠르게 향상될 것이라는 담론이 북한 사회를 지배했다.

이 전략적 노선은 자력갱생 및 자립적 민족경제건설노선과 깊이 연관되어 있었다. 자력갱생의 원칙에 따라 자기 나라 인민의 힘과 자원을 동원하여 자신의 기술과 자금에 의거해야 자립적 민족경제건설이 가능하다는 인식이 자리 잡았다. 이러한 경제철학에 따라 대외무역은 자립적 민족경제의 토대 구축에 도움이 되는 수준으로 제한되었다.

북한 경제발전전략의 원형은 1950년대에 태동해 1960년대에 완성되었고 오늘날에도 유지되고 있다.[751] 주체사상에서 한 축을 이루는 경제에서의 자립은 자본의 본원적 축적을 자체로 해결하고 생산능력을 높이며 기술혁신도 자체로 해결해 나가면서, 인민생활의 향상과 인민소비품 수요를 충족시키려는 것이었다.

북한은 1950년대의 경제성과에 힘입어 사회주의공업화로 질주했으며 제1차 7개년계획(1961~67년)은 그 결과물이었다. 계획 기간에 중공업의 우선발전과 경공업·농업의 동시발전을 추구한다는 전략적 노선에서 변함이 없었고, 첫 2년간은 경공업 투자가 많았으며 지방공업의 활성화 조짐이 뚜렷하게 나타났다.[752]

북한은 중공업 위주의 중앙공업과 경공업 위주의 지방공업을 배합하면서 사회주의공업화의 길을 걸어갔다. 이 시기의 북한은 고도성장기의 자신감에 넘쳐 있었고 국제사회에서도 주목을 받고 있었다.

4) 1960~70년대 경제발전전략의 딜레마

1950년대 북한의 중공업의 우선발전과 경공업·농업의 동시발전 전략을 중공업 우선의 일면으로만 이해하는 것은 현실에 부합되지 않는다. 제1차 7개년계획의 첫 2년간에는 경공업의 동시발전의 노력이 뚜렷했다. 북한이 중공업 우선발전으로 기울게 된 것은 1960년대 초반의 안보상황의 급변 때문이었다.

남한의 북한경제 전문가들 가운데 북한의 1950년대 경제발전전략을 중공업 우선전략으로 평가하는 경우[753]가 더러 있는데 이러한 평가는 적실하다고 보기 어렵다. 또한 당시의 북한 경제발전전략을 중공업 우선전략이라고 보면서 외연적 성장 전략으로 평가하는 경우[754]도 있는데 이러한 평가도 미흡하기는 마찬가지다. 당시에 석탄공업 등 일부 산업에서는 노동력의 양적 투입에 의한 외연적 성장의 면모를 보였지만, 전력, 화학, 제철 등 대규모 자본·기술집약적 장치산업은 외연적 성장으로 발전할 수 있는 부문이 아니었다. 공장 기계설비가 사회주의 권의 원조에 의해 장착된 것임을 감안하더라도 기술교육 등에 의한 내포적 발전이 병행되었기 때문에 중공업부문의 운영이 가능했다고 할 수 있다.

북한은 비록 품질이 낮기는 했지만 금속, 기계 등의 반제품과 완제품을 가공 수출했고, 외부원조의 감소 하에서도 일정 기간은 높은 경제성장을 보였다. 이 점을 감안하면, 당시의 경제발전을 외연적 성장으로만 평가하는 것은 현실과 괴리가 있다.[755]

그렇다고 해서 북한의 경제발전과정에 문제가 없었다는 것은 아니다. 중공업부문은 점차 규모가 커지면서 노동력 부족, 투입물의 수입 수요 증가, 역청탄(콕스탄)과 원유 같은 특정 수입품의 병목현상 등으로 인해 한계에 직면한다. 북한이 중공업의 성장 속도에 맞게 기술혁신을 창출할 수 있었더라면 그나마 지속적인 성장이 가능했겠지만 사정은 그렇지 못하였다.

경제발전의 초기에는 설비확대, 기술습득 및 생산성 향상 등으로 외연적 성장과 내포적 발전이 동시에 진행되면서 '석탄 중심의 산업구조'로도 경제성장을 견인할 수 있었다. 북한은 1960~70년대를 경과하면서 '석유 중심의 산업구조'로의 전환이나 '극소전자혁명에 기초한 산업구조'로의 구조조정을 이루지 못했다. 에너지과소비형 산업구조의 후유증이 그 뒤 북한 경제발전전략의 수행에 심대한 영향을 미쳤다.

중소분쟁으로 대표되는 사회주의권의 내부 분열과 동서東西데탕트 아래에서도 미국의 대북한 경제봉쇄는 오히려 강화되는 등 북한으로서는 경제발전에 집중하기 어려운 연속적인 난관에 봉착했다. 대외적으로 경제 고립에 처한 북한은 전력공업, 석탄공업, 금속공업과 철도운수부문 등의 인민경제 선행부문과 기계, 전기전자, 화학 등 기초공업부문을 우선적으로 발전시키는 자립적 민족경제건설노선을 견지하여야 했다.

중공업의 우선발전을 추진하는 과정에서 대외관계개선의 여건이 좋아지면 다행이지만, 그렇지 못한 환경에서도 자체의 기술발전에 의해

느리게라도 중공업의 우선발전을 추진해야 하는 사정이었다.[756] 1960~ 70년대 북한의 경제발전전략은 중공업의 우선발전과 경공업·농업의 동시발전에서 중공업 우선으로 선회해야 하는 딜레마에 처해 있었던 것이다.

김일성 시대의 경제발전전략을 돌아보면 다른 사회주의국가들의 발전전략과 유사한 점도 있었고 독자적인 특징도 있었다. 북한은 국가건설의 초창기부터 국력 향상과 군사력 강화를 일관되게 추진해왔고, 이를 위해 계획경제 하에 자력갱생, 대중운동, 증산과 절약에 의한 고강도의 축적, 중공업 발전 등을 중시해왔다. 북한 경제발전전략에는 구소련의 경제발전전략(혹은 스탈린의 공업화모델)과 유사한 요소들이 있었지만, 현실에 대응하는 과정에서 잉태된 독자성도 분명히 있었다.

북한은 1950년대 하반기에 이미 경제발전전략의 독자성을 강조했는데 그 무렵부터 1970년대까지의 특징을 정리하면 다음과 같다.

첫째, 중앙집권적 계획경제를 도입했고 계획의 일원화·세부화에서 확인되듯이 다른 사회주의국가들에 비해 중앙 집중도가 강했다. 둘째, 북한은 다른 사회주의국가들에 비해 자력갱생을 일관되게 강조해왔다. 북한의 자력갱생이 비록 지정학地政學과 지경학地經學 요인에 의해 강제된 측면이 있었지만, 자력갱생의 원칙은 자립적 민족경제건설노선과 어우러지면서 독특한 경제구조를 창출했다. 셋째, 북한은 물질적 자극(인센티브)에 의존하기 보다는 정신적 자극을 우선시키면서 물질적 자극을 결합시켜왔다.[757] 넷째, 1960년대 초반에 대안의 사업체계와 청산리정신·청산리방법 등이 도입됨에 따라 북한의 경제관리방식에서는 당위원회에 의한 집체적 지도와 혁명적 군중노선이 중시되었다.

다섯째, 1970년대 이후에 정립된 '주체의 정치경제학'에서는 근로인민대중(생산주체)의 지위와 역할을 중시했기 때문에 근로인민대중의 요구와 이익에 부합되는 것이라면 새로운 선택과 전환이 가능했다.

북한 경제의 발전경로에서 다른 사회주의국가들과의 차이가 나타나는 것도 전략적 노선의 독자성 때문이었다. 북한의 전략적 노선의 '독자성'이 성공의 길을 걸어왔다고 말하려는 것이 아니라 그것이 향후 경제발전전략에 영향을 미친다는 점을 지적하려는 것이다. 현재 김정은 위원장의 전략적 노선에는 이전 시대의 전략적 노선에 대한 계승과 혁신이 동시에 담겨 있는데 그 밑바탕에는 독자성이 도저하게 흐르고 있다.

중공업의 우선발전과 경공업·농업의 동시발전 전략은 오래 지속되지 못하였다.[758] 1960년대에 경제건설과 국방건설의 병진노선이 채택됨에 따라 중공업의 우선발전 전략으로 급선회하였던 것이다.

북한은 중공업의 우선발전을 추구한데 따른 산업 불균형을 감내해야 했고, 1989년에야 《경공업발전 3개년계획》(1989~91년) 및 《경공업의 해》(1989년)를 발표할 수 있었다. 1993년 12월에는 제3차 7개년계획의 완충기(1994~96년)를 설정하면서 그 중점과업으로 농업·경공업·무역 제일주의(혁명적 경제전략)를 제시했다.

북한은 김정일 시대에 '고난의 행군'을 거치면서 2002년 9월부터 선군시대 경제건설노선을 채택하게 되는데 이는 중공업의 우선발전을 국방공업의 우선발전으로 대체한 것이었다.[759]

김정은 시대에는 경제건설과 핵무력 건설의 병진노선을 거쳐 경제건설 총력집중노선에 안착했는데 후자는 김일성 시대의 끝 무렵에 발표된 농업·경공업·무역 제일주의와 친화성을 갖는다.

김정은 시대가 최첨단 과학기술에 의한 경제발전을 추구한다는 점에서 이전과는 다른 양상이지만, 인민생활 향상을 전면에 내걸면서 경공업·농업에 대한 국가투자를 확대하고 대외경제협력과 교류를 확대하려고 한다는 점에서는 유사성이 관찰된다. 김정은 시대에 김일성 시대의 '혁명적 경제전략'을 되살려낸 것에서, 사회주의경제강국 건설과 인민생활 향상을 위한 '미완未完의 혁명'을 완수하려는 의지를 읽을 수 있다.

2. 경제건설과 국방건설의 병진

"오늘 우리의 혁명투쟁과 건설사업에서 가장 중요한 것은 조성된 정세의 요구에 맞게 사회주의건설의 전반적 사업을 개편하며 특히 원수들의 침략책동에 대비하여 국방력을 더욱 강화할 수 있도록 경제건설과 국방건설을 병진시키는 것입니다."(김일성)[760]

북한에서 경제건설과 국방건설의 병진노선은 어떻게 시작되었을까? 북한이 1950년대에 채택한 중공업의 우선발전과 경공업·농업의 동시발전 전략은 자립적 민족경제건설노선이라는 총노선의 '해당 시기'의 발전전략이었다. 중공업의 우선발전과 경공업·농업의 동시발전 전략은 시대상황에 따라, 현실여건에 따라 조정될 수 있는 성격의 것이었다. 북한이 1960년대에 처한 안보위기는 경제건설과 국방건설의 병진노선을 초래했다. 이러한 노선의 변화에도 불구하고 자립적 민족경제건설노선에는 변함이 없었다.

북한은 1950년대에 이미 서막序幕을 연 중소분쟁中蘇紛爭의 소용돌이 속에서 자위自衛의 중요성이 높아진데다가 1958년에 중국인민지원군의 완전 철수, 대對소련 관계의 악화로 인해 무기 확보에 차질을 빚었다.[761] 김일성 당 위원장은 1962년 12월에 열린 당 중앙위원회 제4기 제5차 전원회의에서 경제건설과 국방건설의 병진노선을 제시했고,[762] 이때부터 경제와 국방에 대한 자원 배분의 불균형 문제가 눈앞의 현실이 되었다.

그는 1963년 《신년사》에서 "전당과 전체 인민이 무장하고 항상 준비되고 동원된 태세를 견지하며 우리의 온 국토를 철벽의 요새로 전변시켜야 하겠습니다. 우리의 전체 당원들과 근로자들은 한 손에는 무기를 들고 다른 한 손에는 낫과 마치를 들고 원수들의 침해로부터 조국의 모든 초소를 믿음직하게 수호하면서 사회주의를 더욱 성과적으로 건설하여야 하겠습니다"라고 강조했다.[763] 병진노선의 정당성을 호소했던 것이다. 이렇게 시작된 병진노선은 북한의 영도집단과 인민들의 사고와 행동을 지배해오고 있다. 국가 수호와 사회주의 건설을 위해 전쟁에 대비해야 하는 것을 북한의 영도집단과 인민들은 숙명처럼 여겼다.

1) 경제건설과 국방건설의 병진 선언과 후속조치

김일성 당 위원장은 1965년 10월에 열린 당 창건 20주년경축대회의 《보고》에서 자립적 민족경제건설노선을 거듭 강조하면서 경제건설과 국방건설의 병진노선에 대해 다음과 같이 말했다.

> "우리 당은 미 제국주의 침략세력과 직접 맞서있는 조건에서 평화적 경제건설과 국방건설을 언제나 옳게 배합하여 진행하였습니다.… 우리는 사회주의 건설을 최대한으로 다그치면서 국방력을 백방으로 강화하는 당의 일관한 방침을 철저히 관철하여야 하겠습니다. 우리는 언제나 경제건설과 국방건설을 잘 배합하여야 합니다. 전쟁이 일어날까 두려워 경제건설을 잘하지 않는 것도 잘못이며 경제건설에만 치우치고 전쟁에 대비하지 않는 것도 잘못입니다. 제국주의자들과 그 앞잡이들이 전쟁을 일으킬 수 있다는 것을 예견하여 그에 맞설 수 있도록 만단의 준비를 하여야 하며 이와 함께 평화적 건설의 모든 조건과 가능성을 이용하여 경제건설을 힘 있게 밀고나가야 합니다.… 우리의 자립적 경제토대를 더욱 더 튼튼히 하여야만 인민들의 안정된 생활도 보장할 수 있고 국방력도 강화할 수 있습니다." [764]

그는 경제건설과 국방건설을 '잘 배합하여야' 한다고 지시했다. 그는 국제적 여건과 안보환경이 어쩔 수 없으니 이를 현실로 받아들이고 병진의 배합을 잘 해나가야겠다는 인식을 갖고 있었다. 특히 '평화적 건설의 모든 조건과 가능성을 이용하여' 경제건설에 매진해야 한다는 생각이었다. 경제건설은 자립적 경제토대를 확립하는데 초점을 맞춰야 인민생활의 안정화와 국방력 강화가 가능하다고 강조했다. 그의 《보고》는 당·국가·군대의 모든 부문과 단위에서 《학습제강》으로 배포되어 교양사업이 전개되었고, 북한은 국정의 모든 활동에서 경제건설과 국방건설의 병진노선에 초점을 맞추었다.

북한은 1965년의 정세를 예민하게 관찰하던 중 미국의 베트남전쟁 확전과 한일 국교정상화 등을 안보위기로 단정했다. 1966년 10월 5일 제2차 조선로동당 대표자회에서는 '원수들의 침략책동에 대비하여 국방력을 더욱 강화할 수 있도록 경제건설과 국방건설을 병진'시키는 노선이 거듭 천명되었다. 경제건설과 국방건설을 병진시킨다는 것이었지만 실제로는 국방력 강화를 위해 자원배분에서 민간경제를 희생시킬 수밖에 없었다.[765] 북한이 처한 딜레마는 울며 겨자 먹기와 흡사했다.

북한은 제1차 7개년계획(1961~67년)을 3년 연장하면서 '군 현대화' 방침을 내걸었고 1967년부터 국방비를 대폭 증액하였다.[766] 병진노선이 수행되는 가운데 1960년대 말에 군수공업을 담당하는 제2기계공업부가 신설되고 1970년대 초에 제2경제위원회가 신설되는 등 국방공업이 별도의 경제부문으로 분리되었다.[767] 병진노선은 인민경제 발전에서 제약이 있더라도 국방력을 강화하겠다는 것[768]이었음이 분명해졌다.

병진노선에는 당적 지도 아래에 놓인 계획경제 시스템의 구조적 특성, 중공업의 우선발전에 따른 실적實績, 자립적 민족경제건설노선 등이 복합적으로 작용했다. 병진노선은 1962년의 당 중앙위원회 제4기 제5차 전원회의에서 '방향적으로' 채택되었고 1966년의 제2차 당대표자회에서 기정사실화 되었다. 북한은 병진노선에 따라 국가예산의 30%를 국방부문에 투입해 국방공업을 육성하는 한편, 무기수입도 늘려나갔다. 국가 살림살이가 전반적으로 긴장사태에 놓이지 않을 수 없었다.

그래서인지 김일성 당 총비서는 제2차 당대표자회에서의 《현 정세와 우리 당의 과업》이라는 보고에서 '조성된 정세'를 강조하며 병진노선의 정당성을 소상히 밝혔다.

"오늘 우리의 혁명투쟁과 건설사업에서 가장 중요한 것은 조성된 정세의 요구에 맞게 사회주의건설의 전반적 사업을 개편하며 특히 원수들의 침략책동에 대비하여 국방력을 더욱 강화할 수 있도록 경제건설과 국방건설을 병진시키는 것입니다.… 전쟁이 일어나면 다 파괴될 것이라 하여 국방건설에만 치우치고 경제건설을 제대로 진행하지 않는 것도 잘못이며 평화적 기분에 사로잡혀 경제건설에만 치우치고 국방력을 충분히 강화하지 않는 것도 잘못입니다.… 우리는 전쟁이 일어날 위험성이 커진다고 하더라도 국방력을 더욱 강화하는 한편 경제건설을 계속 힘 있게 전개하여 나라를 부강하게 하고 인민생활을 향상시키며 사회주의와 공산주의에로의 전진을 촉진하도록 하여야 합니다.… 우리는 또한 전쟁이 당장 일어나지 않는다고 하더라도 경제건설을 적극 추진시키는 한편 국방력을 계속 강화하여 제국주의의 침략으로부터 혁명의 전취물을 수호하며 조국과 인민을 보위할 수 있도록 항상 준비하고 있어야 합니다.…

우리 당은 이미 1962년에 소집되었던 당중앙위원회 제4기 제5차 전원회의에서 경제건설과 국방건설을 병진시킬 데 대한 방침을 제기하고 경제건설을 개편하는 한편 국방력을 더욱 강화하기 위한 일련의 중요한 대책을 세웠습니다.… 조성된 정세에서 우리는 사회주의경제건설을 계속 추진시키면서 이와 병행하여 국방건설을 더욱 강력히 진행하여야 하겠습니다.… 이렇게 하자면 많은 인적 및 물적 자원을 국방에 돌려야 할 것이며 이것은 우리나라의 경제발전을 일정하게 지연시키지 않을 수 없을 것입니다.…

우리 당은 군대의 간부화, 군대의 현대화, 전체 인민의 무장화, 전국의 요새화를 군사노선의 기본내용으로 규정하고 그것을 실생활에 구현하기 위하여 꾸준히 노력하여왔으며 여기에서 이미 커다란 성과를 달성하였습니다. 우리는 앞으로도 당의 군사노선을 계속 견지하며 그것을 철저히 관철하여야 하겠습니다." [769]

그가 말한 '조성된 정세'는 안보위기를 뜻하는 것이었고, 병진노선에 의거하여 '사회주의건설의 전반적 사업을 개편'할 것을 호소하면서 국방건설을 위해 많은 인적 및 물적 자원을 국방에 돌릴 것과 4대 군사노선을 견지하고 관철할 것을 지시했다. 그는 이 과정에서 '경제발전을 일정하게 지연시키지 않을 수 없을 것'이라고 인정했다. 북한이

1966년에 처한 현실은 경제의 고속성장을 추구하면서 국방건설에도 총력을 기울여야 하는 주마가편走馬加鞭의 처지였다.

2) 자주노선과 연계, '새로운 혁명적 고조' 강조

북한은 1966년 10월 제2차 당대표자회에서 병진노선과 함께 자주노선을 천명했다. 그 직접적인 요인은 중국의 내정간섭과 중국의 반제反帝투쟁에 대한 소극성 때문이었다. 조선로동당 기관지 『로동신문』은 1966년 8월 12일자 사설《자주성을 옹호하자》에서 중국의 북한에 대한 내정간섭의 부당성을 지적하고, 중국이 소련과의 이념논쟁에 빠져 반제투쟁에서 소극적인 자세를 보인 것을 대놓고 비판했다.[770]

북한의 자주노선은 자국의 의사결정에 대한 외국의 간섭과 개입을 차단하겠다는 선언이었고, 사회주의진영의 경제·군사 원조의 차단이라는 불이익을 감수하겠다는 것이었다.

북한은 이 상황에서 경제자립과 국방력 강화의 두 마리 토끼를 잡아야 했고, 경제건설과 국방건설을 동시에 밀고 나가는 전략을 구사하여야 했다. 군 현대화와 국방에서의 자위를 중시하고 경제건설과 국방건설 중에 후자에 선차적인 중요성을 부여한 병진노선에 따라, 북한은 안보위기의 대응에서는 성과를 거두었지만 과도한 군사비 지출로 인해 경제발전 지체의 늪에 빠져들지 않을 수 없었다.[771]

김일성 당 총비서는 1967년 7월에 열린 당 중앙위원회 제4기 제16차 전원회의에서 제2차 당대표자회의 결정을 관철할 것을 촉구하면서 새로운 혁명적 고조를 일으켜야 한다고 강조했다. 그는 전원회의《결론》에서 경제건설과 국방건설 병진노선의 관철을 위한 사상적 준비와 투쟁 강화를 촉구했다.

"경제건설과 국방건설을 병진시킬 데 대한 이 새로운 혁명적 노선을 관철하려면 첫째로는 모든 부문, 모든 단위의 간부들과 근로자들이 사상적 준비를 철저히 하여야 할 것이며, 둘째로는 인민경제 모든 부문에서 소극성과 보수주의, 낙후와 침체를 반대하여 강하게 투쟁하며 지난날보다 몇 배, 몇 십 배의 노력을 하여야 할 것입니다. 그리하여 사회주의 경제건설 분야에서나 국방건설 분야에서나 할 것 없이 모든 분야에서 천리마의 대진군을 계속하며 새로운 혁명적 고조를 일으켜야 할 것입니다.…

당대표자회 결정을 관철하며 특히 경제건설과 국방건설의 방대한 과업을 성과적으로 수행하려면 반드시 당 안에서나 당 밖에서 강한 사상투쟁이 벌어져야 합니다. 경제건설과 국방건설을 병진시키는 것과 같은 당의 새로운 혁명적 노선이 아무런 투쟁도 없이 그저 무난하게 그리고 순조롭게 집행되리라고 믿는 것은 어리석은 생각입니다." [772]

그는 천리마대진군의 지속과 혁명적 고조를 강조하고 경제건설과 국방건설의 과업 수행을 위한 당 안팎의 사상투쟁을 호소했다. 경제건설과 국방건설에 나서는 당·국가의 간부들과 근로자들에게는 사상적 준비, 소극성·보수주의와 낙후·침체 반대투쟁을 지침으로 제시했다. 이는 경제건설과 국방건설을 동시에 추진해야 하는 절박한 상황에서 정신무장을 앞세워야 했음을 보여준다.

그는 이어서 1968년 4월에 열린 당 중앙위원회 제4기 제17차 전원회의 확대회의에서도 "우리는 조성된 정세에 대처하여 경제건설과 국방건설을 더 잘하기 위한 1968년 인민경제발전계획을 토의"했다고 밝히고 병진노선에 대한 강한 실천의지를 보였다.[773] 이 무렵에 한반도에서 냉전이 극에 달하였고, '조선혁명의 대사변을 맞이하기 위한 준비'를 강화하자는 정치구호가 북한을 뒤덮었다.

"오늘 인민경제부문들 앞에 나서고 있는 가장 선차적인 과업은 모든 힘을 다하여 국방건설을 지원하는 것입니다.… 금속공장과 기계공장을 비롯한 모든 부문의 공장, 기업소들에서는 국방건설에 필요한 자재와 설비들을 먼저 잘 생산하여주어야 하겠습니다.…

우리는 내일 아침 당장 전쟁이 일어난다 하여도 오늘밤 12시까지는 당이 내세운 방침대로 최대한으로 증산하고 절약하기 위하여 투쟁하며 국방건설도 하면서 사회주의경제전설을 계속 힘 있게 밀고나가야 합니다.… 우리가 경제건설과 국방건설을 잘하여야만 혁명적 대사변을 주동적으로 맞이할 수 있습니다." [774]

그는 국방건설 지원이 인민경제의 선차적인 과업이라고 명시할 정도로 1968년에 국방건설을 중시했다. 금속·기계공업 부문에서는 국방건설에 필요한 자재·설비를 생산·공급하는 것을 가장 중요한 과제로 삼아야 한다고 강조하기도 했다. 중국과의 관계에서 자주노선을 선언한 이후 경제적 자립이 중요해진 가운데 '새로운 혁명적 고조'에 더해 '혁명적 대사변'까지 대비해야 하는 정세의 급변 때문에 경제건설과 국방건설의 병진노선은 날로 중요성을 더해갔다.

3) 1970년대의 병진노선 지속

북한은 긴장이 고조된 가운데 병진노선에 집중하며 1970년대를 맞이했다. 1970년 11월에 개최된 조선로동당 제5차 대회는 1970년대를 새로운 연대로 만들려는 강력한 의지를 보인 정치행사였다. 김일성 총비서는 제5차 대회의 《사업총화보고》에서 경제건설과 국방건설의 병진노선의 정당성을 거듭 역설하고 이 노선을 지속적으로 견지해나갈 뜻을 천명했다.

"우리 당은 언제나 국방사업에 깊은 관심을 돌려왔으며 경제건설과 국방건설을 옳게 배합하여 진행하였습니다.… 오늘에 와서는 튼튼한 자립적인 국방공업기지가 창설되어 자체로 조국보위에 필요한 여러 가지 현대적 무기와 전투기술기재들을 만들 수 있게 되었습니다.
우리의 국방력은 매우 크고 비싼 대가로 이루어졌습니다. 털어놓고 말하여 우리의 국방비 지출은 나라와 인구가 적은데 비해서는 너무나 큰 부담으로 되었습니다. 만약 국방에 돌려진 부담의 한 부분이라도 덜어 그것을 경제건설에 돌렸더라면 우리의 인민경제는 보다 빨리 발전하였을 것이며 우리 인민들의 생활은 훨씬 더 높아졌을 것입니다. 그러나 정세는 이렇게 하는 것을 결코 허용하지 않았습니다.… 우리는 나라의 경제발전과 인민들의 생활향상에 많은 제약을 받으면서도 조국보위의 완벽을 기하기 위하여 국방력을 강화하는데 큰 힘을 돌리도록 하였습니다.…

조성된 정세에 대처하여 우리는 사회주의건설을 최대한으로 다그치면서 이와 병행하여 국방력을 더욱 강화하여야 하겠습니다. 우리는 당이 이미 내놓은 전체 인민의 무장화와 전국의 요새화, 전군간부화와 전군현대화 방침을 계속 견지하며 국방에서 자위의 원칙을 더욱 철저히 관철하여야 합니다.… 우리는 어디까지나 우리나라의 실정에 맞는 무기들을 많이 만들어내며 우리나라의 공업발전 수준에 따라 군사장비를 현대화하여나가는 원칙을 견지하여야 하겠습니다." [775]

그는 제5차 당 대회에서 북한의 경제규모와 인구에 비해 지나친 국방비 지출과 국방공업기지 자립화로 인해 치러진 크나큰 대가를 시인했다. 정세 탓으로 돌리기는 했지만 국방비 때문에 인민생활 향상에 지장이 초래된 데 대한 아쉬움을 토로하기도 했다.

그러나 사회주의건설과 국방력 강화의 병진을 포기할 수 없다는 것, 국방에서의 자위의 원칙에 따라 4대 군사노선과 군사장비의 현대화를 견지하겠다는 뜻을 재천명했다. 경제건설과 국방건설은 한정된 자원을 배분하는데 있어서 상호배타적일 수밖에 없다. 북한의 국가예산에서 군사비가 차지하는 비중은 1967~71년에 30%가 넘었고 1972년부터 12~17%로 발표됐지만 실제로는 25% 수준으로 추정되었다.

병진노선이 북한 경제에 가한 충격과 여파는 상당한 것이었다. 첫째, 기계·화학공업을 중심으로 한 중화학공업이 군수산업에 계열화되어 국방공업 위주의 산업체계가 형성되었다. 둘째, 경제구조의 내재적 한계가 지속되면서 경제발전에 차질을 빚었고 인민생활의 희생이 불가피했다.[776]

셋째, 제1차 7개년계획의 초반에만 해도 중공업의 우선발전과 경공업·농업의 동시발전의 전략이 어느 정도는 지켜졌지만 병진노선의 공식화에 따라 자원이 국방공업에 집중되면서 계획 달성이 어려워졌고 계획기간을 3년 연장하였다. 넷째, 국방공업의 비중이 커진 반면에 인민경제 전반의 효율성은 떨어졌다. 북한에서 무기생산공장은 강계공업지구에, 일반군수공장은 신의주공업지구에, 전시전환 공장은 평양공업지구에 집중 배치되면서 제철·제강, 정유·화학, 철도운수 등 다른 연관 산업과의 연계 발전에 지장을 초래했다.[777]

북한은 1970년대에 병진노선에 따라 중화학공업을 중심으로 한 사회주의공업화에는 일정한 성과를 거둘 수 있었지만, 군수산업의 소비적 측면으로 인해 확대재생산에 필요한 축적에는 어려움을 겪었다. 산업부문별·지역별 균형발전에도 부정적인 영향이 있었다. 1970년대의 북한은 3대혁명소조운동을 전개하면서 기술혁명에 남다른 노력을 기울였지만, 내포적 성장시스템을 구축하는데 필요한 과학기술부문에 국가투자를 집중할 수 없었다. 이처럼 여러 가지 문제가 있음에도 불구하고 1970년대에 병진노선을 지속할 수밖에 없었던 북한의 처지는 그 뒤에도 바뀌지 않았다.

4) 1960~70년대 병진노선의 후유증

북한이 경제건설과 국방건설의 병진을 추구함에 따라 자원 배분에서 양자 간의 상충점trade-off point이 있음을 김일성 총비서도 시인한 바 있다. 국방건설에 막대한 재원이 투입됨으로써 인민경제 발전에 장애가 초래되고 있음을 인식하고 있었던 것이다.[778]

그는 1965년 《신년사》에서 1962년 이후 국방력 강화에 투자를 집중한 결과, 제1차 7개년계획에서 달성하려던 경제발전이 예상보다 부진했음을 인정했다. 그는 "최근 2~3년 동안 우리가 조성된 정세에 대처하여 국방력을 강화하는데 더 큰 힘을 돌리지 않을 수 없었던 관계로 우리나라 경제발전이 예견하였던 것보다 일정하게 지연된 것은 사실"
이라면서, "우리는 이제부터 중공업에 화력을 집중하고 인민경제의 모
든 부문을 더욱 빨리 발전시킴으로써 7개년계획을 반드시 완수하여
야" 한다고 역설했다.[779]

그는 제1차 7개년계획(1961~67년)의 3년 연장도 국방부문 투자 때문
이었다고 인식했다. 그는 1971년 12월 2일에 당간부양성기관 교원들
앞에서 한 연설에서 "나라의 방위력을 튼튼히 다지기 위하여 7개년계
획 수행을 3년 동안 연기하고 국방건설에 더 많은 자금을 돌리도록 하
였습니다. 그렇게 한 결과 오늘 우리는 자체의 힘으로 여러 가지 현대
적 무기와 군수물자를 만들어 낼 수 있게 되었습니다"라고 말했다.[780]

그는 1972년 1월에 일본 『요미우리신문讀賣新聞』과의 인터뷰에서
"우리 당은 경제건설과 국방건설을 병진시킬 데 대한 새로운 노선을
내놓았으며 이 노선에 따라 사회주의건설의 전반적 사업을 개편하고
국방건설에 많은 자금을 돌리었습니다. 이리하여 7개년 인민경제계획
을 수행하는데 더 많은 시일이 걸리게 된 것입니다"라고 밝혔다.[781] 국방
부문 투자의 확대로 인해 제1차 7개년계획 기간의 연평균 성장률은 목
표치인 18%에서 5.2%가 부족한 12.8%에 그쳤으며,[782] 경공업 투자액을
국방공업에 전용함으로써 인민들의 실생활에 부정적인 영향을 미쳤다.

김일성 주석은 1975년 3월 5일 모잠비크해방전선 위원장과의 담화에
서 국방공업 투자로 인한 인민생활의 희생을 합리화하는 발언을 하였다.

"7개년계획 기간에 국방건설에 추가적으로 큰 힘을 넣다보니 1961년에 시작
하여 1967년에 끝내기로 되었던 7개년계획을 1970년에야 끝냈습니다. 7개년
계획을 3년 늦어 끝냈지만 우리는 그 기간에 전민무장화와 전국요새화를 실
현하였습니다. 만일 우리가 그때 국방건설을 잘하여 나라의 방위력을 강화하
지 않았더라면 1968년에 있은《푸에블로》호사건과 1969년에 있은《이씨-121》
사건 때 민족의 존엄과 나라의 자주권을 지켜낼 수 없었을 것입니다. 우리 당
제5차대회에서 7개년계획 수행정형을 총화하였는데 전체 당원들이 경제건설
과 국방건설을 병진시킬 데 대한 당의 노선이 전적으로 옳았다는 것을 한결

같이 인정하였습니다." [783]

　제1차 7개년계획 기간에 국방건설에 주력하다보니 3년 더 걸려 1970년에 종료되었다는 발언은 다른 자리에서도 하던 것이었지만, 그 기간에 전민무장화와 전국요새화를 실현했다고 밝힌 것은 특별한 일이었다. 전민무장화는 금속·기계공업의 민간부문이 병기생산에 참여했음을 말해준다. 전국요새화는 민간 건설역량이 전국토의 지상·지하 군사시설의 확충에 참여했음을 시사한다. 4대 군사노선 중에 전군간부화와 장비현대화는 군대와 국방공업의 내부 사정에 해당되지만 전민무장화와 전국요새화는 군대 밖의 것이니만치 민간경제에 미치는 영향은 엄청났을 것으로 추정된다. 그런 사정 때문에 1970년에 열린 제5차 당 대회에서 경제건설과 국방건설의 병진노선이 '전적으로 옳았다는 것을 한결같이 인정'했다는 말을 덧붙였을 것이다.

5) 국방공업과 극소전자혁명, 1974년 오일쇼크

　북한에서는 1960년대 초반에 이미 새로운 품종의 병기를 생산하기 위해 과학자·기술자들의 연구사업을 독려하는 분위기였다.[784] 1960년대 후반에 들면서 전자공학의 발전을 통한 무기의 현대화·자동화를 강조하기 시작했다.

　중요한 점은 북한도 국방공업의 차원에서 1960년대 후반에 극소전자Micro-electronics혁명에 의한 산업구조조정의 필요성에 눈을 뜨고 있었다는 것이다. 국방공업의 차원에서 극소전자혁명의 중요성을 인식하면서도 이것을 민간경제에서 실행하지는 못했다. 산업혁명의 새로운 흐름에 올라탈 필요가 있었으나 '아는 것'과 '행하는 것'은 달랐다. 국가전략상의 선택과 집중에서 국방공업을 택하였던 것이다.

　김일성 수상은 1968년 10월 김책공업대학 교직원·학생들 앞에서 국방공업과 전자공학의 관계를 다음과 같이 설명한 바 있다.

"지금은 전자시대인 것만큼 우리는 전자공학을 빨리 발전시켜야 합니다. 전자공학을 발전시켜야 인민경제 모든 부문에서 자동화를 널리 실현하여 적은 노력을 가지고 일은 헐하게 하면서도 더 많은 물질적 부를 생산할 수 있으며 중노동과 경노동의 차이를 없애고 공업노동과 농업노동의 차이를 없애며 나아가서는 정신노동과 육체노동의 차이도 없앨 수 있습니다.

국방공업을 위하여서도 전자공학을 빨리 발전시켜야 합니다. 지금 우리나라에 마련된 공업의 토대를 가지고 우리에게 필요한 재래식 무기는 얼마든지 만들 수 있습니다. 그러나 국방공업을 한 계단 더 높이 발전시켜 현대적인 자동화무기들을 많이 생산하려면 자동화계통, 전자공학을 발전시켜야 합니다." [785]

그는 '전자시대'라는 전제 아래 민간경제에서는 인민경제의 자동화를 위해, 국방공업에서는 현대적인 자동화무기 생산을 위해 전자공학의 신속한 발전이 필요하다고 말했다. 이 전략적 방향에 따라 김책공업대학을 비롯한 해당 교육·연구기관에 전자공학의 신속한 발전에 관한 지침이 하달되었을 것으로 추정된다. 이 흐름은 1970년대의 산업정책에도 반영되었다.

북한도 1970년대부터 1990년대 초반까지 지구촌에서 진행된 극소전자혁명을 의식하고 있었고, 기술혁신과 대외무역의 필요성을 강조하면서 새로운 산업정책의 실행에 나섰다. 1970~1980년대에 수립된 6개년계획(1971~76년, 1년 연장), 제2차 7개년계획(1978~86년, 2년 연장), 제3차 7개년계획(1987~93년) 등에서는 산업구조 조정을 통해 경제발전을 모색하려는 색채가 짙었다. 6개년계획에서 사회주의공업화의 성과를 공고히 하고 기술혁신을 새로운 단계로 진전시켜 사회주의의 물질적·기술적 토대를 튼튼히 하면서, 인민경제의 모든 부문에서 근로자를 과중한 노동에서 해방시키는 것을 기본과업으로 상정했다.[786]

과중한 노동으로부터의 해방에는 인민경제의 자동화가 필수적이고 이것은 극소전자혁명과 깊은 관련이 있다. 이 기간에 중공업부문에서 경제적 자립성을 확고히 하고 국방력 강화를 추진하기로 했으며, 경공업부문에서는 인민소비품의 다양화와 품질 향상을 중심과제로 삼았다.

북한은 6개년계획 기간에 산업설비의 현대화를 추진하면서 서방세계로부터 차관을 적극적으로 도입했다. 1970년대 초반의 동서데탕트의 분위기를 타고 해외자본과 기술도입의 기회를 살렸던 것이다. 그러나 중공업에 대한 과도한 투자, 석유파동으로 인한 수입원자재의 가격상승, 주요 수출품(비철금속 등)의 국제가격 하락, 과도한 군사비 부담 등으로 인해 무역수지 적자폭은 점점 커졌고 북한은 급기야 1986년에 국제채무 불이행국이 되었다.[787]

1974년에 오일쇼크라는 복병을 만난 북한은 자본주의 세계시장에 적응하기도 전에 무대에서 퇴장하는 '불운不運'을 맛보았다. 북한은 극소전자혁명의 새 물결에 제대로 올라타지 못했을 뿐 아니라 산업구조의 조정에도 성공하지 못했다. 엎친 데 덮친 격으로 1976년에는 8·18 판문점 도끼사건이 일어났다. 이 사건으로 인해 정세가 극도로 긴장되었고, 북한은 말로는 병진노선이었지만 실제로는 국방건설에로의 쏠림 현상을 피할 길이 없었다.

김일성 주석은 6개년계획이 1년 연장되었던 1977년 7월에 기계공업부문일군협의회에 참석해 기계공업부문의 과업을 제시하면서 '뜻하지 않은 사건으로 하여 일어날 수도 있는' 전쟁에 대비할 것을 강조하게 된다.

"우리는 모든 문제를 생각할 때 언제나 전쟁에 대하여 먼저 생각하여야 하며 전쟁에 대처할 준비를 철저히 갖추어야 합니다.… 모든 기계공장들에서 전시에 무엇을 하겠는가 하는 것을 구상하고 미리부터 준비를 잘하였다가 일단 전쟁이 일어나면 생산을 본격적으로 다그쳐 전쟁승리에 적극 이바지하여야 하겠습니다. 또한 기계공업부문에서는 전쟁이 일어나도 이미 하던 생산을 계속하며 기계설비들을 안전하게 보존하기 위한 대책을 세워야 합니다.… 모든 기계공장들에서 전시생산을 보장하며 기계설비들을 안전하게 보존할 수 있는 대책을 철저히 세워야 하겠습니다." [788]

그는 모든 기계공장들에서 전시戰時 생산 보장과 기계설비들의 안전한 보존 대책을 수립할 것을 촉구할 정도로 전쟁을 우려하고 있었다. 북한의 '전쟁 재발 우려'는 1960년대 후반을 넘어 1970년대에도 지속되었으며, 병진노선 아래 실제로는 국방건설을 우선시하는 방침이 6개년계획 기간 내내 관철되었다. 이 기간에 중공업에 대한 과도한 투자, 과도한 군사비 부담에 시달렸다.[789] 한편, 북한은 1970~80년대에 경제성장의 둔화에 직면하여 기술혁신과 대외경제협력의 모멘텀momentum을 만들려고 노력했다. 북한은 제한적이기는 하지만 대외개방 확대를 시도했고 내부적으로 '경제개혁'에 관한 논의도 해보았지만 성과보다는 부작용을 우려하는 소리가 높았고, 그럴 때마다 기존 전략으로 회귀할 수밖에 없었다.

북한은 세계적인 탈냉전 하에서 다른 사회주의국가들의 개혁·개방 정책과는 판이判異한 독자적인 사회주의의 길('우리식 사회주의'로 정식화)을 걸으면서 기존의 전략적 노선을 고수했다.[790] 자주노선과 자력갱생을 생명으로 여기는 북한으로서는 펄쩍 뛸 이야기가 될지 모르겠지만, '자의반 타의반'의 측면이 없다고 할 수도 없었다.

북한이 1970년대 중반 이후 경제통계를 거의 발표하지 않아 산업정책의 성과에 관한 계량적 평가는 어려운데, 남한 통계청의 추정자료는 북한의 실질성장률이 1980년에 3.8%, 1985년에 2.7%를 유지하다가 1990년에 들어서는 마이너스 성장률을 기록한 것으로 평가하고 있다. 북한 경제는 1990년대 초반부터 장기침체에 빠져들었고 침체에서 탈출하려고 안간힘을 다했지만, 김일성 주석은 생전에 끝내 경제회복을 보지 못하였다. 북한 경제는 인민생활과 직결된 인민소비재 생산의 낙후에서 벗어나지 못했고 산업부문 간의 불균등도 심화되었다.

외부 전문가들은 북한의 경제침체를 몇 가지 원인으로 설명한다. 다른 사회주의 국가들의 체제 전환과 이들의 대북한 경제협력 중단, 병진노선 아래 중공업 우선과 국방예산 증가 및 자원의 비효율적 배분, 노동의욕 저하 등이 그것이다.[791] 이에 반하여 북한에서는 선대先代수령의 '무오류성'의 연장선에서 김일성 시대의 전략적 노선이 전적으로 옳았다고 평가한다. 이 평가에서 북한이 중시한 것은 '체제 전환'의 높은 파고波高 속에서 '우리식 사회주의' 체제를 유지한 것과 독자적인 전략노선에 따라 자립적 민족경제건설노선을 견지해왔다는 점이다.

북한과 외부의 평가는 평행선을 그을 수밖에 없지만, 북한이 1990년대 중반의 '고난의 행군'에서 살아남아 지금 대혁신의 엔진을 돌리는 것을 보면 격세지감隔世之感을 넘어서 상전벽해桑田碧海의 느낌을 주는 것은 사실이다.

김일성 주석은 1978년에 시작된 제2차 7개년계획에서 인민경제의 주체화·현대화·과학화 노선을 전격적으로 제시하여 1980년대를 새로운 전략적 노선으로 맞이했다. 1960년대 초반에 시작되어 1970년대 후반까지 지속된 병진노선으로는 과학기술혁명시대를 감당하기 어렵다는 각성이 북한의 영도집단에서도 있었던 것 같다. 김일성 시대에 첫 발을 떼기 시작한 인민경제의 주체화·현대화·과학화 노선은 김정일 시대를 거쳐 김정은 시대에 와서도 그 경제철학적 가치가 계승되고 있다.

경제건설과 국방건설의 병진노선이 전략적 노선에서 사라진 것은 아니었다. 병진노선은 김정일 국방위원장이 2002년 9월에 제시한 선군시대 경제건설노선(국방공업의 우선발전과 경공업·농업의 동시발전)으로 계승된 바 있고 김정은 시대에 들어와서는 경제건설과 핵무력 건설의 병진노선으로 재차 계승된 바 있다. 다만 병진노선이 일정 기간 뒤에 새 전략적 노선에 바통을 넘기는 과도적 기능을 수행했다는 점도 유념할 필요가 있다.

경제건설과 국방건설의 병진노선은 인민경제의 주체화·현대화·과학화 노선에, 선군시대 경제건설노선은 과학기술발전 전략과 경제강국 건설노선에, 경제건설과 핵무력건설의 병진노선은 경제건설 총력집중노선에 각각 바통을 넘겼다.

북한 경제발전전략의 역사를 보면, 안보위기에 대처해야 할 때면 어김없이 병진노선을 다시 불러오고, 그 위기가 가시거나 가실만한 객관적 변화가 있을 때면 전략적 노선을 다시 바꾸었다. 체제와 국가의 안전보장이 경제발전에 우선하는 나라, 조선민주주의인민공화국의 피할 수 없는 운명運命인지도 모른다.

3. 인민경제의 주체화·현대화·과학화와 혁명적 경제전략

"인민경제의 주체화, 현대화, 과학화는 사회주의, 공산주의 경제건설에서 일관하게 견지하여야 할 전략적 노선입니다."(김일성)[792]

"우리는 변화된 환경과 혁명발전의 요구에 맞게 경제구조를 개조하고 앞으로 몇 해 동안 경제건설에서 농업제일주의, 경공업제일주의, 무역제일주의를 실현하는 방향으로 나가야 합니다."(김일성)[793]

북한은 과학기술혁명의 시대정신을 전략적 노선에 담아내려고 구상했다. 그것은 제2차 7개년계획(1978~86년, 2년 연장)에서 인민경제의 주체화·현대화·과학화 노선으로 나타났다. 제2차 7개년계획은 인민경제의 주체화·현대화·과학화를 촉진해 사회주의 경제토대를 더욱 강화하고 인민생활을 한 단계 더 높이는 것을 기본과업으로 삼았다. 이 노선은 자립적 민족경제건설노선을 해당 시기에 맞게 선택한 발전전략이었다. 이 노선은 제2차 7개년계획 기간뿐 아니라 제3차 7개년계획(1987~93년)에도 이어졌다.

김일성 주석은 1977년 12월 최고인민회의 제6기 제1차 회의에서 《조선민주주의인민공화국 인민경제발전 제2차 7개년(1978~84)계획에 대하여》를 발표하면서 다음의 정책방향을 제시했다.

"제2차 7개년계획 기간에 나라의 풍부하고 다양한 자연부원을 적극 개발하고 효과적으로 이용하며 새로운 공업부문들을 창설하며 국내 자원과 자체의 힘에 의거하여 경제를 더욱 다방면적으로, 종합적으로 발전시켜 민족경제의 자립적 체제를 더 한층 강화하여야 한다. 새 전망계획 기간에 모든 공업부문들에서 종합적 기계화와 자동화를 전면적으로 실시하고 농업을 공업화, 현대화하며 전반적 인민경제의 현대화를 적극 다그쳐 모든 근로자들이 일을 헐하게 하면서도 더 많은 물질적 부를 생산할 수 있게 하여야 한다. 과학연구사업을 앞세우고 과학발전에 큰 힘을 넣어 공업과 농촌경리를 비롯한 인민경제 모든 부문의 생산기술공정과 생산방법, 경영활동을 전반적으로 새로운 과학적 토대 위에 올려 세워야 한다.…

제2차 7개년계획 기간에 사회주의건설에서 자력갱생의 혁명적 원칙을 더욱 철저히 구현하여야 한다.… 모든 일군들과 근로자들이 주체사상으로 튼튼히 무장하고 자력갱생의 혁명정신을 높이 발휘하여 모자라는 것은 찾아내고 없는 것은 만들어내면서 우리의 힘, 우리의 기술, 우리의 자원으로 제2차 7개년계획을 성과적으로 수행하여야 한다. 인민경제 모든 부문, 모든 단위에서 《자력갱생의 혁명정신을 더욱 높이 발휘하자!》는 구호를 높이 들고 나가야 한다." [794]

그는 인민경제의 주체화·현대화·과학화의 실천과 관련해 새로운 공업부문의 창설, 경제의 다방면적·종합적 발전, 모든 공업부문의 기계화·자동화, 농업의 공업화·현대화, 생산기술공정과 생산방법 및 경영활동의 과학화 등을 강조했다. 제2차 7개년계획 기간에 주체화·현대화·과학화를 내걸면서도 '자력갱생의 혁명적 원칙'에 의거해 자체의 힘·기술·자원을 강조한 것에서 짐작되듯이 대외경제협력 여건은 여전히 좋지 않았다.

김일성 당 총비서는 1978년 1월에 열린 당 중앙위원회 제5기 제16차 전원회의에서 "전체 당원들에게 편지를 보내어 당원들과 근로자들을 사회주의건설의 웅대한 강령인 제2차 7개년계획의 높은 고지를 점령하기 위한 투쟁에로 힘 있게 불러일으켜야 합니다"라고 하면서 "지금 채취공업, 금속공업, 건재공업, 화학공업을 비롯한 기간공업부문들에서 생산이 계속 올라가고 있으며 제2차 7개년계획을 앞당겨 수행할 수 있는 확고한 전망이 내다보이고 있습니다"라며 자신감을 보였다.[795]

현실은 녹록치 않았고 어금지금한 정책으로는 경제성장의 계기를 만들기가 어려웠다. 이런 상황에서 북한은 1980년대에 인민경제의 주체화·현대화·과학화를 통해 경제발전의 전환적 계기를 만들어내기 위해 이 노선을 줄기차게 밀고 나갔다.

1) 주체화·현대화·과학화 노선과 10대 전망 목표

김일성 당 총비서는 1980년 10월에 개최된 조선로동당 제6차 대회에서 인민경제의 주체화·현대화·과학화를 경제발전의 전략적 노선으로 제시하면서 1980년대 사회주의경제건설의 10대 전망 목표를 내놓았다. 제2차 7개년계획에 돌입한 1978년부터 내걸었던 인민경제의 주체화·현대화·과학화를 1980년대의 전략적 노선으로 확정했던 것이다.

10대 전망 목표는 제3차 7개년계획 기간(1987~93년)에도 이어졌다. 그는 《조선로동당 제6차 대회에서 한 중앙위원회 사업총화보고》에서 다음과 같이 밝혔다.

> "인민경제의 주체화, 현대화, 과학화는 사회주의, 공산주의 경제건설에서 일관하게 견지하여야 할 전략적 노선입니다.… 인민경제의 주체화를 실현하기 위하여서는 무엇보다도 원료, 연료, 동력 문제를 우리나라 자원에 의거하여 더욱 원만히 해결하여야 합니다.…경제가 발전하고 과학기술이 발전하는데 따라 인민경제의 부문구조를 계속 완비하는 것은 인민경제의 주체화를 실현하기 위한 중요한 과업입니다. 우리는 자체의 자원에 의거하는 새로운 공업부문들을 많이 창설하고 공업부문의 생산 공정들을 정비 보강하여 공업의 부문구조를 더욱 완비하여야 합니다.…
> 우리는 인민경제를 현대화하는데 커다란 힘을 넣어 인민경제의 전반적인 기술장비 수준을 더 높이며 우리나라의 기술수준을 하루빨리 발전된 나라들의 수준에 이르게 하여야 하겠습니다. 인민경제 현대화의 목표는 생산의 종합적 기계화, 자동화입니다. 인민경제를 현대화하려면 인민경제 모든 부문에서 뒤떨어진 기술을 발전된 기술로 개조하고 생산의 종합적 기계화와 자동화를 실현하여야 합니다.…
> 무엇보다도 기술공학을 빨리 발전시켜 우리나라 공업의 자립성과 주체성을 강화하고 생산의 기계화, 자동화, 원격조종화를 실현하며 생산기술공정과 생산방법을 개선하는데서 나서는 여러 가지 긴절한 과학기술적 문제들을 원만히 풀어야 하겠습니다. 농업부문에 대한 과학연구사업을 강화하여 농업생산

의 모든 부문을 새로운 과학적 토대 위에 올려 세워야 합니다.⋯ 기초과학부문들에 대한 연구사업을 강화하여야 하겠습니다.⋯ 새로운 과학 분야를 개척하며 최신과학기술의 성과를 인민경제에 널리 받아들이기 위한 연구사업을 전망성 있게 하여야 합니다." [796]

그는 주체화와 관련해 원료·연료·동력문제의 자체 자원에 의거한 해결, 인민경제의 부문구조의 완비(새로운 공업부문 창설 및 공업의 부문구조 완비), 현대화와 관련해 기술·장비수준의 제고, 생산의 종합적 기계화·자동화를 정책 방향으로 제시했다. 과학화와 관련해서는 생산의 기계화·자동화·원격조종화의 실현과 생산기술공정과 생산방법의 개선, 농업부문·기초과학부문의 과학연구사업 강화, 새로운 과학분야의 개척, 최신과학기술 성과의 인민경제부문 도입을 위한 연구사업 등을 제시했다. 주체화·현대화·과학화 노선의 전략적 방향이나 실천대책이 그 자체로는 시대의 흐름에 부합된 것이었지만 그 성과를 내려면 상당한 실행력이 요구되었다.

북한은 제6차 당대회 이후 인민경제의 주체화·현대화·과학화 노선을 모든 경제부문에서 실천하려고 노력했다. 김 총비서는《사업총화보고》에서 주체화·현대화·과학화가 서로 밀접히 연관되어 있으며 하나의 통일적 과정으로 추진되어야 한다고 설명했다.

북한의 입장에서 보면 주체화는 기본원칙이고, 현대화·과학화는 시대적 요청이었다. 다만 자력갱생의 혁명정신이 지배하는 주체화와 대외경제협력의 활성화가 요구되는 현대화·과학화 사이의 간극은 불가피해 보였다. 북한 정부도 이를 충분히 숙고하고 있었음이 분명하다.

북한이 1984년 1월에 열린 최고인민회의에서《남남협조와 대외경제사업을 강화하며 무역사업을 더욱 발전시킬데 대하여》라는 결정을 채택한 것은 인민경제의 현대화·과학화에 대외경제협력이 긴요하다는 인식 때문이었다. 이 결정에는 경제기술교류와 협조, 무역발전을 추구하는 방향이 담겼다.

"인민경제의 규모가 비할 바 없이 커지고 그 기술장비 수준이 높아진 우리나라 경제발전의 현실은 대외무역의 폭을 넓히고 세계 여러 나라들과의 경제기술교류사업을 더욱 확대 발전시킬 것을 절실히 요구하고 있다.… 우리는 날로 강화 발전되는 우리나라 자립적 민족경제의 튼튼한 토대에 의거하여 무역과 대외경제 사업을 전면적으로 확대함으로써 사회주의경제건설을 다그치며 다른 나라들과의 경제기술 교류와 협조를 새로운 높은 단계에로 발전시켜나가야 한다.…

우리는 모든 블럭불가담 및 발전도상 나라들과 필요하고 가능한 분야에서부터 경제기술적 교류와 협조를 실현하면서 점차 그 폭을 넓히며 협조와 교류를 낮은 단계로부터 높은 단계에로 발전시켜나가야 한다. 우리는 우리나라와 지리적으로 가까이 있는 아시아나라들, 특히 동남아시아나라들과의 협조와 교류에 주목을 돌려야 한다.…

우리는 우리나라의 자주성을 존중하는 자본주의나라들과의 경제기술교류와 무역을 적극 발전시켜야 한다." [797]

이 결정은 대외무역과 경제기술교류사업 확대를 중시하면서 동남아 국가들과의 협조와 교류, 자본주의나라들과의 경제기술교류와 무역 발전을 강조해 이목을 끌었다. 이 결정이 내려진 다음 달에 김 주석은 무역부문 책임일군들과 만나 《대외무역을 다각화, 다양화할 데 대한 당의 방침을 철저히 관철하자》라는 담화를 나누었다. 그가 대외무역의 다각화와 다양화를 강조한 것은 1974년에 오일쇼크로 인해 세계자본주의시장의 진입과정에서 북한이 낭패를 본 지 10년 만의 일이었다.

대외무역의 다각화와 다양화 방침은 《합영법》 채택으로 이어졌다. 1984년의 대외경제협력 강화의 움직임은 인민경제의 주체화·현대화·과학화 노선 아래 나온 것이었고, 이것은 정책 선회의 신호탄을 쏘아 올린 것이었다. 김 주석의 담화는 그러한 인식을 잘 보여준다.

"우리나라 경제발전의 현실과 세계 경제발전추세는 대외무역을 더욱 발전시킬 것을 절실히 요구하고 있습니다.… 대외무역을 발전시키지 않고서는 원료와 자재에 대한 인민경제 여러 부문의 수요를 제대로 보장할 수 없습니다. 최근에 세계적으로 과학기술이 급속히 발전하는데 따라 경제의 현대화수준이 높아지고 새로운 공업부문이 많이 창설되고 있습니다. 세계 경제발전추세에 맞게 우리나라 경제의 현대화수준을 빨리 높이고 새로운 공업부문들을 창설하려면 결정적으로 대외무역을 발전시켜야 합니다.…

기본적인 것, 많이 요구되는 것은 자력갱생의 원칙에서 자체로 생산 보장해야 하지만 적게 요구되거나 모자라는 것, 자체로 생산할 수 없는 것은 대외무역을 통하여 해결하여야 합니다. 이렇게 하는 것이 자립적 민족경제건설노선에 맞는 것입니다.… 우리는 무역을 다각화, 다양화할 데 대한 당의 방침을 철저히 관철하여 대외무역에서 새로운 전환을 일으켜야 하겠습니다." [798]

한편, 북한이 인민경제의 주체화·현대화·과학화 노선 아래 1980년대 중반에 대외무역의 다각화와 다양화를 실천하면서, 연합기업소의 조직화에 나선 것도 주목할 만하다. 1973년부터 일부 공장·기업소에서 시작된 연합기업소는 국가적으로 중요하고 핵심적인 공장을 모(母)공장으로 삼아 업종별·지역별로 유사한 공장들을 주위에 배치하는 대규모 공장 트러스트다.[799] 연합기업소를 대대적으로 확대한 것은 공장·기업소 관리의 효율성을 높이고 독립채산제를 강화하여 계획경제의 운영 관리를 정상화하려는 것이었다.

김일성 총비서는 1985년 11월에 열린 당 중앙위원회 정치국회의에서 《연합기업소를 조직하며 정무원의 사업 체계와 방법을 개선할 데 대하여》라는 연설을 하였다. 연설에는 아래의 내용이 담겨 있었다.

"이번에 연합기업소를 조직하는 목적은 생산을 높은 수준에서 정상화하고 독립채산제를 바로 실시하도록 하려는데 있습니다.… 이번에 연합기업소를 합리적으로 조직하고 그에 맞게 경제관리를 개선하면 생산을 높은 수준에서 정상화하고 독립채산제를 바로 실시할 수 있으며 경제사업에서 새로운 전환을 가져올 수 있습니다. 연합기업소를 합리적으로 잘 조직하여야 하겠습니다. 연합기업소는 계획단위, 생산단위, 집행단위이기 때문에 합리적으로 잘 조직하면 큰 은을 낼 수 있습니다.…

연합기업소를 형식적으로 조직하지 말고 경영활동을 자체로 해나갈 수 있도록 연관된 공장, 기업소들을 묶어 잘 조직하여야 하겠습니다.… 연합기업소를 먼저 기간공업부문에 조직하고 다른 부문에는 천천히 조직하여야 하겠습니다. 기간공업부문의 연합기업소를 잘 조직하여 생산을 정상화하도록 하면 나라의 전반적인 경제사업이 풀려나갈 수 있습니다." [800]

그는 연합기업소가 공장·기업소들을 한데 묶은 것이기 때문에 계획·생산·집행단위로 기능할 것이라는 점과 연합기업소의 도입에 따라 생산 정상화, 독립채산제, 경제관리 개선과 경제사업 전환 등의 기대효과가 있을 것이라는 점을 설명했다. 연합기업소의 조직화가 본격화된 1985년에는 중국에서 경제개혁이 급물살을 타고 있었고 구소련에서 페레스트로이카(재편)가 시작되었다. 북한은 연합기업소의 조직화가 생산 정상화를 통한 경제성장의 계기가 될 것이라고 기대했지만 내외의 환경이 모두 불리한 상태였다.

다른 한편, 북한은 1980년대 중반에 인민경제의 주체화·현대화·과학화 노선을 전개하면서 극소전자Micro-electronics혁명을 의식하고 있었으며, 전자와 자동화공업을 중시하는 방향으로 정책 선회를 보였다. 김일성 수상이 일찍이 1968년 10월에 국방공업에서 '전자공학의 신속한 발전' 문제를 제기한 바 있었고, 1970년대를 경과하면서 극소전자혁명이 세계 도처에서 급속히 퍼져나가는 가운데 북한은 1980년대 중반에 전자·자동화공업에 깊은 관심을 갖게 되었던 것이다.

그는 1986년 2월 당 중앙위원회 제6기 제11차 전원회의에서 기술혁명의 촉진을 강조하면서 전자와 자동화공업의 발전에 대해서 다음과 같이 발언했다.

"전자공업과 자동화공업의 발전에 큰 힘을 넣어야 하겠습니다. 전자공업과 자동화공업을 발전시켜야 인민경제 모든 부문에서 자동화, 로봇화를 실현할 수 있습니다. 지금 우리나라에 집적회로공장과 반도체를 생산하는 공장이 있지만 거기서 생산되는 제품을 가지고서는 인민경제 여러 부문의 수요를 충족시킬 수 없습니다. 집적회로공장도 더 차려놓고 반도체 생산기지도 잘 꾸려 여러 가지 집적회로와 반도체소자를 많이 생산하도록 하여야 하겠습니다. 전자공학과 자동화공학을 빨리 발전시켜야 하겠습니다." [801]

그는 1986년에 전자·자동화공업의 신속한 발전, 인민경제의 자동화·로봇화, 반도체와 집적회로 등에 관심을 보였지만 이러한 산업혁신은 자력갱생뿐 아니라 대외경제협력의 확대를 필요로 하였다.

그러나 이 무렵에 사회주의국가들이 급격한 개혁의 소용돌이에 빠져들면서 북한은 대외경제협력을 적극적으로 진행할 처지가 못 되었다. 북한으로서는 가장 중대한 시기에 자력갱생에 의존해야 하는 형편이었다.

2) 사회주의완전승리 테제

북한은 중국 경제개혁과 소련 페레스트로이카의 바람이 강타한 가운데 독자적인 사회주의의 길을 가겠다고 거듭 강조하게 된다. 김일성 주석은 1986년 12월에 개최된 최고인민회의 제8기 제1차 회의에서 《사회주의의 완전한 승리를 위하여》라는 제목의 시정연설을 했다. 연설은 사회주의완전승리 테제를 전면적으로 다루었다. 사회주의완전승리의 목표에 도달하기 위해 자립적 민족경제건설노선을 견지하고 인민경제의 주체화·현대화·과학화 노선을 더욱 촉진시켜 나가야 한다는 내용이 포함되었다.

우리식 사회주의의 지향을 담은 사회주의완전승리 테제는 다른 사회주의국가들과는 판이하게 다른 '주체사회주의'의 독자적인 이론적 틀을 갖추고 있었다. 이를테면 인민정권 강화와 사상·기술·문화의 3대혁명 수행을 사회주의건설의 총 노선으로 삼아 자립적 민족경제건설에 나선다는 것이었고, 당면해서는 인민경제의 주체화·현대화·과학화를 촉진한다는 것이었다. 주체사회주의의 길을 따라갈 때에만 사회주의완전승리에 이를 수 있다는 선언이었다. 북한은 다른 사회주의나라들의 궤도 이탈을 보면서 1986년에만 해도 사회주의완전승리를 통해 공산주의에 도달할 수 있다는 유토피아사상을 간직하고 있었던 것 같다.

김 주석의 《시정연설》에 나타난 사회주의완전승리와 인민경제의 주체화·현대화·과학화의 관련성을 짚어본다.

> "사회주의완전승리를 이룩하기 위하여 경제건설 분야에서 우리가 실현하여야 할 목표는 인민경제 모든 부문이 고도로 현대화되고 부문구조가 완비된 주체적인 경제를 건설하는 것입니다.… 공화국정부는 사회주의경제건설의 이러한 목표를 실현하기 위하여 사회주의 자립적 민족경제건설 노선을 계속 튼튼히 틀어쥐고나가야 하며 인민경제의 주체화, 현대화, 과학화를 더욱 힘 있게 다그쳐야 합니다.…
> 제3차 7개년계획의 기본과업은 인민경제의 주체화, 현대화, 과학화를 계속 힘 있게 다그쳐 사회주의완전승리를 위한 물질기술적 토대를 튼튼히 마련하는 것입니다.…
> 사회주의완전승리를 이룩하기 위하여서는 인민정권을 강화하고 그 기능과 역할을 높여야 합니다.…우리는 인민정권기관들의 사업을 더욱 개선 강화함으로써 사회주의완전승리를 위한 투쟁에서 인민정권의 기능과 역할을 백방으로 높여야 하겠습니다. 공화국정부는 사상, 기술, 문화의 3대혁명의 기치를 계속높이 들고 우리 당의 3대혁명 노선을 철저히 관철하여야 합니다." [802]

김 주석의 《시정연설》에서 제3차 7개년계획의 중요성이 강조되었음이 확인된다. 제3차 7개년계획은 인민경제의 주체화·현대화·과학화의 촉진과 사회주의 완전승리의 물질기술적 토대 마련이라는 목표 아래 과학기술 발전과 기술혁신, 인민경제의 전면적 기술개조, 인민생활 향상, 경제지도와 기업관리 개선 등을 과제로 삼았다. 이 계획 기간에 '새로운 무역체계'가 도입되었고 나진·선봉 자유경제무역지대가 지정되었다.[803]

김 주석이 1987년 초에 경제부문 책임일군들과 한 담화《자력갱생의 혁명정신을 높이 발휘하여 사회주의경제건설을 다그치자》에서 자력갱생의 혁명정신을 거듭 강조한 것을 보면, 대외무역의 다각화·다양화 노력에도 불구하고 급변하는 국제정세에서 믿을 것은 역시 자력갱생의 혁명정신 밖에 없다고 여기고 있었음을 알 수 있다.

> "문제는 우리 간부들과 당원들과 근로자들이 자력갱생의 혁명정신을 얼마나 높이 발휘하는가 하는데 있습니다.… 모든 일군들이 혁명의 지휘성원이라는 높은 자각을 가지고 자력갱생, 간고분투의 혁명정신을 높이 발휘하여야 이미 마련된 경제토대를 효과적으로 이용하여 제3차 7개년계획의 높은 목표를 성과적으로 실현할 수 있습니다.…
>
> 자력갱생, 간고분투의 혁명정신이 없으면 자기 힘을 믿지 않고 남을 쳐다보게 되며 사소한 난관 앞에서도 신심을 잃고 동요하거나 주저앉게 됩니다. 이렇게 되면 결국 우리가 제3차 7개년계획을 수행할 수 없으며 나아가서 사회주의를 성과적으로 건설할 수 없습니다." [804]

사회주의완전승리 테제를 통해 우리식 사회주의의 독자성을 보이면서 자력갱생의 혁명정신을 드높이려고 했던 1986년~87년에 김일성 주석에게는 전략적 노선에 대한 자신감이 남아 있었다. 인민정권의 강화와 그 기능·역할의 제고, 사상·기술·문화의 3대혁명 수행을 사회주의건설의 총 노선으로 삼아 자립적 민족경제건설을 실현한다는 그 방향은 오늘날에도 유지되고 있다. 1986년에 당면 과제로 제시된 인민경제의 주체화·현대화·과학화 노선도 지금 견지되고 있다.

이렇게 볼 때 사회주의완전승리 테제의 방향과 목표는 탈색되지 않았다. 김정은 국무위원장이 2019년 4월 12일 최고인민회의 제14기 제1차 회의에서 한《시정연설》에서 "사회주의강국건설은 사회주의완전승리를 이룩하기 위한 투쟁의 역사적 단계"라고 발언한 것에서도 사회주의완전승리에 도달하려는 북한의 여망이 확인된다.

3) 수출제일주의를 담은 혁명적 경제전략의 맹아

김일성 주석은 1987~88년 무렵에 자력갱생과 대외경제협력 사이에서 고민했던 것으로 관찰된다. 그는 1988년 1월 1일 당 중앙위원회·정무원 책임일군협의회에서 한 《정무원사업을 개선하며 경제사업에서 5대 과업을 틀어쥐고 나갈 데 대하여》라는 연설에서 당의 '수출제일주의' 방침을 관철할 것을 강조했다. 연설에서는 당의 '농사제일주의' 방침의 관철도 강조되었다.

그가 1993년 12월의 당 중앙위원회 제6기 제21차 전원회의에서 밝힌 농업·경공업·무역 제일주의와 인민경제 선행부문 중시를 골간으로 한 '혁명적 경제전략'의 맹아萌芽를 1988년 초의 연설에서 찾아볼 수 있다. 북한에는 중국 경제개혁과 소련 페레스트로이카와 같은 조치가 필요하지 않다는 자신감을 피력하기도 했다. 그가 제시한 1988년의 경제적 과업은 다음과 같다.

> "생산을 정상화하고 당의 수출제일주의 방침과 농사제일주의 방침을 관철하며 기본건설에 힘을 넣고 수송문제를 푸는 것이 올해에 우리가 틀어쥐고나가야 할 5대 과업입니다. 정무원과 위원회, 부들에서는 올해에 5대 과업을 수행하는데 모든 힘을 집중하여야 하겠습니다.…
> 다른 나라들에서 하고 있는 개혁, 개편에 대하여 절대로 환상을 가지지 말아야 합니다.… 우리는 지난날 잘못한 것도 없고 인민들이 당의 노선과 정책을 다 지지하고 있는 것만큼 개혁할 필요가 없습니다. 잘못된 것이 있어야 개혁을 하지 다 잘 되고 있는데 무엇 때문에 개혁을 하겠습니까. 우리 당의 노선과 정책은 아주 정당합니다." [805]

그가 담화에서 강조한 것은 1988년의 5대 과업, 즉 생산 정상화, 수출제일주의 방침의 관철, 농사제일주의 방침의 관철, 기본건설(중요대상건설) 주력, 수송문제 해결 등이었다. 5대 과업은 북한에서 평소에 중시하던 것들이다. 그는 당의 노선과 정책의 정당성을 거듭 강조하고는 "잘못된 것이 있어야 개혁을 하지 다 잘 되고 있는데 무엇 때문에 개혁을 하겠습니까"라고 반문했다. 이것이 1988년 당시의 북한 영도집단의 생각이었고 오늘날에도 그 생각에는 근본적으로 변함이 없다고 볼 수 있다.

4) 공작기계공업과 전자·자동화공업 발전 추구

김일성 총비서의 1988년 1월의 연설 기조는 3월의 당 중앙위원회 제6기 제13차 전원회의에서도 재현되었다. 다만, 정권 창립 40주년을 앞두고 진행한 '200일전투'와 관련하여 전력생산, 강재·석탄생산, 시멘트·통나무생산, 수송 등에 집중할 것을 추가로 강조한 정도였다.[806] 그러나 제3차 7개년계획에서는 몇몇 부문을 제외하고는 경제계획이 이전보다 하향 조정되었다. 이는 북한의 경제상황이 그만큼 어려워졌고 이를 타개할 뚜렷한 방안을 찾아내지 못했음을 보여준다.[807]

제3차 7개년계획 기간에 구소련과 동유럽 사회주의국가들은 '체제붕괴'라는 역사적 격변에 휩싸였고, 북한은 그 파장이 자국自國에 미치지 않게 하려고 부심했다. 북한은 1985~86년 무렵 중국의 경제개혁 본격화와 소련의 페레스트로이카의 충격파에 대하여 '우리식 사회주의'로 대응해야 했던 탓에 제3차 7개년계획은 그 출발부터가 여의치 않았다.

사면초가四面楚歌에 빠진 듯이 보였던 1988년 11월, 김일성 총비서는 당 중앙위원회 제6기 제14차 전원회의를 열어《공작기계공업과 전자, 자동화 공업발전에서 전환을 일으킬 데 대하여》라는 결론을 내렸다.

공작기계공업과 전자·자동화공업 부문은 이전부터 강조하던 것이었지만, 그는 이 부문의 발전이 북한 경제가 나아갈 길이라고 강조했다. 이는 훗날 김정일 시대와 김정은 시대의 가장 중요한 정책적 화두話頭가 되었다.

"공작기계공업과 전자, 자동화 공업을 빨리 발전시키는 것은 우리나라 사회주의 건설의 현 단계에서 더욱 절박한 요구로 제기됩니다.… 강철과 유색금속 생산이 늘어나면 마땅히 그에 맞게 기계공업을 대대적으로 발전시켜야 하며 기계공업을 발전시켜 인민경제의 현대화를 높은 수준에서 실현하기 위하여서는 공작기계공업과 전자, 자동화 공업발전에서 새로운 전환을 일으켜야 합니다.…

이번 전원회의에서는 수치조종선반, 가공중심반, 수치조종불꽃가공반 같은 수치조종공작기계를 많이 생산할 데 대한 문제와 로봇을 생산할 데 대한 문제, 수치조종공작기계 생산에서 유연생산체계를 받아들이며 무인가공직장을 꾸릴 데 대한 문제를 제기하고 토론하였습니다.…우리는 이번 당 중앙위원회 전원회의를 계기로 하여 공작기계혁명을 일으켜야 하겠습니다.…

우리는 이번 전원회의에서 전자, 자동화 공업을 발전시킬 데 대한 문제를 중요하게 토의하였습니다. 전원회의에서는 집적회로생산기지와 전자계산기생산기지를 대대적으로 꾸리고 1993년부터 집적회로와 전자계산기를 많이 생산할 데 대한 목표를 내세웠습니다.…전자, 자동화 공업을 빨리 발전시켜야 하겠습니다. 전자, 자동화 공업을 발전시켜야 수치조종공작기계를 비롯한 현대적인 공작기계를 많이 만들 수 있으며 생산의 자동화, 로봇화, 전자계산기화를 실현하여 기술혁명을 높은 수준에서 다그쳐나갈 수 있습니다. 전자, 자동화 공업을 발전시키자면 전자공업과 자동화공업기지를 튼튼히 꾸리고 집적회로와 전자계산기를 비롯한 여러 가지 전자요소와 전자장치를 대대적으로 생산하여야 합니다." [808]

그의 입에서 '공작기계혁명'이 나올 정도로 공작기계공업이 중시되었으며 전원회의에서 수치조종 공작기계·로봇 생산, 유연생산체계의 도입과 무인가공직장의 조성 등의 문제들이 토의된 것으로 확인되었다. 아울러 전자·자동화공업의 발전을 통해 생산의 자동화·로봇화·전자계산기화를 실현하겠다는 목표도 세웠다.

그는 1988년 1월 당 중앙위원회·정무원 책임일군협의회에서 경제건설의 5대 과업을 제시하면서 수출·농업 제일주의 방침을 밝힌데 이어 1989년 6월의 당 중앙위원회 제6기 제16차 전원회의에서는 '경공업혁명' 방침을 관철할 것을 촉구했다. 이로써 1993년 12월의 '혁명적 경제 전략'의 원형이 모두 마련된 셈이었다.

> "이번 당 중앙위원회 제6기 제16차 전원회의에서는 당의 경공업혁명방침을 관철하여 인민소비품생산에서 새로운 전환을 일으킬 데 대한 문제를 토의하였습니다.… 모든 일군들은 높은 혁명성, 당성, 노동계급성, 인민성을 가지고 당의 경공업혁명방침을 관철하여 인민소비품생산에서 새로운 전환을 가져오도록 하여야 하겠습니다. 경공업발전에서 전환을 가져오기 위하여서는 무엇보다도 지금 있는 경공업공장들에서 생산을 정상화하여야 합니다.… 경공업발전에서 전환을 가져오기 위하여서는 경공업공장들을 현대화하고 생산능력을 새로 더 조성하여야 합니다." [809]

그가 경공업혁명에서 중시한 것은 경공업공장들의 생산 정상화, 경공업공장들의 현대화 및 생산능력의 추가 조성 등이었다. 북한은 1990년대 들어서도 인민경제의 주체화·현대화·과학화 노선을 변함없이 견지했으며, 공작기계공업과 전자·자동화공업을 비롯한 과학기술 관련 산업이 급부상한 가운데 인민생활 향상과 직결된 농업·경공업·무역이 부각되었다.

김 주석은 1991년 11월에 당·국가·경제 지도일군협의회에서 《변화된 환경에 맞게 대외무역을 발전시킬 데 대하여》라는 연설을 하였다. 그는 연설에서 대외무역환경의 변화, 대외무역방법의 개선, 수출품의 품종 다원화, 품질 제고, 포장의 개선, 무역사업체계의 개선 등을 강조했다.

특히 무역사업체계의 개선과 관련하여서는 "자본주의나라들과의 무역은 개별적인 자본가들을 대상하여 하기 때문에 위원회, 부들이 제각기 무역회사를 가지고 무역을 하는 것이 좋습니다. 정무원 위원회, 부들은 무역회사를 가지고 자체로 무역을 하여 자기 부문 공장, 기업소들에 필요한 원료와 자재를 사다가 생산을 정상화하도록 하여야 합니다"라고 언급했다.[810] 이 연설을 계기로 정무원 위원회·부 산하에 무역회사들이 설립되었고, 관련 부문의 공장·기업소에 필요한 원자재를 수입할 수 있게 되었다.

이 연설은 공장·기업소의 생산 정상화를 위해서라면 원자재 수입을 허용한다는 방침을 담았다는 점에서 수출제일주의에서 무역제일주의로의 전환의 계기가 되었다. 김 주석이 1993년 12월에 무역제일주의로 전략적 노선을 전환한 것은 1988년 초부터 정책 조정이 연속적으로 이뤄진 축적의 결과였다.

5) 혁명적 경제전략: 농업·경공업·무역 제일주의

김일성 주석이 1993년 12월에 '혁명적 경제전략'을 결심한 것은 북한으로서는 중대한 변화의 예고편이었다. 당 중앙위원회 제6기 제21차 전원회의는 제3차 7개년계획의 2~3년 완충기를 결정하는 자리였다. 북한은 이전에도 계획기간을 연장하는 완충기를 둔 적이 있지만 제3차 7개년계획의 완충기는 인민들에게 적지 않은 충격으로 다가왔다. 그가 1986년 12월에 사회주의완전승리 테제를 제시하면서 중국·소련의 개혁과 재편에도 '우리식 사회주의'가 승리할 것이라는 자신감을 보였기 때문이었다.

1991년부터의 남북대화와 1992년의 남북기본합의서 채택 등에 따른 한반도 정세의 완화 기운이 뚜렷했지만, 1987년~93년에 북한 경제의 내리막길은 누가 보아도 명백했다.

그는 당 중앙위원회 제6기 제21차 전원회의에서 농업·경공업·무역 제일주의와 인민경제 선행부문의 중시를 '혁명적 경제전략'이라고 지칭했다. 이 전략은 1978년 이래의 인민경제의 주체화·현대화·과학화 노선에서 더 한층 실리적實利的인 전략적 방침으로의 전환, 1962년 이래의 경제건설과 국방건설의 병진노선이 초래한 경제적 불균형의 시정, 1988년 이래의 수출제일주의와 농사제일주의 방침의 전략적 지위로의 변경 등의 의미를 갖는 것이었다.

그는 농업·경공업·무역 제일주의를 내걸면서도 그 실현방도를 자력 갱생의 혁명정신에서 찾았고, 석탄·전력·금속공업과 철도운수의 인민 경제 선행부문과 국방공업 발전도 여전히 강조했다. 대외환경의 어려 움이 지속된 상황에서[811] 농업·경공업·무역 제일주의의 여건은 여의치 않았지만, 이를 '혁명적 경제전략'이라고 명명한 것은 그만큼 인민생 활 향상이 절박한 과제였기 때문이다. 그는 전원회의의 결론에서 다음 과 같이 말했다.

"우리는 변화된 환경과 혁명발전의 요구에 맞게 경제구조를 개조하고 앞으로 몇 해 동안 경제건설에서 농업제일주의, 경공업제일주의, 무역제일주의를 실 현하는 방향으로 나가야 합니다.…

우리는 무엇보다 먼저 농업제일주의 방침을 관철하여 농업생산을 획기적으 로 늘여야 합니다.…우리가 사회주의농촌테제에서 제시된 수리화, 전기화, 기 계화, 화학화의 4대 기술혁명 과업을 수행하면 지금 있는 부침땅 면적을 가지 고도 알곡 1,000만 톤은 능히 생산할 수 있습니다.…다음으로 경공업제일주의 방침을 관철하여 인민소비품생산을 결정적으로 늘여야 하겠습니다. 경공업 공장들을 정비보강하고 현대화하며 경공업원료 보장대책을 잘 세워 모든 경 공업공장들을 만부하로 돌리도록 하여야 합니다. 경공업부문에서는 생산을 높은 수준에서 정상화하는 것과 함께 제품의 질을 높이기 위하여 적극 투쟁 하여야 하겠습니다. 다음으로 무역제일주의 방침을 관철하여 대외무역에서 새로운 전환을 일으켜야 하겠습니다. 대외무역에서는 신용을 잘 지키는 것이 중요합니다. 인민경제 모든 부문에서 수출품생산기지를 튼튼히 꾸리고 수출 품생산을 늘리며 수출품의 질을 높여야 하겠습니다. 무역방법을 개선하고 가 공무역을 많이 하여야 하겠습니다.…

석탄공업, 전력공업, 금속공업, 철도운수를 발전시키는데도 계속 깊은 관심을 돌려야 하겠습니다. 석탄공업, 전력공업, 금속공업, 철도운수를 발전시키지 않고서는 농업과 경공업을 발전시킬 수 없으며 나라의 전반적 경제건설을 다 그쳐나갈 수 없습니다.…

국방공업을 발전시키는데도 계속 큰 힘을 넣어야 하겠습니다.…국방공업을 발전시켜 전국을 고슴도치와 같이 요새화하면 누구도 감히 우리를 건드리지 못할 것입니다. 정무원과 해당 부문에서는 국방공업을 발전시키기 위하여 당에서 내세운 방침을 무조건 철저히 관철하여야 하겠습니다....

다시 한번 강조하지만 농업과 경공업, 대외무역을 적극 발전시키는 것, 이것이 당면한 사회주의경제건설 방향이며 그 실현방도는 자력갱생하는 것입니다.” [812]

그는 경제구조의 개조와 농업·경공업·무역 제일주의 실현을 내걸었다. 농업에서는 4대 기술혁명(수리화·전기화·기계화·화학화) 과업 실현을, 경공업에서는 경공업공장의 정비·보강과 현대화, 원자재보장 대책의 수립, 품질 향상 등을, 무역에서는 신용 준수, 수출품생산기지의 조성, 수출품 증산과 품질 향상, 무역방법 개선과 가공무역 등을 지침으로 내걸었다.

그는 당시 경작면적으로도 알곡 1,000만톤을 생산할 수 있다고 자신감을 보였지만, 현실에서는 700만톤을 넘기기도 힘들었다. 그는 또 국방공업의 발전과 관련해 ‘전국을 고슴도치와 같이 요새화’할 것을 촉구했는데 이 과업은 2002년 9월 이래의 선군시대 경제건설노선 기간에 어느 정도 완수된 것으로 볼 수 있다.

김일성 주석은 1994년 《신년사》에서 “우리는 사회주의경제건설의 완충기에 우리 당의 혁명적 경제전략을 철저히 관철함으로써 나라의 자립적 경제토대를 반석같이 다지고 사회주의적 요구에 맞게 인민생활을 더욱 원만히 보장하게 될 것”이라고 밝히고, “올해에 우리는 농업과 경공업, 대외무역을 발전시키는데 힘을 집중하여야 하겠습니다”라고 강조했다.[813]

문제는 ‘혁명적 경제전략’을 결정한 당 중앙위원회 제6기 제21차 전원회의에서 그가 국방공업의 발전을 강조하면서 정무원과 해당 부문(제2경제위원회)에 국방공업의 발전을 위해 당의 방침을 무조건 철저히 관철하라고 지시할 수밖에 없었다는 점이다. 북한이 혁명적 경제전략을 내건, 그 시기에 북핵위기 등으로 인해 안보상황은 엄중하였다.

이 점에 대해서는 김정일 국방위원장(당 조직비서)이 1994년 1월 1일 당 중앙위원회 책임일군들 앞에서 한 연설에서 혁명적 경제전략을 철저히 관철하는 동시에 '경제형편이 아무리 어려워도 군수생산을 소홀히 하지 말아야 한다'고 강조한 것에서도 확인된다.

"위대한 수령님께서는 당 중앙위원회 제6기 제21차 전원회의와 올해 신년사에서 2~3년 동안을 완충기로 하고 이 기간에 농업제일주의, 경공업제일주의, 무역제일주의 방침을 철저히 관철하며 인민경제의 선행부문인 석탄공업과 전력공업, 철도운수를 확고히 앞세우고 금속공업을 계속 발전시켜나갈 데 대한 과업을 제시하시였습니다.…
당의 혁명적 경제전략을 철저히 관철하기 위하여서는 자력갱생, 간고분투의 혁명정신을 높이 발휘하여야 합니다. 오늘 제국주의자들이 우리나라 사회주의를 질식시키기 위하여 경제봉쇄 책동을 더욱 강화하고 있는 조건에서 사회주의경제건설을 힘 있게 다그쳐나갈 수 있는 길은 자력갱생, 간고분투의 혁명정신을 발휘하는 길밖에 없습니다.…
우리는 나라의 경제형편이 아무리 어려워도 군수생산을 소홀히 하지 말아야 합니다. 국방공업을 발전시키고 이 부문에 대한 보장사업을 책임적으로 하도록 당적 지도를 강화하여야 합니다." [814]

김일성 주석이 1994년 7월에 경제부문책임일군협의회에서 한 《결론》을 보면 당의 '혁명적 경제전략' 관철과 대외경제합작을 거듭 강조한 것이 확인된다. 다만 그가 전력과 화학공업의 정상화를 언급하고 시멘트·강재·컨테이너 생산 등을 지적한 것에서 알 수 있듯이, 전반적인 경제침체를 극복하기 위해 숱한 난제들과 씨름하지 않을 수 없었다.
황혼기黃昏期의 수령이 생의 마지막 순간에 경제를 살리려고 안간 힘을 다하며 제시한 '혁명적 경제전략'은 그의 유훈遺訓이 되었다.

"당의 혁명적 경제전략은 나라의 자립적 민족경제 토대를 더욱 강화하고 인민생활을 획기적으로 높이며 사회주의의 보다 높은 고지를 점령하기 위한 매우 정당한 경제건설방침입니다.…

무엇보다도 전력문제를 빨리 풀어야 하겠습니다. 전력은 철도운수와 함께 인민경제의 선행관입니다.… 전력문제를 빨리 풀자면 중유발전소를 건설하여야 합니다.… 문제는 중유발전소를 돌리는데 필요한 원유를 댈 수 있겠는가 하는 것인데 원유를 돈을 주고 사오든지 어떻게 해서라도 보장할 대책을 세워야 합니다.…중유발전설비를 만드는데 필요한 자재 가운데서 자체로 생산할 수 있는 것은 다 자체로 생산하여 쓰고 자체로 생산하기 힘든 것만 다른 나라에서 사다 써야 합니다.…

다음으로 화학공업에 힘을 넣어 화학비료생산과 비날론생산을 정상화하여야 하겠습니다. 화학비료를 제대로 생산하여 농촌에 보내주어야 당의 농업제일주의 방침을 철저히 관철하여 먹는 문제를 풀 수 있습니다.… 비날론생산을 빨리 정상화하여야 합니다. 비날론생산을 정상화하여야 당의 경공업제일주의 방침을 관철할 수 있습니다.…

다음으로 시멘트생산을 정상화하여야 하겠습니다. 시멘트생산을 정상화하여 시멘트를 많이 생산하여야 외화도 벌고 건설도 힘 있게 내밀 수 있습니다.…

다음으로 금속공업을 발전시켜 강재생산을 늘여야 합니다.… 강재생산을 늘이자면 지금 있는 금속공장들을 잘 돌려야 합니다.… 금속공장들을 잘 돌리자면 콕스탄문제를 풀어야 합니다. 콕스탄을 어느 한 나라에만 의존하지 말고 여러 나라에서 사와야 합니다.…

나는 앞으로 어느 나라든지 우리나라와 경제합작 같은 것을 하자고 하면 하려고 합니다." [815]

북한은 김 주석의 사망 직전까지 농업·경공업·무역 제일주의와 국방공업 발전 사이에서 투자순위를 둘러싼 딜레마에 처했다. 이러한 어려움은 고난의 행군 시기(1995~97년)에도 지속되었다. 김정일 국방위원장이 집권 초반에 김일성 시대의 정책을 계승했던 것은 당연한 일이었다. 김정일 국방위원장은 김 주석이 주관한 '혁명적 경제전략'의 결정에도 깊이 개입했던 것으로 볼 수 있다.

농업제일주의가 시행된 첫해인 1994년에 농업부문에 대한 투자증가율은 전년도의 2.1%에서 6.0%로 늘어났다.[816] 경공업제일주의와 관련해 1994년 예산계획에서 경공업 투자를 1993년의 4.1%에서 1994년에 5.4%로 증가시켰다.[817] 그러한 노력에도 불구하고 고난의 행군을 거치면서 계획경제는 깊은 수렁에 빠져들지 않을 수 없었다.

경제침체 하에서 혁명적 경제전략의 실행은 어려웠고, 김 위원장이 1997년 10월에 당 총비서에 취임하면서 선군先軍혁명노선을 제시함에 따라 혁명적 경제전략은 폐기될 운명에 처했다. 그의 선군혁명노선은 경제건설과 국방건설의 병진노선으로의 회귀回歸를 불가피하게 했다.

선군시대 경제건설노선이 2002년 9월에 등장하기 전에 혁명적 경제전략이 일시적으로 '혁명적 경제정책'으로 바뀐 일이 있었다. 이것은 정책적으로 인민경제 선행부문을 우선시하고 먹는 문제와 인민소비품 생산을 그 다음으로 중시하는 것으로 일시 전환한 것이었다. 혁명적 경제정책은 매우 짧은 기간에 자기 역할을 마치게 된다.

김정일 시대의 전략적 노선은 선군시대 경제건설노선으로 대표된다. 국방공업의 우선발전과 경공업·농업의 동시발전이라는 전략적 노선은 누가 보아도 중공업의 우선발전과 경공업·농업의 동시발전 노선을 연상시켰다. 경제침체에 따른 조락凋落과 역경逆境을 약동躍動과 순경順境으로 바꿔야 할 역사적 시기에도 안보의 순위는 높을 수밖에 없었던 것이다.

인민경제의 주체화·현대화·과학화와 혁명적 경제전략 노선이 경제발전의 중심으로 다시 떠오르기까지 더 많은 시간이 필요했다.

제2절 김정일 시대의 경제발전 전략노선

1. 선군시대 경제건설노선과 7·1 경제관리 개선조치

"군사를 중시하고 국방공업에 계속 큰 힘을 넣어야 합니다. 군사는 국사 중의 제일국사이며 국방공업은 부강조국 건설의 생명선입니다. 군사와 국방공업을 떠나서는 경제강국도 건설할 수 없으며 나라와 인민의 안녕도 생각할 수 없습니다."(김정일)[818]

"우리 일군들은 변화 발전하는 현실의 요구에 맞게 경제관리에서 고칠 것은 대담하게 고치고 새롭게 창조할 것은 적극적으로 창조하여 사회주의 경제관리방법을 우리 식으로 독특하게 개척해 나가야 합니다."(김정일)[819]

김정일 시대는 고난의 행군의 늪에서 나와 '선군시대 경제건설노선'을 세상에 내놓으면서 전략적 공세로 전환된다. 김정일 국방위원장은 1994년 7월 김일성 주석의 사망 직후에는 독자적인 전략적 노선을 제시하지 않았다. 그는 그해 10월 당 중앙위원회 책임일군들과 한 담화 《위대한 수령님을 영원히 높이 모시고 수령님의 위업을 끝까지 완성하자》에서 당중앙위원회 제6기 제21차 전원회의에서 제시된 '혁명적 경제전략'을 계승할 뜻을 분명히 했다.

북한에서 1994년 이래 당 중앙위원회 전원회의가 열리지 않았고 2010년 9월 제3차 당대표자회 이후에야 당 중앙위원회 전원회의가 열리기 시작한 점을 고려하면, 노선의 변경은 김정일 국방위원장의 저작을 통해 확인해야 한다.

그는 1994년 10월 담화에서 혁명적 경제전략의 본질이 농업, 경공업을 발전시키기 위한 전략, 인민생활을 높이기 위한 전략에 있다면서 농업·경공업·무역 제일주의와 인민경제 선행부문의 중시를 견지했다. 이 담화는 김 주석 사후 경제발전전략에 관한 첫 발언이라는 점에 의미가 있다. 주요 대목은 다음과 같다.

"당중앙위원회 제6기 제21차 전원회의에서 새로운 혁명적 경제전략을 내놓은 지 1년이 되어오지만 경제사업이 당의 요구대로 힘 있게 추진되지 못하고 있습니다. 당의 혁명적 경제전략은 본질에 있어서 농업과 경공업을 발전시키기 위한 전략, 인민생활을 높이기 위한 전략이라고 말할 수 있습니다.…
수령님께서는 경제문제 때문에 생의 마지막 순간까지 심려하시다가 돌아가시었는데 어떻게 하나 당의 혁명적 경제전략을 관철하여 수령님의 생전의 뜻을 빛나게 실현하여야 합니다. 우리는 당의 혁명적 경제전략을 튼튼히 틀어쥐고 농업제일주의, 경공업제일주의, 무역제일주의의 3대과업을 철저히 관철하여 인민생활을 빨리 높여야 합니다. 정무원 위원회, 부들과 당중앙위원회 부서들은 이 사업을 힘 있게 밀고 나가는데 모든 사업을 지향시키며 특히 농업과 경공업에 힘을 집중하여야 합니다.…
농업과 경공업을 추켜세우자면 전력공업을 비롯한 인민경제의 선행부문에도 힘을 넣어야 합니다. 전기가 없이는 비료도 생산할 수 없고 농사도 제대로 지을 수 없으며 경공업공장들을 만부하로 돌릴 수도 없습니다. 그리고 지금 벌려놓고 있는 건설대상들을 다 따져보고 자를 것은 잘라 설비와 자재, 자금을 농업과 경공업 부문에 돌려야 합니다." [820]

선대 수령이 '경제문제 때문에 생의 마지막 순간까지 심려'했다는 김 위원장의 언급은 실제 상황이었다. 김 주석이 1994년 7월 6일에 경제부문책임일군협의회를 주관했던 것이 이를 확인해준다.
　김 위원장은 정무원(내각의 전신) 위원회·부들과 당중앙위원회 부서들에게 선대 수령의 유훈인 농업·경공업·무역 제일주의의 3대 과업, 특히 농업과 경공업에 집중할 것을 호소했다. 전력공업을 비롯한 인민경제 선행부문에 주력할 때에도 농업과 경공업의 발전에 초점을 맞출 것을 강조했다. 김정일 시대는 그 출발부터 인민생활의 향상을 당면과 제로 삼았던 것이다.

이 점에 유의하면 새로 선군시대 경제건설노선이 등장한다고 해도 인민생활의 향상이라는 근본 목표에서 벗어나지는 않을 것이라는 사정을 추정할 수 있다.

1) 인민생활 향상과 무역제일주의 지속

김정일 국방위원장은 1994년 11월 조선로동당 기관지 『로동신문』에 발표한 논문 《사회주의는 과학이다》에서 "사람 위주의 사회주의, 인민 대중 중심의 사회주의는 가장 과학적이고 가장 우월하며 가장 위력한 사회주의"라고 주장했다. 이것은 다른 사회주의국가들의 붕괴에도 불구하고 우리식 사회주의는 과학성·우월성·위력을 갖고 있다는 선언이었다.

그는 "우리가 자력갱생, 간고분투하여 건설해놓은 자립적 민족경제의 잠재력은 매우 크며 그것은 전체 인민의 건전하고 안정된 물질생활을 보장하는 귀중한 밑천으로 되고 있다"고 전제하고, "우리는 사회주의경제건설에 계속 큰 힘을 넣어 나라의 경제적 위력을 더욱 강화하며 우리 인민의 물질생활수준을 사회주의적 요구에 맞게 끊임없이 높여나갈 것"이라고 밝혔다. 이것은 우리식 사회주의에 의거한 사회주의경제건설에 성공할 수 있다는 의지와 자신감의 표현이었다.

이 논문에는 대외개방에 부정적인 인식이 담겨 있었다. 그는 "사회주의배신자들이 자본주의를 복귀하고 실업과 빈궁을 경쟁의욕과 노동강도를 높이기 위한 압력수단으로 보면서 사회주의가 마련한 모든 인민적 시책들을 없애버리는 것도, 자기 인민의 힘을 믿지 않고 서방자본주의나라들의 《원조》와 《협력》에 기대를 걸면서 제국주의자들에게 아부굴종하고 있는 것도 사람에 대한 반동적인 부르주아적 관점과 관련되어 있다"고 주장했다.[821] 원조·협력에 대한 기대와 제국주의자들에 대한 아부굴종은 '반동적인 부르주아적 관점'이라는 것이다.

김 위원장의 논문에 담긴 대외인식은 원칙에 해당하는 것이었고, 북한이 처한 현실은 그 원칙을 탄력적으로 적용하기를 강제했다. 그는 1994년 12월 말 당중앙위원회 책임일군들과 한 담화에서 "대외사업을 잘하여 우리 혁명에 유리한 환경을 마련하여야 합니다. 미국과의 대화를 잘하여야 합니다"라고 말했다. 이 담화에서 눈에 띄는 점은 과학기술 발전, 특히 전자공업 발전을 강조함으로써 인민경제의 주체화·현대화·과학화를 계승하는 면모를 보였다는 것이다. 그는 12월 담화에서 과학기술발전의 필요성에 대하여 다음과 같이 지적했다.

> "내 나라, 내 조국을 더 부강하게 하자면 과학기술을 빨리 발전시켜야 합니다. 과학기술을 발전시켜야 인민들에게 보다 유족하고 문명한 생활을 보장하여줄 수 있으며 《기술적 우위》를 떠드는 제국주의자들의 거만한 콧대를 꺾어놓고 사회주의조국의 융성번영을 이룩할 수 있습니다.… 젊은 과학자들을 많이 키워내는 한편 과학자대열을 노중청을 배합하여 잘 꾸려야 합니다. 과학자는 20~30대의 젊은 나이에 연구사업에서 성과를 이룩하여 이름을 내야 합니다. 과학자는 20~30대에 박사, 준박사가 되고 40대, 50대에 원사가 되어야 합니다.
> 과학기술을 발전시키자면 이 부문에 대한 투자를 늘려야 합니다. 최신 연구설비들과 실험기구들을 원만히 보장해주어야 과학연구사업에서 성과를 거둘 수 있습니다. 당면하여 전자공업을 발전시키는데 필요한 가장 현대적인 설비를 사와야 하겠습니다. 우리는 전자공업을 하루빨리 세계적 수준에 올려 세워야 합니다." [822]

그는 '사회주의조국의 융성번영'을 위한 과학기술발전을 강조하면서 두 가지를 강조했다. 하나는 과학기술자 양성이고 다른 하나는 과학기술부문에 대한 국가투자의 증대이다. 앞의 과업과 관련해서는 젊은 과학자의 양성(20~30대 박사 양성)과 과학자대열의 노장청老長靑 결합을 강조했고, 뒤의 과업과 관련해서는 최신 연구설비와 실험기구의 보장, 전자공업 발전에 필요한 현대적 설비의 수입을 강조했다.

특히 전자공업을 세계적 수준으로 발전시켜야 한다는 지침이 인상적이었는데 이는 김일성 총비서가 1986년 2월에 전자·자동화공업의 발전을 강조했던 것의 계승이었다. 전자공업 발전의 강江을 건너지 않고서는 사회주의강성대국 건설이 불가능하다고 판단했을 것이다.

김 위원장은 1995년을 맞이하면서 김일성 주석의《신년사》발표 형식을 대체하여 3대 기관지(『로동신문』『조선인민군』『청년전위』)의 신년공동사설을 발표하도록 조치했고, 본인은《신년사》대신에 당 중앙위원회 책임일군들과 담화를 나누었다.

김 위원장은 재임 기간에《신년사》를 발표한 적이 없다. 그가 젊은 시절에 당 중앙위원회 간부들을 모아놓고 연설하는 모습의 사진은 있지만 공개석상에서 연설한 것은 찾아보기 어렵다. 그가 수줍음을 잘 타는 성격이라는 설과 말을 더듬을 정도로 말을 빨리 하기 때문이라는 설이 있었다. 이 때문에《신년사》를 낭독하지 않았다는 것이다. 그러나 그가 김대중·노무현 대통령과의 남북정상회담에서 보인 모습은 언변이 좋은 쪽이었다. 그가 정치도의상 선대 수령의《신년사》방식을 재현하지 않았다는 설명이 가능하다. 한편 김정은 국무위원장이《신년사》방식으로 복귀한 것은 당·국가·군대의 최고영도자로서의 지위와 역할을 정상화하기 위한 조치라고 볼 수 있다.

1995년《신년담화》에서 김정일 위원장은 혁명적 경제전략과 인민생활 향상을 위한 정책의지를 다음과 같이 재확인했다.

> "당의 혁명적 경제전략을 철저히 관철하여 나라의 경제를 발전시키고 인민생활을 결정적으로 높여야 합니다. 인민생활을 높이는데서 중요한 것은 먹는 문제를 푸는 것입니다. 우리는 올해에 어떻게 하나 농사를 잘 지어 인민들의 먹는 문제를 풀어야 합니다.… 인민소비품을 생산 보장하는 데도 관심을 돌려야 합니다.… 현대적인 장공장을 건설하여 맛있는 장을 많이 생산하도록 하여야 합니다. 난방문제도 인민들의 생활에서 중요한 문제의 하나인 것만큼 책임적으로 풀어야 합니다." [823]

그의 발언에서 인민생활의 향상과 관련한 관심이 세세한 부분에까지 미치고 있음을 확인할 수 있다. 그만큼 먹는 문제와 난방문제는 심각했다.

그는 《신년담화》로부터 1개월 뒤에 무역제일주의 방침에 관한 별도의 담화를 발표했다. 그는 대외무역에 대한 올바른 관점과 인식, 대외무역활동에서의 올바른 수지타산, 공짜 외화수입에 대한 기대 금지, 무역부문·합영부문 일군들에 대한 교양 강화 등을 강조했다.[824] 대외무역에 대한 올바른 관점과 인식과 관련해서는 국가의 통일적 지도와 통제 하에서 무역의 계획적 진행, 대외경제위원회·국가의 승인을 받은 일부 기관들만의 대외경제거래 실행, 그 밖의 개별적 기관·기업소들의 대외경제거래 금지 등이 포함되었다. 대외무역활동에서의 올바른 수지타산과 관련해서는 가공제품의 수출비율 증대, 수출품의 질 제고, 산업미술과 포장기술의 발전 등이 언급되었다.

이처럼 김 위원장은 정권 초기에 '혁명적 경제전략'을 정책에 반영하려고 애쓰는 모습을 보였다. 그러나 고난의 행군은 그로 하여금 총체적인 방향 선회가 필요하다는 판단을 내리게 만들었다.

2) '고난의 행군'과 경제사업 개선 촉구

김정일 국방위원장은 1996년 4월에 당중앙위원회 책임일군들과 한 담화 《경제사업을 개선하는데서 나서는 몇 가지 문제에 대하여》를 발표하면서 반전反轉을 모색했다. 그는 경제부문 간부들을 심하게 질책하면서 대책 마련을 촉구했다. 경제침체에 대한 답답한 심정을 있는 그대로 드러냈다.

그는 경제 전반의 문제점을 지적하며 경제지도일군들의 책임감 있는 업무 수행, 알곡생산 증대, 무역사업의 개선 강화, 세계경제와 자본주의시장에 대한 연구사업 강화, 기술개건사업 중시, 현실성 있는 계획화사업 등을 강조했다. 세계경제와 자본주의시장에 대한 연구사업을 강화하라는 지시에서는 변화에 적극 대응하려는 자세를 볼 수 있었다. 그의 1996년《4월 담화》는 북한이 처한 상황을 생생하게 보여주었다.

"지금 나라의 경제사업이 잘되지 않고 있습니다. 그런데 정무원을 비롯한 국가경제기관들에서 나라의 경제를 추켜세우기 위한 대책적 의견 하나 똑바로 제기하는 것이 없습니다.…

무엇보다도 현실적 요구에 맞게 농사에 대한 지도를 잘하여 알곡생산을 늘여야 하겠습니다. 농업제일주의는 당의 일관한 방침이며 혁명적 경제전략의 첫째가는 내용입니다. 최근에 농사가 잘되지 않아 나라의 식량사정이 전례 없이 긴장해지고 있습니다.… 농사를 구체적 조건에 맞게 잘 짓자면 농민들의 의사를 존중하고 그들의 역할을 높여야 합니다.…

변화된 현실적 조건에 맞게 무역사업을 개선 강화하여야 하겠습니다. 사회주의시장이 없어진 오늘의 조건에서 그에 맞게 무역사업을 개선 강화하지 않고서는 당의 무역제일주의방침을 관철할 수 없으며 대외무역을 발전시킬 수 없습니다.… 사회주의시장이 있을 때와는 달리 주로 자본주의시장을 대상하는 조건에서 그에 맞게 수출구조와 무역방법을 대담하게 고쳐야 합니다.…

세계경제와 자본주의시장에 대한 연구사업을 잘하여야 합니다.… 우리가 자본주의시장을 대상하여 무역을 하는 조건에서 자본주의시장과 세계경제에 대한 파악이 없이는 무역을 잘할 수 없습니다. 나는 국가계획위원회에 연구소도 내오게 하고 필요한 연구기관들을 꾸리도록 하였습니다.…

지금 경제지도일군들의 가장 큰 결함은 기술개건사업에 낯을 돌리지 않는 것입니다. 적지 않은 일군들이 낡은 설비들을 그대로 두고 현상유지나 할 생각만 하고 있습니다.… 계획규율을 철저히 세우고 계획화사업을 현실성 있게 바로 하여야 하겠습니다.… 계획을 현실성이 없게 세우는 것은 당과 국가를 속이고 경제에 혼란을 조성하는 범죄행위입니다.…

경제사업부문 일군들은 군수공업부문 일군들처럼 일을 실속 있게 하여야 합니다.… 경제지도일군들이 군수공업부문 일군들처럼 경제사업을 책임적으로 이악하게 하였더라면 다른 부문도 지금보다 훨씬 더 발전하였을 것입니다." [825]

《4월 담화》는 맹아적 형태이기는 하지만 선군시대 경제건설노선으로 향한 몇 가지 지점을 보여준다. 알곡 증산과 관련해 농민들의 의사 존중과 역할 제고를 제시했고, 계획을 현실성 없이 세우는 것은 '경제에 혼란을 조성하는 범죄행위'라고 성토할 정도로 계획화사업의 현실화를 강조했으며, 군수공업부문 일군들을 본보기로 삼아야 한다고 촉구했다.

흥미로운 것은 이 시기에 세계경제와 자본주의시장의 경험이 부족한 관료·기업인들을 위해 내각 국가계획위원회 산하에 관련 연구소를 설립하게 하고, 자본주의시장에 맞게 수출구조와 무역방법의 대담한 개선이 필요하다고 역설했던 점이다. 자본주의시장에 진출해야 한다는 문제의식은 강했으나 북한은 당시에 고난의 행군이라는 깊은 수렁에 빠져 있었다.

고난의 행군 기간에 자연재해가 경제를 강타했고, 북한 당국으로 하여금 국토관리사업의 중요성을 새삼 일깨워주었다. 김정일 국방위원장은 1996년 8월 당중앙위원회 책임일군들과 한 담화《국토관리사업에서 새로운 전환을 일으킬 데 대하여》에서 "모든 일군들은 국토관리사업이 가지는 중요성과 국토관리사업에 대한 무관심성이 가져 온 엄중한 후과에 대하여 똑똑히 알고 국토관리사업을 개선 강화하는데 한결같이 달라붙어야 하겠습니다"라고 지적하고는 국토관리사업의 여러 가지 대책을 제시했다.

그는 이 담화에서 "지금처럼 변덕스러운 자연기후와 지대적 특성을 고려하지 않고 알곡면적만 일률적으로 늘이려고 하여서는 안 됩니다. 알곡수확고가 낮은 지대들에서는 알곡을 심는 것보다 여러 가지 공예작물을 심어 경공업을 발전시키고 외화를 많이 벌어 알곡을 사다 먹는 것이 경제적으로 더 유익합니다"라고 지적했다.[826]

알곡재배면적을 늘리는 데에만 관심을 가져서는 안 되고 공예작물 재배에도 눈을 돌려야 한다는 지적이나 '외화를 많이 벌어 알곡을 사다 먹는 것이 경제적으로 더 유익하다'고 말한 것에서 실리實利를 중시하는 자세를 볼 수 있다. 이것 역시 선군시대 경제건설노선에서의 실리주의 등장을 예고한 것이었다.

실리를 중시하는 최고영도자의 기획이 당·국가의 영도집단과 책임자들에게 착근著根하고 공장·기업소 같은 생산현장에서 일상화되기까지는 상당한 시간이 소요될 수 있다는 점이 딜레마였다. 북한에서는 지도급 간부들조차도 누군가가 먼저 나서 실리를 앞세우는 행위는 조심스럽다. 하물며 생산현장에서야 말할 나위가 없다. 관행을 따르거나 계승에 앞장서는 간부들은 탈이 없지만 앞 뒤 재지 않고 혁신에 나섰다가는 낭패를 보기 십상이었다. 어떻게 보면 사회 전반적으로 변화와 혁신에 몸을 사리는 풍토에 놓여 있었기 때문에 최고영도자가 실리와 혁신에 앞장설 수밖에 없었던 것이다.

김 위원장은 1997년 1월에 전당당일군회의 참가자들에게 보낸 서한 《올해를 사회주의경제건설에서 혁명적 전환의 해로 되게 하자》에서 1996년 《4월 담화》에서처럼 포괄적인 과업을 다시금 제시했다. 《1월 담화》에 제시된 과업을 보면 농업·경공업·무역 제일주의와 인민경제 선행부문의 중시 전략이 되풀이되고 있음이 확인된다.

"이제 우리에게 있어서 가장 중요하고 절박한 문제는 경제건설과 인민생활에서 전환을 일으키는 것입니다. 나라의 경제형편과 인민생활이 오늘과 같이 어렵게 된 것은 제국주의자들의 고립압살책동으로 하여 조성된 것이지만 우리의 경제지도일군들이 당의 혁명적 경제전략을 관철하기 위한 경제작전과 경제조직사업을 잘하지 않은 것과도 관련되어 있습니다.… 우리는 경제건설과 인민생활에서 결정적인 전환을 가져와야 합니다. 경제문제와 인민생활문제를 풀지 않고는 혁명과 건설의 모든 사업을 힘 있게 밀고 나갈 수 없으며 우리의 사회주의를 지켜 낼 수도 없습니다.…

우리는 올해를 사회주의경제건설에서 혁명적 전환의 해로 정하고 경제문제와 인민생활문제를 풀기 위한 투쟁에 전당, 전국, 전민을 힘 있게 조직 동원하여야 합니다.…

올해에 경제사업에서 가장 중요한 것은 첫째도 둘째도 셋째도 농사를 잘 지어 식량문제를 푸는 것입니다.…올해에 농촌경리부문에서는 당이 제시한 알곡생산목표를 수행하기 위하여 힘찬 투쟁을 벌려야 합니다.… 모든 농사일을 농민들이 주인이 되어 주체농법의 요구대로 지대적 특성과 현실적 조건에 맞게 과학기술적으로 하도록 적극 도와주고 밀어 주어야 합니다. 이와 함께 농촌경리에 화학비료, 농약, 기름을 비롯한 영농자재들을 최대한으로 생산 보장하여 농촌을 물질기술적으로, 노력적으로 지원하는 사업을 더욱 강화하여야 합니다.…

인민생활에서 없어서는 안 될 1차 소비품을 원만히 생산 보장하여야 합니다…군들에서는 자력갱생의 원칙에서 지방의 원료원천과 잠재력을 최대한으로 동원하여 소비품생산을 늘이며 1차 소비품을 주민들에게 원만히 생산 공급하도록 하여야 합니다.…

우리는 올해에 어떤 일이 있어도 석탄, 전력, 금속공업과 철도운수를 추켜세워야 합니다. 인민경제의 선행부문인 석탄공업, 전력공업, 철도운수와 금속공업이 추서지 못하면 농업도 경공업도 발전시킬 수 없고 나라의 전반적 살림살이를 제대로 해 나갈 수 없습니다.…

변화된 환경과 현실적 조건에 맞게 대외무역을 발전시키고 외화벌이투쟁을 힘 있게 벌리는 것은 경제문제와 인민생활문제를 성과적으로 풀어 나가기 위한 중요한 방도의 하나입니다." [827]

《1월 담화》에서 경제건설과 인민생활에서 결정적 전환을 일으키고 1997년을 '혁명적 전환의 해'로 삼겠다고 했지만 그 해에도 고난의 행군은 지속되었다. 담화에는 식량문제 해결, 1차 소비품 생산 공급, 인민경제 선행부문의 정상화, 그리고 '변화된 환경과 현실적 조건에 맞게' 대외무역의 발전과 외화벌이투쟁 등의 과업이 포함되었다.

특히 식량문제 해결을 위해 '농민들이 주인이 되어', 주체농법의 요구대로 '지대적 특성과 현실적 조건에 맞게 과학기술적으로' 농사짓는 것이 강조되고 영농자재가 제대로 보장되어야 한다고 역설했다. 생산주체의 중시, 과학영농의 중시는 그 이후의 농업전략에서도 요체가 되었다.

김 위원장은 고난의 행군이 계속되는 가운데 1997년 9월 19일 《혁명과 건설에서 주체성과 민족성을 고수할 데 대하여》라는 글을 발표했다. 자주위업과 사회주의위업 수행에서 주체성과 민족성을 지키는 것이 근본원칙임을 구체적으로 해명한 글이었다. 경제건설과 국방건설에서 과학기술의 역할을 중시했던 점이 눈에 띄었다. 2002년 9월에 출발한 선군시대 경제건설노선(국방공업의 우선발전과 경공업·농업의 동시발전)의 씨앗이 움트기 시작했던 것이다.

그의 과학기술중시사상은 제1차 과학기술발전 5개년계획(1998~2002년), 제2차 과학기술발전 5개년계획(2003~2007년) 등 연이은《과학기술발전 5개년계획》으로 이어졌다. 김 위원장은 위의 글에서 경제건설과 국방건설에서의 과학기술의 역할에 관해 다음과 같이 설명했다.

> "경제건설과 국방건설에서 과학기술이 노는 역할이 비상히 커지고 세계적으로 치열한 과학기술경쟁이 벌어지는 조건에서 발전된 과학기술을 가지지 않고서는 튼튼한 경제력과 군사력을 마련할 수 없다. 사회주의를 건설하는 당과 인민은 주체적 입장에 튼튼히 서서 자기 나라 혁명의 요구와 구체적 현실에 맞게 자체의 투쟁으로 과학기술을 발전시켜 나가야 한다. 세계 여러 나라들과의 과학기술교류를 확대발전시키며 다른 나라의 선진과학기술을 받아들이는 것도 자체의 실정에 맞게 하여야 한다." [828]

김 위원장이 1997년 하반기에 경제건설과 국방건설에서 과학기술의 발전을 강조한 것은 심각한 경제침체의 상황에 놓여 있더라도 미래를 준비해야 했기 때문일 것이다.

한국은행의 추정에 따르면, 북한은 1990년부터 1998년까지 9년 연속 마이너스성장(실질성장률 기준)을 나타냈고, 이 기간에 북한 GDP는 무려 30%나 감소했다고 한다. 경제침체는 계획경제의 근간을 흔들었고, 에너지 부문을 비롯한 산업 전반에서 생산이 급격히 감소되었다. 원자재 부족이 지속됨에 따라 계획화체계의 양 기둥인 대안의 사업체계와 계획의 일원화·세부화가 정상적으로 작동되지 못하였다.

북한 경제가 침체에서 벗어나기 시작한 것은 1998년으로 관측된다.

한국은행의 추정에 따르면, 북한 경제는 1998년에 플러스성장으로 돌아섰고 2005년까지 7년 연속 플러스성장을 기록하다가 2006년부터는 마이너스와 플러스성장을 반복했다. 연속 플러스의 성장세에 들어선 것은 2011년부터였다.

경제침체에서 벗어날 수 있었던 배경에는 1990년대의 극심한 하락 이후의 자연스러운 회복세, 계획경제 시스템의 부분적인 작동, 산업정책의 전환과 낭비요소 감소, 시장 확대에 따른 효율성의 부분적 제고, 재정능력의 부분적인 회복에 따른 국가투자의 증대, 국제사회의 지원 및 대외무역 확대 등의 요인이 복합적으로 작용했던 것으로 볼 수 있다.[829]

경제침체에서 벗어나는 과정에서 국가와 군대의 노동력이 전면적으로 투입되었다. 김정일 국방위원장은 1998년에 자강도의 여러 경제부문의 현지지도에 나섰다. 그는 1월 16~21일에 자강도를 방문해 강계江界정신에 불을 지폈고, 6월과 10월에 재차 이곳을 방문했다. 이것은 고난의 행군을 이겨낸 자강도의 모범사례를 전국으로 확대하려는 정치기획이었다.

1998년은 혁명적 경제전략에서 선군시대 경제건설노선으로 넘어가는 징검다리의 해였다. '가는 길 험난해도 웃으며 가자!'는 구호가 휘몰아친 것도 이 무렵의 자강도에서였다. 북한의 경제건설의 역사에서 자강도는 특별한 지위를 차지한다.

북한은 이 무렵에 고난의 행군에서 벗어나 사회주의강행군으로 전환하게 된다. 김 위원장이 자강도 현지지도에서 제시한 강령적 과업에는 중소형 발전소의 대대적 건설과 전기화, 군수공업 중시와 군수생산 주력, 공업 잠재력의 최대한 동원과 생산 정상화, 우리식 경제발전과 인민생활 향상, 공장·기업소들에서의 '원에 의한 통제' 강화, 생활필수품의 생산전문화, 후방공급사업의 개선, 알곡생산 증대와 먹는 문제 해결, 국토관리사업의 지속적 전개 등 다양한 과제들이 포함되었다.[830]

알곡생산 증대와 먹는 문제 해결을 위하여 이모작, 지대적 특성에 맞는 작물배치, 감자농사의 종자혁명, 농업생산에서의 농민의 책임 부여, 거름 증산과 복합미생물비료 이용, 기관·공장·기업소 부업지에서의 소출 증대 등이 과업으로 제시되었다.

기본적으로 전력문제, 먹는 문제, 인민생활 향상, 생산 정상화, 국토관리사업 전개 등에 초점을 맞춘 것이었지만, 새 노선을 암시하는 단서도 있었다. 군수공업 중시, 우리식 경제발전과 '원에 의한 통제' 강화가 그것이다. 덧붙여 그가 먹는 문제의 해결과 관련하여 감자농사혁명에 승부수를 던진 것은 1998년 10월 량강도 대홍단군에서였다.[831]

3) 강성대국 건설 담론과 선군경제노선

김정일 국방위원장은 자강도를 집중적으로 현지 지도한 이듬해인 1999년에 '사회주의강성대국 건설' 담론을 본격적으로 제기했다. 그는 1월 1일 당중앙위원회 책임일군들과 한 《신년담화》에서 자신이 3대 기관지 신년공동사설 초안을 여러 번 보고 《올해를 강성대국건설의 위대한 전환의 해로 빛내이자!》라는 구호를 제시했다고 밝힌 바 있는데, 같은 날 담화 제목도 구호와 동일했다.

그는 《신년담화》에서 "나는 오래전부터 위대한 수령 김일성동지의 뜻을 받들어 강성대국을 건설하기 위한 구상을 해왔으며 그 준비를 갖추어 왔습니다"라고 말했다. 그는 이 담화에서 경제발전의 자신감을 피력하기도 했는데 전반적인 기조에서 선군경제노선의 싹이 돋아나고 있음을 보여 주었다.

> "이제 우리가 경제건설에 힘을 집중하여 모든 공장, 기업소들이 제 궤도에 올라서서 생산을 꽝꽝 하게 만들면 얼마든지 경제강국의 지위에 올라 설 수 있습니다. 나는 지금 있는 공장, 기업소들을 하나하나 추켜세워 생산을 정상화하도록 하는 한편 현대적인 제철소와 시멘트공장을 새로 건설하고 대규모 수력발전소 건설을 다그쳐 끝내도록 하려고 합니다.… 농업부문에서도 다수확

종자를 얻어 내고 복합미생물비료를 많이 내며 두벌농사면적을 늘이고 토지정리를 대대적으로 하여 종합적 기계화를 실현하면 우리나라는 쌀부자로 될 수 있습니다.…

경제강국 건설의 돌파구는 전기문제와 식량문제를 푸는 데서부터 열어야 합니다. 전기문제부터 풀어야 석탄도 나오고 철과 기계도 나오며 비료와 쌀도 나오고 철도수송문제도 풀리며 모든 문제가 다 풀려 공장, 기업소들이 잘 돌아 가고 나라의 전반적 경제가 정상적인 궤도에 들어 설수 있습니다.…

식량문제를 결정적으로 풀어야 합니다. 식량문제를 풀어야 온 나라 전체 인민이 강성대국 건설투쟁에 힘 있게 떨쳐나설 수 있습니다.… 식량문제를 풀자면 감자농사혁명을 일으켜 감자를 대대적으로 생산하고 알곡생산을 빨리 늘여야 합니다.… 감자농사뿐 아니라 농업생산의 모든 분야에서 종자혁명을 하고 복합미생물비료를 적극 받아들이며 두벌농사를 널리 하여 더 많은 알곡을 생산하여야 합니다. 토지정리사업도 전 군중적 운동으로 힘 있게 벌려 나가야 합니다.…

군사를 중시하고 국방공업에 계속 큰 힘을 넣어야 합니다. 군사는 국사 중의 제일국사이며 국방공업은 부강조국 건설의 생명선입니다. 군사와 국방공업을 떠나서는 경제강국도 건설할 수 없으며 나라와 인민의 안녕도 생각할 수 없습니다. 우리나라에서는 군사가 첫째이고 국방공업이 선차입니다.…

올해에는 경공업부문에 자금을 대주어 천과 신발을 비롯하여 인민생활에 절실히 필요한 제품을 생산하는 경공업공장들을 추켜세워 필수소비품문제를 풀도록 하자고 합니다.…

우리는 자력갱생의 기치 밑에 강성대국을 건설해 나가야 합니다. 강성대국 건설은 우리가 주인이 되어 이 땅 위에 우리의 힘, 우리의 기술, 우리의 자원으로 부강조국을 일떠세우기 위한 사업입니다.…《개혁》,《개방》은 망국의 길입니다. 우리는《개혁》,《개방》을 추호도 허용할 수 없습니다. 우리의 강성대국은 자력갱생의 강성대국입니다.…

새로운 국가기구체계의 요구에 맞게 행정경제사업에 대한 당적 지도를 잘하여야 합니다.… 지난해에 국가기구체계를 정비하였는데 내각이 경제사령부로서 내각책임제, 내각중심제를 옳게 실현해 나가도록 하여야 합니다. 그래야 경제사업에 대한 중앙집권적, 통일적 지도를 보장할 수 있습니다.… 당조직들에서는 일군들이 내각과 위원회, 성의 결정, 지시에 대한 관점을 바로 가지고 그것을 무조건 철저히 집행하도록 하여야 합니다." [832]

그는 이상과 같이 많은 과제들을 쏟아내었는데 경제강국 건설의 돌파구가 전기문제와 식량문제의 해결에서 출발해야 한다는 것, 군사중시와 국방공업에 주력해야 한다는 것, 경공업부문에 국가투자를 늘리겠다는 것, 그리고 내각책임제·내각중심제를 제대로 실현해야 한다는 것 등으로 요약할 수 있다.

특히 식량문제 해결을 위해서는 감자농사혁명과 알곡생산 증대, 종자혁명과 이모작, 토지정리사업과 종합적 기계화 등을 과제로 내놓았다. 고난의 행군을 극복한 뒤였기 때문인지 유독 '개혁·개방은 망국의 길'이라며 '추호도 허용할 수 없다'고 강조한 것이 눈길을 끌었다.

그는 2000년 1월 1일 당중앙위원회 책임일군들과의 《신년담화》에서 선군혁명노선을 보다 뚜렷이 제시했다. 그는 "총대로 우리의 사회주의를 옹호 고수하고 주체혁명위업을 끝까지 완성하려는 것은 우리 당의 변함없는 신념이며 의지입니다. 이 땅 위에 제국주의가 남아 있고 침략책동이 계속되는 한 군사중시, 국방중시는 국사중의 국사로서 항구적으로 틀어쥐고 나가야 할 전략적 노선입니다. 군사중시노선은 사회주의위업을 고수하고 완성하기 위한 가장 정당한 노선입니다"라고 말했다.

그는 또 "그 어떤 적도 범접하지 못하게 나라의 방위력을 더욱 튼튼히 다지자면 국방공업에도 계속 큰 힘을 넣어야 합니다. 당 조직들은 군수공업부문에 깊은 주목을 돌려 이 부문 일군들과 노동자들이 높은 책임감과 열정을 가지고 맡겨진 임무를 성실히 수행하도록 하여야 합니다"라고 강조했다. 그가 2000년 《신년담화》에서 제시한 경제과업에는 다음 내용이 포함되었다.

"당의 경제정책을 관철하는 데서 중요한 것은 이미 마련하여놓은 자립적 민족경제가 은을 낼 수 있게 하는 것입니다. 올해에 특히 사회주의경제건설의 전초선인 전력공업과 석탄공업에 선차적인 힘을 넣어 전력과 석탄생산을 결정적으로 늘여야 합니다. 철도운수와 금속공업, 기계공업도 빨리 추켜세우고 경공업혁명을 힘 있게 내밀어 인민소비품문제도 풀어야 합니다. 농업부문에도 계속 큰 힘을 넣어 먹는 문제를 풀어야 합니다.…

올해 경제강국 건설에서 새로운 앙양을 일으키자면 과학기술발전에 큰 주목을 돌려야 합니다. 과학기술은 강성대국 건설의 3대 기둥의 하나입니다. 과학기술을 발전시켜야 나라의 경제를 빨리 추켜세울 수 있으며 뒤떨어진 기술을 앞선 기술로 갱신하여 생산을 끊임없이 높여나갈 수 있습니다." [833]

그의 2000년 《신년담화》는 군사중시노선과 군수공업부문에 집중할 것을 호소하는 가운데 인민경제 선행부문과 중요공업부문을 앞세우면서 경공업과 농업부문도 강조했다. 주목할 대목은 경제강국 건설에서 과학기술발전이 중요하다고 지적하면서 기술갱신을 통해 생산의 지속적 증대를 이룩할 것을 강조한 점이었다.

김 위원장은 2001년 1월 1일 당중앙위원회 책임일군들과의 《신년담화》에서도 먹는 문제 해결의 어려움, 소비품 부족, 경공업공장의 낙후된 현실, 살림집 부족 등을 세세하게 설명하면서 솔직한 심정을 토로했다. 그는 담화의 서두에서 고난의 행군을 '승리적으로 결속'했다고 말했지만 경제침체의 후유증에서 회복되지 못했음이 역력했다.

그는 담화에서 선군정치노선의 견지, 인민군대 강화, 전인민적 방위체계의 확립 등을 강조하면서 "온 사회에 군사를 중시하는 기풍을 확고히 세우고 군대가 선차이고 모든 것을 군사에 복종시켜야 한다는 관점과 입장에서 인민군대와 국방공업에 요구되는 것을 우선적으로 보장해주어야 합니다"라고 지시했는데, 이것은 선군시대 경제건설노선을 준비하고 있음을 은연중에 암시한 것이었다. 그는 인민들이 처한 애로사항을 밝히면서 인민생활을 향상시키기 위한 과업들을 쏟아냈다.

"지금 인민생활에서 제일 걸린 것은 먹는 문제입니다. 나는 가장 어려웠던 시기에 오직 당만을 믿고 따르는 인민들을 제대로 먹이지 못한 것이 제일 가슴 아픕니다. 새 세기에 들어와서도 인민들의 먹는 문제를 풀지 못하여서는 안 됩니다. 우리는 어떻게 하나 인민들의 먹는 문제부터 빨리 풀어야 합니다. 무엇보다도 농사를 잘 지어 알곡생산을 결정적으로 늘이고 식량공급을 정상화하여야 합니다.… 인민들에게 고기와 알, 물고기를 먹이기 위한 투쟁을 벌려 그 덕을 보게 하여야 합니다.… 닭먹이기지를 꾸리는 데도 깊은 주의를 돌려야 합니다.… 돼지공장들과 오리공장들도 다 환원 복구할 것은 환원 복구하고 개건 현대화할 것은 개건 현대화하여 잘 돌리며 풀 먹는 집짐승 기르기를 전군중적 운동으로 벌려 인민들이 고기를 먹을 수 있게 하여야 합니다.… 현대적인 메기공장들과 양어장들을 많이 꾸려놓았는데 먹이보장대책을 세우고 관리운영을 잘하여 물고기가 실지 인민들의 밥상에 오르게 하여야 합니다. 당창건 55돌을 맞으며 도들에 현대적인 기초식품공장들을 건설한 조건에서 콩을 비롯한 원자재를 대주기 위한 사업을 처음부터 잘 짜고 들어 맛좋은 간장과 된장을 생산하여 인민들에게 떨구지 말고 공급하여야 합니다. 좋은 기름작물을 많이 심어 먹는 기름문제도 풀어야 합니다.

인민들의 먹는 문제와 함께 소비품문제도 풀어야 합니다. 《고난의 행군》을 하면서 인민들에게 필수소비품도 제대로 공급해주지 못하였는데 빨리 풀어나가야 합니다.…

살림집에 대한 수요를 보장하자면 평양시에만도 한 해에 몇 만 세대씩 지어야 합니다. 도, 시, 군들에서도 자체 실정에 맞게 지방자재를 동원하여 살림집을 많이 짓는 운동을 벌려야 합니다.… 살림집들에 난방과 땔감, 먹는 물을 보장하기 위한 대책도 바로 세워 인민들의 생활에 불편이 없도록 하여야 합니다." [834]

그는 《신년담화》에서 먹는 문제부터 빨리 풀어야 한다, 인민들이 고기를 먹을 수 있게 해야 한다, 물고기가 인민들의 밥상에 오르게 해야 한다, 간장과 된장을 인민들에게 떨구지 말고 공급해야 한다, 먹는 기름문제도 풀어야 한다고 호소했다. 그는 필수소비품 공급도 빨리 풀어야 한다, 살림집을 많이 짓는 운동을 벌려야 한다, 난방과 땔감, 먹는 물을 보장하는 대책도 세워야 한다며 세세한 부분까지 거론했다. 이런 발언은 그가 인민들의 생활상의 어려움에 관한 보고를 제대로 받고 있었음을 보여준다.

김 위원장의 《신년담화》는 인민생활의 향상 과업에 그치지 않고 과학기술중시 사상이 짙게 드리워져 있었다. 과학기술중시 방침은 선군경제노선 이전부터 있었던 것이지만 김정일 시대의 후반부의 경제발전전략으로 급부상했으며 김정은 시대에도 지속되고 있다. 담화에 담긴 내용은 다음과 같다.

> "과학기술중시 방침을 잘 틀어쥐고 관철해나가야 합니다.… 우리가 하루빨리 강성대국을 건설하자면 과학기술을 중시하여야 합니다. 최근에 과학기술을 강성대국 건설의 기둥의 하나로 내세우고 과학기술을 중시할 데 대하여 강조하였지만 아직 과학기술을 중시하는 기풍이 확고히 섰다고 볼 수 없습니다.… 현대과학기술에 의거하지 않고서는 강력한 국방력은 물론 경제력도 튼튼히 다져나갈 수 없습니다. 모든 일군들이 이제는 과학기술에 의거하지 않고서는 한 걸음도 전진할 수 없다는 것을 똑똑히 알고 모든 부문, 모든 단위에서 제기되는 문제를 과학기술에 의거하여 풀어나가는 입장을 확고히 세워야 합니다. 과학기술중시 방침을 관철하는 데서는 인민경제 전반을 현대적 기술로 개건하는데서 나서는 과학기술적 문제를 푸는데 힘을 집중하여야 합니다.…
> 과학기술분야에 대한 투자를 늘려야 합니다. 과학기술을 발전시키는 데는 돈을 아끼지 말아야 합니다. 과학자, 기술자들을 적극 내세워주며 그들의 연구조건과 생활조건을 잘 보장해주어야 합니다.… 모든 분야에서 과학기술중시 기풍을 세우자면 혁명적인 학풍을 세우고 현대적인 과학과 기술을 배우는 된바람을 일으켜야 합니다. 특히 간부들이 현대과학기술을 배우는데서 앞장에 서야 합니다." [835]

그는 '아직 과학기술을 중시하는 기풍이 확고히 섰다고 볼 수 없다'고 전제하고, 과학기술에 의거한 문제 해결, 경제 전반의 현대적 기술개건, 과학기술분야에 대한 투자 증대, 과학자·기술자들의 연구 및 생활

조건 보장, 혁명적 학풍 수립과 학습의 된바람 등의 과업을 제시했던 것이다. 이 기조와 과업은 김정은 시대에도 그대로 계승되고 있다.

4) 《10·3담화》의 경제관리 개선조치

김정일 국방위원장의 2001년 《신년담화》는 강성대국 건설의 기조 아래 인민생활 향상과 과학기술중시를 전면에 내건 것이었으며, 한쪽에서는 경제관리 개선이 당면과제로 급부상했다. 그는 2001년 10월 3일에 발표한 담화 《강성대국건설의 요구에 맞게 사회주의경제관리를 개선강화할 데 대하여》(10·3담화)에서 그 당면과제를 집약적으로 제시했다.

《10·3담화》는 당시에 공개되지 않고 『김정일선집』 등에 게재되지도 않은 것으로 보아 '내부용'으로 취급되었던 것 같다. 이 담화가 남한에 들어옴에 따라 북한의 경제관리 개선의 윤곽이 파악될 수 있었다.

담화에서 두 가지 점이 확인된다. 하나는 2001년 10월에 김 위원장이 경제관리 개선에 주목했다는 것이고, 다른 하나는 담화의 일부 과업이 2002년의 7·1조치에 반영되었다는 것이다. 담화의 주요 내용을 소개한다.

> "사회주의경제관리에서 나서는 모든 문제를 혁신적 안목에서, 발전적 견지에서 보고 대하여야 합니다.…우리 일군들은 변화 발전하는 현실의 요구에 맞게 경제관리에서 고칠 것은 대담하게 고치고 새롭게 창조할 것은 적극적으로 창조하여 사회주의 경제관리방법을 우리 식으로 독특하게 개척해 나가야 합니다. 그리하여 사회주의 경제의 우월성을 높이 발양시켜 경제건설에서 가장 큰 실리를 얻도록 하여야 합니다.…
>
> 변화된 환경과 현실발전의 요구에 맞게 계획사업체계와 방법도 개선하여야 합니다.… 국가계획위원회는 경제건설에서 전략적 의의를 가지는 지표들을 계획화하고 그 밖의 소소한 지표들과 세부규격지표들은 해당 기관, 기업소들

에서 계획화하도록 하여야 합니다.… 자재공급사업도 계획에 맞물려 생산 공급하는 것을 기본으로 하면서 보충적으로 사회주의물자교류시장을 조직하여 운영하는 것이 필요합니다.…

국가의 중앙집권적, 통일적 지도를 확고히 보장하면서 아래 단위의 창발성을 높이 발양시킬 데 대한 사회주의경제관리 원칙을 옳게 구현해 나가야 합니다.… 공장, 기업소들을 바로 조직하고 운영하며 그 책임성과 창발성을 높이는 것은 사회주의경제관리를 개선 완성하는데서 나서는 기본문제의 하나입니다.… 공장, 기업소의 관리운영을 개선하는데서 가장 중요한 것은 생산경영활동에 대한 계획적 지도관리를 확고히 보장하면서 기업관리를 과학적으로, 합리적으로 하도록 하는 것입니다. 사회주의계획경제의 테두리 안에서 기업소의 책임성과 창발성을 높이고 기업관리를 과학화, 합리화하여 생산과 건설의 경제적 효과성을 보장하고 더 큰 실리를 얻도록 하여야 합니다.…

사회주의경제를 관리 운영하는데서 과학기술을 빨리 발전시키고 널리 받아들이도록 하여야 합니다.… 과학기술발전계획을 바로 세우고 그 수행에 대한 요구성을 높이며 과학기술 발전을 생산과 밀접히 결합시켜 계획화도 하고 평가도 바로 하도록 옳은 방법론을 세워야 합니다.…

인민경제의 현대화, 정보화를 적극 실현하여야 합니다.… 우리 경제를 짧은 시일에 현대적 과학기술의 토대 위에 올려 세우자면 과학기술을 전반적으로 빨리 발전시키면서도 첨단과학기술, 특히 정보기술과 정보산업기술이 장비된 현대적인 공장으로 개건하며 건설하도록 하여야 합니다.… 인민경제의 현대화, 정보화는 자력갱생의 원칙에서 우리의 힘과 자원으로 사회주의의 물질기술적 토대를 튼튼히 다지고 나라의 경제적 자립성을 강화할 수 있도록 우리 식으로 하여야 합니다. 이와 함께 다른 나라들과의 과학기술교류를 각 방면으로 확대발전시키며 합영, 합작도 앞선 기술을 뽑아내고 우리에게 없는 원료 자재를 해결하는 방향에서 하여야 합니다." [836]

위 내용에서 인상적인 대목은 경제관리에서 혁신적 안목과 발전적 견지를 중시할 것, 고칠 것은 대담하게 고치고 새롭게 창조할 것은 적극적으로 창조할 것을 강조했다는 점이다. 이 전제 위에 계획사업 체계와 방법의 개선, 국가의 중앙집권적·통일적 지도의 보장과 아래 단위의 창발성 발양(생산경영활동에 대한 계획적 지도관리 보장과 기업관리의 과학화·합리화), 과학기술의 신속한 발전과 도입, 인민경제의 현대화·정보화 등의 과업을 제시했던 것이다.

《10·3담화》에 제시된 경제관리의 기본방향과 과업은 김정일 시대를 넘어 김정은 시대에까지 이어진다는 점에서 볼 때 북한 경제의 '근본적인 전환'을 담고 있었다고 보아도 무방할 것이다.

김정일 국방위원장이 선군시대 경제건설노선, 즉 '국방공업의 우선 발전과 경공업·농업의 동시발전'을 처음으로 제시한 것은 7·1조치가 실행된 지 2개월만인 2002년 9월이었다.[837] 선군시대 경제건설노선과 7·1조치의 관계를 어떻게 보느냐 하는 것은 김정일 시대의 전략적 노선을 이해하는 관건關鍵이라 할 수 있다.

북한의 경제간부 교육기관인 인민경제대학의 박선호 제1부총장은 김정일 위원장의 경제업적을 정리한 한 논문에서 경제관리 문제를 전반적으로 다루었다.

그는 경제관리에서의 선군혁명노선 관철, 국가의 계획적 경제관리 원칙의 올바른 구현, 국가의 중앙집권적·통일적 지도를 확고히 보장하면서 아래 단위의 창발성을 높이 발양시킬 데 대한 원칙의 올바른 구현, 과학기술중시노선과 인민경제의 현대화·정보화방침의 관철, 노동행정사업과 재정금융제도 및 가격제도, 경제계산제도의 개선 완성 등 '사회주의경제관리를 변화된 환경과 현실적 조건, 우리 혁명발전의 요구에 맞게 우리 식으로 개선 완성하는 데서 나서는 기본문제들의 해결방도'를 김 위원장이 밝혀냈다고 주장했다.[838] 이 주장은 《10·3담화》의 주요 내용과 상당 부분이 일치한다.

또 곽범기 내각 부총리는 김 위원장의 경제업적을 칭송하는 가운데 경제관리 개선조치를 부각시키면서 김 위원장이 '사회주의경제관리문제를 우리식으로 해결하기 위한 획기적인 조치들'을 취했다고 밝혔다. 이 조치에 따라 북한 경제의 계획화사업과 생산조직·노동행정·재정관리 등 모든 경제관리 부문에서 오랫동안 답습해온 '낡은 방법'이 현실

발전의 요구에 맞게 개선되었다고 주장했다.[839]

곽범기 부총리와 박선호 제1부총장의 글을 통하여, 2002년부터 나타난 경제관리의 기본방향과 계획화사업, 노동행정, 재정금융과 가격제도 등의 개선 정책 흐름과 김 위원장의 영도 간의 관련성을 확인할 수 있다. 북한에서 낡은 방법을 개선하고자 할 때에는 최고영도자가 앞장에 서서 개선의 필요성을 강조하는 방식으로 시스템이 작동되며, 경제 간부들이 어떤 부문의 혁명적 개선, 혁명적 전환과 혁신에 나서려면 당·국가의 절차에 따라 최고영도자에게 보고하고 수표(서명)를 받아야 한다.

김 위원장의《10·3담화》의 핵심은 7·1조치에 반영되었고, 이 조치는 선군혁명노선 하의 경제관리라는 큰 틀 안에서 인정되는 것이었다. 전략적 노선이라는 새장 안에서 당면 조치라는 새가 날도록 한 구조로 이해할 수 있다.

흥미로운 사실은 2002년 9월에 선군시대 경제건설노선이 제시되었지만, 이 노선을 담은 김 위원장의 저작이 공개되지 않았다는 점이다. 재일본조선인총연합회 기관지인 『조선신보』에서 김 위원장이 그해 9월에 선군시대 경제건설노선을 밝혔음을 언급한 적은 있다. 《10·3담화》가 내부용이듯이 2002년의 《9월 담화》도 내부용으로 추정될 뿐이다. 《9월 담화》가 존재하지만 외부로 유출되지 않아 우리가 접하지 못할 수 있는 것이다.

5) 김정일 위원장의 선군경제노선 담론과 북한 학자들의 논설

김정일 국방위원장의 2003년 저작들은 북한이 그 시기에 선군시대 경제건설노선에 실제로 돌입했음을 확인시켜준다. 그는 2003년 1월 당 중앙위원회 책임일군들과 한 담화《선군혁명로선은 우리 시대의 위대한 혁명로선이며 우리 혁명의 백전백승의 기치이다》에서 선군혁명노선을 총체적으로 정리했다.

그는 "우리 당의 선군혁명영도, 선군정치는 군사를 제일국사로 내세우고 인민군대의 혁명적 기질과 전투력에 의거하여 조국과 혁명, 사회주의를 보위하고 전반적 사회주의건설을 힘 있게 다그쳐나가는 혁명영도방식이며 사회주의정치입니다"라고 밝히고, "선군정치에서는 군사가 첫째이고 군대가 혁명의 핵심부대, 주력군이며 군대를 강화하는 것이 기본입니다"라고 말했다.

그는 "우리 인민군대는 시대를 대표하는 혁명적 군인정신의 창조자, 체현자이고 선도자이며 우리 혁명의 제1선을 지켜선 가장 위력한 전투대오이기에 선군혁명의 기수로, 핵심부대, 주력군으로 되는 것이며 그 영예를 떨치고 있는 것입니다"라고 덧붙였다. 이 담화에서 주목된 것은 선군정치가 사회주의경제건설에 강력한 힘을 발휘하고 있다고 지적한 부분이었다.

"선군정치의 위대한 생활력은 사회주의건설에서도 확증되고 있습니다. 인민군대는 혁명의 주력군으로서 사회주의건설의 모든 분야에서 앞장에 섰으며 노력적 위훈을 떨치고 빛나는 모범을 보였습니다. 인민군 장병들은 당의 사상과 방침을 높이 받들고 영웅적 투쟁을 벌려 수많은 기념비적 창조물들과 현대적 공장들을 일떠세웠으며 인민경제의 어렵고 중요한 부문들을 맡아 돌파구를 열어나갔습니다.…

노동계급을 비롯한 우리 근로자들은 인민군대의 혁명적 군인정신과 투쟁기풍을 따라 강계정신을 창조하고 라남의 봉화를 지펴 올렸으며 전반적 사회주의건설에서 혁신의 불길을 일으켰습니다. 인민군대를 주력으로 하는 선군정치에 의하여 우리는 가장 엄혹한《고난의 행군》, 강행군을 이겨내고 사회주의 강성대국 건설의 진격로를 열어놓았으며 어려운 조건에서도 혁명과 건설을 대담하게, 진공적으로 밀고나가게 되었습니다. 우리의 경험은 모든 일군들과 근로자들이 당의 선군영도를 높이 받들고 인민군대의 모범을 따라 인민군대식으로 일해나간다면 빠른 시일에 첨단과학기술의 요새도 점령할 수 있고 경제강국도 건설할 수 있으며 온 사회에 알뜰한 살림살이 기풍과 고상한 문화정서생활 기풍도 세울 수 있고 우리 인민에게 남부럽지 않는 행복한 생활을

마련해줄 수 있다는 것을 보여주고 있습니다." [840]

그의 지적은 세 방면에 걸쳐 있었다. 첫째는 인민군 장병들이 현대적 공장을 건설하고 인민경제의 어렵고 중요한 부분에서 돌파구를 열었다는 것이다. 둘째는 혁명적 군인정신을 민간에 전파하여 강계정신, 라남의 봉화 같은 '혁신의 불길'을 지폈다는 것이다. 셋째는 인민군대 방식으로 첨단과학기술요새를 점령하고 경제강국을 건설해야 한다는 것이었다. 이 메시지는 선군시대 경제건설에서 군대와 인민의 관계를 잘 보여준다.

김 위원장은 2003년 5월에 당중앙위원회 책임일군들과 한 담화《우리 당의 농업혁명 방침을 철저히 관철할 데 대하여》에서 농업부문의 과업을 제시했다. 즉 당의 농업혁명 방침의 일관성 있는 관철, 주체농법의 요구대로 적지적작·적기적작의 원칙에서 작물과 품종 배치 및 과학기술적인 비배관리, 감자농사혁명과 두벌농사(이모작)의 대대적 발전, 종자혁명, 화학비료 사용의 감소 및 미생물비료·유기질비료의 증산 등이 과업에 포함되었다.

또한 토지정리사업, 농촌경리의 수리화 완성, 농업과학기술의 혁명(종합적 기계화 등), 농촌에 대한 지원 강화와 국가적 보장사업의 전개, 농촌경리에 대한 지도와 관리의 개선 강화 등도 과업에 포함되었다.[841] 이 담화는 선군경제노선에서 경공업혁명과 함께 농업혁명도 중요하다는 것을 최고영도자가 직접 강조하고 나섰다는 의미가 있다.

김일성 시대를 돌아보면 중공업의 우선발전과 경공업·농업의 동시발전 전략에서 경공업과 농업의 발전을 포기하지 않았듯이, 선군시대 경제건설노선에서도 국방공업의 우선발전과 경공업·농업의 동시발전 전략의 실천에서 경공업과 농업 발전을 도외시하지 않겠다는 의지를 보여준 것이었다.

외부 경제전문가들은 북한이 국방공업의 우선발전에 주목하고 경공업·농업의 발전은 경시했던 것으로 해석하는 경향이 있는데, 김정일 위원장의 담화를 체계적으로 살펴보면 외부의 해석은 일면에 치우친

감이 있다. 그가 선군경제노선을 밀고 나가면서 농업혁명을 강조했던 사실을 없던 일로 치부할 수는 없다.

그는 2003년 8월 28일 당·국가·경제기관 책임일군들과 한 담화 《당이 제시한 선군시대의 경제건설로선을 철저히 관철하자》(8·28담화)에서 선군경제노선을 총체적으로 정리했다. 이 담화는 『김정일선집』 증보판 제22권에 수록되어 있다.

<표 2-1>은 조선로동당출판사가 2005년에 출간한 『우리 당의 선군시대 경제사상 해설』을 바탕으로 선군경제노선의 핵심을 정리한 것이다.[842]

〈표 2-1〉 선군시대 경제건설노선의 핵심

전략적 노선	국방공업의 우선발전, 경공업·농업의 동시발전	
국방공업의 우선발전	[기본방향] - 국가투자에서 국방공업 몫의 충분한 조성 - 국방공업에 설비·자재·전력·노동력 등의 최우선적 보장 - 국방공업을 다른 경제부문보다 선행	[국방공업의 전략적 지위] - 국방공업부문의 최신과학기술 성과의 다른 경제부문 보급 - 중공업제품 수요 증대에 의한 중공업 발전 추동 [선군시대 경제과업 특성] * 국방건설, 경제건설, 인민생활문제 해결 결합 - 조국보위, 사회주의 고수와 인민생활문제 해결의 올바른 결합 - 사회주의 확대재생산 실현과 인민생활문제 해결의 올바른 결합 [국방공업 과업] - 군수생산의 높은 수준에서의 정상화 및 군수품 품질 향상 - 국방공업의 자립성 강화 및 현대화·정보화 실현 - 전당·전군·전민의 국방공업 지원-물질기술적 보장 사업 강화
경공업·농업의 동시발전	[기본방향] - 경공업·농업의 국가투자 및 생산자원 분배	[경공업 과업] * 기본 인민소비품 생산 증대 - 기존 경공업 토대 이용 및 기술개건 적극 추진, 원자재문제 해결 - 중공업과 국방공업부문의 모든 공장·기업소의 생

전략적 노선	국방공업의 우선발전, 경공업·농업의 동시발전	
	를 국방공업 다음에 위치 - 경공업·농업의 동시발전으로 인민생활의 결정적 향상	필품 생산 - 지방에서의 각종 내부예비 탐구 동원 [농업 과업] * 기본 주체농법(적지적작, 적기적작 원칙) 고수, 종자혁명, 감자농사혁명, 이모작 발전 - 농업과학기술발전, 농업의 공업화·현대화 - 농업에 대한 공업의 지원, 농촌에 대한 국가적 보장사업 강화 - 우수한 간부와 제대군인의 농촌 파견
경제건설의 원칙적 방도	- 선군정치방식	[기본방향] - 인민군대의 경제건설 '핵심주력'화 - 군대와 인민의 일심동체 - 혁명적 군인정신과 투쟁기풍 [인민군대의 경제과업] - 대규모 토지정리사업의 모범 창조 - 각종 현대적인 공장 건설 - 종자혁명, 감자농사혁명 수행 - 전력·석탄공업 정상화의 돌파구
	- 사회주의원칙 고수	[기본방향] - 집단주의에 기초한 사회주의경제관리 체계·질서 정비 [현 단계 과업] - 경제관리방법 개선완성(사회주의경제 본성과 현실 발전의 요구에 맞게)

김 위원장이 선군경제노선을 처음 제시한 것은 2002년 9월이었고 2003년의 《8·28담화》는 그 전략적 노선의 체계를 갖춰서 발표했던 것으로 볼 수 있다. 북한의 사회과학 이론전선을 책임진 사회과학원의 태형철 원장은 《8·28담화》 이전에 발표한 논설에서 두 가지를 주장해 눈길을 끌었다.

하나는, 국방공업을 중시하는 원칙에서 국가투자에서 국방공업의 몫을 먼저 조성하고 노력·설비·자재·전력 등 모든 것을 최우선적으로 원만히 보장해야 한다는 것이었다. 다른 하나는, 강력한 국방공업과 중공업의 튼튼한 토대에 맞게 경공업과 농업에 대한 투자를 늘려 당면한 인민생활문제를 풀어나가야 한다는 것이었다.[843]

태 원장은 경제발전 전반에서 국방공업의 선도적 역할을 중시했는데, 그의 직책으로 보아 선군경제노선의 체계화 작업에 참여했을 가능성이 있다.

거의 같은 시기에, 정문산 내각 사무국장은 선군경제노선의 관철 과정에서 경제 간부들이 수행해야 할 과업을 제시한 논설을 발표했다. 첫째, 국방공업의 우선발전과 경공업·농업의 동시발전의 노선에 대한 견해와 관점을 올바로 가져야 한다는 것이었다. 둘째, 작전과 지휘를 올바로 해야 한다는 것이었다. 작전 전개에서 실리주의 방침의 철저한 관철(국가기업이득금 증대, 기업관리의 과학화·합리화 등의 방법), 경제와 과학기술의 일체화 등이 중요하며, 국방공업에 필요한 전력·자재·설비의 우선적 보장, 전력·석탄·금속공업·철도운수의 발전을 통한 생산 활성화 및 경공업·농업의 급속한 발전 등이 중요하다는 것이었다. 셋째, 결사관철의 정신과 지식·능력을 겸비한 실력가를 양성해야 한다는 것이었다.[844]

태 원장의 논설은 선군경제노선의 체계화에 집중한 데 비해 정 국장의 논설은 경제 간부들에게 지침을 제시한 것으로 보아도 좋을 것 같다.

당시 북한 경제학자들의 논설에서는 국방공업 우선전략이 중공업 발전을 추동하고 경공업·농업의 발전에도 도움이 된다는 논지, 경제 전반의 현대화와 정보화에 긍정적으로 작용한다는 논지가 두드러졌다. 국방공업의 우선발전 전략으로 인해 민생의 어려움이 가중된 것은 아니라는 논리를 생산하려고 애쓰는 모습이 역력했다.

북한 경제학자들의 논리가 어떻든 간에, 선군경제노선이 전략부문(국방공업 및 관련 중공업)에 자금·물자를 우선적으로 집중시켜 이 부문을 재건한 뒤에 비전략부문(경공업 및 지방공업)의 재건을 뒤따르게 하려는 구상이었음을 뒤집을 수는 없다. 중공업이 군수공업을 중심으로 계열화되어 있어서 군수공업을 우선 발전시키면 중공업부문에 승수乘數효과를 야기하고 이것이 다시 경공업과 농업에 낙수落水효과를

줄 것이라는 판단이었다.[845]

이러한 인식을 잘 보여주는 사례는 『로동신문』 2003년 4월 3일자 편집국논설《선군정치는 민족의 자주성을 위한 필승의 보검》에서 찾아볼 수 있다. 이 논설은 "강력한 자립적 국방공업의 토대를 다져 놓으면 경공업과 농업을 비롯한 다른 모든 경제 분야를 활성화해 나갈 수 있고 인민생활도 높일 수 있다"는 내용을 담았다.[846]

다만, 북한의 일부 경제학자들은 '군사적 목적에 필요한 물질적 수요를 선차적으로 충족시키는 원칙에서 경제를 관리 운영해야 한다'거나 '군수생산지표를 수행하는데 필요한 생산요소들(노동력·설비·자재·자금)을 선차적으로 보장하는 선군의 원칙을 지켜야 한다'는 주장에 집착하기도 했다.[847]

선군시대 경제건설노선은 2003년에 김정일 시대의 전략적 노선의 위상位相을 갖게 되었고, 이 노선은 김 위원장의 집권 시기에 줄곧 관철되었다. 이 노선에도 김일성 시대의 전략적 노선의 계승과 혁신이 담겨 있었는데 혁신은 주로 과학기술중시 사상과 핵 억제력을 포함한 전략무기를 생산하는 국방공업에 집중되었다. 강성대국 건설에 나선 김 위원장은 전략무기 생산에 집중하지 않고서는 군사강국 실현이 어렵다고 판단했던 것 같다.

강성대국 건설의 발전경로의 면에서 생각해 보면, 당과 인민대중의 일심단결에 기초한 정치사상강국과 그 토대 위에서 군사강국에 도달했으니만치 앞으로는 안보에 대한 우려 없이 경제강국 건설에 나설 수 있다는 유현幽玄한 생각을 했음직하다.

김정일 시대의 전략적 노선을 바라보는 외부의 시선은 경제 '외적인' 면에 치우친 감이 있지만, 북한에서는 국방공업의 우선발전이 경제 전반에 미치는 '긍정적인 효과'를 부각시키려고 노력한 흔적이 많이 발견된다.

6) 7·1조치의 재해석과 박봉주 내각의 의미

김정일 시대의 선군시대 경제건설노선은 7·1조치에 의해 뒷받침된 측면이 있다.[848] 당면 조치가 어설프면 전략적 노선의 실행이 어려울 수 있는데 7·1조치는 파격적이기도 했지만 상당한 체계를 갖춘 것이었다.

7·1조치는 전략부문(국방공업 및 관련 중공업)에 투자원천을 집중하기 위해 非非전략부문(경공업 및 지방공업)에 대한 국가투자의 축소를 합리화하는 측면이 있었다. 또한 자력갱생 원칙의 재해석에 따라 비전략부문 경제주체들의 자율성 확대(경제관리 개선조치), 비전략부문에서 발생한 초과수익의 전략부문으로의 이전 등을 겨냥한 것으로 해석될 소지도 있었다.

국가가 비전략부문에 투자하지 않으면서도 이 부문을 활성화하려면 시장 확대와 시장의 공식경제로의 수용이 필요했으며, 다른 한편으로는 전략부문에 대한 국가통제(계획)는 오히려 강화되었다. 7·1조치는 전략부문과 비전략부문의 분절화分節化, 계획과 시장의 공존共存 실험을 배태한 것이라고 볼 수 있다.[849] 새로운 경제적 실험 없이는 강성대국 건설의 꿈을 실현하기가 어려웠을 것이며, 현실성 있는 실험을 통한 경험의 축적은 혁신의 밑거름이 될 수 있었다.

김정일 국방위원장의 《10·3담화》 이후 경제 간부들과 전문가들이 '사회주의원칙 고수와 실리 획득' 논의에 열중한 것도 경험의 축적을 위해서였다. 사회과학원 주체경제학연구소 리기성 실장은 김 위원장이 사회주의 경제관리의 해법을 제시했다고 주장했다. 즉 국가의 계획적 경제관리 원칙과 중앙집권적·통일적 지도를 확고히 보장하면서 아래 단위의 창발성을 높이 발양시킬 데 대한 경제관리 원칙 구현, 경제관리 운영에서 경제와 과학기술의 결합, 사회적 노동의 합리적조직과 사회주의노동생활 기풍의 확립, 가격과 생활비의 합리적 개정 및 시장공간의 올바른 이용 등의 조치들을 김 위원장이 제시했다는 것이다.[850]

리 실장은 '가격과 생활비의 합리적 개정 및 시장공간의 올바른 이용을 위한 조치'를 언급함으로써 7·1조치가 김 위원장의 정책의지를 반영한 것이라는 점을 분명히 했다.

전경남 인민경제대학 총장도 경제관리 개선에 관한 글을 발표했는데, 그는 '경제관리에서 사회주의원칙을 철저히 지키면서 변화된 환경과 조건에 맞게 경제관리체계와 방법을 결정적으로 개선'하는 것이 사활적인 문제라고 밝혔다. 아울러 선군경제노선의 관철에서 경제관리체계와 방법의 근본적인 개선이 필요하다고 지적했다. 그는 김 위원장이 밝혀준 종자(사회주의원칙 고수와 실리 획득)를 틀어쥐는 것이 중요하다면서 정책과제를 몇 가지 제시했는데, 리기성 실장과 방향적으로 일치한다.

다만, 전 총장은 "종전의 계획화방식에서 대담하게 벗어나 나라의 전반적 경제구조와 기술개건문제, 인민경제의 균형적 발전 등 당의 경제전략을 관철하는데 주되는 힘을 집중하는 책략적인 지도관리방식, 계획화방식으로 경제관리체계와 방법을 결정적으로 개선하여야 한다"고 주장한 것에서 확인되듯이 책략적인 방식을 중시했다. 그는 국가의 지도관리와 계획화사업의 범위를 축소하고 기업 자율성을 확대하는데 따른 경영전략과 기업전략의 중요성도 강조했다.

그의 글에서는 7·1조치와 관련하여 상품화폐관계를 올바로 이용한 경제관리의 합리화, 최대한의 실리를 얻기 위한 재정금융체계의 결정적인 개선, 화폐에 의한 계산제도 확립, 가격공간을 이용한 합리적인 경제관리 및 상품유통 등을 제시한 점도 눈에 띄었다. 전 총장은 각종 상품에 대한 적절한 국정가격 결정(수요-공급의 시장신호 반영)과 화폐에 의한 경제관리 등을 강조했는데 이 방향은 지금도 유효하다.[851]

북한이 7·1조치가 발표할 당시에는 가격과 생활비 인상조치가 주목대상이었으나 실상은 《10·3담화》의 전반적인 내용이 거의 실행에 옮겨졌음이 확인된다.[852] 평균주의 타파와 번 돈에 의한 평가를 근간으로 한 7·1조치는 가격 현실화(농민시장 수준) 및 쌀 가격의 기준화, 임금의 대폭 인상, 공장·기업소의 자율성과 책임 강화, 경제계획의 기능 일부의 지방정부와 기업소 이관 등을 담고 있었다.[853]

국정가격을 현실화하는 과정은 수요와 공급을 고려해 품목에 따라 달리하는 방식으로 전개되었다. 첫째로, 시장의 쌀 가격을 가격 재조정의 기준으로 삼아 큰 폭으로 인상했다. 둘째로, 식량을 제외한 생필품에 대해서는 가격을 낮게 책정하는 원칙이 견지되었고, 인민소비품의 가격 인상폭에 비해 공업제품과 연료 가격의 인상폭이 더 커졌고 석탄·전력·휘발유 등 전략물자의 인상폭은 더 크게 나타났다. 셋째로, 아주 낮은 가격으로 공급되던 교통비와 주거비 등의 가격을 대폭 상승시킴으로써 일하지 않고서는 기본생활을 해결하지 못하게 하는 등 평균주의에서 벗어나려는 흐름이 뚜렷하였다.[854]

북한은 가격 현실화와 함께 근로자 생활비를 평균 18배 올려 이전의 110원에서 2,000원 수준으로 책정했다. 탄광·광산을 비롯한 어렵고 힘든 부문과 국가전략물자를 생산하는 근로자의 임금은 이전의 240~300원에서 6,000원으로, 20~25배 인상했고, 전문직 종사자와 비생산부문 종사자의 임금은 각각 19배, 17배 인상했으며 군인들은 직급에 따라 25~31배 인상했다고 한다.[855]

북한이 7·1조치에서 지방정부와 기업체의 자율권을 확대하여 정책결정의 분권화를 시도한 것도 중요한 함의가 있다. 시·군의 책임성과 자율성을 확대하기 위해 권한을 많이 부여하고 불필요한 제약은 해제했다. 지방공업의 생산품에 대해서는 소비자 가격을 자율적으로 정할 수 있게 했다. 국가는 가격제정 원칙과 기준을 정해주고 공장·기업소가 자체적으로 가격을 정하여 판매할 수 있게 했다.

다음으로, 중앙정부의 생산계획 하달의 기능을 축소하여 전략적·국가적 지표를 제외하고는 계획수립 관련 권한과 기능을 하부로 넘겨주었고, 계획 초과분에 대한 자율처분권을 인정했다. 국가계획위원회의 계획 범주는 전략적·국가적 지표에 국한되었고, 기관·기업소들의 세부지표는 자율적 계획에 맡기게 되었다. 국가물자공급위원회를 대신해서 사회주의물자교류시장을 도입함으로써 공장·기업소들 사이에서 일부 원자재와 부품들을 거래할 수 있는 길이 열렸다.[856]

이러한 정책 실험은 1990년대까지는 생각조차 못하던 일이었다. 고난의 행군이 전인미답前人未踏의 험난한 길이었다면, 선군시대 경제 건설노선과 7·1조치는 국운개척國運開拓의 신작로를 닦는 역정의 시작이었다고 하지 않을 수 없다.

한편, 김정일 국방위원장은 선군경제노선과 7·1조치의 동시 이행의 적임자를 찾던 중 2003년 9월에 박봉주를 내각총리로 발탁했다.[857] 남한 전문가들 사이에서는 박봉주 총리가 2004년 1월부터 2005년 말까지 약 2년간 시장화를 확대하면서 몇 가지 실험조치를 취했다는 증언과 자료들이 회자되어왔다. 그가 가족영농제의 시범 실시, 기업경영 자율화의 시범 실시, 국정가격 적용범위의 제한(쌀과 일부 전략물자에 국한) 및 나머지 상품에 대한 자유가격제 실시 등을 추진했다면서 시장화 '개혁'에 나선 것으로 분석한 사례가 있다.[858]

가족영농제와 관련해서는 황해도와 함경도의 30여 개 협동농장에서 분조를 가족단위로 재편해 농지를 할당하고, 토지사용료와 생산비 등 국가납부몫을 제외한 나머지 수확량에 대해 자율처분 권한을 주었다고 한다. 기업경영 자율화와 관련해서는 15개 기업소를 대상으로 현물지표를 전면 폐지하고 액상(금액)지표를 하달하고 임금 상한선을 폐지한 뒤에 국가기업이득금을 납부한 뒤 번 수입을 자율 처분할 수 있는 권한을 주었다고 한다.

박 총리의 '급진개혁안'은 보수파의 반발을 불러와 2005년 7월에 당계획재정부(부장 박남기)가 신설되고 박봉주 내각이 견제 당했다고 한다. 김정일 위원장은 2006년 10월에 "최근 몇 해 동안 경제사업이 당의 의도대로 잘 되지 않았다. 내각 일군들의 그릇된 사상관점과 일 본새에 대해 단단히 문제를 세워야 한다"면서 박봉주 노선을 '그릇된 사상'으로 규정했다는 것이고, 결국 2007년 4월에 박 총리는 해임되어 순천비날론연합기업소 지배인으로 좌천되었다는 설명이다.[859] 이른바 '시장화 개혁'에 관한 이러한 분석은 고위급 북한이탈주민이 남한에 갖고 온 자료들과 증언에 기초한 것이었다. 이 분석에 사용된 정보들의 진위眞僞에 대한 검증은 어려웠고 '시장화 개혁'을 둘러싼 정보는 확대 재생산 되어 왔다.

이러한 분석에서 2004~05년의 기간이 선군경제노선과 7·1조치의 동시 이행기라는 포인트를 소홀히 하지 않았나 하는 생각을 갖게 된다. 박 총리의 해임 원인을 '급진개혁안'에서 찾기보다 '국방공업의 우선발전과 경공업·농업의 동시발전'의 노선에 충실하지 못한 점에서 찾아야 하지 않을까 하는 점이다. 국방공업의 우선발전에 충실하지 못했거나(내각의 제2경제위원회 지원 부족) 혹은 7·1조치에서 성과를 제대로 거두지 못했던 것(인민생활 향상)은 아닐까 하는 것이다.

김정일 위원장이 박 총리의 임명 직전에 한 《8·28담화》에서 "국방공업을 우선적으로 발전시키면서 경공업과 농업을 동시에 발전시킬 데 대한 노선은 선군시대에 일관하게 틀어쥐고 나갈 사회주의 경제건설의 전략적 노선이며 우리 당의 선군혁명영도, 선군정치의 실현을 물질경제적으로 확고히 담보하는 경제건설노선"이라고 밝혔음[860]에 유의해야 한다.

설령 일부 협동농장들과 공장·기업소들에서 시범조치들이 시행되었고 상품가격과 시장 확대 등을 둘러싼 갈등이 당과 내각에서 있었다고 해도, 그것이 전략적 노선의 수행에 엄중한 장애를 조성하지 않았다면 그러한 갈등을 해임 사유로 단정할 수 있을지는 의문이다.

당시는 김 위원장이 강성대국 건설의 토대를 만들기 위해 강한 정책 드라이브를 구사하던 시기였다. 그가 박 총리에게 정책결정의 독자성을 부여했다는 가정假定을 믿어야 할지도 의문이고, 박 총리가 《10·3담화》의 선을 넘었다고 보는 것이 합당할지도 의문이다.

박봉주 노선이 2006~07년에 '그릇된 사상'으로 규정되었다면, 그가 2013년 4월에 총리에 다시 임명된 것을 설명하기가 어렵다. 그는 총리에 재임명된 이후 6년 이상을 경제사령관 역할을 수행했는데 그 과정에서 '급진개혁안'을 추진한 흔적을 찾을 수 없었다. 김정은 시대의 전략적 노선의 실행에서 보면, 박 총리는 김 위원장의 경제강국 건설 추진을 보좌하면서 인민생활의 향상에 주력했던 것으로 볼 수 있다. 박 총리가 선군시대 경제건설노선과 7·1조치를 실행한 경제책임자였기 때문에 김정은 시대에 재기용된 것으로 보아야 합당할 것이다.

앞에서 김일성 시대의 전략적 노선을 중공업의 우선발전과 경공업·농업의 동시발전, 경제건설과 국방건설의 병진, 인민경제의 주체화·현대화·과학화와 혁명적 경제전략의 3단계로 구분해 살펴본 바 있다. 김일성 주석의 경우는 집권 시기가 길다보니 시기별로 전략적 노선의 변화는 그 구분이 뚜렷했다고 할 수 있다.

이에 비해 김정일 시대의 전략적 노선은 선군시대 경제건설노선의 한 단계로 보는 것이 적절할 것 같다. 다만 '과학기술발전 전략에 기초한 경제강국 건설'을 별도로 서술하는 것이 허용될 수 있다면, 김정일 시대를 1995~2005년의 전기와 2006~11년의 후기로 나눠볼 수는 있을 것 같다.

김정일 시대를 전기와 후기로 나누는 분기점을 2006년으로 본 데에는 나름의 근거가 있다. 북한은 2006년에 《기간공업과 농업부문에서의 3년 연속계획》을 수립했고, 지하핵실험의 성공으로 국방공업 우선발전의 성과가 시현示現됐으며, 그해 최고인민회의 제11기 제4차 회의에서는 '과학기술발전 촉진에 의한 강성대국 건설'에 관한 보고가 있었다. 3대 기관지(『로동신문』『조선인민군』『청년전위』)의 2007년 신년공동사설에 따르면, 2006년은 '전반적 국력이 비상히 강화되고 강성대국의 여명이 밝아온 한해'였다. 이런 점들에 유의하면 2006년은 '과학기술발전 전략에 기초한 경제강국 건설'의 원년元年이라 불러도 손색이 없을 것이다.

북한의 선군시대 경제건설노선과 7·1조치가 세상에 드러난 것은 2002년이지만 1998년부터 그 기류가 나타나기 시작해 김정일 시대의 전기前期를 지배했다. 전기는 북한 경제발전전략의 역사에서 가장 역동적인 시기였다. 김정은 시대의 경제발전전략의 흐름을 이해하려면 이 시기의 정책 실험을 들여다볼 필요가 있다. 심모원려深謀遠慮를 담은 묘목들이 곳곳에서 싹을 틔우고 있었다.

김정일 국방위원장의 선군시대 경제건설노선은 김정은 시대의 경제건설과 핵무력건설의 병진노선의 모태母胎였고, 그의 2001년 《10·3담화》는 김정은 시대의 경제건설 총력집중노선의 젖줄이고 디딤돌이었다. 역사에서 가정假定은 의미가 없다고는 하지만, 김정일 위원장의 집권기가 길었더라면 경제건설과 핵무력건설의 병진노선이나 경제건설 총력집중노선과 유사한, 전환적 국면을 열려는 시도가 있었을 것으로 판단된다. 김정일 위원장의 전략적 노선은 김정은 시대를 예비하면서 그 씨앗을 품고 있었던 것이다.

2. 과학기술발전 전략과 경제강국 건설

2006년= "사회주의강성대국 건설에서 일대 비약을 일으켜나가는 전면적 공세의 해" [861]

2007년= "선군조선의 새로운 번영의 연대가 펼쳐지는 위대한 변혁의 해" [862]

2010년= "혁명적 대고조의 자랑찬 승리와 성과에 토대하여 인민생활 향상에 전당적, 전국가적인 힘을 집중하여야 할 총공세의 해" [863]

2011년= "인민생활 대고조의 불길을 더욱 세차게 지펴 올려 강성대국 건설에서 결정적 전환을 일으켜야 할 총공격전의 해" [864]

※ 3대 기관지(『로동신문』『조선인민군』『청년전위』) 신년공동사설

북한에서 2006년은 '변화의 해'였다. 그 변화는 '과학기술발전 전략에 기초한 경제강국 건설'로 집약된다. 북한이 이를 전략적 노선으로 공식화한 적은 없지만, 그렇게 규정해도 될 만한 흐름이 있었다. 북한은 2006년에 《기간공업과 농업에서의 3년 연속계획》을 내놓고 그 실행에 들어갔다. 이 부문에서 2008년까지 달성해야 할 생산목표가 제시되었다. 이 계획은 '1980년대 후반의 경제발전 수준 재현'을 목표로 내걸어 눈길을 끌었다.

'1980년대 후반'은 북한이 제3차 7개년계획(1987~93년)을 출범시킨 시기와 맞물린다. 구소련과 동유럽 사회주의국가들이 개혁·개방의 길을 걷다가 체제 붕괴에 직면하고, 이 와중에 북한은 사회주의시장을 잃으면서 침체의 전조前兆가 나타났던 시기였다. 그 무렵의 경제발전 수준을 재현하고 싶다는 북한의 바람에서, '잃어버린 20년'의 절치부심切齒腐心과 경제강국 건설의 열망을 읽을 수 있다.

북한은 제3차 7개년계획과 그 완충기(1994~96년)의 실패, 고난의 행군(1995~97년)에 처하면서 중장기 경제계획을 수립할 수 없는 형편이었다. 북한이 경제회복의 반전反轉에 나설 생각이라도 할 수 있었던 것은 1998년이었고, 식량과 에너지 증산을 목적으로 한 부문별 계획 수립에 나선 것은 2003년이었다. 2003년에 공업부문의 개건과 현대화

사업에 착수하는 부산한 움직임이 있었다.《연료, 동력문제 해결을 위한 3개년계획》(2003~05년)이나《800만 톤 식량증산 5개년계획》(2003~07년) 등을 보면, 북한이 생산 정상화를 향한 걸음을 재촉했음을 알 수 있다.

북한이 2006년에《기간공업과 농업에서의 3년 연속계획》을 시작할 수 있었던 것은 2003년 이래의 부문별 계획과 개건·현대화 사업에서 거둔 일정한 성과에 힘입은 것이었다.[865]《기간공업과 농업에서의 3년 연속계획》과는 별개로 내각 경공업성과 국가과학원 경공업과학분원 등은 2006년 1월에 인민소비품의 품질 향상과 생산 공정의 현대화에 집중 투자한다는 의지를 밝히기도 했다.[866] 2006년의 정책 변화에서 출발한 선군건설노선의 심화 움직임을 살펴보기로 한다.

1) 2006년의 변화와 사회주의경제강국 추구

『로동신문』은 2006년 4월 2일자 사설에서 경제관리 부문의 실리주의實利主義를 강조해 주목을 끌었다. 사설은 경제지도일군들에게 경영전략과 기업전략을 올바로 수립할 것, 주도성·창조성·능동성을 발휘할 것, 사회주의원칙을 지키면서 '가장 큰 실리를 얻는 당의 실리주의 원칙'을 관철할 것 등을 촉구했다.

구체적인 실천과제로는 현실적 조건에 맞는 경제적 실리지표의 설정과 공장·기업소에서의 실리 보장과업 제시, 품질감독체계의 올바른 수립과 생산물·건설물의 품질 제고, 집단주의원칙에 의한 경제적 타산과 경제작전·지휘의 집행과 평가, 사회주의원칙 아래 경제관리의 결정적 개선 등이 제시되었다.[867] 경제관리 부문의 '결정적 개선'은 물론 단순한 수사修辭가 아니었다.

2006년의 시점에 실리주의원칙을 강조하면서도 집단주의와 사회주의 원칙을 중시한 결합의 원리가 반복되었기 때문에 '늘 같은 이야기'라는 식으로 이해하기 쉽다. 그러나 그 당시의 정황을 보면 '결정적 개선'이 필요했고, 계획경제의 효율적 운영이나 2002년 7·1 경제관리 개선조치의 성과를 둘러싼 논의가 활발했던 것으로 관측된다. 사회주의 원칙의 고수와 실리 획득의 원칙을 실행하는 과정에서 좌左편향이나 우右편향을 경계하면서 '변화'로 나아가려고 했던 것이다.

2006~09년에 벌어진 시장의 축소, 양곡전매제도(2005년 10월 시행), 화폐교환(2009년 11월) 등의 긴축정책에서 보듯이 '변화'는 쉽지 않았다. 북한은 이 기간을 거치고 나서야 경제관리의 '결정적 개선'을 본격적으로 모색하는 동력을 얻을 수 있었다.

북한은 2006년 4월에 열린 최고인민회의 제11기 제4차 회의에서 전년도의「사업정형과 예산집행 결산 및 당해 연도의 과업과 예산보고」라는 연례적인 의정에 그치지 않고, 최태복 당비서로 하여금 별도의 보고를 발표하게 했다. 그 보고는《과학기술발전을 다그쳐 강성대국 건설을 추동해나가자》였다.

최 비서는 보고에서《제2차 과학기술발전 5개년계획》(2003~07년)의 차질 없는 완수,《제3차 과학기술발전 5개년계획》(2008~12년) 수립, 2022년까지의 장기적인 과학기술발전 전략 마련 등을 언급했다. 그는 과학기술부문의 주요 과업으로 첨단과학기술과 첨단사업의 토대 구축, 식량·에너지문제 해결, 주요 공업부문의 개건·현대화, 다른 나라와의 과학기술협력 강화 등을 제시했다.[868] 과학기술발전을 촉진해 강성대국 건설을 추동해나간다는 목표는 군사강국 건설과 경제강국 건설의 양쪽에 모두 해당되는 것이었다.

북한에게 2006년이 변곡점變曲點이 된 배경에는 그해 10월 9일 지하핵실험의 성공적인 진행이 있었다. 지하핵실험 성공은 1998년 8월의《광명성1호》발사와 함께 북한에서는 국방공업의 우선발전 전략의 '쾌거'로 기록된다. 조선중앙통신은 10월 9일에 "과학적 타산과 면밀한 계산에 의하여 진행된 이번 핵시험은 방사능 유출과 같은 위험이 전혀 없었다는 것이 확인"되었고 "핵시험은 100% 우리 지혜와 기술에 의거하여 진행된 것으로서 강위력한 자위적 국방력을 갈망해온 우리 군대와 인민에게 커다란 고무와 기쁨을 안겨준 역사적 사변"이라고 보도

했다.[869]

북한은《과학기술발전 5개년계획》의 지속적 전개와 장기적인 과학
기술발전 전략을 강조한 2006년에 지하핵실험에 성공함으로써 과학기
술발전이 국방력과 경제력의 두 마리 토끼를 잡는 활이라는 것을 입증
할 수 있었다.

이듬해에 북한은 3대 기관지(『로동신문』『조선인민군』『청년전위』)
의 신년공동사설에서 2006년에 "전반적 국력이 비상히 강화되고 강성
대국의 여명이 밝아왔다"며 "핵 억제력을 가지게 된 것은 민족적 경
사"라고 평가하고, 2007년의 국가적 목표로 사회주의경제강국 건설을
내걸었다. 경제강국 건설의 주된 과업으로 인민생활의 향상, 경제현대
화, 경제잠재력의 발양 등을 제시하면서, 과학적 영농방법에 의한 먹
는 문제 해결, 경공업혁명에 의한 인민소비품 증산, 인민경제 선행부
문(전력·석탄·금속·철도운수)에 대한 국가적 역량 집중 등을 강조했
다.[870] 경공업혁명에 의한 인민소비품 증산과 관련해서는 경공업공장
들과 지방산업 공장들의 만부하 가동, 모든 경제부문에서의 예비와 가
능성 총동원 등이 중시되었다.

2007년의 신년공동사설에서 제시된 과업들은 농업·경공업·무역 제
일주의와 인민경제 선행부문의 중시를 내걸었던 혁명적 경제전략을
연상시켰다. 혁명적 경제전략은 1993년 12월의 당 중앙위원회 제6기
제21차 전원회의에서 결정된 전략적 노선이었다. 다만 국제사회의 대
북제재가 지속되는 조건을 감안해 무역제일주의는 일시적으로 제외했
던 것으로 보인다.

신년공동사설은 또한 첨단과학기술 발전을 통한 강성대국 건설을
강조하면서 과학인재의 양성을 촉구했다. 2007년 신년공동사설은 국
방공업의 우선발전 전략에 의거해 '핵보유국'에 성공한 바탕에는 과학
기술발전 전략이 있었던 만큼 그에 기초한 인민생활 향상에 초점을 맞
추었던 점이 두드러졌다.

이것은 2003년 신년공동사설에서 인민경제 선행부문의 혁신적 추진,
경공업의 현대화를 통한 인민소비품의 대대적 생산, 농업생산 증대, 첨

단과학기술의 적극적인 도입 등이 강조되었던 것과 유사하면서도, 그해에 '국방공업의 선차적인 역량 집중'이 강조되었던 것과는 달리 2007년에는 그럴 필요성이 줄어들었다는 점에서 확연한 차이를 보였다.[871]

『로동신문』은 2007년 1월 15일자 사설에서 경제강국 건설과 인민생활 향상을 거듭 강조했다. 사설은 "올해 사회주의경제강국 건설의 중요 부문은 농업"이라면서 "경제건설과 인민생활 향상의 문제를 해결할 수 있는 기본 고리는 농업생산을 결정적으로 늘리는 데 있다"고 지적했다.

또한 "경공업부문에서 최신과학기술의 성과를 널리 받아들여 생산시설들을 끊임없이 개조하고 설비를 고속화하며 생산 공정의 현대화를 적극 실현하도록 하여야 한다"고 강조했다.[872] 농업과 경공업 중시 정책은 1993년 12월 이래 계속되던 것이었다.

북한은 2007년 2월 5일에 선군혁명선구자대회를 개최했는데 최태복 당비서는 보고에서 '경제건설전선이 사회주의강성대국 건설의 주공主攻전선'이라고 역설해 주목을 끌었다. 2006년 10월 지하핵실험의 성공으로 국방력에 자신감을 얻어서인지 경제강국 건설에 나서겠다는 의지가 확고했던 것이다. 그는 농업과 경공업 부문의 발전을 촉구하면서 먹는 문제의 획기적인 전진과 인민경제 선행부문에 대해 적극 지원할 것을 호소했다.[873]

2007년 선군혁명선구자대회에서 쏟아진 발언들을 보면 국방공업의 우선발전에서 성과를 거두었으니 인민경제 선행부문을 비롯한 중공업에 힘쓰는 한편, 농업·경공업의 동시발전에 나서자는 것으로 일관되었다. 선군경제노선은 견지하되 경제강국 건설에 진입하겠다는 의지의 표현이었다. 사회주의경제강국 건설에서 경공업부문의 최신과학기술 도입을 비롯한 과학기술발전 전략을 중시하겠다는 방침은 더욱 뚜렷해졌다.

북한은 2006~07년에 경제강국 건설에 대한 기대감을 보이면서도 7·1조치 이래의 시장 확대 경향은 오히려 긴축으로 돌아섰다. 시장이 정부의 허용범위를 넘어섰기 때문일 것이다. 북한 정부는 2006년에 만

17세 이상 성인남성의 장사를 금지하고 떼기밭에 고율高率의 토지사용료를 부과하기 시작했고, 2007년에는 만 40세 미만 성인여성의 장사를 금지하고 시장거래 품목도 통제하기 시작했으며, 개인 사업을 대대적으로 단속했다.

한편, 2007년 4월 11일 최고인민회의 제11기 제5차 회의에서 박봉주 총리가 물러나고 내각 육해운상 출신인 김영일이 총리에 선출되었다.[874] 이러한 긴축기가 오래 지속되지는 않았지만 선군시대 경제건설 노선이라는 전략적 노선은 당초에 국방공업의 우선발전을 내걸었던 점에서 볼 때 긴축의 조정 국면은 있을 수 있는 일이었다.

2) 국방공업과 인민경제 선행부문 중시

경공업 전문가인 박봉주 총리의 해임은 국방공업과 인민경제 선행부문의 우선발전을 예고하는 것이었고, 김정일 국방위원장이 2007년 8월 초순에 함경북도의 금속기계공업 기업소들에 대한 현지지도에 나선 것은 주목할 만한 행보였다. 그는 라남탄광기계연합기업소(2001년 11월의 '라남의 봉화' 발상지), 김책제철연합기업소, 성진제강연합기업소(1998년 3월의 '성강의 봉화' 발상지)를 방문했는데 이 기업소들은 기술개건과 현대화의 모범단위였다.

당시의 현지지도는 경제적 파급효과가 큰 에너지, 금속, 기계부문 등 선행부문의 기술개건사업을 추진해 산업 정상화의 기반을 조성하는 동시에, 석탄과 철강 증산을 통한 에너지부족의 완화, 선철과 강철 수출의 부가가치 제고에 의한 외화수입 확보 등을 독려하기 위한 것이었다.[875]

김 위원장은 8월 중순에 함경남도의 기업소들을 집중 방문했다. 현지지도 단위에 2.8비날론연합기업소, 룡성기계연합기업소, 흥남비료연합기업소, 함흥목제품공장, 함흥영예군인수지일용품공장, 단천광산기계공장, 단천제련소 등 함남의 대표 공장·기업소들이 포함되었다.

북한이 《기간공업 3개년계획》(2006~08년)을 수행하면서 전력, 석탄,

금속 등 기간산업의 기술개건과 현대화에 주력하던 시기에, 김 위원장은 기술개건과 현대화에서 성과를 거둔 모범단위들을 방문해 강령적 지침을 제시했고, 이를 북한 전역으로 확산시키려고 했다.[876] 당시에 북한 보도매체들은 김 위원장의 현지지도를 '삼복철 강행군'으로 부르며 사회주의경제강국 건설의 '선구자정신'이라고 선전했다.

그는 9월 초순에도 자강도 경제부문의 현지지도를 이어갔다.[877] 인민경제 선행부문을 중시하는 분위기는 계속되어 2007년 10월 23일에 열린 내각 전원회의 확대회의에서는 인민경제 선행부문의 발전에 역량을 집중하기 위해 그 소요 설비와 자재들을 우선적으로 공급하기로 하고 현안을 해결할 대책을 마련할 것을 촉구했다.[878]

다른 한편으로 북한은 3대 기관지의 2008년 신년공동사설을 통해 '인민생활 제일주의'를 다시 내걸었다. "경공업부문에서는 인민소비품의 지표를 끊임없이 확대하고 그 질을 높은 수준에서 보장하여 인민들의 수요를 원만히 충족시켜야 한다"고 강조함으로써[879] 인민경제 선행부문과 함께 경공업제일주의도 여전히 과녁에서 벗어나지 않았음을 확인시켜주었다.

김 위원장이 2008년 6월 18일에 발표한 담화 《경제사업에서 사회주의 원칙을 고수하며 사회주의경제의 우월성을 높이 발양시킬 데 대하여》(6·18담화)[880]는 2002년 7·1조치 이래의 시장 완화 정책을 거둬들이는 내용이어서 파문이 일었다. 《6·18담화》를 2008년의 여건을 반영한 것이라는 견해가 있을 수 있지만, 그것은 최고영도자의 '시장에 대한 관점'을 보여준 것이었고 때때로 그러한 관점이 되살아날 수 있다는 점에서 주목을 요한다. 이 담화에 나타난 시장에 대한 관점은 다음과 같다.

"시장에 대한 인식을 바로 가져야 합니다. 시장은 경제분야에서 나타나는 비사회주의적 현상, 자본주의적 요소의 본거지이며 온상입니다. 시장에 대하여 아무런 국가적 대책도 세우지 않고 그대로 내버려 두거나 시장을 더욱 조장하고 그 영역을 확대하는 방향으로 나간다면 불필코 나라의 경제가 시장경제로 넘어가게 됩니다. 그러나 현실적 조건에 따라 국가적 통제 밑에 시장을 일

정하게 이용하는 것이 곧 시장경제로 가는 것은 아닙니다. 시장과 시장경제
는 같은 개념이 아닙니다. 문제는 시장을 어떻게 보고 대하며 그것을 어떤 원
칙과 방향에서 어떻게 이용하는가 하는 데 있습니다."

이 담화는 '국가관리 하의 시장'을 용인한 것이었지만, 한편으로 시
장을 '자본주의적 요소의 본거지, 온상'으로 규정함으로써 경제당국이
시장 통제를 강화하는 계기가 되었다. 《6·18담화》 이후 시장 통제가
강화되었고 2009년에는 상설시장을 10일장으로 되돌리는 움직임도 일
부 나타났다. 그런 와중에 뙈기밭이 협동농장에 귀속되는 현상도 있었
다고 한다.

2008년 10월에 열린 내각 전원회의 확대회의에서는 《6·18담화》에서
제시된 과업을 철저히 관철하는 문제가 안건으로 다루어졌다. 회의에
서는 경제사업에 대한 국가의 중앙집권적·통일적 지도를 강화하기 위
해 내각의 책임성과 역할을 높이는 과제, 사회주의원칙과 요구에 맞게
정치사업을 앞세워 경제과업을 수행해 나가는 과제, 대외경제관계를
확대발전시켜 나가는 과제 등이 토의되었다.[881]

앞의 두 과제는 7.1조치의 후퇴로 해석될 소지가 있었다. 내각 전원
회의 확대회의에서 사회주의원칙 고수가 강조되는 마당에 시장이 위
축되고 산업현장의 자율성도 위축되지 않을 수 없었다. 그러나 이러한
긴축 분위기가 오래 지속되지는 않았다.

3) 정보산업과 중공업 발전 중시

북한은 시장과 산업현장이 위축되는 분위기에서도 《제3차 과학기술
발전 5개년계획》(2008~12년)의 첫해 추진과업으로 정보산업의 발전을
제시하는 등 산업의 기초체력 강화에 나섰다. 사회주의원칙과 국가의
통일적 지도를 강조한 한편에서, 국가컴퓨터망과 대학컴퓨터망 등 IT
환경의 개선에 집중해 앞날에 대비했다.

평양에서는 2008년에 제9차 전국교육부문 프로그램경연(7월 31일~8월 2일), 전국기상수문부문 과학기술발표회 및 프로그램전시회(8월 6~7일), 공화국 창건 60돌 기념 전국대학생정보과학기술 전시회(8월 21일), 제19차 전국 프로그램 경연 및 전시회(10월 23일), 전국 정보학부문 과학기술발표회 및 전시회(10월 27~29일) 등이 잇달아 개최되었다. IT산업을 통한 단번도약의 의지가 살아 있었던 것이다.[882]

조선중앙통신은 2008년 11월 20일에 각 도道 도서관들이 현대적인 정보설비에 기초해 정보봉사(서비스)를 시작한데 이어 시·군·구역 도서관들도 정보봉사 준비사업을 하고 있다고 보도했다. 각 도 도서관들이 중앙·지방을 연결하는 정보서비스 중심지로서 면모를 일신한 가운데 자강도·함경남도·함경북도·평안북도 도서관들이 전자도서관으로 개건되었고, 평안남도·황해남도·황해북도·강원도·량강도에서는 전자도서관화 건설을 진행했으며, 시·군·구역 도서관들에서는 정보봉사구역을 설치해 서비스를 시작하거나 준비하고 있다는 것이었다.[883]

조선중앙방송은 2009년 4월 3일 "선군시대의 새로운 경제건설노선을 일관하게 관철해나가고 있다"고 보도해 국방공업의 우선발전과 경공업·농업의 동시발전이 지속되고 있음을 확인했다. 방송은 "국방공업은 중공업에 기초하고 있으며 중공업의 발전을 떠나서는 국방공업의 발전에 대하여는 생각할 수 없다"면서 "국방공업이 발전하면 이 부문의 최신과학기술이 중공업을 비롯한 인민경제 여러 부문에 보급되고 중공업제품에 대한 수요가 빨리 늘어나게 되며 이것은 중공업의 발전을 추동하게 된다"는 담론을 되풀이했다.[884]

이 무렵 북한의 정책담당자들은 3대 기관지의 2008년 신년공동사설에서 제시된 '인민생활 제일주의'와 약간의 괴리를 느꼈을 가능성이 있다. 오히려 그해 10월의 내각 전원회의 확대회의에서 사회주의원칙 고수를 밝힌 것에서 선군시대 경제건설노선에 대한 진의眞意를 찾으려 했을지도 모른다.

그러나 유의할 점은 '국방공업의 발전이 중공업 발전을 추동한다'는 담론을 정책담당자들은 예민하게 인식했을 것이라는 사실이다. 선군경제노선에도 변화의 동력과 관련된 단서들이 곳곳에 잠재되어 있었고, 정보산업과 중공업의 발전은 군수산업과 민수산업 사이의 교량이될 수 있었다.

군수산업과 민수산업(특히 기계제작공업을 비롯한 중요공업부문)의연계는 점점 심화되고 있었고, 실제로 군수산업의 첨단과학기술이 민수산업으로 이양될 여지가 커져가고 있었다(spin-off effect). 북한의 전략적 노선에서 이 측면이 경제 혁신과 성장의 엔진으로 주목받는 날이올 것이다. 이와 관련된 정보가 외부에 공개된 것은 빙산의 일각에 지나지 않고 그러한 정보는 계속 늘어날 것이다.

4) 화폐교환과 인민생활 향상으로의 선회

북한은 2009년에 '150일전투'(4월 20일~9월 16일)와 '100일전투'(9월23일~12월 31일 추정)를 잇달아 전개했는데 이 기간에 인민경제 선행부문과 식량·건설부문 등에 국가역량을 집중했다. 그해 10월에 열린내각 전원회의 확대회의는 150일전투 총화와 100일전투 대책을 다루었다.[885]

북한은 100일전투가 한창이던 11월 30일~12월 6일에 전격적으로 새화폐 발행 및 교환사업을 단행하여 내외에 충격을 주었다. 새 화폐는종이돈 9종(5000원, 2000원, 1000원, 500원, 200원, 100원, 50원, 10원, 5원), 주화 5종(1원, 50전, 10전, 5전, 1전)이었다. 교환비율은 현금의 경우 100:1, 은행에 저금한 몫의 경우 10:1이었다. 교환한도에 대한 언급은 없었다.

북한은 화폐교환 후에 전반적인 가격수준을 2002년 7월 1일의 수준으로 조정하고 공장·기업소에서 지급하는 생활비(임금)는 종전의 금액수준으로 새 화폐로 보장하기로 했다. 모든 상점과 식당들에서 외화거래가 금지되었고, 외국인이나 해외동포들이 이용하는 상점과 식당에서도 화폐교환소에서 외화를 북한 돈으로 교환해 사용하도록 했다.

화폐교환사업은 고난의 행군 이후 국방력 강화와 인민적 시책을 위해 지출한 막대한 자금으로 인한 통화팽창, 그리고 인민경제의 불균형 발전이라는 '비정상적 현상'을 단번에 해결하려는 것이었다. 북한 정부는 사회주의원칙을 고수하면서 국영상업망을 통한 상품유통 능력을 강화하면 시장 활동이 자연스럽게 약화될 것으로 기대했던 것으로 보인다.[886] 그 기대가 어긋나고 통화팽창과 시장 확대에 직면하자 비상대책을 쓰지 않을 수 없었고, 그 처방전이 '잘못된' 화폐교환이었다.

화폐교환은 당초 목표를 달성하지 못하고 참담한 실패로 끝났다. 화폐교환 및 외화사용 금지조치로 시장 거래가 중단되고 이로 인해 물가가 폭등하면서 시장에 의존해 생활하던 주민들의 불만이 높아졌다. 주로 원화로 자본을 축적해온 소매상인 등 생계형 상인들은 어렵게 축적한 자본을 사실상 강탈당하는 사태에 직면했고 이들의 불만은 고조되었다. 북한 정부는 2010년 2월에 들어 외화사용 금지조치를 철회하고 김영일 총리가 직접 인민들에게 사과하면서 사태 수습에 나섰다. 화폐교환을 주도했던 박남기 당 계획재정부장은 경제교란과 간첩 혐의로 처형되었다는 설이 유포되어 있다.

근로자들의 입장에서는 화폐교환에 따라 단기간에 임금이 100배 오르는 효과를 누리기도 했지만, 임금상승은 화폐과잉을 초래해 하이퍼인플레이션을 낳았고 불과 1년도 되지 않아 실질임금은 화폐교환 이전 수준으로 떨어졌다. 원화를 축적한 소규모 상인의 기반은 상당히 약화된 반면에 외화로 축적한 신흥 상인들은 거의 피해를 보지 않았다고 한다. 화폐교환 이후 원화 보유 및 거래에 대한 불안감이 커져 달러화dollarization 현상이 심화되었고 원화 가치는 더 떨어졌다.[887]

이것은 북한이 경험해보지 못한 초유의 사태였다. 영국 경제학자 존 케인스John Maynard Keynes는 사람들이 화폐를 수요하는 이유로 상품교환을 위한 거래적 동기, 미래의 필요에 대비한 예비적 동기 외에 투기적(투자) 동기를 거론한 바 있다.[888] 북한의 화폐교환의 여파로 투자 동기를 지닌 상인들이 타격을 입었음은 물론이다.

화폐교환의 후유증이 인민생활을 강타한 2010년에 3대 기관지의 신년공동사설은 '인민생활 향상의 결정적 전환'을 내걸었다. 주공主攻전선인 경공업과 농업 분야에 대한 국가투자 증대 등이 주요 과제로 설정되었다. 사설은 대외시장 확대, 대외무역 적극화 등을 강조함으로써 대외경협 확대의 의지도 분명히 했다.

사설의 기조는 선군경제노선에서 벗어나지 않으면서도 경제조직사업의 '혁명적 개선'을 촉구했다. 그 개선의 방향은 외부의 예측과는 달리, 계획경제의 정상화를 위한 것이었고 계획경제를 끝까지 고수한다는 원칙을 재확인한 것이었다.

다만 신년공동사설은 상품유통에서 사회주의원칙의 견지를 강조하면서 국영상점의 가격제정에서 상품-화폐관계(시장신호)를 고려하는 문제에 대해 고심한 흔적을 보였다. 가격·이윤·수익성 같은 경제공간의 활용에 여전히 익숙하지 못했던 경제 간부들이 화폐교환 직후에 상품부족에 따른 유통망의 혼란과 씨름하며 진땀을 흘렸던 것으로 관측된다.

화폐교환의 극적인 경험은 전략적 노선에 대해 다시금 진지하게 들여다보게 만들었다. 특히 정책의 지그재그 체험은 경제당국과 간부들로 하여금 '넘어도 되는' 선線과 '넘지 말아야 할' 경계境界가 무엇인지를 자성自省하게 만들었다.

화폐교환의 실패로 어수선한 분위기가 여전히 남아 있던 2010년 4월에 열린 내각 전원회의 확대회의에서는 경공업에 힘을 집중하여 인민소비품을 더 많이 생산하는 과제, 농사를 잘 지어 인민들의 먹는 문제를 해결하는 과제가 토의 안건에 올랐다.[889] 그해 신년공동사설에서 제시된 '인민생활 향상의 결정적 전환'을 위한 실천적 대책이 강구되었던 것이다.

그해 6월에 열린 최고인민회의 제12기 제3차 회의에서는 내각 총리를 교체(김영일→최영림)했는데, 이는 화폐교환의 후유증을 수습하는 것도 필요했겠지만 더 중요하게는 경제강국 건설에서 성과를 거두려면 내각책임제(내각중심제)가 제대로 운영되어야 한다는 절박감이 있었기 때문이었다.[890]

내각이 힘을 쓰려면 그만큼 정치적 비중이 있는 인물이 총리를 맡아야 했던 것으로 보인다. 최영림 신임총리는 1970~80년대 초반에 김일성 주석의 책임서기로, 그 뒤부터 1990년대에 줄곧 정무원 부총리, 2009년에는 평양시당위원회 책임비서를 역임한 중량급 간부였다. 그의 경력 가운데 1990년에 국가계획위원회 위원장으로 일했던 점도 눈에 띈다.

사회주의경제강국 건설을 담당하는 민간경제가 내각 지휘 하에 놓여 있는 만큼, 경제사령관인 내각 총리의 리더십이 중요한 시기였기 때문에 최영림을 임명했던 것으로 볼 수 있다.

5) 인민경제의 CNC화와 《국가경제개발 10개년 전략계획》

북한은 2010년의 신년공동사설에서 'CNC기술의 세계첨단돌파'를 전년도의 최대 성과의 하나로 언급하면서 2010년에 기계공업부문에서의 CNC화를 핵심과업으로 내걸었다. 북한 보도매체들은 기계공업 등 중공업뿐 아니라 경공업부문(식료공장, 당과류공장, 밀가루공장 등)과 산업 전반의 CNC화 실현을 강조했고, 'CNC화를 통한 인민생활 향상'을 집중적으로 선전했다.

CNC화의 정책화두가 2010년을 관통하는 가운데 『로동신문』은 그해 12월 15일자에서 "인민경제의 CNC화를 보다 높은 수준에서 실현해 나가는 데 경제강국 건설의 지름길이 있다"면서 대안중기계연합기업소의 대형보링반 CNC화, 천리마제강연합기업소의 1만 톤 프레스의 CNC화를 대표 사례로 제시했다.

이 신문은 "현재 CNC 기술은 공작기계 뿐 아니라 화학기계, 식료기계, 방직기계, 신발기계, 건설기계, 인쇄기계 등 모든 제조업 부문들과 군수나 민수공업의 중요부문에 널리 이용되고 있다"고 밝히고, 인민경제의 주체화·현대화·과학화 사업은 "CNC화하기 위한 사업과 직결되어 있다"는 점을 지적했다. 김일성 시대에 시작된 인민경제의 주체화·

현대화·과학화 노선이 과학기술발전 전략에 의한 경제강국 건설로 발돋움하고 있음이 확인된 셈이었다.

신문은 인민경제의 CNC화는 곧 최첨단돌파전이며, 따라서 산업 전반에 걸쳐 CNC기술에 의한 생산체계 확립, 생산공정과 기계설비들의 CNC화에 의한 제품의 질과 노동생산능률 제고 등이 필요하다고 강조했다.[891]

북한의 영도집단은 3대 기관지의 2011년 신년공동사설의 제목을 "올해에 다시 한번 경공업에 박차를 가하여 인민생활 향상과 강성대국 건설에서 결정적 전환을 일으키자"로 달았다. 신년공동사설은 2010년에 이어 2011년에도 경공업을 '올해 총공격전의 주공전선'이라고 선언했다.

『로동신문』은 1월 5일자에서 "인민생활 향상은 경공업 발전과 떼어놓고 생각할 수 없으며 경공업은 화학공업과 직접적으로 연관되어 있다"면서 "화학공업에서 섬유, 염화비닐 등 경공업 원료와 자재가 나오며 이러한 원료와 자재 생산 공정 과정에서 비료와 농약도 생산된다"고 언급했다. 화학공업의 생산과정이 곧 경공업의 원자재 생산과정이자 농업생산 활성화의 추진과정으로 된다는 것이었다.

김정일 시대의 마지막 해에 이처럼 경공업에 주력한 것은 사회주의 강성대국 건설의 중요한 분기점이 2012년이라고 강조해왔기 때문이다. 인민들이 2012년을 맞이할 때 실생활에서 이를 체감하도록 하려고 했던 것이다. 투자재원이 부족한 조건에서, 경공업은 상대적으로 소요재원이 소규모이고 생산 순환기간이 짧으며 자금 회전속도가 빠르다는 실리적 측면을 고려한 것이기도 했다.[892]

북한의 2011년은 인민생활 향상과 강성대국 건설, 그리고 인민경제의 CNC화를 위한 발걸음으로 분주했던 해로 기록된다.

북한은 2011년 1월에 내각 결정으로 《국가경제개발 10개년 전략계획》을 채택하고 국가경제개발총국의 설립에 나섰다. 조선중앙통신의 보도에 따르면, 《국가경제개발 10개년 전략계획》은 하부구조(인프라) 건설과 농업·전력·석탄·연유(석유)·금속 등 기초공업, 지역개발을 핵

核으로 하는 국가경제개발의 전략적 목표를 담고 있었다.

이 계획이 수행되면 2020년에 선진국 수준에 올라설 수 있다는 전망이 펼쳐졌고 동북아시아와 국제경제관계에서 전략적 지위를 차지하게 될 것이라는 설명도 덧붙여졌다. 내각은 국가경제개발의 전략대상들에 대한 총괄기구로 국가경제개발총국을 설립한다는 것과 전략대상들의 개발을 조선대풍국제투자그룹에 위임한다는 것을 공개했다.[893]

《국가경제개발 10개년 전략계획》에는 농업개발, 5대 물류산업단지 조성(라선, 신의주, 원산, 함흥, 청진), 석유에너지 개발, 원유가공 2천만 톤, 전력 3천만KW 생산, 지하자원 개발, 고속도로 3천km 건설, 철도현대화 2,600km, 공항·항만 건설, 도시개발 및 건설, 국가개발은행 설립, 제철 2,000만 톤 생산 등의 계획이 담겨 있었다.[894] 내각 결정은 경제강국 건설에 필요한 경제개발에 나서면서 조선대풍국제투자그룹을 앞세워 외자유치를 본격화하려던 것이었고, 김정일 국방위원장의 승인을 사전에 득했을 것이다.

그러나 김 위원장이 연말에 유명幽明을 달리함으로써[895] 내각 국가경제개발총국과 조선대풍국제투자그룹의 활동은 위축될 수밖에 없었다. 김정일 시대의 마지막 해에 국가경제개발에 본격적으로 나서려고 했던 사실은 매우 중요하다. 북한은 유훈遺訓통치의 나라이기 때문이다.

북한은 2011년에 《국가경제개발 10개년 전략계획》을 수행하면서도 경공업을 계속 중시했다. 『로동신문』은 3월 15일자 사설에서 "경공업의 현대화, 과학화를 계속 힘 있게 밀고나가 올해에 인민생활 향상과 강성대국 건설에서 결정적 전환을 일으켜야 한다"고 촉구했다. 인민소비품 생산의 현대화·과학화를 위한 방법으로 경공업 공장의 설비 현대화 및 생산·경영활동의 과학화, 지방공업 공장들의 설비 현대화, 과학기술과 생산의 밀접한 결합 및 대중적 기술혁신운동의 전개, 본보기 공장 따라 배우기 사업의 전개 등이 제시되었다.[896] 이러한 움직임은 과학기술발전 전략에 기초한 경제강국 건설의 방침 아래 인민소비품 생산의 현대화·과학화를 중시했음을 말해준다.

《국가경제개발 10개년 전략계획》과 경공업 중시 방침, 더 넓게 보아 선군경제노선과 과학기술발전 전략은 '유산'으로 남게 되었다.

김정일 시대의 전략적 노선은 그의 죽음으로 인해 '미완未完의 전략'이 되었다. 김일성 시대의 인민경제의 주체화·현대화·과학화 노선과 혁명적 경제전략이 유작遺作으로 남아 김정일 시대에 그 바통이 넘겨졌듯이, 김정일 시대의 선군시대 경제건설노선과 과학기술발전 전략도 유훈이 되어 김정은 시대에 계승되었다.

선군시대 경제건설노선은 인민생활을 희생시키는, 국방력 강화를 위한 조치라는 외부의 비판에 직면하기도 했으나, '광명성1호'와 지하핵실험에 의한 전략무기 개발은 북한으로 하여금 안보위기에서 벗어나게 했고 국방공업에서의 과학기술적 성과들이 민간경제로 파급될 여건이 만들어지기도 했다.

국방공업의 우선발전과 경공업·농업의 동시발전 전략을 추구한 김정일 시대의 전 기간에 인민생활 향상과 직결된 경공업·농업의 발전에 부단히 노력했다는 것과 과학기술발전에 온힘을 쏟았다는 것은 숨길 수 없는 사실이다. 그러한 노력이 성과로 영글기까지는 상당한 시간이 필요하다. 그 결실이 당대에 맺어질 수도 있고 후대로 넘어갈 수도 있는 것이다.

북한이 김정은 시대에 진입하면서 보여준 경제의 신속한 회복과 성장세는 김정일 국방위원장이 마지막 10년간 경제재건의 토대를 닦았기 때문이라는 가설假說이 있다. 이 가설에 대한 온전한 평가는 역사의 몫이지만, 김정은 시대의 제반 경제현실은 이를 긍정하는 쪽으로 기울게 한다. 과거의 유산을 현재와 미래의 자산으로 만드는 원동력은 새로운 영도집단의 리더십과 각 경제부문의 당·정간부들, 그리고 인민대중의 응집력에 달려있다.

제3절 김정은 시대의 경제발전 전략노선

1. 경제건설과 핵무력건설의 병진노선

"조선로동당 중앙위원회 3월 전원회의(2013년 3월 31일)에서 조성된 정세와 우리 혁명발전의 합법칙적 요구에 맞게 경제건설과 핵무력건설을 병진시킬 데 대한 새로운 전략적 노선을 채택했다.… 경제건설과 핵무력건설을 병진시킬 데 대한 전략적 노선은 자위적 핵무력을 강화발전시켜 나라의 방위력을 철벽으로 다지면서 경제건설에 더 큰 힘을 넣어 사회주의강성국가를 건설하기 위한 가장 혁명적이며 인민적인 노선이다." [897]

김정은 시대의 경제발전전략은 연속적으로 이어진 두 노선으로 대표된다. 첫 단계의 노선은 '경제건설과 핵무력건설의 병진노선'이었다. 김정은 당 제1비서 겸 국방위원회 제1위원장은 집권 이듬해인 2013년 3월 31일에 열린 당 중앙위원회 3월 전원회의에서 경제건설과 핵무력건설을 병진시킬 데 대한 새로운 전략적 노선을 발표했다.

이 전략적 노선은 김일성 시대의 경제건설과 국방건설의 병진노선(1962년 12월), 김정일 시대의 선군시대 경제건설노선(국방공업의 우선발전과 경공업·농업의 동시발전, 2002년 9월)의 계승 버전이라 할 수 있다.[898] 국방공업을 핵무력건설로 대체한 것에서 전략적 의도를 읽을 수 있다.

선군시대 경제건설노선은 경제침체를 벗어나야 할 다급한 상황에서도 국방공업의 우선발전을 추구한 데 비해, 김정은 시대는 경제건설을 앞에 배치하고 국방건설 대신에 핵무력건설을 병진시켜 자원의 효율적 배분이 가능할 수 있는 여지를 만들었다. 김정은 시대의 병진노선에는 핵무기, 장거리미사일 등 전략무기 개발에서 일정한 고지高地에 올라서면 경제건설에 집중하겠다는 전략적 함의가 내재되어 있었다.[899]

김 위원장이 2018년 4월의 당 중앙위원회 제7기 제3차 전원회의에서 '경제건설 총력집중노선'에 진입할 수 있었던 것은 병진노선에 내재된 전략적 함의 때문이었다. 약 5년의 짧은 기간에 노선 변경이 일어나리라고는 그 누구도 예측하지 못했다. 외부는 물론이고 북한 내부에서도 영도집단 외에는 이러한 변신을 생각하지 못했을 것 같다.

전략무기 개발의 측면에서 예상을 뛰어넘은 단번도약은 북한 안팎에 놀라움을 주었다. 핵 무력을 보유하려는 강한 의지가 전략무기 개발의 양적인 축적과 질적인 변화를 가져왔다고 할 수 있다. 전략적 노선의 변경에는 2018년 4월 27일 판문점 남북정상회담, 6월 12일 북미정상회담의 예정 등도 작용했다고 볼 수 있다. 북한 자신은 북미정상회담의 성사에 대해서 자신의 전략무기 개발의 성공이 가져온 결실이라고 여겼을 것이다.

1) 경제건설과 핵무력 건설의 병진노선 등장

2013년의 당 중앙위원회 3월 전원회의는 조선로동당의 역사에서 김정은 당 제1비서의 전략적 노선을 조기에 정착시킨 의미를 갖는다. 3월 전원회의를 들여다보면 경제건설과 핵무력건설의 병진노선의 요체가 드러난다.

전원회의에 상정된 첫 번째 의정은《현 정세와 혁명발전의 요구에 맞게 주체혁명위업 수행에서 결정적 전환을 이룩하기 위한 우리 당의 과업에 대하여》였다. 김 제1비서는 이 의정에 대한 보고와 결론을 했는데 이 보고에서 경제건설과 핵무력건설 병진노선이 제시되었다.

그의 보고는 정세인식(기본전제와 상황인식), 새 노선의 방향(전략변경, 기본방향, 정당성, 기본과업), 정책과업 등으로 구성되었다. 정책과업은 분야별로 제시되었는데 농업, 경공업, 새 세기 산업혁명, 경제지도 및 관리 개선, 대외경제교류 확대, 군수공업부문, 군사부문, 대외활동 등이었다. <표 2-2>는 김 제1비서의 보고의 핵심을 정리한 것이다.

그는 전원회의의 결론에서 "우리 당이 제시한 병진노선은 급변하는 정세에 대처하기 위한 일시적인 대응책이 아니라 우리 혁명의 최고이익으로부터 항구적으로 틀어쥐고 나가야 할 전략적 노선"이라고 밝혀 이 노선의 방향과 정책과제가 장기성을 띠고 있음을 예고했다. 당시만 해도 전략무기 개발에서 단번도약이 일어날 것으로 예상하지 못했을 가능성이 있다.

조선로동당 기관지 『로동신문』은 2013년 4월 1일자 사설에서 "국방비를 추가적으로 늘이지 않고도 전쟁억제력과 방위력의 효과를 결정적으로 높임으로써 경제건설과 인민생활 향상에 힘을 집중할 수 있게 한다는 데 새로운 병진노선의 참다운 우월성이 있다"고 강조했다. 이 담론에서 추가적으로 국방비를 증대시키지 않겠다는 의지와, 안보환경의 변화에도 불구하고 경제건설과 인민생활 향상에 집중하겠다는 자세를 읽어낼 수 있다.

경제건설과 핵무력건설의 병진노선은 경제발전전략에서 하나의 분수령이었다. 핵무력의 강화 발전으로 '핵보유국' 목표를 현실화하고, 안보위기가 해소되면 경제강국 건설에 집중해나간다는 길을 터놓았기 때문이다.

〈표 2-2〉 김정은 당 제1비서의 당중앙위원회 3월 전원회의 보고

구 분		핵 심 내 용
새 노선의 방향	전략변경	- 경제건설과 핵무력건설을 병진시킬 데 대한 새로운 전략적 노선
	기본방향	- 핵무력의 강화발전으로 방위력 다지기 - 경제건설에 더 큰 힘을 넣어 강성국가 건설
	기본과업	- 경제강국 건설의 가속화와 인민생활의 획기적 향상 - 인민경제 선행부문(전력·석탄·금속공업과 철도운수부문)과 기초 공업부문 주력 - 경제강국 건설의 주타격 방향인 농업·경공업 발전의 새로운 전환

구 분		핵 심 내 용
분야별 정책과업	농업	- 농업에 대한 국가적 투자 증대 - 주체농법의 요구대로 과학기술적 영농 - 알곡생산목표의 무조건 수행
	경공업	- 경공업공장들의 만부하 가동 - 질 좋은 인민소비품의 대대적 생산
	새 세기 산업혁명	- 인민경제의 주체화·현대화 수준 제고 - 지식경제로의 확고한 전환(과학기술을 원동력으로 한 지식경제 강국) - 원료·연료·자재의 국산화(특히 금속공업·화학공업을 비롯한 기간공업부문의 주체화 실현) - 과학기술과 경제의 유기적 결합(공장·기업소의 현대기술 개건) - 통신위성을 비롯한 여러 가지 실용위성의 개발 확대 및 발사
	경제지도 및 관리개선	- 내각을 비롯한 국가경제기관들에서의 경제발전전략과 부문별·단 계별 목표의 현실성 있는 수립과 철저한 집행 - 생산조직과 지휘의 빈틈없는 조직화 - 현실발전의 요구에 맞게 경제관리방법의 연구 완성 (생산수단에 대한 사회주의적 소유의 확고한 고수 및 국가의 통일적 지도하에 기업체들의 경영활동의 독자적,창발적 수행)
	대외경제 교류확대	- 대외무역의 다각화·다양화 - 원산지구·칠보산지구를 비롯한 여러 곳에 관광지구 조성 - 각 도 자체의 실정에 맞는 경제개발구 개설 및 특색 있는 발전
	군수공업 부문	- 정밀화·소형화된 핵무기 및 운반수단의 증산 - 핵무기기술의 지속적 발전을 통한 위력하고 발전된 핵무기 개발 - 원자력부문에서의 첨단돌파전 전개에 의한 설비, 생산공정의 CNC 화와 무인화 실현 - 자립적인 핵동력 공업의 발전에 의한 긴장한 전력문제 해결
	군사부문	- 전쟁억제전략·전쟁수행전략에서 핵무력의 중추적 역할 제고 - 핵무력의 경상적인 전투준비태세 완비
	대외활동	- 당의 국제적 권위의 제고, 자주적 대의 확립, 강성국가 건설을 추동할 수 있는 대외적 조건과 환경 마련 - 미국의 대조선적대시정책의 반동성·부당성 폭로 및 북한의 선택과 노선의 정당성·불가피성을 인식시키기 위한 대외활동 전개 - 아시아와 세계의 평화와 안전을 위한 노력, 핵전파 방지 의무의 성실한 이행, 세계 비핵화 실현에 이바지

<표 2-2>에서 알 수 있듯이, 인민생활 향상과 직결되는 농업에서는
국가적 투자의 증대, 주체농법에 의한 과학기술적 영농, 알곡생산 목표

의 무조건 수행 등이 제시되었다. 경공업에서는 경공업공장들의 만부하 가동, 질 좋은 인민소비품의 대대적 생산 등이 과업으로 부상했다.

새 세기 산업혁명과 관련해서는 인민경제의 주체화·현대화 수준의 제고, 지식경제로의 확고한 전환, 원료·연료·자재의 국산화, 과학기술과 경제의 유기적인 결합 등이 관건적인 과업으로 제기되었다.

경제지도 및 관리 개선을 위해서는 내각을 비롯한 국가경제기관들에서의 경제발전전략과 부문별·단계별 목표의 현실성 있는 수립과 철저한 집행, 생산조직과 지휘의 빈틈없는 조직화, '현실발전의 요구에 맞는' 경제관리방법의 연구 완성 등이 강조되었다. 대외경제교류 확대를 위한 과업으로는 대외무역의 다각화와 다양화, 원산지구·칠보산지구를 비롯한 여러 곳의 관광지구 조성, 각 도의 실정에 맞는 경제개발구 개설 및 특색 있는 발전 등이 제시되었다. 이 과업들은 김정은 시대의 경제발전전략의 원형적 모습에 해당한다.

김 제1비서의 보고에서 흥미로운 점은 경제건설을 앞세운 부분이 있었는가 하면 핵무력 건설을 앞세운 부분도 있었다는 것이다. 3월 전원회의의 전략적 노선은 경제건설과 핵무력건설을 병진시킴으로써 결합의 원리를 중시했다. 정책 집행자들로서는 어느 한쪽에 치우치면 '좌우 편향'의 비판에 직면하는 어려움은 있겠지만 대체로 전략적 결합의 관행에 익숙해져 있는 것으로 볼 수 있다.

전반적인 기조는 과업을 다룬 순서에서 보이듯이 경제건설을 앞세웠다. 김 제1비서는 전원회의의 결론에서 다음과 같이 지적했지만, 경제건설 총력집중노선에로의 '조기 전환'의 가능성을 읽어내는 전문가는 거의 없었다.

"모든 역량을 총집중하여 경제강국 건설에서 결정적 전환을 이룩하여야 합니다.… 당당한 핵보유국이 된 오늘 우리에게는 강위력한 전쟁억제력에 기초하여 경제건설과 인민생활 향상을 위한 투쟁에 자금과 노력을 총집중할 수 있는 유리한 조건이 마련되었습니다.… 일군들과 당원들과 근로자들은 애로와 난관이 가로놓일수록 필승의 신념과 비상한 각오를 더 굳게 가지고 대담한 공격전, 전인민적인 결사전을 벌려' 인민경제 모든 부문에서 기적과 혁신의 불길을 세차게 일으켜나가야 합니다." [900]

북한은 공식적인 담론을 통해 많은 정보를 공개하지만 외부 전문가들은 의외로 공식담론에서 정책의 방향을 읽어내는 일에 소홀한 편이다. 그것은 공식담론의 프로파간다propaganda라는 면에 더 주목하기 때문일 것이다.

김정은 시대의 전략적 노선을 실리적 혁신의 시선에서 보면 경제지도 및 관리 개선의 과업들이 단연 눈에 띈다. 경제관리 개선과 관련해 '현실발전의 요구에 맞는' 경제관리방법의 연구 완성이 강조된 가운데 '국가의 통일적 지도하에 기업체들의 경영활동의 독자적·창발적 수행'이 과업으로 제시됐는데 이러한 혁신 기조는 오늘날에도 지속되고 있다.

기업경영의 독자성 보장 등에 주목하면서 당과 국가 간부들이 '결합의 원칙과 관행'을 어떻게 적용하는지를 관찰한다면 혁신, 혁명적 전환, 근본적 개선, 주체혁명위업의 결정적 전환 등으로 표현된 '변화의 지향'을 이해하는데 도움이 될 것이다.

『로동신문』이 2013년 4월 1일자 사설에서 "강성국가 건설의 요구에 맞게 경제지도를 근본적으로 개선하며 주체사상을 구현한 우리 식의 우월한 경제관리방법을 완성하여야 한다"고 촉구한 것은 우리식 경제관리방법에 관한 흥미로운 가이드라인으로 볼 수 있다. 주체사상을 구현한 '우리식' 담론은 인민에 의거한 것이라면, 인민을 위한 것이라면, 인민의 자주성의 실현에 도움이 되는 것이라면 그 실천에서 창의성을 발휘할 수 있음을 뜻한다.

한편, 김정은 위원장은 2014년 5월 30일 당·국가·군대의 책임일군들과 한 담화《현실발전의 요구에 맞게 우리 식 경제관리방법을 확립할데 대하여》(5·30담화)를 발표했다. 그는 "경제관리방법을 개선하는 것은 현 시기 경제건설과 핵무력건설을 병진시킬 데 대한 당의 전략적 노선을 관철하여 부강조국건설을 앞당기기 위한 절실한 요구"라고 지

적했다.[901]

그는 2014년에 전력·식량문제를 비롯하여 경제건설과 인민생활 향상에서 기초적인 문제들이 아직 원만히 풀리지 못하게 된 어려운 여건을 솔직히 인정했다. 이를 극복하기 위해 인민경제의 계획적·균형적 발전법칙과 노동에 의한 분배법칙, 가치법칙과 같은 경제법칙들과 그와 관련한 경제적 공간들을 효과적으로 이용하여 최대한의 경제적 실리를 보장하는 방도를 우리식 경제관리방법에서 모색해야 한다고 강조했다.[902] '우리식'에서 경제적 실리가 중요하다는 인식은 신속히 자리 잡을 수 있으나 그 실천에 익숙해지고 성과를 거두기까지는 시간이 걸릴 수 있다.

《5·30담화》에는 사회주의기업 책임관리제의 도입으로 경제관리의 효율성을 높이겠다는 의지가 담겨 있었다. 북한에서는 그해 7월에 내각이 추가대책을 발표한데 이어서 2014년 하반기부터 2015년 상반기까지 《인민경제계획법》, 《재정법》, 《기업소법》 등의 경제 법령을 수정보충하고 《사회주의기업책임관리제 시행을 위한 세칙》 등 시행세칙 등을 개정하거나 제정하여 경제관리 체계의 법제화를 완료했다.[903] 이러한 일련의 과정은 최고영도자의 강령적 지침이 내려지면 그에 근거하여 지침의 실현 방안과 함께 법제화가 진행된다는 것을 보여준다.

그리고 북한은 조국해방 70주년과 당 창건 70주년을 맞이한 2015년에 조선로동당 중앙위원회·중앙군사위원회 《공동구호》를 발표했다. 경제부문의 공동구호에는 경제건설과 핵무력건설의 병진노선의 핵심이 집약적으로 표현되어 있었다. 전략적 노선의 실천적 방향을 공동구호에 담았던 것이다. 인민군대와 군수단위도 국방공업뿐 아니라 민간경제 발전에 참여해야 한다는 내용이 포함되어 눈길을 끌었다.

<표 2-3>은 경제구호를 정리한 것이다.[904] (*)표시 부분은 전략적 방향 가운데 시스템 혁신과 관련된 것들이다. 공업부문 경제관리에서 생산자들의 주인으로서의 책임과 역할, 협동농장 분조관리제 안에서의 포전담당 책임제, 농업·공업에서 경제발전전략에 기초한 합리적이고 효율적인 경영전략과 기업전략 수립 등을 구호에 포함시킨 것이 중요

하다. 사회주의기업 책임관리제를 언급하지는 않았지만 당시에 이 제도가 실천 단계에 진입한 것으로 봐야 할 것이다.

〈표 2-3〉 당 중앙위원회·중앙군사위원회 경제구호

구 분	구 호
과학기술부문	- 과학연구사업은 제국주의와의 첨예한 대결전이다! - 우리 식의 첨단과학기술위성, 실용위성들을 더 많이 쏘아 올리라! - 기상관측과 예보의 현대화·과학화 수준을 높이라! - 첨단과학기술을 적극 연구 개발하여 당 정책의 정당성과 생활력을 실천으로 증명하라!
먹는 문제	- 농산과 축산·수산을 3대축으로 하여 인민들의 먹는 문제를 해결하고 식생활 수준을 한 단계 높이는 것은 현 시기 우리당이 내세운 중요한 과업이다! - 분조관리제 안에서 포전담당 책임제를 옳게 적용하여 농업생산에서 은이 나게 하라! (*)
경 공 업	- 경공업의 거세찬 동음으로 제국주의자들의 제재책동을 단호히 짓부셔 버리라! - 인민들의 호평을 받고 세계적인 경쟁력을 가진 질 좋은 인민소비품을 더 많이 생산하라!
인민경제 선행부문	- 전력은 인민경제의 생명선이다. 나라의 전력생산을 결정적으로 늘이자! - 석탄증산으로 당을 받들자! - 금속공업과 화학공업은 경제강국을 떠받드는 쌍기둥이다. 성강과 강선에서 생산적 앙양의 불길을 세차게 일으키라! - 대규모화학공장들이 경공업원료와 건재의 국산화실현에 적극 이바지하라! - 철도운수부문에서 군대와 같은 강한 규율을 세우고 인민경제 수송수요를 원만히 보장하라! - 항공운수를 새로운 높은 단계에로 발전시키라! - 도로의 현대화·중량화·고속화를 다그치라!
대외경제관계	- 원산항을 세계적인 항으로 건설하라! - 대외무역을 다각화·다양화하라! - 원산-금강산국제관광지대와 경제개발구 개발사업을 적극 밀고 나가라!
건설부문	- 미래과학자거리와 중요 건설대상들을 훌륭히 완공하여 10월의 대축전장을 빛나게 장식하라! - 평양시를 웅장화려하고 풍치수려한 세계적인 도시로, 선군문화의 중심지로 더 훌륭히 꾸리자!

구 분	구 호
경제관리	- 경제관리를 개선하는 것은 경제강국 건설의 절실한 요구이다. 경제관리 에서 생산자들이 주인으로서의 책임과 역할을 다하게 하라! (*) - 경제사업에서 내각책임제, 내각중심제를 강화하자! (*) - 국가 경제발전전략에 기초하여 합리적이고 효율적인 경영전략·기업전 략을 세우라(*)
품질제고 국산화	- 제품의 질과 경쟁력을 결정적으로 높이라!! - 수입병을 없애고 원료·자재·설비의 국산화를 실현하라!
기 타	- 큰물과 왕가물, 태풍과 폭설에 의한 재해방지대책을 빈틈없이 세우라!

공동구호는 병진노선 하에서 경제건설에 집중하고 있음을 잘 보여준다. 다만, 김 위원장이 경제부문 생산현장에 대한 현지지도의 분위기와 달리 국방공업 관련 단위에서는 핵무력 건설을 강조했음을 간과해서는 안 될 것이다. 그가 당·국가·군대의 최고영도자로서 안보를 책임진 당사자라는 사실을 감안해야 한다. 외부에서는 그가 핵무력 건설을 강조할 때마다 비판의 강도를 높였다.

북한의 사정을 놓고 보면, 2015년에 당 사업의 상당 부분은 최룡해 당 부위원장(조직지도부장 겸임)이, 경제사업의 상당 부분은 박봉주 내각 총리가 각각 맡고 있었기 때문에 김 위원장은 안보에 집중했던 것으로 해석된다. 직책으로 봐도 김정은 당 위원장(제1비서)은 국방위원회 제1위원장(혹은 국무위원회 위원장), 당중앙군사위원회 위원장, 조선인민군(무력) 최고사령관이었다. 이에 유념하면서 병진노선에 대한 그의 발언을 살펴볼 필요가 있다.

2) 김정은 위원장의 '병진노선 정당화'(2016~17년)

김정은 국방위원회 제1위원장은 2015년 《신년사》에서 "국방공업부분에서는 당의 병진노선을 관철하여 군수생산의 주체화, 현대화, 과학화를 다그치며 우리식의 위력한 최첨단 무장장비들을 적극 개발하고 더욱 완성해 나가야 합니다"라고 강조했다. 최첨단 무장장비에는 핵무기를 포함한 전략무기 개발이 포함된다.

그는 2016년 1월 12일 핵과학자·기술자들에 대한 당·국가 표창 수여식의 축하연설에서 "우리가 경제건설과 핵무력건설 병진노선을 추켜든 것은 날로 더욱 악랄하게 감행되는 미제의 핵위협과 공갈, 군사적 압박으로부터 우리 조국을 영예롭게 수호하기 위한 데 목적이 있습니다"라고 말했다.[905] 미국의 핵위협에 대한 방어력을 갖추는 것이 병진노선의 목적이라고 정당화하려는 것이었다.

그는 2016년 3월에 핵무기연구부문 과학자·기술자들을 만나 핵무기 병기화 사업을 지도한 자리에서도 '핵무력을 중추로 하는 자위적 국방력을 끊임없이 강화해나갈 데 대한 당의 병진노선'을 설명한 뒤 "당당한 핵보유국이 된 오늘날 우리에게는 강위력強威力한 핵전쟁 억제력에 기초하여 경제건설과 인민생활 향상을 위한 투쟁에서 돌파구를 열어나갈 수 있는 확고한 담보가 마련되었습니다"라고 말했다.

그는 병진노선이 '자위적自衛的 핵무력을 강화 발전시켜 나라의 방위력을 철벽으로 다지면서 경제건설에 박차를 가하여 사회주의강성국가를 건설하기 위한 가장 혁명적이며 정당한 노선'이고, '급변하는 정세에 대처하기 위한 일시적인 대응책이 아니라 제국주의의 핵위협과 전횡이 계속되는 한 항구적으로 틀어쥐고나가야 할 전략적 노선'이라고 천명했다.[906]

'제국주의의 핵위협과 전횡이 계속되는 한' 항구적恒久的으로 이 전략적 노선을 견지한다는 것은, 달리 말해 제국주의의 핵위협과 전횡이 없어지면, 혹은 없어질 징후나 그러한 여건이 조성된다면 이 노선에 변화가 일어날 수 있다는 말이기도 하다. 2018년의 여건에서 전략적 노선에 변화가 일어났음을 돌아보게 하는 대목이다.

김 위원장이 틈틈이 병진노선을 정당화하는 발언을 쏟아놓은 것은 두 가지 때문으로 추정된다. 하나는 국방력 강화에 나설 때, 다시 말해 국방력 강화에 국가투자를 늘릴 때 인민생활과 관련된 경제부문에 대한 국가투자는 상대적으로 줄어들 수밖에 없다. 이 때문에 병진노선에 대한 인민들의 적극적 지지나 암묵적인 동의가 필요하다. 다른 하나는 국방력 강화에서의 성과, 다시 말해 핵 억지력의 확보가 실제로 이뤄지면 경제건설에 전면적으로 나설 수 있는 환경이 조성될 것이라는 논리다.

그는 북한이 핵보유국이 되었기 때문에 경제건설과 인민생활 향상에 나서는 토대가 마련되었다는 인식을 기회 있을 때마다 되풀이했다. 그는 이 무렵에 탄도로켓의 대기권 재돌입 환경의 모의시험을 지도하는 자리에서 "우리 당의 혁명적 병진노선을 심장으로 받아 안은 우리의 국방과학자, 기술자, 군수노동계급이 당 제7차대회가 열리는 올해에 로케트공업과 핵기술분야에서 커다란 전진을 이룩하고 있는" 것에 대해 높이 평가했다.[907] 핵무기와 장거리미사일 개발에서 성과를 거둔 것에 대해 대놓고 자찬自讚했던 것도 경제건설에 집중하는 날을 기다리는 인민들의 기대심리에 부응하려는 의도가 있었다.

김정은 당 위원장은 제7차 당대회 이후 2016년 12월 23일에 열린 제1차 전당초급당위원장대회의《개회사》에서 "오늘의 국제정세 상황은 당이 택한 병진사상과 노선이 얼마나 정당하고 정확하였는가를 더욱 뚜렷이 실증해주고 있다"고 주장했다.[908]

그는 2017년 7월《화성-14형》시험발사의 성공에 기여한 성원들에 대한 당·국가 표창수여식의 축하연설에서는 "우리 공화국의 전략적 지위와 세계 정치구도를 근본적으로 변화시킨 이번 대륙간 탄도로케트 시험발사의 대성공"은 "병진노선이 천만번 정당하다는 것을 입증하였습니다"라고 강조했다.[909]

그는 2개월 뒤 '대륙간 탄도로켓 장착용 수소탄'의 시험 성공에 기여한 과학자와 기술자들을 위한 축하연회에서 '국가 핵무력 완성의 완결단계 목표를 점령하기 위한 투쟁에서 국방과학부문의 과학자, 기술자들이 당의 병진노선을 충직하게 받들어 자위적인 핵 억제력을 튼튼히 다져나가기 위한 과학연구사업을 더 야심차게 벌려나갈 데 대한 과업'을 제시했다.[910] 병진노선 아래 핵무력을 강화하겠다는 의지를 재천명했던 것이다. 이러한 일련의 발언은 그가 병진노선의 정당화에 정성을 쏟았음을 보여준다.

김정은 위원장은 2017년 10월 7일에 열린 당 중앙위원회 제7기 제2차 전원회의의 의정보고《조성된 정세에 대처한 당면한 몇 가지 과업에 대하여》에서 "조성된 정세와 오늘의 현실을 통하여 우리 당이 경제건설과 핵무력 건설의 병진노선을 틀어쥐고 주체의 사회주의 한길을 따라 힘차게 전진하여온 것이 천만번 옳았으며 앞으로도 변함없이 이 길로 나아가야 합니다"라고 선언했다. "당의 병진노선을 계속 철저히 관철하여 국가 핵무력 건설의 역사적 대업을 빛나게 완수할" 것이라고 말했다.

그는 이어서 "미제와 그 추종세력들의 극악무도한 제재압살 책동을 물거품으로 만들고 화禍를 복福으로 전환시키기 위한 기본열쇠가 바로 자력갱생이고 과학기술의 힘"이라면서 "인민경제의 자립성과 주체성을 백방으로 강화"해나갈 것을 촉구했다.[911] 병진노선이 지속되는 조건에서 경제건설과 핵무력 건설의 동력을 과학기술발전에 의거한 자력갱생에서 찾을 수밖에 없다는 것이었다.

2개월 뒤인 12월 11~12일에 개최된 제8차 군수공업대회에 참석한 김정은 위원장은 대회의《결론》에서 "강위력한 주체적 국방공업에 토대하여 우리나라의 전략적 지위가 새로운 높이에 올라선 오늘의 자랑찬 현실은 경제건설과 핵무력건설의 병진노선을 제시하고 관철하여온 우리 당의 결심과 선택의 정당성을 뚜렷이 확증하여 주고 있습니다"라며 병진노선을 거듭 정당화했다.[912]

김 위원장의 2016년과 2017년의 발언은 병진노선의 정당화와 함께 핵무력 강화를 포함한 전략무기 개발에 주력했음을 증명한다. 그러나 이것은 병진노선의 한 측면에 대한 판단이고, 다른 측면인 경제건설에서도 공세적인 역동성이 읽혀진다는 점이 중요하다. 그러한 전략적 과업은 2016년 5월의 제7차 당대회에서 모습을 드러냈다.

3) 제7차 당대회에서 제시된 전략적 과업

경제건설과 핵무력건설의 병진노선의 정당성은 2016년 5월의 제7차 당대회에서 재확인되었으며, 당대회는 병진노선을 더욱 심화시킴으로써 경제건설 총력집중노선으로 가는 디딤돌을 놓았다.

김정은 위원장은 5월 8일의 《사업총화보고》에서 "조선로동당은 조성된 정세와 혁명발전의 요구에 따라 경제건설과 핵무력건설을 병진시킬 데 대한 전략적 노선을 제시하고 그 관철을 위하여 적극 투쟁하였습니다"라고 상기시키고 "우리 당의 새로운 병진노선은 급변하는 정세에 대처하기 위한 일시적인 대응책이 아니라 우리 혁명의 최고이익으로부터 항구적으로 틀어쥐고나가야 할 전략적 노선"이라고 거듭 밝혔다. 병진노선은 "핵무력을 중추로 하는 나라의 방위력을 철벽으로 다지면서 경제건설에 더욱 박차를 가하여 번영하는 사회주의강국을 하루빨리 건설하기 위한 가장 정당하고 혁명적인 노선"이라고 그는 주장했다.[913]

그가 《사업총화보고》에서 경제건설과 핵무력건설의 병진노선을 강조하는 한편, 사회주의완전승리를 이룩하는 투쟁과정에서 경제강국 건설의 전환적 국면을 열어나가야 한다고 지적한 것, 이를 위해 국가의 경제조직자적 기능의 강화와 우리식 경제관리방법의 전면적 확립이 필요하다고 역설한 것은 경제발전전략의 측면에서 보면 중요한 전환을 보여준 것이었다.[914] 아래의 인용문에서 '전환적 국면'과 우리식 경제관리방법을 '전면적으로 확립하여야'라는 대목에 주목할 필요가 있다.

"사회주의강국 건설은 온 사회를 김일성-김정일주의화하기 위한 투쟁의 역사적 단계이며 그것은 사회주의의 기초를 다지고 사회주의완전승리를 이룩해나가는 과정으로 됩니다.…

사회주의강국 건설의 높은 목표를 실현해나가는 투쟁 속에서 사회주의완전승리를 담보하는 정치군사적 역량과 경제기술적, 문화적 기초가 튼튼히 마련되고 우리나라 사회주의제도의 우월성이 전면적으로 발휘되게 됩니다.… 경제강국 건설에서 전환적 국면을 열어나가기 위하여서는 국가의 경제조직자적 기능을 강화하고 주체사상을 구현한 우리식 경제관리방법을 전면적으로 확립하여야 합니다." [915]

제7차 당대회는 김 위원장의 《사업총화보고》의 발표와 토론 후에 《결정서》를 채택했다. 《결정서》에 나타난 전략적 과업들 중에 과학기술강국 건설 부문은 <표 2-4>에, 경제강국 건설과 인민생활 향상 부문은 <표 2-5>에 각각 정리하였다.[916]

과학기술강국 건설을 가장 앞세워 언급한 것이 인상적이었는데 이는 전략적 과업들 가운데서도 과학기술을 가장 중시하겠다는 징표였다.

〈표 2-4〉 과학기술강국 건설 부문의 전략적 과업

구 분	방 향	수 행 방 도
첨단 돌파전의 전개	세계적 기술 개발	- 정보기술·나노기술·생물공학을 비롯한 핵심기초기술과 새 재료기술, 새 에너지기술, 우주기술, 핵기술과 같은 중심적이고 견인력이 강한 과학기술분야 주력 - 우주과학기술 발전, 첨단기술의 집합체·정수인 실용위성들의 더 많은 제작과 발사 - 기계공학·금속공학·열공학·재료공학을 비롯한 중요 부문 기술공학의 신속한 발전 및 그 성과의 경제부문 도입
	기초 과학중시	- 수학·물리학·화학·생물학과 같은 기초과학부문에서 과학기술 발전의 원리적, 방법론적 기초 다지기 및 세계적 연구성과들 도출 - 과학기술의 종합적 발전추세와 사회경제발전의 요구에 맞게 새로운 경계과학 개척과 발전 주력
	경제 강국 건설의 기관차 역할	- 경제의 자립성과 주체성 강화, 인민생활 향상을 위한 과학기술적 방안과 실행대책 수립 및 집행 - 에너지와 철강재·화학제품·식량문제를 비롯하여 경제강국건설에서 관건적 의의를 가지는 문제들의 과학기술적 해결 * 주체철 생산기술의 완성, 수입에 의존하는 원료·자재·설비의 국산화를 위한 과학연구사업 촉진 - 과학기술과 경제의 일체화 촉진, 경제의 현대화·정보화에서 과학기술부문의 주도적 역할 수행
인재중시	인재	- 과학기술 연구일군 수의 가까운 기간에 3배 이상 증대

구 분	방 향	수 행 방 도
전민 과학기술 인재화 실현	대열 조직	- 기술집약적 산업과 현대화된 경제를 운영해 나갈 수 있는 관리 인재들의 계획적 양성 - 공장·기업소에서 과학기술 개발역량을 꾸리는 사업 전개

	과학
	기술
	자료의
	보급
		- 과학기술전당을 중심으로 전국적인 보급망 형성 및 새로운 과
		  학기술자료들의 중앙에서 말단까지 보급
		- 기관·기업소·공장·협동농장들에서 과학기술전당과 망으로 연
		  결된 과학기술보급실 정비 및 운영 정상화
		- 근로자들의 과학기술지식수준 향상

국가의
역할
제고
	국가의
	작전과
	지도
	관리
		- 과학기술발전에 대한 작전과 지도에서 전략적 집중성 보장, 과
		  학연구기관들의 연구사업의 분산적 편향 극복, 첨단돌파 계획
		  및 첨단기술 산업화 계획을 비롯한 국가의 전략적 목표 실현을
		  위한 계획의 올바른 수립과 강한 집행
		- 과학기술과 경제의 일체화 계획 작성과 수행정형에 대한 국가
		  적 장악지도·추진 제도와 질서 확립
		- 과학기술의 보급과 도입사업 주력, 모든 부문과 단위에서 새 기
		  술 개발과 도입에 절실하도록 경제관리 방법 개선
		- 다른 나라의 선진 과학기술성과의 실정에 맞게, 제때에 도입

	과학
	연구
	개발
	체계의
	정비
	강화
		- 전문 과학연구기관 정비, 새로운 첨단과학기술부문의 연구기관
		  조직으로 핵심적인 과학기술연구 중심 활동, 성·중앙기관과 공
		  장·기업소의 연구개발단위에서의 응용기술연구 담당
		- 기초과학연구와 첨단과학기술 개발에서 대학의 선도적 역할 수
		  행, 공장·기업소들의 국가중점기술 개발사업에서의 중요한 몫
		  담당
		- 도·시·군들에서 자기 지역의 경제발전과 인민생활 향상을 담당
		  할 과학기술적 연구역량과 개발단위 구성

	국가적
	투자
	증대
		- 국가예산편성에서 과학기술발전 사업비 몫의 체계적 증대, 지
		  방예산과 공장·기업소들의 기업소 기금의 과학기술발전에 최
		  대한 활용
		- 과학연구기관들과 대학들에서 첨단기술제품 생산기지 조성, 연
		  구개발 자금문제 해결

	과학
	기술
	중시
	기풍의
	확립
		- 과학기술발전에 선차적인 주력, 모든 문제의 과학 기술에 기초
		  한 해결
		- 인재 중시, 과학기술 인재들의 역할 제고, 모든 사업의 과학적
		  설계와 작전과 진행
		- 과학자·기술자들의 두뇌전·실력전 전개 지원, 지식 경제시대의
		  선도자로서의 책임과 역할 부여
		- 과학자·기술자들이 과학연구사업에 전심할 수 있도록 사업조건

구 분	방 향	수 행 방 도
		과 생활조건 보장 - 온 사회에 과학기술학습기풍 확립, 전체 인민의 지식과 기술에 의한 사회주의강국 건설 기여

조선로동당은 과학기술강국으로 발돋움하기 위한 첨단돌파전의 전개, 인재중시, 전민과학기술인재화의 실현, 국가의 역할 제고 등을 전략적 과업으로 내걸었던 것이다. 첨단돌파전, 전민과학기술인재화, 과학기술중시 기풍 등은 새 세기 산업혁명과 지식경제시대의 시대적 흐름으로 보아 지속적으로 강조될 것이다.

〈표 2-5〉 경제강국 건설과 인민생활 향상 부문의 전략적 과업

구 분	방 향	수 행 방 도
자립성과 주체성 강화	원료와 연료·설비 국산화	- 원료와 연료를 국내자원으로 보장하는 생산기술공정 확립, 첨단설비를 비롯하여 절실히 요구되는 기술 수단들의 실정에 맞게, 자체로 생산보장 - 기초공업부문의 주체화 수준 제고, 자원의 종합적이고 효과적인 이용, 원유를 비롯한 중요자원의 적극 개발 - 에너지 생산의 선행 및 동력기지 건설 - 수력 위주와 화력 전력생산의 합리적 배합, 원자력발전의 비중 제고, 다양한 자연에너지 원천의 적극 이용 → 국가적인 에너지 수요의 자체 충족 - 최신 과학기술에 기초한 에너지 생산방식의 개선, 국가경제의 에너지 절약형으로의 전환
	식량의 자급 자족	- 식량생산의 지속적 증대, 농업의 세계 선진 수준화 - 사회주의농촌테제와 당의 농업혁명방침의 관철
	다방면· 종합적 경제구조 완비	- 인민경제의 계획적 균형적 발전법칙의 요구 구현, 모든 경제부문들의 조화롭고 신속한 발전 - 마그네사이트와 흑연·규석과 희토류 광물을 비롯한 자원과 기술로 세계 패권을 쥘 수 있는 경제분야 개척·발전
현대화, 정보화 촉진	생산공정의 자동화 지능화 무인화	- 새 세기 산업혁명 촉진, 인민경제 전반의 현대적 기술 개건, 모든 부문의 첨단 수준화 - 통합생산체계와 무인조종체계 확립, 녹색생산방식을 비롯한 선진생산방법 도입, 주요 경제기술지표의 세계 선진수준화 및 부단한 개선

구 분	방 향	수 행 방 도
	과학 기술과 생산의 일체화	- 지식경제의 하부구조의 강력한 구축, 모든 부문에서 현대과학기술 도입, 과학과 기술·지식의 생산주도 경영관리체계 확립, 공장·기업소의 생산과 기술관리 공정의 개발 창조형으로의 전변 - 정보산업·나노산업·생물산업과 같은 첨단기술산업의 대대적 창설, 경제발전에서 첨단기술산업이 차지하는 비중과 중추적 역할 제고
인민의 유족하고 문명한 생활	원칙	- 경제건설에서 나서는 모든 문제를 인민대중의 자주적 요구와 이익을 기준으로 해결
	방향	- 인민생활에 직접 복무하는 부문들의 발전 중시, 근로자들에게 훌륭한 노동생활조건과 물질생활조건 마련, 당과 국가의 인민적 시책 확대

북한이 경제강국 건설에서 가장 중시하는 양 날개는 자립성·주체성의 강화와 현대화·정보화의 촉진이다. 자립성과 주체성의 강화를 위한 과업으로 원료와 연료·설비의 국산화, 식량 자급자족, 다방면적·종합적 경제구조의 완비개선 등이 강조되었다. 현대화와 정보화의 촉진에서는 생산 공정의 자동화·지능화·무인화, 과학기술과 생산의 일체화 등이 중시되었다.

인민생활 향상과 관련해서는 인민생활에 복무하는 부문들의 발전 중시, 근로자들을 위한 훌륭한 노동생활조건과 물질생활조건의 마련, 당과 국가의 인민적 시책의 확대 등이 과업으로 제시되었다.

김정은 시대의 병진노선이 경제강국 건설과 인민생활 향상에 방점을 찍고 있다는 증거는 헤아릴 수 없이 많다. 『로동신문』은 2013년 4월 5일자 사설에서 "경제강국 건설을 다그치고 인민생활을 획기적으로 높이는 것은 현 시기 우리 당 앞에 나서는 가장 중요하고 절박한 과업"이라는 김정은 제1비서의 말을 인용하면서 핵무력을 중추로 하되 경제문제 해결에 무게중심을 두었다.[917]

『로동신문』 2014년 8월 28일자는 "오늘 우리나라에는 강위력한 전쟁억제력에 기초하여 경제건설과 인민생활 향상을 위한 투쟁에 모든 힘을 총동원할 수 있는 유리한 조건이 마련되어 있다"면서 핵무력을 통해 안보위기가 상당 부분 해소되었다는 자신감을 내비쳤다. 되풀이 되어온 담론이지만, "새로운 병진노선의 참다운 우월성은 국방비를 추가적으로 늘리지 않고도 전쟁억제력과 방위력의 효과를 결정적으로 높임으로써 경제건설과 인민생활 향상에 힘을 집중할 수 있게 한다는 데 있다"고 거듭 밝혔다.[918]

이것은 핵무기 보유에 따라 재래식 군사비를 늘리지 않아도 되고, 그 잉여분을 경제건설과 인민생활 향상에 활용하겠다는 것이었다. 북한이 새 병진노선으로 국방과 경제 간의 자원배분의 균형에 성공하고 이를 지속시켜나갈지는 지켜봐야 한다는 견해들이 외부에서 제기된 바 있는데,[919] 북한은 2018년에 경제건설 총력집중노선을 채택함으로써 경제건설에의 의지가 강고함을 내외에 시현했다.

4) 국가경제발전 5개년전략의 수행

김정은 위원장은 제7차 당대회의 《사업총화보고》에서 "2016년부터 2020년까지의 국가경제발전 5개년전략을 철저히 수행하여야 합니다"라고 하면서 5개년전략의 목표는 "인민경제 전반을 활성화하고 경제부문 사이 균형을 보장하여 나라의 경제를 지속적으로 발전시킬 수 있는 토대를 마련하는 것"이라고 밝혔다.

그는 "경제 전반을 놓고 볼 때 첨단 수준에 올라선 부문이 있는가 하면 어떤 부분은 한심하게 뒤떨어져 있다"며 경제 부문 사이의 불균형을 지적하기도 했다. '한심하게 뒤떨어진 부문'을 발전시킬 해결책이 나와야 인민경제 전반의 활성화와 균형 보장도 가능할 것이다. 이것은 국가경제의 지속적 발전을 위한 동력을 만들어내는 일이다.

김 위원장은 5개년전략 수행 기간에 당의 새 병진노선을 틀어쥐고 에너지문제를 해결하면서 인민경제 선행부문과 기초공업부문을 정상궤도에 올려 세울 것, 농업과 경공업 생산을 늘려 인민생활을 결정적으로 향상시킬 것을 강조했다. 이것은 새로울 것이 없는 반복된 정책

담론이다.

그는 전력문제를 푸는 것이 "5개년전략 수행의 선결조건이며 경제발전과 인민생활 향상의 중심 고리"라고 강조했다. 전력 생산목표를 점령하기 위해 설비·자재·자금을 우선적으로 보장하기 위한 국가대책을 수립할 것도 지시했다.[920]

<표 2-6>은 당대회《결정서》에서 제시된 국가경제발전 5개년전략의 수행과업을 정리한 것이다.[921] 이 과업들은 경제발전전략의 주요 방향이고 당연히 지속성을 갖는다.

〈표 2-6〉 국가경제발전 5개년전략의 수행과업

구분	방향	수행방도
전력문제	전력문제 해결집중	- 발전소의 불비한 생산공정과 시설의 정비보강과 기술개건 촉진, 발전설비의 효율 향상, 만가동·만부하 보장, 전력생산 원가의 체계적 저감 - 전력공업부문에 필요한 설비와 자재·자금의 우선적 보장의 국가적 대책 수립 - 국가적인 통합전력관리체계 구성 및 실속 있는 운영, 교차생산의 합리적 조직 - 송배전망의 개건보수 및 전압단계와 역률 제고로 전력의 도중손실 절감, 유연교류송전계통으로의 교체
전력문제	풍부한 동력자원에 의한 전력생산기지건설	- 건설 중인 발전소들의 조업기일 단축, 단천발전소의 최단기 건설, 원자력발전소 건설의 동시 전개 - 도·시·군 중소형발전소의 실용성 있는 건설과 정상운영 - 풍력과 조수력, 생물질과 태양에너지에 의한 전력생산 증대, 자연에너지의 이용범위 확대
석탄공업 금속공업 철도운수 부문	석탄공업	- 매장량이 많고 채굴조건이 유리한 탄광들에 투자 집중 및 증산투쟁 전개 - 능률적인 채탄방법 도입, 갱내작업의 종합적 기계화, 운반의 다양화 실현, 선탄공정 완비 - 탐사와 굴진으로 확보탄량 조성, 새로운 탄광과 갱의 대대적 개발
석탄공업 금속공업 철도운수 부문	금속공업	- 제철·제강·압연공정의 기술장비 수준 제고, 원료·연료·동력 보장 대책 수립 - 철광산들의 생산능력 확장, 전극·합금철·내화물 생산기지 조성 - 선진기술에 의거한 철강재 생산의 기술경제적 지표 개선, 합금강과 규격강재의 품종 증대

구분	방향	수행방도
	철도운수 부문	- 유일사령지휘체계 확립, 수송조직의 과학화·합리화, 규율 강화→ 철도수송의 신속성과 정확성, 원활성과 안전성 보장 - 김종태전기기관차연합기업소의 현대화, 그것을 본보기로 하여 철도 공장·기업소의 기술개건 촉진, 교류전기 기관차와 같은 현대적인 철도수송수단의 개발 증산 - 철도망 완비, 철길의 중량화·고속도화 추진, 철도시설과 장비의 현대화·관리운영의 정보화 실현
기계공업 화학공업 건설부문 건재공업	기계공업	- 첨단설비들의 신규 장비와 기존 기계설비들의 성능 개선, 유연생산세포를 구성하는 방법으로 생산 공정 현대화, 측정설비와 공구 문제 해결 - 새 형의 현대적 기계설비들의 세계적 수준의 설계 제작, 계열 생산 공정 확립
	화학공업	- 생산설비와 계통의 적시 정비보수, 생산능력 확장, 촉매의 국산화 실현, 주체비료와 비날론, 기초화학제품 생산의 정상화 - 전력소비 감소, 공해를 없애는 방향에서 화학공업의 기술개건 촉진, 국내자원에 의거하는 새로운 화학제품 생산기지 건설 - 석탄가스화에 의한 탄소하나화학공업 창설, 갈탄을 이용하는 석탄건류공정 조성, 회망초를 출발원료로 하는 탄산소다공업 완비, 메탄올과 합성연유·합성수지를 비롯한 화학제품생산의 주체화 실현
	건설부문 건재공업 부문	- 선 편리, 선 미학성의 원칙이 구현된 만년대계의 기념비적 건축물들의 건설(최상 수준, 최대 속도) - 중앙과 지방의 설계역량과 건설역량 강화, 설계수단과 건설장비, 가공구의 현대화, 건식공법 장려, 영zero에너지와 영탄소 건축기술, 지능건축기술 도입 - 건재공업 공장·기업소의 현대적 조성, 건재생산의 전문화·전통화, 최신기술을 활용한 건재의 다양화·다종화·국산화 실현
농업 수산업 경공업	농업	- 5개년 전략 수행기간에 식량문제, 먹는 문제 해결 및 식량공급의 정상화 - 주체농법의 요구대로 과학농사열풍 전개 - 우량품종의 육종 증대, 지방별·품종별 수요에 맞는 종자생산 - 지대적 특성과 자연기후조건에 맞는 작물과 품종 배치, 농작물비배관리에서 과학기술적 요구 준수, 선진영농방법의 적극 도입 - 유기농법 장려, 고리형 순환생산체계를 확립할 데 대한 당의 방침 관철 - 집짐승종자와 먹이문제 해결, 사양관리의 과학화, 수의방역 대책의 확립

구분	방향	수행방도
		- 풀먹는 집짐승기르기의 군중적 운동 전개, 협동농장들의 공동축산과 농촌세대들의 개인축산 발전, 축산 열풍 전개 - 과수업의 집약화·과학화 수준 제고, 과일생산 증대, 전국 도처에 건설한 남새온실과 버섯공장에서의 생산 정상화 - 농촌경리의 종합적 기계화의 본격적 실행(빠른 기간에 농산작업의 기계화비중 60-70% 수준) - 농기계공장 설비와 생산공정의 현대적 개건, 능률 높은 농기계와 부속품의 대대적 생산 - 협동농장에서 농기계 가동률 제고, 영농공정의 기계화 실행
	수산업	- 고기배와 어구 현대화, 첨단과학기술에 기초한 기상예보, 해상지휘, 물고기 가공체계와 설비 및 전력 감시체계, 배수리 체계의 완벽한 구축, 사철 바다를 비우지 않는 적극적인 어로전 전개 - 양어에서 노력·물 절약형 방법 도입, 바다양어·그물 우리양어 전개, 바다가양식 면적증대, 양식방법 개선
	경공업	- 지식경제시대의 본보기공장 조성, 원료·자재의 국산화 실현, 생산 활성화 - 새 제품개발과 질 제고 주력 - 지방 자체의 힘으로 살림살이를 꾸려나가기 위한 작전 전개, 지방경제의 특색 있는 발전
예비와 생산앙양		- 모든 부문·단위에서 예비와 가능성의 남김 없는 탐구동원, 기술혁신운동과 사회주의경쟁운동 전개
국토관리 환경보호	국토관리 사업	- 산림복구전투의 연차별 계획 실행 - 양묘장의 실리 있는 조성, 나무모생산과 나무심기·비배관리의 과학기술적 진행
	환경보호 사업	- 환경보호사업 개선, 국가 자원의 보호 증식, 대기와 강하천, 바다오염 방지
대외경제 관계		- 신용 준수, 무역일변도 극복, 가공품수출과 기술·봉사무역의 비중을 높이는 방향에서 무역구조 개선, 합영·합작의 실리적 조직, 선진기술 도입 - 경제개발구의 유리한 투자환경과 조건 보장, 운영의 활성화, 활발한 관광 조직
경제사업 방식	방향	- 국가의 경제조직자적 기능 강화, 주체사상을 구현한 우리식 경제관리방법의 전면적 확립
	국가의	- 내각의 요령주의·형식주의·패배주의 결별, 당의 노선·정책에 기

구분	방향	수행방도
	통일적 지도와 전략적 관리	초한 국가경제발전전략과 단계별 계획의 현실성 있는 수립, 전략과 단계별 집행을 위한 경제 조직사업 조직화, 끝장을 볼 때까지 완강하게 전개 - 중심고리에 역량 집중, 경제전반의 활성화 방법으로 경제사업의 작전과 지휘 - 내각책임제·내각중심제의 요구대로 전반적 경제사업의 내각 집중, 모든 경제부문과 단위들이 내각의 통일적인 작전과 지휘에 따라 움직이는 규율과 질서 확립
	사회주의 기업책임 관리제	- 공장·기업소·협동단체들의 사회주의기업 책임관리제의 요구에 맞는 경영전략 수립, 주동적·창발적 기업활동으로 생산의 정상화 및 확대 발전 - 기업체들의 경영권을 원활하게 활용할 수 있는 조건의 국가적 보장

위의 <표 2-6>에 정리된 국가경제발전 5개년전략의 수행과업들 가운데 중요한 것을 정리해보면 다음과 같다.

전력공업에서는 전력생산 원가의 체계적 저감, 유연교류송전계통으로의 교체, 원자력발전소 건설 등, 석탄공업에서는 새로운 탄광과 갱의 대대적 개발 등, 금속공업에서는 선진기술에 의거한 철강재 생산의 기술경제적 지표 개선, 합금강과 규격강재의 품종 증대 등, 철도운수에서는 김종태전기기관차의 현대화 및 철도 공장·기업소의 기술개건 등이 중요한 과업들이다.

기계공업에서는 유연생산세포의 구성에 의한 생산 공정의 현대화, 계열 생산 공정의 확립 등, 화학공업에서는 전력소비 감소와 공해 제거를 위한 기술개건, 석탄가스화에 의한 탄소하나화학공업의 창설, 갈탄을 이용한 석탄건류공정의 조성 등, 건설건재공업에서는 설계·건설 역량 강화, 제로에너지·제로탄소 건축기술과 기능건축기술 도입, 건재의 다양화·다종화·국산화 등이 중요한 과업들이다.

농업·수산업·경공업에서 특별히 새로운 것은 없으나 농산경리의 종합적 기계화와 관련하여 '빠른 기간에 농산작업의 기계화비중을 60~70% 수준으로 올리겠다'는 계획이 눈에 띄었다.

대외경제에서는 합영과 합작의 실리적 조직, 경제개발구의 유리한 투자환경과 조건 보장이 중요한 과제였다. 그리고 경제사업방식과 관련하여 경제발전전략과 단계별 계획의 '현실성 있는' 수립이 강조된 가운데 전반적 경제사업을 내각에 집중시킬 것, 기업체의 경영권을 활용할 수 있는 조건을 국가가 보장할 것 등이 과제로 제시되었다. 이러한 과제들은 5개년전략 이후에도 지속될 것으로 예견된다.

5) 국가경제발전 5개년전략과 200일전투

북한은 제7차 당대회 직후인 2016년 5월 26~28일에 당·국가·경제·무력기관 일군연석회의를 개최하여 《국가경제발전 5개년전략 수행을 위한 충정의 200일전투》를 선포했다. 연석회의에서는 5개년전략 수행을 위한 실천방도, 만리마속도창조운동에 의한 사회주의강국 건설의 대책 등이 토의되었다.

박봉주 총리는 연석회의 보고에서 "국가경제발전 5개년전략 수행 기간에 당의 새로운 병진노선을 틀어쥐고 에너지문제를 해결하면서 인민경제 선행부문, 기초공업부문을 정상궤도에 올려 세우고 농업과 경공업 생산을 늘려 인민생활을 결정적으로 향상시켜야 한다"고 말했다. 이는 당대회 《결정서》의 5개년전략 수행과업의 반복이었다.

그는 인민경제를 책임진 내각 수장으로서, 국가의 경제조직자적 기능을 강화하고 우리식 경제관리방법을 전면적으로 확립할 것, 경제발전전략에 따르는 단계별 계획을 현실성 있게 세우며 그 집행을 위한 경제조직사업을 짜고 들고 완강하게 내밀 것, 경제사업에서 제기되는 문제들을 내각에 집중시키고 통일적인 작전과 지휘에 따라 움직이는 강한 규율과 질서를 세울 것, 공장·기업소·협동단체들이 사회주의기업 책임관리제의 요구에 맞게 경영전략을 세우고 기업활동을 주동적으로, 창발적으로 하여 생산을 정상화하고 확대발전시켜 나갈 것 등을 강조했다.

박 총리의 보고에 이어 경제부문별 회의가 진행되었는데 세부 내용은 <표 2-7>과 같다.[922] 이것을 보면 부문별 단기 과업들이 잘 드러나 있다.

박 총리는 연석회의의 결속 발언에서 "당이 제시한 국가경제발전 5개년전략을 실현하는데서 중요한 것은 자강력제일주의 정신을 높이 발휘하며 과학기술의 위력으로 모든 문제를 풀어 나가는 것"이라고 강조했다. 그는 항일抗日의 연길폭탄정신, 전화戰火의 군자리혁명정신, 천리마시대 자력갱생의 혁명정신, 주체혁명위업 수행의 도약기에 핵·우주과학자들이 발휘한 자강력제일주의 정신 등을 따라 배워 "우리의 힘과 기술, 자원에 의거하여 당대회에서 제시된 과업을 최상의 수준에서 무조건 관철하여야 한다"고 촉구했다. 그는 자강력제일주의의 정신적 뿌리가 연길폭탄과 군자리혁명정신에 있다고 강조함으로써 경제부문에서의 혁명정신 계승의 중요성을 새삼 일깨웠다.

⟨표 2-7⟩ 국가경제발전 5개년전략 수행을 위한 200일전투 과업

회의별	부 문	핵 심 과 제
전력·석탄 공업, 철도 운수부문 회의	총적 방향	- 전력과 석탄생산을 정상화하기 위한 국가적인 보장대책 수립 - 철도운수사업에서의 전환 - 연관단위들에서 생산에 필요한 연료와 자재·설비의 최우선 보장
	전력	- 북창화력발전연합기업소, 남강발전소 등 화력·수력 발전소들의 생산 공정과 시설들의 정비보강 및 기술개건 - 단천발전소를 비롯하여 풍부한 자원에 의거하는 전력 생산기지의 대대적 건설
	석탄	- 매장량이 많고 채굴조건이 유리한 서부·북부자구의 탄광투자 집중 - 능률적인 채탄방법 도입 - 갱내작업의 종합적 기계화, 운반의 다양화 실현 - 탄광들에서 기본굴진과 준비굴진을 선행시키기 위한 계획의 연차별 수립 - 새 탄광, 새 갱의 대대적 개발
	철도 수송	- 철도수송 조직의 과학화·합리화 - 철길의 중량화·고속도화 추진 - 철도시설과 장비의 현대화, 관리운영의 정보화 촉진

회의별	부 문	핵 심 과 제
		- 정보산업시대의 요구에 맞게 김종태전기기관차연합 기업소의 현대화
금속·기계·채취공업 부문회의	총적 방향	- 제철·제강·압연 공정의 기술장비 수준 제고 - 원료·연료·동력 보장 대책 수립 - 주체철 생산 증대 - 전극·합금철·내화물 생산기지 공고화 - 광물·유색금속 생산의 결정적 증대 (자립성과 주체성 강화)
	금속	- 무산광산연합기업소·은률광산을 비롯한 철광산들에서 박토처리 선행, 채굴장들의 정비 보강, 채굴설비들의 현대화에 의한 생산능력 확장 - 황해제철연합기업소, 천리마제강연합기업소 등 제철·제강소들에서의 선진기술 도입에 의한 철강재 생산의 기술경제적 지표 개선
	기계	- 인민경제의 현대화·정보화에 필요한 기계설비 신규 개발생산 - 공작기계·트랙터·화물자동차·터빈을 비롯한 여러 가지 기계제품들의 수요 보장 및 국산화 실현 - 유연생산세포를 구성하는 방법으로 생산 공정의 현대화 - 측정설비와 공구문제 해결 - 새 형의 첨단기계설비의 설계제작과 계열 생산공정 확립
화학·경공업 부문회의	총적 방향	- 화학공장들의 생산설비와 계통의 정비보수 및 생산 능력 확장 - 촉매의 국산화 실현 및 주체비료와 비날론, 기초화학 제품 생산의 정상화
	화학	- 남흥청년화학연합기업소, 흥남비료연합기업소를 비롯한 화학공업 부문 공장·기업소들의 기술개건 촉진 - 국내 자원에 의거하는 새로운 화학제품생산기지 건설 - 메탄올과 합성연유·합성수지를 비롯한 화학제품생산 주체화
	경공업	- 경공업공장의 지식경제시대의 본보기공장·표준공장으로 조성 - 원료·자재의 국산화 실현 - 생산 활성화에 의한 인민들의 소비품 수요 보장 - 모든 설비의 만가동·만부하 보장 - 제품생산의 다종화·다양화·다색화 실현 - 새 제품개발과 질 제고 주력
농업·양정·수산 부문회의	총적 방향	- 전략수행 기간 알곡생산의 결정적 증대 - 양곡수매사업 개선 - 남새(채소)와 축산물, 과일생산의 지속적 증대
	농업	- 유기농법 장려

회의별	부 문	핵 심 과 제
		- 고리형 순환생산체계 확립 - 농산작업의 기계화 비중 제고
	수산	- 현대적인 고기배 증대 및 물고기잡이의 과학화 - 사철 바다를 비우지 말고 적극적인 어로전 전개 - 양어에서 노력절약형·물절약형 방법 도입 - 바다양어·그물우리 양어 전개 - 바다가양식 면적 증대 및 양식방법 개선
건설·건재· 임업· 국토·도시 경영 부문회의	건설 건재	- 선 편리, 선 미학성의 원칙이 구현된 만년대계의 기념비적 건축물 들의 건축(최상 수준, 최대 속도) - 건재공업부문의 공장·기업소 현대화 - 건재생산의 전문화·전통화 - 건재의 다양화·다종화·국산화
	임업	- 순환식 채벌방침의 과학적인 계획 수립 - 목재의 종합적 이용률 향상
	국토 관리	- 국가적인 전략적 과업인 산림복구전투의 일관된 실행 - 국토와 환경 보호
	도시 경영	- 새 세기의 요구에 맞는 도시경영사업 개선 대책 강구
과학·교육 ·문화·보 건·체육 부문회의	과학	- 첨단돌파전 전개로 새로운 첨단과학기술분야 개척 - 경제건설과 인민생활 향상에서 관건적 의의를 가지는 과학기술적 문제 해결 주력 - 과학기술발전을 위한 올바른 국가적인 작전과 지도관리 - 과학연구개발체계의 정연한 수립 - 과학기술부문에 대한 국가적 보장사업 - 모든 부문·단위들에서 생산과 건설에서 제기되는 문제들의 과학기 술에 기초한 해결 - 온 사회에 과학기술 학습기풍 확립

　　북한은 5개년전략의 법제화에도 나섰다. 2016년 6월 29일에 열린 최
고인민회의 제13기 제4차 회의에서는 《조선로동당이 제시한 국가경제
발전 5개년전략을 철저히 수행할 데 대하여》라는 법령을 채택했다.[923]
제7차 당대회에서 결정된 국가경제발전 5개년전략을 토대로 경제 활
성화에 주력하기 위한 법적 근거를 마련했던 것이다.[924] 이 회의에서는
《사회주의헌법》 개정, 김정은 국무위원장 추대, 국무위원회 구성, 조국

평화통일위원회 설치, 조직문제 등의 의정도 토의하였다.

박봉주 총리는 제4차 회의 보고에서 5개년전략의 목표와 관련해 200일전투를 통한 평양 려명거리 완공과 함께 인민경제발전계획의 수행을 강조했다. 그는 경제 전반의 활성화, 경제부문 사이의 균형 보장을 통한 지속가능한 경제발전 토대 마련이 5개년전략의 목표임을 재확인했다.[925]

당 중앙위원회는 2016년 6월 1일에 개시된 200일전투가 12월 15일에 '승리적으로' 결속되었다는 보도문을 발표했다. 이에 따르면, "200일전투는 역사적인 70일전투에서 이룩된 승리를 확대 발전시켜 당 제7차 대회 정신을 보위하고 2016년을 혁명의 최전성기로 빛내기 위한 전 인민적인 연속 공격전, 강행 돌파전이었으며 전례 없는 자력자강의 창조대전, 만리마속도 창조대전이었다"고 한다.

보도문에 나타난 200일전투의 성과는 다음과 같다.[926] 공업부문에서 총생산액 목표의 초과달성(119%)을 언급한 것을 제외하고는 수치를 밝히지 않았다.

- 큰물 피해를 입은 함북도 북부지역 인민들을 위하여 나라의 인적·물적·기술적 잠재력을 총동원·총집중하는 전대미문의 복구전쟁을 치르면서도 200일전투의 각 방면에서 전투 목표를 앞당겨 점령했다.
- 공업부문에서 200일전투 총생산액 목표를 119%로 넘쳐 수행하고 수천여 개의 공업기업소들이 연간 인민경제계획을 기한 전에 초과 완수했다.
- 과학기술 부문에서 처음으로 250kw 풍력발전기를 개발하고 초고전력 전기로용 전극생산 기술을 완성한 것을 비롯하여 수많은 과학기술적 문제들이 해결되고 첨단기술 산업을 창설하기 위한 준비사업이 추진되었다.
- 전력·석탄 생산이 높은 수준에서 정상화되고 금속공업·철도운수부문의 실적이 비약적으로 높아지고 기계·화학·건재공업을 비롯한 기초공업 부문에서 전례 없는 생산적 앙양이 일어났다.
- 농산과 과수·수산부문에서 극심한 이상고온 속에서도 예년에 없는 알곡생산 성과가 이룩되고 과일대풍, 《이채어경異彩漁景》이 펼쳐졌다.

- 국산화의 열풍 속에서 우리의 원료·자재·설비들이 수없이 개발·생산되고 우리식의 현대화가 힘 있게 추진되었으며 우리 상표를 단 경공업 제품들이 쏟아져 나와 자력자강을 생명선으로 하는 자립경제의 토대가 더욱 튼튼해졌다.
- 두만강 연안의 북변 천리에 사회주의 선경거리, 선경마을들이 우후죽순처럼 솟아나고 홍건도 간석지 1단계, 황해남도 물길 1단계, 류경안과종합병원, 보건산소공장을 비롯한 만리마시대의 기념비적 창조물들이 도처에 일떠섰으며 려명거리 건설도 빠른 속도로 추진되어 완공을 앞두고 있다.

김정은 위원장은 국가경제발전 5개년전략을 제7차 당대회에서 채택한 이듬해인 2017년 《신년사》에서 "올해는 국가경제발전 5개년전략 수행에서 관건적 의의를 가지는 중요한 해입니다"라고 전제하고, "자강자력의 위력으로 5개년전략 고지를 점령하기 위한 전민총돌격전을 힘차게 벌려야 합니다", "5개년전략 수행에서 전환을 일으키자면 경제지도와 기업관리를 뚜렷한 목표를 가지고 혁신적으로 해나가야 합니다"라고 강조했다. 5개년전략의 수행에서 자력자강自力自强의 전민총돌격전과 경제지도·기업관리의 혁신이 초미의 과제임을 알 수 있다.

그는 2018년 《신년사》에서 "국가경제발전 5개년전략 수행의 세 번째 해인 올해에 경제전선 전반에서 활성화의 돌파구를 열어 제껴야 하겠습니다", 2019년 《신년사》에서는 "인민경제 모든 부문에서 국가경제발전 5개년전략 목표 수행에 박차를 가하여야 하겠습니다"라고 강조했다.

국가경제발전 5개년전략은 '말 그대로' 경제계획이 아니고 경제발전전략이다. 김정은 시대의 시기별 경제발전전략을 담아낸 것으로 보면 될 것이다. 김 위원장은 2020년 8월 19일에 열린 당중앙위원회 제7기 제6차 전원회의에서 2021년 1월로 예정된 제8차 당대회때 《국가경제발전 5개년계획(2021~25년)》을 제시할 것이라고 밝혔다.

5개년전략은 경제계획이 아니기 때문에 계획수치는 제시되지 않았다. 김 위원장의 《사업총화보고》와 당대회 《결정서》에 의해 결정된 5개년전략의 전략적 방향과 그 수행과업을 제시한 것이었다.

내각은 5개년전략에 입각해 해당연도 경제계획을 수립해 실천하고 있다. 당시 연간 경제계획은 내외 여건을 반영할 수 있지만, 5개년 경제계획을 수립하기에는 내외 형세에 따른 부담이 있었기 때문으로 보인다.

북한이 2016년 5월에 국가경제발전 5개년전략을 내놓기 전에, 북한 경제학자들은 '국가의 전략적 경제관리'를 제시하는 등 경제관리에서 전략을 중시하는 방향으로 이미 선회하고 있었다. 『경제연구』에 수록된 북한학자의 논문은 '국가의 전략적 경제관리'와 이전의 경제계획 수립에 위한 경제관리의 차이를 잘 보여준다.

> "지난 시기 국가의 경제관리방법은 경제계획을 세우는 사업으로부터 경제관리를 실현하였다. 지난 시기에는 나라의 경제를 전망적으로 발전시키는 문제가 전략을 세우는 방법으로가 아니라 전망계획을 세우는 방법으로 해결하였다.… 지난 시기에도 전망계획을 세우고 그것을 집행하기 위한 경제관리를 진행하였지만 보다 중시한 것은 1년을 단위로 한 현행 인민경제발전계획을 세우고 집행하는데 힘을 넣는 것이었다. 국가의 전략적 경제관리방법은 전인민경제적 범위에서 제기되는 당면한 경제문제에 대하여서도 해결하지만 기본은 먼 앞날을 내다보면서 나라의 경제를 전망성 있게 발전시켜나가기 위한 사업에 주되는 힘을 넣게 된다. 그것은 국가의 전략적 경제관리방법이 경제발전의 합법칙성과 세계경제 발전추이에 맞게 전략적 기간에 경제전략을 세우고 집행해나가는 방법으로 경제를 관리운영하기 때문이다." [927]

이 논문의 핵심은 국가의 경제관리의 출발이 '계획의 수립'에서 '전략의 수립'으로 이동했다는 것이다. 계획경제 시스템의 운영에 필요한 연간 계획은 수립해야 하지만, 장기계획에 대신하여 경제전략을 수립하고 이 방향에 따라 매년 연간 계획을 수립한다는 것이다. 이 학자는 '전략적 기업관리'의 필요성도 지적했다.

"전략적 기업관리는 국가의 전략적 경제관리에 의거하지만 자기의 독자성을 가지고 자체의 실정에 맞게 기업전략을 세워 집행하게 된다.… 전략적 기업관리에서는 부문별 전략은 거의 없고 주로 측면별 전략만 세워 집행하게 된다. 여기서는 노동행정전략, 생산전략, 가격전략, 새 제품 개발전략, 판매전략, 무역전략 등 측면별 사업전략들이 작성되고 그것을 집행하는 방법으로 전략적 관리가 진행된다. 이것은 기업체들이 한 개 부문 안에서 조직되기 때문이다." [928]

이 논문의 문맥으로 보아 전략적 기업관리는 내각 성·위원회들이 자기 산하의 공장과 기업소들에 대한 전략을 수립할 필요성을 제기한 것 같다. 이 전략은 각 공장·기업소의 경영전략·기업전략 수립에 당연히 도움이 될 것이다.

이와 관련해 『경제연구』의 다른 논문은 국가의 전략적 경제관리와 전략적 기업관리의 관계를 다음과 같이 설명했다.

"국가의 전략적 경제관리방법 하에서 내각은 나라의 전반적인 경제발전을 예견하는 총적인 경제발전전략을 작성하고 그 실현을 조직 지휘하는 과정을 통하여 중앙집권적 통일적 지도를 강화한다.… 사회주의기업 책임관리제가 자기의 사명과 임무에 맞게 경영활동을 벌려나가자면 반드시 국가가 전략적 경제관리를 실현하여야 한다.… 국가의 전략적 경제관리는 전력과 같이 개별적 기업체들이 자체로 해결하기 어려운 문제들을 비롯하여 국가적으로 해결하여야 할 문제들을 예견성 있게 해결함으로써 사회주의기업 책임관리제가 은이 나게 한다." [929]

이 논문에서는 사회주의기업 책임관리제가 제대로 돌아가게 하려면 국가는 두 가지 과제를 해결해야 한다는 것이었다. 첫째, 전력 등 개별적 기업체들이 해결하기 어려운 문제 등을 해결해야 한다는 것이다. 둘째, 과제들을 예견성 있게(전략적으로) 해결해야 한다는 것이다. 국가와 기업의 경제관리를 '전략적으로' 해나간다는 데 초점이 있음을 알 수 있다.

2016년 초반에 이러한 문제제기가 있은 이래 '전략적 경제관리방법'에 관한 논의는 2019년까지 『경제연구』에 더 게재되지 않았다. 그러나 틀림없는 사실은 경제학자들의 논문에서 국가의 전략적 경제관리라는 담론이 등장한 것은 5개년전략의 전주곡이었다는 것이다.

북한은 2018년에 경제건설 총력집중노선에 돌입하기 전년도 말 (2017년 12월 28일)에 국가경제발전 5개년전략 수행의 2017년 사업정형 총화를 위한 당·국가·경제·무력기관 일군연석회의를 열었다. 연석회의에서는 김 위원장이 2017년 《신년사》에서 제시한 과업과 국가경제발전 5개년전략 수행을 위한 2017년 사업에서 이룩된 성과와 결함들이 분석총화 되었다.

박봉주 총리는 보고에서 "당의 영도 따라 군대와 인민이 당이 제시한 올해 전투 목표를 결사관철하기 위한 자력자강의 창조대전을 힘 있게 벌려 자랑찬 성과들을 마련"했다고 밝혔다. 그는 2017년의 투쟁에서 나타난 '일련의 결함들과 교훈'에 대하여 분석하고, 당이 제시한 국가경제발전 5개년전략 목표들을 승리적으로 점령해나갈 것을 강조했고, 보고에 이어 인민경제 각 부문별로 토론들이 진행되었다.[930]

외부의 시선이 '일련의 결함들과 교훈'에 꽂힌다고 해도 북한은 이를 구체적으로 드러내지 않는다. 북한 보도매체에 공개된 토론과는 별도로 '비공개 토론'이 있는 것으로 봐야 할 것이다.

경제발전전략 수행과 관련하여 당·국가·경제·무력기관 일군연석회의가 개최되었다는 것은 중대한 의미가 있다. 실무책임자들의 연석회의는 정확한 현실진단을 통해 목표와 현실 간의 차이를 좁히고 책임감을 높이는 계기가 될 것이기 때문이다. '무력기관' 일군들의 참석은 국방공업부문의 민간경제에 대한 지원이 이뤄지는 시스템이 작동된다는 것을 예증한다.

그 반대의 해석도 가능하다. 2017년의 사업총화에서 무력부문에 대한 민간경제의 지원과 협력이 2017년 계획에 따라 제대로 이행되었는지를 검토했을 수 있다. 어느 방향이라 하더라도 군수산업과 민수산업의 상호연관성이 깊어지고 있음은 분명하다. 이는 제2경제위원회의 군수산업이 어느 정도 독자성을 가지고 운영되던 시스템에 변화가 일고 있음을 말해준다.

김정은 시대의 경제발전전략의 방향은 경제건설과 핵무력 건설 병진노선에 응축되어 있고, 제7차 당대회는 병진노선의 실천을 위한 전략적 과업을 과학기술강국 건설, 경제강국 건설과 인민생활 향상, 국가경제발전 5개년전략 등으로 나눠 제시했다. 조선로동당은 2016년에 시작한 5개년전략을 2020년에 종료하고 2021년에 새로운 5개년계획을 제시할 예정이지만, 그 기본방향의 틀이 크게 변할 것 같지는 않다.

당 중앙위원회 제7기 제3차 전원회의(4월 전원회의)에서 채택된 경제건설 총력집중노선은 병진노선의 토대 위에서 가능한 것이었고, 병진노선에서 제시된 경제발전전략을 이어가고 있다.

김정은 시대의 전략적 노선의 방향과 과제는 경제건설과 핵무력건설의 병진노선과 경제건설 총력집중노선의 양면에 걸쳐 있다. 두 개의 노선을 일란성一卵性 쌍생아雙生兒로 보는 편이 옳을 지도 모른다. 목표와 지향이 같으면서 단기 처방에서 다른 측면이 강조된다. 다른 면에 천착穿鑿하면 계승이 덜 보이고, 같은 면에 집착執着하면 혁신이 덜 보인다. 김정은 시대의 경제발전전략의 방향을 올바로 진단하려면 계승과 혁신을 함께 보아야 한다.

2. 경제건설 총력집중노선

김정은 당 위원장은 조선로동당 중앙위원회 제7기 제3차 전원회의(2018년 4월 20일)에서 "당중앙위원회 2013년 3월전원회의가 제시하였던 경제건설과 핵무력건설을 병진시킬 데 대한 우리 당의 전략적 노선이 밝힌 역사적 과업들이 빛나게 관철되었다는 것을 긍지높이 선언"하고 "우리 공화국이 세계적인 정치사상강국, 군사강국의 지위에 확고히 올라선 현 단계에서 전당, 전국이 사회주의 경제건설에 총력을 집중하는 것, 이것이 우리 당의 전략적노선"이라고 천명했다.[931]

'경제건설 총력집중노선'은 사전에 외부에서 감지하지 못한 드라마였다. 조선로동당은 판문점 남북정상회담을 앞두고 2018년 4월 20일에 중앙위원회 제7기 제3차 전원회의(4월 전원회의)를 전격 개최했다.[932]

김정은 당 위원장은 전원회의에서 첫째 의정인《혁명발전의 새로운 높은 단계의 요구에 맞게 사회주의건설을 더욱 힘 있게 다그치기 위한 우리 당의 과업에 대하여》라는 보고를 발표했다. 제목이 말해주듯이 4월 전원회의는 혁명발전의 '새로운 높은' 단계를 맞이해 경제건설에 매진할 전환적 계기를 만들기 위한 정치행사였다.

그는 "지난해(2017년) 국가핵무력 완성을 선포한 후 우리의 주동적인 행동과 노력에 의하여 전반적 정세가 우리 혁명에 유리하게 급변하고 있습니다"라고 전제하고, "조선반도와 지역에서 긴장완화와 평화에로 향한 새로운 기류가 형성되고 국제정치구도에서 극적인 변화들이 일어나고 있는" 것에 대하여 통보하면서, 이것은 '병진노선의 빛나는 결실'이라고 평가했다. 남북관계와 북미관계의 변화를 앞두고 병진노선에서 벗어나는 수순을 밟았던 것이다.

핵무기와 대륙간 탄도로켓의 개발에 의해 전략무기의 확보에 일정하게 성공한다면 경제건설에 집중하겠다는 전략적 방향이 병진노선 자체에 이미 내재되어 있었지만, 노선 전환의 발표가 예상보다 훨씬 빨랐기 때문에 놀라움을 주었다. 경제건설 총력집중노선의 등장과 당면과업, 실천과정 등을 구체적으로 살펴보기로 한다.

1) 경제건설 총력집중노선의 등장

김정은 위원장은 "우리 공화국이 세계적인 정치사상강국, 군사강국의 지위에 확고히 올라선 현 단계에서 전당, 전국이 사회주의경제건설에 총력을 집중하는 것, 이것이 우리 당의 전략적 노선"이라고 천명했다. 그가 2018년 4월 시점에 정치사상강국·군사강국의 지위에 확고히 올라섰다고 자평自評함에 따라 노선 전환의 새 지평이 열렸다.[933] 그는 "《사회주의경제건설에 총력을 집중하여 우리 혁명의 전진을 더욱 가속화하자!》라는 전투적 구호를 높이 들고 혁명적인 총공세, 경제건설 대진군을 힘차게 벌려나가야 합니다"라고 강조함으로써 경제건설에 총력으로 매진하는 것이 혁명적인 총공세라고 선언했다.

그는 새로운 노선의 실천과 관련해 국가경제발전 5개년전략 수행 기간에 '모든' 공장·기업소들에서 생산 정상화를 이룩하는 것을 당면 목표로 삼았다. 생산 정상화는 그만큼 긴요한 과제였던 것이다. 그는 또한 인민경제의 주체화·현대화·정보화·과학화를 높은 수준에서 실현하는 것을 전망 목표로 내걸었다.[934]

그는 이 목표를 실현하기 위해 나라의 인적·물적 자원을 총동원하고, '모든' 부문·단위에게 내각의 통일적 지휘에 '무조건' 복종할 것을 지시했다.[935] '모든' 부문·단위로 하여금 내각의 지휘에 '무조건' 복종할 것을 강조한 것은, 달리 말하면 여전히 내각의 지휘가 먹혀들지 않는 부문·단위가 있다는 말이기도 했다. 김 위원장을 비롯한 영도집단은 '장성택 반당반혁명사건' 이래 '모든' 부문·단위가 내각의 지휘를 따르는 구조를 정착시키기 위해, 다시 말해 '국정의 제도화'를 위해 상당한 노력을 기울였던 것으로 보인다.

모든 생산현장에서의 생산 정상화와 인민경제의 주체화·현대화·정보화·과학화가 새로운 것은 아니었다. 앞의 것은 1990년대 이래의 과업이었고, 뒤의 것은 2006년부터 본격화된 과업이었다. 총적인 방향에서 보면 계승의 면이 강하지만, 그 내용을 구체적으로 들여다보면 혁신이 드러난다.

4월 전원회의에서는 첫째 의정과 관련하여 두 개의 결정서가 채택되었다. 하나는 《경제건설과 핵무력건설 병진노선의 위대한 승리를 선포함에 대하여》이고, 다른 하나는 《혁명발전의 새로운 높은 단계의 요구에 맞게 사회주의경제건설에 총력을 집중할 데 대하여》이다. 앞의 결정서는 뒤의 결정서를 채택하기 위한 대의명분cause and justfication이었다. 병진노선으로 승리를 거두었으니 이제 경제건설에 총력으로 집중하는 전환이 가능해졌다는, 일종의 '유권해석'을 담았다.

뒤의 《결정서》에는 다음의 방향과 실행과업들이 언급되었다. 첫째, 당과 국가의 전반 사업을 사회주의경제건설에 지향시키고 모든 힘을 총집중하자는 것이었다. 둘째, 이 투쟁에서 당·근로단체 조직들과 정권기관·법기관·무력기관들의 역할을 높이자는 것이었다. 셋째, 각급 당조직들과 정치기관들은 당중앙위원회 제7기 제3차전원회의 결정 집행정형을 정상적으로 장악 총화하면서 철저히 관철해야 한다는 것이었다. 넷째, 최고인민회의 상임위원회와 내각은 당중앙위원회 전원회의 결정서에 제시된 과업을 관철하기 위한 법적·행정적·실무적 조치들을 취해야 한다는 것이었다.

이 결정에서 인상적인 점은 '국정의 제도화'를 강조한 것이었다. 경제건설에 총력집중하기 위해 당의 정치적 조치, 국가의 법적·행정적·실무적 조치를 취해야 한다고 제시했던 것이다. 이것은 두 가지 의미를 갖는다. 하나는 김정은 시대에 들어와 국정이 정상적으로 굴러갈 수 있는 정치적 토대가 만들어졌다는 자신감이었다. 다른 하나는 당·국가의 조치와 관련해 각급 단위의 《지도서》 등을 만들어 배포하고 각급 현장에서 이를 실천함으로써 집행력을 높이자는 당부였다. 집행력은 관료주의·형식주의·무사안일주의에서 탈출하기 위한 정치현안이기도 했다. 구호와 깃발과 말잔치에서 벗어나 성과를 내는 굳건한 토대를 만들어야 한다는 시대적 요구를 반영한 것이기도 했다.

4월 전원회의에서는 둘째 의정으로 《과학교육사업에서 혁명적 전환을 일으킬 데 대하여》를 다루었는데 이것 역시 중요한 함의를 담고 있었다. 이것은 "첫째 의정으로 토의한 경제건설에 총력을 집중할 데 대한 문제는 과학교육사업의 급속한 발전을 떠나서 생각할 수 없다"고 한 김 위원장의 보고에 기초한 것이었다.

제7차 당대회의 《결정서》에서 과학기술강국 건설을 경제강국 건설과 인민생활 향상보다 앞세워 다루었던 데에서 알 수 있듯이 과학기술강국 건설은 김 위원장의 전략적 노선의 근간根幹에 해당된다.

그는 4월 전원회의 보고에서 《과학으로 비약하고 교육으로 미래를 담보하자!》라는 전략적 구호를 제시하고, 과학기술강국과 인재강국 건설에 박차를 가하는 과업과 방도를 밝혔다. 그는 과학기술발전에 대한 작전과 지도에서의 전략적 집중성의 보장, 전민과학기술인재화의 요구에 따른 국가적인 과학기술보급망 확대, 지역별·부문별·단위별 과학기술보급 거점 운영의 결정적 개선 등을 강조했다.

4월 전원회의 결정서 《과학교육사업에서 혁명적 전환을 일으킬 데 대하여》는 다음 내용을 담고 있었다. 첫째, 과학기술의 위력으로 경제강국 건설의 대통로를 열어나가자는 것이었다. 둘째, 지식경제시대의 요구에 맞게 북한을 사회주의 교육강국·인재강국으로 만들기 위한 투쟁을 힘 있게 벌리자는 것이었다. 셋째, 과학교육부문에서 따라 앞서기, 따라 배우기, 경험교환운동을 힘 있게 벌리고 본위주의本位主義를 철저히 없애자는 것이었다.

이 과제들을 압축하면, 경제강국 건설을 위해서는 교육강국·인재강국을 만들어야 하고 이를 위해 전사회적으로 교육열풍을 일으켜야 하며 그 과정에서 칸막이를 없애자는 것이라 할 수 있다.

넷째, 과학기술과 교육사업에 대한 국가적 투자를 늘리고 전사회적으로 과학중시·교육중시 기풍을 더욱 철저히 확립하자는 것이었다. 다섯째, 각급 당조직들은 당중앙위원회 전원회의 결정서 집행을 위한 구체적인 대책을 세우고 정상적으로 장악 총화하면서 철저히 집행해야 한다는 것이었다. 여섯째, 내각은 당중앙위원회 전원회의 결정서를 관철하기 위한 행정실무적 대책을 세워야 한다는 것이었다.

이들 과제에서 핵심은 과학교육사업에 국가적 투자를 증대하고 이 사업에서 혁명적 전환을 일으키기 위해 당과 국가에서 대책을 세우며 이를 제대로 집행하자는 것이라 할 수 있다. 집행력을 높여야 한다는 문제의식은 과학교육사업에서도 확인된다.

교육강국·인재강국의 지향은 통상적인 교육입국教育立國을 넘어 지식경제시대의 경제강국 건설에 대응하려는 인식론적 전환이었다. 과학교육 현장에서 경험교환운동을 중시한 가운데 따라 배우기뿐 아니라 따라 앞서기를 언급한 것도 흥미롭다. 따라 배우기나 따라 앞서기는 경험교환과 사회주의경쟁의 대중적 방편이다.

이러한 방편의 뒤에는 경쟁의 성과에 따른 인센티브(북한 용어로 '물질적 자극')도 제공되지만 공식담론에서는 인센티브를 전면에 내걸지 않는 경우가 종종 있다. <표 2-8>은 당 중앙위원회 제7기 제3차 전원회의에서 채택된 세 가지 결정서의 내용이다.

〈표 2-8〉 당 중앙위원회 제7기 제3차 전원회의 《결정서》의 주요 내용

결정서 제목	주요 내용
《경제건설과 핵 무력건설 병진 로선의 위대한 승리를 선포함에 대하여》	1. 병진노선에 따라 임계전핵시험과 지하핵시험, 핵무기의 소형화·경량화, 초대형핵무기와 운반수단개발을 위한 사업의 순차적 진행 → '핵무기 병기화' 실현 2. 2018.4.21부터 핵시험·대륙간탄도로케트 시험발사 중지, 북부 핵시험장 폐기 3. 핵시험 중지는 세계적인 핵군축의 과정, 핵시험 전면 중지를 위한 국제적인 지향과 노력 합세 4. 북에 대한 핵위협이나 핵도발이 없는 한 핵무기 사용금지, 핵무기와 핵기술 이전 금지 5. 인적·물적 자원의 총동원에 의한 강력한 사회주의경제 확립 및 인민생활의 획기적 향상을 위한 투쟁 집중 6. 사회주의경제건설을 위한 유리한 국제적 환경 마련, 조선반도와 세계의 평화와 안정을 위한 주변국들과 국제사회와의 긴밀한 연계와 대화 적극화
《혁명발전의 새로운 높은	1. 당과 국가의 전반사업 : 사회주의경제건설 지향, 모든 힘의 총집중

결정서 제목	주요 내용
단계의 요구에 맞게 사회주의 경제건설에 총력을 집중할 데 대하여》	2. 사회주의경제건설의 총력집중 투쟁 : 당 및 근로단체 조직들, 정권기관·법기관·무력기관들의 역할 제고 3. 각급 당조직들과 정치기관들 : 전원회의 결정집행정형의 정상적 장악 총화 및 철저한 관철 4. 최고인민회의 상임위원회와 내각 : 전원회의 결정서의 과업 관철을 위한 법적, 행정적, 실무적 조치
《과학교육사업에서 혁명적 전환을 일으킬 데 대하여》	1. 과학기술의 위력으로 경제강국 건설의 대통로 개막 2. 지식경제시대의 요구에 맞게 사회주의교육강국, 인재 강국 투쟁 전개 3. 과학교육부문 : 따라 앞서기, 따라 배우기, 경험교환운동 전개, 본위주의 청산 4. 과학기술과 교육사업에 대한 국가적 투자 증대, 전사회적인 과학중시·교육중시 기풍 확립 5. 각급 당조직들 : 전원회의 결정서 집행을 위한 구체적인 대책 수립, 정상적 장악과 철저한 집행 6. 내각 : 전원회의 결정서 관철을 위한 행정실무적 대책 수립

조선로동당 기관지 『로동신문』은 2018년 4월 23일자 사설[936]을 통해 "전원회의에서 제시된 새로운 전략적 노선에는 우리 당의 인민중시, 인민존중, 인민사랑의 숭고한 뜻이 응축되어 있다"면서 "경제건설 대진군을 힘 있게 벌려 전원회의에서 제시된 투쟁목표들을 성과적으로 점령해나갈 때 인민생활 향상에서는 새로운 전환이 일어나게 될 것"이라고 강조했다. 인민중시·인민존중·인민사랑은 김정은 시대의 '인민대중제일주의'의 정치담론이다. 김 위원장이 김정일 시대에 비해 인민들과의 스킨십을 늘리고 있음은 여러 경로로 확인된다.

사설은 "새로운 혁명적 노선에 관통되어 있는 근본 핵, 기본원칙도 바로 자력갱생이며 과학교육사업에서 혁명적 전환을 일으킬 데 대한 전원회의 결정에도 자력자강의 위력을 더욱 백배해나가려는 우리 당의 의지가 맥박치고 있다"고 강조했다. 이 사설뿐 아니라 북한의 모든 매체들이 김정은 시대의 전략적 노선에서는 자력갱생과 자력자강이 기본사상이라고 기회 있을 때마다 강조해오고 있다.

눈여겨봐야 할 대목은 과학교육사업에서 자력갱생의 정신을 강조한 것인데, 그 성과가 어떻게 표출될 것인가 하는 점이다. 지난 날 사상·기술·문화의 3대혁명을 전개하던 시기에도 기술의 자력갱생을 중시한 바 있었지만, 지식경제시대에 이르러 과학기술의 자력갱생이 어느 부문에서, 어느 정도의 성과를 거둘지는 시간과 경험의 축적이 필요한 만큼 지금으로서는 예측하기 쉽지 않다.

북한에서는 인공위성과 장거리 미사일의 발사가 자력갱생 정신으로 가능했다고 믿는 분위기가 완연하고, 다른 부문에 종사하는 과학자와 기술자들도 자력갱생 정신으로 무장하고 있지만 여러 분야에서의 성과의 예측은 시기상조다.

북한의 영도집단은 과학기술의 자력갱생에 상당한 기대를 걸고 있는 듯이 보인다. 지식경제시대의 과학기술이 세계적 표준global standard을 만들어가며 발전하고 있음을 고려할 때, 북한은 다른 나라들과의 과학기술 협력·교류의 출구를 열어야 하는 과제를 안고 있다.

4월 23일자 사설은 두 방향의 과제를 제시했다. 하나는, 전체 인민을 전원회의 결정 관철에로 힘 있게 불러일으키기 위한 정치사상사업을 공세적으로 벌려나가야 한다는 것이었다. 모든 당조직들과 근로단체 조직들에서 일군·당원·근로자들에게 전원회의의 기본정신과 역사적 의의, 투쟁과업들을 깊이 인식시키는 사상사업에 주력하고, 그런 가운데 당에 대한 불같은 충정과 열렬한 애국심, 견인불발堅忍不拔의 투쟁 정신을 발휘해나가도록 사상교양의 도수度數를 높여야 한다는 것이었다. 이것은 모든 사업의 전개에서 사상교양을 앞세우는 북한의 관행이 어김없이 반복된 것이었다.

다른 하나는, 전당·전국·전민이 당의 새로운 전략적 노선 관철에 총궐기·총매진해야 한다는 것이었다. 당과 국가의 전반 사업에서 경제사업을 우선시하고 나라의 인적·물적·기술적 잠재력을 경제발전에 총동원하며, 인민경제 선행부문이 총진군 대오의 앞장에서 계속혁신·계속전진·연속공격전으로 새 기준, 새 기록을 창조해나가야 한다는 것이었다. 이것은 즉각적인 공세적 실천을 향한 호소였다. 인민경제 선행부문의 총진군을 앞세운 점을 주목하게 되며, 계속혁신·계속전진·연속공격전이라는 표현에서 그 강도強度를 느낄 수 있다.

사설을 보면 사상교양과 새 전략노선의 실천 행위가 동면의 양면을 이룸을 알 수 있다. 잠재력의 총동원, 연속공격전, 새 기준·기록 창조 등에서 실행력을 중시했다는 것이 감지된다. 사설은 또한 국가경제발전 5개년전략 수행 기간에 '모든' 공장·기업소들에서 생산을 정상화하고 "온 나라에 인민들의 웃음소리가 울려 퍼지게 해야 한다"고 강조했다.

『로동신문』은 4월 25일자 사설[937]에서는 "전체 인민이 의존심과 수입병輸入病을 철저히 뿌리 뽑고 자력갱생, 자급자족의 구호높이 과학기술에 의거하여 인민경제의 주체화, 현대화, 정보화, 과학화를 힘 있게 다그쳐나갈 때 나라의 경제를 상승궤도에 올려 세우고 지속적으로 발전시킬 수 있으며 유족하고 문명한 생활을 누리게 될 것"이라고 강조했다.

사설은 특히 "오늘날 자력갱생 정신의 투철성은 현대과학기술에 대한 태도에서 집중적으로 표현"된다면서 "과학기술이야말로 자력갱생 강자強者들의 가장 위력한 보검寶劍"이라고 주장했다. 과학기술의 자력갱생이 중심의제로 떠올랐음을 이 사설에서 잘 알 수 있다.

『로동신문』은 5월 5일자 사설[938]에서 "우리가 총력을 집중하여 경제건설과 인민생활 향상을 위한 투쟁을 힘 있게 다그쳐나갈 수 있는 결정적 조건이 마련되었다"고 지적했다. 결정적 조건은 핵보유국으로서 핵억제력을 확보한 것과, 경제건설과 핵무력건설의 병진노선의 성과로 경제발전의 토대를 확고하게 다진 것을 뜻한다. 이 사설은 4월 23일자 사설과 마찬가지로 경제건설 총력집중 노선이 "경제사업에 모든 것을 지향시키고 경제발전에 나라의 인적, 물적, 기술적 잠재력을 총동원"하는 것임을 거듭 강조했다.

흥미로운 점은 "내각을 비롯한 경제지도기관들에서 경제사업의 주인으로서의 위치를 바로 차지하고 급속한 경제발전을 이룩하기 위한 작전과 지휘를 치밀하게 짜고 들어야 한다"고 강조함으로써 '급속한 경제발전'이 당면과제임을 명백히 한 것이었다. 내각이 주인으로서의 위치를 올바로 가져야 한다는 것은 경제사령부로서의 지위와 역할을 제대로 수행해야 한다는 것이었다.

또한 경제부문과 단위들에게 당면계획과 전망계획을 면밀히 수립할 것을 강조하는 한편, "일단 세운 계획은 어떤 일이 있어도 무조건 수행하는 혁명적 기풍을 확립하여야 한다"고 강조했다. 당면계획과 전망계획의 수립에서 현실에 맞게 작성하는 것이 중요하고, 수립된 계획을 제대로 실행하는 것은 더 중요하며, 내각 부서들과 생산현장의 책임자들이 이를 책임지는 기풍을 세우는 것은 더더욱 중요하다는 것이었다.

사설은 간부들에게 "혁신적인 사고관점과 진취적인 일 본새를 가지고 사업을 보다 혁명적으로, 전투적으로 조직전개"해 나갈 것을 촉구했다. 혁신적인 사고관점과 진취적인 일 본새도 김정은 시대의 핵심 담론이다.[939]

간부들이 실리적 혁신에 앞장서야 한다는 호소가 북한 전역을 뒤덮고 있다. 문제는 혁신적인 사고관점과 진취적인 일 본새를 어떻게 갖추게 할 것인가 하는 점이다. '말로만 이를 외우고 실제로는 태만한 간부'들을 어떻게 바꿀 것인지에 대한 방도가 있어야 실리적 혁신이 현실화될 것이기 때문이다.

이 무렵 평양에서는 '전략적 노선 관철을 위한 일군연석회의'가 열렸다. 2018년 4월 30일에 개최된 일군연석회의에는 최룡해 당 중앙위원회 부위원장(조직담당), 박봉주 내각 총리를 비롯한 당과 정부의 간부들, 당 중앙위원회 성원들, 내각, 근로단체, 성·중앙기관, 지방 당·정권기관, 주요 공장·기업소 당·행정간부들, 무력기관 성원들이 대거 참가했다. 일군연석회의의 성격과 참석자들의 면면에서 노선 관철의 의지를 읽을 수 있다.

연석회의에서는 당 중앙위원회 4월 전원회의가 제시한 경제건설에 총력을 집중할 데 대한 새로운 전략적 노선, 과학교육사업에서 혁명적 전환을 일으킬 데 대한 강령적 과업을 관철하기 위한 안건들이 토의되었다.

박 총리는 첫째 안건의 보고에서 국가경제발전 5개년전략 수행에서의 결함과 그 원인을 분석 총화했다. 그는 "인민경제 선행부문, 기초공업부문을 정상궤도 위에 올려 세우기 위한 사업에 선차적인 힘을 넣어 국가경제발전 5개년전략 수행의 세 번째 해인 올해의 전투 목표를 무조건 수행"할 것과, "전망적으로는 인민경제의 주체화, 현대화, 정보화, 과학화를 높은 수준에서 실현하기 위한 부문별·중요단위별 과업들"을 실천할 것을 강조했다. 전략적 노선에서 국가경제발전 5개년전략 수행과 인민경제의 주체화·현대화·정보화·과학화 실현이 초점이라는 것을 알 수 있다.

그는 둘째 안건의 보고에서 "과학교육사업에서 혁명적 전환을 일으켜 경제강국 건설의 대통로를 열어나가며 우리나라를 교육강국, 인재강국으로 일떠세울 것"을 강조했다. 각 안건 토론이 끝날 때마다 최룡해 당 부위원장과 박 총리를 비롯한 회의집행부 성원들이 해당 일군들에게 나타난 주요 결함과 중요한 대책적인 문제들을 지적했다고 한다.[940] 일군연석회의에서 해당 간부들의 결함을 지적하고 원인 분석에 따른 대책을 수립하는 분위기가 활기를 띠었던 것이다.

경제발전전략의 집행에서 간부들의 역할과 책임감이 중시되는 가운데 일군연석회의의 중요성은 그 어느 때보다도 높아지고 있다. 해당 일군들에게 나타난 주요 결함은 무엇인지, 그 대책이 무엇인지에 대해서는 여느 일군연석회의들과 마찬가지로 공개되지 않았다. 그 토론 자료들은 해당 부문의 실무자들에게 '내부에 한함'의 형식으로 배포되었을 것이다.

2) 경제건설 총력집중노선의 당면과업

북한에서 경제건설 총력집중노선의 전체상을 그려내는데 약간의 어려움은 있었던 것 같다. 당 중앙위원회 제7기 제3차 전원회의 《결정서》들은 2013년 3월 전원회의의 김정은 당 제1비서의 보고(경제건설과 핵무력건설의 병진노선)에서와 달리 부문별 정책과업들을 구체적으로 담지 않았다. 2016년 5월의 제7차 당대회의 《결정서》에서 과업들을 구체적으로 담았기 때문에 당·국가·군대의 간부들은 이 전략적 방향을 따르면 될 것으로 여겼음직하다. 당 내부 문건에서는 이런 의도가 설명되었을 가능성이 있다.

경제건설 총력집중노선이 경제건설과 핵무력건설의 병진노선을 계승한다는 점은 분명했고, 핵무력건설의 성과에 기초해 경제건설 총력집중으로 전환할 가능성이 병진노선에 내재되어 있음도 분명했다. 그래도 당 내부적으로 총력집중노선의 당면과업을 제시할 필요는 있었다.

『로동신문』은 2018년 10월 29일에 리기성 사회과학원 경제연구소 후보원사·교수·박사의 논설("당의 새로운 전략적 로선 관철에서 나서는 중요한 요구")을 게재했다.[941] 짧은 글이었지만 경제건설 총력집중노선을 실천하는데 있어서 유의해야 할 내용으로 꽉 차 있었다. 리 박사는 경제당국의 정책을 해설하는 논문을 『경제연구』에 발표해왔고 재일본조선인총연합회 기관지 『조선신보』와 간혹 인터뷰를 했던, 대외적으로 많이 알려진 경제학자다.

그는 경제건설 총력집중노선의 당면과업에 대해 새로운 경제구조의 완성, 절약형 경제와 실리경제 실천, 대외경제관계 발전, 경제관리방식과 체계의 개선, 간부자세의 변화 촉구 등으로 설명했다. 특히 새로운 경제구조의 완성, 경제관리방식과 체계의 개선에서 혁신의 방향을 제시했다. 새로운 경제구조의 완성에서는 우리식의 독특한 경제구조의 공고화 및 다방면적·종합적 경제구조의 완비, 경제구조의 끊임없는 개선 완비 등을 당면과업으로 내세웠다. 경제구조를 새롭게 계속 개선해나간다는 것은 내각을 비롯한 경제기관들과 생산현장들에 '긴장감'을 주는 일이었다.

경제관리방식과 체계 개선의 핵심과업으로는 우리식 경제관리방법의 완성과 전면적 구현, 사회주의기업 책임관리제에 의한 생산 활성화, 국가기구체계와 사업체계의 합리적 정비 등을 제시했다. 공장·기업소의 자율성 제고에 따른 기구체계와 사업체계의 정비도 경제기관들과 생산현장들에 '긴장감'을 주는 일이었다는 점에서는 마찬가지였다.

우리식 경제관리방법이라는 이름 아래 기업체 관리에 융통성과 자율적·탄력적 운영을 부여한 것은 1960년대 이래 처음 있는 새로운 일이었다. 국가경제와 기업체 경영의 최일선에서 활동하는 장년 세대는 '완전히 새로운 환경'에 놓이게 되었다고 할 수 있다.

리 박사의 글에 나타난 '우리식'과 '새로운', 그리고 개선과 완비, 보강, 정비, 완성 등의 표현은 김정은 시대의 전략적 노선에서의 혁신 의지를 드러내는 징표들이라 할 수 있다. <표 2-9>는 경제건설 총력집중노선의 이해를 돕기 위해 리기성 박사의 글을 표로 정리한 것이다.

〈표 2-9〉 경제건설 총력집중노선의 당면과업

구분	주요 내용
기본전선	경제전선
투쟁과업	'자립적이고 현대적인 강력한 사회주의경제'와 '지식경제' 건설
기본사상	나라의 경제토대 강화 및 경제 활성화
실천과업	경제 전반의 정비보강 및 완성
현실인식	"지금 있는 경제토대와 생산잠재력을 최대한 효과적으로 동원 이용한다면 얼마든지 우리에게 필요한 모든 것을 자체로 원만히 생산보장할 수 있으며 당 제7차대회가 제시된 경제강국 건설목표를 성과적으로 점령할 수 있다." "당과 국가의 전반사업이 경제사업을 우선시하고 경제발전에 나라의 인적, 물적, 기술적 잠재력을 총동원하는 데로 지향되고 있으며 경제를 정비보강하기 위한 사업이 힘 있게 추진되고 있다."
[과업 1] 새 경제구조 완성	○ 총적인 방향 : '우리식의 독특한 경제구조'의 공고화 및 '다방면적·종합적 경제구조' 완비 ○ 경제구조의 끊임없는 개선완비 - 기존 산업부문의 현대화·정보화 - 첨단기술산업부문의 창설 ○ 다방면적·종합적 경제구조 완비 - 석탄공업부문과 화력발전부문, 기계·금속·화학공업부문과 경공업부문 등 연관된 인민경제 부문들과 단위들 사이의 생산소비적 연계의 올바른 보장 * 수입병 탈피, 원료·자재·기계설비의 국내생산 보장 * 중요전략자원과 기계설비에 대한 다방면적이며 자립적인 경제구조, 원료생산으로부터 완제품 생산에 이르는 생산순환이 국내에서 완결되는 종합적인 생산구조의 전면적 개선완비 - 인민경제의 현대화, 정보화

구분	주요 내용
	* 모든 생산공정의 자동화·지능화, 공장·기업소의 무인화 * 새 세기 산업혁명의 가속화, 인민경제 모든 부문에서의 과학기술과 생산의 일체화 실현, 첨단기술산업의 대대적 창설과 발전 - 새 세기 경제구조의 확립 * 정보기술·나노기술·생물공학을 비롯한 첨단과학기술의 세계적 수준 발전 및 산업화 촉진 * 지식산업과 첨단기술산업의 비중과 중추적 역할의 체계적 제고 * 첨단기술산업을 기둥으로 하는 새 세기 경제구조 확립
[과업 2] 절약형 경제, 실리경제 실천	○ 지식경제의 특징 : 절약형 경제, 실리적인 경제 - 공장·기업소에서 절약형 생산요소로 전환하는 사업 - 모든 생산단위에서 폐설물·부산물을 이용한 신제품 개발 및 생산의 순환경제구조, 녹색경제구조의 전면적 확립
[과업 3] 대외경제관계 발전	○ 대외경제관계의 다각적 발전과 경제개발구 활성화 사업 전개
[과업 4] 경제관리방식과 체계의 개선완비	○ 우리식 경제관리방법의 완성과 전면적 구현 - 기본요구 : 사회주의원칙의 확고한 견지, 생산·관리의 객관적 경제법칙과 현대과학기술의 요구에 맞게 실리 획득 - 과제 : 경제·과학기술에 대한 국가적인 지도와 관리의 집중성 보장 - 방법 * 선행부문과 기초공업부문, 첨단기술산업과 같은 관건적 의의를 가지는 중요부문과 전략적 경제기술지표의 확고한 장악 * 인민경제의 주체화·현대화, 생산 활성화, 인민생활 향상의 과학기술적 문제의 우선적 해결 ○ 사회주의기업 책임관리제에 의한 생산 활성화 - 기업체들이 생산경영활동에서 책임성·주도성·창발성을 높이 발휘할 수 있게 실제적인 대책 수립 - 기업체들이 부여된 경영권한을 활용하여 경영관리를 개선할 수 있게 경제적·법률적 조건과 환경의 합리적 보장과 개선 ○ 국가기구체계와 사업체계의 합리적 정비 - 국가적으로 경제지도를 아래에 접근시키고 경제작전과 지휘를 원활히 할 수 있게 기구체계와 사업체계의 확립

3) 우리 국가제일주의 등장

북한의 경제발전전략이 경제건설 총력집중노선으로 전환된 시기에 '우리 국가제일주의'가 본격적으로 등장한 것도 눈여겨보게 된다. 김정은 국무위원장은 2019년 《신년사》에서 "전체 당원들과 근로자들은 정세와 환경이 어떻게 변하든 우리 국가제일주의를 신념으로 간직하고 우리식으로 사회주의경제건설을 힘 있게 다그쳐나가며 세대를 이어 지켜온 소중한 사회주의 우리 집을 우리 손으로 세상에 보란 듯이 훌륭하게 꾸려나갈 애국의 열망을 안고 성실한 피와 땀으로 조국의 위대한 역사를 써나가야 합니다"라고 말했다. 북한식 경제건설에 총력집중하기 위한 사상적 기초로 자력갱생과 자력자강의 정신과 함께 우리 국가제일주의를 내세운 것이었다.

『로동신문』은 그해 1월 1일과 4~5일에 김 위원장이 친필 서명한 노래 《우리의 국기》(리혜정 작사, 김강남 작곡) 악보를 게재했는데, 김경민 피바다가극단 부총장은 이 곡에 대해 '국가제일주의가 구현된 명곡'이라고 평가했다.

북한에서 우리 국가제일주의가 등장한 것이 그리 오래되지는 않았다. 북한은 대륙간 탄도로켓 《화성-15》형 시험발사 성공 이후 국가 핵무력건설 위업 완수를 선포한 『로동신문』 2017년 11월 30일자 사설에서 '오래된' 우리 민족제일주의와 함께 '새로운' 우리 국가제일주의를 등장시켰다.[942]

『로동신문』은 2018년 11월 26일자 사설[943]에서 "우리 인민이 세계 그 어느 나라 인민도 겪어보지 못한 전대미문前代未聞의 시련 속에서도 순간의 주저나 동요도 없이 사회주의강국 건설 위업을 줄기차게 전진시켜 올 수 있은 근본 원천은 우리 국가제일주의"라고 밝혔다.

『로동신문』은 김정일 국방위원장의 사망 7주기에 맞춰 내보낸 2018년 12월 17일자 사설에서 김정일애국주의를 부각시키며 경제강국 건설에 총력을 기울일 것을 독려하는 가운데 "우리 국가제일주의를 높이 들고 사회주의강국 건설의 모든 전선에서 대혁신, 대비약을 이룩해

나가야 한다. 우리 국가제일주의는 사회주의조국의 위대성에 대한 긍지와 자부심이며 나라의 전반적 국력을 최고의 높이에 올려 세우려는 강렬한 의지이다"라고 밝혔다.

이어서 김정일 최고사령관 추대 27주년을 기념한 『로동신문』 12월 24일자 사설[944]에서는 "우리 국가제일주의를 높이 들고 국가경제발전 5개년전략 목표 수행을 위한 증산돌격운동에 박차를 가해나가야 한다"고 강조했다. 이렇게 보면 우리 국가제일주의는 그 출발에서 주로 김정일 국방위원장을 모티브로 삼았다.

우리 국가제일주의를 최고영도자의 《신년사》와 『로동신문』 사설에서 강조한 것은 그 담론의 지위가 특별함을 말해준다. 북한 사회과학원이 발간한 『철학·사회정치학연구』 2018년 2호에 게재된 우리 국가제일주의에 관한 논문[945]을 보면 김정은 위원장이 우리 국가제일주의를 언급한 것은 2019년 《신년사》가 처음은 아니었다.

『로동신문』은 2018년의 마지막 날 사설("우리 공화국의 위상과 국력을 만방에 떨친 역사적인 해")[946]에서 김 위원장이 "당중앙위원회 4월 전원회의에서 사회주의경제건설에 총력을 집중할 데 대한 전략적 노선을 제시"했다면서 "특히 우리 국가제일주의에 관한 사상을 비롯하여 독창적인 사상이론들은 국가건설과 활동, 사람들의 사상정신생활에서 일대 변혁을 일으키기 위한 위력한 사상적 무기"가 되었다고 밝혔다. 이를 보면 우리 국가제일주의의 제안자는 김 위원장임을 알 수 있다.

조선중앙통신은 2019년 《신년사》를 관철하기 위한 평양시 군중대회가 1월 5일에 열린 소식을 전하면서 "우리 국가제일주의를 신념으로 간직하고 사회주의건설의 전수 전선에서 혁명적 앙양을 끊임없이 일으켜 나갈 참가자들의 맹세가 담긴 혁명적이며 전투적인 구호의 함성이 수도의 하늘가에 메아리쳤다"고 보도했다.[947] 『로동신문』 1월 20일자 사설("우리 국가제일주의의 사상정신적 기초")[948]은 "우리 국가제일주의의 사상정신적 기초는 영생불멸의 주체사상과 김정일애국주의입니다"라고 말한 김 위원장의 발언을 인용했다.

같은 신문 1월 21일자 사설("우리 국가제일주의를 높이 들고 사회주의 강국 건설을 힘 있게 다그쳐나가자")[949]은 "세계가 공인하는 우리 공화국의 전략적 우위와 국력에 상응하면서도 우리 인민의 강용한 혁명적 기상과 지향에 부합되는 투쟁의 기치는 바로 우리 국가제일주의입니다"라고 한 김 위원장의 발언을 인용했다. 이 사설은 우리 국가제일주의에 대해 '인민의 자존심과 불굴의 정신력을 백배로 만들어주는 자양분', '주체조선이 영원히 승승장구해나갈 수 있게 하는 무한대한 힘의 원천', '사회주의조국의 위대성에 대한 긍지와 자부심', '나라의 전반적 국력을 최고의 높이에 올려 세우려는 강렬한 의지', '당의 열렬한 애국의지가 구현된 창조와 번영의 기치' 등으로 설명했다.

특히 "우리 국가의 인민적 성격을 끝없이 빛내어나가야 한다"고 전제하고, 참다운 인민관·인민철학을 사회생활 전반에 구현할 것, 인민에 대한 멸사복무를 당과 정권의 존재방식·활동원칙으로 틀어쥐고 나갈 것, 세도·관료주의·부정부패를 비롯하여 인민 위에 군림하고 인민의 이익을 침해하는 그 어떤 행위도 허용하지 말 것 등을 제시했다. 우리 국가제일주의를 인민에 대한 멸사복무, 인민의 이익 등 인민중시 사상과 결부시킨 것도 김정은 시대의 핵심 담론체계의 연관성을 보여준다.

그리고 『로동신문』 1월 27일자 사설[950]은 우리 국가제일주의를 수행하는데서 중요한 과제들로, 김일성 주석과 김정일 국방위원장의 국가건설 사상과 업적 고수, 당의 영도의 충직한 옹위, 사회주의경제건설의 촉진, 과학기술과 문화의 비약적 발전, 교육과 보건, 체육과 문학예술을 비롯한 문화분야에서의 국력과 위상의 선양 등을 제시했다. 우리 국가제일주의의 총적인 실천과제들을 열거한 것이라 할 수 있다. 이들 과제에 경제건설의 촉진과 과학기술·문화의 비약적 발전이 포함된 것은 자연스러운 일이었다.

『로동신문』이 사설을 통해 잇달아 김 위원장의 발언을 공개한 것을 보면 우리 국가제일주의에 대한 별도의 담화가 발표되었을 개연성이 있다. 우리 국가제일주의와 국가건설사상의 담화 가운데 대외적으로 공개하기가 적절치 않은 내용이 일부 포함되어 있기 때문인지 비공개인 채로 남겨 둔 것 같다. 우리 국가제일주의에 대한 담화가 있었다면, 그것은 경제건설 총력집중노선이 채택된 당중앙위원회 제7기 제3차 전원회의가 열린 2018년 4월 직전이었을 것으로 추정된다.

우리 국가제일주의는 김정은 시대의 가장 중요하고 민감한 담론일 수 있다. 우리 국가제일주의는 우리 민족제일주의와는 달리 조선민주주의인민공화국의 사회주의국가로서의 지향성(인민의 이익 실현을 위한 국가의 역할 등)과 국정운영 시스템(국가원수의 위상과 대외활동 포함) 등과 관련이 있고, 국가건설사상은 《사회주의헌법》의 역사적 해석과 사회주의완전승리의 규정, 《사회주의헌법》의 전면 수정의 방향이나 '연방제' 통일국가의 수립 등을 포함한 여러 층위의 과제들과 연관이 있어 보인다.

4) 김정은 위원장의 경제건설 총력집중노선 실천

김정은 위원장은 새로운 전략적 노선 하에서 국가자원 배분의 우선순위의 조정에 나설 것인가? 그가 내각책임제(내각중심제) 강화를 거듭 강조한 가운데 내각 총리를 당 중앙군사위원회에 참여시키고 총리로 하여금 군수단위가 관리하는 일부 생산현장의 현지요해에 나서도록 조치한 것에서 변화의 조짐을 약간 읽어낼 수 있다.

중국지도자 덩샤오핑鄧小平이 경제관리 시스템의 '개혁'에 성공한 것과 관련하여 중공업 우선주의의 포기와 자원배분 우선순위의 조정 때문에 가능했다고 보는 견해가 있다(린이푸 전 세계은행 부총재). 북한이 경제건설 총력집중노선 아래 내각의 지위와 역할을 더욱 높이고 국가자원 배분의 우선순위의 조정에 나선다면, 그러한 혁신은 중국의 1980년대 경제개혁과 유사한 모습을 보일지도 모른다는 관측이 있다.

관찰 대상은 두 가지이다. 하나는, 북한이 자립적 민족경제건설노선과 중공업(혹은 국방공업) 우선주의에서 벗어나는 발걸음을 뗄 것인가이다. 다른 하나는, 당 경제부서들과 당 군수공업부, 내각과 제2경제위원회(국방공업 담당)의 역할에서 변화와 조정이 있을 것인가이다.[951] 김 위원장을 비롯한 영도집단이 이에 대해 숙고熟考하기는 하겠지만, 앞의 것은 변화를 주기가 쉽지 않고, 뒤의 것은 부분적인 변화를 생각해볼 수는 있을 것이다.

북한은 국가경제발전 5개년전략(2016~20년)과 경제건설 총력집중노선의 수행 기간에 국제사회의 대북제재가 풀리지 않아 대외적 여건이 편치 않았다. 그렇다보니 자력갱생과 자력자강을 더 강조할 수밖에 없었다.[952]

이것은 북한의 2017년 대중국 수입 추세에서도 드러났다. 수입은 7월까지 전년도 같은 기간에 비해 큰 폭으로 증가했으나, 8월부터 감소세를 돌아선 뒤 매월 감소폭이 증가했다. 북한은 1~7월에 무연탄 수출의 급감에도 불구하고 철광석, 수산물, 의류 등 여타 제품의 수출을 늘리는 방식으로 대응하면서 수입계획은 그대로 실행했던 것으로 파악된다. 8월부터는 무연탄뿐 아니라 철과 철광석, 수산물, 의류 등도 제재 대상에 오르면서 수입계획도 변경하면서 국제수지 방어에 나섰다. 5개년전략 기간의 각 해당연도 계획의 집행은 전반적으로 상당히 어려웠던 것으로 관찰된다.[953]

김 위원장은 생산독려를 위해 경제현장에 대한 현지지도를 강화하는 방식으로 대응했다. 4월 27일과 5월 26일의 남북정상회담과 6월 12일의 북미정상회담으로 인해 5~6월에는 현지지도가 적었지만, 삼복더위의 7~8월에 현지지도가 급증했음이 확인된다. 『로동신문』은 김 위원장의 '삼복더위 강행군'을 소개하느라 평소의 두 배인 12면 발행을 단행했고 북한 보도매체들의 대대적인 보도가 이어졌다.

여러 현지지도 대상들 가운데 김 위원장이 가장 큰 만족을 보인 곳은 신의주화장품공장이었다. 1949년에 설립된 신의주화장품공장은 《봄향기》 브랜드로 1백여 종의 화장품을 생산하며 비누, 치약 등도 만든다.

『로동신문』은 현지지도의 후속기사에서 이 공장의 성과와 비결 등을 상세히 보도했다. 신의주화장품공장은 북한의 공장·기업소들이 따라야 할 새로운 모범으로 내세워졌다.[954] 신의주화장품공장에 관한 보도는 경제건설 총력집중노선이 지향하는 방향을 보여준 좋은 사례였다.

『로동신문』은 신의주화장품공장이 '과학연구와 생산·판매의 일체화가 실현된 기술집약형 기업구조를 훌륭히 갖춘 산업기지'이고 '자동화·무인화된 첨단생산공정을 갖춘 통합생산체계의 공장'이라고 보도했다. 평안북도전자업무연구소 연구자들이 이 공장과 협력하여 무인운반차를 개발했다고 한다. 공장에서는 김일성종합대학, 리과대학, 함흥화학대학 등을 졸업한 연구개발 인력이 기술혁신과 신제품개발, 품질향상에 기여하고 있다고 한다. 이러한 기술집약형 기업구조는 김 위원장의 구상과 부합된다.

이 공장은 또한 시장 수요를 정확히 파악해 소비자를 만족시키고 부가가치 높은 제품을 생산·공급하는 과학적인 경영전략을 실천하고 있다고 한다. 신의주화장품공장은 직영 화장품전시장을 찾은 고객들의 피부상태를 검사해 가장 효과적인 기능성 제품을 추천하는가 하면, 고객들의 요구와 제품 효과 등을 제품 개발에 활용하고 있다. 김 위원장의 현지지도와 박봉주 총리의 현지요해 등을 통해 확인된 기업의 미래상은 과학적인 경영전략, 지식기반의 첨단연구개발, 자동화·표준화된 생산 공정, 깨끗하고 아름다운 생산·생활환경 등이었다.[955]

경제건설 총력집중노선 하에서 신의주화장품공장이 모범사례로 부각된 것은 인민소비품 생산의 선두주자라는 점도 작용했다. 비누, 치약 등 인민소비품과 젊은이들이 선호하는 화장품을 생산하는 공장·기업소의 성공사례를 인민들에게 각인시키고 그 사례를 일반화함으로써 인민생활 향상에 기여하려는 의지를 보였던 것이다.

경제건설 총력집중노선과 국가경제발전 5개년전략을 수행하는 과정에서 생산 정상화(당면목표), 인민경제의 주체화·현대화·정보화·과학화(전략적 방침), 새 경제구조의 완성, 경제관리방식과 체계의 개선(당면과업) 등이 모두 중요하지만, 특히 인민들에게는 경제강국 건설과 인민생활 향상의 체감이 필요하다. 인민들이 실생활에서 뭔가 나아지는 변화를 실제로 느껴야 우리 국가제일주의도 인민들의 신념체계로 자리 잡을 수 있다. 김 위원장을 비롯한 영도집단은 과거 어느 때보다도 민심을 사로잡는 정책에 집중하지 않을 수 없으며, 여러 가지 실증적인 증거들이 이를 웅변한다.

5) 인민경제의 주체화·현대화·정보화·과학화

김정은 위원장은 2019년 4월 12일 최고인민회의 제14기 제1차 회의에서 한 《시정연설》에서 "사회주의강국건설을 위한 현 단계의 투쟁에서 우리 공화국 앞에 나서고 있는 중심과업은 나라의 모든 힘을 경제건설에 집중하여 사회주의의 물질적 기초를 튼튼히 다지는 것입니다"라고 밝혔다.

그는 "자립적 민족경제건설노선을 튼튼히 틀어쥐고 자력갱생의 혁명정신을 높이 발휘해나갈 때 우리는 남들이 가늠할 수도 상상할 수도 없는 힘으로 놀라운 발전 상승의 길을 내달리게 될 것"이라면서 "사회주의경제건설에서 우리 당과 공화국정부가 내세우고 있는 전략적 방침은 인민경제를 주체화, 현대화, 정보화, 과학화하는 것"이라고 강조했다.

경제건설 총력집중노선은 자립적 민족경제건설노선의 전통을 계승하면서 사회주의경제강국 건설에 나서려는 것이었고, 그 전략적 방침은 인민경제의 주체화·현대화·정보화·과학화였다. 《시정연설》에서는 경제건설과 관련한 정책방향이 제시되었는데 <표 2-10>은 이를 정리한 것이다.[956]

《시정연설》에서 다룬 핵심적인 경제부문은 인민경제의 자립성과 주체성의 강화, 인민경제의 현대화·정보화 실현과 지식경제로의 전환, 지방경제의 발전, 대외경제사업의 활성화, 자원동원, 국가의 통일적 장악과 통제 및 전략적인 작전과 지휘, 인재와 과학기술중시 등이었다. 그 밑바탕에는 인민경제의 주체화·현대화·정보화·과학화라는 전략적 방침이 내재되어 있었다.[957]

김일성 시대의 마지막 시기의 전략적 노선이 인민경제의 주체화·현
대화·과학화였고 김정일 시대(과도기)를 거쳐 김정은 시대에 '정보화'
가 추가됨으로써 명실상부하게 지식경제시대의 특성이 전략에 반영되
었던 것이다.

전략적 노선을 구체적으로 살펴본다면 북한이 외부에서 흔히 운위
云謂되는 것처럼 불가측不可測의 나라는 아니라는 것을 알 수 있다.
국정 운영의 원칙과 지향에서 합리성과 연속성, 변화 가능성이 상당
부분 드러나 있기 때문이다. 북한의 국정 운영의 원칙과 지향에서 합
리성과 연속성, 변화 가능성을 읽어내지 못하였다면, 그것은 관찰자가
선험적인 이념 잣대에 경도되었거나 북한 매체들의 보도를 세밀히 추
적 관찰하는 노력을 덜 기울였기 때문이 아닌가 생각한다.

〈표 2-10〉 최고인민회의 제14기 《시정연설》의 경제정책 방향

원 칙	경제정책 방향
인민경제의 자립성과 주체성 강화	○ 동력·연료·원료의 자급자족 실현투쟁 - 전력공업 : 기존 동력기지들의 정비보강, 생산의 최대한 증대, 전력공급의 과학화·합리화, 수력·조수력·원자력을 비롯한 전망성 있는 에네르기 자원의 적극 개발, 더 많은 발전능력 조성 - 탄광·광산 : 탐사와 굴진 선행, 채굴과 운반의 기계화 실현으로 석탄과 광물 생산의 대대적 증산 - 금속공업 : 주체철 생산기지들의 과학기술적 완비와 정상운영으로 우리의 실정에 맞는 새로운 현대적·대규모적인 철 생산체계 확립 - 화학공업 : 우리의 원료와 자원에 의거하는 주체공업으로, 에네르기절약형, 노력절약형공업으로 전환시켜 비료, 화학섬유·합성수지를 비롯한 여러 가지 화학제품들에 대한 국내수요 충족 ○ 먹는 문제와 소비품문제의 최단기간 해결 - 농업 : 종자와 비료, 물문제와 경지면적 보장에 특별한 주목, 과학적 농사방법 도입, 농산작업의 기계화비중 제고 등으로 알곡고지의 무조건 점령 - 축산 : 닭공장·돼지공장을 비롯한 축산기지들의 현대적 신설·개건, 집짐승사양관리의 과학화, 군중적으로 풀먹는 집짐승 기르기의 근거 있는 추진 - 수산업 : 수산업의 물질기술적 토대 강화, 수산물생산과 가공에서의 전환 - 경공업 : 경공업공장들에서 원료·자재의 국산화와 재자원화, 생산 공정의 현대화, 새 제품개발 주력, 인민들에게 다양하고 질 좋은 소비품 공급

원 칙	경제정책 방향
	○ 기타 부문 - 건설 : 건축설계와 건설공법의 혁신, 건설단위들의 기술장비수준 제고, 세계적인 건축물 건설 - 건재공업 : 시멘트생산능력의 확장, 마감건재의 국산화비중의 결정적 제고 - 교통운수 : 현실적 조건에 맞게 철도수송·배수송 강화를 위한 혁명적인 대책 수립, 수도와 도소재지들의 여객운수문제의 우리식 해결 - 인민경제 부문구조의 개선완비, 모든 부문의 조화로운 발전 - 마그네사공업과 흑연공업을 비롯해 전망성 있는 경제분야들에서 세계 경쟁력 확보
인민경제의 현대화·정보화 실현, 지식경제로의 전환	- 기계제작공업·전자공업, 정보산업·나노산업·생물산업을 비롯한 첨단 기술산업의 발전을 위한 전략과 목표 수립 및 투자 집중 - 모든 부문에서 과학기술과 생산의 일체화, 생산공정의 자동화·지능화·무인화가 높은 수준에서 실현된 어미공장·표준공장 건립 및 일반화, 경제전반의 세계 선진수준으로 올려 세우기
지방경제 발전	- 도·시·군들 : 자기 지방의 자연지리적 유리성과 경제기술적·전통적 특성을 옳게 살려 지역적 특색이 있는 경제 건설과 발전 - 국가 : 지방 자체로 일떠서고 발전해나갈 수 있게 권한을 주고 실무적 대책 수립
대외경제 사업 활성화	- 자립적 민족경제건설 노선에 철저히 입각하여 나라의 경제 토대를 강화하는데 절실히 필요한 부분과 고리를 보충하는 방향에서 대외경제협조와 기술교류, 무역활동의 다각적·주동적·책략적 전개
자원동원	- 자립경제 잠재력의 발양을 위한 나라의 모든 인적·물적 자원과 가능성의 통일적 조직 동원, 경제발전의 새로운 요소·동력을 살리기 위한 전면적인 대책 강구
국가의 통일적 장악과 통제, 전략적인 작전과 지휘	- 국가경제발전전략·단계별계획의 과학적, 현실적 수립 및 어김없는 집행 - 경제사업에 대한 국가의 통일적 지도와 전략적 관리의 원만한 실현과 기업체들의 생산·경영활동의 원활한 조직 진행, 이를 위한 기구체계와 사업체계의 정비 - 경제사업과 관련한 국가의 제도적·법률적 조건과 환경 개선, 경제기관·기업체들이 국가의 이익과 인민의 복리증진을 우선시하고 정해진 법·질서를 엄격히 지키도록 강한 규율 수립 - 계획화사업의 개선, 가격·재정·금융문제의 경제원리·법칙에 맞으면서 현실적 의의가 있게 해결, 기업체들과 생산자들이 높은 의욕과 열의로 일하도록 환경 조성 - 과학적 타산에 기초해 경제사업의 최량화·최적화 대책 수립, 원료·자재·자금·노력 절약과 지출의 효과성 제고

원 칙	경제정책 방향
인재와 과학기술 중시	- 인재중시·과학기술중시 기풍의 국풍國風화, 인재의 적재적소 등용 및 생산과 기술발전의 주도성 부여, 과학기술부문에 대한 국가적 투자의 끊임없는 증대 - 전략적·핵심적·실리적·경제적 의의가 큰 중요 과학기술연구 과제와 대상의 올바른 선정 및 역량·자금 집중 → 경제전반의 활성화와 첨단기술산업의 발전에 과학기술의 결정적인 기여

김정은 위원장은 2019년 12월 28~31일에 열린 조선로동당 중앙위원회 제7기 제5차 전원회의 보고에서 《우리의 전진을 저해하는 모든 난관을 정면돌파전으로 뚫고 나가자!》를 투쟁구호로 제시하고 "오늘의 정면돌파전에서 기본전선은 경제전선"이라고 밝혔다.[958] 이것은 정면돌파전이 경제건설 총력집중노선의 실행방도임을 보여준다. 그는 경제부문의 당면과업으로 "나라의 경제토대를 재정비하고 가능한 생산잠재력을 총발동하여 경제발전과 인민생활에 필요한 수요를 충분히 보장하는 것"이라고 말했다.

경제과업 수행과 관련해서는 경제사업체계와 질서의 정돈, 인민경제 주요공업부문의 발전, 농업생산의 결정적 증대, 과학·교육·보건사업의 개선, 증산절약과 질제고 운동의 전개, 생태환경의 보호와 자연재해방지대책의 철저한 수립 등을 강조했다. <표 2-11>은 제7기 5차 전원회의에서 채택된 《결정서》의 내용을 정리한 것이다.

〈표 2-11〉 당 중앙위원회 제7기 제5차 전원회의 《결정서》의 주요 내용

번호	부문	과제
1	경제	나라의 경제토대 재정비, 가능한 생산잠재력 총발동 → 경제발전과 인민생활에 필요한 수요의 충분한 보장
2		과학기술 중시, 교육·보건사업 개선
3		생태환경 보호, 자연재해에 대응하기 위한 국가적인 위기관리체계 수립
4	대외	강력한 정치외교적, 군사적 공세
5	사회	반사회주의·비사회주의와의 투쟁 강화, 도덕기강 확립, 근로단체조직들에서 사상교양사업 조직화
6	당	당의 강화, 영도력의 비상한 제고

번호	부문	과제
7	일군	정면돌파전에서 당과 혁명, 인민 앞에 지닌 자기의 책임과 의무를 다하기 위한 분투
8	집행	각급 당조직과 정치기관 : 결정서 집행의 조직정치사업 최고인민회의 상임위원회, 내각 등 해당 기관 : 결정서에 제시된 과업을 집행하기 위한 실무적 조치

김 위원장은 제7기 제5차 전원회의를 결속하면서 '전당적인 접수토의사업'의 전개를 지시함으로써 실행력과 집행력을 높이는데 강한 관심을 보였다.

『로동신문』이 밝힌 바에 따르면, 그는 "토의사업이 광범한 군중 속에 접근되지 못하고 행사 식으로 진행되는 경향을 극복하고 회의사상을 그 집행의 직접적 담당자인 당원대중에게 정확히 전달 침투하여 이 과정이 곧 전 대오를 각성 분발시키고 전원회의 결정 관철을 위한 투쟁으로 불러일으키는 사상동원과정, 작전과정, 임무분담과정으로 되도록 하여야 한다"고 말했다고 한다.

그는 또 "모든 부문, 모든 단위가 오늘의 정면돌파전에서 구호만 웨치면서(외치면서) 빈말이 되지 않도록 각자의 임무를 똑똑히 확정하며 당정책을 집행하기 위한 구체적인 계획과 옳은 방법론을 세우고 실천적인 대책을 강구하여야 한다"고 강조했다.[959] '전당적인 접수토의사업'의 목적은 명백하다. 정면돌파전의 전개가 사상동원·작전·임무분담의 과정, 계획·방법론 수립 및 실천대책 강구의 과정이 되도록 하려는 것이었다.

제7기 제5차 전원회의 보고의 전체적인 기조가 미국의 대북 적대시정책의 지속이라는 조건 하에서 '자력갱생에 의한 정면돌파전'을 내건 것이었으므로, 당원대중들과 생산현장의 인민대중들이 이 정신(사상)을 접수하고 지지하도록 함으로써 경제발전의 동력을 끌어내려고 했던 것이라고 할 수 있다.

조선로동당은 2016년에 시작한 5개년전략을 2020년에 마치고 2021년에 5개년계획을 수립하게 되는데, 5개년계획에도 경제건설 총력집중노선은 계속 유지될 전망이다. 김정은 위원장이 집권 초기에 경제건설과 핵무력건설의 병진노선을 제시할 때에도 경제건설 총력집중노선의 종자鍾子가 담겨 있었던 만큼, 경제강국 건설과 인민생활 향상을 향한 걸음은 지속될 것이다. 2021년부터의 5개년계획에서는 경제구조와 생산현장에서의 실리적 혁신이 더 늘어날 것이고, 대외여건이 개선된다면 혁신은 더욱 가속화될 것이다.

『논어論語』의 마지막에 "말을 알지 못하면 그 사람을 알 수 없다不知言無以知人也"라는 구절이 있다. 이를 응용한다면, "김정은 위원장의 담론을 알지 못하면 그와 영도집단의 생각을 알 수 없다"고 지적할 수 있다. 북한은 정치사상담론과 정책담론의 사회다. 이러한 점에 유의하면서 제3장에서는 김정은 시대의 경제발전전략의 방향과 과제를 구체적으로 살펴보려고 한다.

북한의 당·국가·군대 지도자들과 인민들이 전환기의 과제들을 전면적으로 실천해 경제강국 건설과 인민생활 향상에 어느 정도 성공할 것인가? 정체와 답보로 머뭇거리며 금쪽같은 시간을 허비하지는 않을 것인가? 그들은 지금 세기적인 갈림길에 서 있다. 김정은 위원장을 비롯한 영도집단과 당·국가·군대의 책임 있는 당국자들은 경제발전을 가로막는 장애물들을 하나씩 치워가면서 경제강국의 고지 점령에 온 힘을 쏟을 것이다.

인민들은 경제발전을 위해 피와 땀과 눈물을 마다하지 않을 것이다. 고난의 행군을 이겨낸 북한 인민들의 역사적 체험을 감안한다면 일시적인 난관이 앞에 선다고 해서 쉽게 체념에 빠지는 일은 없을 것 같다. 경제발전과 단번도약의 길에 나선 북한 인민들의 모습에서 '우공이 산을 옮긴다愚公移山'는 옛말에 담긴 긍정의 면을 떠올릴 수 있다.

1 "인민공사의 변화과정을 통해 본 중국의 농업관리형태"『中蘇硏究』, 통권43호(1989년 가을호, 한양대 중소연구소 발간 계간지); "주체의 정치경제학 이론"『사회와 사상』, 통권12호(1989년 8월, 도서출판 한길사 발간 월간지); "중국 사회주의의 이론·실천상의 몇 가지 문제"『사상문예운동』, 통권1호(1989년 8월, 도서출판 풀빛 발간 계간지); "북한의 농업관리방식과 조직,"『사회와 사상』, 통권14호(1989년 10월); "'뻬레스뜨로이까시대'의 소련 정치경제학의 동향: 1989년판 <정치경제학 교과서>를 중심으로"『러시아·소비에트문학』, 통권1호(1990년 1월, 계간지); "김정일의 경제분야 장악과정과 주요 인맥"『통일경제』, 통권4호(1995년 4월, 현대경제연구원 발간 월간지); "북한 경제관리의 '개선' 방향에 관한 연구"『통일경제』, 통권48호(1998년 12월).

2 월간지 『민족21』의 편집기획위원(2005~12년)으로 활동하면서 "2000년대 북한 경제 정책에 대한 오해와 이해"라는 글을 발표한 적이 있다. 이 글은 △2010년의 경제정책 방향 △북의 2000년대 '개혁' 실험을 다룬 화제의 박사논문 △오해1: 김정일 경제담화의 '자의적 해석' △오해2: 당-내각 갈등의 '과잉해석' △오해3: '원칙'과 '실리'의 '절충주의'? △오해4: 북 경제시스템에서 '시장' 비중은? △선군경제노선과 경제관리 개선의 이해가 기본이다 △경제정책 변화의 관전 포인트 등으로 구성되어 있다.

3 "'새 세기 산업혁명'의 기치와 함남의 불길: 김정일 위원장의 현지지도로 보는 경제 유훈"(2012년 1월 10일자); "김정은의 산업현장 방문과 지도경험: 김정은 부위원장의 '김정일 현지지도' 수행 등 분석"(2012년 1월 16일자); "북한 기업소의 '경영상 상대적 독자성' 증대: 북한 기업소의 관리개선과 「기업소법」 정밀분석(상)"(2012년 2월 15일자); "북한 기업소의 '번수입'에 의한 경영활동: 북한 기업소의 관리개선과 「기업소법」 정밀분석(중)"(2012년 2월 22일자); "북한 「기업소법」에서 누락된 '대안의 사업체계': 북한 기업소의 관리개선과 「기업소법」 정밀분석(하)"(2012년 3월 2일자); "'김정은 노선'의 등장, 북한 전역의 학습돌풍과 실천 개시: 김정은의 4.6담화와 4.15연설 전면분석"(2012년 4월 22일자); "북한 사회과학의 최전선: 최첨단돌파전, CNC공업화, '원에 의한 통제'-『사회과학원학보』『경제연구』 논문 5편 개관"(2012년 5월 9일자)

4 "김정은 전략노선의 조기 정착화: 당중앙위원회 3월 전원회의 분석"(2013년 4월 7일자); "김정은 제1위원장의 2013년 상반기 경제부문 현지지도"(2013년 7월 7일자); "북한 협동농장의 분조관리제, 반세기에 걸친 변화"(2013년 10월 15일자); "김정은 제1위원장의 농업정책의 기본방향에 대하여: 전국농업부문분조장대회 참가자들에게 보낸 서한을 중심으로"(2014년 2월 15일자); "김정은의 '지식경제시대' 강조와 과학 기술중시정책"(2014년 5월 19일자)

5 중앙일보 특별취재반(공저), 『비록 조선민주주의인민공화국』 상·하(서울: 중앙일보 사, 1992/ 동일 제목의 신문연재의 단행본); 『남북을 오고간 사람들: 남의 조직사건과 북의 대남사업』(서울: 도서출판 글, 1993); 중앙일보 특별취재반(공저), 『한반도

절반의 상속인 김정일』(서울: 중앙일보사, 1994/ <김정일의 북한> 신문연재의 단행본); 정창현과 공저, 『조선민주주의인민공화국의 탄생: 조선로동당 고위간부 박병엽 증언록』(서울: 선인출판사, 2010); 정창현과 공저, 『김일성과 박헌영 그리고 여운형: 조선로동당 고위간부 박병엽 증언록』(서울: 선인출판사, 2010); 기타 번역서 高俊石, 『비운의 혁명가, 박헌영』(서울: 도서출판 글, 1992), 스즈키 마사유키鐸木昌之, 『김정일과 수령제 사회주의』(서울: 중앙일보사, 1994).

6 고종석, 『고종석의 문장』(서울: 알마출판사, 2014), 46쪽.

7 연합뉴스, 2019년 6월 7일자.

8 전미영 박사는 "북한의 정치는 김일성의 '말'로써 이루어진다고까지 언급될 정도로 김일성의 교시, 연설문 등 김일성이 행한 일구일언은 북한 사회에서 경전화되어 모두 기록되어 있다"고 쓴 바 있다. 전미영, 『김일성의 말, 그 대중설득의 전략』(서울: 책세상, 2001), 25쪽. 이 점은 김정일 국방위원회에 이어 김정은 국무위원장에 이르기까지 이어지고 있다. 김정은 위원장의 담화, 서한, 연설, 현지지도 발언 등도 '경전화'되어 있고, 경제발전전략 부문의 발언도 예외가 아니다. 참고로 전 박사는 북한의 지배담론에 관한 연구자인데 그의 박사논문 "김일성 담화분석을 통해 본 북한체제의 정당화전략"(한국학중앙연구원 한국학대학원, 2000)과 "김정은 시대의 정치언어: 상징과 담론을 통해 본 김정은의 정치," 『북한연구학회보』, 제17권 1호(2013)가 대표작이다.

9 20세기 사회주의혁명은 자본주의사회가 자본과 노동 간의 모순, 생산력과 생산관계 간의 모순으로 인해 필연적으로 무너질 수밖에 없고 사회주의사회를 거쳐 공산주의 사회로 이행할 것이라는 마르크스-레닌주의 이론에 따른 것이었다. 마르크스-레닌주의는 소비에트연방공화국과 동유럽 사회주의국가들의 붕괴에 따라 시장경제주의자들의 조롱거리로 전락했지만 일부 나라에서 사회주의실험은 나름대로 계속되고 있다. 세계는 언제나 모순을 안고 있고 그 모순을 발견해야 변혁의 동력이 생긴다. 문제는 '모순의 객관화', 즉 '모순의 과학화·이론화'이다. 칼 마르크스Karl Marx가 자본과 노동 간의 모순을 자본주의사회의 기본모순으로 파악한 것은 '모순의 객관화', '모순의 과학화·이론화'에 성공한 사례라고 할 수 있다. 마르크스 이론체계에서의 잉여가치학설이나 사적 유물론, 프롤레타리아혁명론, 소외론 등을 구체적으로 소명하지 않더라도 자본주의사회에서의 자본과 노동 간의 대립과 계급모순이라는 명제는 '객관적 근거'를 획득할 수 있다. 이를테면 후기산업사회나 신자유주의, 금융자본주의 하에서 자본과 노동의 성격이 변했다고 하더라도 계급모순의 본질에는 변함이 없기 때문이다.
    한편, 인간의 역사를 돌아보면 유토피아를 갈구한 흔적이 많다. 유토피아utopia라는 용어를 창안한 토머스 모어Thomas Moore는 16세기 영국의 현실을 비판하며 언젠가 도달해야 할 이상향을 제시했다. 산업사회 등장 이전이었기 때문에 농업 기반의 자급자족경제 하에서 사유재산이 없고 불로소득과 빈부격차도 없으며, 귀족성직자·여성 할 것 없이 누구나 노동에 참여하고 여가를 즐기며 의무교육을 받는 세상을 꿈꾸었다. 산업사회 이래의 혁명이론은 '공상적 사회주의'론을 거쳐 '과학적 사회주의'론으로 발전되었고 '공산주의사회'라는 유토피아적 세계관이 20세기의 인류를 뒤흔들었다. 기독교에서 발원한 천년왕국사상은 종교운동의 범위를 넘어 민중의 사회적 저항으로 나타나기도 했으며 '공산주의사회'를 기획한 마르크스주의 이론도 천년왕국사상에서 움텄다는 소박한 설명도 있다. 동양세계에서는 기독교에 영향을 받은 중국의 홍수전洪秀全이 '태평천국太平天國'을 기획했었고 강유위康有爲는 유교에 바탕을 둔 이상세계인 '대동세계大同世界'를 제시한 바 있다. 평등과 평화, 천지만물의 조화를 내건 이상세계론은 우리의 전통사상인 홍익인간弘益人間 이화세계理化世界에서도 찾아볼 수 있다. 이러한 유토피아는 대체로 인간존중과 만민평등, 인류평화, 자연과 인간의 조화(생태주의) 등의 가치관을 담고 있다.

10 사회과학자들 사이에 연구대상의 선택이나 연구과정에서 과연 어떻게 해야 객관적일 수 있는가를 둘러싼 논란이 있어왔다. 사회현상을 다룰 때 객관성objectivity에 이른다는 게 어렵기 때문에 주관성subjectivity을 인정하고 그 바탕 위에서 여러 주관들 사이에서 공동으로 인정하는 상호주관성inter-subjectivity에 도달하기만 해도 학문적 연구로는 충분하다는 견해도 있다. 주관의 벽壁은 두껍고 객관에 도달하기는 어렵다. 객관성은 누가 보아도 타당하다고 인정되는 '보편타당성'과 비슷하고, 합리성은 이와 달리 사물이나 현상이 이치에 맞는 경우를 뜻한다. 대다수가 타당하다고 여기면 객관적이고, 대다수가 어떻게 여기든 간에 이치에 맞으면 합리적이라 할 수 있다. 세상을 객관적으로 보아야 한다고 해서 반드시 합리적이고 진리에 가까워야 한다는 것은 아니다. 어떤 사회문제를 다룰 때 대다수 사람들이 어떻게 보는가에 초점을 맞추면서 여러 주관적 시각 사이에서 공동으로 인정되는 바를 취하면 객관적으로 될 수 있다.

11 '혁신'과 관련하여 이찬우 교수(일본 테이쿄대학)는 "인민들이 잘 사는 나라를 만들기 위해 무엇을 해야 할까. 원칙을 지키고 혁신을 이룬다고 했다. 원칙과 혁신 사이에 갈등이 없을 수 없다. 지금은 혁신을 이룰 때이다. 과거의 방법과 다른 방법을 찾아내고 경제를 일으켜 세워야 한다"고 지적한다. "북한경제와 협동하자① 경제로 돌아선 북한, 앞만 보고 걸어야" 『LIFE IN』(생활과 안전, 사회적 경제분야 전문 온라인 언론), 2018년 9월 11일자. 그는 또 "북한이 경제 자강력을 높이기 위해서는 도로, 철도, 항만 등 사회기반시설을 확충하고 외화 획득이 가능한 산업을 집중 발굴하며, 법제도 개선, 인재양성 등을 추진하여야 한다. 이를 위해서는 산업생산기술 혁신이 필요하고 세계 시장경제와 교류하면서 이를 보완하는데 주안점을 둔 경제발전전략이 세워져야 한다. 이제는 혁신이다"라고 지적한다. "북한경제와 협동하자⑥ 북한경제의 자강력과 국제협력(총론)" 『LIFE IN』, 2018년 10월 16일자.

12 황동규 시인은 "짧은 시는 형용사 하나 조사 하나 공백 하나 내 마음대로 조절할 수 있다. 쓰는 동안 아주 처음부터 끝까지 외울 수도 있다. 그러나 긴 시를 쓸 때는 시가 나를 가지고 논다. 긴 시의 어느 한 곳을 손보다 보면 다른 곳이 망가지고 그곳을 고치면 또 다른 곳이 비뚤어지는 것이다. 형용사 하나를 고치고 보면 벌써 앞에서 뉘앙스가 다르게 그 낱말을 써서 어울리지 않는 것이 발견된다"고 쓴 바 있다. 황동규 산문집, 『젖은 손으로 돌아보라』(서울: 문학동네, 2001), 262-263쪽. 시가 아

니라 하물며 아주 분량 많은 단행본이니 오죽 하랴는 생각이 든다. 형용사 골라 쓰기는 고사하고 잘못된 문장은 없을까, 중복된 내용은 없을까 노심초사하지만 끝내 필자 스스로는 찾아내지 못해도, 눈 밝은 독자는 잘못된 곳을 찾아내고는 빙긋이 웃을 것이다.

13 김훈 작가는 "많은 정보와 사실을 논리적으로 질서정연하게 배열하는 것이 잘 쓴 글이라고 생각"한다고 하면서 "정보와 사실이 많고, 그것이 정확해야 되고, 그 배열이 논리적이고 합리적이어야 되는 것"이라고 강조한다. 그는 특히 사실과 의견의 명확한 분리를 중시한다. 도정일 외 공저, 『글쓰기의 최소원칙』(서울: 룩스문디, 2008), 49-50쪽. 김 작가는 자신의 산문에서 "사실은 그것을 관찰하고 전달하는 자의 주관 속에서 재편성되고 재해석되며, 의미를 부여받거나 의미를 박탈당한다"고 덧붙이기도 하였다.

14 사회학자 송호근 교수(포항공과대학 석좌교수)는 사회과학 연구의 어려움을 이렇게 토로한 바 있다. "사회과학의 세계에서는 자신이 동원한 변수와 개념들이 연구대상의 20퍼센트만을 설명해도 성공이다. 나머지는 설명당하기를 거부한 채 여전히 깜깜한 어둠 속에서 사회과학자의 미숙함을 비웃고 있다. 진리는 멀고, 이념은 항상 가깝다." 송호근, 『독안에서 별을 헤다』(서울: 생각의 나무, 2009), 18쪽.

15 필자는 이 책에서 김정은 위원장이 김일성-김정일 시대의 경제발전전략을 계승한 측면과 혁신한 측면을 곳곳에서 다룬다. 김 위원장이 추구하는 혁신은 외부의 눈에 개혁·개방으로 비춰질 수 있겠지만, 개혁·개방은 북한에서 금기禁忌의 표현이다. 김정일 국방위원장은 1999년 1월 1일 당중앙위원회 책임일군들과 한 담화에서 "우리는 제국주의자들이 떠드는 《개혁》, 《개방》 바람에 끌려들어 가서는 절대로 안 됩니다. 《개혁》, 《개방》은 망국의 길입니다. 우리는 《개혁》, 《개방》을 추호도 허용할 수 없습니다. 우리의 강성대국은 자력갱생의 강성대국입니다"라고 밝힌 바 있는데(김정일, "올해를 강성대국건설의 위대한 전환의 해로 빛내이자"(조선로동당 중앙위원회 책임일군들과 한 담화, 1999년 1월 1일) 『김정일선집』 제14권(평양: 조선로동당출판사, 2000), 458쪽), 김정은 위원장이 개혁·개방을 입에 담는다는 것은 연목구어緣木求魚처럼 기대하기 어려운 일이다. 이 점을 감안해 이 책에서는 김 위원장의 경제발전전략에서 이전 시대와는 구분되는 전략적 과업들을 다룰 때 '혁신'으로 서술한다.

다만 혁신이라는 용어가 김정은 시대에 들어와 사용된 것은 아니다. 북한에서는 1960년대 이래 기술혁신운동, 비약과 혁신 같은 용례에서 보듯이 김일성 주석과 김정일 국방위원장도 혁신이라는 용어를 사용했다(혁명을 늘 입에 달고 사는 북한에서 이는 자연스러운 일이다). 예를 들어 김정일 국방위원장은 "건설부문의 과학연구기관들과 과학자, 기술자들은 당의 과학기술중시노선을 철저히 관철하여 건설과학기술을 발전시키는데서 대혁신을 일으키며 강성대국 건설을 위한 기본건설을 과학기술적으로 확고히 담보해야 합니다"라고 발언한 것(김정일, "기본건설에서 새로운 전환을 일으킬데 대하여"(당, 국가경제기관 책임일군들과 한 담화, 2004년 8월 11일) 『김정일선집』 제15권(평양: 조선로동당출판사, 2005), 466쪽)에서 보이듯이 대혁신을 사용했다. 그가 사망한 이듬해의 3대 기관지(『로동신문』 『조선인민군』 『청년전위』)의 신년공동사설(2012년)은 김정일 국방위원장의 강령적 유훈이 "새 세기 산업혁명의 기치와 함남의 불길을 따라 혁명과 건설의 모든 전선에서 대혁신, 대비약"하는 것이라고 밝혔다. 대혁신이 자주 쓰이는 용어이기는 하지만, 이 책에서는 김일성·김정일 시대의 계승과의 비교 차원에서 김정은 시대에 들어와 전략적 노선이나 과업들에서 새로운 변화를 보일 때 혁신을 사용하려고 한다. 북한 외부의 전문가들은 즐겨 사용하지만 북한에선 금기시된 '개혁' 대신에 '혁신'의 표현을 통해 논의를 펼칠 것이다.

16 시장사회주의를 '생산수단은 공적 또는 집단적으로 소유하고 자원의 배분은 시장의 규칙에 따라 이뤄지는 경제체제'를 의미하는 것이라고 전제하고, '자원의 배분장치로 시장을 활용하되(시장), 생산수단의 사적 소유는 허용하지 않는(사회주의) 경제체제'라고 보는 관점에 입각하여 '중국은 사적 소유를 광범위하게 허용하고 민간 소유 기업들이 경제의 상당한 부분을 차지하고 있어서 시장사회주의라 규정하기 어렵다'는 견해를 펼치는 주장도 있다. 강신욱, "시장사회주의론" 김수행·신정완, 『자본주의 이후의 새로운 사회』(서울: 서울대학교출판부, 2007), 64쪽; 장하성, 『한국 자본주의: 경제민주화를 넘어 정의로운 경제로』(성남: 헤이북스, 2014), 667-668쪽 재인용.

중국 특색의 사회주의에 대해 시장사회주의로 보지 않고 국가자본주의로 간주하는 흐름이 있다(트로츠키주의자들은 일찍이 구소련에 대해 국가자본주의로 분류했다). 이 견해에서는 중국이 국가자본주의로서 다음과 같은 특징을 갖고 있다고 본다. 첫째, 정치적으로는 사회주의체제를 유지하면서 동시에 경제적으로는 자본주의와 시장경제를 병행하는 혼합체제 구조를 가지고 있다. 둘째, 국가소유 기업들이 석유, 전력과 통신 등의 규제 산업에서 독점적인 사업을 하는 경우를 제외하고는 대부분이 시장에서 경쟁하고 있다. 셋째, 국가소유 기업의 상당수는 국가가 절대 지분을 소유하고 있음에도 불구하고 중국 증권시장과 해외 증권시장에서 상장되어 외부 자본을 유치하고 있다.

그리고 국가자본주의의 문제점으로는 첫째, 정부가 시장경제 체제와 같이, 경쟁의 규칙을 정하고 시장의 질서를 유지하는 규제자로서의 역할을 하면서 동시에 시장의 참여자로서의 역할을 수행하기 때문에 필연적으로 이해 상충의 문제가 발생할 수밖에 없다. 둘째, 국가소유 기업과 민간기업의 이해가 충돌할 때 국가소유 기업의 이익이 우선될 수밖에 없어 사기업들이 대기업으로 성장하는 것이 쉽지 않다. 이에 따라 혁신적이고 창의적인 사기업의 성장을 기대하기 어렵다. 셋째, 기업 경영이 투명하지 않고 부패가 만연한다. 장하성, 위의 책, 248-256쪽.

중국 경제를 국가자본주의의 관점에서 다룬 연구로는 이정구, "1990년대 이후 중국 국가자본주의의 전개과정 연구"(경상대학교 대학원 박사학위논문, 2009)를 참고할 수 있다. 이 논문은 중국 국가자본주의의 성립, 전개와 전환, 1990년대 이후 자본축적과 모순(경쟁과 축적, 시장 확대, 시장제도의 형성과 확립, 국가의 역할 등), 고성장이 초래한 결과들(거시경제의 불안정성과 산업의 불균형, 지역 불균형의 확대, 사회적 불평등의 증가와 저항) 등을 다루고 있다. 다만, 중국공산당과 중화인민공화국은 자신의 경제시스템과 운영에 대하여 국가자본주의로 분류하는 것에 동의하지 않을 것이라는 점도 분명하다.

17 이와 관련해 시진핑習近平 주석은 다음과 같이 말했다. "당의 18기 3중전회(2013년

11월)는 전면적 개혁심화를 주요 의제로 삼았다. 이것은 중국공산당이 덩샤오핑 이론, '3개 대표' 중요사상, 과학발전관을 지도사상으로 삼아 새로운 정세에서 확고하게 당의 기본노선·기본강령·기본경험·기본요구를 관철하고, 개혁개방의 기치를 높이 든다는 중요한 표명이며 체현이다." "중공중앙 전면 개혁심화의 약간의 중대문제에 관한 결정에 대한 설명", 2013년 11월 9일. "사상을 한 걸음 더 해방하고 사회생산력을 한 걸음 더 해방·발전시키며, 사회활력을 한 걸음 더 해방·강화시킨다. 18기 3중전회에서 제시한 이 '세 가지의 한 걸음 더(三個進一步) 해방'은 개혁의 목표인 동시에 개혁의 조건이다. 사상의 해방은 (여기에서) 전제이며 사회생산력의 해방·발전과 사회활력의 해방·강화의 가장 중요한 관건이다. 사상해방이 없었으면 중국공산당은 10년 동란('문화대혁명' 지칭)이 끝난 직후 당과 국가사업의 중심을 경제건설로 옮겨올 수 없었고 개혁개방의 역사적 정책결정을 수행할 수 없었으며, 중국발전의 역사적 새 장을 열 수 없었을 것이다. 사상해방이 없었으면 중국공산당이 끊임없는 이론혁신과 실천혁신을 통해 효율적으로 앞길에 놓인 여러 위험, 도전을 해결하고 개혁개방을 지속적으로 추진하여 시대를 앞장설 수 없었을 것이다. 사회생산력의 해방·발전과 사회활력의 해방·강화는 사상해방의 필연적인 결과이며 사상해방의 중요한 기초이다." "실질적으로 사상을 당의 18기 3중전회 정신으로 통일시키자", 2013년 11월 12일, 중공중앙문헌연구실 편, 성균중국연구소 역,『시진핑, 개혁을 심화하라』(서울: 성균관대학교 출판부, 2014), 23-24, 31-32쪽.
시 주석은 이론적 상황뿐 아니라 중국이 처한 정책 현실에 대해서도 적나라하게 밝혔다. "현재 국내외 환경에 매우 폭넓고 중대한 변화가 일어나 중국의 발전은 일련의 두드러진 모순과 도전에 직면해 있으며, 앞으로 나아갈 길에도 적지 않은 어려움과 문제가 있다. 예컨대 발전과정에 나타난 불균형·부조화·지속 불가능의 문제가 여전히 두드러지며, 과학기술의 혁신능력의 부족, 불합리한 산업구조, 여전히 무계획적粗放인 발전방식, 도농지역의 발전격차, 주민소득분배 격차가 여전히 크다. 사회모순은 현저히 증가하고 있으며, 교육, 취업, 사회보장, 의료, 주택, 생태환경, 식품약품 안전, 안전생산, 사회치안, 사법·경찰 등 국민의 절실한 이익과 관련된 문제가 많으며, 일부 국민의 생활이 어렵다. 형식주의, 관료주의, 향락주의와 사치퇴폐풍조 문제가 두드러지며, 일부 영역에서 부정적이고 부패한 현상이 빈번하고 쉽게 발생하고 있다. 반부패투쟁의 상황은 여전히 심각하다. 이러한 문제들을 해결하는 관건은 개혁심화에 있다." "중공중앙 전면 개혁심화의 약간의 중대문제에 관한 결정에 대한 설명", 2013년 11월 9일, 중공중앙문헌연구실 편, 성균중국연구소 역, 위의 책, 22-23쪽.

18 김정은, 『우리의 사회과학은 온 사회의 김일성-김정일주의화 위업수행에 적극 이바지하여야 한다』(창립 60돐을 맞는 사회과학원 과학자들과 일군들에게 보낸 서한, 2012년 12월 1일)(평양: 조선로동당출판사, 2012), 8쪽.

19 정세현 전 통일부장관은 <북한학총서>(북한연구학회 편, 전10권, 경인문화사, 2006) 추천사에서 "21세기를 맞이하여 북한도 새로운 시각과 관점에서 살 길을 찾고 있다. 변하고 있는 북한을 분석하고 평가하는 데도 새로운 시각과 관점이 필요하게 되었다. 그런데 매사에 지속continuity과 변화change가 공존하기 때문에 변화의 요소를

보면서도 지속의 요소를 놓쳐서는 안 된다"고 지적한 바 있다. 김정은 시대의 북한을 분석하는데 있어서도 분야별로 지속(계승)과 변화(혁신)라는 양 측면으로 정리하는 것이 바람직하다.

20 군부와 경제테크노크라트들 사이의 이해관계가 상충된다는 관점이 널리 퍼져 있는데, 이는 자원의 배분과정에서 제2경제위원회 산하의 군수산업(북한식 군산복합체)이 일반 경제부문보다 우위를 차지해온 관행 때문이다. 이와 관련하여 1995년 이후 고난의 행군 시기에 인민군대가 공장·기업소의 생산 정상화에 적극 나섰던 사실, 산업인프라 건설 등에서 군인들이 주요 노동력으로 등장한 사실 등에 유념할 필요가 있다. 2002년에 선군시대 경제건설노선이 천명된 당시의 사정을 보면 제2경제위원회 산하의 군수산업 우선이라는 면이 있지만, 한편으로는 경제재건 과정에 인민군대를 앞장에 세워 난관을 돌파하려는 면도 있음을 균형 있게 이해해야 한다. 그렇게할 때 김정일 시대의 선군시대 경제건설노선과 김정은 시대의 경제건설 총력집중노선의 공통점과 차이점에 대한 이해력이 높아질 것이다.

21 권기영, 『마르크스주의와 공자의 화해』(파주: 푸른숲, 2016), 80-81쪽.

22 이계환, "북한의 민족론과 민족주의" 21세기민족주의포럼 편, 『21세기 민족주의』(서울: 통일뉴스, 2010), 157쪽.

23 디크 스왑 저, 신순림 역, 『우리는 우리의 뇌다』(파주: 열린책들, 2015), 346쪽.

24 김동춘 교수는 1990년대 초 정도까지는 남한에서 민족주의가 개혁·진보 담론에 속했으나 언제부터인가 민족은 역사의 퇴물, 시대와 맞지 않는 낡은 구호처럼 받아들여지게 되었다고 지적한다. 1990년대 들어 민족 담론은 계급 담론과 동반 퇴조했는데, 그것은 대체로 남한에서의 시민운동 혹은 비정부기구NGO의 활성화와 궤도를 같이한다는 것이다. 시민운동 혹은 시민단체는 계급이나 민족 같은 추상적 공동체나 이론적·운동론적 패러다임보다는 개인의 권리와 인권, 법의 지배, 자율성, 시민참여 등에 방점을 찍게 되었다는 지적이다. 김 교수는 남한에서 민족이라는 이분법, 통일이라는 당위적 목표보다 시민의식·시민운동·인권담론이 유행하면서, 민족 강조가 파시즘, 집단주의 혹은 퇴영적 자민족 중심주의ethnocentrism와 동일시되는 분위기가 생겨났다고 지적했다. "시민운동과 민족, 민족주의" 『1997년 이후 한국사회의 성찰: 기업사회로의 변환과 과제』(도서출판 길, 2006), 481-482쪽.

25 김동춘 교수는 지구화한 자본주의 질서와 신경제의 신화가 민족공동체의 존립을 허물어뜨리고 있지만 한반도가 처한 국제정치적 현실은 구시대적 민족문제가 엄존하고 있음을 보여준다고 지적했다. 그는 남한의 시민운동이 평화운동의 새 지평을 열어감으로써 1980년대식의 반미·반제 자주화운동의 한계를 극복하면서, 민족문제를 대중적 의제로 올려야 할 단계에 직면했다고 진단한다. 군비축소운동, 양심적 병역거부운동, 군 민주화운동, 민간인 학살 진상규명운동 등은 민족문제이지만, 동시에 시민적 의제(인권운동·평화운동 과제)로 변화시킬 수 있는 중요한 고리들이라는 것이다. 김동춘, 위의 책, 503-504쪽.

26 이 책에서는 담론이라는 표현을 자주 사용하는데, 담론을 다음과 같이 이해하면 좋을 것이다. "담론은 일련의 말이나 문장의 형태로 발화되거나 문자로 서술된 서류, 서술문 등에서 중요한 사회적 이슈에 대한 특정 시각 내지는 입장을 담고 있으면서 사회 내에서 형성되고 유통되는 다양한 종류의 텍스트, 서술 등의 집합을 지칭하는데, 좁은 의미에서는 일상적인 대화부터 정부 문서, 판결문, 신문 사설 및 기고문, 연설문, 진단서 등도 담론의 범주에 포함될 수 있고, 넓은 의미로는 특정 집단의 사회, 문화, 정치, 역사적 지식 내지는 이데올로기일 수도 있다." 이기형, "담론분석과 담론의 정치학: 푸코의 작업과 비판적 담론분석을 중심으로" 『언론과 사회』 제14권 3호(2006), 109-110쪽; 김에스라, "김정은 시기 정치담론 동학에 관한 연구: 텍스트 분석을 중심으로" (고려대학교 대학원, 박사학위논문, 2018), 15-16쪽 재인용.

27 북한의 지배담론으로서의 '민족주의'와 관련하여, 한 연구는 "북한지도부는 '민족적 형식의 사회주의적 내용'이라는 개념('형식은 민족적, 내용은 사회주의적'이라는 민족문제 해결을 위한 레닌의 명제를 활용한 것)을 통해 서로 대립되는 개념인 사회주의와 민족주의를 결합시킬 수 있었으며 이를 통해 북한 체제의 정당화 과정에서 사회주의와 민족주의적 언설들을 때로는 동시적으로, 때로는 선택적으로 활용할 수 있는 길을 열어놓았다"고 주장한다. 전미영, 앞의 책, 116-117쪽. 그러나 북한의 민족주의는 항일무장투쟁기로부터 현 시기 제국주의의 사상문화침투에 대한 반대투쟁에 이르기까지 역사적·실존적 측면이 강하다.

28 김정일 당 조직비서가 1970년대에 사상, 조직, 대중운동, 군사 등의 분야에서 리더십을 확립해나가는 과정은 이태섭 교수의 "1970년대 김정일 후계 체제의 확립과 수령 체제" 북한연구학회 편, 『북한의 정치 1』(서울: 경인문화사, 2006)에 잘 설명되어 있다. 이 교수는 김정일 후계체제의 확립과정은 수령에서 후계자로 '통일단결의 중심'을 계승하고, 후계자를 중심으로 한 '당과 대중의 통일단결'을 심화 발전시켜 나가는 과정이었다고 분석한다. 북한은 1970년대에 사상적 통제(사상성), 조직적 통제(조직성)와 규범적 통제(규율성)를 강화한 바 있는데, 이는 규범적 통제의 기반 위에서 조직생활과 그 활동을 절대화함으로써 인민들의 모든 활동과 생활을 철저히 조직화하게 되었다는 것이다.

29 김남식 선생(작고)은 김정일 시대를 이해하려면 사상론과 수령론에서 출발해야 한다고 지적한 바 있다. 그의 "김정일 시대의 이해를 위하여: 사상론과 수령론을 중심으로"(『통일뉴스』, 2001년 3월 20일자 특별기고)가 대표적인 글이다. 김정일 시대는 김일성 주석이 개척하고 추진해 온 주체혁명위업을 김정일 국방위원장이 대를 이어 계승 완성시켜 나가는 시대이고, '혁명과 건설에서 자주적 사상의식이 결정적 역할을 한다는 것'(사상론)과 '수령은 사회주의 건설의 자주적 주체인 사회정치적 생명체에서 뇌수의 기능과 역할을 수행한다는 것'(수령론)이 다른 사회주의국가에서 찾아볼 수 없는 새로운 지도이론이라는 설명이다.

30 김정은, "선군의 기치를 더 높이 추켜들고 최후 승리를 향하여 힘차게 싸워나가자" (김일성 주석 탄생 100주년 경축 열병식 연설, 2012년 4월 15일), 조선중앙통신, 2012년 4월 15일자.

31 김정일, "주체사상교양에서 제기되는 몇 가지 문제에 대하여"(조선로동당 중앙위원 회 책임일군들과 한 담화, 1986년 7월 15일),『김정일선집』제8권(평양: 조선로동당 출판사, 1998), 443-444쪽.

32 김정일, "조선민족제일주의정신을 높이 발양시키자"(조선로동당 중앙위원회 책임일 군들 앞에서 한 연설, 1989년 12월 28일),『김정일선집』제9권(평양: 조선로동당출 판사, 1998), 452쪽.

33 『로동신문』, 2019년 2월 20일자; 통일부,『주간 북한동향』, 제1453호(2019.2.16.~ 2.22), 10쪽 재인용.

34 『로동신문』, 2019년 1월 27일자; 통일부,『주간 북한동향』, 제1450호(2019.1.26.~ 2.1), 6쪽 재인용.『로동신문』은 이에 앞서 우리 국가제일주의의 사상정신적 기초는 주체사상과 김정일애국주의라는 보도(1월 20일자)와 우리 국가제일주의로 튼튼히 무장시키기 위한 사상교양사업을 전개해나갈 것을 촉구하는 보도(1월 21일자)를 내보낸 적이 있다. 특히 1월 21일자에는 다음과 같은 내용이 포함되었다. △"남에 대한 의존심과 수입병, 협소하고 근시안적인 관점, 보신주의적이며 무책임한 사업태도 그 사소한 요소도 절대로 묵과하지 말고 단호히 뿌리 뽑아야 한다." △"세도와 관료주의, 부정부패를 비롯하여 인민 위에 군림하고 인민의 이익을 침해하는 그 어떤 행위도 허용하지 말아야 한다." △"사회주의강국 건설의 높이에 맞는 국풍國風을 확립해나가야 한다." △"당의 의도대로 국가경제발전 5개년전략목표 수행에 총력을 집중하여 자립경제의 위력을 더욱 강화해나 가야 한다." △"과학기술력을 끊임없이 증대시키며 하나의 제품, 창조물에도 주체과학의 신비한 힘과 발전수준이 비끼게 하여야 한다." △"모든 사업을 대담하고 통이 크게, 과학적으로, 책략적으로 조직전개해 나가야 한다." 이 내용들은 우리 국가제일주의에 수행하는 과정에서의 세부 행동지침에 해당된다. 통일부,『주간 북한동향』, 제1449호 (2019.1.19.~1.25), 8-10쪽 재인용.

35 김정은, "현 단계에서의 사회주의건설과 공화국정부의 대내외정책에 대하여"『로동 신문』, 2019년 4월 13일자;『통일뉴스』, 2019년 4월 13일자 재인용.

36 북한의 지배담론으로서의 '사회주의'와 관련하여 한 연구는 "사회주의체제를 천명 하고 있는 북한 체제에서 사회주의란 메리엄Charles E. Merriam이 정의한 바 있는 권력의 신뢰, 즉 크레덴다credenda로서 기능하고 있는 것이다. 다시 말해 사회주의 담론은 북한 체제의 '합리화의 상징'으로 북한의 모든 정책과 권력행사 방식을 정당 화하고 있는 것이다. 따라서 북한의 권력행사 방식이나 정책들은 모두 사회주의적 언어로 설명될 수 있어야만 하며 이를 위해 북한 정권은 사회주의의 개념을 새롭게 해석, 자신의 권력을 합리화하는 방향으로 적용시켜나갔다"고 주장한다. 전미영, 앞 의 책, 83-84쪽.

37 김정은, "현 단계에서의 사회주의건설과 공화국정부의 대내외정책에 대하여"『로동 신문』, 2019년 4월 13일자;『통일뉴스』, 2019년 4월 13일자 재인용.

38 온 사회의 김일성-김정일주의화와 사회주의강국 건설의 관계에 대해 살펴볼 필요가

있다. 국내의 한 연구는 다음과 같이 설명한다. "사회주의강국 건설을 두 단계로 구분하여 1단계는 사회주의 기초를 다지는 단계, 2단계는 기존의 사회주의완전승리를 이룩하는 단계로 설정한 것이다. 이 단계를 거쳐 최종적으로 온 사회의 김일성-김정일주의화를 실현하는 것으로 혁명발전단계를 설정한 것이다. 다만 현재의 혁명단계 위치가 사회주의 강국건설의 1단계에 해당하는지 2단계에 해당하는지 명확하게 언급하지 않았다. 이런 단계 구분은 향후 중국의 사회주의 초급단계론과 같은 모종의 혁명단계 수정을 염두에 둔 작업의 일환일 가능성을 배제할 수 없다." 통일연구원, 『북한 제7차 당대회 분야별 평가 및 향후 전망』(2016년 5월 16일), 12쪽. 이것은 흥미로운 가설假說이지만 단계를 자의적恣意的으로 설정했다는 느낌을 준다.

김정은 위원장의 제7차 당대회 《사업총화보고》의 문맥을 보면, 사회주의강국 건설=
'온 사회의 김일성-김정일주의화 투쟁의 역사적 단계'='사회주의의 기초를 다지고 사회주의완전승리를 이룩해 나가는 과정'이다. 사회주의강국 건설은 '역사적 단계'이고 '과정'이라는 점이 강조된 것이다. 목표는 온 사회의 김일성-김정일주의화(사상이념의 측면 등)와 사회주의완전승리(생산력과 생산관계의 측면 등)이다.

최고인민회의 제14기 제1차 회의에서의 김정은 위원장의 《시정연설》에서는 사회주의강국 건설='사회주의완전승리를 위한 투쟁의 역사적 단계'이고, 그 실현 수단은 '김일성-김정일주의 국가건설사상의 철저한 구현'으로 제시되었다. 최고인민회의 《시정연설》에서 온 사회의 김일성-김정일주의화보다 사회주의완전승리를 중시하는 것처럼 비쳐지고 있는데 이는 전자는 당(조선로동당)의 중심과업이고 후자는 국가(조선민주주의인민공화국)의 중심과업이기 때문으로 이해된다. 북한이 과거에 온 사회의 주체사상화와 사회주의완전승리를 목표로 삼았을 당시에도 당과 국가의 과업으로 인식했던 것으로 볼 수 있다. 북한의 사회주의 이론체계에서 볼 때 현 단계는 온 사회의 김일성-김정일주의화와 사회주의완전승리를 이룩하기 위해 투쟁하는 '역사적 단계'에 있고, 이 단계에서는 사회주의강국 건설이라는 과업을 수행하고 있다고 할 수 있다.

39 사회주의적 민주주의는 집단주의에 기초하여 사회적 집단의 사회정치적 생명과 사회의 공동이익 옹호를 최고의 목적으로 삼고 있으며, 사회주의 사회에서는 사회성원들이 동지적 사랑과 상호협조에 기초하여 자유와 평등, 자주적인 생활을 누리게 된다는 것이다. 북한은 자본주의사회의 부르주아 민주주의는 개인의 이익을 옹호하는 것이 목적이므로 사회성원들 간의 자유와 평등은 항상 갈등과 상호견제를 동반한다고 본다.

북한은 사회주의적 민주주의의 본질이 광범위한 근로인민대중의 의사에 따라 정책을 세우고 그것을 인민대중의 이익에 맞게 인민대중 스스로 관철하는 것, 사회생활의 모든 영역에서 근로인민대중에게 참다운 자유와 권리, 행복한 생활을 실질적으로 보장해주는 것에 있다고 강조한다. 이를 위해 근로인민대중의 정권사업 참가, 국가정치생활에서 근로인민대중의 역할 제고, 당의 영도와 국가의 통일적 지도 강화, 근로인민대중의 자주성을 침해하는 온갖 적대행위에 대한 반대 투쟁, 사회주의 경제문화건설 수행, 낡은 사회의 유물인 관료주의 일소 등이 필요하다는 것이다. 이상 조선백과사전편찬위원회 정치·법부문편찬위원회, 『광명백과사전』 제3권(백과사전출판사, 2009), 180-181쪽; 장용석·정은미, 『북한의 양면성』 주제가 있는 통일강좌

(통일교육원, 2013), 12-13쪽 재인용.

40 『로동신문』은 당 이론지 『근로자』와의 공동논설 "자립적 민족경제노선을 끝까지 견지하자"(1998년 9월 17일자)에서 "《개혁·개방》에 대한 우리의 입장은 명백하다. 우리는 이미 주체사상의 원리에 기초하여 경제관리 체계와 방법을 우리식대로 끊임없이 개선하여 왔으며 지금도 개선하고 있다. 우리의 대외경제 관계도 평등과 자주성의 원칙에서 열어 놓을 것은 다 열어 놓았다.… 제국주의자들이 몰아오는 《개혁·개방》 바람을 물리치는 위력한 방도는 경제사업의 모든 분야에서 사회주의원칙을 지키는 것이다. 사상에 공백이 없는 것처럼 경제 분야에도 공백지대가 있을 수 없다"라면서 자본주의 지향의 개혁 바람에 대해 강한 경계심을 보였다.
그러나 북한은 2002년 7.1조치 이후인 9월에 신의주행정특구, 10월에 개성공업지구, 11월에 금강산관광특구 등으로 대외경제협력지역을 확대했다. 신의주행정특구는 2004년 8월 폐지됐으나 개성·금강산 특구는 남한 단독자본의 투자에 의한 '조차지租借地' 개발형태로 추진되었다. 북한은 외국인투자 관련 법제를 개정하는 한편, 평양 남포 등 수도권지역에까지 대외경제협력 창구를 확대하고 있다. 이 동향에 대하여 권영경 교수는 '개방형 자립적 민족경제건설노선'으로 규정했다. 이상 권영경, "북한의 경제현황과 개혁·개방" 북한연구학회 편, 『북한의 경제』(서울: 경인문화사, 2006)에 의거한 것이다.

41 김남식, "북한의 사회주의론" 『통일뉴스』, 2002년 11월 11일자 기고문 참조. 그는 선군정치를 추가해 '주체의 사회주의'의 징표로 설명한다.

42 우리식 사회주의는 1990년대 들어 강조되기 시작했으나(『근로자』 1990년 12월호에 게재된 "우리 식 사회주의의 우월성을 산 현실을 통하여 깊이 인식하자"), 그 기원은 김정일 당 조직비서가 1974년 2월 조선로동당 제5기 8차 전원회의 직후 당 선전선동부가 주최한 전국당선전일군강습회 마지막 날인 2월 19일에 발표한 《온 사회를 김일성주의화하기 위한 당 사상사업의 당면한 몇 가지 과업에 대하여》라는 결론(2월선언)에서 찾아볼 수 있다. 《2월선언》은 이념 측면에서 마르크스-레닌주의와의 결별을 의미하며, 자주화 노선의 선포라 할 수 있다. 김남식, 위의 글.

43 우리식 사회주의에 관한 김정일 국방위원장의 대표 저작은 다음과 같다.
- "인민대중중심의 우리식 사회주의는 필승불패이다"(조선로동당 중앙위원회 책임일군들과 한 담화, 1991년 5월 5일), 『김정일선집』 제11권(평양: 조선로동당출판사, 1997), 48-80쪽.
- "사회주의 건설의 력사적 교훈과 우리 당의 총로선"(조선로동당 중앙위원회 책임일군들과 한 담화, 1992년 1월 3일), 『김정일선집』 제12권(평양: 조선로동당출판사, 1997), 275-310쪽.
- "사회주의에 대한 훼방은 허용될 수 없다"(조선로동당 중앙위원회 기관지 《근로자》에 발표한 담화, 1993년 3월 1일), 『김정일선집』 제13권(평양: 조선로동당출판사, 1998) 350-369쪽.
- "사회주의는 과학이다"(조선로동당 중앙위원회 기관지 《로동신문》에 발표한 론문, 1994년 11월 1일), 『김정일선집』 제13권(평양: 조선로동당출판사, 1998), 456-488쪽.

44 사회정치적 생명체론과 집단주의의 결합에 대해서는 이승목, "선군정치 시대 북한 집단주의의 내구력 분석" 『북한학연구』 창간호(동국대학교 북한학연구소, 2005), 200-203쪽에 잘 설명되어 있다. 그는 "사회정치적 생명체론은 그 이상도 이하도 아닌 북한 집단주의이론을 대표하는 동시에, 북한의 집단주의적 생명관과 혁명적 수령관을 가장 효율성 있게 설명하고 있다"고 하면서(200-201쪽). 다음과 같이 서술하고 있다.

"먼저 둘의 공통점을 이야기하자면… 북한 체제를 구성하는 이른바 혁명 주체들의 체제 내에서의 역할과 상호관계를 종합적으로 제시하고 있는 점이다. 반면 차이점은…집단주의는 프롤레타리아혁명 초기에 프롤레타리아트의 전반적인 단결이 차지하는 비중이 크지만, 사회정치적 생명체론은 그 이후에 발생하는 프롤레타리아 권력의 구체화된 모습에 치중하고 있다. 즉, 혁명 이후 사회주의 체제의 리더십에 대한 지속적인 관심이 낳은 결정체라고 볼 수도 있다.…집단주의와 사회정치적 생명체론의 결합이라는 표현이 북한 집단주의를 설명하는데 현실적으로 더욱 적합한 면이 있다." 같은 글, 202쪽.

45 네이버 지식백과 "집단주의"(임석진·윤용택·황태연·이성백, 『철학사전』(서울: 중원문화, 2009) 인용)

46 네이버 지식사전 "공동체주의"(이종수, 『행정학사전』(서울: 대영문화사, 2009) 인용)

47 네이버 지식사전 "공동체주의"(『두산백과』 인용)

48 『조선대백과사전』 제20권(평양: 백과사전출판사, 2000), 214-215쪽.

49 『조선대백과사전』 제4권(평양: 백과사전출판사, 1996), 353쪽. 개인주의에 대한 북한의 인식은 집단주의와 대립각을 세운다는 측면으로 이해될 수 있다. 그러나 자유민주주의 질서 하의 남한 사회에서는 개인주의가 중요한 가치이다. 남한의 「헌법」에는 "모든 국민은 인간으로서의 존엄과 가치를 가지며, 행복을 추구할 권리를 가진다. 국가는 개인이 가지는 불가침의 기본적 인권을 확인하고 이를 보장할 의무를 진다"(제10조)고 규정되어 있다. 인간의 존엄·가치, 행복추구권, 기본적 인권 보장 등을 명시한 것이다. 「헌법」은 국민 개개인의 자유와 권리가 중요하다는 것을 확인해준다.

자유민주주의 체제가 개인주의에 기초하고 있음을 감안하면 개인주의는 배격되어야 할 가치가 아니다. 개체로서의 인간은 자신의 자주적 권리를 행사할 수 있을 때, 개인이 자신의 자유와 권리를 억압당하지 않을 때, 창조적 능력을 마음껏 발휘할 수 있다. 다만 국가·사회 집단은 '개인(개체)의 집합'이면서도 단순히 '산술적인 합'이 아니고 그 개인들 간의 유기적·중층적 관계들에 의해 이뤄지는 '복잡계'를 이룬다는 이해가 필요하다. 창조적 개인의 행동은 사회에 다대한 영향을 미친다. 인간은 누구나 그 개체적 존재로서의 존엄성을 갖는 동시에 타인의 삶에 직간접적으로 영향을 주는 사회정치적 존재이다.

서양 역사에서 개인주의는 인간의 존엄성을 회복하는 과정이었고 '신권神權'에서 벗어나 '인권人權'을 찾는 과정이었다. 중세의 낡은 질서와 권위를 거부함으로써 개인의 자유를 되찾고 인간 본연의 자주성과 자유로운 경제(상업)활동을 누릴 수 있게 되었다. 유럽에서는 19세기 이래 개인주의가 확장되면서 '만인에 대한 만인의 투쟁'이라는 비인간적 사태가 발생함으로써 개인주의에 대한 비판이 일었다. 자본주의의 발달과 도시화·산업화가 급격히 진행되는 가운데, 극단의 개인주의는 제어되지 않으면 사회 시스템의 불안정을 초래할 것이라는 위기감이 확대되었다. 유럽 근대사는 개인주의 발전사라 할 수 있다.

이에 비해 동아시아에서는 홍익인간 사상이 그러하듯이, 고대사회에서부터 인간존중 사상은 있었지만 아쉽게도 서양 근대에서와 같은 개인주의는 발전하지 못했다. 동아시아는 서구의 충격에 의해 개인주의가 수입되었고, 공동체문화와 집단주의를 중시하는 맹아萌芽를 갖고 있었다는 사실에 유의해야 한다. 동양적 사유에서는 개인 자체보다 개인들 간의 관계를 중시해왔는데 이것은 21세기에 이른 지금도 유효하다.

50 장용석·정은미, 앞의 책, 90-91쪽.

51 김일성, 『사회주의의 완전한 승리를 위하여』(평양: 조선로동당출판사, 1986), 10쪽; 이승목, 앞의 글, 192쪽 재인용.

52 《조선민주주의인민공화국 사회주의헌법》(1972년 12월 27일 최고인민회의 제5기 제1차 회의에서 채택, 1992년 4월 9일 최고인민회의 제9기 제3차 회의에서 수정 보충, 1998년 9월 5일 최고인민회의 제10기 제1차 회의에서 수정 보충, 2009년 4월 9일 최고인민회의 제12기 제1차 회의에서 수정 보충, 2010년 4월 9일 최고인민회의 제12기 제2차 회의에서 수정, 2012년 4월 13일 최고인민회의 제12기 제5차 회의에서 수정 보충, 2013년 4월 1일 최고인민회의 제12기 제7차 회의에서 수정 보충, 2016년 6월 29일 최고인민회의 제13기 제4차 회의에서 수정 보충, 2019년 4월 11일 최고인민회의 제14기 제1차 회의에서 수정 보충)

※《사회주의헌법》을 포함하여 이하의 모든 북한 법령은 통일부 북한정보포털 사이트의 [북한법령] 부분에 링크된 '통일법제 데이터베이스'의 '북한법령'에 수록된 것이다.

53 《조선민주주의인민공화국 사회주의헌법》

54 북한의 한 경제학자는 "사회주의경제가 집단주의 경제인 것만큼 그 관리도 집단주의방법으로 하여야 한다. 사회주의경제관리를 집단주의방법으로 진행한다는 것은 전사회적 이익, 국가적 이익을 선차시키는 기초 위에서 개별적 단위들의 이익이 보장되게 경제관리를 실현한다는 것이다.… 사회주의경제관리는 응당 개인이나 개별적 단위의 이익도 철저히 보장하는 것으로 되어야 한다. 문제는 어느 것을 중시하며 선차시하는가 하는데 있다. 개인이나 개별적 단위의 이익을 더 중시하고 선차시하는 것은 집단주의와 인연이 없으며 개인주의 밖에 가져올 것이 없다. 개인이나 개별적 단위의 이익을 더 중시하고 선차시하게 되면 전사회적 이익이 보장될 수 없게 된다"고 주장했다. 정명남, "집단주의경제관리의 중요 특징과 그 우월성을 높이 발양시키는데서 나서는 기본요구" 『경제연구』, 2006년 제2호, 12쪽.

55 『로동신문』, 2018년 9월 17일자; 통일부, 『월간 북한동향』, 2018년 9월호, 33쪽 재인용.

56 최창현·주성돈, 『국력이란 무엇인가』(서울: 커뮤니케이션북스, 2015); 네이버지식백과 재인용.

57 통일부 통일교육원, 『북한지식사전』(2016.12), 529-531쪽.

58 김정일, "주체사상에 대하여"(위대한 수령 김일성동지 탄생 70돐 기념 전국주체사상토론회에 보낸 론문, 1982년 3월 31일), 『김정일선집』제7권(평양: 조선로동당출판사, 1996), 164-165, 182-185쪽.

59 조선중앙통신, 2015년 12월 16일자; 통일부, 『월간 북한동향』, 2015년 12월호, 43쪽 재인용. 자강력의 핵심을 핵무력 건설의 관점에서 이해하는 관점도 있다. 이 관점은 『로동신문』 2016년 1월 8일자 사설에서 1월 6일에 진행된 제4차 핵시험과 관련하여 "우리의 지혜, 우리의 기술, 우리의 힘에 의거한 이번 수소탄시험의 완전성공은 자강력제일주의의 거대한 승리"라면서 "자강력은 우리의 생명이니 자강력제일주의를 높이 들고 나가야 한다"고 했던 것을 근거로 삼는다. 김창희, "북한의 자강력제일주의와 인민노력동원에 관한 연구" 『한국동북아논총』, 제85호(2017), 108쪽.

60 조선중앙통신, 2016년 3월 17일자; 통일부, 『월간 북한동향』, 2016년 3월호, 19쪽 재인용.

61 『로동신문』, 2016년 5월 9일자; 『통일뉴스』, 2016년 5월 9일자 재인용.

62 김룡진, "자강력제일주의를 높이 들고나가는 것은 사회주의강성국가의건설의 최후승리를 앞당기는데서 나서는 중요한 요구" 『김일성종합대학학보』, 제62권 제2호(김일성종합대학출판사, 2016); 이우정, "자강력제일주의 관련 북한의 보도동향" 『KDI 북한경제리뷰』, 2017년 2월호, 82-83쪽 재인용.

63 정춘심, "인민경제 모든 부문에서 설비, 원료자재의 국산화를 실현하는데서 나서는 중요문제" 『김일성종합대학학보』, 제62권 제2호(김일성종합대학출판사, 2016); 이우정, 위의 글, 82-83쪽 재인용.

64 서성일, "자강력제일주의는 사회주의강성국가건설을 힘있게 다그쳐나가기 위한 근본담보" 『사회과학원학보』, 2016년 제1호(사회과학출판사), 8쪽; 이우정, 위의 글, 82-83쪽 재인용.

65 김동남, "자체의 기술개발능력, 제품개발능력의 제고는 현시기 생산의 현대화, 과학화의 중심" 『경제연구』, 2010년 제3호(과학백과사전출판사); 이우정, 위의 글, 86쪽 재인용.

66 리강춘, "부단한 새 제품개발은 경공업제품 질제고의 중요담보" 『사회과학원학보』, 2014년 제2호(사회과학출판사); 이우정, 위의 글, 86쪽 재인용.

67 손영석, "과학기술은 강성국가건설을 추동하는 원동력" 『김일성종합대학학보』 제60권 제2호(김일성종합대학출판사, 2014); 이우정, 위의 글, 86쪽 재인용.

68 림일철, "사회주의경제강국의 요구에 맞게 최신과학기술에 기초한 공업의 현대화를 힘있게 밀고 나가는데서 나서는 몇 가지 문제"『경제연구』 2010년 제2호(과학백과사전출판사); 이우정, 위의 글, 89쪽 재인용.

69 만리마시대는 조선속도, 마식령속도, 단숨에 정신 등과 함께 김정은 시대에 생겨난 인민동원운동을 이끌어가는 구호다. 김창희, "북한 로동당 제7차 대회 경제정책의 분석과 평가"『한국동북아논총』, 제21집 제4호(한국동북아학회, 2016), 119-120쪽. 김정은 시대의 첫 속도전은 원산시 마식령에 스키장을 건설하는 것이었다. 이 사업은 군인들이 동원되어 '단숨에 정신'으로 1년도 안되어서 완공되었다. 마식령속도는 '오늘의 시대에는 10배 빠른 새로운 천리마인 만리마 속도'로 내달리자는 것이다. 만리마속도는 제7차 당대회에서도 강조된 바 있다. 만리마속도창조는 북한을 집단주의적 경쟁열풍으로 몰아넣었다.『로동신문』은 "모든 부문과 단위를 자력자강으로 추켜세우며 불가능을 모르는 우리 조국의 힘찬 전진에 비약의 박차를 가하는 것이 집단주의적 경쟁열풍"이라면서 "집단주의적 경쟁열풍은 대중적 영웅주의를 높이 발휘하여 겹쌓이는 애로와 난관을 과감히 뚫고 가는 원동력"이라고 주장했다(『로동신문』, 2016년 3월 19일자). 북한에서 "우리 혁명에서 자강력의 역사는 오늘 경애하는 김정은 동지에 의하여 군건히 이어져 이 땅 위에는 자강력으로 위대한 전변의 시대, 새로운 만리마의 시대가 펼쳐지고 있다"는 주장이 등장했고(최길학, "자강력제일주의를 높이 들고나가는데서 나서는 원칙적 요구"『정치법률연구』, 제4호,과학백과사전출판사, 2016, 24쪽) 이것은 전체적으로 자강력제일주의의 실현을 의미하는 것이다. 김창희, 같은 글, 110쪽.

70 김정일 시대의 북한 매체들은 '선군정치는 만능의 보검'이라고 했었는데 김정은 시대의『로동신문』은 "자강력제일주의를 만능의 보검으로 틀어쥐고 200일 전투(2016년 5월 26~28일에 열린 당·국가·경제·무역기관 일군연석회의에서 국가경제발전 5개년전략 수행을 위한 '충정의 200일전투' 선포)를 힘 있게 벌려 국가경제발전 5개년전략 수행의 돌파구를 열어나가자는 것이 현 시기 우리 당의 의도이다"라고 보도했다(『로동신문』, 2016년 7월 22일자). '만능의 보검'이 자강력제일주의로 바뀌었다는 것이다. 김창희, 위의 글(2016), 113쪽.

71 『로동신문』, 2018년 5월 14일자; 통일부,『주간 북한동향』, 제1413호(2018.5.12.~5.18), 5-6쪽 재인용.

72 『로동신문』, 2019년 3월 21일자; 통일부,『주간 북한동향』, 제1457호(2019.3.16.~3.22), 12-13쪽 재인용.

73 『로동신문』『근로자』, 2019년 7월 13일자; 통일부,『주간 북한동향』, 제1474호 (2019.7.13.~7.19), 3~4쪽 재인용.

74 『로동신문』, 2018년 8월 13일자; 통일부,『주간 북한동향』, 제1426호(2018.8.11.~ 8.17), 12-13쪽 재인용.

75 『로동신문』, 2018년 6월 12일자; 통일부,『주간 북한동향』, 제1417호(2018.6.9.~ 6.15),

8-9쪽 재인용.

76 1980년대 브라질의 경제학자 셀수 푸르타두(Celso Furtado)는 브라질의 발전이 외자의 기여에 달렸다고 착각하는 정책 수립의 허구와 신비화를 통렬히 비판하면서 "해외자금은 우리의 수입능력을 늘리는 것에 불과하며, 국내 저축에 대한 보완수단으로의 부차적인 의미밖에 없다. 과거의 성과를 면밀히 관찰하면 자본 도입액은 대략 이자와 배당으로 지급되는 자본 비용에 해당했다. 한마디로 해외자금 조달은 우리의 수입능력을 확대시켰으나, 발전은 오직 국내 저축으로만 실현되었다"고 진단했다. 정운영, 『세기말의 질주』(서울: 해냄출판사, 1999), 123-124쪽.

77 혁신과 이를 위한 '축적의 시간'은 남한에서도 중요한 과제로 제기된 바 있다. 추격과 모방 중심의 성장 체질에 익숙해진 남한의 산업이 혁신을 이루려면 경험지식을 확보하는 '축적의 시간'이 필요하다는 지적이다. 이에 대해서는 차국헌·최만수·차상균 외 11인, 『축적의 시간』(서울: 지식노마드, 2015)과 이정동, 『축적의 길』(서울: 지식노마드, 2017) 참조.

78 『로동신문』, 2019년 2월 23일자; 통일부, 『주간 북한동향』, 제1454호(2019.2.23.~3.1), 6-7쪽 재인용.

79 『로동신문』, 2018년 8월 14일자; 통일부, 『주간 북한동향』, 제1426호(2018.8.11.~ 8.17), 14-15쪽 재인용.

80 국내의 한 연구에서도 자강력제일주의가 인민경제의 현대화·국산화 실현에 총력을 쏟는 모습으로 구체화되고 있다고 지적한 바 있다. 임을출, "김정은의 경제 리더십" 『김정은 리더십 연구』(성남: 세종연구소, 2017), 184쪽; 김창희, 앞의 글(2016), 109쪽 재인용.

81 양운철, 『북한 상품의 국산화: 자력갱생과 수입대체의 연계』(성남: 세종연구소, 2019), 35쪽.

82 "국산화는 경제강국의 필수적 요구"『로동신문』, 2017년 7월 21일자 ; 이유진, "최근 북한의 국산화 현황과 전망"『KDB북한개발』, 2017년 겨울호(통권13호), 112-115쪽 재인용.

83 전옥실, "자력갱생에 기초한 국산화는 사회주의경제강국건설의 성과적 실현을 위한 중요한 담보"『사회과학원학보』, 2016년 제3호(누계 제92호), 32쪽; 이유진, 위의 글, 11-2-115쪽 재인용.

84 『로동신문』, 2017년 7월 21일자; 이유진, 위의 글, 112-115쪽 재인용.

85 조선중앙통신, 2013년 3월 19일자; 이유진, 위의 글, 115-119쪽 재인용.

86 『로동신문』, 2016년 5월 9일자;『통일뉴스』, 2016년 5월 9일자 재인용.

87 『로동신문』, 2015년 12월 21일자, "국산화에 경제강국에로의 지름길이 있다"; 이유

진, 앞의 글, 115-119쪽 재인용.

88 이유진, 위의 글, 118쪽.

89 이유진, 위의 글, 120-126쪽.

90 이유진, 위의 글, 127-128쪽.

91 이유진, 위의 글, 129-135쪽.

92 이유진, 위의 글, 136-138쪽.

93 이유진, 위의 글, 139-144쪽.

94 이유진, 위의 글, 144-146쪽.

95 『로동신문』, 2016년 5월 8일자; 이유진, 위의 글, 147-148쪽 재인용.

96 이유진, 위의 글, 147-148쪽.

97 조선중앙통신, 2019년 4월 11일자; 통일부, 『주간 북한동향』, 제1460호(2019.4.6.~ 4.12), 5-7쪽 재인용.

98 지도사상의 변화와 관련하여 2019년 4월 11일 수정 보충된 《사회주의헌법》에서 "사람중심의 세계관이며 인민대중의 자주성을 실현하기 위한 혁명사상인 주체사상, 선군사상을 자기 활동의 지도적 지침으로 삼는다"는 조항(제3조)을 "김일성-김정일주의를 국가건설과 활동의 유일한 지도적 지침으로 삼는다"로 수정한 바 있다.

99 이종석, 『북한의 역사 2: 주체사상과 유일체제 1960~1994』(고양: 역사비평사, 2011), 108-109쪽.

100 북한은 "혁명과 건설에서 사람들의 사상이 기본이며 인민대중의 사상정신력이 모든 것을 결정"한다면서, 이는 "우리 당(조선로동당)이 밝힌 사상론의 원리"이며, "사상이 모든 것을 결정한다는 주체의 사상론은 우리의 삶과 투쟁의 좌우명"이라고 인식한다. 조선중앙통신, 2014년 2월 6일자, "사상의 위력으로 강성국가건설에서 새로운 승리를 이룩해나가자". 사상사업과 사회주의의 운명은 "뗄 수 없는 밀접한 관계"여서 "사상사업 강화에 사회주의의 생명력이 있다"고 한다. 결국, "모든 것은 사상이 결정"하며 "나라의 강대성도 사상의 위대성과 그 위력에 있다"는 주장으로 이어진다. 『로동신문』, 2014년 2월 12일자, "사회주의위업승리의 결정적 요인"; 백학순, 『김정은 시대의 북한정치 2012~2014: 사상·정체성·구조』(세종연구소, 2015), 14쪽 재인용.

101 통일부 통일교육원, 『2017 북한이해』, 41-42쪽,

102 『로동신문』, 2012년 4월 12일자, "조선로동당규약 서문"; 백학순, 앞의 책, 19쪽 재인용.

103 통일부 통일교육원, 『북한지식사전』, 2016년, 135-137쪽.

104 극동문제연구소, 『북한전서, 1945~1980』(서울: 극동문제연구소, 1980), 65쪽; 전인영, "북한의 주체사상: 마르크스-레닌주의의 변형" 『사회과학과 정책연구』 Vol.5 No.2(서울대학교 사회과학연구소, 1983), 170쪽 재인용.

105 전인영, 위의 글, 169-170쪽.

106 김정일, "온 사회를 김일성주의화하기 위한 당사상사업의 당면한 몇 가지 과업에 대하여(전국당선전일군강습회에서 한 결론, 1974년 2월 19일)" 『김정일선집』 제4권(평양: 조선로동당출판사, 1994), 7-66쪽.

107 김정일 당 조직비서가 1970년대 전반기에 실행한 당조직 장악, 이념해석권의 독점과 이념 관리체계의 재정비, 군내의 김정일 지도체제 등에 대해서는 스즈키 마사유키鐸木昌之 저, 유영구 역, 『김정일과 수령제 사회주의』(서울: 중앙일보사, 1994), 108-133쪽에 잘 설명되어 있다.

108 최대석·현인애, "주체사상의 재인식: 형성과 확립, 그리고 쇠퇴" 『북한연구학회보』, 제11권 제2호(북한연구학회, 2007), 265쪽.

109 김정일, "주체사상에 대하여"(위대한 수령 김일성동지 탄생 70돐기념 전국주체사상토론회에 보낸 론문, 1982년 3월 31일), 『김정일선집』 제7권(평양: 조선로동당출판사, 1996), 143-216쪽.

110 김진환, "김정은 시대 지배이데올로기의 특징과 전망: '김일성주의'에서 '김일성-김정일주의'로" 『북한연구학회보』, 제17권 2호(북한연구학회, 2013), 32-37쪽. 김 교수는 이 논문에서 김정일 국방위원장의 지배이데올로기의 행보를 김일성주의의 정식화·체계화 단계와 선군사상의 정식화·체계화 단계로 구분하고 있다.

111 김정일, "선군혁명로선은 우리 시대의 위대한 혁명로선이며 우리 혁명의 백전백승의 기치이다"(조선로동당 중앙위원회 책임일군들과 한 담화, 2003년 1월 29일), 『김정일선집』 제15권(평양: 조선로동당출판사, 2005), 352-370쪽.

112 김진환, 앞의 글, 38-41쪽.

113 이기동 박사(국가안보전략연구소 책임연구위원)는 김정은 후계자 유일지도체계 기간에 나타난 특징을 다음과 같이 요약했다. 첫째, 후계자 지명 사실을 기정사실화하는 가운데 후계자의 자질과 품성을 내부적으로 선전했다. 둘째, 제도적 정비를 단행하여 김정은 시대의 공식 출범에 대비했다. 셋째, 후계자 유일관리제를 시행하고 김정은 유일영도체계를 확립하기 위한 후견그룹을 형성하는 등 인적 정비를 단행했다. 이기동, "김정은의 권력승계 과정과 권력구조" 『북한연구학회보』 제16권 제2호(서울: 북한연구학회, 2012년 겨울), 3-5쪽.

114 이기동 박사는 김정은이 불과 4개월 만에 후계자 유일영도체계의 단계를 종료하고 수령 유일영도체계의 단계에 성공적으로 진입한 이유를 세 가지로 지적했다. 첫째, 수령(김정일)이 주도적으로 후계시대를 준비하고 예상되는 장애물을 제거했다. 둘

째, 김정일의 '현지지도 강행군에 따른 사망'을 인민에 대한 헌신성으로 발현시키고 그것을 주민들과 권력엘리트들로 하여금 김정은에 대한 충성심으로 승화시킬 수 있었다. 셋째, 2012년 4월 15일 김일성 출생 100주년 행사를 김정일의 미완의 과제로 설정하고 이를 계기로 주민들을 독려할 수 있는 목표기제로 활용할 수 있었다. 이 박사는 김정일의 유훈관철과 김정은 유일영도체계 수립을 결부시키는 선전 작업에 박차를 가한 것, 수령의 3대 영도체계(총비서 중심의 당 영도체계, 국방위원장 중심의 국가영도체계, 최고사령관 중심의 군 영도체계) 가운데 김정은이 최고사령관 직을 가장 먼저 승계한 것에 주목했다. 이기동, 위의 글, 5-7쪽.

115 『로동신문』, 2012년 4월 19일자; 통일뉴스, 2012년 4월 19일자 재인용.

116 조선중앙통신, 2012년 4월 15일자; 자주민보, 2012년 4월 15일자 재인용.

117 조선중앙통신, 2012년 6월 12일자; 통일뉴스, 2012년 6월 12일자 재인용.

118 조선중앙통신, 2012년 8월 3일자; 통일뉴스, 2012년 8월 3일자 재인용.

119 김진환 교수는 김정일애국주의가 '지배이데올로기'로서 기능하고 있다고 지적한다. 김진환, 앞의 글, 48쪽. 김 교수는 자신의 논거를 뒷받침하기 위해 북한 학자의 글(리원철, "김정일애국주의는 부강조국건설의 힘있는 원동력" 『철학연구』 제133호 (2013); 허성숙, "김정일애국주의를 구현하는 것은 사회주의강성국가 건설위업을 실현해나가기 위한 매우 중요한 요구" 『철학연구』 제133호(2013))을 인용한 바 있는데, 김정일애국주의는 지배(통치)이념이라기보다 실천이데올로기로 보는 것이 합당할 것이다.

120 『로동신문』, 2013년 1월 30일자; 통일뉴스, 2013년 1월 31일자 재인용.

121 『로동신문』, 2013년 8월 25일자; 통일뉴스, 2013년 8월 25일자 재인용.

122 김정은 당 제1비서의 선군혁명사상에 대한 규정은 김정일 국방위원장이 선군혁명영도·선군정치를 설명하면서 "군사를 제일국사로 내세우고 인민군대의 혁명적 기질과 전투력에 의거하여 조국과 혁명, 사회주의를 보위하고 전반적 사회주의건설을 힘 있게 다그쳐나가는 혁명영도방식이며 사회주의정치방식"이라고 한 것과 동일하다. 김정일, "선군혁명로선은 우리 시대의 위대한 혁명로선이며 우리 혁명의 백전백승의 기치이다"(조선로동당 중앙위원회 책임일군들과 한 담화, 2003년 1월 29일), 『김정일선집』 제15권(평양: 조선로동당출판사, 2005), 352-353쪽.

123 조선중앙통신, 2014년 2월 26일자; 통일뉴스, 2014년 2월 26일자 재인용.

124 제3차 사상일군대회와 제8차 사상일군대회는 몇 가지 측면에서 비교된다. 첫째, 제3차 사상일군대회는 김정일 조직비서가 김일성 총비서의 후계자로 결정된 당중앙위원회 제5기 제8차 전원회의(1974.2.13, 정치위원 선임) 직후에 열렸다. 제8차 사상일군대회는 김정은이 김정일 총비서의 후계자로 공개된 제3차 당대표자회(2010년 9월 28일, 당중앙군사위원회 부위원장 선임)로부터 3년 5개월 만에 열렸다.

제3차 대회는 김정일 조직비서가 김일성 총비서의 강력한 리더십 하에서, 후계자의 입장에서 이념 해석권한(김일성주의)을 독점하는 계기였다. 제8차 대회는 김정은 제1비서가 김정일 총비서의 부재 하에서, 최고영도자의 입장에서 이념 해석권한(김일성-김정일주의)을 행사하는 상황에서 열렸다.

둘째, 김정일 조직비서는 제3차 사상일군대회 직후에 《당의 유일사상체계 확립의 10대원칙》(1974년 4월 14일)을 발표했다. 김정은 제1비서는 제8차 사상일군대회의 8개월 전에 《당의 유일적 영도체계 확립의 10대원칙》(2013년 6월 19일)을 발표했다. 10대원칙은 당·국가·군대와 사회 전반에 적용되는 조직적·사상적 원칙과 지침이다. 10대원칙은 북한에서 법 이상의 효력을 가지며 모든 인민이 의무적으로 지켜야 한다. 1970년대 이래 북한 사회는 유일사상체계와 유일지도체제 하에 놓여 있었다. 김정은 제1비서가 발표한 《당의 유일적 영도체계 확립의 10대원칙》은 40여 년 전의 10대원칙을 변화된 환경을 고려하여 수정한 것이었다.

셋째, 제3차 사상일군대회는 1967년 당중앙위원회 제4기 제15차 전원회의에서 다룬 반당반혁명적 종파사건(박금철·이효순사건)으로부터 7여 년이 지났을 때 열렸다. 제8차 사상일군대회는 2013년 12월의 반당반혁명 종파사건(장성택사건)으로부터 2개월 반이 지난 시점에 열렸다. 제3차 대회는 박금철·이효순사건과 1969년 1월 조선인민군당위원회 제4기 4차 전원회의 확대회의에서의 김창봉·허봉학(군사강경파) 사건으로부터 상당한 시일이 지나 '종파의 여독'이 완전히 가신 뒤에 열렸다. 제8차 대회는 장성택사건이 마무리되자마자 열린 것이어서 사건의 여파를 속전속결로 정리하는 계기가 되었다.

넷째, 당 사상일군대회는 사상사업 우선과 경제건설에서의 사상전(선전선동사업)을 강조하는 경향을 보였다. 경제건설에서 인민들의 사상의 발동에 따라 성패가 좌우된다는 문제의식은 1950년대 이래 이어져온 것이다. 제3차 사상일군대회는 사회주의체제의 위기와는 무관한 시기에 국제적 사회주의시장을 활용하면서 자립적 민족경제건설의 기치 아래 고속경제성장을 추구하던 때 열렸다. 속도전과 사상전에 돌입하는 계기였다. 제8차 사상일군대회는 경제건설과 핵무력건설의 병진노선(2013년 3월 31일) 하에서 인민생활 향상(경공업·농업 중시)에 본격적으로 나선 시기에 열렸다. 제8차 대회는 사회주의시장이 없는 여건에서, 미국의 대북 적대시와 고립·압살 정책이 지속되는 조건에서 핵 억제력과 핵 보복타격력의 보유를 배경으로 경제건설에 질주하기 위해 사상전을 내걸었다.

125 <표 1-6> <표 1-7>은 김정은, "혁명적인 사상공세로 최후승리를 앞당겨나가자" (조선로동당 제8차 사상일군대회에서 한 연설, 2014년 2월 25일, 조선중앙통신, 2014년 2월 26일자; 통일뉴스, 2014년 2월 26일자 재인용)를 정리한 것이다.

126 김정은 "현 단계에서의 사회주의건설과 공화국정부의 대내외정책에 대하여" 『로동신문』, 2019년 4월 13일자; 통일뉴스, 2019년 4월 13일자 재인용.

127 인민민주주의독재는 착취계급을 비롯한 적대세력에 대한 광범위한 인민대중의 독재를 의미하며, 노동계급의 영도 밑에 농민을 비롯한 광범위한 인민대중이 정권을 수립하여 사회주의를 건설해나가는 기간에 존재한다. 인민민주주의독재 정권은 인민

대중에게 정치적 자유와 권리를 주고 행복한 물질문화생활을 보장하는 것을 기본으로 하지만, 착취계급과 그 잔여분자들, 간첩, 파괴암해분자들의 반혁명책동에 대해서는 무자비하게 진압하며 낡은 사상에 젖어 법질서를 어기는 자들에 대해서는 법적 통제를 강화한다. 인민민주주의독재를 실현하는 정치조직은 혁명의 참모부이며 향도적 역량인 혁명적 당과, 당과 대중을 연결시키는 인전대(가장 포괄적인 정치조직인 인민정권과 광범한 인민대중의 의사를 대변하는 근로단체들)이다. 『조선대백과사전』 제28권(평양: 백과사전출판사, 2001), 653-654쪽; 장용석·정은미, 앞의 책, 11-12쪽 재인용. 북한의 인민민주주의독재는 인민대중의 민주주의, 적대세력에 대한 독재와 통제, 혁명의 최고뇌수이며 핵인 수령의 존재 등을 특징으로 한다. 같은 책, 13쪽.

128 김정은 위원장의 집권 초 3여년의 통치스타일을 분석한 백학순 박사에 의하면, 공개성과 투명성, 전문성 중시와 실용주의, '세계적 추세' 따르기, 체육 중시, 강온强穩방법의 조합과 공포정치, 조선속도·마식령속도·세포등판속도·'단숨에'정신 등의 특징이 나타났다. 백학순, 앞의 책, 134-167쪽. 그는 김정은 위원장이 물려받은 자산과 부채, 그리고 이것이 3년간 어떤 변화를 보여주었는지를 살펴보고 다음과 같이 설명했다.

"김정은이 향유하는 유리한 국내 정치기회구조는 김정은이 갖고 있는 사상적·물질적 토대 위에서 자신의 정체성과 이익을 추구하는 최고지도자(수령)로서의 김정은과 당·군·정과의 관계, 당·정·군의 상호관계 등의 총합적 표현이다. 그런데 이것이 지난 3년 동안 김정은에게 유리하게 변화해왔다고 평가할 수 있을 것이다. 특히, 장성택의 숙청으로 김정은에 대한 미래의 잠재적 도전세력까지 '선제적'으로 제거한 상황에서 김정은의 권력은 더욱 확고해졌으며, 경제적으로는 새로운 '우리식 경제관리방법'의 도입으로 농업과 공업 등 여러 분야에서 실적이 호전되고 있는 것이 사실이다." 같은 책, 192쪽.

129 피터 드러커 저, 남상진 역, 『드러커 100년의 철학』(서울: 청림출판, 2004), 71쪽.

130 피터 드러커 저, 남상진 역, 위의 책, 208쪽.

131 조선로동당은 북한에서 최고의 위상과 권한을 지닌 권력의 원천으로 타 기관이나 단체보다 상위에 위치하는 권력기구다. 북한의 모든 정책들은 당의 지도와 통제 하에서 추진된다. 북한은 조선공산당 서북5도 당책임자 및 열성자대회가 개최된 1945년 10월 10일을 당 창건일로 공식화하여 1949년부터 사회주의명절로 기념하고 있다. 이 대회에서 채택된《정치노선과 조직강화에 관한 결정서》에 따라 10월 13일 조선공산당 북조선분국을 창설했다. 조선공산당 북조선분국은 1946년 4월 말에 북조선공산당으로 되었다가 8월 29일에는 중국 연안으로부터 돌아온 조선독립동맹 계열이 중심이 된 조선신민당과 합당하여 북조선로동당으로 발족되었다. 북조선로동당은 1948년 8월 정권수립을 위해 남조선노동당과 연합중앙위원회를 구성하고 조선민주주의인민공화국 출범 후인 1949년 6월 30일에 조선로동당으로 통합되었다. 1956년 제3차 당 대회 이후 당 중앙위원회 정치위원회의 권한이 커졌다. 1966년 10월 당 중앙위원회에 비서국이 신설되면서 당의 운영은 김일성의 지시를 받는 비서국 중심체제로 전환되었다. 1980년

제6차 당대회에서 당 중앙위원회 정치위원회를 정치국으로 변경하고 그 안에 상무위원회를 신설해 핵심 기능을 수행하도록 했으나, 김정일 정권 이후 점차 유명무실해졌다. 제6차 당대회 이후 36년만인 2016년 5월 제7차 당대회를 개최하면서 비서국을 폐지하고 정무국을 신설하는 조직개편을 단행했다. 통일부 통일교육원, 『북한지식사전』(2016), 174-176쪽.

132 당《규약》은 당의 성격, 당조직 및 당원들이 지켜야 할 규범과 활동원칙을 규정하고 있다. 당은 국가에 우선하므로, 당《규약》이《사회주의헌법》보다 상위규범으로 보는 견해가 있다. 1946년 8월 28일 최초로 당《규약》이 채택된 이래 당대회와 당대표자회를 통해 수정·보완되었다. 당의 성격이 노동계급과 전체 근로대중의 선봉적·조직적 부대(1956년, 1961년)에서 노동계급과 노동대중의 선봉적 조직부대이며 노동대중의 모든 조직 중에서 최고형태의 혁명조직(1970년), 김일성동지에 의해 창건된 주체형의 혁명적 맑스-레닌주의당(1980년), 김일성동지의 당(2010년)으로 바뀌어 왔다. 2010년 개정된《규약》은 30년 만에 개정된 것으로, 현실과 규범을 일치시키기 위한 흔적이 보였다. 당의 위상과 관련해 국가영도 조직으로서의 위상을 강화했고, 국가최고 정치조직, 혁명의 참모부인 당의 국가영도 기능을 세부적으로 명확히 규정함으로써, 군사·경제·사회·문화 등 모든 국가부문에 대한 당의 지배력을 명문화했다. 북한 내부의 현실을 반영하는 당의 목적도 바뀌었다. 당면 목적은 '공화국 북반부에서 사회주의완전승리'에서 '공화국 북반부에서 사회주의 강성대국건설'로, 최종목적은 '온 사회의 주체사상화와 공산주의사회 건설'에서 '온 사회를 주체사상화하여 인민대중의 자주성을 완전히 실현하는 것'으로 변경되었다.
2012년 제4차 당대표자회에서 개정된《규약》의 핵심을 들면, 첫째, 김정일을 당의 영원한 총비서로, 김일성을 당의 영원한 수령으로, 당을 김일성과 김정일의 당이라고 규정하고, 김일성과 김정일의 혁명업적에 대하여 보충했다. 둘째, 당은 김일성-김정일주의를 유일한 지도사상으로 하고 온 사회의 김일성-김정일주의화를 당의 최고강령으로 하며, 김정은의 영도 밑에 김일성과 김정일의 위업, 주체혁명위업의 승리를 위하여 투쟁한다고 규정했다, 셋째, 당 제1비서직을 신설하고, 제1비서는 당의 수반으로 당을 대표하고 전당을 영도하며 김일성과 김정일의 사상과 노선을 실현해 나간다고 규정했다. 2016년 5월 제7차 당 대회에서《규약》을 다시 개정하여 당 위원장 직위를 신설하면서 제1비서직을 폐지하고 정무국을 신설하면서 비서국을 폐지했다. 통일부 통일교육원, 위의 책, 178-180쪽.

133 통일부, 『2017 북한 주요기관·단체 인명록』, 9-42쪽.

134 정치국과 정무국(이전의 비서국)의 권한은 역사적인 변천과정을 거쳤다. 1973년 9월 이전에는 정치국이 정책결정과정에서 핵심 역할을 했으나 김정일 조직비서가 1974년 2월 당중앙위원회 제5기 제8차 전원회의에서 후계자로 내정된 이후 정치국에서 비서국으로 권력 중심이 이동하기 시작했다는 증언이 있다. 1974~1985년에는 정치국 위주의 당-국가 정책결정체제였고, 1985년~김일성 주석 사망 때까지는 비서국 전문부서 위주의 당-국가 정책결정체제였다는 것이다. 현성일, 『북한의 국가전략과 파워엘리트: 간부정책을 중심으로』(서울: 선인, 2007), 281쪽. 1980년대 중반 이후 비

서국 각 부서들이 당 정책안을 작성하여 담당비서들을 통해 김정일의 비준을 받는 형태로 모든 사업이 진행되어 왔고, 그 과정에서 조직지도부 제1부부장들과 부부장들이 가장 중요한 정책적 역할을 해왔다고 한다. 정영태·김진무·안찬일·이영종·이윤걸·임을출·현인해, 『북한의 부문별 조직 실태 및 조직문화 변화 종합연구: 당·정·군 및 경제·사회부문 기간조직 내의 당기관 실태를 중심으로』(서울: 통일연구원, 2011), 21쪽.

135 박형중·이교덕·정창현·이기동, 『김정일 시대 북한의 정치체제: 통치이데올로기, 권력엘리트, 권력구조의 지속성과 변화』(서울: 통일연구원, 2004.12), 159-162쪽.

136 "당사업과 관련되는 문제들을 당조직선을 통하여 보고하는 엄격한 질서를 세워야 하겠습니다.… 조직지도부에서 통보사업을 개선강화하기 위한 대책을 세워야 하겠습니다. 당내 비밀을 누설하는 현상과 강한 투쟁을 벌려야 하겠습니다. 지금 당일군들이 당내 비밀을 철저히 지키지 않다보니 당내 비밀이 누설되어 당사업에 혼란을 주는 경우가 적지 않습니다.… 내가 늘 말하는 것이지만 당 안에서 토론되는 문제들은 어느 것을 막론하고 다 비밀이기 때문에 함부로 말해서는 안 됩니다. 특히 조직문제는 극비에 속하는 것만큼 집행되기 전에는 절대로 공개하지 말아야 합니다. 당 일군들 속에서 비밀을 누설하는 현상이 나타났을 때에는 즉시 문제를 세우고 날카롭게 투쟁하여야 하겠습니다." 김정일, "당사업에서 형식주의를 없앨 데 대하여"(조선로동당 중앙위원회 조직지도부, 선전선동부 책임일군회의에서 한 연설, 1977년 1월 14일), 『김정일선집』 제5권(평양: 조선로동당출판사, 1995), 376-377쪽.

137 "간부들을 혁명화하려면 사상교양과 사상투쟁을 옳게 결합하여 진행하여야 합니다.… 간부들 속에서 학습규율을 강화하고 혁명적 학습기풍을 세워야 합니다.… 비판을 통한 강한 사상투쟁이 없이는 낡은 사상 잔재를 없앨 수 없으며 사업과 생활에서 나타나는 결함들을 제때에 고쳐나갈 수 없습니다.… 사람은 조직생활에 참가하여 자기비판도 하고 상호비판도 하며 다른 사람들로부터 비판을 받기도 하고 남이 비판 받는 것을 보기도 하는 과정을 통하여 사상적으로 수양되고 단련됩니다.… 당조직들은 혁명과업수행을 기본으로 하여 일군들의 당생활을 평가하여야 하며 비판과 사상투쟁을 할 때에도 혁명과업수행에서 나타난 결함과 부족점을 중심에 놓고 투쟁을 벌려야 합니다.… 당조직들은 일군들에게 당적 분공을 빠짐없이 정상적으로 주고 제때에 총화하며 당생활총화를 높은 정치사상적 수준에서 진행하여 간부들이 당생활에서 유리되지 않게 하며 당규약상 요구에 따라 당생활에 적극 참가하도록 하여야 합니다. 특히 성, 중앙기관 당조직들이 간부들의 당생활에 대한 지도를 잘하여야 합니다.…중앙기관 당조직들은 중앙기관 지도일군들의 당생활에 대한 지도를 강화하는데 모를 박고 여기에 힘을 넣어야 합니다." 김정일, "당생활을 강화하여 간부들을 철저히 혁명화하자"(조선로동당 중앙위원회 조직지도부, 선전선동부 일군들과 한 담화, 1970년 12월 3일), 『김정일선집』 제2권(평양: 조선로동당출판사, 1993), 128-134쪽.

138 "당생활총화제도를 바로 세워야 당원들의 당성을 끊임없이 단련할 수 있고 혁명화 과정을 다그칠 수 있으며 그들을 당정책관철에로 적극 조직동원할 수 있습니다.…

전당에 유일사상체계를 튼튼히 세우고 그에 기초하여 당대열의 통일과 단결을 강화하자면 당원들 속에서 당생활총화제도를 바로세우고 당생활총화를 실속있게 하여야 합니다.… 당조직들에서 2일 및 주 당생활총화에 대한 방식상학을 널리 조직하여 당원들에게 새로운 당생활총화의 형식과 방법을 똑똑히 가르쳐주도록 하여야 하겠습니다.… 당조직들에서 당원들의 사업조건과 그들이 맡아 수행하는 혁명임무를 고려하여 2일 당생활총화를 하여야 할 단위와 주 당생활총화를 하여야 할 단위를 바로 정하여 주며 필요한 경우 3일 또는 10일 당생활총화를 하여야 할 단위도 정하여 주도록 하여야 합니다.… 세포비서들은 당생활총화를 제정된 날자와 시간에 지정된 장소에서 어김없이 진행하는 엄격한 규율과 질서를 세우고 한사람도 빠짐없이 당생활총화에 참가하도록 하여야 합니다." 김정일, "전당에 새로운 당생활총화제도를 세울데 대하여"(조선로동당 중앙위원회 조직지도부 책임일군협의회에서 한 연설, 1973년 8월 21일), 『김정일선집』 제3권(평양: 조선로동당출판사, 1994), 433-442쪽.

139 현성일, 앞의 책, 119쪽.

140 박형중·이교덕·정창현·이기동, 앞의 책, 164-167쪽.

141 연합뉴스, 2017년 2월 6일자, "북, 노동당 계획재정부→경제부로 변경".

142 박영자, 『김정은 시대 조선노동당의 조직과 기능: 정권 안정화 전략을 중심으로』(통일연구원, 2017.12), 183-185쪽.

143 박영자, 위의 책, 185-187쪽.

144 박영자, 위의 책, 187-188쪽.

145 박영자, 위의 책, 189-190쪽.

146 박영자, 위의 책, 132-133쪽 표에서 추출한 것임.

147 김정은, "현 단계에서의 사회주의건설과 공화국정부의 대내외정책에 대하여"『로동신문』, 2019년 4월 13일자;『통일뉴스』, 2019년 4월 13일자 재인용.

148 곽인수, "조선노동당의 당적 지도에 관한 연구"(경남대학교 대학원 석사학위논문, 2004), 85쪽; 정영태·김진무·안찬일·이영종·이윤걸·임을출·현인해, 앞의 책, 145-147쪽 재인용.

149 박형중·이교덕·정창현·이기동, 앞의 책, 194-203쪽.

150 북한에서는 정부기관·생산단위·사회단체 등 어디에서나 당세포를 비롯한 기층 당조직이 존재하며, 기층 당조직에서 최상층까지 계서적 조직구조를 갖추고 있다. 당세포에서는 모든 당원들이 동등한 권리를 갖는 수평관계이고, 수령(최고영도자)을 제외한 그 어떤 개인도 독자적인 영도력을 가질 수 없다. 내각에서 총리, 부총리, 상, 부상, 국장 등의 직위와 직책을 갖고 있을지라도 당세포에서 진행되는 사상생활·조직생활에서는 직위·직책과는 무관하게 평등한 당원으로서의 자격만 부여된다. 총리와

부총리, 위원장, 상 등 고위간부들은 당적으로도 정치국 상무위원·위원, 중앙위원 등 고위 직책을 겸하지만, 그렇다고 해도 당세포에서의 사상생활·조직생활은 피할 수 없다. 김정일은《당세포를 강화하자》(1991년 5월 10일)에서 "우리 당은 세포비서들을 통하여 전체 당원들에 대한 당생활을 조직지도하며 자기의 노선과 정책을 관철해 나가고 있다"고 밝힌 바 있다. 이렇게 볼 때 김정은 당 위원장이 최고영도자로서 절대적인 영도력을 발휘하는 권력의 원천은 기층단위의 당세포라고 할 수 있다.

151 한용선, "행정경제사업에 대한 정치적 지도는 당적 령도의 기본요구" 『근로자』 1977년 7호(평양: 조선로동당출판사), 16-17쪽; 김근식, "북한의 지방정치 연구: 지방 당 사업체계를 중심으로" 『북한연구학회보』 제7권 2호(북한연구학회, 2003), 61-62쪽 재인용.

152 김근식, 위의 글, 61-62쪽.

153 통일연구원, 『북한 제7차 당대회 분야별 평가 및 향후 전망』(서울: 통일연구원 제13차 KINU 통일포럼, 2016), 1-2쪽.

154 통일연구원, 위의 책, 8-10쪽.

155 통일연구원, 위의 책, 47쪽.

156 조선중앙통신, 2018년 4월 10일자; 통일부, 『주간 북한동향』, 제1408호(2018.4.7.~4.13), 2쪽 재인용.

157 북한이 간부정책에서 전문성 제고를 강조했던 기원은 1970년대로 거슬러 올라간다. 북한은 1970년대에 들어서면서 공세적인 국가전략에 따라 경제와 과학기술뿐 아니라 외교와 군사 등 각 분야에서 전문가 수요가 급증했다. 김정일 후계체제 시기에 각 분야에서의 전문가 양성과 자질향상을 추구했던 것이다. 1970년대 후반부터는 선진과학기술 도입과 주체사상 전파, 대외관계 확대 등의 목적으로 수많은 유학생과 실습생(연수생)들을 사회주의국가들과 제3세계 국가들에 파견하고 외국 과학자, 기술자, 교육자, 유학생들을 초청하는 등 교류와 협력을 확대했다. 전자자동화 분야를 비롯한 선진과학기술의 발전을 위해 1976년에 김일성종합대학에 자동화학부를 신설한 데 이어 전국 각지에 단과대학과 고등전문학교를 설립했다. 1980년대부터는 김정일 당 조직비서의 정책지도영역이 사회 전반으로 확대되면서 전문성 강조 현상은 더욱 두드러지게 나타났다. 현성일, 앞의 책, 188-189쪽.

158 장하준 저, 김희정·안세민 역, 『그들이 말하지 않는 23가지』(서울: 부키, 2010), 338-339쪽.

159 내각책임제의 기원은 1972년 사회주의헌법을 채택하면서 정무원을 신설할 때로 거슬러 올라간다. 당시 김일성 주석은 정무원 신설 배경과 관련하여 자신이 당 총비서와 내각 수상을 겸임할 때에는 경제사업에 치중하다보니 '불건전한 자'들이 당 안에 '잡사상'을 끌어들였다고 하면서 앞으로 자신은 국가주석과 당 총비서로서 경제정책과 노선만 제시하고 경제실무는 전적으로 정무원 총리에게 위임한다고 말했다. 김일

성, "정무원사업을 개선하며 경제사업에서 5대 과업을 틀어쥐고 나갈 데 대하여"(당 중앙위원회, 정무원 책임일군협의회에서 한 연설, 1988년 1월 1일), 『김일성저작집』 제41권(평양: 조선로동당출판사, 1995), 16쪽. 김정일 당 조직비서도 1990년대 초 당 일군들이 경제를 대행하는 것은 당사업과 경제사업을 다 망치는 백해무익한 행동이라고 하면서 당 일군들은 당 내부 사업에만 집중하고 경제조직사업은 행정경제 일군들에게 맡기며 그들을 내세워주고 권위를 높여주며 당의 노선과 정책을 철저히 관철하도록 잘 이끌어주어야 한다고 강조했다. 김정일, "당사업을 더욱 강화하며 사회주의 건설을 힘있게 다그치자"(조선로동당 중앙위원회, 정무원 책임일군들 앞세어 한 연설, 1991년 1월 5일), 『김정일선집』 제11권(평양: 조선로동당출판사, 1997), 3-4쪽. 이상 현성일, 앞의 책, 311-312쪽 재인용.

160 통일부, 「2018 북한 권력기구도」

161 이무철, "북한의 국가경제기관" 세종연구소 북한연구센터, 『북한의 당·국가기구·군대』(서울: 한울, 2007), 279-282쪽; 차수진, "김정은 시대 내각의 경제적 역할 연구" (북한대학원대학교 석사학위논문, 2015.12), 24-26쪽 재인용.

162 김정일, "올해를 강성대국 건설의 위대한 전환의 해로 빛내이자"『김정일선집』, 제14권(평양: 조선로동당출판사, 2000), 461쪽; 김갑식, 『김정일정권의 권력구조』(파주: 한국학술정보, 2005), 205-210쪽; 백학순, "당·정·군 관계" 세종연구소 북한연구센터, 『북한의 당·국가기구·군대』(서울: 한울, 2007), 86-87쪽 재인용.

163 《조선민주주의인민공화국 인민경제계획법》(1999년 4월 9일 최고인민회의 법령 제2호로 채택, 2001년 5월 17일 최고인민회의 정령 제2314호로 수정 보충, 2009년 8월 4일 최고인민회의 상임위원회 정령 제2314호로 수정 보충, 2010년 4월 6일 최고인민회의 상임위원회 정령 제748호로 수정 보충, 2015년 6월 25일 최고인민회의 상임위원회 정령 제553호로 수정 보충)

164 김갑식·이무철, "북한 내각의 경제적 역할과 당정관계"『한국과 국제정치』제22권 3호(2006), 110쪽.

165 文浩一, "朝鮮民主主義人民共和國の經濟改革-實利主義への轉換と經濟管理方法の改善"『アジア經濟』XLV-7 (2004年 7月), 52쪽.

166 서재영·박제동·정수웅, 『우리 당의 선군시대 경제사상 해설』(평양: 조선로동당출판사, 2005), 303쪽.

167 중앙정부가 관할하는 지표가 과거에는 10이었다고 하면 사회주의기업 책임관리제가 시행되는 현재는 1~2개의 중요지표만 중앙정부가 작성하는 것으로 되어 있다고 한다. 三村光弘, "北朝鮮經濟の最近の變化と今後の見通し" ERINA REPORT, no. 130(2016), 2쪽. 이 정보의 정확성을 파악하기는 어렵지만 중앙정부가 작성하는 중요지표가 현저히 줄어들고 있음은 분명해 보인다.

168 양문수, "김정은 집권 이후 개정 법령을 통해 본 '우리식 경제관리방법'"『통일정책

연구』제26권 제2호(통일연구원, 2017), 99-100쪽.

169 『조선민주주의인민공화국 재정법』(1995년 8월 30일 최고인민회의 상임위원회 정령 제61호로 채택, 1999년 2월 26일 최고인민회의 상임위원회 정령 제483호로 수정 보충, 2002년 5월 9일 최고인민회의 상임위원회 정령 제3025호로 수정 보충, 2004년 4월 22일 최고인민회의 상임위원회 정령 제416호로 수정 보충, 2006년 1월 24일 최고인민회의 상임위원회 정령 제1528호로 수정 보충, 2007년 3월 27일 최고인민회의 상임위원회 정령 제2195호로 수정 보충, 2008년 2월 26일 최고인민회의 상임위원회 정령 제2601호로 수정 보충, 2009년 11월 3일 최고인민회의 상임위원회 정령 제392 호로 수정 보충, 2011년 4월 12일 최고인민회의 상임위원회 정령 제1572호로 수정 보충, 2011년 12월 21일 최고인민회의 상임위원회 정령 제2052호로 수정 보충, 2015년 4월 8일 최고인민회의 상임위원회 정령 제457호로 수정 보충)

170 북한에서는 1973년 이래 지방예산제를 실시해왔는데 이 제도는 '국가의 중앙집권적 인 계획적 지도를 보장하면서 지방의 책임성·창발성을 높이는 예산제도'이다. 2013 년 11월 6일 지방예산제 실시 40주년 중앙보고회가 평양의 4.25문화회관에서 열렸 는데 그 자리에서 지방예산 수입은 1973년에 비해 7.3배 증가하여 국가예산수입에 서 지방예산수입이 많은 비중을 차지하고 있으며 자체의 수입으로 지출을 보장하고 있다고 보고되었다. 많은 시·군이 자체 원료에 의거한 지방공업 생산액의 비중을 60% 이상 보장하고 지방예산수입에서 서비스업 부문의 수입 비중을 높이고 있다고 한다. 보고회에서는 도·시·군 지방예산의 현실적 편성, 예산수입계획의 어김없는 월 별·분기별 수행, 지방예산집행에서의 기관·기업소들의 재정규율의 엄격한 준수 등 이 향후 과제로 제시되었다. 조선중앙통신, 2015년 4월 25일자; 통일부, 『월간 북한 동향』, 2015년 4월호, 36-37쪽 재인용.

171 손희두·문성민, 『북한의 재정법제에 관한 연구』(한국법제연구원, 2007.10), 26-29쪽.

172 순소득 방식 하에서 정부는 가능한 한 원가를 과소 반영하려고 하는 유인을 갖게 되고, 반대로 기업체 입장에서는 원가를 과다 반영하려고 하는 유인을 갖게 된다. 실제 적용되는 원가를 둘러싸고 정부와 기업체의 이해관계의 불일치가 발생하는 것이 다. 그렇게 되면 정부는 기업체의 원가 및 소득배분에 일일이 직접 간섭하고자 하 는 유인이 발생한다. 국가납부금의 절대 규모뿐 아니라 국가납부금의 납부 이후 소 득의 분배에 대해서도 정부가 개입하고자 하는 경향이 나타난다. 이에 정부와 기업 체의 갈등이 발생하고 정부와 개별적 기업의 협상에 의해 납부액이 결정되는 경우 가 많아진다. 반면에 소득방식 하에서는 국가계획을 수행함에 있어서 정부와 기업체 간 이해의 불일치 가능성이 거의 없어진다. 원가의 반영 문제를 둘러싸고 정부와 기 업체가 갈등하거나 협상할 이유가 없어지는 것이다. 기업체의 입장에서는 판매수입 을 기준으로 국가납부금을 정하면 원가를 절감할 경우 국가납부 이후 기업이 처분 할 수 있는 소득이 늘어난다. 원가 절감의 유인이 커지는 효과가 발생하는 것이다. 양문수, 앞의 글(2017), 95쪽.

173 《조선민주주의인민공화국 국가예산수입법》(2005년 7월 6일 최고인민회의 상임위원

회 정령 제1183호로 채택, 2007년 10월 16일 최고인민회의 상임위원회 정령 제2402호로 수정 보충, 2008년 2월 26일 최고인민회의 상임위원회 정령 제2601호로 수정 보충, 2011년 11월 8일 최고인민회의 상임위원회 정령 제1945호로 수정 보충)

174 손희두·문성민, 앞의 책, 146-150쪽.

175 김정일, "위대한 수령님을 영원히 높이 모시고 수령님의 위업을 끝까지 완성하자"(조선로동당 중앙위원회 책임일군들과 한 담화, 1994년 10월 16일), 『김정일선집』 제13권(평양: 조선로동당출판사, 1998), 436-437쪽.

176 김정일, "강성대국건설의 요구에 맞게 사회주의경제관리를 개선강화할데 대하여"(2001년 10월 03일); 출처 http://nk.chosun.com/original.

177 리광철, "내각의 경제조직자적 기능과 역할을 높이는 것은 강성대국건설의 중요 담보" 『근로자』, 2005년 제2호. 리광철은 강원도당 부위원장으로 추정된다. 통일부, 『북한인명사전』에 의거.

178 김정은, 『위대한 김정일동지를 우리 당의 영원한 총비서로 높이 모시고 주체혁명위업을 빛나게 완성해나가자』(조선로동당 중앙위원회 책임일군들과 한 담화, 2012년 4월 6일) (평양: 조선로동당출판사, 2013).

179 조선중앙통신, 2012년 1월 22일자; 통일부, 『월간 북한동향』, 2012년 1월호, 37쪽 재인용.

180 동서양 고대철학에서 말하는 중용에 대하여 최상용 교수는 다음과 같이 밝힌 바 있다. "고대 중국의 중용中庸과 고대 그리스의 중용mesotes은 극단이 아닌 중간영역에서 판단한 최적의 균형으로 그것이 바로 정의(올바름)인 것이다. 여기서 명사로서의 중용은 중심, 최적의 균형, 올바름 등의 의미이고, 동사로서의 중용은 그 중심을 맞히고(命中, 的中) 그 균형, 올바름을 판단하고 실천하는 행위인 것이다. 중용은 인간의 일상생활이나 정치생활의 복잡한 상황 속에서 개별적으로 제기되는 문제에 대한 해답으로 가능한 최선의 방법을 선택하는 것인데, 이때 과, 부족의 극단이 아닌 중용의 원리는 구체적인 현실 속에서는 시중時中이거나 권형權衡의 형태로 발현된다. 고대 중국의 시중과 권형에 상응하는 아리스토텔레스의 개념이 다름 아닌 '우리와 관련된 중용'과 실천적 지혜 또는 사려이다. 가능태로서의 중용이 현실태로서의 시중이나 실천적 지혜로 나타난다는 점에서도 고대 중국과 고대 그리스의 중용사상의 강한 동질성을 확인할 수 있다." 최상용, 『중용의 정치사상』(서울: 까치글방, 2012), 154쪽.

181 조선중앙통신, 2013년 10월 21일자; 통일부, 『월간 북한동향』, 2013년 10월호, 29쪽 재인용.

182 조선중앙통신, 2013년 12월 28일자; 통일부, 『월간 북한동향』, 2013년 12월호, 30쪽 재인용.

183 조선중앙통신, 2014년 1월 18일자; 통일부, 『월간 북한동향』, 2014년 1월호, 15쪽 재인용.

184 『조선중앙통신』, 2019년 10월 20일자

185 『연합뉴스』, 2014년 2월 16일자, "북 김정은 '내각 역할 늘려야'…높아지는 내각 위상"; 차수진, 앞의 논문, 16쪽 재인용.

186 『경애하는 김정은동지의 로작 《현실발전의 요구에 맞게 우리 식 경제관리방법을 확립할 데 대하여》(당, 국가, 군대기관 책임일군들과 한 담화)』 2014년 5월 30일; 박영자·이교덕·한기범·윤철기, 『김정은 시대 북한의 국가기구와 국가성』(서울: 통일연구원, 2018), 87쪽 재인용.

187 내각결정 제43호(2014년 7월 10일), "경애하는 김정은동지의 고전적 로작 《현실발전의 요구에 맞게 우리 식 경제관리방법을 확립할 데 대하여》에서 제시된 강령적 과업을 철저히 관철할 데 대하여"; 박영자·이교덕·한기범·윤철기, 위의 책, 140-142쪽 재인용.

188 리영남, "현 시기 인민경제를 활성화하기 위한 경제관리방법을 혁신하는데서 나서는 중요한 문제" 『경제연구』, 2019년 제3호(평양: 과학백과사전출판사), 14쪽.

189 『로동신문』, 2016년 5월 9일자; 『통일뉴스』, 2016년 5월 9일자 재인용.

190 통일부 통일교육원, 『북한지식사전』(2016), 169-171쪽.

191 조선중앙통신, 2018년 4월 21일자; 박영자·이교덕·한기범·윤철기, 앞의 책, 87쪽 재인용.

192 조선중앙통신, 2018년 4월 21일자; 통일부, 『주간북한동향』, 제1410호, 6-9쪽 재인용.

193 차수진, 앞의 논문, 31~45쪽.

194 『로동신문』, 2020년 1월 1일자, 1-4면.

195 『로동신문』, 2020년 1월 1일자, 1-4면.

196 『조선신보』, 2013년 12월 27일자에 실린 김정하 내각사무국장의 인터뷰는, 박봉주 총리의 현지요해의 목적이 "첫째로 현행 생산에서 제기된 문제를 현지에 나가서 풀어주는데 있으며, 둘째로는 높은 간부일수록 현장에 내려가서 책임적으로 일해야 한다는 원칙을 실천하고 있는 것"이라며 "현지요해의 실효성은 착실히 나타나고 있다. 제기된 문제는 즉석에서 해결해 나가고 있다"고 밝혔다. 박 총리의 잦은 현지요해는 "경제부문에 대한 내각책임제·내각중심제 원칙에 의한 것이므로 주목해야 한다"고 덧붙였다. 차수진, 앞의 논문, 19쪽 재인용.

197 박영자·이교덕·한기범·윤철기, 앞의 책, 107-109쪽.

198 장하준 저, 이순희 역, 『나쁜 사마리아인들』(서울: 부키, 2007), 164쪽.

199 이상근, "북한 관료제의 병리현상에 관한 연구"(경기대학교 정치전문대학원 박사학위논문, 2007), 69-74, 83-97쪽.

200 채원호·손호중·김옥일, "북한 관료부패의 실태와 원인에 관한 연구: 북한 이탈주민의 인지도를 중심으로"『한국거버넌스학회보』제13권 제1호(2006.4), 330-331쪽; 민영기, "북한 경제체제의 변화에 관한 연구: 화폐적 관계의 확산과 혼종체제의 형성"(동국대학교 대학원 박사학위논문, 2016.1), 201-203쪽 재인용.

201 박형중, "정치체제와 부패의 세 가지 모델: 북한 부패 연구를 위한 이론적 모델의 모색"『국방연구』, 제56권 제2호(2013), 62쪽; 박영민, "북한의 부패 실태 및 사회변화에 미치는 영향: 시장화-약탈성-부패의 메커니즘"『세계지역연구논총』제34집 제4호(2016), 281-282쪽 재인용.

202 북한의 '비사회주의그루빠'의 검열과 단속은 과거 국방위원회 소속, 중앙당 소속, 보안대 소속, 각 사회단체 소속별로 나눠 사안의 경중에 따라 진행되었다. 최대석·김희진, "비사회주의적 행위유형으로 본 북한사회 변화"『통일문제연구』통권 제56호(2011), 89쪽; 박영민, 위의 글, 282-283쪽 재인용.

203 박영민, 위의 글, 282-283쪽.

204 홍민, "북한의 사회주의 도덕경제와 마을체제"(동국대학교 대학원 박사학위논문, 2006), 313쪽; 김종욱, "북한의 관료부패와 지배구조의 변동: '고난의 행군' 기간 이후를 중심으로"『통일정책연구』제17권 제1호(2008), 383-385쪽 재인용.

205 서재진, "북한의 체제위기와 지배엘리트의 행위양식 변화"『사회주의 지배엘리트와 체제변화』(서울: 미래인력연구센터, 1999), 196-197쪽; 김종욱, 위의 글, 383-385쪽 재인용.

206 내외통신사, "사회에 나타나고 있는 반사회주의 현상"『북한실상 종합자료집: 탈북자들의 증언을 통해 본 북한사회』(서울: 내외통신사, 1995), 168-182쪽(이상근, 앞의 논문, 108-110쪽 재인용); 김종욱, 위의 글, 383-385쪽.

207 박형중 외,『북한 부패 실태와 반부패 전략』(서울: 통일연구원, 2012), 115-138쪽; 민영기, 앞의 논문, 201-203쪽 재인용.

208 한기범, "북한 정책결정과정의 조직행태와 관료정치: 경제개혁 확대 및 후퇴를 중심으로(2000~2009)" (경남대학교 대학원 박사학위논문, 2009), 264, 290쪽; 민영기, 위의 논문, 201-203쪽 재인용.

209 윤철기, "북한체제에서 인플레이션 관리의 정치: 2009년 11월 화폐개혁을 중심으로"『현대북한연구』제14권 제2호(북한대학원대학교, 2011), 54쪽; 민영기, 위의 논문, 203-205쪽 재인용.

210 박형중 외, 앞의 책, 130-131쪽; 민영기, 위의 논문, 203-205쪽 재인용.

211 박형중 외, 위의 책, 129쪽; 민영기, 위의 논문, 203-205쪽 재인용.

212 윤철기, 앞의 글, 59, 72쪽; 민영기, 위의 논문, 203-205쪽 재인용.

213 《조선민주주의인민공화국 형법》(1990년 12월 15일 최고인민회의 상설회의 결정 제6
호로 채택, 2004년 4월 29일 최고인민회의 상임위원회 정령 제432호로 수정 보충,
2010년 10월 1일 최고인민회의 상임위원회 정령 제1105호로 수정 보충, 2011년 6월
7일 최고인민회의 상임위원회 정령 제2346호로 수정 보충, 2012년 5월 14일 최고인
민회의 상임위원회 정령 제2387호로 수정 보충, 2013년 6월 19일 최고인민회의 상
임위원회 정령 제3232호로 수정 보충, 2013년 9월 26일 최고인민회의 상임위원회
정령 제3376호로 수정 보충, 2013년 11월 21일 최고인민회의 상임위원회 정령 제
3449호로 수정 보충, 2014년 4월 24일 최고인민회의 상임위원회 정령 제17호로 수
정 보충, 2015년 1월 21일 최고인민회의 상임위원회 정령 제324호 수정 보충, 2015
년 7월 22일 최고인민회의 상임위원회 정령 제578호로 수정 보충)

214 황의정, "북한의 '비사회주의적 행위'에 대한 법적 통제: 범죄규정화(crime- definition)를
중심으로"(이화여자대학교 대학원 박사학위논문, 2016), 231-237쪽. 이 논문은 2004년판
과 2012년판 《형법》에 규정된 경제범죄의 종류에 기초하여 간부계층, 전문지식인계층,
신흥상인계층, 노동계층의 범죄유형을 다루고 있다.

215 "사법검찰기관들은 국가재산과 사회협동단체재산을 탐오약취하는 것과 같은 범죄행위들
과의 투쟁을 강화하여 국가재산과 사회협동단체재산을 철저히 보호하여야 하겠습니다.
당의 경제정책 관철을 법적으로 보장하는데서 검찰기관과 중재기관의 역할을 높이는
것이 중요합니다. 검찰기관들에서는 담당감시와 집중감시를 옳게 배합하여 감시활동을
적극적으로 벌려 인민경제 모든 부문에서 당정책이 철저히 관철되도록 하며 국가재산을
떼먹거나 경제관리질서를 제멋대로 어겨 국가에 커다란 손실을 주는 것과 같은 범죄현상
들이 나타나지 않도록 하여야 하겠습니다." 김정일, "사법검찰사업을 개선강화할데
대하여"(전국사법검찰일군열성자회의 참가자들에게 보낸 서한, 1982년 11월 21일),
『김정일선집』제7권(평양: 조선로동당출판사,1996년), 313-314쪽.

216 인민보안성, 『법투쟁부문 일군들을 위한 참고서』(평양: 인민보안성출판사, 2009), 173쪽.

217 김일성, "관료주의를 퇴치할 데 대하여"(조선로동당 중앙위원회 전원회의에서 한 보
고, 1955년 4월 1일), 『김일성저작집』 제9권(평양: 조선로동당출판사, 1980); 김일성,
"당사업에서 형식주의와 관료주의를 없애며 일군들을 혁명화할 데 대하여"(조선로
동당 중앙위원회 조직지도부, 선전선동부 일군들 앞에서 한 연설, 1966년 10월 18
일), 『김일성저작집』 제20권(평양: 조선로동당출판사, 1982)을 참고할 것.

218 김정일, "사업 방법과 작품을 바로잡기 위한 투쟁을 계속 힘있게 벌릴 데 대하여"(조
선로동당 중앙위원회 조직지도부, 선전선동부 책임일군회의에서 한 연설, 1977년 4
월 11일), 『김정일선집』 제5권(평양: 조선로동당출판사, 1995), 422쪽.

219 김정일, "사회주의는 과학이다"(조선로동당 중앙위원회 기관지 《로동신문》에 발표한

론문, 1994년 11월 1일), 『김정일선집』 제13권(평양: 조선로동당출판사, 1998), 483-484쪽.

220 김정일, "올해를 강성대국 건설의 위대한 전환의 해로 빛내이자"(조선로동당 중앙위원회 책임일군들과 한 담화, 1999년 1월 1일), 『김정일선집』 제14권(평양: 조선로동당출판사, 2000), 463-464쪽.

221 차수진, 앞의 논문, 62-64쪽.

222 『로동신문』, 2015년 2월 19일자, "조선로동당 제1비서이신 경애하는 김정은동지의 지도 밑에 조선로동당 중앙위원회 정국 확대회의가 진행되었다."

223 김정은, "조선로동당 제4차 세포비서대회에서 한 연설(2013년 1월 29일)", 『로동신문』, 2013년 1월 31일자; 『통일뉴스』, 2013년 1월 31일자 재인용.

224 당정책 관철에서의 '주관주의'와 '유람식 지도방법'에 대하여 『로동신문』은 다음과 같이 비판한 바 있다. "일군들이 아래에 내려가 유람식으로 현장을 돌아보며 손님 행세를 하거나 아래 일군들의 사무실에서 맴돌다 올라오는 형식주의적 일 본새를 반드시 극복해야 한다. 유람식 지도방법으로는 현실을 똑똑히 알 수 없고 현실을 모르면 주관주의와 관료주의를 부리게 되며 당의 노선과 정책을 관철하는데 커다란 저해를 주게 된다." "사무실에 틀고 앉아 모든 사업을 회의나 문서, 전화로 대치하는 일군들은 필연코 패배주의에 빠져 동면하게 되고 불리한 조건과 환경을 유리하게 전변시킬 수 있는 방략도 찾지 못하게 되며 당정책관철에서 시대의 낙오자로 굴러떨어지게 된다." 『로동신문』, 2019년 1월 19일자; 통일부, 『주간 북한동향』, 제1449호(2019.1.19.~1.25), 6쪽 재인용.

225 『로동신문』·조선중앙통신·조선중앙방송, 2018년 6월 2일자; 통일부, 『주간 북한동향』, 제1416호(2018.6.2.~6.8), 6-7쪽 재인용.

226 『로동신문』, 2018년 12월 27일자; 통일부, 『주간 북한동향』, 제1445호(2018.12.22.~12.28), 10-11쪽 재인용.

227 『로동신문』, 2019년 3월 24일자; 통일부, 『주간 북한동향』, 제1458호(2019.3.23.~3.29), 6쪽 재인용.

228 조선중앙통신, 2019년 4월 10일자; 통일부, 『주간 북한동향』, 제1460호(2019.4.6.~4.12), 5쪽 재인용.

229 김정일 당 총비서는 1994년 10월 16일 조선로동당 중앙위원회 책임일군들과 한 담화에서 수령-당-인민대중의 일심단결을 강조한 바 있다. 그 내용은 다음과 같다. "위대한 수령님의 혁명위업을 견결히 옹호고수하고 끝까지 완성해나가자면 당을 튼튼히 꾸리고 수령, 당, 대중의 일심단결을 강화하여야 합니다.… 무엇보다도 당조직사업을 잘하여 당 대열을 튼튼히 꾸리고 수령을 중심으로 하는 당의 통일과 단결을 더욱 강화하여야 합니다.… 우리는 수령, 당, 대중의 일심단결을 강화하기 위한 사업

을 끊임없이 심화시켜 전체 인민을 당과 수령의 두리에 더욱 튼튼히 묶어세우며 일심단결의 위력으로 혁명의 난국을 뚫고나가도록 하여야 합니다." 김정일, "위대한 수령님을 영원히 높이 모시고 수령님의 위업을 끝까지 완성하자"(조선로동당 중앙위원회 책임일군들과 한 담화, 1994년 10월 16일), 『김정일선집』 제13권(평양: 조선로동당출판사, 1998), 434-435쪽.

230 백철, "주체의 사회주의정치제도는 수령, 당, 대중의 일심단결에 토대한 공고한 정치제도" 『주체의 사회주의 정치제도』(평양: 평양출판사, 1992), 154쪽.

231 이승목, "북한 집단주의 형성 및 변천에 관한 연구" (동국대학교 대학원 박사학위논문, 2006), 148쪽.

232 노혜미, "북한 예술영화에 나타난 사회주의대가정론 연구" (동국대학원 대학원 석사학위논문, 2008), 68-69쪽.

233 『로동신문』, 2018년 9월 17일자; 통일부, 『주간북한동향』, 제1431호(2018.9.15-2018.9.21.), 4쪽 재인용.

234 《조선민주주의인민공화국 가족법》(1990년 10월 24일 최고인민회의 상설회의 결정 제5호로 채택, 1993년 9월 23일 최고인민회의 상설회의 결정 제35호로 수정 보충, 2004년 12월 7일 최고인민회의 상설회의 결정 제808호로 수정 보충, 2007년 3월 20일 최고인민회의 상설회의 결정 제2161호로 수정 보충, 2009년 12월 15일 최고인민회의 상설회의 결정 제520호로 수정 보충)

235 조선로동당은 후계자의 영도체계를 확립하기 위해 1973년 이래 20여 년간 노력했기 때문에 김일성 주석의 사망 이후 김정일 국방위원장의 영도체계가 흔들리지 않았다. 후계자의 영도체계에 대해서는 이교덕, "북한의 후계자론과 김정일 이후 후계자" 북한연구학회 편, 『북한의 정치 1』(서울: 경인문화사, 2006)에 잘 설명되어 있다. 이 박사는 북한 문헌을 인용해 후계자의 유일적 영도체계의 확립 방법론에 대하여 당의 정치사상적 통일과 단결, 후계자의 유일관리제 실현(당사업과 당활동, 혁명과 건설의 모든 문제를 후계자에게 집중시키고 후계자의 결정에 따라 모든 사업을 처리), 후계자의 유일적 영도 하에 전당이 하나같이 움직이는 강철 같은 규율 확립, 후계자의 의도와 방침에 대한 절대성의 정신에서의 접수 및 무조건성의 원칙에서의 철저한 관철, 후계자의 유일적 영도체계와 어긋나는 온갖 현상들과 비타협적인 투쟁 전개 등을 꼽고 있다.

236 김정일 당 총비서는 1994년 11월 1일 『로동신문』에 발표한 논문을 통해 인덕정치와 일심단결을 강조한 바 있다. 그 내용은 다음과 같다. "우리 당의 인덕정치는 수령, 당, 대중의 일심단결의 원천으로 되고 있다. 사랑과 충성에 기초한 수령, 당, 대중의 일심단결은 가장 공고한 단결이며 이러한 일심단결에 뿌리박고 있는 우리 식 사회주의는 필승불패이다.··· 우리 당은 언제나 사회의 모든 것의 주인인 인민대중을 절대적 존재로 내세우고 인민들에게 끝없는 사랑과 믿음을 베풀어주는 진정한 인민의 정치, 인덕정치를 철저히 실시해나갈 것이다.··· 우리 당은 지난날 인민을 믿고 인

민에 의거하여 백전백승하여온 것처럼 앞으로도 인민을 믿고 인민에 의거하여 주체의 사회주의위업을 끝까지 완성해나갈 것이다. 사람 위주의 사회주의, 인민대중 중심의 사회주의는 가장 과학적이고 가장 우월하며 가장 위력한 사회주의이다. 사회주의는 그 과학성과 진리성으로 하여 반드시 승리한다." 김정일, "사회주의는 과학이다"(조선로동당 중앙위원회 기관지《로동신문》에 발표한 론문, 1994년 11월 1일),『김정일선집』제13권(평양: 조선로동당출판사, 1998), 488쪽.

237 네이버 지식백과 "광폭정치" (한국학중앙연구원, 『한국민족문화대백과』 인용)

238 김정은,『위대한 김정일 장군님을 영원히 높이 우러러 모시고 장군님의 유훈을 철저히 관철하자』(조선로동당 중앙위원회 책임일군들과 한 담화, 2011년 12월 31일) (평양: 조선로동당출판사, 2013), 7-8쪽.

239 김정은, "위대한 김정일동지를 우리 당의 영원한 총비서로 높이 모시고 주체혁명위업을 빛나게 완성해나가자"(조선로동당 중앙위원회 책임일군들과 한 담화, 2012년 4월 6일), 『로동신문』, 2012년 4월 19일자.

240 김정은, "선군의 기치를 더 높이 추켜들고 최후 승리를 향하여 힘차게 싸워 나가자" (김일성 주석 탄생 100주년 경축 열병식 연설, 2012년 4월 15일), 조선중앙통신 보도자료. 이 연설에는 김정은 당 제1비서의 인민관을 보여주는 다음 내용이 포함되어 있다. "세상에서 제일 좋은 우리 인민, 만난시련을 이겨내며 당을 충직하게 받들어온 우리 인민이 다시는 허리띠를 조이지 않게 하며 사회주의 부귀영화를 마음껏 누리게 하자는 것이 우리 당의 확고한 결심입니다."

241 "우리는 당과 혁명대오의 일심단결을 백방으로 강화하고 철저히 옹호 보위하여야 합니다. 일심단결은 장군님(김정일)께서 물려주신 가장 귀중한 혁명유산이며 우리 혁명의 천하지대본입니다. 수령, 당, 대중이 위대한 사상과 뜨거운 사랑과 정으로 군게 뭉쳐진 우리의 일심단결은 억만금에도 비길 수 없는 가장 큰 재부입니다." 앞의 《4·6담화》

242 "우리는 인민을 끝없이 존중하고 인민의 이익을 절대시하며 인민들을 참다운 어머니심정으로 보살펴주어야 합니다. 이민위천을 좌우명으로 삼으신 수령님(김일성)과 장군님(김정일)의 숭고한 뜻을 받들어 인민을 하늘같이 여기고 무한히 존대하고 내세워주며 인민의 요구와 이익을 첫자리에 놓고 모든 사업을 진행하여야 합니다. 당조직들은 어머니된 심정으로 언제나 사람들을 진심으로 아끼고 사랑하며 그들의 정치적 생명을 끝까지 책임지고 빛내어주어야 합니다. 어머니가 못난 자식, 말썽 많은 자식이라고 하여 버리지 않고 더 걱정하고 마음을 쓰듯이 당조직들은 모든 사람들을 다 당의 품에 안아주고 장군님과 정으로 이어지게 하여야 합니다. 당조직들은 일하는 과정에 과오를 범한 사람이라 하더라도 외면하지 말고 품어주며 끝까지 교양하여 혁명대오에서 삶을 빛 내이도록 하여야 합니다." 위의 《4·6담화》

243 "민심을 틀어쥐고 모든 사업을 혁명대오의 일심단결을 강화하는데 지향시키고 복종시켜 진행해나가야 합니다. 민심을 떠난 일심단결이란 있을 수 없습니다. 당조직들

은 군중의 목소리를 귀담아듣고 군중 속에서 제기되는 문제들을 제때에 풀어주어야 하며 민심을 소홀히 하거나 외면하는 현상들과 강한 투쟁을 벌려야 합니다. 당조직들은 무슨 사업을 하나 조직하거나 사람들의 운명과 관련되는 문제를 처리하는데서 그것이 일심단결에 도움이 되는가 되지 않는가 하는 것을 따져보고 제기되는 문제들을 일심단결을 강화하는 원칙에서 심중히 대하여야 합니다." 위의 《4·6담화》

244 조선중앙통신, 2014년 2월 19일자; 『통일뉴스』, 2014년 2월 19일자 재인용.

245 조선중앙통신, 2015년 10월 10일자; 통일부, 『월간 북한동향』, 2015년 10월호, 17-18쪽 재인용.

246 청년중시는 김정은 시대의 중요한 정책의 하나인데, 경제발전전략을 중심으로 한 이 책에서는 청년중시를 구체적으로 다루지 않는다. 참고로, 김정은 체제의 청년중시 정책을 다룬 한 연구는 그 특성에 대해 청년동맹의 위상 강화와 다양한 청년대회의 개최, 청년들의 경제적 동원 확대, 청년교양의 지속적 강화, 백두산영웅청년정신 제시와 새로운 청년전형 강조 등으로 보고 있다. 배영애, "김정은 체제의 '청년중시' 정책에 관한 연구" 『통일정책연구』 제27권 2호(통일연구원, 2018), 120-130쪽 참조. 이 연구에서 아쉬움이 있다면 지식경제시대의 청년지식인 문제를 다루지 않았다는 점이다.

247 조선중앙통신, 2019년 3월 7일자.

248 사설, "일군들은 인민을 위하여 멸사복무하자," 『로동신문』, 2018년 12월 10일자, 1면.

249 『로동신문』, 2019년 1월 8일자; 통일부, 『주간 북한동향』, 제1447호(2019.1.5~ 1.11), 8쪽 재인용.

250 김정은, "현 단계에서의 사회주의건설과 공화국정부의 대내외정책에 대하여" 『로동신문』, 2019년 4월 13일자; 『통일뉴스』, 2019년 4월 13일자 재인용.

251 『로동신문』, 2019년 5월 26일자; 통일부, 『주간 북한동향』, 제1467호(2019.5.25~ 5.31), 4-5쪽 재인용.

252 조너선 하이트 저, 왕수인 역, 『바른 마음』(서울: 웅진지식하우스, 2014), 217, 424쪽. 뒤르켐의 인용문은 Emille Durkheim, Karen E. Fields trans., *The Elementary Forms of Religious Life* (New York: Free Press, 1995)에서 가져온 것임.

253 조선중앙방송·조선중앙통신, 2012년 1월 2일자; 통일부, 『월간 북한동향』, 2012년 1월호, 24쪽 재인용.

254 조선중앙방송·조선중앙통신, 2012년 1월 3일자; 통일부, 『월간 북한동향』, 2012년 1월호, 24-25쪽 재인용.

255 조선중앙통신, 2012년 1월 4일, 1월 5일자; 통일부, 『월간 북한동향』, 2012년 1월호, 25쪽 재인용.

256 네이버 지식백과, "건국사상총동원운동"(한국학중앙연구원, 『한국민족문화대백과』 인용)

257 최대석, "주체사상과 북한체제" 『현대북한체제론』(서울: 을유문화사, 2000), 149쪽.

258 《천리마작업반 칭호 수여에 관한 규정》에 작업반 성원들은 직장 및 작업반 내부 채산제를 적극 도입하며 온갖 내부 예비를 동원 이용하여 원단위 소비기준을 저하시킴으로써 원료와 자재, 전력을 적극 절약하고 원가를 계통적으로 저하시킬 것을 명시하고 있다. 『천리마작업반 3』(평양: 직업동맹출판사, 1961), 347-353쪽; 이 규정의 전문은 강호제, 『북한과학기술형성사 Ⅰ』(서울: 도서출판 선인, 2007), 371-376쪽에 수록되어 있다.

259 조선로동당 중앙위원회 당력사연구소, 『조선노동당략사』(평양: 조선로동당출판사, 1979), 454-455쪽.

260 김일성, "천리마기수들은 우리 시대의 영웅이며 당의 붉은 전사이다"(전국천리마작업반운동선구자대회에서 한 연설, 1960년 8월 22일), 『김일성저작집』 제14권(평양: 조선로동당출판사, 1981), 256쪽.

261 장인숙, "1970년대 북한의 추격발전체제와 대중운동노선 재정립에 관한 연구"(이화여자대학교 대학원 박사학위논문, 2010), 68-72쪽.

262 장인숙, 위의 논문, 72-76쪽.

263 김일성, "시, 군 인민위원회의 당면한 몇 가지 과업에 대하여"(시, 군인민위원회위원장강습회에서 한 연설, 1958년 8월 9일), 『김일성저작집』 제12권(평양: 조선로동당출판사, 1981), 408-412쪽.

264 김일성, "사회주의건설에서 소극성과 보수주의를 반대하여"(전국생산혁신자대회에서 한 연설, 1958년 9월 16일), 『김일성저작선집』 제12권(평양: 조선로동당출판사, 1981), 513쪽.

265 김일성, "우리나라에서의 사회주의적 농업협동화의 승리와 농촌경리의 앞으로의 발전에 대하여"(전국농업협동조합대회에서 한 보고, 1959년 1월 5일), 『김일성저작집』 제13권(평양: 조선로동당출판사, 1981), 9-64쪽.

266 김일성, "우리나라 사회주의농촌문제에 관한 테제"(조선로동당 중앙위원회 제4기 제8차 전원회의에서 채택, 1964년 2월 25일), 『김일성저작집』 제18권(평양: 조선로동당출판사, 1982), 198-201쪽.

267 김일성, "국가활동의 모든 분야에서 자주, 자립, 자위의 혁명정신을 더욱 철저히 구현하자"(조선민주주의인민공화국 최고인민회의 제4기 제1차 회의에서 발표한 조선민주주의인민공화국 정부정강, 1967년 12월 16일), 『김일성저작집』 제21권(평양: 조선로동당출판사, 1983), 503, 512쪽.

268 김일성, "조선로동당 제5차대회에서 한 중앙위원회 사업총화보고"(1970년 11월 2일), 『김일성저작집』 제25권(평양: 조선로동당출판사, 1983), 265쪽.

269 장인숙, 앞의 논문, 128-132쪽.

270 연형묵, "위대한 수령 김일성동지께서 내놓으신 3대혁명로선은 주체의 혁명위업을 완성하기 위한 불멸의 기치" 『근로자』, 1975년 4호, 21쪽. 북한에서 청산리정신·청산리방법은 1960년대부터 지금까지 군중노선의 핵심으로 여겨져 왔고 《사회주의헌법》에도 "대중의 자각적 열성을 불러일으키는 청산리정신, 청산리방법을 관철한다"는 문구가 포함되어 있었는데(제13조), 2019년 4월 11일 수정 보충된 《사회주의헌법》에서 이 구절이 삭제되고 "대중의 정신력과 창조력을 높이 발양시키는 혁명적 사업방법을 견지한다"는 것으로 대체되었다(제13조). 이것은 청산리정신·청산리방법의 기본정신을 살리면서도 그 고유명사가 지닌 '오래된 기억'의 관습을 거둬내려는 시도로 보인다.

271 장인숙, 앞의 논문, 133-135쪽.

272 장인숙, 위의 논문, 141쪽.

273 장인숙, 위의 논문, 144-146쪽.

274 장인숙, 위의 논문, 149-155쪽.

275 장인숙, 위의 논문, 159쪽.

276 장인숙, 위의 논문, 191쪽.

277 장인숙, "북한의 '대중운동'의 성과와 한계: '천리마운동'에서 '제2 천리마대진군'까지" (이화여자대학교 대학원 석사학위논문, 2001), 56-65쪽. 천리마운동과 제2 천리마대진군은 몇 가지 유사점을 보인다. 첫째, 김일성 수상이 강선제강소를 현지지도하면서 당시 어려운 나라 형편에 관해서 노동자들에게 설명했듯이, 김정일 국방위원장도 1998년 1월 자강도를 현지지도하면서 '오늘의 난국'에 관해서 설명했다. 둘째, 김 수상이 강선제강소 현지지도에서 소련과 중국에 의존하던 '종파주의 세력'을 강하게 비판했듯이 김 국방위원장도 일부 간부들의 정신상태가 문제라고 지적했다. 셋째, 김 수상의 호소를 들은 강선제강소 노동자들이 '종파쟁이들을 전기로에 집어넣겠으니 우리에게 보내달라'고 했던 것처럼, 자강도의 노동자들도 '정신상태가 그릇된 일부 간부들의 허물을 타닝반으로 벗겨주겠다'고 했다는 점이다. 넷째, 김 수상이 강선제강소 노동자들에게서 또 한번 힘을 얻었던 것처럼 김 국방위원장도 자강도의 생산현장에서 일감을 더 달라고 요청한 노동자들, 자체 기술을 동원하여 설비를 만들어낸 노동자들에게서 자력갱생과 간고분투의 혁명정신을 확인하고 힘을 얻었다는 점이다. 같은 논문, 65-67쪽.

278 김종수, "북한 대중운동 연구: 권력승계 측면에서 비교한 '150일전투'와 '70일전투'를 중심으로" 『사회과학연구』 제18집 1호(2010), 167-169쪽.

279 조선중앙통신, 2013년 6월 5일자 등; 통일부, 『월간 북한동향』, 2013년 6월호, 13쪽 재인용.

280 조선중앙통신, 2015년 11월 21일자 등; 통일부, 『월간 북한동향』, 2015년 11월호, 30-31쪽 재인용. 김정은 제1위원장의 《서한》은 몇 가지 과업을 담고 있다. 첫째, 사상·기술·문화의 3대혁명 노선을 철저히 관철하여 최후승리를 앞당겨나가자면 3대혁명붉은기쟁취운동에서 혁명적인 전환을 일으켜야 한다는 것이다. 둘째, 최후승리를 위한 총공격전이 벌어지는 시대적 요구에 맞게 사상·기술·문화혁명 수행에서 나서는 과업을 똑바로 정하고 그 관철을 위한 3대혁명붉은기쟁취운동을 공세적으로 벌려나가야 한다는 것이다. 셋째, 모든 부문·단위에서 과학기술을 생명선으로 틀어쥐고 자신의 실정에 맞게 생산 공정과 경영관리의 현대화·정보화를 적극 밀고나가야 한다는 것이다. 넷째, 당원들과 근로자들, 특히 청년들 속에서 이색적인 생활풍조를 철저히 배격하고 사회주의적이며 민족적인 생활양식을 철저히 확립해야 한다는 것이다.

281 『로동신문』, 2016년 2월 26일자, "조선로동당 중앙위원회에서 전체 당원들에게 편지를 보내였다. 력사적인 당 제7차 대회를 앞두고 70일 전투를 벌릴 것을 호소".

282 『로동신문』, 2016년 2월 29일자, "70일전투의 철야진군에서 사상전의 포성을 더 높이 올리자".

283 이종규, "2016년 북한의 주요 경제정책 동향 평가 및 2017년 전망" 『KDI 북한경제리뷰』 2017년 1월호, 30-33쪽.

284 조선중앙통신, 2016년 8월 29일자 등; 통일부, 『월간 북한동향』, 2016년 8월호, 13-16쪽 재인용.

285 『로동신문』, 2017년 3월 7일자, "자력자강의 기세 드높이 만리마선구자대회를 향하여 총매진, 총돌격하자!(호소문)"; 문장순, "김정은 시대의 군중노선," 『대한정치학회보』, 제26집 제4호(2018.11), 14쪽 재인용.

286 『로동신문』, 2017년 1월 24일자, "강원도정신으로 자력자강의 승전포성을 힘차게 울려나가자"; 문장순, 위의 글, 15쪽 재인용.

287 문장순, 위의 글, 15-16쪽.

288 『로동신문』, 2018년 4월 24일자; 통일부, 『주간 북한동향』, 제1462호(2019.4.20.~ 4.26), 11-12쪽 재인용.

289 『로동신문』, 2019년 5월 15일자; 통일부, 『주간 북한동향』, 제1465호(2019.5.11.~ 5.17), 13-14쪽 재인용.

290 김정은 시대에 들어와 사회주의경쟁열풍과 함께 노력영웅의 숫자도 김정일 시대에 비해 압도적으로 많은 점도 흥미롭다. 노력영웅의 숫자는 김일성시대(1950~1994)에 2,061명으로 연평균 45.8명, 김정일시대(1995~2011)에 438명으로 연평균 25.7명, 김

정은 시대(2012~2018)에 311명으로 연평균 44.4명으로 나타났다고 한다. 참고로 공화국영웅은 206명이었는데 그 중 201명이 핵실험 및 대륙간 탄도미사일 시험발사에 기여한 과학자·기술자들이었다고 한다. 송현진, "북한의 영웅정치"(이화여자대학교 대학원 박사학위논문, 2019), 214쪽. 노력영웅 311명에는 희천발전소 건설영웅 105명, 백두산영웅청년1,2,3호발전소 건설영웅 50명, 청천강계단식발전소 건설영웅 6명, 원산군민발전소 건설영웅 9명, 물길공사 및 세포지구 축산기지 건설영웅 13명, 창천거리 건설위훈자 9명, 연풍과학자휴양소 건설위훈자 3명, 려명거리 건설위훈자 16명 등이 포함되어 있었다. 같은 논문, 219쪽.

291 『로동신문』, 2018년 3월 19일자; 통일부, 『주간 북한동향』, 제1405호(2018.3.17.~ 3.23), 4-5쪽 재인용.

292 『로동신문』, 조선중앙통신, 2018년 8월 6일자; 통일부, 『주간 북한동향』, 제1425호 (2018.8.4~8.10), 9-10쪽 재인용. 양대 매체는 일군들에게 자기 부문·단위 사업을 당 앞에 전적으로 책임지겠다는 확고한 입장을 지니고 선도자·기수가 되어 대중을 이끌어나갈 것, 불이 나면 따라가면서 끄는 '소방대식 일 본새'와 단호히 결별하고 모든 사업을 예견성 있게 설계하고 치밀하게 조직하며 끝장을 볼 때까지 완강하게 실천해나갈 것, 내각과 경제지도기관에서는 5개년전략 목표수행 과정에 찾은 경험과 교훈, 앞으로 해야 할 사업을 구체적으로 따져보고 더 큰 박차를 가하기 위한 조직사업을 짜고 들 것, 각급 당조직에서는 국가경제발전 5개년전략 목표를 무조건 수행하는데 당사업의 화력을 집중할 것, 경쟁단위들 사이에 증산돌격운동을 호소하는 편지와 회답편지들도 주고받으며 이룩된 성과와 경험도 교환·공유하면서 증산돌격운동이 철저히 대중적 혁신운동으로 되게 할 것, 초급당위원회와 당세포를 비롯한 기층 당조직에서는 당의 사상관철전, 당정책옹위전의 전초선을 지켜선 기본전투단위로서의 역할을 다해나갈 것 등을 촉구했다.

293 『로동신문』, 2018년 8월 18일자; 통일부, 『주간 북한동향』, 제1427호(2018.8.18.~ 8.24), 10-11쪽 재인용.

294 『로동신문』, 2018년 8월 23일자; 통일부, 『주간 북한동향』, 제1427호(2018.8.18.~ 8.24), 15-16쪽 재인용.

295 율곡 이이 저, 김태완 역, 『성학집요』(서울: 청어람미디어, 2007), 510-511, 513쪽.

296 이창희, "북한의 자립적 민족경제건설노선의 형성과 특징" (동국대학교 대학원 박사학위논문, 2013), 50-51쪽.

297 북한은 전후 인민경제 복구발전 3개년계획(1954~56년)을 통해 경제 재도약의 발판을 마련했다. 사회주의 각국의 원조는 북한이 당면한 경제적·기술적 문제를 해결하는데 도움을 주었다. 국가예산에서 보면 소련을 비롯한 사회주의 진영의 무상원조의 비중이 1954년에 전체 예산수입의 34%였고, 1955년에는 21.7%, 1956년에는 16.5%로, 전후 인민경제 복구발전 3개년계획 기간 동안 예산수입의 평균 약 24%를 차지했다. 이후 점차 감소하기 시작해 1957년에 12.2%, 1958년에 4.2%, 1959년에 3.7%,

1960년에 2.54%를 기록했다. 전후 인민경제 복구발전 3개년 계획 시기는 공업 분야에서 약 40%의 성장률, 거시적으로 약 30%의 경제성장률을 보였듯이 경제성장에 원조가 긍정적인 영향을 미쳤다. 이시연, "북한 원조의 정치경제학: 1950년대 소련·중국·동유럽 사례"(이화여자대학교 박사학위논문, 2019), 218쪽.

298 유완식, 『북한에서의 정치숙청(1945~1976)』(서울: 국토통일원, 1977), 194-195쪽.

299 이영훈, "북한 경제발전전략의 지속과 변화" 북한연구학회 편, 『북한의 경제』(서울: 경인문화사, 2006), 102쪽.

300 홍권희, "북한의 '경제·국방 병진노선' 연구" (경남대학교 대학원 박사학위논문, 2013.12), 47-48쪽.

301 김일성 수상은 비날론공장 준공 경축 함흥시군중대회 연설에서 "노동계급의 애국적 열성과 혁명적 기개가 위대한 힘이 되어 얼마 전까지만 하여도 풀만 무성하던 갈밭에 '비날론도시'를 건설하였"다며 "비날론공장 건설은 우리나라 과학기술이 이룩한 커다란 성과이며 과학기술의 빠른 발전에 대한 뚜렷한 표시"라고 치하했다. 그는 "인민군 군인들이 가장 큰 건물공사를 맡아 성과적으로 수행하였"다고 덧붙였다. 김일성, "화학공업을 더욱 발전시키기 위하여"(비날론공장 준공을 경축하면서 5월의 명절을 기념하는 함흥시군중대회에서 한 연설, 1961년 5월 7일), 『김일성저작집』제15권(평양: 조선로동당출판사, 1981), 98-100쪽; 홍권희, 위의 논문, 49쪽 재인용.

302 최고인민회의 제2기 제10차 회의(1962년 4월) 예산보고. 분단 상황으로 인해 북한 지역은 "식량을 자급할 수 없는 지대로서 해방 후 인민의 식량문제 해결이 가장 첨예한 문제의 하나"였다. 리석심, "우리나라에서의 자립적 민족경제건설"『근로자』제19호(1962.11), 10쪽; 홍권희, 위의 논문, 49-50쪽 재인용.

303 김일성, "조선로동당 제4차대회에서 한 중앙위원회 사업총화보고"(1961년 9월 11일), 『김일성저작집』제15권(평양: 조선로동당출판사, 1981), 177쪽; 홍권희, 위의 논문, 50쪽 재인용.

304 "조선로동당과 공화국정부의 올바른 정책과 우리 인민의 영웅적 투쟁에 의하여 지난 4~5년 동안에 우리 사회는 세기적인 낙후와 빈궁에서 완전히 벗어났으며 진보와 문명에로의 위대한 비약을 이룩하였습니다. 조국의 산천이 달라지고 사회경제제도가 근본적으로 개조되었으며 우리 인민의 모든 물질생활과 정신생활에서 커다란 변화가 일어났습니다." 김일성, "조선민주주의인민공화국 정부의 당면과업에 대하여"(최고인민회의 제3기 제1차 회의에서 한 연설, 1962년 10월 23일), 『김일성저작집』제16권(평양: 조선로동당출판사, 1982), 444쪽; 홍권희, 위의 논문, 50쪽 재인용.

305 이태섭, 『북한의 경제위기와 체제 변화』(서울: 선인, 2009), 156쪽.

306 이상은·홍권희, 앞의 논문, 48-50쪽 참조.

307 김백수, "7·1 경제관리 조치를 통한 북한경제의 구조적 변화"『국제문제논총』제15

권(부산외국어대학교 국제관계연구소, 2005), 107쪽. 자립적 경제전략은 "대내적으로는 투자재원을 자체적으로 조달하고, 대외적으로는 국제수지 균형을 이룩하여 지속적으로 발전할 수 있는 기반을 갖춘 국민경제를 추구하는 정책"으로 볼 수도 있다. 이성봉, "자립적 경제발전전략과 북한적 정치체제의 형성과정"『현대북한연구』 제2권 제1호(경남대학교 극동문제연구소, 1999), 274-275쪽.

308 곽상길, "북한의 대외무역정책에 관한 연구" (목원대학교 대학원 석사학위논문, 1999.12), 7-9쪽.

309 중공업 우선의 자급자족적 경제체제의 한계에 공감했던 소련 및 동구 사회주의국가들은 1961년에 열린 제15차 상호원조회의(the Council for Mutual Economic Assistance)에서 자급자족적 경제체제를 폐기하고 '사회주의 국제분업의 기본원칙'을 채택했다. 이영훈, "경제발전전략" 세종연구소 북한연구센터 편,『북한의 국가전략』(파주: 한울, 2003), 279쪽.

310 이영훈, 앞의 글(2006), 104-105쪽.

311 이영훈, 위의 글(2006), 103쪽.

312 이상은 홍권희, 앞의 논문, 50-51쪽 참조.

313 곽상길, 앞의 논문, 9-11쪽.

314 이창희, 앞의 논문, 62-63쪽.

315 김일성, "정전협정 체결과 관련하여 전후 인민경제 복구 발전을 위한 투쟁과 당의 금후 임무"『전후 인민경제 복구발전을 위하여』(평양: 조선로동당출판사, 1956), 98쪽; 홍권희, 앞의 논문, 43-44쪽 재인용.

316 김일성, "조선로동당 제3차대회에서 한 중앙위원회 사업총화보고"(1956년 4월 23일),『김일성저작집』 제10권(평양: 조선로동당출판사, 1980), 213쪽; 홍권희, 위의 논문, 44쪽 재인용.

317 김일성, "모든 힘을 조국의 통일독립과 공화국북반부에서의 사회주의건설을 위하여" (우리 혁명의 성격과 과업에 관한 테제, 1955년 4월),『김일성저작선집』 제1권(평양: 조선로동당출판사, 1975), 489쪽; 홍권희, 위의 논문, 44쪽 재인용.

318 김일성, "조선로동당 제3차대회에서 한 중앙위원회 사업총화보고", (1956년 4월 23일),『김일성저작집』 제10권(평양: 조선로동당출판사, 1980), 199쪽; 홍권희, 위의 논문, 45쪽 재인용.

319 리명서, "중공업의 우선적 장성과 경공업 및 농업의 동시적 발전에 대한 경제정책"『우리나라에서의 사회주의 경제건설』(평양: 과학원출판사, 1958), 101쪽; 홍권희, 위의 논문, 45쪽 재인용.

320 김동원, "북한의 경제개발계획의 성과와 문제점"『현대 중국과 북한 40년』(서울: 고

려대학교출판부, 1990), 314쪽.

321 남한은 1954~62년에서 1956년(-1.4%)을 제외하고는 플러스 성장을 보였지만, 1.1~
7.6% 수준으로 그리 높지 않았던 반면에 북한은 1950년대 후반의 공업총생산 성장
률이 수십%에 이를 정도였다. 홍권희, 앞의 논문, 47쪽.

322 "2개년계획은 북반부의 인민경제를 부흥 발전시키는데 그치는 것이 아니라 또한 현
재 파괴되고 있는 남반부의 인민경제를 부흥시키는 토대로 될 것입니다. 2개년계획
이 승리적으로 달성되면 남반부에 있어서도 북반부와 마찬가지로 산업을 국유화하
며 토지개혁을 실시하고 인민경제를 계획적으로 발전시킬 수 있는 역량을 축적하는
대책으로 될 것입니다. 북반부에서 전력과 연료생산이 증대되면 이것은 남반부의 산
업을 재생시키기 위하여 공급될 것이며 비료생산이 확대되면 남반부의 황폐화되어
가는 토지를 비옥하게 할 기초로 될 것입니다."(김일성의 발언). 서대숙 편, 『북한문
헌연구: 문헌과 해제』, 제5권 경제발전(서울: 경남대학교 극동문제연구소, 2004),
107-108쪽; 홍권희, 위의 논문, 47쪽 재인용.

323 과학백과사전종합출판사, 『사회주의완전승리와 인민정권』(평양: 과학백과사전종합
출판사, 1988), 22쪽; 정현숙, "'사회주의 완전승리' 테제와 북한의 경제노선 변화
연구: 공격적 발전전략에서 수세적 방어전략으로의 전환" 『현대북한연구』 제18권
제3호(북한대학원대학교 북한미시연구소, 2015), 107-112쪽 재인용.

324 『김일성저작집』 제22권(평양: 조선로동당출판사, 1983), 271-272쪽; 정현숙, 위의 글,
107-112쪽 재인용.

325 과학백과사전종합출판사, 앞의 책, 24쪽; 정현숙, 위의 글, 107-112쪽 재인용.

326 정현숙, 위의 글, 107-112쪽.

327 곽상길, 앞의 논문, 11-12쪽.

328 『조선민주주의인민공화국 사회주의헌법』(2012년 4월 13일 개정, 2016년 6월 29일
수정보충, 2019년 4월 11일 수정보충)

329 서재영·박제동·정수웅, 앞의 책(『우리 당의 선군시대 경제사상해설』)에서 '자립성과
주체성이 철저히 보장된 민족경제 수립' 부분 참조.

330 국무위원회 산하 기관인 군수동원총국은 연유(연료용 기름), 식량, 군복, 자동차, 타
이어 등 군대와 민간에서 사용하는 전시보급물자의 비축을 담당한다. 군수동원총국
의 주 임무는 해당 도·시·군·구역 산하의 일체의 공장·기업소에서 생산된 모든 재
화를 관리·비축·운용하는 것이다. 인민무력성 양식국에서 군사용 비축미를 관리하
며, 민군 공용은 군수동원총국에서, 민수용 비축미는 내각 양정부 2호관리국에서 각
각 관리한다.
군수동원총국은 각 도에 관리국을 두고 있으며, 관리국은 각 군에 2~3개의 관리소를
두고 있다. 도에 있는 군수동원총국 관리국은 공습이 어려운 산간지대이면서 교통이

편리한 곳에 위치하고 있다. 관리국은 관리소를 통해 대량의 전시보급물자를 비축한다. 식량은 3~4년, 천과 피복류는 7~8년에서 10년 이상 보관하기도 한다.

군수동원총국의 임무 하나는 4호물자(전시 소비품과 소비품 원자재) 비축에 따른 지도활동이다. 4호물자 비축은 군수동원총국이 주관하고, 매년 징수할 4호물자 계획을 국무위원회의 검토를 거쳐 당중앙군사위원회의 명령으로 상업관리소나 공장·기업소에 하달하며, 내각의 각 성·위원회를 통해 4호물자를 징수한다. 군수동원총국은 전시물자 마련을 위해 외화벌이 사업에도 참여하고 있다. 통일부 통일교육원, 『북한지식사전』(2016), 112-113쪽.

331 서재영·박제동·정수웅, 앞의 책, 20-30쪽.

332 장하준 저, 김희정·안세민 역, 앞의 책, 263-264쪽.

333 『백과전서』, 제3권(평양: 과학백과사전출판사, 1983), 530쪽; 통일부 통일교육원, 『2017 북한이해』(2017), 17쪽 재인용.

334 『조선말대사전』(1992); 법무부, 『법령용어사전 I』, 144쪽 재인용.

335 율곡 이이 저, 김태완 역, 앞의 책, 510, 512쪽.

336 『조선말대사전』(1992); 법무부, 앞의 책, 153쪽 재인용.

337 《조선민주주의인민공화국 사회주의헌법》(1972년 12월 27일 최고인민회의 제5기 제1차회의에서 채택, 1992년 4월 9일 최고인민회의의 제9기 제3차회의에서 수정 보충, 1998년 9월 5일 최고인민회의의 제10기 제1차회의에서 수정 보충, 2009년 4월 9일 최고인민회의의 제12기 제1차회의에서 수정 보충, 2010년 4월 9일 최고인민회의의 제12기 제2차회의에서 수정, 2012년 4월 13일 최고인민회의의 제12기 제5차회의에서 수정 보충, 2013년 4월 1일 최고인민회의의 제12기 제7차회의에서 수정 보충, 2016년 6월 29일 최고인민회의의 제13기 제4차회의에서 수정 보충)

338 《토지법》(1977년 4월 29일 최고인민회의 법령 제9호로 채택, 1999년 6월 16일 최고인민회의 상임위원회 정령 제803-1호로 수정)

339 『조선말대사전』(1992); 법무부, 앞의 책, 146쪽 재인용.

340 이찬우, "북한경제와 협동하자 ② 북한의 사회적 경제(상)" 『LIFE IN』, 2018년 9월 18일자. 이찬우 교수는 "예전부터 있어왔던 생산판매협동조합이나 편의협동조합을 다양한 소비품 업종에서 설립하는 것"에 주목하면서 "어느 도시의 개인 탕과류업자들이 사탕과자 생산판매협동조합을 만들거나, 개인고철장사로 돈을 모은 사람이 식당을 지어 시 상업관리소 산하 편의협동조합을 조직하여 운영하는 등"의 현상을 지적했다. 그는 "사회주의국영경리와 시장이 이제 공존하는 상황에서, 그리고 개인소유-협동적 소유-전인민적 소유가 공존하는 북한의 소유구조에서, 협동적 소유에 따른 협동조합이 시장 속에 또 따로 존재하며 북한경제를 안정화시키는 중요한 기제가 된다는 관점을 가질 필요가 있다"고 설명했다. 이찬우, "북한경제와 협동하자 ③

북한의 사회적 경제(하)" 『LIFE IN』, 2018년 9월 25일자.

341 서재영·박제동·정수웅, 앞의 책, 8-9쪽.

342 『조선말대사전』(1992); 법무부, 앞의 책, 24쪽 재인용.

343 법무부, 위의 책, 141-143쪽.

344 이찬우, "북한경제와 협동하자 ③ 북한의 사회적 경제(하)"

345 국가계획위원회는 경제정책의 기획·수립·지도·감독을 총괄하는 내각의 중앙행정기관이다. 국가계획위원회는 1946년에 발족된 북조선임시위원회 계획부서에서 출발하여 1948년 9월 9일 북한정권 수립 시 공식 출범한 행정기관이다. 경제계획의 작성·집행·감독은 국가계획위원회를 중심으로 하여 도·시·군 및 기업소에 이르기까지 일원화된 체계로 이루어진다. 내각의 각 위원회 및 부처들에도 계획부서가 있지만 여기서 작성한 모든 계획들은 국가계획위원회의 통제와 조정을 받도록 하고 있다.
계획의 일원화체계는 국가계획위원회, 지구계획위원회, 내각 성·위원회계획부서, 도(시)계획부서, 군(구역)계획부서, 공장(기업소)계획부서를 관통하는 수직적인 체계로 되어 있다. 국가계획위원회는 계획의 세부화 원칙에 따라 산업부문 간, 공장·기업소 간의 계획이 상호 맞물리도록 하는 조정 역할을 담당한다. 국가계획위원회에는 건설, 경공업, 과학교육, 광업, 금속공업, 기계공업, 노동, 농업, 도시경영, 발전, 운수, 연유 등 부문별 계획 담당부서들이 주류를 이루며, 경제조사·기준제정·재정원가 등의 부서들로 구성되어 있는 것으로 알려져 있다. 통일부 통일교육원, 『북한지식사전』(2016), 79-80쪽.
북한의 《인민경제계획법》에 따르면, 국가계획위원회의 역할은 다음과 같다.
- 인민경제계획사업에 대한 지도는 내각의 통일적인 지도 밑에 국가계획기관이 한다. (제43조)
- 국가계획기관은 현실발전의 요구에 맞게 경제계획 작성방법을 개선하고 그에 기초해 계획사업을 하도록 지도한다. (제44조)
- 국가계획기관과 해당 감독통제기관은 인민경제계획의 작성과 시달, 실행과 그 총화정형을 정상적으로 감독 통제하여야 한다. (제45조)
- 인민경제계획에 맞물린 노력(노동력), 설비, 자재, 자금으로 계획에 없는 제품을 생산하거나 건설하는 경우에는 그것을 중지시키고 인민경제계획 실행실적으로 평가하지 않는다. (제46조)
- 노력과 설비, 자재, 자금을 유용, 낭비하였을 경우에는 해당한 손해를 보상시킨다. (제47조)

346 『조선말대사전』(1992)에 따르면, 축적은 "사회주의사회에서 국민소득의 일부를 공장을 더 짓고 기계를 더 장만하고 문화후생시설도 더 건설하여 근로자들이 더 잘 살게 하기 위한 데 돌리는 것"이다. 법무부, 앞의 책, 246쪽.

347 계획의 일원화·세부화는 세부적인 생산물에 이르기까지, 중앙으로부터 말단 기업에 이르기까지 위계적인 조직체계에 의해 계획화를 추진하는 방식을 뜻한다. 북한은

1964년에 계획의 일원화를, 1965년에 계획의 세부화를 도입했다. 중앙집권적 계획화 체계는 국가계획위원회를 중심으로 하부 경제단위에 이르기까지 계획의 일원화·세부화 체계에 의해 이루어진다. 일원화는 단일한 수직적 계획사업 체계를 통해 인민경제계획을 국가의 의도와 요구에 맞게 실행하고자 한 것이다. 세부화는 모든 단위에서 노동력·설비·자재의 낭비와 사장死藏을 없애고 계획수행에 내부예비를 최대한 동원하고자 한 것이다. 일원화는 국가가 모든 부분의 경제활동을 통일적으로 장악하고 전국가적 범위에서 생산의 물적·인적 조건을 장악할 수 있게 해준다. 세부화는 모든 계획지표들의 수행에 법적 의무성을 부여한다. 통일부 통일교육원, 앞의 책 (2016), 42-43쪽.

348 박영근, 『주체의 경제관리리론』(평양: 공업출판사, 1992), 206쪽.

349 양문수, 『북한의 계획경제와 시장화 현상』(주제가 있는 통일강좌 40)(서울: 통일부 통일교육원, 2012), 7-10쪽.

350 서재영·박제동·정수웅, 앞의 책, 310, 311쪽.

351 서재영·박제동·정수웅, 위의 책, 289, 290쪽.

352 서재영·박제동·정수웅, 위의 책, 296, 300, 303, 304, 309쪽.

353 인민경제계획은 경제를 계획적으로 발전시키기 위해 작성하는 기관·기업소·단체의 수량적·질량적 목표를 담고 있다. 인민경제의 계획항목은 네 가지 체계다. 즉 ①물질적 생산부문의 발전을 표현하는 항목들(공업생산계획, 기본건설계획, 기술발전계획 등) ②사회생산물의 유통과정을 표현하는 항목들(물자계획, 상품유통계획, 수매양정계획, 무역계획 등) ③생산과 유통과정에 공통되는 문제를 반영하는 항목들(노동계획, 원가계획, 재정계획 등) ④비생산적 부문들의 발전을 반영하는 항목들(교육계획, 문화계획, 보건계획 등)이 그것이다. 경제계획의 지표체계는 종합지표, 세부지표, 양적 지표, 질적 지표 등으로 구성된다. 계획항목과 지표체계는 당이 제시하는 정치경제적 과업에 따라 변한다. 이 밖에 인민경제계획의 형태는 계획기간에 따라 전망계획과 당면계획으로, 계획 작성단위에 따라 전략계획·작전계획·전투계획으로 구분한다. 계획사업은 계획의 일원화·세부화 방침이 관철되도록 하고 있다. 1999년 4월 최고인민회의 제10기 제2차 회의에서 채택된 《인민경제계획법》이 2001년 수정 보충되면서 계획 작성 시 '현실조건' 반영, 경제사업에서의 '실리' 중시, 계획사업에서의 하부단위 및 생산자의 '열의와 창의성' 강조 등 실리주의 측면이 포함되었고, 계획 작성절차가 보다 간소화되고 하부 기관, 기업소 간 수요에 맞물리는 방식으로 권한이 위임되었다. 2010년에 국가의 관리·통제를 강화하는 방향으로 다시 수정 보충되었다. 통일부 통일교육원, 앞의 책(2016), 501-504쪽.

354 《인민경제계획법》을 법제화한 것은 몇 가지 의미가 있다. 첫째, 경제계획을 위한 독자적인 법률 완비다. 과거의 계획 관행을 법으로 제도화하는 동시에 인민경제계획에서 '준법성'의 요구를 구현한 것이다. 내각과 국가계획기관은 다른 기관의 간섭을 받지 않고 인민경제계획의 실행을 강력히 지도·통제할 수 있게 되었다. 둘째, 경제

운영체계 및 공식부문의 생산활동 정상화다. 이 법은 김정일 체제의 공식화와 헌법 개정에 맞추어 이전의 파행적 경제운영체계를 내각 중심으로 정상화하겠다는 의지의 표현이었다. 셋째, 사회통제 강화 및 시장경제 요소의 안정적 관리다. 인민경제계획의 집행을 통한 자유화·분권화 경향의 차단은 비공식부문의 확대 과정에서 자본주의적·자유주의적 경향을 억제하여 사회 통제력을 회복하겠다는 의미를 갖는다. 넷째, 추가적 개혁·개방에 대비한 내부정비다. 이 법은 중앙집권적 관리체제 고수라는 목표와 함께 개혁·개방을 위한 정지작업이라는 목표를 동시에 달성하는 의미를 갖는다. 제성호·임강택, 『북한 인민경제계획법의 분석 및 평가』(서울: 통일연구원, 1999.5), 19-23쪽.

355 文浩一, 앞의 글, 52쪽.

356 서재영·박제동·정수웅, 앞의 책, 303쪽.

357 김태일, 『북한 국영기업소의 관리운영체계』(서울: 민족통일연구원, 1993.12), 32-34쪽.

358 김태일, 위의 책, 295-309쪽. 계획사업체계와 방법의 개선과 관련한 조치는 중앙경제와 지방경제의 특성에 맞는 계획사업체계를 수립하는 것과, 변화된 환경과 정보산업시대의 요구에 맞게 계획화방법을 개선하는 것이다. 내각의 각 성省과 중앙기관 및 기간산업 부문의 기업소의 생산계획에 대해서는 내각의 국가계획위원회가 직접 담당하던 관행을 유지한다. 다만 지방경제부문의 생산계획은 내각의 국가계획위원회가 담당하지 않으며, 도영道營 기업소는 도의 부문별 관리국(예: 국토환경보호관리국, 도시경영관리국, 무역관리국, 운수관리국, 지방공업관리국, 편의봉사관리국 등)이, 군영郡營 기업소는 해당 시·군 인민위원회가 각각 계획화사업을 담당한다.

359 통일부 통일교육원, 앞의 책(2017), 17-19쪽.

360 통일부 통일교육원, 위의 책(2017), 141-143쪽.

361 이찬우, "북한경제와 협동하자 ⑥ 북한경제의 자강력과 국제협력(총론)" 『LIFE IN』, 2018년 10월 16일자.

362 장하준 저, 김희정·안세민 역, 앞의 책, 19-20쪽.

363 시진핑(習近平) 주석은 중국의 사회주의 시장경제의 현 상황에 대해 다음과 같이 말했다. "정부와 시장관계를 더욱 잘 처리하는 문제는 실제로 자원 배분에서 시장에게 결정적 역할을 맡겨야 하는지 아니면 정부가 결정적 역할을 해야 하는지의 문제를 잘 처리하는 데 있다. 경제발전을 위해선 자원, 특히 희소성 자원배분의 효율을 향상시켜야 하는데, 최소한의 자원을 투입해서 최대한의 제품을 생산해 최대치의 효율을 거둬야 한다. 이론과 실천은 시장의 자원 배분이 가장 효율적인 형식이라는 것을 증명해준다. 시장이 자원배분을 결정하는 것은 시장경제의 일반적인 규칙이고, 시장경제는 본질적으로 시장이 자원 배분을 결정하는 경제다. 사회주의 시장경제체제를 확립하려면 반드시 이 규칙에 따라야 하고 불완전한 시장 시스템, 지나친 정부 개입, 그리고 감독이 제대로 이루어지지 못하는 문제를 적극적으로 해결해야 한다. '자원

배분에 있어 시장이 결정적 역할을 발휘하게 한다'는 자리매김은 당과 사회 전체에서 정부와 시장관계에 관한 정확한 관념을 수립하는데 유리하고, 경제발전 방식의 전환에 유리하며, 정부직능 전환에 유리하고 부정적인 부패현상을 억제하는 데 유리하다." "중공중앙 전면 개혁심화의 약간의 중대문제에 관한 결정에 대한 설명", 2013년 11월 9일, 중공중앙문헌연구실 편, 성균중국연구소 역, 『시진핑, 개혁을 심화하라』(서울: 성균관대학교 출판부, 2014), 74쪽.

364 사회주의경제에서 시장은 불가피하지만 아킬레스건이 될 수도 있다. 폴 스위지Paul M. Sweezy와 샤를 베틀렘Charles Bettelheim이 사회주의에서 자본주의로의 역행逆行과 관련해 '시장관계'를 둘러싸고 논쟁한 바 있음을 다시 생각하게 된다. "사회주의사회에서 자본주의로의 역행을 놓고 폴 스위지는 프랑스의 샤를 베틀렘과 한판을 겨뤘다. 스위지는 1960년대 동유럽에 출현한 시장관계의 범람을 사회주의 체제의 치명적 위협으로 진단했으나, 베틀렘은 공산당의 정치적 의지가 확고하다면 시장 확대는 큰 일이 아니라고 응수했다. 그 뒤에 전개된 세계화의 역사는 스위지의 통찰에 손을 들어주었다. 계급보다 강하고 공산당보다 강한 시장이었으니!" 정운영, 『심장은 왼쪽에 있음을 기억하라』(서울: 웅진지식하우스, 2006), 213-214쪽.

365 《조선민주주의인민공화국 사회주의상업법》(1992년 1월 29일 최고인민회의 상설회의 결정 제13호로 채택, 1999년 1월 28일 최고인민회의 상임위원회 정령 제381호로 수정 보충, 2002년 5월 22일 최고인민회의 상임위원회 정령 제3052호로 수정 보충, 2004년 6월 24일 최고인민회의 상임위원회 정령 제507호로 수정 보충, 2008년 3월 11일 최고인민회의 상임위원회 정령 제2614호로 수정 보충, 2010년 5월 18일 최고인민회의 상임위원회 정령 제850호로 수정 보충)

366 북한의 『민사법사전』(1997년)에 따르면, 계획수매는 국가수매 계획에 기초하여 진행되는 수매형태이다. 계획수매는 국가수매계획이 수매기관들뿐 아니라 수매품의 생산자들에게도 시달되며 그 집행에서 의무성을 띤다. 계획수매에서는 수매계획이 생산계획과 서로 맞물려 해당 수매자들과 생산자들에게 직접 시달되며 수매가격도 국가적으로 제정 시달된다. 계획수매의 대상에는 알곡, 공예작물, 고기, 과일, 남새(부식물로 먹기 위하여 심어 가꾸는 밭작물. 배추. 무, 오이, 가지, 고추, 호박, 마늘, 파 등)와 농업부산물들인 벼짚, 강냉이짚, 짐승가죽 및 털류 등이 속한다. 계획수매는 도시와 농촌 사이, 공업과 농업 사이의 경제적 연계를 강화하여 사회주의건설을 보장하여 국가가 중요 농산물을 계획적으로 확보함으로써 주민들이 식료품과 공업원료의 수요를 충족시킬 수 있게 한다. 계획수매와 자유수매의 차이는 국가의 계획에 의해 수매되는 농산물이냐 또는 국가수매계획의 대상이 되지 않는 농부산물, 축산물을 수매대상을 하는가에 따라 구분된다. 한국법제연구원, 『북한법령용어사전(IV) 상사 및 경제법편』(2005.11월), 22쪽.

367 이정철 교수는 계획경제와 시장에 대한 이항대립적 관점에 대해 다음과 같이 지적한다. "국가(계획)와 시장을 대결적으로 보는, 따라서 국가와 시장을 이항대립적으로 나누는 이분법은 북한의 구획경제를 이해하지 못해서일 뿐만 아니라, 이행기 시장 현상 그 자체에 대해서도 이해도가 낮은 데에 기인한다. 이항대립론은 시장 공간이

아래로부터의 자생적 시장화의 결과이지만, 동시에 당국에 의해 관리되고 당국에 협
조적인 이중적 공간이라는 것을 인정하지 않고 있다. 북한 당국이 시장세력으로부터
재정수입 등을 보충하는 관리메커니즘을 장악하고 있다는 점을 간과하고 있으며, 다
른 한편으로는 북한 체제의 중간 관료들이 시장활동의 직간접적 매개자가 되어 있
음을 무시하고 있다는 데 기인한다." 이정철, "북한의 대외정책과 경제확장전략: 핵-
경제 병진노선의 역조합"『사회과학논총』제18집(2015), 38쪽.

이찬우 교수는 계획과 시장의 공존에 대해 다음과 같이 지적한다. "현재까지는 공식
시장이 들어섰고 시장을 중심으로 중요한 소비재 생산과 교환이 시장가격으로 이루
어지고 있다는 점이 전부이다. 생산재의 공급은 대부분 국유경제가 담당하고 있고
주요한 생활서비스를 국가가 제공하고 있다. 북한이 말하는 '우리식'이란 경제의 소
유관계와 조직관계에서 사회주의적 소유와 집단주의적 운영에 개혁을 가하지 않는
것인 것 같다....문제는 1990년대 이후 경제위기 상황에서 새로 등장한 개인보따리상
과 시장상공인들이 무역과 국내시장을 확대하고 자체의 유통망을 키워나간 상황에
서 북한의 경제개발 방향을 어떻게 다시 설정하는가 하는 것이다.···북한의 경제현실
은 '계획'과 '시장'이 상호 협력하고 공존하는 형태로 되었다. 시장 확대가 주된 요
인이 되어 사회주의체제가 붕괴하고 시장경제체제로 전환되지는 않을 것으로 보인
다." 이찬우, "북한경제와 협동하자⑮ 총정리"『LIFE IN』, 2018년 12월 18일자.

368 북한의『재정금융사전』(1995년)에 따르면, 가격은 상품의 가치 또는 생산수단의 가
치형태의 화폐적 표현이다. 상품화폐관계가 존재하는 조건에서 상품생산에 지출된
사회적 필요노동의 크기가 그 상품의 가치로 되며 상품가치를 일반적 등가물인 화
폐로 표현한 것이 바로 그 상품의 가격으로 된다. 사회주의사회에도 일정한 범위에
서 상품 생산과 교환이 있기 때문에 가격이 존재한다.···사회주의사회에서 가격은 상
품에 들어있는 사회적 필요노동뿐 아니라 상품은 아니지만 상품적 형태를 띠는 생
산수단에 들어있는 사회적 필요노동의 크기도 직접 표현한다. 한국법제연구원, 앞의
책, 1쪽. 국가가격은 유일가격인 동시에 계획가격을 말하며, 가격제정사업은 국가정
책을 반영하는 중요한 사업이다. 같은 책, 3-4쪽.

※ 《조선민주주의인민공화국 가격법》(1997년 1월 29일 최고인민회의 상설회의 결정 제
    81호로 채택, 1999년 2월 26일 최고인민회의 상임위원회 정령 제483호로 수정,
    1999년 8월 19일 최고인민회의 상임위원회 정령 제955호로 수정)
- 국가가격은 유일가격이며 계획가격이다. 가격의 종류에는 도매가격, 소매가격, 수매
  가격, 운임, 요금같은 기본종류의 가격과 일부 보충적 가격이 속한다. 국가는 인민경
  제발전의 요구에 맞게 가격의 종류를 새로 내오거나 없앤다. (제2조)
- 가격적용을 바로 하는 것은 인민생활을 안정 향상시키며 생산과 경영활동을 과학화,
  합리화하기 위한 기본방도의 하나이다. 국가는 현실발전의 요구에 맞게 가격적용
  방법과 절차를 정하고 그것을 정확히 지키도록 한다. (제5조)
- 가격을 일원화하는 것은 사회주의제도의 본성적 요구이다. 국가는 가격제정기관의
  통일적인 지도 밑에 가격사업의 유일성을 보장하도록 한다. (제6조)
- 가격제정은 중앙과 지방의 가격제정기관이 한다. 내각 또는 중앙가격제정기관이 정

한데 따라 해당 기관, 기업소, 단체도 가격을 제정할 수 있다. (제11조)

- 가격제정은 표준가격, 기준가격을 먼저 정하고 거기에 균형을 맞추어 지표별 가격을 정하는 방법으로 한다. 표준가격, 기준가격은 중앙가격제정기관이 정한다. 일부 생산물의 표준가격, 기준가격은 도(직할시) 가격제정기관이 정할 수 있다. (제12조)
- 가격적용은 가격정책집행의 중요공정이다. 기관, 기업소, 단체는 제품별, 규격별, 등급별 가격과 운임, 요금, 부가금을 정확히 적용하여야 한다. (제22조) 한국법제연구원, 위의 책, 4-6쪽, 37-38쪽, 180쪽.

369 북한의 『경제사전』(1985년)에 따르면, 생활비는 사회주의국가가 노동자, 사무원들에게 노동과정에서 소모한 육체적·정신적 힘을 보상하고 생활을 보장하기 위해 사회총생산물의 일부를 그들이 지출한 노동의 양과 질에 따라 분배하는 몫의 화폐적 표현이다. 생활비는 사회주의적 노동보수를 의미하며, 근로자들의 공동노동으로 이루어진 사회총생산물 가운데서 소모된 생산수단을 보상하고 확대재생산과 사회의 공동적인 소비적 수요에 필요한 몫을 뺀 다음 남은 부분으로서, 자신을 위한 노동에 의해 창조된 생산물 부분을 화폐로 표현한 형태를 의미한다. 생활비는 노동생산능률이 높아짐에 따라 체계적으로 증가되며 국가가 제정한 생활비등급제와 생활비지불원칙에 기초하여 해당 국가기관, 기업소, 사회협동단체에서 지불되고 있다. 생활비등급제는 근로자들의 기술기능수준, 노동강도, 노동조건, 해당 작업의 인민경제적 의의 등에 따라 노동의 질을 계산하는 제도이다. 한국법제연구원, 『법령용어사전III』, 146쪽.

370 1970~80년대에 발달된 경제이론에서 시장의 한계성을 지적하는 논의가 있었다. 자유 시장에서는 정보가 불충분하거나 시장이 실패할 경우 경제적 효율성을 달성할 수 없다는 것이었다. 정보는 항상 불충분하며 시장은 불완전하기 마련이라는 지적이다. 한 국가가 개발의 핵심 요소인 지식격차Knowledge gap를 좁히기 위해 신기술을 습득하고자 할 경우 시장만으로는 완전한 경제적 효율성을 달성하지 못하고, 정부가 이를 개선하기 위해 노력해야 한다. 조지프 스티글리츠 저, 홍민경 역, 『인간의 얼굴을 한 세계화』(파주: 21세기북스, 2008), 100쪽.

371 서재영·박제동·정수웅, 앞의 책, 305쪽.

372 2003년 5월 5일《내각지시 제24호》에 의해 기존 농민시장은 종합시장으로 전환되었다. 종합시장에 시장관리소가 설치되어 상인들로부터 소득과 시장시설물 이용 등에 따른 일정한 사용료를 받아내며, 이렇게 거둬들인 돈은 지방예산수입에 반영된다. 장용석·정은미, 『북한의 양면성』주제가 있는 통일강좌(통일교육원, 2013), 67쪽. 같은 날의《내각결정 제27호》는 세부적인 시장관리운영규정에 관한 내용을 담고 있다. 시장에서 국가통제품을 제외한 물품을 사고 팔 수 있으며, 가격조절에 기초가 되는 쌀, 먹는 기름(식용유), 사탕가루, 맛내기(조미료) 등은 시·군 인민위원회가 자체 실정에 맞게 수시로 '한도가격'을 정하고, 시장 상인에게는 시장사용료를 부과하며 매월 소득 규모에 따라 국가납부금을 부과하도록 규정했다.

373 북한이 2000년대 중·후반에 취한 일련의 시장 관련 조치를 '반시장화정책'의 관점에서 접근한 대표적인 연구로는 양문수, "2000년대 북한의 반(反)시장화 정책: 실태와

평가” 『현대북한연구』 제15권 1호(2012), 85~123쪽을 들 수 있다.

374 황재준, “북한의 ‘식량배급’과 ‘농민시장’: 역사적 변천과 기능을 중심으로” (경남대학교 대학원 박사학위논문, 2017.6), 136~137쪽.

375 황재준, 위의 논문, 155-156쪽.

376 서재영·박제동·정수웅, 앞의 책, 197-200쪽.

377 윤경은, “북한 ‘8월3일인민소비품’ 생산운동 연구“ (북한대학원대학교 석사학위논문, 2017.12), 44-47쪽.

378 북한은 8·3인민소비품생산운동의 전개에 따라 군중적 소비품생산체계가 마련되고 인민소비품 생산의 넓은 길이 열렸으며 식의주문제 해결에서 큰 의의를 갖는다고 강조했다. 김태억, “인민소비품생산에 힘을 넣는 것은 우리 당의 일관한 방침” 『근로자』 1989년 제6호, 48-51쪽.

379 윤경은, 앞의 논문, 11-13쪽.

380 리장희, “우리나라 인민소비품생산체계와 그 우월성” 『경제연구』, 루게 제114호(2002), 25-28쪽 참고 작성; 윤경은, 위의 논문, 12쪽.

381 한현숙, “경제위기 이후 북한 지방산업공장 운영체계 변화에 관한 연구” (북한대학원대학교 석사학위논문, 2010.12), 49쪽.

382 윤경은, 앞의 논문, 48쪽.

383 이석기, “북한의 1990년대 경제위기와 기업 행태의 변화” (서울대학교대학원 박사학위논문, 2003), 110쪽.

384 양문수, 『북한경제의 시장화: 양태·성격·메커니즘·함의』(파주: 한울아카데미, 2010), 420쪽.

385 윤경은, 앞의 논문, 48-51쪽.

386 협동농장의 시장 연계는 몇 가지 유형으로 볼 수 있다. 첫째로 ‘도시근교형’ 협동농장이다. 도시와 지리적으로 가깝기 때문에 자금·자재·노동력을 조달하고 생산물을 처분하는데 시장을 활용하기가 용이하다. 둘째로 ‘국경인접형’ 협동농장이다. 자금·자재 조달 측면에서 상대적으로 유리하다. 국경지역 협동농장이 중국 측 농업투자를 수주하는데 보다 유리한 지리적 여건을 갖추고 있다. 셋째로 ‘부존자원형’ 농장이다. 지하자원, 수산자원, 산림자원 등의 자연자원이 풍부한 농장이다. 시장(종합시장)과 다소 거리가 멀다 하더라도 자원을 활용해 직접 시장활동에 나설 수 있는 장점이 있다. 넷째로 일반적인 기타 농장이다. 국가로부터 자력갱생을 요구받는 상황에서, 수요나 공급적 측면에서 유리한 입지적 여건을 갖추지 못한 농장, 자연지리적인 지형 혜택을 받는 것이 불가능한 농장은 시장연계가 불리하여 농업생산이 저하되고 농장원의 생활고가 극심해지고 있다. 김소영, “경제위기 이후 북한 농업부문의 계획

과 시장" (북한대학원대학교 박사학위논문, 2017.7), 376-379쪽.

387 김소영, 위의 논문, 367-368쪽.

388 김소영, 위의 논문, 365-366쪽.

389 김소영, 위의 논문, 381-387쪽.

390 양문수, "북한의 시장화: 추세와 구조 변화" 『KDI 북한경제리뷰』, 2013년 6월호, 56쪽.

391 양문수, 앞의 책(2010); 위의 글, 56쪽 재인용.

392 정운영 중앙일보 논설위원(작고)의 칼럼 "부자의 전대를 풀게 하라"(2003년 7월 25
일자)에 나온 다음 내용을 보면 남한에서도 부자들의 제조업 투자의 필요성이 절실
한 때가 있었다. "부동자금이 급증한 계기가 역설적이게도 외환위기를 극복하는 과
정에서 실현된 국제수지 흑자와 외화 유입에 있었다. 길은 부자를 꼬셔(!) 부동자금
을 생산자금으로 끌어내는 것이다....부자들로 하여금 단번에 정권을 믿게 하기는 어
렵더라도, 그들의 돈이 장롱이나 투기판보다는 그래도 공장으로 가는 편이 낫다고
믿게 할 수는 있다. 여기 중요한 것이 재량discretion 아닌 준칙rule이며, 이를 바탕으
로 신뢰성 위기를 극복해야 한다. 법은 부자든 빈자든 지켜야 하지만, 재량은 어느
한쪽으로-과거에는 기득권으로 현재는 포퓰리즘으로-탈선할 위험이 크기 때문이다.
부자를 달래라! 그들이 예뻐서가 아니라 그들이 전대錢帶를 풀어야 담배보다 급한
점심이 생기기 때문이다." 정운영, 앞의 책(2006), 142쪽.

393 양문수, 앞의 글(2013), 56쪽.

394 양문수, 위의 글(2013), 57쪽.

395 양문수, 위의 글(2013), 58-59쪽.

396 홍민, "전국 공식시장 분포와 지역별 특징" 홍민·차문석·정은이·김혁, 『북한 전국
시장 정보: 공식시장 현황을 중심으로』(서울: 통일연구원, 2016.12), 11쪽.

397 차문석, "공식시장의 시장관리체계와 장세 수입" 홍민·차문석·정은이·김혁, 『북한 전국
시장 정보: 공식시장 현황을 중심으로』(서울: 통일연구원, 2016.12), 41-43쪽.

398 차문석, 위의 글, 44쪽.

399 《내각지시 제24호》와 《내각결정 제27호》에 따르면, 시장에서 상품을 전문적으로 파
는 국영기업소·협동단체와 개별주민들은 시·군 인민위원회 상업부서에 등록하고 등
록증을 만든 다음 재정부서에 등록해야 하며 시장사용료와 국가납부금을 내야 한다.
시장사용료는 매대 면적과 위치를 고려하여 정하고 시·군 인민위원회 상업부서가
발급한 전표에 따라 매일 시장관리소가 받는다. 국가납부금은 소득 규모를 고려하
여 소득의 일정한 비율로 월에 한 번씩 재정기관이 직접 받는다. 국영기업소·협동단
체·개인들은 월마다 소득세를 시·군 인민위원회 재정부에 신고해야 한다.

400 시장을 이용하는 주민들의 운반수단이자 상인들의 이동·운반 수단이 되는 자전거와 오토바이를 주로 보관해 준다. 평안남도의 종합시장에서 자전거와 오토바이의 시간당 보관비는 북한 돈으로 각각 300원, 600원 정도로 알려져 있다. 시나 군의 인민위원회 도장이 찍힌 표를 자전거보관소 직원들에게 지급하고 직원들은 자전거를 맡기는 상인들과 주민들에게 시간이 적힌 표를 나누어 준다. 자전거를 찾아갈 때 표에 적힌 시간을 보고 시간당 계산하여 보관비를 징수한다. 자전거보관소 인력은 매일 보관비용을 정산하여 인민위원회 상업과에 입금한다. 북한이탈주민에 따르면, 시장관리소 자전거보관소에 자전거를 맡기면 1회(3~4시간) 가격이 700~1,000원, 종일권은 1,500~2,000원, 개인위탁(불법)은 1회 700~1,500원으로 추정된다.

401 짐보관소에 짐을 맡기는 위탁 가격은 상품의 크기나 부피·가치에 따라 약간의 차이는 있으나 월 평균 10만원의 보관비를 받는 것으로 알려져 있다. 시장 외부에 있는 개인 짐보관료의 경우 짐 부피로 계산되는 비용과 짐의 가치로 계산되는 비용이 엄격히 구분되어 다르게 적용되고, 평균 5만원에서 10만원 사이의 보관료를 받는 것으로 알려져 있다.

402 차문석, 앞의 글, 47-48쪽.

403 양문수, 앞의 글(2017), 100-101쪽.

404 상인계층은 시장을 통해 부를 축적하면서 풍족한 소비생활을 누리고 시장에서 독점적 사용자의 지위를 갖고 있다. 거상들은 외화벌이 사업을 하거나 종합시장에서 판매가 잘되는 종목의 판매업을 하는 등으로 부를 축적한다. 종합시장에서 먹는 장사, 옷이나 신발, 그릇·사발 같은 품목은 상당히 판매가 잘된다고 한다. 특히 그릇 매매를 갖고 있는 사람들이 상당한 부를 축적하고 있다고 한다. 조정아·서재진·임순희·김보근·박영자, 『북한 주민의 일상생활』(서울: 통일연구원, 2008.12), 214-215쪽. 종합시장에서는 1주일 중 하루를 쉬는 제도를 운영하고 있다. 상인의 압도적 다수를 차지하는 여성들은 시장에서 쉬는 날은 밀린 가사를 처리하느라 바쁘다. 상인 대부분이 정해진 퇴근시간 없이 어두워진 이후 판매를 마칠 정도로 심한 경쟁에 놓여 있다. 판매시간에도 경쟁이 치열하다. 같은 책, 217-219쪽.

405 김소영,"북한 농업부문의 시장화: 협동농장과 '장마당'을 중심으로" 『KDI 북한경제리뷰』, 2019년 10월호, 70쪽

406 양문수, 앞의 책(2012), 73-75쪽.

407 장하준 저, 이순희 역, 앞의 책, 130쪽.

408 『로동신문』, 1998년 8월 22일자 정론 "강성대국". 정론에는 "주체의 강성대국 건설, 이것은 위대한 장군님(김정일)께서 선대 국가수반(김일성) 앞에, 조국과 민족 앞에 다지신 애국충정맹약이며 조선을 이끌어 21세기를 찬란히 빛내이시려는 담대한 설계도이다"라는 구절이 있다. 강성종, "북한의 '강성대국' 건설 전략에 관한 연구: 경제강국 건설을 중심으로" (경남대학교 대학원 박사학위논문, 2003.12), 77쪽 재인용.

409 『로동신문』, 1998년 9월 9일자 사설 "위대한 당의 령도 따라 사회주의 강성대국을 건설해나가자".

410 『로동신문』『조선인민군』『청년전위』, 1999년 1월 1일자 신년공동사설 "올해를 강성대국건설의 위대한 전환의 해로 빛내이자"; 2000년 1월 1일자 신년공동사설 "당창건 55돐을 맞는 올해를 천리마대고조의 불길 속에 자랑찬 승리의 해로 빛내이자"(2000년= 당 창건 55돐을 기념하면서 당의 영도 따라 강성대국 건설에서 결정적 전진을 이룩해나가는 총진격의 해); 2001년 1월 1일자 신년공동사설 "고난의 행군에서 승리한 기세로 새 세기의 진격로를 열어가자"(2001년= 21세기 강성대국 건설의 활로를 열어 나가야 할 새로운 진격의 해, 거창한 전변의 해); 2002년 1월 1일자 신년공동사설 "위대한 수령님 탄생 90돐을 맞는 올해를 강성대국 건설의 새로운 비약의 해로 빛내이자"; 강성종, 앞의 논문, 78쪽 재인용.

411 김재호, 『김정일 강성대국 건설전략』(평양: 평양출판사, 2000), 7-8쪽; 철학연구소, 『사회주의강성대국 건설사상』(평양: 사회화학출판사, 2000), 22-23, 33- 40, 41-45, 52-57쪽; 강성종, 위의 논문, 80-81쪽 재인용.

412 김갑식 박사는 "1990년대 '고난의 행군'과 선군정치: 북한의 인식과 대응"(북한연구학회 편, 『북한의 정치 2』, 경인문화사, 2006)에서 고난의 행군→혁명적 군인정신→선군정치의 연관관계를 밝힌 바 있다. 선군정치 용어는 『로동신문』 1998년 5월 26일자 정론("군민일치로 승리하자")에서 등장한 이래 『로동신문』『근로자』 1996년 6월 16일자 공동논설("우리 당의 선군정치는 필승불패이다")을 통해 체계화되었고 이후 북한은 본격적인 선전사업에 나서게 된다.

413 김근식, "김정일 시대 북한의 당·정·군 관계 변화: 수령제 변화의 함의를 중심으로" 북한연구학회 편, 『북한의 정치 2』(경인문화사, 2006) 참조.

414 『로동신문』『조선인민군』『청년전위』, 2007년 1월 1일자 신년공동사설은 "조선로동당은 우리 혁명의 참모부이며 모든 승리의 조직자, 향도자이다. 당의 영도를 떠나서 사회주의 조국의 무궁한 번영도, 인민의 행복도 생각할 수 없다"고 강조함으로써 '당의 영도' 원칙을 거듭 확인했다.

415 중장거리 미사일 개발 및 발사시험, 핵무기 개발 및 실험 등은 2002년 9월 이후 강조되어온 '국방공업 우선 전략'의 결과다. 권영경 교수는 북한이 국방공업부문은 계획경제 시스템에 의해 운용하면서 지방공업, 경공업, 농업, 상업 등 민수생산 부문에서는 실리사회주의 노선을 추구했다고 지적한 바 있다. 권영경, "북한의 경제현황과 개혁·개방", 북한연구학회 편, 『북한의 경제』(경인문화사, 2006) 참조.

416 『로동신문』『조선인민군』『청년전위』, 2007년 1월 1일자 신년공동사설은 핵무기 보유국이 된 자신감을 드러냈다.

417 북한이 2007년을 부국의 전환점으로 삼은 것은 『로동신문』『조선인민군』『청년전위』의 2007년 1월 1일자 신년공동사설에서 그 해를 '선군조선의 새로운 번영의 연대가

펼쳐지는 위대한 변혁의 해'로 설정하고 "사회주의 경제강국 건설을 위한 공격전을 힘차게 벌려나가야 한다", "경제문제를 푸는데 국가적 힘을 집중하여 선군조선을 번 영하는 인민의 낙원으로 꽃피워 나가야 한다. 오늘의 총진군의 주되는 과업은 인민 생활을 빨리 높이는데 선차적인 힘을 넣으면서 우리 경제의 현대화를 위한 기술개 건을 다그치고 그 잠재력을 최대로 발양시키는 것이다"라고 강조한 것에서 확인된 다. 재일본조선인총연합회 기관지『조선신보』는 2007년 1월 2일 "지난해 핵 시험을 단행한 조선이 공동사설에서 내건 다음 단계의 주된 과녁은 경제와 통일"이라고 전 제하고, "조선 경제에 일찍이 없었던 변혁이 일어날 수 있다"고 전망했다.『로동신 문』, 2007년 1월 4일자 3면 해설기사("올해 공동사설에 일관되어 있는 정신")도 "현 시기 강성대국 건설의 주력방향은 정치사상 면에서나 군사 면에서 강국의 지위에 오른 우리나라를 주체의 사회주의경제강국으로 전변시키는 것"이라고 밝혔다.

418 서재영·박제동·정수웅, 앞의 책, 7-20쪽.

419 김재호, 앞의 책, 88-95쪽; 강성종, 앞의 논문, 94-95쪽 재인용.

420 김재호, 위의 책, 95-104쪽; 철학연구소, 앞의 책, 99쪽; 강성종, 위의 논문, 95쪽 재인용.

421 김재서, "위대한 수령 김일성 동지께서 창시하신 생산수단의 상품적 형태에 관한 리 론"『경제연구』, 1999년 제3호, 8쪽; 강성종, 위의 논문, 100쪽 재인용.

422 김재호, 앞의 책, 104-110쪽; 강성종, 위의 논문, 103쪽 재인용.

423 김현경, "경제발전의 새로운 요소와 동력을 살리기 위한 전략적 대책을 강구하는데서 나서는 원칙적 요구"『경제연구』2019년 제4호(평양: 과학백과사전출판사), 15쪽.

424 강성종, 앞의 논문, 105쪽. 북한의 한 경제이론가는 시장의 활용과 시장경제를 구분 하여 설명한다. "오늘 우리나라에는 생산수단에 대한 사적 소유에 기초하여 생산하 고 자유판매를 실현하는 시장경제가 존재하지 않으며 생산수단에 대한 사회적 소유 에 기초하여 생산된 일부 생산물이 교류되는 물자교류시장과 개인소비품의 일부만 이 판매되는 지역시장만이 있을 뿐이다. 계획경제와 시장을 결합시키는 데서는 시장 을 계획경제를 강화하고 보충하기 위한 수단으로 이용함으로써 집단주의 경제관리 의 우월성을 높이 발양시키는 것이 중요하다.…계획경제와 시장을 결합시키는데서 현 시기 중요한 문제는 국영기업소의 생산물가격과 시장가격을 결합시키고 생산물 유통의 범위를 정확히 규정하는 것이다.…계획가격과 시장가격을 결합시키는 데서는 어디까지나 계획가격을 기본으로 하면서 시장가격을 결합시켜나가야 한다." 정명남, 앞의 글, 14쪽.

425 『로동신문』, 2000년 8월 16일자; 강성종, 앞의 논문, 104쪽 재인용.

426 『조선신보』, 2001년 2월 9일자' 강성종, 위의 논문, 104쪽 재인용.

427 『로동신문』, 2001년 10월 22일자; 강성종, 위의 논문, 104쪽 재인용.

428 이찬우, "북한의 7.1 경제관리 개선조치와 1980년대 중국개혁 비교", 고려대학교 북

한학연구소 편, 『7·1 경제관리 개선조치의 평가와 향후 전망』(2003), 67쪽; 강성종, 위의 논문, 119쪽 재인용(표의 일부 표현 수정).

429 『로동신문』, 2001년 1월 4일자 "새 세기는 부른다, 강성대국 건설 앞으로"; 강성종, 위의 논문, 107쪽 재인용.

430 『로동신문』, 2001년 4월 20일자 정론 "과학의 세기"; 강성종, 위의 논문, 108쪽 재인용.

431 『로동신문』, 2001년 4월 27일자 "21세기에 대한 인식"; 『로동신문』, 2001년 6월 5일 자 "정보기술 발전을 위한 과학연구사업을 앞세울 데 대한 방침의 정당성"; 강성종, 위의 논문, 108쪽 재인용.

432 북한의 한 경제학자는 "정보산업시대의 요구에 맞게 경제구조를 끊임없이 개선하는 것은 나라의 경제를 활성화하고 사회주의강성대국을 건설하기 위한 중요한 문제로 나선다"면서 "우리는 21세기 산업에서 주도적 지위를 차지하는 새로운 부문들을 중 추로 하여 경제구조, 생산공정들을 대담하게 개편하여 경제를 새로운 방식에서 활성 화하여야 한다"고 제안했다. 정보산업시대의 새로운 경제구조 확립을 위한 과제로 정보기술산업(컴퓨터제작산업, 프로그램산업, 정보통신산업, 정보봉사산업 등)의 확 대 발전, 새 재료산업의 발전, 새 에너지산업(풍력에너지, 태양에너지, 핵융합발전기 술, 생물에너지 등)의 발전, 정보기술 생물기술 나노기술 전자기술 등을 통한 부문 내부구조의 현대화 등을 제시했다. 한성기, "정보산업시대 새로운 경제구조 확립에 서 나서는 중요문제" 『경제연구』 2006년 제1호, 15-18쪽.
이에 비해 남한의 한 경제학자는 북한의 산업구조 재편을 수출 중심과 국산화 정책 을 연계하여 다음과 같이 주장한다. "북한경제의 성장은 장기적으로 수입 대체를 통 해 축적된 기술력을 바탕으로 수출 중심의 산업구조로 재편하는 것이다. 이런 변화 가 가능해지면 북한경제는 도약의 기회를 맞을 것이다.… 북한이 단기적으로는 저임 금에 기초한 low-tech 상품부터 국산화를 달성하여 생산 효율성과 동시에 대외 경쟁 력을 갖춘다면, 국산화 정책은 장기적으로 외자유치를 통한 수출정책으로 이어져 북 한경제의 최적 성장경로가 될 것이다." 양운철, 앞의 책, 40쪽. 이 주장은 다른 나라 들에서는 보편성을 획득할 수 있지만, 북한이 고려하는 산업구조 개편과는 과녁 자 체가 다른 것으로 보인다.

433 북한의 한 경제학자는 "오늘 과학기술과 생산을 하나로 밀착시켜 일체화하는 것은 당의 과학기술중시 노선을 철저히 관철하여 경제발전의 현 추세에 맞게 나라의 경 제를 발전시켜나가는데서 힘 있는 추동력으로 된다"고 전제하고, 과학기술과 생산 의 일체화와 관련하여 과학기술과 생산의 통일적 지도 관리를 위한 정연한 체계 수 립, 일군들과 근로자들 속에서 과학기술발전에 대한 올바른 관점과 입장의 확립, 과 학기술 역량이 집중된 과학지구와 과학연구기관에서의 생산기지 설립을 통한 과학 기술과 생산의 결합 강화, 과학자·기술자돌격대활동의 강화 발전 등의 과제를 제시 했다. 조웅주, "과학기술과 생산의 일체화는 경제발전의 확고한 담보" 『경제연구』, 2006년 제2호, 15-17쪽.

434 『로동신문』, 2001년 5월 17일자 "인민경제의 현대화, 정보화"; 강성종, 앞의 논문,

108쪽 재인용.

435 강성종, 위의 논문, 196쪽.

436 국방공업의 우선발전과 경공업·농업의 동시발전 노선에서는 국방공업의 발전이 중공업의 발전에 직접적인 영향을 미친다는 점이 강조된다. "국방공업의 발전은 중공업제품에 대한 수요를 장성시킴으로써 중공업의 발전을 추동한다. 국방공업의 발전은 전기, 석탄, 금속, 자재, 기계설비, 화학재료들에 대한 수요를 늘이며 이러한 제품들은 다 중공업부문에서 생산되는 제품이다. 그런 것만큼 빨리 발전하는 국방공업이 요구하는 중공업제품에 대한 수요를 충족시키자면 중공업을 발전시켜야 한다.… 국방공업의 발전은 또한 국방공업부문들에서 개발 도입된 앞선 과학기술이 중공업부문에 이전되게 함으로써 중공업의 발전을 적극 추동한다.… 군수공업부문에서 현대 과학기술이 먼저 개발 도입되고 그것이 민수공업부문에 넘어오는 것이 오늘 과학기술발전의 하나의 추세로 되고 있다." 조영남, "위대한 령도자 김정일동지께서 제시하신 선군시대 경제건설로선은 사회주의경제건설의 기본로선의 계승발전" 『경제연구』 2006년 제4호, 3쪽.
"국방공업이 우선적으로 발전될 때 국방공업부문의 최신과학기술이 중공업을 비롯한 인민경제 여러 부문에 보급되고 중공업제품에 대한 수요가 빨리 늘어나 자립적 민족경제의 기본토대인 중공업의 발전이 더욱 추동되며 중공업의 발전은 경공업과 농업의 발전을 물질기술적으로 확고히 담보한다. 그리하여 국방공업을 주도적 부문으로 하고 기계제작공업, 금속공업, 채취공업, 전력공업, 화학공업 등 기간적 중공업과 경공업, 농업으로 이루어지는 자립적 민족경제는 더 한층 공고화되며 그 위력은 날을 따라 강화된다"는 주장이다. 안명훈, "선군시대 경제건설로선은 우리 식의 독특한 경제건설로선" 『경제연구』 2006년 제4호, 6쪽.

437 김정일 국방위원장은 "국방공업을 우선적으로 발전시키면서 경공업과 농업을 동시에 발전시킬 데 대한 노선은 선군시대의 요구를 반영한 새로운 경제건설노선이지만 이 노선은 중공업을 우선적으로 발전시키면서 경공업과 농업을 동시에 발전시키는 사회주의경제건설의 기본노선과 완전히 구별되는 별개의 노선이 아니라 그의 계승발전입니다"라고 밝힌 바 있다. 조영남, 앞의 글, 2쪽 재인용.

438 『로동신문』, 2011년 11월 2일자, "자강도의 모범을 따라 최첨단돌파전을 더욱 힘있게 벌리자"; 변학문, "김정은 정권 '새 세기 산업혁명' 노선의 형성 과정," 『한국과학사학회지』 제38권 제3호(서울: 한국과학사학회, 2016), 504쪽 재인용.

439 『로동신문』, 2011년 11월 10일자, "정론: 새 세기 산업혁명의 기발을 더 높이 들자"; 변학문, 위의 글, 505쪽 재인용.

440 『로동신문』, 2011년 12월 17일자, "사설: 새 세기 산업혁명의 기치높이 경제건설에서 질적인 비약을 일으키자"; 변학문, 위의 글, 505쪽 재인용.

441 최수광, "새 세기 산업혁명의 불길을 지펴올려 경제강국건설의 지름길을 열어주신 위대한 령도자 김정일동지의 불멸의 업적" 『경제연구』 2015년 제1호(평양: 과학백

과사전출판사), 2-4쪽; 김창림, "위대한 령도자 김정일동지께서 새 세기 지식경제 건설에 쌓아올리신 업적은 선군조선의 무궁번영을 담보하는 만년재보"『경제연구』2015년 제1호, 4-6쪽.

442 조선중앙통신, 2011년 12월 31일자;『통일뉴스』, 2011년 12월 31일자 재인용.

443 북한은 "희천련하기계공장에서 4, 5축은 물론 지식상품으로서의 가장 높은 단계에 이른 8축, 9축 또는 그 이상의 CNC기계들이 수요에 따라 다품종으로 쏟아져 나오게 되었다"(『로동신문』, 2011년 3월 25일자)고 대대적으로 선전한 바 있다. 북한이 '최첨단돌파'의 상징으로 내세우는 '녹색체계와 CNC공작기계공장이 결합된' 희천련하기계종합공장은 핵·미사일 부품을 생산하는 대표적인 군수공장으로 알려져 있고 대북제재 대상이다. 이 공장은 북한에서 'CNC 공작기계를 낳는 어머니공장'으로 불린다. 변상정·최경희, "김정은 체제의 '강성국가' 건설 전략과 전망: '지식경제강국'을 중심으로"『동서연구』제24권 제2호(2012), 181쪽.

444 『로동신문』, 2012년 1월 1일자;『통일뉴스』, 2012년 1월 1일자 재인용.

445 북한의 경제학자 박경호는 최첨단돌파가 경제강국 건설의 지름길이라고 주장하며 그 이유를 네 가지로 설명한다. 첫째, '최단기간 내에 우리의 경제를 첨단기술에 기초하여 현대화·정보화하고 주체성·자립성을 더욱 높일 수 있는 방도'라는 면이다. 둘째, '나라의 경제를 지식경제형 경제로 발전'시키는 면이다. 셋째, '제국주의자들의 과학기술봉쇄를 짓부시고 우리의 힘으로 경제강국을 성과적으로 건설'하는 면이다. 넷째, '경제강국 건설의 최후 승리를 앞당기기 위한 근본담보'라는 면이다. 박경호, "최첨단돌파는 경제강국 건설의 지름길"『경제연구』2014년 제1호, 12-13쪽. 북한의 사회과학자 심승건은 최첨단돌파전의 의미를 완강한 공격전과 창조적 두뇌전·지식전으로 정리했다. 완강한 공격전과 관련하여, '우리식'의 독창적인 연구개척을 종자로 삼아 연구사업을 전개할 것, 선진적인 사회과학 연구방법을 창조하고 활용할 것, 해외 과학연구기관과의 학술교류를 전개할 것 등을 과제로 제시했다. 심승건, "위대한 령도자 김정일동지의 최첨단돌파사상을 철저히 구현하는 것은 주체의 사회과학발전의 근본담보"『사회과학원학보』2012년 제1호(평양: 사회과학출판사), 13-14쪽. 또한 두뇌전·지식전과 관련해서는, 당의 사상·노선·정책의 무장, 전문·인접분야의 폭넓은 지식 소유 등을 위한 '실력경쟁의 된바람'을 일으킬 것, 단위·부서·개인 상호간의 사회주의경쟁에 나설 것, 부문별 학술협력을 강화하고 창조적인 협조정신을 발휘할 것, 연구성원의 정확한 실적평가를 통해 연구사업을 적극 추동할 것 등을 과제로 제시했다 (같은 글, 14쪽). 여기서 주목되는 점은 실력경쟁과 실적평가의 일상화日常化를 통해 경제발전에 기여할 것을 촉구한 것이다.

446 북한의 경제학자 김양호는 지식경제형의 경제강국의 그 표징을 다섯 가지로 설명했다. 즉 △지식을 기본생산자원으로 하는 구조(생산재원구조) △지식형 산업을 기둥산업으로 하는 구조(산업구조) △지식집약제품을 기본으로 하는 구조(사회생산물 구조) △최첨단기술(지식경제시대 기술수준) △정보자료기지·정보고속도망(경제하부구조) 등이다. 그에 따르면 "인민경제의 기술수준이 기계화 단계가 아니라 정보화,

로봇화 수준에 이르며 도로, 항만과 같은 경제하부구조보다 정보자료기지, 정보고속도로와 같은 정보망이 기본을 이룬다"는 것이다. 김양호, "우리나라를 지식경제강국으로 건설할 데 대한 경애하는 김정은 동지의 사상리론과 그 정당성" 『경제연구』 2013년 제4호, 5쪽.

북한 경제학자 강철민은 '사회주의강성부흥의 영마루'에 올라서기 위해서는 새로운 과학기술의 부단한 개발, 세계적으로 앞섰다고 하는 것을 실정에 맞게 빨리 받아들여 자기의 것으로 늘이는 식의 비약, 위성 과학자들처럼 최첨단돌파전의 힘 있는 전개, 과학기술과 생산의 밀착, 자체의 자원과 기술에 의한 생산 증대, 설비와 생산공정의 CNC화·무인화 실현 등에 본격적으로 나설 것을 촉구했다. 강철민, "첨단돌파는 경제강국건설의 지름길" 『경제연구』 2013년 제4호, 8쪽.

북한의 경제학자 김영홍은 새 세기 산업혁명의 불길을 세차게 지펴 올려 경제강국건설의 전환적 국면을 열어놓는데서 나서는 중요한 문제를 세 가지 지적했다. 첫째, 새 세기 산업혁명에 관한 우리 당의 사상과 이론으로 튼튼히 무장하며 우리의 힘, 우리의 기술로 경제강국을 일떠세우는 것이다. 둘째, 우리 당의 과학기술중시·인재중시사상을 생명선으로 틀어쥐고 철저히 관철하는 것이다. 셋째, 인민경제의 주체화·현대화·과학화를 힘 있게 다그치는 것이다. 특히 둘째 과제와 관련하여 그는 과학자·기술자들에게 네 가지를 촉구했다. 즉 핵심기초기술(정보기술·나노기술·생물공학 등)과 첨단과학기술(새 재료, 새 에네르기, 우주기술, 핵기술 등)의 발전, 국방과학 분야를 비롯한 인민경제 여러 부문에서 이룩된 최첨단돌파(전통산업의 현대화, CNC공작기계 생산 증대, 고속도화·정밀화·지능화된 고성능 CNC설비의 개발생산 등)의 성과에 토대한 전국가적 지식산업 창설 사업 추진, 다른 나라들의 선진기술과 과학연구 성과 도입, 과학기술인재 육성 우선시 등이 그것이다. 김영홍, "새 세기 산업혁명의 불길을 세차게 지펴 올려 경제강국 건설의 전환적 국면을 열어놓는데서 나서는 중요한 문제" 『경제연구』 2013년 제3호, 8-9쪽.

447 『로동신문』, 2012년 1월 1일자; 『통일뉴스』, 2012년 1월 1일자 재인용.

448 『통일뉴스』, 2012년 1월 18일자. 북한은 현 시대가 노동력이나 자원보다 과학기술을 핵심으로 하는 지식이 사회경제발전의 주요 원동력으로 되고 있는 지식경제시대라고 규정한다(『로동신문』, 2011년 6월 19일자). 또한 첨단을 돌파하는 것을 지식경제시대의 합법칙적 요구이며 강성대국 건설의 가장 중요한 투쟁목표로 제시한다(『로동신문』, 2011년 3월 25일자). 북한은 세계적으로 경제발전의 원천은 노동력·자원·자금 등 물질적 자원으로부터 지식·정보·과학기술 등 무형의 지적 자원으로 급격히 변화했다고 보고, 지식경제시대에는 생산수단이 문제가 되는 것이 아니라 누가 더 지능이 높은 사람을 가지고 있는가가 중요한 문제라고 주장한다(『로동신문』, 2012년 3월 24일자). 이상 『로동신문』 인용은 변상정·최경희, 앞의 글, 180쪽 재인용.

449 정태헌, 『문답으로 읽는 20세기 한국경제사』(고양: 역사비평사, 2010), 233쪽; 장하성, 앞의 책, 83쪽 재인용.

450 정태헌, 위의 책, 263쪽; 장하성, 위의 책, 83-84쪽 재인용.

451 황의각 교수에 따르면, 달러화 GNP(국민총생산)의 절대 규모에서 볼 때 남한은 1976년 이후부터 북한을 앞질렀지만, 1인당 GNP에서는 1986년까지 북한이 앞서 있었다고 한다. 황의각, 『북한 경제론: 남북한 경제의 현황과 비교』(파주: 나남출판, 1992), 140-141쪽; 장하성, 위의 책, 84쪽 재인용.

452 홍순직, "북한 경제구조 변화에 관한 실증 연구: 구조변화 요인 분석과 전망" (중앙 대학교 대학원 박사학위논문, 2010년 8월), 21-52쪽.

453 홍순직, 위의 논문, 94-95쪽.

454 『로동신문』, 1998년 8월 22일자.

455 홍순직, 앞의 논문, 96-98쪽.

456 이석기·변학문·나혜선, 『김정은 시대 북한의 산업 및 산업정책』(서울: 산업연구원, 2018.6), 23-28쪽; 이석기·김석진·김계환·양문수, 『2000년대 북한의 산업과 기업: 회복실태와 작동방식』(서울: 산업연구원, 2010), 140-150쪽.

457 서재영·박제동·정수웅, 앞의 책, 118-129쪽.

458 김재서, "경애하는 김정은동지의 령도를 높이 받들고 새 세기 산업혁명을 힘있게 밀고 나가는 것은 현시기 경제건설의 중요과업" 『경제연구』 2015년 제1호, 6-9쪽; 『로동신문』, 2015년 8월 1일자, "충정과 헌신으로 안아온 창조의 열매".

459 조웅주, "과학기술의 힘으로 인민의 락원을 일떠세우자는 것은 우리 당의 결심이고 의지" 『경제연구』 2013년 제1호, 5쪽; 임을출, "김정은 정권의 경제발전전략과 역량 개발 수요" 『국가전략』 제25권 1호(서울: 국가안보전략연구소, 2019), 22쪽 재인용.

460 강규철, "새 세기 산업혁명은 과학기술혁명" 『로동신문』, 2013년 2월 21일; "사설: 3대혁명소조원들은 새 세기 산업혁명의 척후병, 기수가 되자" 『로동신문』, 2014년 3월 20일자; 변학문, 앞의 글, 485-486쪽 재인용.

461 김정은, "위대한 김정일 동지를 우리 당의 영원한 총비서로 높이 모시고 주체혁명위업 을 빛나게 완성해나가자"(조선로동당 중앙위원회 책임일군들과 한 담화, 2012년 4월 6일), 『로동신문』, 2012년 4월 19일자; 『통일뉴스』, 2012년 4월 19일자 재인용.

462 김정은, "선군의 기치를 더 높이 추켜들고 최후 승리를 향하여 힘차게 싸워나가자" (김일성 주석 탄생 100돐 경축 열병식에서 연설, 2012년 4월 15일), 조선중앙통신, 2012년 4월 15일자; 『뉴시스』 및 『자주민보』, 2012년 4월 15일자 재인용.

463 조선중앙통신, 2013년 1월 1일자; 『통일뉴스』, 2013년 1월 1일자 재인용.

464 김정은, "당 세포 사업을 개선 강화하여 당의 전투적 위력을 백방으로 높이고 강성 국가 건설을 힘 있게 다그치자"(2013년 1월 29일), 『근로자』 2013년 3월호, 3-11쪽; 변학문, 앞의 글, 488쪽 및 『통일뉴스』, 2013년 1월 31일자 재인용.

465 안명훈, "최첨단을 돌파하기 위한 투쟁을 힘있게 벌리는 것은 희천속도의 기본요구" 『경제연구』 2010년 제3호, 6쪽; 변상정, "북한의 제3차 당대표자회와 김정은 후계체제 공고화 전략" 『군사논단』 제64호(2010년 겨울), 33쪽 재인용.

466 새 세기 산업혁명과 관련하여 『로동신문』(2012년 12월 10일자)에는 "세차게 타오른 새 세기 산업혁명의 불길- 수백 개 대상의 중요 생산 공정과 설비의 현대화, 경영활동의 정보화 실현"이라는 기사가 실렸다. 이 기사에는 1년 동안 경제 각 부문에서 거둔 성과들이 정리되어 있었는데 기존의 생산공정을 혁신하는 흐름이 세 갈래로 설명되었다. 첫째, 중요한 설비들을 'CNC 기대機臺로 개조'하는 것이다. 둘째, 중요 생산공정을 '현대화'하는 것이다. 셋째, '경영활동의 정보화'를 실현하는 것이다. 강호제, "새 세기 산업혁명은 본질적으로 과학기술혁명" 『통일뉴스』, 2013년 1월 29일자 재인용.

467 김철, "위대한 령도자 김정일동지께서 제시하신 CNC공업화에 관한 독창적인 사상과 그 생활력" 『사회과학원학보』 2012년 제1호, 16쪽.

468 김철, 위의 글, 16-17쪽. 북한 학자에 따르면, 2000년대에 들어와 5축가공중심반은 물론 8축· 9축 CNC공작기계까지 만들어냈고, 2010년에는 40여 톤짜리 9축선삭가공중심반(2개의 선삭가공주축, 1개의 다기능후라이스가공주축을 포함한 총 9개의 조종축을 지닌 고성능 CNC공작기계)을 만들었다고 한다. 9축선삭가공중심반은 그 어떤 형태의 제품도 높은 정밀도로 가공할 수 있어 자동차공업·선박공업·우주항공공업 등에서 첨단제품을 생산할 수 있는 '어미기계'라고 한다(같은 글, 17쪽). 그는 'CNC기술의 세계적 패권'을 쥐게 되었다고 하면서 《닫긴형》을 열어제끼는 우리식 CNC의 종자를 착상해내고 조종체계를 완성해냄으로써 세계에서 처음으로 보는 새로운 형의 CNC조정장치를 만들어"냈다고 주장했다. 2010년에 현대적인 CNC공작기계공장으로 개건된 희천련하기계종합공장은 CNC공작기계들을 꽉 채우고 '9축 또는 그 이상'의 고성능CNC기계들을 생산할 수 있는 이상적인 녹색환경을 갖춘 공장으로 꾸려졌다는 것이 그의 주장이다(같은 글, 17쪽). 이 공장에서 4축·5축, 8축·9축 또는 그 이상의 CNC기계들이 수요에 따라 다품종을 쏟아낼 수 있게 되었다는 것이다. 이는 '소품종 대량생산' 체제에서 '다품종 소량생산' 체제로 넘어가는 소프트상품 시대에 적합한 생산 공정을 개시할 수 있게 되었다는 북측의 설명(송미란, "장군님과 CNC(19)," 『로동신문』, 2011년 3월 25일자)에서 한 단계 더 넘어선 것이었다.

469 북한의 한 학자는 지식경제시대의 주요 특징으로 과학기술의 종합적 발전, 즉 과학과 기술의 불가분리적인 통일적 발전, 과학기술 지식의 지수指數함수적인 폭발적 성장과 대대적 축적, 과학기술지식의 적극적 활용에 따른 지식노동 비중의 급증과 경제성장의 가속화를 제시했다. 김동남, "지식경제시대의 주요 특징" 『경제 연구』 2012년 3호, 12-13쪽; 변학문, 앞의 글, 489쪽 재인용.

470 음 철. "과학기술지식의 로화방지는 지식경제시대 사회적 생산의 효과성 제고의 중요담보" 『경제연구』 2012년 제1호; 변상정·최경희, 앞의 글, 185쪽 재인용.

471 미래학자 유발 하라리는 북한이 모든 차량이 자율 주행하는 세계 최초의 국가가 될 수 있다고 예측한 바 있다. "북한이 기술적으로 성큼 도약해, 예컨대 모든 차량이 자율 주행하는 세계 최초의 국가가 되는 것이다. 중앙집권화된 저개발 독재국가에는 이점이 있다.…그곳은 차량이 많지 않고, 택시기사들이 시위를 벌일 수 없고, 트럭운전 사들이 파업할 수 없으며, 모든 법적·철학적 난제들이 어느 날 오후 펜 놀림 한 번으로 해결될 수 있는 곳이다. 딱 한 명만 설득되면 하루아침에 완전한 자동교통 시스템으로 전환할 수 있다." 유발 하라리, 김명주 역, 『호모 데우스: 미래의 역사』(김영사, 2017.5) 서문. 이 주장은 상상력의 범주에 속하는 것이어서 평가가 곤란하지만, 북한에서 '완 전한 자율주행 교통체계'를 가정한 것은 현실과 괴리가 있다.

472 이광재 (재)여시재 원장은 4차 산업혁명과 북한의 관계에 대해 다음과 같이 주장한 바 있다. "스마트팜(농업)·스마트팩토리(공업)를 아우르는 스마트시티를 지향해야 한 다. 북한은 이를 위한 잠재력이 충분하다. 북한에서는, 적어도 4차 산업혁명의 여러 요소를 도입하는 데 걸림돌이 될 만한 기득권의 저항이 크지 않다. 이 때문에 북한에 서 창조적인 산업혁명을 가능하게 할 생태계를 만드는 것이 상대적으로 용이할 수 있다.…원격교육·의료 등 남북이 협력하는 4차 산업혁명 전략도 고려해야 한다. 경제 재건을 위해 우선적으로 필요한 사회간접자본(SOC) 역시 4차 산업혁명과 연계된 것 이면 좋을 것 같다. 구체적으로는 5G(5세대) 이동통신기술과 북측이 경제개발의 재 원으로 활용할 수 있는 에너지와 천연자원, 인재양성에 초점을 맞추면 좋겠다." 『매 일경제』, 2018년 10월 14일자 인터뷰기사. 통일 이후의 스마트시티와 관련해서는, (재)여시재의 민경태 한반도미래팀장의 『서울 평양 스마트시티: 도시 네트워크로 연 결되는 한반도 경제통합의 길』(서울: 미래의 창, 2018.9)이 구체적으로 다루고 있다. 다만, 『서울 평양 스마트시티』에서 북한을 스마트시티 등의 '테스트베드'로 설정한 것은 현실과 동떨어진 감이 있고 북한이 이를 수용하기가 어려울 것이다.

473 김종인, 『지금 왜 경제민주화인가』(파주: 도화출판사, 2012), 227쪽. 이 책의 저자는 책의 말미에 "경제발전에 필요한 국내 자본과 기술이 부족한 북한으로선 외국 자본 과 기술을 들여오는 방안을 모색할 것"이라며 "이런 북한의 움직임을 면밀히 파악하 지 못한 채 (남한이) 중국에 밀리면 북한 경제의 중국 예속화는 더욱 가속화될 것" 이라고 예견한다. 같은 책, 241쪽. 남한의 북한경제 전문가들 사이에서 '북한 경제의 중국 예속화'에 대한 우려가 적지 않은데, 이것은 북한의 대중국 수출입구조와 중국 으로부터의 투자유치를 유독 중요한 변수로 상정해 분석한 데 따른 예측이다. 북한 의 자립적 민족경제건설노선에 유의한다면 이러한 예측은 일면적인 것이라 할 수 있다. 북한은 자국 경제가 중국에 예속되는 상황이 오지 않도록 다각적인 노력을 기 울일 것이 분명하다.

474 북한은 새 에너지개발과 관련하여 풍력발전 등 재생에너지에 큰 관심을 보이고 있다. 최인수 국가계획위원회 처장은 "풍력을 비롯한 환경에 이로운 재생에너지의 비중을 점차적으로 늘리며, 그 효율을 높이는 것은 국가에너지발전전략의 중요한 구성부분" 이라고 전제하고, "우리는 세계적인 풍력발전기의 대형화 추세에 맞게 대형 풍력발전 기들을 위주로 하면서 소형 풍력발전기들을 배합 이용해 총전력 생산능력에서 풍력

발전능력의 비중을 10% 이상으로 올리려고 한다"고 밝혔다. 그에 따르면 "국가적인 조치에 따라 소형 풍력발전기 전문생산기지를 서부지역에는 대안전기공장, 동부지역에는 김책풍력발전기공장으로 정했다"고 한다. 앞으로 이 공장들을 현대화하고 0.3 kW~10kW급 풍력발전기들을 매년 각각 5천대 이상 생산하여 농촌지역과 외진 섬, 산지 작업장, 가로등, 통신 및 TV중계소 등에 설치할 것이라고 한다. 조선중앙통신, 2013년 11월 18일자; 『통일뉴스』, 2013년 11월 19일자 재인용.

475 『로동신문』, 2011년 1월 10일자 "논설: 원료의 국산화는 경공업 발전의 근본적 요구"; 변상정·최경희, 앞의 글, 189쪽 재인용.

476 변상정·최경희, 위의 글, 189쪽. 다만, 주체철과 주체비날론, 주체비료 등은 모두 부족한 석탄을 그 원료와 에너지로 사용하고 있고, 전력과 석탄에너지 부족은 화학산업에서 전해로를 통한 카바이드 생산, 제철산업에서 초고전력전기로 이용 등 에너지 다소비의 산업구조를 더욱 어렵게 만들고 있다는 평가도 있다. 기계공업의 CNC 추진도 전력공급 불안정과 고성능 부품 부족, 무엇보다 자본력 결여에 의해 지속적인 CNC의 확대·보급이 힘들 것이라는 예측이 있다. 김종선, "북한의 최근 기간산업 재건과 지속가능성", 과학기술정책연구원, 2010.6.15., 제48호; 변상정·최경희, 위의 글, 189-190쪽 재인용. 그러나 북한이 에너지를 적게 쓰는 산업구조로 전환하려고 노력한다는 것, 철·섬유·비료 생산에서의 주체화는 자립적 민족경제건설의 토대가 된다는 것, CNC화를 위해 산업체 간의 고성능 협동제품(부속품) 생산에 주력한다는 것, CNC설비 보급에 필요한 자금이 충분하지 않지만 중공업·경공업의 시범단위의 CNC화의 경험 축적에 기초해 지속적으로 확산해나가고 있다는 것 등을 감안하면 긍정적인 예측도 가능하다.

477 조선중앙통신, 2013년 3월 31일자; 『자주민보』, 2013년 4월 3일자 재인용.

478 김정은, "조선로동당 제7차 대회에서 한 당 중앙위원회 사업총화보고"『로동신문』, 2016년 5월 8일자.

479 『로동신문』의 한 논설은 개발 창조형에 대해 다음과 같이 설명한 바 있다. "공장, 기업소의 생산과 기술관리공정을 개발 창조형으로 전변시킨다는 것은…새로운 제품이나 기술, 대상을 끊임없이 연구, 개발 및 생산할 수 있는 독자적인 능력을 갖추는 것이라고 말할 수 있다.… 공장, 기업소들의 생산과 기술관리공정을 개발 창조형으로 전변시키는데서 중요한 것은 새로운 제품의 끊임없는 연구개발 및 그 생산기술공정 설계능력을 갖추는 것과 함께 유연생산체계를 확립하는 것이다. 김성철, "개발 창조형의 생산과 기술관리공정"『로동신문』, 2016년 7월 31일자, 3면.

480 "조선로동당 제7차 대회 결정서: 조선로동당 중앙위원회 사업총화에 대하여"『로동신문』, 2016년 5월 9일자.

481 이석기·변학문·나혜선, 앞의 책, 45-54, 86-94쪽.

482 리기성(사회과학원 경제연구소 후보원사·교수·박사), "당의 새로운 전략적 로선 관

철에서 나서는 중요한 요구"『로동신문』, 2018년 10월 29일자. 리기성 박사는 2015년에 『주체의 사회주의경제강국건설리론』(평양: 사회과학출판사)을 출간했는데 이 책은 사회주의경제강국 건설이론뿐 아니라 사실상 전략적 방향도 담고 있다. 참고로 그 목차를 소개한다(현 시점에서 보면 ★표 부분이 중요하다).

3) 과학적인 경제전략 기업전략의 작성과 실현 ★

5. 대외경제관계의 확대발전 ★

483 강영실, "북한 산업혁신체제 연구: 철강 및 공작기계산업 중심으로" (북한대학원대학교 박사학위논문, 2015.7), 270-271쪽.

484 류학수, "북한 공업배치구조의 특징과 남북경제협력 방안" 『KDI 북한경제리뷰』 2019년 1월호, 60, 62-63쪽.

485 제러미 리프킨 저, 안진환 역, 『3차 산업혁명』(서울: 민음사, 2012), 199쪽.

486 『로동신문』, 2011년 6월 19일자; 변상정·최경희, 앞의 글, 180쪽 재인용.

487 『로동신문』, 2011년 3월 25일자; 변상정·최경희, 위의 글, 180쪽 재인용.

488 『로동신문』, 2012년 3월 24일자; 변상정·최경희, 위의 글, 180쪽 재인용.

489 변상정·최경희, 위의 글, 172쪽.

490 네이버 지식백과, "지식기반경제"(두산백과 인용)

491 『로동신문』, 1995년 1월 6일자, "과학과 기술로 내 나라, 내 조국을 더욱 부강하게 하자! 큰 걸음을 내짚은 그 기세로"; 2월 25일자, "과학기술을 빨리 발전시키자"; 7월 29일자, "과학기술의 새로운 발전을 위하여"; 정원희, "북한의 정치체제와 과학기술담론: 김정일·김정은 시기를 중심으로" (고려대학교 대학원 석사학위논문, 2017.12), 75-76쪽 재인용.

492 변상정·최경희, 앞의 글, 173쪽.

493 『로동신문』, 2000년 7월 4일자, "과학중시사상을 틀어쥐고 강성대국을 건설하자"; 정원희, 앞의 논문, 75-76쪽 재인용.

494 『로동신문』, 1999년 3월 25일자, "과학과 기술로 강성대국의 높은 령마루를 점령하자"; 정원희, 위의 논문, 75-76쪽 재인용.

495 『로동신문』, 1999년 1월 16일자, "과학중시사상을 구현하여 강성대국의 앞길을 열어나가자"; 정원희, 위의 논문, 75-76쪽 재인용.

496 김혜련, 『절세 위인과 핵강국』(평양: 평양출판사, 2016), 149쪽; 강영실, "김정은 정권의 과학기술 신산업 육성 동향 평가" 『KDI 북한경제리뷰』 2017년 2월호, 64-66쪽 재인용.

497 김정일, 『당의 과학기술중시로선을 철저히 관철할데 대하여』(조선로동당 중앙위원회 책임일군들과 한 담화, 2003.10.15.); 강영실, 위의 글, 64-66쪽 재인용.

498 『새로운 과학기술발전 5개년계획 학습제강』(간부학습반용, 2008년); 강영실, 위의 글, 64-66쪽 재인용.

499 『조선신보』, 2006년 4월 13일자; 변상정·최경희, 앞의 글, 174쪽 재인용.

500 변상정·최경희, 위의 글, 174쪽.

501 변상정·최경희, 위의 글, 174-175쪽.

502 변상정·최경희, 위의 글, 177쪽.

503 원관옥, "전자공학 발전을 앞세우는 것은 높은 단계의 기술혁명 수행을 위한 기본 담보"『경제연구』 2000년 1호, 15-17쪽; 진명찬, "우리의 경제토대, 경제구조의 효과적 리용에서 과학기술의 역할"『경제연구』 2000년 3호, 18-21쪽; 우창덕, "기계공업에서 과학기술 발전의 기본 방향과 생산 공정의 현대화 방도"『경제연구』 2000년 4호, 20-22쪽;『로동신문』, 2001년 4월 17일자, "정보기술설비 컴퓨터"; 럼병호, "정보기술에 기초한 인민경제의 현대화는 강성대국건설의 확고한 담보"『김일성종합대학학보(철학·경제학편)』 2002년 제1호, 49쪽; 정원희, 앞의 논문, 79-82쪽 재인용.

504 『로동신문』, 2001년 6월 26일자, "정보기술로 돌파구를 열어나간다-3대혁명 붉은기 건축공학연구소 청년과학자들"; 9월 26일자, "실력과 실적으로 당을 받드는 김책공업종합대학 졸업생들-콤퓨터화에서 큰 몫을"; 2002년 1월 8일자, "첨단과학기술의 높은 령마루에로-조선콤퓨터쎈터의 일군들과 과학자, 기술자들"; 8월 12일자, "정보산업시대의 요구에 맞게"; 정원희, 위의 논문, 79-82쪽 재인용. 북한의 정보통신기술은 ICT 산업기반 구축(~1960년대 말), 산업 전반의 자동화 추진(1970~1980년대 후반), 컴퓨터와 소프트웨어산업 육성(1980년대 후반~1990년대 후반), 정보통신망 구축과 활용 강화(1990년대 후반~현재) 등의 발전과정을 거친 것으로 볼 수 있다. 이춘근·김종선·남달리, 『남북 ICT 협력 추진 방안』(세종: 과학기술정책연구원, 2014), 5-11쪽.

505 "과학기술발전에 깃든 위대한 령도"『과학원통보』 1999년 제1호, 5-7쪽; "정보과학 발전에 깃든 숭고한 뜻"『과학원통보』 2002년 제1호, 5-6쪽;『로동신문』, 2006년 1월 16일자, "정보기술발전을 위한 튼튼한 토대를 마련해주시여"; "프로그램개발도구부터 만들어야 한다시며"『과학원통보』 2007년 제1호, 4-5쪽; 정원희, 앞의 논문, 79-82쪽 재인용.

506 정원희, 위의 논문, 79-82쪽.

507 『로동신문』, 2009년 8월 11일자, "첨단을 돌파하라"; 정원희, 위의 논문, 98-100쪽 재인용.

508 『로동신문』, 2012년 2월 24일자, "지식경제시대와 그 특징"; 정원희, 위의 논문, 98-100쪽 재인용.

509 김석민, "지식경제시대 경제발전에서 인재의 역할"『경제연구』 2012년 제3호, 11-12쪽; 리광일, "지식자원의 합리적 리용은 지식경제강국건설의 필수적 요구"『김일성종합대학학보(철학·경제학편)』 2012년 제4호, 88-91쪽; 정원희, 위의 논문, 98-100쪽

재인용.

510 『로동신문』, 2010년 9월 27일자, "두뇌전, 기술전으로 최첨단을"; 2011년 1월 2일자, "첨단을 돌파해야 강자가 된다"; 2월 11일자, "최첨단을 돌파하는 우리의 과학기술"; 3월 12일자, "첨단기술도입의 적극적인 선도자가 될 때"; 11월 5일자, "주체화, 현대화, 과학화를 추동하는 최첨단돌파전"; 박용건, "우리식 CNC화는 인민경제 모든 부문에서 최첨단을 돌파하기 위한 관건적 고리"『경제연구』 2011년 제3호, 23-24쪽; "최첨단돌파전을 계속 힘있게 벌려 경공업혁명과 인민경제발전에서 제기되는 가치 있는 과학연구성과들을 더 많이 이룩하자"『과학원통보』 2011년 제1호, 2-3쪽; 리용, "최첨단돌파전은 강성대국건설시대의 과학기술혁명"『근로자』 2011년 제3호, 36-39쪽; 정원희, 위의 논문, 100-103쪽 재인용.

511 김정일, "우리식 CNC기술을 개척한 성과와 경험에 토대하여 모든 분야에서 첨단을 돌파하자"(당 중앙위원회 책임일군들과 한 담화, 2010년 1월 1일), 『김정일선집』 제24권(증보판)(평양: 조선로동당출판사, 2014), 451, 453쪽; 정원희, 위의 논문, 100-103쪽 재인용.

512 『로동신문』, 2011년 12월 13일자, "최첨단돌파전으로 더 높이 비약하자"; 정원희, 위의 논문, 100-103쪽 재인용.

513 정원희, 위의 논문, 100-103쪽.

514 《조선민주주의인민공화국 과학기술법》(1988년 12월 15일 최고인민회의 상설회의 결정 제14호로 채택, 1999년 5월 6일 최고인민회의 상임위원회 정령 제677호로 수정보충, 2004년 12월 23일 최고인민회의 상임위원회 정령 제846호로 수정 보충, 2005년 12월 13일 최고인민회의 상임위원회 정령 제1437호로 수정 보충, 2011년 4월 12일 최고인민회의 상임위원회 정령 제1572호로 수정 보충, 2011년 12월 21일 최고인민회의 상임위원회 정령 제2052호로 수정, 2013년 10월 23일 최고인민회의 상임위원회 정령 제3401호로 수정 보충)

515 김정은, "조선노동당 중앙위원회 책임일군들과 한 담화"『로동신문』, 2012년 4월 19일자; 변상정·최경희, 앞의 글, 181쪽 재인용.

516 『로동신문』, 2012년 4월 16일자; 변상정·최경희, 위의 글, 181쪽 재인용.

517 조지프 스티글리츠 저, 홍민경 역, 앞의 책, 127쪽.

518 김경욱, "북한 교육교양의 원형에 대한 연구: 천리마시대(1956-1972)를 중심으로"(북한대학원대학교 박사학위논문, 2017.1), 102-103, 147-148쪽.

519 김경욱, 위의 논문, 149-246쪽.

520 도록은 사상·이론·방법이나 역사, 과학기술자료, 교재내용 등을 일정한 체계와 순서에 따라 직관적으로 학습할 수 있도록 사진, 그림, 도표, 해설글들을 편성하여 만든 교육교양자료다(『조선말대사전』(평양: 과학백과사전출판사, 2010), 350쪽).

521 오영철, "북한의 강연회 연구" (북한대학원대학교 석사학위논문, 2017.6), 14-16쪽.

522 서혜련, "북한의 정치교육 특성에 관한 연구" (동아대학교 교육대학원 석사학위논문, 1994.6), 33-36쪽.

523 덕성실기는 "인민대중에게 크나큰 배려와 육친적 사랑을 베풀어준 수령의 덕성에 대한 실기實記"라고 한다. 『조선말대사전』(평양: 사회과학출판사, 2010), 342쪽. 수령(또는 최고영도자)의 '덕망과 품성, 인간애' 등을 기록한 덕성실기는 수령(또는 최고영도자) 곁에서 일해 온 간부들이나 수령(또는 최고영도자)을 만난 사람들이 쓴 기획도서다. 대표적인 덕성실기로는 『인민들속에서』, 『인민의 자유와 행복을 위하여』, 『혁명의 대를 이어나가시는 길에서』, 『주체시대를 빛내이시며』 등이 있다.

524 오영철, 앞의 논문, 17-18쪽.

525 『로동신문』, 2012년 1월 5일자; 통일부 『월간 북한동향』, 2012년 1월, 27쪽 재인용.

526 주체사상교양은 다른 교양사업과 결부되어 진행되고 있다. 주체사상교양은 "사람들을 주체의 세계관이 확고히 선 공산주의적 인간으로 키우기 위한 인간개조사업이며 주체사상의 전면적 승리를 위하여 힘차게 싸워 나가도록 하기 위한 정치사업"(사회과학원 철학연구소, 『철학사전』, 497쪽)이며, 당의 지도사상인 주체사상으로 당원들과 근로자들을 튼튼히 무장시켜 그들을 참다운 주체형의 공산주의혁명가로 키우기 위한 사상교양사업이라 할 수 있다. 주체사상교양은 수령(최고영도자)에 대한 충실성을 갖춘 공산주의자의 육성, 주체사상에 기초하여 밝혀진 혁명적 세계관으로의 무장, 혁명가가 지녀야 할 모든 사상·정신·도덕적 풍모 구비, 자주성·창조성·의식성의 발휘 및 임무의 성과적 수행 추동, 당정책교양 강화, 혁명전통교양 강화, 사대주의·교조주의·봉건유교주의·부르주아사상 등에 대한 사상투쟁 등의 목적을 수행한다(같은 책, 498쪽). 김난희, "북한 통치이데올로기의 형성·변화와 사상교육에 대한 연구"(강원대학교 대학원 박사학위논문, 2008.8), 183-184쪽 재인용.

527 오영철, 앞의 논문, 20-24쪽.

528 오영철, 위의 논문, 24-26쪽.

529 오영철, 위의 논문, 27-29, 32-33, 46쪽.

530 남진우 외, 『사회주의교육학』(평양: 교육도서출판사, 1991), 40쪽; 조정아, 『북한의 노동인력개발 체계: 형성과 변화』(서울: 통일연구원, 2005), 87쪽 재인용.

531 《조선민주주의인민공화국 교육법》(1999년 7월 14일 최고인민회의 상임위원회 정령 제847호로 채택, 2005년 12월 13일 최고인민회의 상임위원회 정령 제1437호로 수정 보충, 2007년 12월 11일 최고인민회의 상임위원회 정령 제2482호로 수정 보충, 2013년 9월 12일 최고인민회의 상임위원회 정령 제3355호로 수정 보충, 2015년 12월 23일 최고인민회의 상임위원회 정령 제848호로 수정 보충)

532 조정아, 앞의 책, 89쪽.

533 이은구, "북한 경제발전에 따른 기술교육의 특징과 발전과정" (이화여자대학교 대학원 석사학위논문, 2004), 94-96쪽.

534 인터넷신문 Daily NK, 2018년 10월 5일자.

535 인터넷신문 Daily NK, 2018년 11월 20일자.

536 김지현, "학습사회 논의의 이론적 지형과 쟁점에 관한 비판적 고찰" (서울대학교 대학원 석사학위논문, 2006.8), 48-54쪽.

537 김지현, 위의 논문, 74-76쪽.

538 김장호, "인본주의 기업패러다임과 총체적 학습사회" 『직업능력개발연구』제6권 제2호(2003), 94-123쪽 및 김장호, "인적자원개발의 새로운 패러다임: 총체적 학습사회론" 『고용직업능력개발연구』제7권 제2호(2004), 103-129쪽; 신훈희, "연결망 분석을 통한 학습사회 연구동향 분석" (중앙대학교 대학원 석사학위논문, 2018.2), 18-19쪽 재인용.

539 박영자·조정아·홍제환·정은이·정은미·이석기·전영선·강호제, 『김정은 시대 북한 경제사회 8대 변화』(서울: 통일연구원, 2018), 159쪽.

540 북한의 한 교육전문가는 교육 사업에서의 실리주의 구현에 있어서 중요한 요소로 세 가지를 제시하고 있다. 첫째, 나라의 구체적인 현실과 과학기술발전 추세에 맞게 교육의 효율성을 최대한으로 높이는 방향에서 교육체계와 교육내용, 교육방법을 개선해나가는 것이다. 둘째, 교육 사업을 실력본위로 해나가는 것이다. 셋째, 발전하는 현실의 요구에 맞게 교육 사업을 과학화·정보화하는 것이다. 김용길, "교육 사업에서 실리주의를 구현하는데서 나서는 중요한 문제" 『교원선전수첩』, 2013년 제1호(평양: 교육신문사), 138-139쪽. 다만, 김정은 시대에 들어와서 지식전수 위주의 교육에서 벗어나 '학생들이 탐구를 하고 지식을 발견하는 교수, 자립적인 연구능력으로 문제를 해결해나가도록 하는 교수로 전환'시켜야 한다는 점이 강조되고 실력본위와 관련하여 평가방법 개선과 상급학교 추천과 졸업배치 제도 정비가 강조되는 점에서 차이를 보인다. 조정아·이교덕·강호제·정채관, 『김정은 시대 북한의 교육정책, 교육과정, 교과서』(서울: 통일연구원, 2015.12), 11-12쪽.

541 조정아, "김정은시대 북한 교육정책 방향과 중등교육과정 개편" 『통일정책연구』제23권 2호(통일연구원, 2014), 179쪽; 박영자·조정아·홍제환·정은이·정은미·이석기·전영선·강호제, 앞의 책, 160쪽 재인용.

542 조정아, 위의 글, 184-185쪽; 박영자·조정아·홍제환·정은이·정은미·이석기·전영선·강호제, 위의 책, 160-161쪽 재인용.

543 조선중앙방송, 조선중앙통신, 2012년 9월 25일자; 통일부, 『월간 북한동향』, 2012년 9월호, 19-20쪽 재인용.

544 조선중앙통신, 2012년 10월 22일자; 통일부, 『월간 북한동향』, 2012년 10월호, 19쪽

재인용.

545 『로동신문』, 2012년 9월 26일자, 『연합뉴스』, 2014년 1월 27일자, "북, 12년제 의무교육 올해 4월 신학기부터 시행"; 김석향·김경미, "「로동신문」에 나타난 북한의 전반적 12년 제 의무교육 분석" 『통일정책연구』 제26권 1호(통일연구원, 2017), 111쪽 재인용.

546 박영자·조정아·홍제환·정은이·정은미·이석기·전영선·강호제, 앞의 책, 161-163쪽.

547 조정아·이교덕·강호제·정채관, 앞의 책, 48-49쪽.

548 조지프 스티글리츠 저, 홍민경 역, 앞의 책, 128-129쪽.

549 김석향·김경미, 앞의 글, 118쪽.

550 김석향·김경미, 위의 글, 130-131쪽.

551 조선중앙통신, 2017년 4월 1일자, 『로동신문』, 2017년 4월 2일자; 김석향·김경미, 위의 글, 130쪽 재인용.

552 『조선신보』, 2017년 4월 12일자; 김진숙, "북한 김정은 체제의 교과교육 동향" 『KDI 북한경제리뷰』 2017년 8월호, 23-24쪽 재인용.

553 『로동신문』, 2012년 4월 9일자; 조정아·이교덕·강호제·정채관, 앞의 책, 12-13쪽 재인용.

554 『로동신문』, 2014년 10월 20일자 사설; 인터넷 『21세기 민족일보』, 2014년 10월 21일자 재인용.

555 『로동신문』, 2014년 9월 6일자; 조정아·이교덕·강호제·정채관, 앞의 책, 12-13쪽 재인용. 『로동신문』은 2019년 7월 31일 논설에서 "지금 세계적으로 많은 나라들이 인재중시, 인재확보를 국가적인 중점전략으로 내세우고 제 나름의 방도를 모색하고 실행해 나가고 있지만 전체 인민의 과학기술인재화에 대하여서는 상상조차 하지 못하고 있다"면서 "전민과학기술인재화에 관한 사상은 본질에 있어서 사회의 모든 성원들을 대학졸업 정도의 지식을 소유한 지식형 근로자로, 과학기술발전의 담당자로 준비시키는 것"이라고 재확인했다. 논설은 또 "전민과학기술인재화를 실현하기 위한 사업은 번듯한 건물에 컴퓨터나 몇 대 차려놓고 국가망에 연결한다고 하여 저절로 실현되는 것이 아니다"라고 하면서, 김정은 당 위원장 겸 국무위원장이 과학기술전당을 중심으로 전국적인 보급망을 형성하여 최신과학기술자료들이 중앙에서부터 말단에 이르기까지 물이 흐르듯이 보급되도록 했고 공장·기업소들에서 과학기술보급실 운영을 겉치레식·보여주기식으로 하는 경향을 극복하고 목적지향성 있게 짜고 들도록 했다고 주장했다. 『로동신문』, 2019년 7월 31일자; 통일부, 『주간 북한동향』, 제1476호(2019.7.27~8.2), 9-10쪽 재인용.

556 『로동신문』, 2014년 9월 6일자; 『천지뉴스』, 2014년 9월 6일자, 연합뉴스, 2014년 9월 14일자, 11월 2일자 재인용.

557 조선중앙통신, 2014년 9월 5일자; 통일부, 『월간 북한동향』, 2014년 9월호, 8-9쪽 재인용.

558 조정아, "전국교원대회를 통해 본 북한의 교육정책과 전망" 통일연구원 Online Series CO 19-20(2019년 9월 11일), 1-2쪽.

559 조정아, 위의 글, 5쪽.

560 조정아, 위의 글, 5-6쪽.

561 『로동신문』, 2016년 5월 9일자; 『통일뉴스』, 2016년 5월 9일자 재인용.

562 최종식, "전민과학기술인재화의 본질"『고등교육』 2016년 제9호, 4쪽; 박영자·조정아·홍제환·정은이·정은미·이석기·전영선·강호제, 앞의 책, 163쪽 재인용.

563 『로동신문』, 2014년 10월 20일자 사설; 인터넷 『21세기 민족일보』, 2014년 10월 21일자 재인용.

564 토마 피케티 저, 장경덕 유엔제이 역, 『21세기 자본』(파주: 글항아리, 2014), 33쪽.

565 김정은, "현 단계에서의 사회주의건설과 공화국정부의 대내외정책에 대하여"『로동신문』, 2019년 4월 13일자; 『통일뉴스』, 2019년 4월 13일자 재인용.

566 『조선중앙년감』 2016년판에 따르면, 김일성종합대학, 김책공업종합대학, 고려성균관대학 등 기존 종합대학 이외에 평양건축종합대학, 평양기계대학, 평양철도대학, 한덕수평양경공업대하, 장철구평양상업대학, 김원균 명칭 평양음악대학, 평북종합대학, 황북종합대학 등이 종합대학으로 전환되었다. 조정아, 앞의 글, 2쪽.

567 예를 들어 함흥콤퓨터기술대학, 함흥경공업대학, 함흥건설대학은 함흥화학공업종합대학으로 통합되었다. 연합뉴스, 2015년 5월 15일자, "북한, 대학체계 개편...종합대학·직업기술대학 신설"; 박영자·조정아·홍제환·정은이·정은미·이석기·전영선·강호제, 앞의 책, 164쪽 재인용.

568 박영자·조정아·홍제환·정은이·정은미·이석기·전영선·강호제, 위의 책, 163-164쪽.

569 『천리마』(평양), 2013년 7월호, "지식경제시대의 교육", 71쪽; 조정아·이교덕·강호제·정채관, 앞의 책, 16-17쪽 재인용.

570 『교육신문』, 2014년 4월 3일자; 조정아·이교덕·강호제·정채관, 위의 책, 16-17쪽 재인용.

571 김덕현, "교육사업의 정보화는 지식경제시대에 맞게 교육의 질을 최상의 수준으로 높이기 위한 필수적 요구"『교원선전수첩』 2013년 재4호, 54-56쪽; 박영자·조정아·홍제환·정은이·정은미·이석기·전영선·강호제, 앞의 책, 170쪽 재인용.

572 『조선중앙년감』(평양: 조선중앙통신사, 2017), 437쪽

573 김지수, "북한 성인대상 원격교육에 관한 연구: 변천과정을 통해 드러난 특성 분석을 중심으로"『평생학습사회』, 제5권 2호(2009), 198쪽; 박영자·조정아·홍제환·정은이·정은미·이석기·전영선·강호제, 위의 책, 171쪽 재인용.

574 『조선중앙년감』(평양: 조선중앙통신사, 2016), 박영자·조정아·홍제환·정은이·정은미·이석기·전영선·강호제, 위의 책, 171쪽 재인용.

575 조선중앙통신, 2016년 10월 21일자.

576 『교육신문』, 2015년 11월 12일자.

577 교육신문사, "김책공업종합대학 원격교육사업에서 얻은 경험(2)"『고등교육』2017년 제10호, 27쪽; 박영자·조정아·홍제환·정은이·정은미·이석기·전영선·강호제, 앞의 책, 172쪽 재인용.

578 이희정, "김정은 시대 북한 원격교육 현황 연구: 교육컨텐츠, 표준, 인프라를 중심으로"『통일교육연구』제14권 2호(2017), 2쪽; 박영자·조정아·홍제환·정은이·정은미·이석기·전영선·강호제, 위의 책, 172쪽 재인용.

579 토마 피케티, 앞의 책, 35쪽. 피케티의『21세기 자본』은 사회주의경제를 다룬 것은 아니고, 자본주의 세계의 자본/소득비율의 동학과 21세기 자본-노동의 소득분배, 노동소득의 불평등과 자본소유의 불평등, 21세기 글로벌 부의 불평등 등을 다루었다. 그는 결론에서 다음과 같이 쓰고 있다.
"기업가는 필연적으로 자본소득자가 되는 경향이 있으며, 자신의 노동력 밖에 가진 게 없는 이들에 대해 갈수록 더 지배적인 위치를 차지한다. 자본은 한번 형성되면 생산 증가보다 더 빠르게 스스로를 재생산한다. 과거가 미래를 먹어치우는 것이다. 이것이 부의 분배의 장기적인 동학에 미치는 영향은 어쩌면 끔찍할 수 있다. 자본수익률이 초기의 투자 규모에 따라 달라지며 부의 분배의 양극화가 전 세계적으로 일어나고 있다는 점을 함께 생각하면 특히 그렇다. 이 문제는 거대한 것이다. 그러나 단순한 해법은 없다. 물론 교육, 지식, 청정에너지 기술에 투자함으로써 성장을 촉진할 수 있다. 그러나 이 가운데 어느 것도 성장률을 4~5퍼센트로 높여주지는 않을 것이다.…세계적인 기술 경쟁에서 가장 앞선 나라들-그리고 결국에는 지구촌 전체-의 성장률이 어떤 경제정책을 선택하더라도 장기적으로 1~1.5퍼센트를 넘지 못할 것이라고 믿을 만한 충분한 이유가 있다.…
물론 민간의 자본수익률을 성장률 이하로 낮추기 위해 자본소득에 대해 충분히 무거운 세금을 물릴 수도 있다. 그러나 무차별적이고 가혹하게 세금을 물리면 자본축적의 동력이 죽고 그에 따라 성장률도 더 낮아질 위험이 있다. 그렇게 되면 새로운 기업가들이 나오지 않을 터이므로 기존 기업가들이 더 이상 자본소득자로 바뀔 기회도 없을 것이다. 올바른 해법은 매년 부가하는 누진적인 자본세다. 이는 초기 단계에 새로운 자본축적을 촉진하기 위한 경쟁과 유인을 유지하면서도 끊임없이 불평등의 악순환을 피할 수 있게 해줄 것이다." 같은 책, 690-691쪽.

580 『로동신문』. 2019년 7월 6일자; 통일부, 『주간 북한동향』, 제1473호(2019.7.6~ 7.12),

5~6쪽 재인용.

581 조선중앙통신, 2018년 1월 17일자; 통일부, 『월간 북한동향』, 2018년 1월호, 9-10쪽 재인용.

582 『로동신문』, 2018년 6월 10일자; 통일부, 『주간 북한동향』, 제1417호(2018.6.9~ 6.15), 6-7쪽 재인용.

583 이 기조는 2019년에 들어서도 계속되었다. 『로동신문』, 2019년 1월 5일자는 과학기술 과 인재육성사업의 중요성을 강조하는 가운데 "특히 일군들은 과학자, 기술자, 교육자 들의 역할은 그 누구도 대신할 수 없다는 것을 명심하고 그들을 사회적으로 존경하고 우대하며 살림집과 식량, 땔감을 비롯하여 사업조건과 생활조건을 원만히 보장해주도 록 하여야 한다"고 지적했다. 통일부, 『주간 북한동향』, 제1447호(2019.1.5~1.11), 6쪽 재인용.

584 『로동신문』, 2018년 6월 27일자; 통일부, 『주간 북한동향』, 제1419호(2018.6.23~ 6.29), 4-5쪽 재인용.

585 『로동신문』, 2019년 1월 5일자; 통일부, 『주간 북한동향』, 제1447호(2019.1.5~ 1.11), 6쪽 재인용.

586 장하준 저, 김희정·안세민 역, 앞의 책, 221-222쪽.

587 이지훈, "혁신활동 유형에 따른 슘페터 가설 연구: 한국 서비스산업을 중심으로" (한 양대학교 대학원 박사학위논문, 2015.8), 46-47쪽.

588 김정은 시대의 '우리식 경제관리방법'의 기원은 《경애하는 김정은동지께서 주체100 (2011년) 12월 28일 당중앙위원회 책임일군들에게 하신 말씀》(12.28담화)에서 찾아 볼 수 있다. 12·28담화에서 경제관리 개선에 대해 언급한 부분은 다음과 같다.
"경제관리방법을 우리식으로 개선해나가기 위한 연구 사업을 진행하도록 하여야 하 겠습니다. 지금 일부 일군들은 해당 부문 일군들이 경제관리방법과 관련하여 무엇을 좀 어떻게 해보자고 의견을 제기하는데 대하여 색안경을 끼고 보면서 그것을 문제 시하고 자본주의적 경제관리방법을 끌어들인다고 걸각질을 하고 있습니다. 그렇기 때문에 경제부문 일군들과 경제학자들은 경제관리 방법을 개선할 방법에 대하여 생 각하고 있는 것도 말하려고 하지 않고 있습니다.…
우리나라에서는 이미 생산수단에 대한 국가적, 협동적 소유를 확고히 실현하였기 때 문에 경제제도는 공고합니다. 우리 당과 군대도 강합니다. 그러므로 우리는 얼마든 지 사회주의원칙을 확고히 고수해 나가면서 경제관리방법을 우리 실정에 맞게 우리 식대로 개선해 나갈 수 있습니다. 문제는 주체사상을 구현한 우리식 경제관리방법을 빨리 찾아내는 것입니다.…공장에서는 노동자들이 생산설비를 자기 기대機臺로 여기 고 농장에서는 농장원들이 농장포전을 자기 포전처럼 생각하면서 주인답게 일해 나 가도록 하기 위한 방법론을 찾아내면 되는 것입니다.
생산수단에 대한 사회적 소유에 기초한 사회주의 경제제도를 더욱 공고히 하면서 주체사상의 요구대로 생산자 대중이 생산활동에서 주인으로서의 책임과 역할을 다할 수 있게 하는 방법이 바로 주체사상을 구현한 우리식 경제관리방법이라고 할 수 있습니다. 우리가 경제관리에서 주체사상을 철저히 구현하고 우리식의 독특한 경제관리방법을 창조하여 적용하면 다른 나라들에서 하고 있는 개혁이라는 말 자체를 할 필요가 없습니다. 우리식의 사회주의경제관리 방법을 실력이 높고 파악이 있는 경제일군들과 경제학자들을 선발하여 연구완성하게 하면 될 것입니다." 한기범, 『북한의 경제개혁과 관료정치』(서울: 북한연구소, 2019), 228-229쪽 재인용.

589 피터 드러커 저, 남상진 역, 앞의 책, 142쪽.

590 중국 경제개혁의 특징은 농업 노동력이 공업으로 이전한 것만으로도 경제가 성장할 수 있었던 점, 마오쩌둥毛澤東시대에 진전된 지방분권화가 시장의 형성과 발전에 지대한 역할을 했던 점, 홍콩과 접하고 대만과 동남아시아의 화교자본이 개혁 추진에 유리한 환경을 창출했던 점, 중국 인민들의 전통적인 시장(장사) 마인드가 큰 역할을 했던 점, 농업개혁부터 착수해 그 성공을 도시와 비농업 부문으로 확산시켰던 점, 개혁의 목표와 수단에서 점진성이 보장됐던 점 등이었다. 김영윤, 『북한 경제개혁의 실태와 전망에 관한 연구: 개혁의 부작용을 통해 본 북한 체제전환의 성공과제』(서울: 통일연구원, 2006), 43-44쪽.

591 베트남의 경제개혁의 특징은 중국과 유사하게 실용주의에 기반을 둔 총체적 변화를 모색했던 점, 농업부문의 개혁과 경공업의 우선적 발전 노선을 채택하는 국가경제와 산업구조의 재조정을 단행했던 점(농업 발전, 소비재 생산 확대 및 수출품 개발과 품질 향상), 효율적인 대외경제개방을 추진했던 점 등이었다. 김영윤, 위의 책, 61-62쪽.

592 박형중, "<6·28방침> 1년의 내용과 경과"(통일연구원 Online Series CO 13- 18), 1쪽. 우리식 경제관리방법의 모색에 대해 "시장과 관련된 제반 불법적 또는 반半합법적 활동의 상당 부분을 합법화하고 이를 통해 '시장'을 보다 적극적으로 활용하고자 하는 것"이라는 지적도 있다. 이 견해는 "새로운 경제관리방법의 연구 및 시범 운영은 북한의 시장화에 대해 매우 우호적인 환경을 제공한다"는 점을 중시한다. 양문수, 앞의 글(2014), 21쪽. 이 견해는 시장화를 지나치게 강조하다보니 우리식 경제관리방법에 내재된 생산수단의 소유관계, 기업체의 집단경영의 조직관계, 기업체의 경영 자율성, 분배관계 등의 여러 측면과 기업체의 관리시스템의 '실리적 혁신'을 소홀히 하는 한계를 안고 있다.

593 그러한 노력 과정에서 경제학 부문의 발전이 중요한데, 김정은 위원장은 2012년 12월 1일에 사회과학원 창립 60주년을 맞이해 보낸 서한에서 다음과 같이 밝혔다. "경제학부문에서는 지식경제시대의 요구에 맞게 사회주의경제관리방법을 우리식으로 연구 완성하는 문제, 나라의 지식자원을 최대한 확보하고 이용하는 문제를 비롯하여 경제강국 건설에서 나서는 이론실천적 문제들을 대담하게 풀어가야 합니다. 그리하여 우리의 경제학이 나라의 경제를 발전시키고 인민생활을 높이는데 이바지하는 학문으로 되게 하여야 합니다." 김정은, 『우리의 사회과학은 온 사회의 김일성-김정일주의화 위업수행에 적극 이바지하여야 한다』(창립 60돐을 맞는 사회과학원 과학자

들과 일군들에게 보낸 서한, 2012년 12월 1일)(평양: 조선로동당출판사, 2012), 14쪽.

594 이에 앞서 "내각 상무조(2012년 연초 구성)가 기업관리·상업유통·농업 등 각 부문별로 경제관리방법 개편 시안을 마련해 수시 김정은에게 보고하는 과정을 거쳐 2012년 9월 8개 부문으로 종합하여 구체화한 '경제관리방법 개편시안'을 완성한다. 내각은 이 8개 부문 개편 시안에 대한 '강습자료'를 만들어 성·중앙기관의 경제지도일꾼들과 시범단위 공장·기업소들 경제일꾼들을 대상으로 강습회를 조직한다"는 분석이 있다 (내각 상무조, 《경제관리방법개편 시안 강습자료》(2012년 9월)에 의거).
이 강습자료에 의하면 8대 시안은 ① "국가적 조치에 따라 새롭게 달라진 기업소의 권한에 대하여" ② "시범단위 공장·기업소들에서 고정적인 기준가격방식으로부터 가변적인 기준가격방식으로 전환할데 대하여(가격)" ③ "시범단위 공장·기업소들의 재정수입분배를 소득분배방법으로 전환할데 대하여(재정)" ④ "시범단위 공장·기업소들의 노동보수 계산 및 지불방법에 대하여(노동)" ⑤ "시범단위 공장·기업소들에서 현금돈자리와 외화돈자리 개설 및 이용방법에 대하여(화폐유통)" ⑥ "소비품들을 국영상업망들에 넣어 유통시키기 위한 방법에 대하여(상업유통)" ⑦ "시범단위 공장·기업소들의 계획실행평가방법에 대하여(통계)" ⑧ "새로운 농업부문 경제관리방법을 정확히 구현할데 대하여(농업)" 등이었다고 한다. 이상 한기범, 위의 책, 244-245쪽 재인용. 8대 시안에 대해서는 내용은 같은 책, 245-249쪽에 자세히 나와 있다.

595 『로동신문』, 2013년 4월 2일자, "경애하는 김정은 동지께서 조선로동당 중앙위원회 2013년 3월 전원회의에서 하신 보고"; 홍제환, 『김정은 정권 5년의 북한경제: 경제정책을 중심으로』(서울: 통일연구원, 2017), 61-62쪽 재인용.

596 이에 대해서 북한의 경제학자는 "지난 시기에는 기업체들이 경영상 상대적 독자성을 가지고 관리 운영되었지만 실제적인 경영권은 국가가 틀어쥐고 행사함으로써 기업체의 경영활동의 많은 측면들이 국가에 의하여 진행되게 되었으며 기업체의 국가의존도는 대단히 높았다"고 설명했다. 송정남, "전략적 경제관리방법의 본질적 특징" 『경제연구』 2015년 제4호(평양: 과학백과사전출판사), 15쪽.

597 『조선신보』, 2013년 5월 10일자, "평양 326전선공장에서 보는 경제관리의 새 시도"; 박형중, 앞의 글, 2쪽 재인용.

598 박형중, 위의 글, 2쪽.

599 『조선신보』, 2013년 5월 10일자, "최고령도자의 관심 속에 내각과 생산현장이 긴밀히 련계"; 박형중, 위의 글, 3쪽 재인용.

600 『조선신보』, 2013년 5월 10일자, "<우리 식의 경제관리방법>의 완성을/ 내각 관계자 인터뷰"; 박형중, 위의 글, 3쪽 재인용.

601 『조선신보』, 2013년 5월 10일자, "평양 326전선공장에서 보는 경제관리의 새 시도"; 박형중, 위의 글, 3쪽 재인용.

602 참고로 "경제관리개선 연구를 위해 신설된 '중앙당 전문기구'(2016년 6월 구성)는

2013년 7~8월 중에 '농업경영방법 연구'(2013.7), '사회주의기업 책임관리제 연구'(2013.8), '경제적 공간의 합리적 이용 방안 연구'(2013.8)를 잇달아 보고"했다고 한다. '농업경영방법 연구'는 ① "분조관리제 안에서 농장원들에게 포전담당제를 실시하는 문제" ② "농업부문에서 농장책임관리제를 실시하는 문제" ③ "농촌경리에 대한 지도관리방법을 개선할데 대한 문제" ④ "실무적으로 제기되는 문제"의 4항목에 대한 '대책적 의견'을 제시하는 형태로 구성되었다고 한다. '사회주의기업 책임관리제 연구'는 ① 생산단위에 계획 및 생산조직권 확대 부여 ② 생산단위에 관리기구 및 노력 조절권 부여 ③ 제품개발 및 품질관리권, 인재관리권 부여 ④ 무역 및 합영·합작권 부여 ⑤ 주동적인 재정관리권 부여 ⑥ 생산단위에 가격제정 및 판매권 부여 ⑦ 근로자들의 개인적 자금·기술·지식 동원 허용 ⑧ 직장·작업반·분조 내에서 담당책임제 실시 등을 제시했다고 한다. 이상 한기범, 위의 책, 261-270쪽 재인용.

603 홍제환, 앞의 책, 63쪽. <표 1-7>은 박영자 외, 『북한 주민의 임파워먼트: 주체의 동력』(서울: 통일연구원, 2015), 66-67쪽; 권영경, "김정은 시대 북한경제정책의 변화와 전망"『수은북한경제』 2014년 봄호, 18쪽; 권영경, "북한은 제2의 중국이 될 수 있나: 김정은의 경제정책과 80년대 중국의 개혁·개방과의 비교"『한반도 평화통일의 기반조성과 대북정책 추진방향』(북한연구학회 2015년 특별학술회의 발표문, 2015), 41쪽을 참고해 홍제환이 작성한 것이다.

604 『조선신보』, 2014년 1월 27일자, "농장포전은 나의 포전이다"; 홍제환, 위의 책, 62쪽 재인용.

605 『조선신보』, 2013년 6월 7일자, "분조관리제의 실효성". 분조를 나누어 포전을 담당하게 했다는 앞의 인용과 달리, 이 기사에서는 분조 자체가 줄어든 것으로 보도했는데 이처럼 두 형태가 혼용된 것으로 보인다. 홍제환, 위의 책, 62쪽 재인용.

606 『조선신보』, 2013년 4월 19일자, "분조관리제의 생활력 보여주는 삼지강협동농장"; 홍제환, 위의 책, 64쪽 재인용.

607 『조선신보』, 2013년 6월 7일자, "주체사상을 구현한 '우리 식의 경제관리방법'"; 홍제환, 위의 책, 64쪽 재인용.

608 홍제환, 위의 책, 64쪽.

609 『조선신보』, 2014년 1월 24일자, "기업소 안에 경쟁 바람이 일고 있다"; 홍제환, 위의 책, 65쪽 재인용.

610 홍제환, 위의 책, 65쪽.

611 홍제환, 위의 책, 65-67쪽.

612 이석기·권태진·민병기·양문수·이동현·임강택·정승호, 『김정은 시대 북한 경제개혁 연구: '우리식 경제관리방법'을 중심으로』(서울: 산업연구원, 2018.8), 245- 246쪽.

613 『통일뉴스』, 2015년 1월 8일자, "김정은 '5·30담화'와 내각 상무조"

614 홍제환, "북한 기업지배의 역사와 성격" 박영자 외, 『북한 기업의 운영실태 및 지배 구조』(서울: 통일연구원, 2016), 43-44쪽.

615 이찬우, "경제시스템 개선: 사회주의기업책임관리제" 『라이프인』, 2018년 11월 13일자.

616 정창현, "5·30문건과 사회주의기업책임관리제" 『통일뉴스』, 2014년 12월 8일자.

617 양문수, "제7차 당대회를 계기로 본 북한의 개혁·개방" 『KDB북한개발』 2016년 여름호(통권7호), 24-25쪽.

618 양문수, "김정은 집권 이후 개정 법령을 통해 본 '우리식 경제관리방법'" 『통일정책연구』 제26권 2호(통일연구원, 2017), 83쪽.

619 양문수, 위의 글(2017), 91쪽.

620 양문수, 위의 글(2017), 86-87쪽.

621 양문수, 위의 글(2017), 84쪽.

622 양문수, 위의 글(2017), 99-106쪽.

623 양문수, 위의 글(2017), 107, 109-111쪽.

624 이석기·권태진·민병기·양문수·이동현·임강택·정승호, 앞의 책, 54쪽.

625 『근로자』, 2016년 제7호, 49쪽; 이찬우, 앞의 글에서 재인용.

626 기업수입 분배체계는 '순소득분배'에서 '소득분배' 체계로 전환하는 시도가 나타나고 있다. 이에 대해서는 이석기·권태진·민병기·양문수·이동현·임강택·정승호, 앞의 책, 84-85, 116-119쪽에 자세히 설명되어 있다.

627 가격관리체계의 개편은 가격결정 방식의 전환 시도(가변적 기준가격의 시범적 도입), 국정가격의 변화 등으로 나타나고 있다. 이에 대해서는 이석기·권태진·민병기·양문수·이동현·임강택·정승호, 위의 책, 80-84쪽에 자세히 설명되어 있다.

628 기업체의 경영 자율성을 확대한 조치에는 계획권 부여, 생산조직권과 가격제정권 부여, 자율적인 판매권 확대, 재정관리권과 경영자금의 자체 조달, 무역권과 합영·합작권의 자율화를 통한 대외경제활동 활성화 등이 포함되는데 이에 대해서는 이석기·권태진·민병기·양문수·이동현·임강택·정승호, 위의 책, 73-79, 105-110쪽에 자세히 설명되어 있다.

629 이찬우, 앞의 글(미주 615).

630 『로동신문』, 2016년 5월 9일자; 『통일뉴스』, 2016년 5월 9일자 재인용.

631 북한의 한 경제학자는 자재의 거래에 대해 다음과 같이 설명하고 있다. "인민경제의 계획적 균형적 발전법칙의 요구에 맞게 경제적 공간을 이용하는 것은 경제관리 운

영에 요구되는 자재를 계획과 주문, 계약에 따라 상업적 형태를 통하여 보장함으로써 경제활동에서 높은 성과를 이룩할 수 있게 한다. 생산수단 공급에서 상업적 형태를 이용한다는 것은 자재공급계획과 계약에 따라 인민경제 부문, 단위들 사이에 생산수단을 주고받는데서 가치형태를 경제계산의 도구로 이용하며 등가성의 원칙에서 팔고 사는 형식을 취한다는것이다. 생산수단 공급에서 상업적 형태를 이용하는 것은 생산수단의 계획적 공급을 더 잘 실현하고 공급된 생산수단을 보다 합리적으로, 효과적으로 이용하도록 하여 기업소의 수익성을 높이고 국가축적을 체계적으로 높일 수 있게 한다." 문금철, "경제적 공간들이 기업체들의 생산 활성화와 확대재생산에 적극적으로 작용하도록 하는데서 나서는 중요 문제" 『경제연구』 2019년 제4호(평양: 과학백과사전출판사), 21쪽.

632 이석기, "김정은 시대 북한 경제개혁 연구: '우리식 경제관리방법'을 중심으로" 『KDI 북한경제리뷰』 2019년 3월호, 31-32쪽.

633 이석기, 위의 글, 32쪽.

634 홍제환, 앞의 책, 69쪽.

635 제2자연과학출판사, 『기업관리운영용어-1000』(평양: 제2자연과학출판사, 2006), 49-50쪽; 김영희, "김정은 집권이후 기업관리운영체계 변화 연구" 『KDB북한개발』 2018년 봄호(통권14호), 85-86쪽 재인용.

636 제2자연과학출판사, 위의 글, 49쪽; 김영희, 위의 글, 85-86쪽 재인용.

637 김영희, 위의 글, 85-86쪽.

638 이석기, 『북한의 기업관리체계 및 기업행동양식 변화 연구』(서울: 산업연구원, 2003), 59쪽; 박영자·조정아·홍제환·현인해·김보근, 『북한 기업의 운영실태 및 지배구조』(통일연구원, 2016.12), 21-25쪽 재인용.

639 김일성 당위원장은 1961년 12월 조선로동당 중앙위원회 제4기 2차 전원회의에서 도당위원회로 하여금 관할지역 내 공장·기업소들에 대한 자재보장, 기술지도, 노동행정 및 후방공급 사업에 대한 지도 등을 하도록 지시했다. 그해 12월 15일 당 중앙위원회 정치위원회 확대회의에서는 "새로운 경제관리체계를 내올데 대하여"라는 연설을 하였다(『김일성저작집』 제15권(평양: 조선로동당출판사, 1981), 429-472쪽). 김일성 당총비서는 1981년 4월 2일 당중앙위원회 제6기 3차 전원회의에서, 공장당위원회는 당의 노선·정책을 관철하기 위해 "공장관리운영사업에서 나서는 모든 문제를 집체적으로 토의하고 결정"할 것과 공장 당비서와 지배인은 "당위원회의 결정에 따라 각기 자기 사업"을 할 것을 촉구하고, "공장당위원회는 모든 공장 관리일군들이 자기가 맡은 분공과 책임을 원만히 수행하도록 일상적으로 잘 도와주어야 하며 그들 속에서 결함이 나타났을 때에는 제때에 고처" 줄 것을 강조했다("대안의 사업체계를 철저히 관철하여 공장관리운영을 개선하자"(조선로동당 중앙위원회 제6기 제3차 전원회의에서 한 결론, 1981년 4월 2일), 『김일성저작집』 제36권(평양: 조선로동

당출판사, 1990), 60-61쪽).

김정일 조직비서는 1991년 5월의 한 담화에서 "경제사업에 대한 당위원회의 지도는 어디까지나 정책적 지도, 정치적 지도이며 그것은 행정대행, 행정식 방법을 배제"한다고 밝혔다("인민대중중심의 우리 식 사회주의는 필승불패이다"(조선로동당 중앙위원회 책임일군들과 한 담화, 1991년 5월 5일), 『김정일선집』 제11권(평양: 조선로동당출판사, 1997), 60쪽). 이것은 당의 행정대행 현상과 당비서의 경제사업에 대한 '월권' 문제를 시정하려는 노력으로 보인다. 김 비서는 1991년 7월에 발표한 서한("주체의 사회주의경제관리리론으로 튼튼히 무장하자"(창립 45돐을 맞는 인민경제대학 교직원, 학생들에게 보낸 서한, 1991년 7월 1일), 『김정일선집』 제11권(평양: 조선로동당출판사, 1997), 351-356쪽)에서 대안의 사업체계를 구체적으로 설명한 바 있다. 대안의 사업체계는 첫째로, 경제기관과 기업소가 당위원회의 집체적 지도 밑에 모든 경영활동을 벌려나가는 사업체계라는 것이다. 둘째, 정치사업을 앞세우고 생산자대중을 발동하여 제기된 경제과업을 수행하며 위가 아래를 책임적으로 도와주는 사업체계라는 것이다. 셋째, 경제를 계획적으로 관리운영하는 사업체계라는 것이다. 넷째, 과학기술과 생산을 옳게 결합시키는 사업체계라는 것이다. 다섯째, 경제적 공간을 옳게 이용하여 생산을 합리적으로 보장하는 사업체계라는 것이다.

640 박형중, 『북한의 경제관리체계』(서울: 해남, 2002), 205-206쪽; 박영자·조정아·홍제환·현인해·김보근, 위의 책, 21-25쪽 재인용. 기업소 근무경력이 있는 북한이탈주민들의 증언을 활용한 연구(정영태 외, 『북한의 부문별 조직 실태 및 조직문화 변화 종합연구: 당·정·군 및 경제·사회부문 기간조직 내의 당기관 실태를 중심으로』(서울: 통일연구원, 2011), 152-154쪽)에서는 당비서의 '월권'이 심각하다고 설명한다. 당 비서에게 앞에 나서지 말고 행정에 과도하게 개입하지 않으면서 당사업만 하라는 것이었지만 실제로는 당 비서가 전면에 나서 지배인을 좌지우지하고 흔드는 폐단이 나타났다는 것이다. 당 비서와 지배인이 서로 협력해야 경제관리·경영에서 시너지를 낼 수 있고, 당은 지배인-기사장-당 비서 '3인 일체'가 서로 다투지 말고 협력할 것을 주문한다. 그러나 협력보다는 갈등과 경쟁관계가 두드러진다는 것이 일부 북한이탈주민들의 증언이다.

641 박영자·조정아·홍제환·현인해·김보근, 위의 책, 21-25쪽.

642 박영자·조정아·홍제환·현인애·김보근, 위의 책, 78-79쪽.

643 이석기, 앞의 책, 71쪽; 박영자·조정아·홍제환·현인해·김보근, 위의 책, 26-29쪽 재인용.

644 양문수, 앞의 책(2010), 311쪽; 박영자·조정아·홍제환·현인해·김보근, 위의 책, 26-29쪽 재인용.

645 박영자·조정아·홍제환·현인해·김보근, 위의 책, 26-29쪽.

646 박영자·조정아·홍제환·현인해·김보근, 위의 책, 30-33쪽.

647 김석진·양문수, 『북한 비공식경제 성장요인 연구』(통일연구원, 2014), 57쪽 이하 참

조; 박영자·조정아·홍제환·현인해·김보근, 위의 책, 34-41쪽 재인용.

648 박영자·조정아·홍제환·현인해·김보근, 위의 책, 34-41쪽.

649 《조선민주주의인민공화국 기업소법》(2010년 11월 11일 최고인민회의 상임위원회 정령 제1194호로 채택, 2014년 11월 5일 최고인민회의 상임위원회 정령 제228호로 수정보충, 2015년 5월 21일 최고인민회의 상임위원회 정령 제517호로 수정보충)

650 김정일애국주의 담론은 김정은 당 제1비서의 2012년 7월 담화 《김정일애국주의를 구현하여 부강조국건설을 다그치자》(『조선중앙통신』, 2012년 8월 3일자 보도; 『통일뉴스』, 2012년 8월 3일자 재인용)에서 본격화되었다.

651 북한은 기업소 경영을 1990년대 초부터 중시해왔다. 김정일 국방위원장은 1991년 7월 경제 간부들의 교육기관인 인민경제대학의 교직원들과 학생들에게 보낸 서한에서 "사회주의사회의 과도적 성격으로부터 사회주의 경제관리에서는 기업소가 상대적 독자성을 가지고 경영활동을 하며 노동에 대한 물질적 자극과 상품화폐관계와 가치법칙을 경제관리의 수단으로 이용하게 됩니다"라고 밝힌 바 있다(김정일, "주체의 사회주의경제관리리론으로 튼튼히 무장하자" (창립 45돐을 맞는 인민경제대학 교직원, 학생들에게 보낸 서한, 1991년 7월 1일), 『김정일선집』 제11권(평양: 조선로동당출판사, 1997), 344쪽).
김정은 시대에 들어와 수정 보충된 《기업소법》에서 기업소의 '경영권 행사' 규정이 포함된 것과 관련하여 "종전에 국영기업에게 부여된 것은 '경영상의 상대적 독자성'이었는데 이제는 국영기업에게 '실제적인 경영권'이 부여되었다. 그런 면에서 종전과는 확연히 구별된다.···종전의 법령에는 경영권에 대해서는 말할 것도 없고, 계획권, 생산조직권 등 기업의 9가지 권리에 대해서도 언급이 전혀 없었다. 모두 다 이번의 법 개정을 통해 새롭게 등장한 개념·범주들이다"는 설명이 있다. 양문수, 앞의 글(2017), 87쪽.

652 북한 경제당국은 2002년 7월 이래 경제관리 개선에 나서면서 기업소에서 원가·이윤·수익성 등의 '경제적 공간들'을 올바로 활용할 것을 역설해왔다.

653 북한에서 경영전략·기업전략을 강조하기 시작한 것은 김정일 국방위원회의 생애 마지막 시기 현지지도로 기록된, 2011년 12월 광복지구상업중심에서 상업부문에서 경영전략·기업전략을 세우고 봉사활동을 인민들의 요구와 기호에 맞게 주동적으로, 창발적으로 벌려나갈 것을 언급한 시점으로 볼 수 있다. 북한의 경영전략·기업전략에 관한 대표적인 연구자료로는 △서상철의 "국가경제발전계획의 본질적 내용과 특징"(『경제연구』 2013년 제4호(통권161호), 10-12쪽) △리해성의 "기업전략의 본질과 그 작성에서 나서는 기본요구"(『경제연구』 2015년 제2호(통권167호), 13쪽) △송정남의 "전략적 경제관리방법의 본질적 특징"(『경제연구』 2015년 제4호(통권169호), 15-16쪽) 등이 있다. 나정원, "소유권 개념을 통해 본 사회주의 국가의 사유화 연구: 북한 기업의 사유화 함의를 중심으로" (고려대학교 대학원 박사학위논문, 2018.2), 141-144쪽 재인용.

654 사회주의기업 책임관리제는 '경영권한을 현장에 확대 부여한 것'이며, 계획수립에서

생산, 생산품 및 수익의 처분에 이르기까지 기업의 권한을 대폭 확대한 것이다. 2012년 12월에 '박봉주 내각상무조'의 지휘 하에 공장·기업소의 경제관리 개선조치인 '12.1 경제관리 개선조치'를 단행했다. 이 조치의 핵심은 경영권한을 현장에 대폭 위임한 것인데, 계획수립에서부터 생산, 생산품 및 수익의 처분에 대해 자체 결정하도록 하여 경영의 '상대적 독자성'과 인센티브를 확대한 것이다. 기업소는 원자재 대금 등을 계약에 따라 지불하고 수입 중 토지이용료와 설비사용료, 전기료 등을 국가에 납부하고, 남은 수익금을 성과급 중심으로 노동시간과 기여도에 따라 차등 분배한다. 국가계획에 의해 품목을 지시받는 기존 방식에서 탈피해 새로운 제품·품종에 대해 기업 스스로 생산·판매를 결정할 수 있게 했다. 공장·기업소는 스스로 원자재를 확보해 물품을 생산하기도 하는데 이 부분은 생산자와 수요자 사이의 합의에 의한 '시장가격'을 적용할 수 있도록 했다. 통일부 통일교육원, 『북한지식사전』(2016), 383-385쪽.

사회주의기업 책임관리제의 내용에 관한 대표적인 연구자료로는 △장경미의 "사회주의경제의 전략적 관리의 본질적 내용과 그 특징"(『경제연구』 2012년 제3호(통권156호), 8-10쪽) △림태성의 "사회주의기업체의 재정관리권"(『경제연구』 2016년 제1호(통권170호), 41쪽) △김경옥의 "사회주의기업체들의 확대된 계획권과 생산조직권 행사의 중요 요구"(『경제연구』 2017년 제1호(통권174호), 12-13쪽) △김창환의 "제품개발권과 품질관리권을 행사하여 기업체의 경쟁력을 더욱 높여나가기 위한 몇 가지 방도"(『경제연구』 2017년 제1호(통권174호), 36-37쪽) 등이 있다. 나정원, 앞의 논문, 151-153쪽 재인용.

655 김현철, "사회주의기업책임관리제의 요구에 맞게 기업소 계획화사업을 개선하는 것은 기업체들과 생산자들이 높은 의식과 열의를 가지고 일해 나가도록 하기 위한 중요 방도"『경제연구』 2019년 제4호(평양: 과학백과사전출판사), 17쪽.

656 리영남, "현 시기 인민경제를 활성화하기 위한 경제관리방법을 혁신하는데서 나서는 중요한 문제"『경제연구』 2019년 제3호(평양: 과학백과사전출판사), 14쪽. 그는 또 다음과 같이 설명했다. "사회주의경제건설과 관리에서는 여러 가지 경제적 공간들이 이용된다. 계획, 가격, 원가, 이윤, 신용 등 주요 경제적 공간들과 여기서 파생된 수많은 구체적인 공간들은 어떤 목적에서 어떻게 이용되는가에 따라 기업체들의 재생산과 경영활동에 긍정적 작용을 할 수도 있고 반대로 그것을 억제할 수도 있다.…국가적 이익을 우선시하고 기업체의 본위주의를 없앤다고 하면서 경제적 공간들을 기업체에 대한 장악과 통제의 수단으로만 이용한다면 기관, 기업소들의 손발을 얽어매고 생산을 정상화할 수 없게 하며 단순재생산도 제대로 못하게 하는 결과를 초래할 수 있다. 내각을 비롯한 국가경제기관들은 모든 경제적 공간들을 철저히 기업체들의 재생산조건을 원만히 보장하고 책임성과 창발성을 충분히 발양하여 생산을 활성화하고 확대재생산을 높은 수준에서 실현할 수 있도록 하는 방향에서 규정하고 이용하여야 한다." 같은 글, 14쪽.

657 리평조, "국가적으로 사회주의기업관리책임제가 실지 은을 낼 수 있도록 적극적인 대책을 세우는데서 나서는 몇 가지 문제"『경제연구』 2019년 제2호(평양: 과학백과

사전출판사), 11-12쪽.

658 경제적 공간의 효과적 이용에 대해 북한의 한 경제학자는 다음과 같이 설명하고 있
다. "경제단위들의 경제활동을 계산하고 통제하여 자극하는 경제적 공간에는 계획화
공간, 원가공간, 가격공간, 수익성공간, 노동보수제공간, 계약과 위약금공간 등 다양
한 형태의 수단과 수법들이 있다. 이러한 경제적 공간들을 무시하거나 과소평가하면
경제계산을 과학적으로 진행할 수 없고 경제부문, 단위들의 경제활동을 자극할 수
없게 하여 사회주의기업 책임관리제의 요구에 맞게 생산경영활동을 주동적으로, 창
발적으로 진행할 수 없게 한다. 그러므로 경제적 공간들이 기업체들의 생산을 활성
화하고 확대재생산에 적극적으로 작용하도록 옳게 이용하는 것이 중요하다…국가경
제지도기관들은 해당 부문, 단위들과의 긴밀한 연계 밑에 실지 기업체들의 생산 활
성화와 확대재생산에 적극적으로 작용할 수 있는 경제적 공간 이용에 대한 규정, 세
칙을 작성 시달하여야 한다." 문금철, 앞의 글, 20-21쪽.

659 김영희, 앞의 글, 102-107쪽.

660 김영희, 위의 글, 108-109쪽.

661 국가정보원, 『북한법령집』(2017), 541쪽(자재관리법 제10조); 김영희, 위의 글, 110
쪽 재인용.

662 김영희, 위의 글, 110쪽.

663 정일영, "공장관리체제를 통해 본 북한사회의 변화: 당비서-지배인-노동자 삼각관계
의 변화를 중심으로"『통일연구』제17권 제1호, 29-31쪽.

664 김화순, "생존의 정치: 북한의 '공장사회'와 노동자"『평화연구』2018년 봄호, 166-
167쪽.

665 김화순, 위의 글, 173-177쪽.

666 김화순, 위의 글, 178쪽.

667 김화순, 위의 글, 178-179쪽.

668 김화순, 위의 글, 179-180쪽.

669 김화순, 위의 글, 202-203쪽.

670 박영자·조정아·홍제환·현인해·김보근, 앞의 책, 274-282쪽.

671 박영자·조정아·홍제환·현인해·김보근, 위의 책, 282-288쪽.

672 북한기업 성장에 관한 한 연구는 북한이탈주민들 가운데 북한기업 전문가들의 경험
과 전문지식을 활용한 델파이Delphi기법을 활용해 기업 성장을 위한 주요 요인으로
①환경·제도요인(정치의 경영관여 제거, 법치의 구축[경영의 안정성], 제도의 완비,

자원의 동원기지 역할 개선, 생산의 자율권 확보) ②경영자요인(보유자원 활용능력, 공식연관부문과의 관계[업무]처리능력, 시장을 읽는 안목, 사업네트워킹 능력) ③조직역량요인(의사결정구조 개선, 구성원 역량 및 활용도 제고, 보상체계[성과주의] 확립) ④자원확보 요인(자본[외화] 확보, 생산설비 확보, 전문인력 확보, 원료·자재 확보, 기본 산업인프라) ⑤경영전략요인(보유자원 활용전략, 상품선택 및 판로개척, 혁신전략, 투자확보 전략) 등을 꼽았다. 강희찬, "북한기업의 성장을 위한 요인분석: Delphi-AHP 분석 중심으로" (중앙대학교 대학원 박사학위논문, 2019), 152쪽.

다음 단계로 의사결정계층분석법AHP을 활용해 주요 요인들의 상대적 중요도를 분석했는데 기준criteria요인의 우선순위는 환경·제도요인, 경영자요인, 경영전략요인, 자원확보요인, 조직역량요인 순順으로 나타났다. 환경·제도요인에서는 정치의 경영관여 제거, 생산자율권, 법치의 구축(경영안정성), 제도의 완비, 자원동원기지 역할 개선 순이었고, 경영자요인에서는 시장을 읽는 안목, 사업네트워킹 능력, 보유자원 활용능력, 공식부문과의 관계처리 능력 순이었다. 조직역량요인에서는 의사결정구조 개선, 보상체계확립, 구성원 역량제고 및 활용도 제고 순이었고, 자원확보요인에서는 자본(외화) 확보, 생산설비 확보, 원료·자재확보, 기본 산업인프라, 전문인력 확보 순이었다. 경영전략요인에서는 상품선택 및 판로개척, 투자확보 전략, 보유자원 활용전략, 혁신전략 순이었다. 같은 논문, 153쪽.

이 연구는 우선순위에서 네 가지 특징을 추출했다. 첫째, 환경·제도요인의 개선이 선결되어야 한다는 것이다. 정치의 경영관여 제거, 생산의 자율권 확보, 법치의 구축(경영의 안정성)이 높은 순위를 차지한 것에서 이를 알 수 있다는 것이다. 둘째, 기업경영자의 개인능력과 경영전략의 중요성이 증대되어야 한다는 것이다. 시장을 읽는 안목, 사업네트워킹 능력이 높은 순위를 차지하고 상품선택 및 판로개척 전략, 투자확보 전략도 중시된 것에서 이를 알 수 있다. 셋째, 계획경제가 축소되고 명목상으로 유지되고 있다는 것이다. 넷째, 자본 확보의 중요성이 확인된다는 것이다. 같은 논문, 154쪽. 이 연구는 '정치의 경영관여 제거', '계획경제의 명목상 유지' 등 현실과 동떨어진 방향 설정이 없지는 않지만, 기업성장의 주요 요인을 비교적 북한 현실에 가깝게 다루었다고 할 수 있다.

673 내각 농업성은 농정시책 개발(생산 증대, 중장기 시책의 연구·개발), 농산물 생산계획 및 농자재조달계획 수립, 농업과학기술 개발·지도(우량종자·종축의 연구개발, 육종사업 지도), 대자연개조사업 계획·관리(간척, 관개, 산림조성, 토지정리, 토지개량사업), 국영농목장의 운영, 농자재·농산물의 교역 등의 기능을 수행한다. 농업성이 관장하는 분야는 계획, 농산, 농자재, 관개, 과수, 양잠, 축산, 가금, 양어, 토지감독, 종묘공급, 과학기술지원, 기계화, 노동행정, 재정부기, 사무, 농업경영, 국영농장관리, 대외협력, 농자재조달 등이다. 농업성 부서 중에 종합계획국, 농산국, 자재국, 관개수로국 등이 중요하다. 종합계획국은 국가계획위원회·수매양정성 등과 협력해 연간계획(농업계획, 자재계획, 설비계획, 건설계획, 수량화, 예측 분야)을 작성하며 관리한다. 농산국은 경작, 기술, 비료, 종자, 모종보호 등의 기술적 지도를 담당한다. 자재국은 종합계획국과 농산국의 연간계획과 실무지침에 의거해 비료, 농약, 종자, 비닐, 농기구, 부품 등 농자재를 조달하며 수송도 관장한다. 관개수로국은 관개수리시설의

건설과 관리를 담당한다. 김영훈·남민지,『북한의 농업법제 고찰: 농업조직 및 농지 관리를 중심으로』(한국농촌경제연구원, 연구보고 R643, 2011.11), 29-30쪽; 김영훈· 권태진·남민지,『북한 농업·농촌 실태와 대북 농업지원 방향 연구: 협동농장을 중심 으로』(한국농촌경제연구원, 연구보고 R598, 2009. 10), 13-14쪽.

674 도농촌경리위원회는 도내 군협동농장경영위원회와 국가농업기관·기업소·협동농장 의 생산경영활동을 전반적으로 지도하여 생산계획의 수행을 보장한다. 도농촌경리 위원회는 농업성의 행정·기술지도를 받아 농업성과 군협동농장경영위원회 간의 연 락·조정 업무 등 도내 농촌경리를 지도·관리하며, 과학적인 작물배치, 종자선정, 시 비체계 수립 등 기술개발과 지도를 담당한다. 종자·종축가축, 누에의 증식·생산·공 급을 담당하는 도영농장도 운영하며 관개관리소, 가축방역소, 농기계사업소, 농촌자 재공급소 등 농업관련 공장·기업소를 지도·관리한다. 또한 군에 농기계 및 부속품, 비료, 농약, 관개수리장비 등의 농업기자재를 조달하는 기능을 담당한다. 도농촌경 리위원회는 위원장 1인과 농산(식량생산), 관개, 자재·농기계를 담당하는 부위원장 3인으로 구성된다. 김영훈·남민지, 위의 글, 30-31쪽; 김영훈·권태진·남민지, 위의 글, 15쪽.

675 군협동농장경영위원회는 협동농장의 사업 지도, 농업기자재를 생산하는 공장·기업 소의 운영과 자재의 조달, 군의 농업·농촌기반 건설 등을 수행하는 국가농업지도기 관이다. 협동농장 사업의 지도에는 계획화 사업, 농업기술 향상 활동, 재정부기·노 동행정·경영활동 등에 대한 지도·관리가 포함된다. 농업·농촌기반 사업에서는 군 농업발전계획 작성, 토지정리와 개간, 관개시설 등을 수행한다. 위원회는 농기구공 장, 종자관리소, 관개관리소, 가축방역소, 사료공장 등 농업관련 공장·기업소를 운영 하며, 여기에서 생산된 농업기자재를 관내 협동농장에 공급한다. 또한 종축장, 원종 장, 채종농장, 농촌자재공급소 등과 연계해 종자와 기타 영농자재를 공급한다. 군협 동농장경영위원회는 위원장 산하에 관개, 축산, 농자재를 담당하는 3인의 부위원장 으로 구성되어 있다. 부서로는 계획, 기술지도, 부기지도, 농산, 축산, 과수, 남새, 농 업기계, 노동, 건설, 가축방역, 자재, 운수 등이 있다. 김영훈·남민지, 위의 글, 31-32 쪽; 김영훈·권태진·남민지, 위의 글, 15-17쪽.

676 김영훈·남민지, 위의 글, 35쪽; 김영훈·권태진·남민지, 위의 글, 20쪽.

677 김영훈·남민지, 위의 글, 35-36쪽; 김영훈·권태진·남민지, 위의 글, 21-23쪽.

678 김영훈·남민지, 위의 글, 37쪽.

679 김영훈·남민지, 위의 글, 37-38쪽.

680 김영훈·남민지, 위의 글, 45-47쪽; 김영훈·권태진·남민지, 앞의 글, 25-30쪽.

681 김영훈·남민지, 위의 글, 49쪽; 김영훈·권태진·남민지, 위의 글, 30, 32쪽.

682 김영훈·남민지, 위의 글, 52쪽; 김영훈·권태진·남민지, 위의 글, 33쪽.

683 김영훈·남민지, 위의 글, 54쪽; 김영훈·권태진·남민지, 위의 글, 35쪽.

684 김영훈·남민지, 위의 글, 51쪽; 김영훈·권태진·남민지, 위의 글, 31쪽.

685 김영훈·남민지, 위의 글, 54쪽; 김영훈·권태진·남민지, 위의 글, 35쪽.

686 김영훈·남민지, 위의 글, 54-55; 김영훈·권태진·남민지, 위의 글, 35-36쪽; 우영균 외, "북한 협동농장의 형성과정과 운영체제"『한국협동조합연구』제12집, 1994, 50쪽.

687 박재성, "분조가 기본분배단위로 기능하는 것은 현 시기 농업생산을 빨리 발전시키기 위한 중요한 방도"『경제연구』2004년 2호(평양: 과학백사전출판사), 27-28쪽.

688 김정일 국방위원장은 "농사를 구체적 조건에 맞게 잘 짓자면 농민들의 의사를 존중하고 그들의 역할을 높여야 합니다. 농사의 주인은 농민들이며 농사일을 잘 아는 것도 농민들입니다. 지금 협동농장들에는 농산기사, 준기사도 적지 않습니다. 농사는 구체적인 실정을 잘 아는 농민들이 주인이 되어 책임적으로 하게 하여야지 아래 실정도 잘 모르는 일군들이 이것을 심으라 저것을 심으라 하여서는 잘될 수 없습니다. 농업과학자들이 연구한 것도 내리 먹이려 하지 말고 협동농장 일반포전에 심고 가꾸면서 농민들 자신이 스스로 받아들이게 하여야 합니다. 종자뿐 아니라 농사방법도 일률적으로 내리 먹이지 말아야 합니다. 농장마다, 포전마다 구체적 조건이 다른 것만큼 농사방법을 일률적으로 내리 먹이면 오히려 농사를 망칠 수 있습니다"라고 말했다. 김정일, "경제사업을 개선하는데서 나서는 몇 가지 문제에 대하여"(조선로동당 중앙위원회 책임일군들과 한 담화, 1996년 4월 22일),『김정일선집』제14권(평양: 조선로동당출판사, 2000), 163-164쪽.
그는 또 "나는 이미 전에 농민들이 논두렁이나 밭쵀뚝에 콩을 심어 먹도록 하라고 하였습니다. 그랬더니 농민들이 매우 좋아 하면서 열의를 내여 논두렁과 밭쵀뚝에 콩을 많이 심어 가꾸었습니다. 그런데 최근에 개인들이 빈 땅에 심은 곡식까지 다 국가에 수매하게 하다 보니 점차 관심이 적어지게 되었으며 논두렁과 밭쵀뚝 같은 데 콩을 잘 심으려 하지 않는다고 합니다. 좋은 제도를 세워 놓은 것을 헝클어 놓고 있는데 그래서는 안 됩니다.···국가에서 농민들과 약속한 것을 어겨서는 안 됩니다. 농민들이 논두렁이나 빈 땅에 곡식을 심어 먹지 못하게 하는 것은 당과 대중을 이탈시키는 옳지 않은 행동입니다. 농민들이 논두렁이나 빈 땅에 심어 가꾼 곡식은 100% 농민들에게 주는 것을 원칙으로 하여야 합니다. 당에서 이미 조치를 취한대로 농민들이 논두렁과 쵀뚝에 콩을 심거나 비경지에 곡식을 심어 가꾼 것은 철저히 그것을 심어 가꾼 사람이 먹게 하여야 하겠습니다. 농민들이 공동노동에 성실히 참가하면서 개별적으로 비경지에 심어 가꾼 곡식을 제가 먹게 하여야 사람들이 관심을 가지고 빈 땅을 빠짐없이 찾아 내어 곡식을 심을 수 있습니다." 김정일, "당면한 경제사업의 몇 가지 문제"(조선로동당 중앙위원회 책임일군들과 한 담화, 1997년 9월 10일),『김정일선집』제14권(평양: 조선로동당출판사, 2000), 361-362쪽.

689 김영훈, "북한농업과 '농지가족도급제'"『KREI 북한농업동향』제3권 제1호(2001.4, 한국농촌경제연구원), 16-18쪽; 김영훈·지인배,『식량난 이후 북한의 농업과 농정변

화 분석: 1995-2005년』(서울: 한국농촌경제연구원 연구보고 R531, 2006.9), 45-46쪽.

690 김영훈·지인배, 위의 책, 47-48쪽. '새로운 분조관리제'의 성과가 부진했던 직접적인 요인으로는 첫째, 목표생산량 책정 수준이 여전히 높아 분조에 할당된 목표계획치 초과생산이 어려웠던 점을 꼽을 수 있다. 둘째, 물적 토대가 매우 취약한 상태였다는 점이다. 비료·종자·에너지 등 농업생산자재가 적기에 충분히 공급되고 농업생산기반시설이 충분하다면 초과생산이 가능했을 것이지만, 그러한 물적 뒷받침은 매우 취약해진 상태였다. 같은 책, 48-49쪽. 간접적인 요인으로는 첫째, 안정적으로 농산물을 판매할 수 있는 자유시장이 발달되어 있지 않았던 점을 생각해볼 수 있다. 둘째, 농업생산요소를 자유롭게 구매할 수 있는 요소시장이 없었다는 점도 난점이었다. 자유로운 농업생산요소시장이 없었고, 초과소득을 농업생산에 재투자할 여건도 형성되지 않았다. 같은 책, 49-50쪽.

691 북한은 1997년부터 종자혁명 방침을 결정하고 우량종자 확보와 보급을 강조했다. 북한이 시급히 추진할 과제는 우수 품종 개발을 위한 연구개발체계와 종자증식·보급체계를 복구하는 것이었다. 북한 농정당국은 옥수수·감자의 종자생산 및 증식 부문에서 남한 민간지원단체의 지원(국제옥수수재단의 옥수수 종자, 월드비전의 씨감자 등)을 받아 종자증식과 보급체계를 일부 복원하여 가동한 바 있다. 김영훈·지인배, 위의 책, 30쪽.

692 북한은 1997년부터 약 4만 ha 수준이던 이모작 면적을 30만 ha로 확대한다는 목표를 설정하고 이모작 면적을 확대해왔다. 이모작은 초기에 주로 '곡물-곡물' 중심으로 추진했으나 감자가 중요한 식량작물로 강조되면서 '곡물-감자'의 이모작 형태가 증가했다. 이모작 확대로 노동력과 농자재 투입 요구량은 증가했다. 지력을 일정 수준 이상으로 유지하기 위해 다량의 시비가 요구되지만 퇴비와 화학비료의 부족 때문에 이모작 확대에 곤란을 겪고 있다. 앞그루 수확과 뒷그루파종이 겹치는 6월은 노동력과 기계동력이 많이 필요한 시기여서 국가적으로 농촌지원사업을 대대적으로 추진하고 있다. 김영훈·지인배, 위의 글, 31쪽.

693 북한은 1998년부터 감자농사혁명 방침을 세우고 량강도 대홍단군을 중심으로 감자재배면적을 늘렸다. 감자재배면적은 1990년 6만 ha 수준에서 2005년에는 19만 ha에 이르렀다. 북한이 감자농사혁명에서 가장 큰 관심을 가진 분야는 씨감자 생산체계의 현대화 사업이다. 북한은 감자농사혁명 이후 전통적인 씨감자 생산체계를 조직배양 생산체계로 전환하고 있다. 농업과학원은 이를 위해 대외협력사업을 적극 추진해왔다. 2001년에 평양에, 2002년에는 대홍단, 정주, 배천, 함흥 등지에 감자원종 생산공장이 설립되었고 월드비전, 카리타스 등 남한·국제 민간단체의 지원을 받아왔다. 김영훈·지인배, 위의 글, 32쪽.

694 토지정리사업은 소구획 경지를 대구획으로 정리해 기계영농과 경지면적 확대에 의한 식량 증산을 꾀하려는 것이다(토지소유권의 잔재를 청산하려는 목적도 있었다고 한다;『로동신문』『민주조선』, 2000년 4월 18일자). 북한은 1998년에 강원도를 시작으로, 1999년 평안북도, 2000-2002년 황해남도, 2002-2004년 평안남도, 평양·남포에

서 토지정리사업을 실시해 총 27만 6천 ha를 정리했다고 한다. 토지정리사업의 시작 (1998년 10월-1999년 4월) 단계에서는 강원도의 3만 ha 농지를 대상으로 했는데, 산 이 많은 특성을 고려해 한 필지의 규모를 300평 정도로 정했다가, 나중에 종합적 기 계화의 실현을 위한 토지정리 원칙이 제시되면서 평야지대는 1,500평, 중간지대는 800~1,000평, 산간지대는 300~500평으로 규격화되었다. 전국적으로 27만 ha의 토지 를 정리하는 과정에서 소필지 210만 개를 56만 개의 규격화 필지로 정리했고, 13만 km의 논두렁이 8만 km로 줄어들고 23,000km의 수로가 새로 건설됐으며 7,600여 ha가 새로 조성되었다고 한다. 북한은 2004년 이후 토지정리사업 대상지역을 황해 북도, 개성, 함경남도, 함경북도, 량강도 등으로 확대하였다. 김영훈·지인배, 위의 글, 33-35쪽.

695 북한이 추진한 대규모 물길 개설공사(수리화)는 에너지가 많이 요구되는 양수식에서 자연흐름식으로 관개체계를 바꾸는 사업이다. 개천-태성호 물길공사(평남 개천시, 순천시, 숙천군, 평원군, 대동군, 증산군 등을 거쳐 남포시 강서구역의 태성호까지. 대동강 갑문으로부터 160km의 지상수로 및 90개의 물길굴)는 1999년 11월에 시작 되어 2002년 10월 18일에 완공되었다. 이 수로는 농업용수의 원활한 공급, 전력수요 절감, 홍수 예방, 용수 확보 등을 목적으로 한 것이었다. 『평양방송』(2000년 2월 29 일)에 따르면, 개천-태성호 물길공사의 완공에 따라, 수로건설과 병행해 갑문과 수로 곳곳에 중소형 발전소의 동시 건설로 대형 발전소 규모의 전력생산 가능, 평남과 남 포시 등지의 양수장 380여 개, 양수기 3,530여대의 폐쇄에 따른 1억 5천만 kwh의 전기 절약, 사리원시와 신천군, 재령군, 안악군, 은천군, 은률군, 황주군을 비롯한 황 해남북도 및 남포시 곡창지대의 홍수예방, 평남 일부 지역과 남포시 주민들의 오염 되지 않은 대동강물의 식수 이용 등의 효과를 거두었다고 한다. 그리고 백마-철산 물길은 평북 백마호로부터 룡천군, 염주군, 철산군, 신의주시까지 이어지며, 총 연장 길이는 270km에 달하였다. 이 공사는 개천-태성호 물길공사 완료와 동시에 시작되 어 2005년 10월에 종료되었다(『로동신문』, 2005년 10월 3일자; 『민주조선』, 2005년 10월 4일자). 2006년 4월에는 황해북도 미루벌 물길공사가 시작되었다. 미루벌 물길 도 자연흐름식 물길공사인데, 이 물길이 완성되면 곡산, 신계, 수안군의 2만 여 ha에 달하는 농경지에 관개용수를 제공할 수 있다고 한다. (『로동신문』, 2006년 4월 1일 자; 『조선신보』, 2006년 4월 1일자). 이상 김영훈·지인배, 위의 글, 35-36쪽 재인용.

696 이교덕·최진욱·박형중·서재진·정영태·송정호·김태호·장영석·방수옥, 『북한체제의 분야별 실태평가와 변화전망: 중국의 초기 개혁개방과정과의 비교분석』(서울: 통일 연구원, 2005), 222-224쪽.

697 김정일 국방위원장은 다음과 같이 밝혔다. "농촌경리에 대한 지도관리에서 사회주의 원칙을 지키고 사회주의적 집단경리의 우월성을 높이 발양시키기 위하여서는 변화 된 환경과 현실발전의 요구에 맞게 농업협동경리에 대한 사회주의적 관리운영체계 와 방법을 더욱 개선하고 완성하여야 합니다. 농업과학기술이 빨리 발전하는데 따라 영농작업을 과학기술적으로 하기 위한 기술지도, 기술관리체계를 바로 세우며 농장 들에서 생산과 관리의 모든 사업을 면밀히 짜고들어 가장 합리적으로 하도록 하여

야 합니다. 협동농장들에서 원가계산을 비롯한 계산을 똑똑히 하고 타산을 바로하여 생산과 관리에서 경제적 효과성을 높이고 실리를 얻도록 하여야 합니다.… 농업지도 기관들과 농업부문 일군들은 낡은 사업방법과 일 본새를 대담하게 혁신하여야 합니다. 농사지도에서 주관주의, 관료주의, 형식주의를 철저히 없애고 농업생산을 구체적으로, 실속있게 지도하여야 하며 농업근로자들이 주인이 되어 농사일을 성실하게 잘해내가도록 적극 도와주고 밀어주어야 합니다." 김정일, "우리 당의 농업혁명방침을 철저히 관철할데 대하여" (조선로동당 중앙위원회 책임일군들과 한 담화, 2003년 5월 21일)『김정일선집』제15권(평양: 조선로동당출판사, 2005년), 420쪽.

698 홍명렬, "농촌경리에 대한 지도관리를 개선강화하는 것은 당의 농업혁명방침 관철을 위한 중요한 요구"『근로자』2003년 10호(평양: 조선로동당출판사), 33-34쪽.

699 한기범, 앞의 논문, 167-168쪽.

700 『연합뉴스』, 2004년 12월 11일자.

701 양곡전매제를 전격 도입한 배경에는 7.1조치 이후 국정 쌀값(44원) 대비 시장가격의 지속 상승(800원, 20배 근접)의 문제를 해결하기 위해 정부가 곡물 가격안정을 도모해야 했던 사정, 직장 출근자와 비출근자를 차별하여 직장출근율을 높여야 했던 사정, 막대한 재정부담을 감내하더라도 수매가 인상(40원→180원)으로 농민의 증산의욕을 고취해야 했던 사정, 보다 근본적으로 계획시스템의 정상적 작동(복구)이 필요했던 사정 등이 복합적으로 작용했다. 한기범, 앞의 논문, 200-203쪽.

702 『로동신문』 등 북한 보도매체들이 간헐적으로 일부 협동농장의 '가족분조' 성공사례를 보도한 적이 있지만 가족분조를 협동농장 전반에 확대하지는 않고 있다. 북한의 협동농장에서는 '가족생산청부제'보다 '분조관리제'가 더 적합하다고 주장이 북한 경제학자의 글에서 나타난다. "《가족단위도급제》나《개인포전도급제》는 협업과 분업의 우월성을 효과적으로 이용하는 데서 제한성을 가지는 불합리한 방법으로 된다. 그것은 여기에서는 아무리 여러 세부공정작업이라 하여도 한 가족 안의 노력자들이나 개별적 사람들의 분업을 조직하고 협업을 조직하지 않으면 안 되기 때문이다. 따라서 여기에서는 모든 영농작업을 제철에 질적으로 할 수 없으며 노동지출의 효과성을 높일 수 없다. 또한 그것으로 하여 농민들을 집단주의사상으로 무장시킬 수 없게 한다. 그러나 집단생활의 세포인 분조를 단위로 농업생산과 분배를 하면 협업과 분업의 우월성을 효과적으로 이용하여 농업노동지출의 효과성을 높일 수 있고 모든 농사일을 제철에 질적으로 해나갈 수 있으며 농민들을 집단주의사상으로 무장시키는 데서도 중요한 역할을 하게 된다." 박재성, 앞의 글, 27쪽.

703 한기범, 앞의 논문, 211-212쪽. 이러한 흐름은 김정일, "경제사업에서 사회주의원칙을 고수하며 사회주의경제의 우월성을 높이 발양시킬데 대하여"(당, 국가경제기관 책임일군들과 한 담화, 2008년 6월 28일)의 영향을 받았던 것으로 보인다.

704 남한 내의 한 연구는 "김정은 위원장 집권 이후 포전담당 책임제라는 이름으로 '개인영농'은 다시 고개를 들었다"고 분석한다. 그에 따르면, "시기적으로도 2012~14년

에 집중적으로 개시됐는데, 특정 시점에서 전면적으로 시행한 것이 아니라 지역별·작물별 특성에 따라 점진적으로 도입했다. 개인영농이 상대적으로 쉬운 옥수수를 재배하는 산간지대 농장에서 먼저 도입된 것으로 보인다. 도입 초반에는 협동경리제가 주축인 가운데 포전담당 책임제를 일부 병행하다 포전담당 책임제 적용 포전면적을 점차 넓혀나간 것으로 보인다"는 것이다. 김소영, "북한 농업부문의 시장화: 협동농장과 '장마당'을 중심으로" 『KDI 북한경제리뷰』 2019년 10월호, 46쪽. 포전담당 책임제가 산간지대 농장에서 우선 도입되었다거나 이 제도의 적용 포전면적을 점차 넓혀나갔다거나 하는 관측은 사실에 가까운 것으로 보인다. 다만 분조관리제에서의 포전담당 책임제가 분조를 잘게 나눠 책임감과 자율성을 높이는 혁신을 전개한 것은 사실이지만(가족분조 등장 사례도 있다고 하지만), 이 제도를 개인영농의 측면에서 바라보는 것에는 무리가 있다. 북한 매체의 보도에서 개인영농을 긍정하는 징후를 찾아볼 수 없다(오히려 집단영농을 강조한다). 따라서 "도입 초반에는 협동경리 포전이 상당 면적 존재하다가 점차 개인경리 포전이 확대되면서 농장원당 토지 분여 규모도 늘어났다"(같은 글, 47쪽)는 설명은 오해의 여지가 있다. 농장원당 토지 분여 규모가 늘어나도 농장원은 분조 단위에 묶여 있기 때문이다.

705 김정은 위원장은 합리적인 알곡의무수매와 현물 분배에 대하여 다음과 같이 지시했다. "사회주의분배원칙의 요구에 맞게 분조에서 생산한 알곡 가운데서 국가가 정한 일정한 몫을 제외한 나머지는 농장원들에게 그들이 번 노력일에 따라 현물을 기본으로 하여 분배하도록 하여야 합니다. 그러자면 농촌의 현실적 조건에 맞지 않게 알곡의무수매계획을 무턱대고 높이 주거나 알곡생산계획을 넘쳐 수행한 분조들에게 여러 가지 명목으로 알곡을 더 거두어들여 농장원들의 생산의욕을 떨어뜨리는 것과 같은 현상이 나타나지 않도록 하여야 합니다. 국가적으로 나라의 식량수요와 농장원들의 이해관계, 생활상 요구를 옳게 타산한데 기초하여 알곡의무수매과제를 합리적으로 정해주어 농업근로자들이 자신감을 가지고 분발하여 투쟁하도록 하여야 합니다." 김정은, 『사회주의농촌테제의 기치를 높이 들고 농업생산에서 혁신을 일으키자』(전국농업부문분조장대회 참가자들에게 보낸 서한, 2014년 2월 6일)(평양: 조선로동당출판사, 2014), 15쪽,

706 조영기, "김정은 시대 북한경제의 현황과 과제" 『KDI 북한경제리뷰』 2013년 2월호(한국개발원), 28-29쪽. 《6·28방침》에도 불구하고 협동농장에서 현실적으로 남아 있던 문제점은 다음과 같다. 국가가 공급할 수 있는 영농자재는 낡았고 공급능력도 턱없이 부족하기 때문에 수요를 충당할 수 없었다. 지역에 따른 기후와 영농조건의 차이로 인한 생산량 차이가 크게 발생할 것이기에 배분의 형평성 문제가 발생했다는 점이다. ha당 식량작물 평균 생산량이 3톤이므로 생산량의 30%를 분배받을 경우 호당 660kg의 식량을 분배받게 되는데 이는 농가 가구원 1인당 153kg 분배여서 정상적인 분배기준인 1인당 220kg에 미치지 못하였다. 그리고 분조에 생산물의 자율처분권을 부여하더라도 영농자재 공급에 따라 실질적인 분배 몫은 줄어들게 된다는 점과 국가수매의 진행에 막대한 초기 재원이 소요된다는 점 등이다. 같은 글.

707 『연합뉴스』, 2013년 2월 27일자.

708 『연합뉴스』, 2013년 4월 11일자.

709 『연합뉴스』, 2013년 5월 11일자.

710 안승옥 최고인민회의 대의원의 발언의 핵심은 "선진영농방법과 기술을 받아들이고 분조관리제를 옳게 실시하여 올해 알곡생산계획을 수행하겠다"는 것이었다. 안 대의원은 2012년에 재령군에서 2011년보다 알곡을 더 생산할 수 있었던 이유를 거론했다. 즉, 선진영농방법과 기술의 도입, 분조관리제의 올바른 실시, 모든 농업생산 단위(작업반·분조)에서 포전별 토양 특성에 따른 농작물(특히 다수확품종) 재배기술·방법의 과학화, 대용비료 생산·투입 등이 그것이었다. 2013년에도 선진영농방법·기술 도입, 분조관리제와 포전담당책임제의 올바른 실시에 주안점을 두고 "농장원들의 정신력을 최대로 분출시켜나가도록 하겠다"는 결의를 밝혔다. 『로동신문』, 2013년 4월 2일자.

711 『연합뉴스』, 2013년 4월 19일자(중국『환구시보』인용 보도);『뉴시스』, 2013년 4월 23일자(미국 자유아시아방송(RFA) 인용 보도);『동아일보』, 2013년 8월 14일자; 『연합뉴스』, 2013년 6월 2일자(미국 AP통신 인용 보도).

712 김정은, 『사회주의농촌테제의 기치를 높이 들고 농업생산에서 혁신을 일으키자』(전국농업부문분조장대회 참가자들에게 보낸 서한, 2014년 2월 6일)(평양: 조선로동당출판사, 2014), 14쪽,

713 《농업법》(2002년 6월 13일 최고인민회의 상임위원회 정령 제3103호로 수정보충, 2009년 11월 3일 최고인민회의 상임위원회 정령 제329호로 수정보충)

714 《조선민주주의인민공화국 농장법》(2009년 12월 10일 최고인민위원회 상임위원회 정령 제483호로 채택, 2012년 11월 20일 최고인민회의 상임위원회 정령 제2809호로 수정 보충, 2013년 7월 24일 최고인민회의 상임위원회 정령 제3292호로 수정 보충, 2014년 12월 23일 최고인민회의 상임위원회 정령 제296호로 수정 보충, 2015년 6월 25일 최고인민회의 상임위원회 정령 제555호로 수정 보충)

715 1973년에 등장한 주체농법은 단위면적당 수확량 증대, 적기적작, 적지적작, 밀식재배, 집약농법, 품종개량, 과학적 시비체계수립 등을 포함한다. 특히 옥수수를 주곡으로 삼고 집약농법의 일환으로 '강냉이영양단지'를 고안해 집중적인 노동력 투입으로 생산량을 늘려 식량자급이 가능했다. 강냉이영양단지는 흙에 퇴비와 부식토, 질소비료를 한데 섞어 물을 부어 이긴 것을 기계로 찍어서 단지로 만들어 그 안에 옥수수 씨를 넣고 키운 것으로, 이 단지를 밭에 이식하여 옥수수를 키운다. 직파에 비해 노동력은 많이 들지만 수확이 많고 빨리 수확할 수 있다고 한다. 이찬우, "북한경제와 협동하자⑧ 북한경제의 자강력과 국제협력(농업 하)" 『LIFE IN』, 2018년 10월 31일자.

716 양문수, 앞의 글(2017), 84쪽.

717 조선중앙통신, 2014년 2월 6일자; 통일부, 『월간 북한동향』, 2014년 2월호, 15-16쪽 재인용.

718 조선중앙통신, 2014년 2월 6일자; 통일부, 『월간 북한동향』, 2014년 2월호, 16쪽 재인용.

719 『로동신문』, 2018년 8월 30일자; 통일부, 『주간 북한동향』, 제1428호(2018.8.25~ 8.31), 6-7쪽 재인용.

720 이찬우, 앞의 글.

721 『로동신문』, 2020년 1월 1일자, 1-4면.

722 양문수, 앞의 글(2016), 51쪽.

723 연합뉴스, 2018년 10월 25일자.

724 『로동신문』은 "경제장성의 견인력을 확보하고 생산과 기술발전을 추동하며 지적 창조력을 증대시킬 수 있는 제도적 조치들이 강구되어야 경제강국 건설이 보다 가속화될 수 있다"고 덧붙였다. 신문은 또한 "법적 기강을 확립하여 인민경제 모든 부문, 모든 단위에서 생산과 관리를 주체의 사회주의경제관리원칙과 사회주의기업 책임관리제의 요구대로 하도록 하며 생산계획을 어김없이 수행하도록 하는 것은 우리의 자립경제의 위력을 더욱 강화하기 위한 필수적 요구"라고 주장했다. 『로동신문』, 2019년 2월 3일자; 통일부, 『주간 북한동향』, 제1451호(2019.2.2~2.8), 3쪽 재인용.

725 연합뉴스, 2019년 2월 3일자.

726 이에 대해서는 김경렬, "사회주의원칙을 지키는 것은 우리 식 경제관리방법 확립의 근본요구" 『근로자』 2018년 제7호 참조. "최근에 일부 공장, 기업소들과 협동단체들의 생산이 활성화되지 못한 데로부터 기업관리질서가 헝클어지고 경제생활에서 사회주의와는 인연이 없는 비정상적인 현상들이 나타나고 있다.… 만일 기관, 기업소 단체들이 개인들이 비법적으로 소유하고 있는 설비들을 등록해주고 돈벌이를 시키는 것을 비롯하여 사회주의적 소유를 침해하는 현상들을 허용하게 되면 점차 사회주의경제제도가 침식되어 그 우월성을 발양시킬 수 없게 되며 나아가서 우리식 사회주의제도를 위험에 빠뜨릴 수 있다....기관, 기업소들과 단체들에서 본위주의에 사로잡혀 국가의 이익은 안중에도 없이 자기단위의 이익만을 생각하면서 제품과 원료, 자재, 수입물자들을 가지고 부당하게 거래하거나 사회주의적 상품공급질서와 국가가격규율을 어기며 개별적인 주민들의 비법적인 장사행위를 묵인 조장시키는 것과 같은 비사회주의적 현상들이 나타나지 않도록 철저히 경계해야 한다. 이러한 현상들을 각성 있게 대하지 않고 그냥 내버려두면 그것이 사회적인 풍조로 자랄 수 있으며 그렇게 되면 우리 사회가 점차 부익부, 빈익빈의 사회로 되고 결국에는 사회주의의 본태를 잃게 되는 돌이킬 수 없는 후과를 가져오게 된다. 경제지도일군들은 원가보상의 원칙에서 공장, 기업소를 관리운영하면서도 사회주의원칙에서 추호도 탈선하지 말아야한다." 이찬우, 앞의 글 재인용

727 이석기·권태진·민병기·양문수·이동현·임강택·정승호, 앞의 책, 84-85, 171-173쪽.

728 네이버 지식백과, "경로의존성" (정치학대사전편찬위원회, 『21세기 정치학대사전』 인용)

729 정운영, 앞의 책(2006), 292쪽.

730 김일성, "제1차 5개년 계획을 성과적으로 수행하기 위하여"(조선로동당대표자회의 에서 한 결론, 1958년 3월 6일), 『김일성저작집』 제12권(평양: 조선로동당출판사, 1981), 108-109쪽.

731 통일교육원, 『북한지식사전』(2016)의 웹버전 "중공업 우선발전 노선"

732 이창희, 앞의 논문, 190-191쪽.

733 김일성 당위원장(내각 수상)은 1956년 12월의 당중앙위원회 전원회의에서 한 결론 에서 "1957년 인민경제계획은 중공업을 우선적으로 발전시키면서 경공업과 농업을 동시에 발전시킬 데 대한 우리 당 경제건설의 기본노선에 기초하여 세워졌습니다. 우리는 지난날과 마찬가지로 다음해에도 중공업부문에 투자를 집중하고 많은 힘을 돌릴 것을 예견하고 있습니다. 이것은 전적으로 옳은 조치입니다.… 중공업을 우선 적으로 발전시키는 것은 우리나라 사회주의경제건설의 객관적 요구입니다. 특히 우 리가 지금 힘을 넣고 있는 중공업부문들은 다 인민생활과 직접적으로 관련되어 있 는 것들입니다. 만일 우리가 화학공업에 힘을 넣어 비료를 많이 생산하지 않는다면 농업생산에서 정보당 수확고를 높일 수 없을 것이며 그렇게 되면 인민들의 식량문 제를 풀 수 없을 것입니다. 또한 화학공업을 빨리 발전시켜 화학섬유를 많이 얻어내 야 인민들에게 옷감도 넉넉히 공급하여줄 수 있을 것입니다. 광업이나 다른 중공업 부문들에 대하여서도 이와 같은 것을 말할 수 있습니다. 우리가 만일 광업부문에 힘 을 넣어 더 많은 광물을 캐내지 않는다면 금속공업에 원료를 대줄 수 없는 것은 두 말할 것도 없고 외화를 많이 벌 수 없으며 따라서 인민들의 생활에 절실히 필요한 여러 가지 물건들을 사올 수 없게 될 것입니다. 그러므로 우리는 나라의 경제토대를 더욱 튼튼히 다지며 인민들의 생활을 더 빨리 높일 수 있도록 기계제작공업, 전기공 업, 석탄공업, 광업, 화학공업을 비롯한 중공업부문들에 계속 많은 투자를 하여야 합 니다"라고 밝힌 것(김일성, "사회주의건설에서 혁명적 대고조를 일으키기 위하여" (조선로동당 중앙위원회 전원회의에서 한 결론, 1956년 12월 13일), 『김일성저작집』 제10권(평양: 조선로동당출판사, 1980), 404-405쪽)을 근거로 할 때 이 시기에 중공 업의 우선발전과 경공업·농업의 동시발전의 전략적 노선이 공식화된 것으로 볼 수 있다.

734 이창희, 앞의 논문, 195쪽.

735 김일성, "전후 경제복구 건설방향에 대하여"(조선로동당 중앙위원회 정치위원회에서 한 결론, 1953년 6월 5일), 『김일성저작집』 제7권(평양: 조선로동당출판사, 1980), 506-510쪽.

736 박영근, "우리 나라 공업 발전에서의 새로운 단계"『우리나라에서의 사회주의 경제

건설』(평양: 과학원출판사, 1958), 144-145쪽; 이창희, 앞의 논문, 125-126쪽 재인용.

737 "중공업의 발전 그 자체는 인민생활에 직접적으로 기여하지 못하며 다만 생활필수품을 생산하는 경공업과 식량 및 공업 원료를 공급하는 농촌경리의 급속한 발전을 도모함으로써만 직접 인민생활을 향상되게 된다. 때문에 중공업의 우선적 발전과 함께 경공업과 농촌 경리를 동시적으로 발전시키는 문제가 필연적으로 제기되었다. 폐허 위에서 중공업을 우선적으로 발전시키면서 동시에 경공업과 농촌 경리를 급속히 발전시키는 문제는 쉬운 일이 아니었다." 김정일, "우리나라 공업의 발전"『우리나라의 인민경제발전 1948~1958』(평양: 국립출판사, 1958), 117-118쪽; 이창희, 위의 논문, 127쪽 재인용.

738 김일성, "모든 것을 전후 인민경제 복구발전을 위하여"(조선로동당 중앙위원회 제6차 전원회의에서 한 보고, 1953년 8월 5일)『김일성저작집』 제8권(평양: 조선로동당출판사, 1980), 18-30쪽.

739 김일성, "전후 인민경제 복구건설사업을 성과적으로 진행할 데 대하여"(조선로동당 중앙위원회 정치위원회에서 한 결론, 1953년 12월 8일), 『김일성저작집』 제8권(평양: 조선로동당출판사, 1980), 174-179쪽.

740 이창희, 앞의 논문, 127쪽,

741 북한의 공식 발표에 의한 국방비(민족보위비)가 국가예산에서 차지하는 비율은 1954년 8.0%, 1955년 6.15%, 1956년 5.9%, 1957년 5.26%, 1959년 3.7%이었다. 다만, 중국인민지원군의 지원주둔을 비용으로 간주한 것과 1949년의 국가예산 대비 민족보위비 지출이 15.7%였던 것을 염두에 둘 필요가 있다. 북한이 1950년대에 국방비를 국가예산의 10~20% 정도 지출했다는 연구도 있다. 군사비로 확실히 추정되는 예산상 '항목미상' 지출을 합하면 추정치는 1954년 12.3~28.4%, 1955년 10.25%, 1956~1959년 10~19% 정도 된다는 것이다. 이러한 흐름으로 가다가 중국인민지원군 철수, 미국의 쿠바 피그만 침공(1961년 4월), 쿠바 미사일 위기(1962년 10월) 등과 맞물리면서 1962년 12월에 북한의 경제건설과 국방건설의 병진노선이 탄생했던 것이다. 병진노선은 중공업 우선발전을 바탕으로 국방력 강화로 나아가는 '국력지향형 발전'정책이었다고 볼 수 있다. 이창희, "북한의 1945~1960년 중공업 우선발전전략에 대한 재고찰"『통일정책연구』 제22권 제1호(2013), 258-259쪽.

742 이창희, 앞의 논문, 96-197쪽.

743 이창희, 앞의 글(2013), 251-252쪽.

744 증산과 절약의 구호는 1956년 12월의 당중앙위원회 전원회의에서 공식적으로 제기되었다. 김일성 당위원장은 "우리의 구호는 《증산하고 절약하여 5개년계획을 기한 전에 넘쳐 완수하자!》는 것입니다. 우리가 더 많이 생산하고 더 많이 절약하여 다음 해 계획을 완수하고 5개년계획을 기한 전에 넘쳐 완수한다면 우리나라의 경제토대는 훨씬 더 튼튼하여지고 인민생활도 빨리 높아질 것이며 조국통일의 날도 그만큼

가까워 질 것입니다. 인민경제 모든 부문, 모든 단위에서 증산과 절약의 구호를 높이 추켜들고 혁신운동의 불길을 더욱 높여 새해에 들어서는 첫날부터 계획을 날마다, 달마다, 분기마다 어김없이 꼭꼭 넘쳐 완수하도록 하여야 하겠습니다"라고 밝혔다. 김일성, "사회주의건설에서 혁명적 대고조를 일으키기 위하여"(조선로동당 중앙위원회 전원회의에서 한 결론, 1956년 12월 13일), 『김일성저작집』 제10권(평양: 조선로동당출판사, 1980), 415쪽.

745 김일성 당위원장은 1954년 3월 당중앙위원회 전원회의 보고에서 "인민경제 모든 부문들에서 독립채산제를 올바르게 실시한다는 것은 기업소들에서 계획적 지도와 통제를 강화한다는 것을 의미하며 노력과 자재와 자금을 절약하고 모든 비생산적 지출을 줄이며 생산의 내부예비들을 합리적으로 동원하여 기업소의 수익성을 보장한다는 것을 의미합니다. 당과 정부는 독립채산제를 전후 경제건설을 위한 중요한 공간의 하나로 인정하고 그것을 강화하는데 특별한 의의를 부여하고 있습니다. 그러나 우리의 적지 않은 기업소 지배인들은 아직도 자기를 나라의 주인으로 생각하지 않으며 인민의 재산을 아끼지 않습니다"라고 보고한 바 있다. 김일성, "산업운수부문에서 나타난 결함들과 그것을 고칠 대책에 대하여"(조선로동당 중앙위원회 전원회의에서 한 보고, 1954년 3월 21일) 『김일성저작집』 제8권(평양: 조선로동당출판사, 1980), 319-320쪽.

746 이창희, 앞의 글(2013), 252-254쪽.

747 이창희, 위의 글(2013), 254-258쪽.

748 김일성 당위원장은 1954년 11월 당중앙위원회 전원회의의 결론에서 "현 시기에 있어서 농촌진지를 강화하려면 우리나라 농촌을 점차 사회주의적 협동화의 길로 이끌어야 할 것입니다. 다른 길은 없습니다. 이것이 우리 농촌을 협동화할 첫째 필요성입니다. 둘째로, 우리는 공업뿐만 아니라 농업까지 계획적으로 운영하며 공업과 농업을 균형적으로 발전시키기 위해서도 농업의 협동화를 해야 합니다....셋째로, 농촌에서 모자라는 노력과 축력 문제를 해결하기 위해서도 우리는 농업을 협동화해야 하겠습니다.… 우리의 농업을 더욱 발전시키며 농민문제를 근본적으로 해결하기 위하여 우리는 농업협동화의 길로 나아가야 합니다"라고 밝혔다. 김일성, "농촌경리의 금후 발전을 위한 우리 당의 정책에 관하여"(조선로동당 중앙위원회 전원회의에서 한 결론, 1954년 11월 3일), 『김일성저작집』 제9권(평양: 조선로동당출판사, 1980), 128-129쪽.

749 양문수, "북한의 경제발전전략 70년의 회고와 향후 전망" 『통일정책연구』 제24권 제2호(2015), 34-37쪽.

750 김일성, "제1차 5개년 계획을 성과적으로 수행하기 위하여"(조선로동당대표자회의에서 한 결론, 1958년 3월 6일), 『김일성저작집』 제12권(평양: 조선로동당출판사, 1981), 108-109쪽.

751 양문수, 앞의 글(2015), 37-39쪽.

752 박은진, "북한 정권별 산업정책 변천과 전망"『KDB북한개발』2017년 여름호(통권 11호), 170-171쪽.

753 자립적 민족경제의 발전 이념이 중공업 우선의 발전전략을 불가피하게 만드는 측면이 있다는 지적이 있다. 즉 경제가 '내부적으로 완결적인 재생산구조'를 갖추고(자립적 민족경제) 빠른 속도로 성장하기 위해서는(추격발전) 소비재 생산부문(경공업·농업)보다 생산수단 생산부문(중공업)을 먼저 발전시켜야 하기 때문이라는 것이다. 임수호,『계획과 시장의 공존』(삼성경제연구소, 2008), 43-44쪽. 이 때문에 북한은 한국전쟁 직후부터 '중공업 우선발전, 농업·경공업 동시발전'이라는 슬로건 아래 실제로는 중공업을 우선 발전시키기 위해 농업과 경공업을 희생하는 전략을 추진해왔다는 설명이다. 이 노선은 현재까지도 북한 발전전략의 근간을 이루고 있다는 것이다. 임수호·최유정·홍석기,『북한 경제개혁의 재평가와 전망: 선군경제노선과의 연관성을 중심으로』(대외경제정책연구원, 2015.12), 22-24쪽.

754 "북한 경제의 이러한 외연적 성격은...첫째 북한 경제에서는 기술혁신에 따른 노동력 절약과 노동생산성 향상이 불가능했다. 따라서 이를 보완하기 위하여 노동력공급의 절대량을 늘리는 방식으로, 대중적 노력동원운동에 항시적으로 의존해야 했다." 박형중,『북한적 현상의 연구』(서울: 연구사, 2004), 43-46쪽 참조

755 이창희, 앞의 논문, 198-199쪽.

756 이창희, 앞의 글(2013), 260-261쪽.

757 양문수, 앞의 글(2015), 39-41쪽.

758 북한의 일부 경제학자들은 이 관점에 이의를 제기할 것이다. 중공업의 우선발전과 경공업·농업의 동시발전 전략을 사회주의 경제건설의 기본노선으로 보고, 오늘날에도 이 노선은 유지된다는 측면에서 '개건 완비'를 강조하기 때문이다. 사례를 들면 다음과 같다.
　"중공업을 우선적으로 발전시키면서 경공업과 농업을 동시에 발전시킬데 대한 사회주의경제건설의 기본노선에 따라 중공업에서는 중공업 자체의 발전이 아니라 인민생활에 이바지하는 중공업의 발전을 담보할 수 있도록 중공업 내부 부문의 구조가 완비되어야 한다. 경공업부문에서는 날로 다양해지는 인민소비품의 수요를 자체로 원만히 충족시킬 수 있도록 그 내부 부문구조가 개선 완비되어야 한다. 그리고 농산과 축산, 수산을 3대 축으로 하여 인민들의 먹는 문제 해결에 이바지할 수 있도록 그 부문구조가 개선 완비되어야 한다." 정향미, "경제강국의 부문구조에 대한 일반적 리해"『경제연구』2019년 제4호(평양: 과학백과사전출판사), 20쪽.

759 통일교육원,『북한지식사전』, "중공업 우선발전 노선"

760 김일성, "현 정세와 우리 당의 과업"(조선로동당대표자회에서 한 보고, 1966년 10월 5일),『김일성저작집』제20권(평양: 조선로동당출판사, 1982), 415쪽.

761 1962년 11월 29일~12월 5일 당시 당 부위원장 겸 부수상이던 김광협 대장은 군사원

조를 받기 위해 소련을 방문했으나 빈손으로 돌아올 수밖에 없었다. 함택영, 『국가 안보의 정치경제학: 남북한의 경제력 국가역량 군사력』(서울: 법문사, 1998), 164쪽; 김동엽, "경제·핵무력 병진노선과 북한의 군사분야 변화" 『현대북한연구』, 제18권 제2호(북한대학원대학교 북한미시연구소, 2015), 81-83쪽 재인용.

762 『로동신문』, 2013년 4월 2일자, "경애하는 김정은 동지께서 조선로동당 중앙위원회 2013년 3월 전원회의에서 하신 보고"라는 기사는 "위대한 수령님께서는 1962년 12 월 당중앙위원회 제4기 제5차 전원회의에서 역사상 처음으로 경제건설과 국방건설 을 병진시킬 데 대한 노선을 내놓으시고 《한 손에는 총을, 다른 한손에는 낫과 마치 를!》이라는 혁명적 구호를 제시하시였습니다"라고 밝히고 있다. 김동엽, 위의 글, 81-83쪽 재인용.

763 김일성, "신년사"(1963년 1월 1일), 『김일성저작집』 제17권(평양: 조선로동당출판사, 1982), 10쪽.

764 김일성, "조선로동당 창건 스무돐에 즈음하여"(조선로동당 창건 스무돐경축대회에서 한 보고, 1965년 10월 10일), 『김일성저작집』 제19권(평양: 조선로동당출판사, 1982), 508, 523쪽.

765 김동엽, 앞의 글, 81-83쪽.

766 함택영, "경제·국방건설 병진노선의 문제점" 『북한 사회주의 건설의 정치경제』(서울: 경남대학교 극동문제연구소, 1993), 131-165쪽; 김동엽, 위의 글, 81-83쪽 재인용.

767 성채기, "북한 군사력의 경제적 기초: '군사경제'의 실체에 대한 역사적·실증적 분 석" 『북한군사문제의 재조명』(파주: 한울, 2006), 249-259쪽; 김동엽, 위의 글, 81-83쪽 재인용.

768 김동엽, 위의 글, 81-83쪽.

769 김일성, "현 정세와 우리 당의 과업"(조선로동당대표자회에서 한 보고, 1966년 10월 5일), 『김일성저작집』 제20권(평양: 조선로동당출판사, 1982), 415-418, 425- 426쪽.

770 『로동신문』, 1966년 8월 12일자.

771 모춘홍·은용수, "1960년대 북한의 병진노선 채택과 군사적 모험주의에 관한 역사적 분석" 『통일문제연구』 제28권 제1호(통권 제65호, 2016년 상반기), 224-226쪽.

772 김일성, "당면한 경제사업에서 혁명적 대고조를 일으키며 로동행정사업을 개선강화 할 데 대하여"(조선로동당 중앙위원회 제4기 제16차 전원회의에서 한 결론, 1967년 7월 3일), 『김일성저작집』 제21권(평양: 조선로동당출판사, 1983), 351-352, 354쪽.

773 김일성, "7개년 계획의 중요 고지들을 점령하기 위하여 천리마의 기세로 총돌격하 자"(조선로동당 중앙위원회 제4기 제17차 전원회의 확대회의에서 한 결론, 1968년 4월 25일), 『김일성저작집』 제22권(평양: 조선로동당출판사, 1983), 198쪽.

774 김일성, "사회주의건설의 위대한 추동력인 천리마작업반운동을 더욱 심화발전시키자"(제2차 전국천리마작업반운동선구자대회에서 한 연설, 1968년 5월 11일), 『김일성저작집』 제22권(평양: 조선로동당출판사, 1983), 282, 285-286쪽.

775 김일성, "조선로동당 제5차대회에서 한 중앙위원회 사업총화보고"(1970년 11월 2일), 『김일성저작집』 제25권(평양; 조선로동당출판사, 1983), 255-257, 293, 295쪽.

776 김연철, "북한의 1960년대 '경제·국방 병진노선'에 관한 연구" (성균관대학교 대학원 석사학위논문, 1992), 37-38쪽; 홍권희, "북한의 '경제·국방 병진노선' 연구" (경남대학교 대학원 박사학위논문, 2013.12), 110-112쪽 재인용.

777 이상균, 『북한 군수산업의 경제성 진단 및 남북 통합시 활용 방안: 통일독일의 사례에 대한 비교를 중심으로』(서울: 한국전략문제연구소, 1999), 36-37쪽; 홍권희, 위의 논문, 110-112쪽 재인용.

778 김일성, "우리의 인민군대는 로동계급의 군대, 혁명의 군대이다. 계급적 정치교양사업을 계속 강화하여야 한다"(인민군부대 정치부련대장 이상 간부들 및 현지 당, 정권기관 일군들 앞에서 한 연설, 1963년 2월 8일), 『김일성저작집』 제17권(평양: 조선로동당출판사, 1982), 128-129쪽; 김일성, "현 정세와 인민군대 앞에 나서는 몇 가지 정치군사과업에 대하여"(조선인민군 대대장, 정치부대장, 대대 사로청위원장대회에서 한 결론, 1969년 10월 27일), 『김일성저작집』 제24권(평양: 조선로동당출판사, 1983), 254쪽.

779 김일성, "신년사"(1965년 1월 1일), 『김일성저작집』 제19권(평양: 조선로동당출판사, 1982), 8쪽.

780 김일성, "당간부양성사업을 개선강화할데 대하여"(당간부양성기관 교원들 앞에서 한 연설, 1971년 12월 2일), 『김일성저작집』 제26권(평양: 조선로동당출판사, 1984), 509쪽.

781 김일성, "조선민주주의인민공화국의 당면한 정치, 경제 정책들과 몇 가지 국제문제에 대하여(일본 《요미우리신붕》 기자들이 제기한 질문들에 대한 대답, 1972년 1월 10일), 『김일성저작집』 제27권(평양: 조선로동당출판사, 1984), 34쪽.

782 김일성, "알제리민주인민공화국 정부 대표단과 한 담화"(1974년 3월 2~3일), 『김일성저작집』 제29권(평양: 조선로동당출판사, 1985), 104쪽. "7개년계획을 수행하는 전 기간에 우리의 공업은 해마다 평균 12.8%씩 장성하였습니다. 우리가 7개년계획을 세울 때 공업생산을 해마다 평균 18%씩 장성시킬 것을 예견하였으나 국방건설에 추가적으로 큰 힘을 돌리다보니 그렇게 하지는 못하였지만 12.8%씩 장성시킨 것도 다른 나라들의 공업발전 속도에 비하면 결코 낮은 수준이 아니라고 봅니다."

783 김일성, "모잠비끄해방전선 위원장과 한 담화"(1975년 3월 5일), 『김일성저작집』 제30권(평양: 조선로동당출판사, 1985), 160쪽.

784 김일성, "병기공업을 더욱 발전시키기 위하여"(전국병기공업부문당열성자회의에서

한 연설, 1961년 5월 28일), 『김일성저작집』 제15권(평양: 조선로동당출판사, 1981), 137쪽. "다음으로 새로운 품종의 병기들을 더 많이 만들어내야 하겠습니다. 병기공업 부문에서 품종을 늘이기 위한 투쟁을 힘 있게 벌려 인민군대에서 요구하는 무기와 탄약들을 될 수 있는 대로 다 자체로 생산 보장하도록 하여야 합니다. 그래야 앞으로 일단 유사시에 전투를 원만히 보장할 수 있습니다. 과학자, 기술자들과 오랜 병기생 산경험을 가지고 있는 노동자들이 힘을 합쳐 품종을 늘이기 위한 연구사업을 힘 있게 밀고나가야 하겠습니다."

785 김일성, "사회주의건설의 새로운 요구에 맞게 기술인재양성사업을 강화하자"(김책공 업대학 교직원, 학생들 앞에서 한 연설, 1968년 10월 2일), 『김일성저작집』 제23권 (평양: 조선로동당출판사, 1983), 3쪽.

786 김태운·이강복, 『북한의 산업구조 변화 추이와 향후 전망』(아시아연구, 2008), 117쪽.

787 박은진, "북한 정권별 산업정책 변천과 전망" 『KDB북한개발』, 2017년 여름호(통권 11호), 172-173쪽.

788 김일성, "기계공업을 발전시키기 위하여 나서는 몇 가지 문제에 대하여"(기계공업부 문 일군협의회에서 한 결론, 1977년 7월 19일), 『김일성저작집』 제32권(평양: 조선 로동당출판사, 1986), 299쪽.

789 북한의 '전쟁 재발의 우려'는 1990년대까지 이어졌다. 김일성 주석은 1992년 12월 14일 중앙인민위원회와 정무원 연합회의에서의 연설에서 "지금 적들은 우리나라 사 회주의를 허물어보려고 경제적 봉쇄와 사상문화적 공세를 강화하는 한편 우리를 군 사적으로 위협하고 있습니다. 우리는 적들의 침략책동에 대처하여 혁명적 경각성을 더욱 높여야 하며 적들의 침략으로부터 혁명의 전취물을 수호할 수 있도록 만단의 준비를 갖추어야 합니다. 무엇보다도 우리 당이 제시한 전군간부화, 전군현대화, 전 민무장화, 전국요새화 방침을 철저히 관철하여야 합니다. 전군간부화, 전군현대화는 인민군대와 군수공업부문에서 집행하여야 할 과업이지만 전민무장화, 전국요새화는 전체 인민이 동원되어 수행하여야 할 과업입니다"라고 말했다. 김일성, "현 시기 정 무원 앞에 나서는 중심과업에 대하여"(조선민주주의인민공화국 중앙인민위원회, 정 무원련합회의에서 한 연설, 1992년 12월 14일), 『김일성저작집』 제44권(평양: 조선 로동당출판사, 1996), 19쪽.

790 양문수, 앞의 글(2015), 44-47쪽.

791 박은진, 앞의 글, 174-177쪽.

792 김일성, "조선로동당 제6차 대회에서 한 중앙위원회 사업총화보고"(1980년 10월 10 일), 『김일성저작집』 제35권(평양: 조선로동당출판사, 1987), 323쪽.

793 김일성, "당면한 사회주의경제건설 방향에 대하여"(조선로동당 중앙위원회 제6기 제 21차 전원회의에서 한 결론, 1993년 12월 8일), 『김일성저작집』 제44권(평양: 조선 로동당출판사, 1996), 280쪽.

794 김일성, "조선민주주의인민공화국 인민경제발전 제2차 7개년(1978-1984)계획에 대하여"(조선민주주의인민공화국 최고인민회의 법령 최고인민회의 제6기 제1차 회의에서 채택, 1977년 12월 17일), 『김일성저작집』 제32권(평양: 조선로동당출판사, 1986), 547-548, 562-563쪽.

795 김일성, "당원들과 근로자들을 제2차 7개년계획을 앞당겨 수행하기 위한 투쟁에 힘있게 조직동원하자"(조선로동당 중앙위원회 제5기 제16차 전원회의에서 한 연설, 1978년 1월 28일), 『김일성저작집』 제33권(평양: 조선로동당출판사, 1987), 41쪽.

796 김일성, "조선로동당 제6차 대회에서 한 중앙위원회 사업총화보고"(1980년 10월 10일), 『김일성저작집』 제35권(평양: 조선로동당출판사, 1987), 323-328쪽.

797 김일성, "남남협조와 대외경제사업을 강화하며 무역사업을 더욱 발전시킬 데 대하여"(조선민주주의인민공화국 최고인민회의 결정, 1984년 1월 26일), 『김일성저작집』 제38권(평양: 조선로동당출판사, 1992), 218-220, 221, 225, 228쪽.

798 김일성, "대외무역을 다각화, 다양화할 데 대한 당의 방침을 철저히 관철하자"(무역부문 책임일군들과 한 담화, 1984년 2월 13일), 『김일성저작집』 제38권(평양: 조선로동당출판사, 1992), 233-236쪽.

799 연합기업소는 1973년에 조직되기 시작해 1974년에 황해제철연합기업소, 강선제강연합기업소, 김책제철연합기업소, 2·8비날론연합기업소 등 6개 연합기업소가 공식적으로 발족했다. 연합기업소가 북한 기업소 체제를 대표하게 된 것은 1984년 11월 정무원 상무회의의 방침으로 《관리국과 연합기업소를 새로 내오려는 결정》이 나오면서부터였다. 연합기업소의 조직화는 산업생산 부문별 관리의 효율화, 대안의 사업체계의 효과적 운영, 분권화와 물질적 자극 강화, 자재공급문제에 대한 대처 등을 위한 조치였다. 연합기업소의 주요 형태는 모(母)공장을 중심으로 하고 그에 종속되는 기업소들을 망라해 조직한 형태, 일정한 지역의 같은 제품 생산기업소(동종 기업)들과 그에 종속하는 기업소들을 망라해 조직한 형태, 전국적 범위에서 같은 제품 생산기업소들을 망라해 조직한 형태, 기타 특수한 형태의 기업소 등이다. 연합기업소는 유관기업과 동종업종이 서로 계획과 생산을 맞물려 진행하는 체제이기 때문에 산업 간, 부문 간 연쇄적 파급효과가 크다. 연합기업소 체제는 1990년대 중반 고난의 행군 시기를 거치면서 대부분이 그 기능을 상실하고, 서로의 연관 고리들이 끊어지는 위기 상황에 봉착한 것으로 알려졌다. 통일교육원, 『북한지식사전』(2016)의 웹버전, "연합기업소"

800 김일성, "련합기업소를 조직하며 정무원의 사업 체계와 방법을 개선할 데 대하여"(조선로동당 중앙위원회 정치국회의에서 한 연설, 1985년 11월 19일), 『김일성저작집』 제39권(평양: 조선로동당출판사, 1993), 215, 220-221쪽.

801 김일성, "기술혁명을 다그치며 금속공업을 발전시킬 데 대하여"(조선로동당 중앙위원회 제6기 제11차 전원회의에서 한 결론, 1986년 2월 5일~8일), 『김일성저작집』 제39권(평양: 조선로동당출판사, 1993), 330쪽.

802 김일성, "사회주의의 완전한 승리를 위하여"(조선민주주의인민공화국 최고인민회의 제8기 제1차 회의에서 한 시정연설, 1986년 12월 30일), 『김일성저작집』 제40권(평양: 조선로동당출판사, 1994), 223, 227-228쪽.

803 박은진, 앞의 글, 173-174쪽.

804 김일성, "자력갱생의 혁명정신을 높이 발휘하여 사회주의경제건설을 다그치자"(경제부문 책임일군들과 한 담화, 1987년 1월 3일), 『김일성저작집』 제40권(평양: 조선로동당출판사, 1994), 244-245쪽.

805 김일성, "정무원사업을 개선하며 경제사업에서 5대 과업을 틀어쥐고 나갈 데 대하여"(당 중앙위원회, 정무원 책임일군협의회에서 한 연설, 1988년 1월 1일), 『김일성저작집』 제41권(평양: 조선로동당출판사, 1995), 22-32쪽.

806 김일성, "주체의 혁명적 기치를 튼튼히 고수하며 사회주의건설을 힘 있게 다그칠 데 대하여"(조선로동당 중앙위원회 제6기 제13차 전원회의에서 한 결론, 1988년 3월 7~11일), 『김일성저작집』 제41권(평양: 조선로동당출판사, 1995), 58-90쪽. 농사·무역 제일주의와 경공업 강화 방침은 김일성 주석의 1990년 5월 연설에서도 거의 그대로 반복되었다(김일성, "중앙인민위원회와 정무원의 사업방향에 대하여"(조선민주주의인민공화국 중앙인민위원회 제9기 제1차 회의, 정무원 제9기 제1차 전원회의에서 한 연설, 1990년 5월 28일), 『김일성저작집』 제42권(평양: 조선로동당출판사,1995), 323-342쪽).

807 양문수, 앞의 글(2015), 41-42쪽.

808 김일성, "공작기계공업과 전자, 자동화 공업발전에서 전환을 일으킬 데 대하여"(조선로동당 중앙위원회 제6기 제14차 전원회의에서 한 결론, 1988년 11월 30일), 『김일성저작집』 제41권(평양: 조선로동당출판사, 1995), 290-291, 292-293, 310쪽.

809 김일성, "일군들의 혁명성, 당성, 로동계급성, 인민성을 높여 당의 경공업혁명 방침을 관철하자"(조선로동당 중앙위원회 제6기 제16차 전원회의에서 한 결론, 1989년 6월 7~9일), 『김일성저작집』 제42권(평양: 조선로동당출판사, 1995), 1, 3-5쪽.

810 김일성, "변화된 환경에 맞게 대외무역을 발전시킬 데 대하여"(당, 국가, 경제 지도 일군협의회에서 한 연설, 1991년 11월 23일, 26일), 『김일성저작집』 제43권(평양: 조선로동당출판사, 1996), 235-236쪽.

811 북한은 1993년에 제3차 7개년 계획의 마지막 해를 맞이했지만 '북핵문제'를 둘러싼 대외환경으로 극도의 어려움에 처했다. 즉 국제원자력기구(IAEA) 이사회의 '영변 핵시설에 대한 특별사찰' 결의(2월 25일), 북한 중앙인민위원회, 핵무기비확산조약(NPT) 탈퇴 성명(3월 12일), IAEA의 북한 핵문제의 유엔 안전보장이사회 회부 결의(3월 31일), 북한-미국의 제1단계 제1차 고위급회담(6월 2일~11일, 북한의 핵무기비확산조약NPT 탈퇴 유보 등 합의), 북한-미국의 제2단계 제1차 고위급회담(7월 14일~19일, 경수로 도입 및 IAEA와의 협상과 남북회담 등 합의) 등의 긴박한 움직임

이 있었고, 그해 3월의 팀스피리트 한·미 합동군사연습 기간(3월 2일~18일)에는 북한이 '전국·전민·전군에 대한 준전시상태'를 선포하기도 했다.

812 김일성, "당면한 사회주의경제건설 방향에 대하여"(조선로동당 중앙위원회 제6기 제21차 전원회의에서 한 결론, 1993년 12월 8일), 『김일성저작집』 제44권(평양: 조선로동당출판사, 1996), 280-284, 290쪽.

813 김일성, "신년사"(1994년 1월 1일), 『김일성저작집』 제44권(평양: 조선로동당출판사, 1996) 294쪽.

814 김정일, "당사업을 잘하여 사회주의혁명진지를 더욱 튼튼히 다지자"(조선로동당 중앙위원회 책임일군들 앞에서 한 연설, 1994년 1월 1일), 『김정일선집』 제13권(평양: 조선로동당출판사, 1998), 396-397, 399쪽.

815 김일성, "사회주의경제건설에서 새로운 혁명적 전환을 일으킬 데 대하여"(경제부문 책임일군협의회에서 한 결론, 1994년 7월 6일), 『김일성저작집』 제44권(평양: 조선로동당출판사, 1996), 474-486쪽.

816 최명규, "농촌경리에 직접 복무하는 국가기업소를 창설하고 그 역할을 높이는 것은 사회주의 농촌건설의 합법칙적 요구" 『경제연구』 (과학백과사전종합출판사, 1994), 20쪽; 최수영, 『북한의 산업구조 연구』(통일연구원, 2005)와 박은진, 앞의 글, 177-179쪽 재인용.

817 『로동신문』, 1991년 11월 22일자, 1994년 12월 22일자; 최수영, 위의 책과 박은진, 위의 글, 177-179쪽 재인용.

818 김정일, "올해를 강성대국건설의 위대한 전환의 해로 빛내이자"(조선로동당 중앙위원회 책임일군들과 한 담화, 1999년 1월 1일), 『김정일선집』 제14권(평양: 조선로동당출판사, 2000), 457쪽.

819 김정일, "강성대국건설의 요구에 맞게 사회주의경제관리를 개선강화할데 대하여" (2001년 10월 03일); 출처 http://nk.chosun.com/original.

820 김정일, "위대한 수령님을 영원히 높이 모시고 수령님의 위업을 끝까지 완성하자"(조선로동당 중앙위원회 책임일군들과 한 담화, 1994년 10월 16일), 『김정일선집』 제13권(평양: 조선로동당출판사, 1998), 435-436쪽.

821 김정일, "사회주의는 과학이다"(조선로동당 중앙위원회 기관지 《로동신문》에 발표한 론문, 1994년 11월 1일), 『김정일선집』 제13권(평양: 조선로동당출판사, 1998), 468-469쪽.

822 김정일, "위대한 수령님의 뜻을 받들어 내 나라, 내 조국을 더욱 부강하게 하자"(조선로동당 중앙위원회 책임일군들과 한 담화, 1994년 12월 31일), 『김정일선집』 제13권(평양: 조선로동당출판사, 1998), 496-497쪽.

823 김정일, "당의 두리에 굳게 뭉쳐 새로운 승리를 위하여 힘차게 싸워 나가자"(조선로

동당 중앙위원회 책임일군들과 한 담화, 1995년 1월 1일), 『김정일선집』 제14권(평양: 조선로동당출판사, 2000), 4-5쪽.

824 김정일, "당의 무역제일주의방침을 관철하는데서 나서는 몇 가지 문제"(조선로동당 중앙위원회 책임일군들과 한 담화, 1995년 2월 1일), 『김정일선집』 제14권(평양: 조선로동당출판사, 2000), 8-11쪽.

825 김정일, "경제사업을 개선하는데서 나서는 몇 가지 문제에 대하여"(조선로동당 중앙위원회 책임일군들과 한 담화, 1996년 4월 22일), 『김정일선집』 제14권(평양: 조선로동당출판사, 2000), 160-171쪽.

826 김정일, "국토관리사업에서 새로운 전환을 일으킬 데 대하여"(조선로동당 책임일군들과 한 담화, 1996년 8월 11일), 『김정일선집』 제14권(평양: 조선로동당출판사, 2000), 204-205, 208쪽.

827 김정일, "올해를 사회주의경제건설에서 혁명적 전환의 해로 되게 하자"(전당당일군회의 참가자들에게 보낸 서한, 1997년 1월 24일), 『김정일선집』 제14권(평양: 조선로동당출판사, 2000), 277-283쪽.

828 김정일, "혁명과 건설에서 주체성과 민족성을 고수할 데 대하여"(1997년 6월 19일), 『김정일선집』 제14권(평양: 조선로동당출판사, 2000), 325쪽.

829 양문수 외. 『2000년대 북한경제 종합평가』(서울: 산업연구원, 2012), 38-39쪽; 양문수, 앞의 글(2015), 47-50쪽 재인용.

830 김정일, "자강도의 모범을 따라 경제사업과 인민생활에서 새로운 전환을 일으키자"(자강도 여러 부문 사업을 현지지도하면서 일군들과 한 담화, 1998년 1월 16~21일, 6월 1일, 10월 20일, 22일), 『김정일선집』 제14권(평양: 조선로동당출판사, 2000), 398-408쪽.

831 김정일, "감자농사에서 혁명을 일으킬 데 대하여"(량강도 대홍단군을 현지지도하면서 일군들과 한 담화, 1998년 10월 1일), 『김정일선집』 제14권(평양: 조선로동당출판사, 2000), 428-445쪽.

832 김정일, "올해를 강성대국건설의 위대한 전환의 해로 빛내이자"(조선로동당 중앙위원회 책임일군들과 한 담화, 1999년 1월 1일), 『김정일선집』 제14권(평양: 조선로동당출판사, 2000), 454-461쪽.

833 김정일, "사회주의강성대국건설에서 결정적 전진을 이룩할 데 대하여"(조선로동당 중앙위원회 책임일군들과 한 담화, 2000년 1월1일), 『김정일선집』 제15권(평양: 조선로동당출판사, 2005), 10-11쪽.

834 김정일, "올해를 새 세기의 진격로를 열어나가는데서 전환의 해로 되게 하자"(조선로동당 중앙위원회 책임일군들과 한 담화, 2001년 1월 3일), 『김정일선집』 제15권(평양: 조선로동당출판사, 2005), 79-83쪽.

835 김정일, 위의 글, 88-89쪽. 김정일 국방위원장은 2001년 1월 28일 당 중앙위원회 책임일군들과 한 담화에서 컴퓨터수재 양성사업을 강화할 것을 촉구했다(김정일, "콤퓨터수재양성사업을 강화할 데 대하여"(조선로동당 중앙위원회 책임일군들과 한 담화, 2001년 1월 28일), 『김정일선집』 제15권(평양: 조선로동당출판사, 2005), 96-102쪽) 그는 그해 3월 11일의 담화에서는 21세기가 '정보산업의 시대'라는 것을 당 고위간부들에게 일깨워주고 인민경제의 현대화·정보화에 맞게 간부혁명을 해야 한다고 강조했다(김정일, "새 세기, 21세기는 정보산업의 시대이다"(조선로동당 중앙위원회 책임일군들과 한 담화, 2001년 3월 11일), 『김정일선집』 제15권(평양: 조선로동당출판사, 2005), 110- 117쪽). 그는 또 그해 9월 19일 과학기술인재 양성기지인 김책공업종합대학을 현지지도하면서 과학기술인재 양성사업을 잘 하여 높은 실력과 과학기술적 성과로 강성대국 건설에 이바지 할 것을 강조했다. 김정일, "김책공업종합대학은 나라의 위력한 과학기술인재양성기지이다"(김책공업종합대학을 현지지도하면서 교직원들과 한 담화, 2001년 9월 19일), 『김정일선집』 제15권(평양: 조선로동당출판사, 2005), 194-202쪽.

그해 12월 3일의 당 중앙위원회 책임일군들과의 담화에서는 21세기 일군들의 실력향상을 강조하는 가운데 "혁명과 건설의 모든 분야에서 끊임없는 혁신을 일으키고 비약적 발전을 이룩해야 합니다"라고 하면서 다음과 같이 말했다. "현대과학기술을 떠나서는 어떤 사업도 할 수 없으며 과학기술을 빨리 발전시키지 않고서는 강성대국을 건설할 수 없습니다. 지금은 낡은 지식이나 경험만 가지고 일할 때가 아닙니다. 우리 시대에는 일군들에게 있어서 당의 사상과 의도, 노선과 정책으로 무장하는 것이 기본이고 첫째가는 실력이라면 현대과학기술을 습득하는 것이 필수적인 제2의 실력이라고 할 수 있습니다. 우리 일군들은 정보산업시대의 발전추세와 강성대국 건설의 요구에 맞게 높은 과학기술지식을 습득하며 정보기술을 배우고 컴퓨터를 다룰 줄도 알아야 합니다. 일군들은 과학기술발전의 세계적 추세도 알아야 하고 첨단과학기술에 대한 일반적 개념도 알고 있어야 합니다. 특히 경제부문 일군들은 현대과학기술지식을 소유하지 않고서는 경제사업을 할 수 없다는 것을 깊이 명심하고 최신 과학기술을 애써 배우며 자기의 과학기술수준을 끊임없이 높여야 합니다. 당일군들도 과학기술지식을 가져야 당사업의 기본인 사람과의 사업을 잘 할 수 있고 행정경제사업에 대한 당적 지도도 원만히 할 수 있습니다. 우리의 모든 일군들이 당의 과학기술중시 사상을 높이 받들고 현대과학기술을 아는 유식하고 유능한 일군으로 준비되어야 합니다." 김정일, "현 시기 일군들의 실력을 높이는 것은 우리 혁명의 절박한 요구이다"(조선로동당 중앙위원회 책임일군들과 한 담화, 2001년 12월 3일), 『김정일선집』 제15권(평양: 조선로동당출판사, 2005), 225쪽.

836 김정일, "강성대국건설의 요구에 맞게 사회주의경제관리를 개선강화할데 대하여"(2001년 10월 03일).

837 『조선신보』, 2003년 4월 11일자, "국방공업 선행, 대를 이어 계승된 원칙: 조미대결에 대비한 국가경제전략".

838 박선호, "위대한 령도자 김정일 동지께서 제시하신 사회주의경제관리개선완성에 관

한 독창적 리론"『경제연구』 2005년 1호, 2-4쪽. 박선호 인민경제대학 부총장이 지적한 김정일 위원장의 '사회주의경제관리에 관한 이론'은 2001년《10·3담화》의 내용과 같을 것으로 추정된다.

839 곽범기, "선군의 기치밑에 새 세기 경제발전의 전환적 국면을 열어나가시는 탁월한 령도",『근로자』, 2005년 2호.

840 김정일, "선군혁명로선은 우리 시대의 위대한 혁명로선이며 우리 혁명의 백전백승의 기치이다"(조선로동당 중앙위원회 책임일군들과 한 담화, 2003년 1월 29일),『김정일선집』제15권(평양: 조선로동당출판사, 2005), 366-367쪽.

841 김정일, "우리 당의 농업혁명방침을 철저히 관철할 데 대하여"(조선로동당 중앙위원회 책임일군들과 한 담화, 2003년 5월 21일),『김정일선집』제15권(평양: 조선로동당출판사, 2005), 409-420쪽.

842 서재영·박제동·정수웅, 앞의 책, 20-30쪽.

843 태형철, "국방공업을 우선적으로 발전시키면서 경공업과 농업을 동시에 발전시킬 데 대한 로선은 선군시대 사회주의경제건설의 중요한 로선"『근로자』 2003년 3호.

844 정문산, "선군시대 사회주의경제건설로선을 생명선으로 틀어쥐고 철저히 관철하는 것은 경제지도일군들의 책임적인 임무,"『근로자』 2003년 3호.

845 권영경, "최근 북한 경제정책 변화 추이와 전망"『통일경제』 2009년 봄호(현대경제연구원), 92쪽.

846 『로동신문』, 2003년 4월 3일자.

847 김재서, "선군원칙을 구현한 사회주의경제관리"『경제연구』 2004년 제1호(평양: 과학백과사전출판사), 13-14, 18쪽.

848 임수호, "김정일 정권 10년의 대내 경제정책 평가: 선군경제노선을 중심으로"『수은북한경제』 2009년 여름호; 임수호·최유정·홍석기, 앞의 책, 20-22쪽.

849 임수호, 앞의 책(2008), 183-186쪽.

850 리기성, "위대한 령도자 김정일 동지께서 선군시대 사회주의경제건설의 활로를 열어주신 불멸의 공헌"『경제연구』 2004년 1호, 2-4쪽.

851 전경남, "우리나라 사회주의경제관리체계와 방법을 결정적으로 개선하는 것은 현실발전의 절박한 요구"『근로자』 2005년 3호.

852 한기범의 박사학위논문에 따르면, 7·1조치는 다음과 같은 과정을 거쳐 실행되었다고 한다. 김정일의 경제개혁연구 지시(2000년 6월 3일)→정책연구상무조(6.3그루빠) 구성(2000년 10월)→개혁안에 대한 김정일의 비준·집행상무조 구성(2001년 6월)→ 김정일의 개혁 골자 발표(2001년 10월 3일)→개혁추진 개시(2002년 1월). 한기범,

앞의 논문, 112~121쪽

그는 북한이 2000년부터 2009년까지 10년간 '경제개혁 실험'을 한 것으로 본다. "북한의 경제개혁 선택과정은 실용주의 추구(2000년), 김정일의 경제개혁 의제 설정(2001년), 7·1 경제관리 개선 조치(2002년), 시장 장려(2003년), 농·기업 시범개혁 및 시장경제 모색(2004년) 순으로 진행되었다. 경제개혁 후퇴 과정에는 당의 영도 보장과 개혁속도 간의 조화 문제를 둘러싼 당과 내각의 갈등(2005년), 개혁속도 조절(2006년), 일련의 '비사회주의'사건 부각(2007년), 김정일의 개혁후퇴 선언(2008년), 시장에 대한 전면통제(2009년) 등의 조치들과 사건이 있었다. 김정일이 공식적으로 2001년에 개혁의제를 설정(10.3담화)하고, 7년이 경과한 2008년에 개혁후퇴를 선언(6·18담화)하나, 사전 개혁분위기 조성과 사후 조치를 포함하면 북한은 2000년부터 2009년까지 10년이라는 긴 기간 동안 일련의 '경제개혁 실험' 과정을 거친 셈이 된다." 같은 논문, 2쪽.

그는 김정일 위원장의 2001년 10월 3일 담화《강성대국건설의 요구에 맞게 사회주의경제관리를 개선강화할 데 대하여》는 개혁, 2003년 8월 23일 담화《당이 제시한 선군시대의 경제건설로선을 철저히 관철하자》는 보수, 2008년 6월 18일 담화《경제사업에서 사회주의원칙을 고수하며 사회주의경제의 우월성을 높이 발양시킬 데 대하여》는 개혁 후퇴로 간주한다. 이런 분류가 2000~09년 상황을 분석하는데 어느 정도 설명력을 가진다고 할지라도 김정일 시대의 전반부에 선군시대 경제건설노선과 7·1조치가 병행 추진된 사실과 2006년 이후에 과학기술발전에 기초한 경제강국 건설로 나아가는 과정을 설명하기가 어렵다는 한계가 있다. 북한 정부가 계획경제의 관리에서 중시해온 '결합'의 원리를 무시하면 '개혁-보수-개혁후퇴'라는 도식에 빠지기 쉽고 북한이 '언제 개혁·개방에 나설까'에만 천착하게 된다.

853 양문수·이석기·이영훈·임강택·조봉현, 『2000년대 북한경제 종합평가』(산업연구원, 2012. 12), 139쪽.

854 양문수·이석기·이영훈·임강택·조봉현, 위의 책, 139-141쪽.

855 양문수·이석기·이영훈·임강택·조봉현, 위의 책, 141쪽.

856 양문수·이석기·이영훈·임강택·조봉현, 위의 책, 142-143쪽.

857 한기범의 박사학위논문의 영향으로, 2014~15년의 시장 확대 조치를 박봉주 내각의 '개혁'노선으로 단정 짓고 박 총리와 박남기 당비서 간의 갈등을 강조하면서 2007년 4월 박 총리의 실각에 따라 '개혁'노선이 실패한 것으로 설명하는 경향이 있다. 이러한 설명 틀은 북한 정부의 시장 확대 조치를 '개혁'으로 바라보는 편견으로 이어진다. 북한 정부가 계획경제를 과거와는 달리 개선·혁신된 방식으로 진행하기 위해, 국가전략과 책략적 차원에서의 계획경제 실행에 더 집중하면서 소비재 생산부문에 대해서는 공장·기업소에 자율성을 더 보장하고 시장을 활용하도록 하는 것을 어떻게 평가할 것이냐를 둘러싼 논란이 남아 있다. 북한 정부의 통제 가능한 범위에서의 시장 확대 및 활용정책을 '시장경제'의 도입정책(시장사회주의)과 동일시하는 해석은 북한이 지향하는 방향과는 상당한 괴리가 있다.

858 한기범. 앞의 논문, 160-199쪽.

859 한기범. 위의 논문, 190-199쪽.

860 김정일, "당이 제시한 선군시대의 경제건설로선을 철저히 관철하자"(당, 국가, 경제 기관 책임일군들과 한 담화, 2003년 8월 28일), 『김정일선집』 증보판 제22권(평양: 조선로동당출판사, 2013), 1쪽.

861 『로동신문』『조선인민군』『청년전위』, 2006년 1월 1일자 신년공동사설 "원대한 포 부와 신심에 넘쳐 더 높이 비약하자"; 통일부, 『월간 북한동향』, 2006년 1월호, 15쪽 재인용.

862 『로동신문』『조선인민군』『청년전위』, 2007년 1월 1일자 신년공동사설 "승리의 신 심 드높이 선군조선의 일대 전성기를 열어 나가자"; 통일부, 『월간 북한동향』, 2007 년 1월호, 6쪽 재인용.

863 『로동신문』『조선인민군』『청년전위』, 2010년 1월 1일자 신년공동사설 "당 창건 65돐 을 맞은 올해에 다시한번 경공업과 농업의 박차를 가하여 인민생활에서 결정적 전환 을 이룩하자"; 통일부, 『월간 북한동향』, 2009년 12월호, 83, 85쪽 재인용.

864 『로동신문』『조선인민군』『청년전위』, 2011년 1월 1일자 신년공동사설 "올해에 다 시한번 경공업에 박차를 가하여 인민생활 향상과 강성대국 건설에서 결정적 전환을 일으키자"; 통일부, 『월간 북한동향』, 2010년 12월호, 68, 70쪽 재인용.

865 『조선신보』, 2006년 1월 13일자; 통일부, 『월간 북한동향』, 2006년 1월호, 47-48쪽 재인용.

866 『조선신보』, 2006년 1월 23일자; 통일부, 『월간 북한동향』, 2006년 1월호, 61쪽 재인용.

867 『로동신문』, 2006년 4월 2일자; 통일부, 『월간 북한동향』, 2006년 4월호, 6-7쪽 재인용.

868 조선중앙방송, 2006년 4월 11일자; 통일부, 『월간 북한동향』, 2006년 4월호, 17-20쪽 재인용.

869 조선중앙방송, 2006년 10월 9일자; 통일부, 『월간 북한동향』, 2006년 10월호, 5쪽 재 인용.

870 『로동신문』·『조선인민군』·『청년전위』, 2007년 1월 1일자; 통일부, 『월간 북한동향』, 2007년 1월호, 6-9쪽 재인용.

871 통일부, 『월간 북한동향』, 2007년 1월호, 29쪽.

872 『로동신문』, 2007년 1월 15일자; 통일부, 『월간 북한동향』, 2007년 1월호, 34쪽 재인용.

873 통일부, 『월간 북한동향』, 2007년 2월호, 9-11쪽.

874 통일부, 『월간 북한동향』, 2007년 4월호, 14-16쪽.

875 조선중앙방송, 2007년 8월 5일, 7일, 8일자; 통일부, 『월간 북한동향』, 2007년 8월호, 12-13쪽 재인용.

876 조선중앙방송, 2007년 8월 11일, 12일, 13일, 14일자; 통일부, 『월간 북한동향』, 2007년 8월호, 16-17쪽 재인용.

877 조선중앙방송, 2007년 9월 1일, 2일자; 통일부, 『월간 북한동향』, 2007년 9월호, 6-7쪽 재인용.

878 조선중앙통신, 2007년 10월 23일자; 통일부, 『월간 북한동향』, 2007년 10월호, 40쪽 재인용.

879 '인민생활 제일주의'와 관련한 『조선신보』의 연속보도(평양밀가루공장, 평양구두공장, 사리원기초식품공장, 평양화장품공장, 함흥영예군인수지일용품공장 등)는 통일부, 『월간 북한동향』, 2008년 2월호, 18-19쪽 참조.

880 『로동신문』, 2008년 6월 18일자.

881 조선중앙통신, 2008년 10월 20일자; 통일부, 『월간 북한동향』, 2008년 10월호, 19-20쪽 재인용.

882 조선중앙방송, 2008년 10월 30일자; 통일부, 『월간 북한동향』, 2008년 10월호, 27쪽 재인용.

883 조선중앙통신, 2008년 11월 20일자; 통일부, 『월간 북한동향』, 2008년 11월호, 11쪽 재인용. 북한 최초의 전자도서관인 김책공업종합대학 전자도서관(건평 1만6,000여㎡, 수용인원 2,000여명)이 2006년 1월 24일 준공된 이래 전국에 전자도서관 확대 움직임이 나타났던 것이다. 김책공업종합대학 전자도서관은 도서목록 검색부터 도서·자료열람, 강의에 이르기까지 모든 운영사업이 컴퓨터에 의해 진행할 수 있게 되어 있다고 한다.

884 조선중앙방송, 2009년 4월 3일자; 통일부, 『월간 북한동향』, 2009년 4월호, 13쪽 재인용.

885 조선중앙통신, 2009년 10월 27일자; 통일부, 『월간 북한동향』, 2009년 10월호, 18쪽 재인용.

886 『조선신보』, 2009년 12월 4일자; 통일부, 『월간 북한동향』, 2009년 12월호, 8-9쪽 재인용.

887 임수호·최유정·홍석기, 앞의 책, 40-42쪽.

888 정운영, 앞의 책(2006), 177쪽.

889 조선중앙통신, 2010년 4월 21일자; 통일부, 『월간 북한동향』, 2010년 4월호, 24쪽 재인용.

890 조선중앙통신, 2010년 6월 7일자; 통일부,『월간 북한동향』, 2010년 6월호, 7-8쪽 재인용.

891 『로동신문』, 2010년 12월 15일자; 통일부,『월간 북한동향』, 2010년 12월호, 12-13쪽 재인용.

892 『로동신문』, 2011년 1월 5일자; 통일부,『월간 북한동향』, 2011년 1월호, 6-7쪽 재인용.

893 조선중앙통신, 2011년 1월 15일자; 통일부,『월간 북한동향』, 2011년 1월호, 10-11쪽 재인용.

894 연합뉴스, 2011년 1월 15일자.

895 김정일 국방위원장의 사망 당시에 당중앙군사위원회 부위원장이었던 김정은은 그해 마지막 날에 이렇게 말했다. "이번 애도기간에 우리 인민군 군인들과 인민들은 장군님을 잃은 비통함과 절절한 그리움을 다 토로하였습니다. 영결식이 진행된 수도의 100리 연도에서 장군님께서 가시면 안 된다고 몸부림치던 인민군 군인들과 인민들의 모습은 그 누구에게 연출해내라고 하여도 할 수 없고 재현할 수 없습니다." 김정은,『위대한 김정일 장군님을 영원히 높이 우러러 모시고 장군님의 유훈을 철저히 관철하자』(조선로동당 중앙위원회 책임일군들과 한 담화, 2011년 12월 31일) (평양: 조선로동당출판사, 2013), 1쪽.

896 『로동신문』, 2011년 3월 15일자; 통일부,『월간 북한동향』, 2011년 3월호, 16- 17쪽 재인용.

897 조선중앙통신, 2013년 3월 31일자; 통일뉴스, 2013년 3월 31일자 재인용.

898 김정은 시대의 경제정책이 김정일 시대의 것을 계승한 데 대해서는 남한의 전문가들은 대체로 동의한다. 한 사례를 들면 다음과 같다. "김정은 정권의 경제정책은 기본적으로 김정일 시대의 경제정책 노선에서 크게 벗어나지 않았다. 기업관리체계나 시장화에 대한 새로운 제도적 틀도 아직 제시하고 있지 않다. 시장에 대한 정책이나 관광산업 확대노력, 경제특구를 통한 외자유치정책 등은 김정일 시대에 형성된 정책노선, 과학기술중시 정책 역시 2000년대 북한 경제정책의 주요 구성요소이다. 김정은 정권의 경제정책은 김정은이 집권한 2012년 이후부터라고 볼 수도 있지만 내용적으로는 2010년 이후, 보다 구체적으로는 화폐개혁 이후 경제정책이 지금도 지속되고 있다고 보아도 될 것이다. 특히 시장에 대한 정책기조는 2010년 이후 일관성을 가지고 지속되고 있는 것으로 판단된다. 즉, 화폐개혁 이후 시장에 대해서는 우호적이거나 적어도 중립적 정책을 지속하고 있다." 임을출, "김정은의 경제 리더십" 정성장·백학순·임을출·전영선,『김정은 리더십 연구』(세종연구소, 2017), 227쪽.

899 북한에서 경제건설과 핵무력건설의 병진노선이 제시된 직후에만 해도 남한에서 이 노선에 대한 비판이 대부분이었다. 병진노선이 성과를 거두기 쉽지 않다는 것이었다. 첫째, 북한이 확보한 핵무력은 높은 수준이 아니며 북한 지도부는 전쟁억제력을 높이기 위해 핵무기의 개량과 소형화, 이동수단의 개발에 투자를 늘려야 하는 상황에

처할 가능성이 높다는 지적이었다. 북한 정부는 2006년 핵실험 이후 "막대한 인적, 물적, 지적 자원이 여기(핵개발)에 집중되었다. 이번 핵실험으로 생존 위협을 제거한 만큼 앞으로 경제발전에 총력을 기울일 것"("『동아일보』, 2006년 12월 6일자)이라고 간부들, 인민들에게 강연한 바 있지만 그 뒤 달라진 것은 많지 않았다는 것이다. 둘째, 경제건설은 핵무기 개발자금을 아껴서 할 수 있는 정도가 아니라 외국자본의 투자가 절실하며 투자유치를 위한 경제적 환경 조성, 법적·제도적 정비 등이 없이는 제한적인 효과에 그칠 것이라는 분석이었다. 셋째, 북한은 핵실험 성공 이후 헌법에 '핵보유국'을 명시했지만 국제사회는 이를 용인하지 않았고 대북 제재가 이어지면 북한의 경제발전 시도가 한계에 부닥칠 수밖에 없다는 지적이었다. 넷째, 후계정권의 안정성이 확보되지 않은 상태에서 가시적인 경제성과를 내지 못하면 정치적 불안정성이 확대될 수 있고 이는 경제에 악영향을 미치게 된다는 것이다. 결국 병진노선은 실패할 가능성이 높다는 예측이었다. 홍권희, "북한의 '경제·국방 병진노선' 연구"(경남대학교 대학원 박사학위논문, 2013.12), 305-306쪽.

900 김정은, 『조선로동당 중앙위원회 2013년 3월전원회의에서 한 결론』(2013년 3월 31일)(평양: 조선로동당출판사, 2013), 3-4쪽.

901 『통일뉴스』, 2015년 1월 6일자, "김정은 '5·30담화'와 내각 상무조."

902 『로동신문』, 2014년 9월 3일자, "우리 식 경제관리의 우월성과 위력을 높이 발양시키자"; 이창희, "제7차 조선로동당 대회로 살펴본 북한 경제정책의 변화"『현대북한연구』 제19권 제3호(북한대학원대학교 심연북한연구소, 2016), 128-129쪽 재인용.

903 이석기, 앞의 글, 31쪽.

904 조선중앙통신, 2015년 2월 12일자; 통일부, 『월간 북한동향』, 2015년 2월호, 13-15쪽 재인용.

905 조선중앙통신, 2016년 1월 13일자; 통일부, 『월간북한동향』, 2016년 1월호, 17-18쪽 재인용.

906 조선중앙통신, 2016년 3월 9일자; 통일부, 『월간북한동향』, 2016년 3월호, 10-11쪽 재인용.

907 조선중앙통신, 2016년 3월 15일자; 통일부, 『월간북한동향』, 2016년 3월호, 16-17쪽 재인용.

908 조선중앙통신, 2016년 12월 24일자; 통일부, 『월간북한동향』, 2016년 12월호, 19-20쪽 재인용.

909 조선중앙통신, 2017년 7월 13일자; 통일부, 『월간북한동향』, 2017년 7월호, 10-11쪽 재인용.

910 조선중앙통신, 2017년 9월 10일자; 통일부, 『월간북한동향』, 2017년 9월호, 10쪽 재인용.

911 조선중앙통신, 2017년 10월 8일자; 통일부, 『월간북한동향』, 2017년 10월호, 5-8쪽 재인용.

912 조선중앙통신, 2017년 12월 12일자, 13일자; 통일부, 『월간북한동향』, 2017년 12월 호, 11쪽 재인용.

913 양문수, 앞의 글(2016), 10쪽.

914 김정은 위원장의 발언에서 우리가 읽어낼 수 있는 것은 '사회주의강국 건설'='온 사회를 김일성-김정일주의화하기 위한 투쟁의 역사적 단계'=사회주의의 기초를 다지고 사회주의완전승리를 이룩해나가는 과정이라는 점, 사회주의완전승리를 위한 투쟁에서 경제강국 건설이 중요하다는 점, 경제강국 건설과정에서는 국가의 경제조직자적 기능의 강화와 우리식 경제관리방법의 전면적 확립이 필요하다는 점 등이다. 남한의 한 연구자는 사회주의완전승리와 관련한 김 위원장의 설명을 다음과 같이 이해한다. "과거 북한에서도 '사회주의완전승리'에서는 가치법칙의 소멸, 즉 시장의 소멸을 주장하였다. 하지만 오늘날 북한은 완전히 승리한 사회주의사회에서도 노동에 따른 분배만이 아니라, 정신노동과 육체노동의 차이 존재, 노동에 대한 욕구가 생활의 일차적 욕구로 되지 않은 점 등이 존재하는 사회주의의 과도적 성격을 강조하면서 시장을 지속적으로 활용하기 위해 '사회주의완전승리'를 재해석했다고 볼 수 있다.… 현재 북한도 '사회주의완전승리 국면'에 대한 이론적 재해석을 진행하면서 사회주의의 과도적 성격에서 비롯되는 '가치법칙' 등을 지속시켜 새로운 발전전략을 실행하려는 것이다.… 제7차 당대회에서 '사회주의완전승리'를 위한 '우리식 경제관리방법의 전면적 확립'이 제기된 것이며, 향후 사회주의가 완전승리한 북한 사회에서도 시장을 활용하는 우리식 경제관리방법이 지속될 수 있다. 북한은 공식적으로 '사회주의완전승리'와 '사회주의강성대국'을 동일시하여, 과거의 당면 목표와 현재의 당면 목표를 일치시켰다." 이창희, 앞의 글, 139-142쪽.
이 연구자는 북한에서 사회주의의 과도적 성격(가치법칙의 이용 필요성)을 강조하면서 시장을 지속적으로 활용하기 위해 사회주의완전승리를 재해석했다고 주장한다. 이 주장은 북한에서 사회주의완전승리가 이뤄지더라도 시장을 활용하는 우리식 경제관리방법이 지속될 수 있다는 결론에 이르고 있다. 이 주장은 우리식 경제관리방법에서의 시장 활용을 과대하게 보는 문제를 안고 있다. 북한은 우리식 경제관리방법에서 가격·원가·수익성 같은 경제공간을 효율적으로 활용하고, 생산자대중의 역할과 책임성이 높이는 사회주의기업 책임관리제와 협동농장 분조관리제에서의 포전담당 책임제 등의 운영을 중시하겠다는 것이고, 그 과정에서 시장은 상황에 따라 탄력적으로 운영될 수 있다고 인정한 것(시장 확대와 축소의 반복)이다.
북한 문헌에서 사회주의완전승리 이후에도 시장을 유지시킬 것이라는 담론은 찾아볼 수 없다. 경제강국 건설과정에서 우리식 경제관리방법과 함께 국가의 경제조직자적 기능을 중시한다는 점을 간과해서는 안 된다. 국가의 경제조직자적 기능은 계획경제의 지속을 의미한다. 계획경제는 생산수단의 사회주의적 소유(전인민적 소유와 협동적 소유)에 기초하고 있다고 볼 때, 북한의 담론체계에서 사회주의완전승리를 계획경제와 생산수단의 사회주의적 소유에서 이탈하는 것을 상정해서는 안 될 것이다. 북한이 마르크스-레닌주의가 목표로 삼았던 공산주의를 지향하지는 않는다는 점은 분명하지만, 계획경제와 생산수단의 사회주의적 소유라는 사회주의의 물질적 토대를 포기하지는 않을 것이다. 북한은 사회주의강국 건설을 통해 사회주의완전승리의 길(물질적 측면)을 가려고 할 것이고, 이 길은 그들이 생각하는 온 사회의 김일성-김정일주의화로 가는 길(사상적 측면)이기도 할 것이다. 김정은 위원장은 인민경제의 주체화·현대화·정보화·과학화 노선과 경제건설 총력집중노선을 통해 경제강국 건설과 인민생활 향상이 어느 정도의 궤도에 오르면 온 사회의 김일성-김정일주의화와 사회주의완전승리, 사회주의강국 건설의 상호관계에 대한 이론화작업에 나설 지도 모른다. 아직은 그러한 때에 이르지 않았고, 조선로동당 제8차 당대회가 그러한 계기가 될 수도 있다.

915 『로동신문』, 2016년 5월 8일자; 이창희, 위의 글, 138쪽 재인용.

916 『로동신문』, 2016년 5월 9일자; 『통일뉴스』, 2016년 5월 9일자 재인용.

917 『로동신문』, 2013년 4월 5일자, "새로운 병진로선 따라 경제건설에 박차를 가하자"; 김동엽, 앞의 글, 89-93쪽 재인용.

918 『로동신문』, 2014년 8월 28일자, "우리 혁명의 최후승리를 확고히 담보하는 전략적 로선"; 김동엽, 위의 글, 89-93쪽 재인용.

919 김동엽, 위의 글, 89-93쪽.

920 양문수, 앞의 글, 11쪽.

921 『로동신문』, 2016년 5월 9일자; 『통일뉴스』, 2016년 5월 9일자 재인용.

922 조선중앙통신, 2016년 5월 29일자; 통일부, 『월간 북한동향』, 2016년 5월호, 25-29쪽 재인용.

923 조선중앙통신, 2016년 6월 29일자; 통일부, 『월간 북한동향』, 2016년 6월호, 28쪽 재인용.

924 임을출, 앞의 글(2019), 14쪽.

925 임을출, 위의 글, 15-16쪽.

926 조선중앙통신, 2016년 12월 18일자; 통일부, 『월간 북한동향』, 2016년 12월호, 30-31쪽 재인용.

927 송정남, "전략적 경제관리방법의 본질적 특징" 『경제연구』, 2015년 제4호(평양: 과학백과사전출판사), 15쪽.

928 송정남, 위의 글, 16쪽.

929 최성봉, "전략적 경제관리방법의 필요성" 『경제연구』 2016년 1호, 11-12쪽.

930 조선중앙통신, 2017년 12월 29일자; 통일부, 『월간 북한동향』, 2017년 12월호, 36쪽

재인용.

931 조선중앙통신, 2018년 4월 21일자; 통일뉴스, 2018년 4월 21일자 재인용.

932 조선중앙통신, 2018년 4월 21일자; 통일부, 『주간 북한동향』, 제1410호(2018.4.21.~ 4.27), 6-9쪽 재인용.

933 북한이 경제건설 총력집중노선으로 전환한 것에 대하여 1978년에 개최된 중국공산 당 중앙위원회 제11기 제3차 전체회의에서 마오쩌뚱毛澤東시대의 계급투쟁노선을 종식하고 덩샤오핑鄧小平시대의 새로운 개혁·개방노선을 선포한 것과 같은, 새 시대 의 개막을 선포한 것으로 보는 견해도 있다. 김경일, "한반도 평화체제 구축과 지경 학 시대의 도래" 『2019, 한반도의 그림: 지경학시대의 도래와 한반도 평화체제』(정 동영 의원실 주최 토론회, 2018년 12월 17일); 임을출, "김정은 정권의 경제발전전 략과 역량개발 수요" 『국가전략』 제25권 제1호(서울: 국가전략문제연구소, 2019), 7 쪽 재인용.

934 전망목표와 관련하여 김정은 위원장은 당 중앙위원회 제7기 제5차 전원회의의 보고 에서 10대 전망목표에 대해 다음과 같이 언급한 바 있다. "나라의 경제를 안정적으 로, 전망적으로 발전시키기 위한 10대 전망목표의 지표별 계획들을 과학적으로 정 확히 타산하여 세우고 그것을 수행하기 위한 투쟁을 벌려 나라의 경제토대를 차곡 차곡 공고히 다져나가야 한다. 전망목표가 확정되면 국가적으로 경제조직사업과 지 휘를 짜고 들고 전 인민적인 생산투쟁과 창조투쟁을 맹렬히 벌려 그것을 반드시 점 령하여야 한다." 『로동신문』, 2020년 1월 1일자, 1-4면.

935 임수호, "북한 병진노선 폐기의 경제적 의미"(국가안보전략연구원 이슈브리핑 18-13, 2018년 5월), 1쪽.

936 『로동신문』, 2018년 4월 23일자; 통일부, 『주간 북한동향』, 제1410호(2018.4.21.~ 4.27), 10-11쪽 재인용.

937 『로동신문』, 2018년 4월 25일자; 통일부, 『주간 북한동향』, 제1410호(2018.4.21.~ 4.27), 12-13쪽 재인용.

938 『로동신문』, 2018년 5월 5일자; 통일부, 『주간 북한동향』, 제1412호(2018.5.5.~ 5.11), 4-5쪽 재인용.

939 한 나라의 경제와 산업에서 혁신이 작동하려면 여러 가지 여건이 갖춰져야 하는데 중국 시장사회주의의 혁신 가능성을 진단하는 몇 가지를 살펴보는 것이 북한에 시 사점을 줄 수 있다. 첫째, 시장에서 혁신이 작동할 정도로 충분히 경쟁적인가 하는 점이다. 둘째, 혁신을 이끌어갈 일정 수준 이상의 과학·기술 인프라를 갖추고 있는 가 하는 점이다. 셋째, 혁신역량 중에서도 특히 사람, 즉 혁신능력을 갖춘 인재가 충 분히 존재하는가 하는 점이다. 넷째, 혁신을 할 수 있는 기업 또는 기업군이 얼마나 있는지, 그리고 얼마나 빨리 확산될 수 있는 생태계를 가졌는지를 잣대로 삼을 수 있다. 안현호, 『한·중·일 경제 삼국지』(파주: 나남출판사, 2013), 95-96쪽. 다만 북한

은 시장사회주의 국가가 아니기 때문에 시장과 관련해서는 달리 볼 측면이 있지만, 첫째 사항에서 경쟁의 측면은 유효하고 나머지 사항도 대체로 유효하다고 할 수 있다. 이 논의는 중국의 시스템 개혁(국유기업 대폭 축소와 민영부문 활성화, 자원배분의 효율성 제고, 노동시장 개혁과 토지시장 개혁, R&D시스템 개혁 등)에 대한 관심에서 접근한 것이기 때문에(같은 책, 114-124쪽) 북한에는 그대로 조응되지는 않지만, 실리적 혁신에 나선 북한으로서도 응용할 대목이 있다.

940 조선중앙통신, 2018년 5월 1일자; 통일부, 『주간 북한동향』, 제1411호(2018.4.28.~ 5.4), 6-7쪽 재인용.

941 『로동신문』, 2018년 10월 29일자, "당의 새로운 전략적 로선 관철에서 나서는 중요한 요구"(리기성 사회과학원 경제연구소 후보원사·교수·박사)

942 『통일뉴스』, 2019년 1월 25일자.

943 『로동신문』, 2018년 11월 26일자; 통일부, 『주간 북한동향』, 제1441호(2018.11. 24.~11.30), 4쪽 재인용.

944 『로동신문』, 2018년 12월 24일자; 통일부, 『주간 북한동향』, 제1445호(2018.12.22.~12.28), 6-7쪽 재인용.

945 서성일 박사의 논문 "경애하는 최고령도자 김정은 동지께서 밝히신 우리 국가제일주의에 관한 사상"

946 『로동신문』, 2018년 12월 31일자; 통일부, 『주간 북한동향』, 제1446호(2018.12.31.~2019.1.4.), 8-9쪽 재인용.

947 조선중앙통신, 2019년 1월 5일자; 통일부, 『주간 북한동향』, 제1447호(2019.1.5.~1.11), 5쪽 재인용.

948 『로동신문』, 2019년 1월 20일자; 통일부, 『주간 북한동향』, 제1449호(2019.1.19.~1.25), 8쪽 재인용.

949 『로동신문』, 2019년 1월 21일자; 통일부, 『주간 북한동향』, 제1449호(2019.1.19.~1.25), 9-10쪽 재인용.

950 『로동신문』, 2019년 1월 27일자; 통일부, 『주간 북한동향』, 제1450호(2019.1.26.~2.1), 6쪽 재인용.

951 임수호, 앞의 글(2018), 3-5쪽.

952 『로동신문』은 2019년 6월 27일자 사설("국가경제발전 5개년전략목표수행에 총력을 집중하여 당의 구상과 결심을 빛나게 실현하자")에서 "자력갱생과 과학기술은 국가경제발전 5개년전략 목표 수행의 강력한 추진력"이라면서 "누구나《동무는 자력갱생만리마를 탔는가?》라는 물음에 떳떳이 대답할 수 있게 오늘의 하루하루를 기적과 위훈으로 빛내어 나가야 한다"고 강조한 바 있다. 통일부, 『주간 북한동향』, 제

1471호(2019. 6.22.~6.28), 11-12쪽 재인용.

953 임수호, "2017년 북한 경제성장률 급감의 원인과 전망"(국가안보전략연구원 이슈브 리핑 18-24, 2018년 7월), 3-5쪽.

954 이상근, "신의주화장품의 성공사례와 북한경제의 미래상"(국가안보전략연구원 이슈 브리핑 18-26, 2018년 7월), 1쪽.

955 이상근, 위의 글, 2-4쪽.

956 김정은, "현 단계에서의 사회주의건설과 공화국정부의 대내외정책에 대하여,"『로동신 문』, 2019년 4월 13일자;『통일뉴스』, 2019년 4월 13일자 재인용.

957 인민경제의 주체화·현대화·정보화·과학화의 촉진과 관련하여『로동신문』에 "수자 를 중시하는 사회적 기풍 확립에서 중요한 문제"라는 논설이 게재된 것이 눈길을 끈다. 숫자중시 기풍은 "일군들과 근로자들이 경제건설과 관리운영을 비롯하여 모 든 사업을 과학적인 계산과 타산에 기초하여 효율적으로 깐지게 해나가는 것을 생 활화, 습성화하도록 하는 것"이라면서 "과학기술이 사회생활 전반에서 커다란 변화 를 가져오고 있는 오늘 무엇을 하나 해도 정확한 계산과 타산에 기초하여 과학적 이치에 맞게 진행하지 않는다면 시대의 발전추세에 따라설 수 없으며 종당에는 남 에게 예속되는 운명을 피할 수 없게 된다"는 것이다.『로동신문』은 숫자중시 기풍을 확립하기 위하여, 낡은 사고관점과 일 본새를 밑뿌리 채 들어내기 위한 사상전을 드 세게 벌릴 것, 경제지도기관들에서 국가경제발전전략을 과학적이며 현실성 있게 세 우고 집행해나가며 기업체들이 생산과 경영활동을 숫자화할 것, 과학교육부문의 역 할을 높일 것 등의 과제를 제시했다『로동신문』, 2019년 6월 22일자;『주간 북한동 향』, 제1471호(2019.6.22.~6.28), 5쪽 재인용. 정보화시대에 기업체의 생산·경영활동 에서 실리를 보장하려면 숫자가 중요하고 경제발전전략의 차원에서 보면 숫자는 빅 데이터의 기초가 된다.

958『로동신문』, 2020년 1월 1일자, 1~4면.

959『로동신문』, 2020년 1월 1일자, 1~4면.

찾아보기

ㅈ

김정은의 경제발전전략 1

초판 1쇄 ㅣ 2020년 12월 30일
초판 3쇄 ㅣ 2022년 12월 20일

지 은 이   유영구
발 행 인   한정희
발 행 처   경인문화사
편   집   김지선 유지혜 한주연 이다빈 김윤진
마 케 팅   전병관 하재일 유인순
출판번호   406-1973-000003호
주   소   파주시 회동길 445-1 경인빌딩 B동 4층
전   화   031-955-9300 팩 스   031-955-9310
홈페이지   www.kyunginp.co.kr
이 메 일   kyungin@kyunginp.co.kr

ISBN 978-89-499-4905-5 94340
ISBN 978-89-499-4904-8 (세트)
값 48,000원